Larousse

ENVIRONNEMENT
& ÉCOLOGIE
DICTIONNAIRE / DICTIONARY

Larousse

ENVIRONNEMENT
& ÉCOLOGIE

DICTIONNAIRE / DICTIONARY

ENGLISH-FRENCH
FRANÇAIS-ANGLAIS

Peter Collin
Martine Schuwer

PETER COLLIN PUBLISHING
Larousse

Rédaction :

P. H. Collin
Martine Schuwer
maître de conférences
à l'université de Rennes 2

ont également collaboré à cet ouvrage :

Margaret Costa
Roger Panaman
François Parigot
Martin Rabenjamina

Coordination éditoriale/Révision :

Dominique Cormier

Correction :

Claude Dhorbais

Fabrication :

Annie Botrel

Remerciements

Nous adressons des remerciements tout particuliers à la Section de terminologie et de documentation technique de l'Office des Nations Unies à Genève pour l'aide compétente qu'elle nous a apportée.

ISBN 2-03-404003-1

PREFACE

Problems concerning the environment and man's contribution to its destruction or conservation have become more and more urgently discussed over the past years. They are the subject of interest both to the academic and to the layman.

The aim of this dictionary is to give the user a basic vocabulary of terms relating to ecology and the environment in French and English, with translations into the other language.

The vocabulary covers waste disposal, climatology, farming practice, atmospheric pollution, nuclear technology and many other topics relating to the environment. The dictionary is international, and identifies the cases where the British and American usages differ.

It also gives many examples of how the words and phrases are used in context, and how they can be translated. These examples are supplemented by quotations in both languages from magazines and newspapers in both language areas to show the worldwide applications of the two languages.

PRÉFACE

La protection de la nature, l'influence de l'homme sur l'environnement sont aujourd'hui devenues des préoccupations majeures à l'échelle de la planète pour le scientifique comme pour le profane.

Ce dictionnaire bilingue recense le vocabulaire essentiel de l'écologie et de l'environnement en français et en anglais et rassemble de nombreux domaines, dont le traitement des déchets, la climatologie, l'agriculture, la pollution atmosphérique, l'énergie nucléaire, etc.

Innovation importante: un grand nombre d'exemples traduits illustre l'usage des mots en contexte. A l'appui de ces phrases, de multiples citations tirées de la presse anglophone et francophone vous permettront en outre de mieux saisir le sens de certains termes.

COMMENT UTILISER CE DICTIONNAIRE

Notre dictionnaire se veut clair et facile à utiliser.

Les **entrées** apparaissent en caractères gras.

Les **mots dérivés** figurent en sous-entrée et sont précédés d'un losange.

Les différentes catégories grammaticales sont introduites par une subdivision numérique en chiffres arabes: **1, 2,** etc.

Les lettres **(a), (b),** etc. introduisent une division sémantique, et les lettres **(i), (ii),** etc. signalent une subdivision sémantique, suivies éventuellement d'une explication en italiques entre paranthèses.

Les **abréviations** ont été réduites au minimum, en voici la liste:

adj	adjectif	adjective
adj num	adjectif numéral	numeral adjective
adv	adverbe	adverb
f	féminin	feminine
GB	Grande-Bretagne	Great Britain
inf	infinitif	infinitive
inv	invariable	invariable
m	masculin	masculine
n	nom	noun
nf	nom féminin	feminine noun
nm	nom masculin	masculine noun
nm&f	nom masculin ou féminin	masculine or feminine noun
npr	nom propre	proper noun
pl	pluriel	plural
préf	préfixe	prefix
®	nom déposé	registered trademark
suf	suffixe	suffix
vi	verbe intransitif	intransitive verb
vpr	verbe pronominal	reflexive verb
vtr	verbe transitif	transitive verb
UK	Royaume-Uni	United Kingdom
US	États-Unis	United States

USING THE DICTIONARY

The dictionary aims to provide a clear layout which will help the user find the required translation as easily as possible. Each entry is formed of a headword in bold type, with clearly numbered divisions showing different parts of speech, or lettered divisions showing differences of meaning. Words which are derived from the main entry word are listed under that word, each time preceded by a ◊.

As far as is possible, abbreviations are not used in the dictionary, apart from the following:

adj	adjectif	adjective
adj num	adjectif numéral	numeral adjective
adv	adverbe	adverb
f	féminin	feminine
GB	Grande-Bretagne	Great Britain
inf	infinitif	infinitive
inv	invariable	invariable
m	masculin	masculine
n	nom	noun
nf	nom féminin	feminine noun
nm	nom masculin	masculine noun
nm&f	nom masculin ou féminin	masculine or feminine noun
npr	nom propre	proper noun
pl	pluriel	plural
préf	préfixe	prefix
®	nom déposé	registered trademark
suf	suffixe	suffix
vi	verbe intransitif	intransitive verb
vpr	verbe pronominal	reflexive verb
vtr	verbe transitif	transitive verb
UK	Royaume-Uni	United Kingdom
US	États-Unis	United States

ENGLISH–FRENCH DICTIONARY
DICTIONNAIRE ANGLAIS–FRANÇAIS

Aa

A *see* VITAMIN

abate *verb* diminuer *or* réduire

◇ **abatement** *noun* diminution *f or* réduction *f*; **Noise Abatement Society** = association pour la lutte contre le bruit; **pollution abatement** = dépollution *f*; **water pollution abatement** = dépollution des eaux

abiotic *adjective* abiotique

ablation *noun (removal of top layer; melting of snow or ice)* ablation *f*; **ablation zone** = ablation *or* zone *f* d'ablation

ABO system *noun (system of classifying blood groups)* système *m* ABO

> COMMENT: blood is classified in various ways. The most common classifications are by the agglutinogens in red blood corpuscles (factors A and B) and by the Rhesus factor. Blood can therefore have either factor (Group A and Group B), or both factors (Group AB) or neither (Group O), and each of these groups can be Rhesus negative or positive

abscission *noun* excision *f; (of leaf or fruit)* abscission *f*

absolute *adjective* absolu, -e; **absolute humidity** = humidité absolue

absorb *verb* absorber

◇ **absorbent 1** *adjective* absorbant, -e **2** *noun* absorbant *m*; **oxygen absorbent** = produit *m* oxygénable

◇ **absorption** *noun* absorption *f*; **absorption heat pump** = pompe *f* à chaleur à absorption; **absorption plant** = système *m* à absorption; **sound absorption factor** = facteur *m* d'absorption phonique *or* d'absorption sonore

◇ **absorptive capacity** *noun* absorptivité *f or* capacité *f* d'absorption

abstract *noun (summary)* abrégé *m or* résumé *m*

abstraction *noun (removal)* extraction *f or* prélèvement *m*

> QUOTE a statutory limit on water abstraction from the Thames was set in 1911, in essence to maintain the quality of water in the river and provide for navigational needs
> *London Environmental Bulletin*

abundance *noun* abondance *f*; **relative abundance** = abondance relative

◇ **abundant** *adjective* abondant, -e

abyss *noun (very deep hole)* gouffre *m; (deep part of sea)* abysse *m*

◇ **abyssal** *adjective* abyssal, -e, -aux; **abyssal plain** = plaine abyssale; **abyssal zone** = zone abyssale

◇ **abyssobenthic** *adjective* abyssobenthique

◇ **abyssopelagic** *adjective* abyssopélagique

Ac *chemical symbol for* ACTINIUM

acarid *noun* acarien *m*

◇ **acaricide** *or* **acaridicide** *noun* acaricide *m*

◇ **Acarida** *or* **Acarina** *plural noun* acariens *mpl*

accept *verb* accepter

◇ **acceptable daily intake (ADI)** *noun* dose *f* journalière acceptable (DJA)

◇ **acceptance capacity** *noun* capacité *f* de tolérance *or* capacité d'acceptation

access *noun* accès *m or* passage *m*

◇ **access order** *noun* autorisation *f* d'accès

◇ **access road** *noun* voie *f* d'accès

◇ **right of access** *noun* droit *m* de passage

acclimatize *verb* acclimater *or* s'acclimater; **plants take some time to become acclimatized to tropical conditions** = il faut aux plantes quelque temps pour s'adapter au climat tropical

◇ **acclimatization** *or* **acclimation** *noun* acclimatation *f or* acclimatement *m*

> COMMENT: when an organism such as a plant or animal is acclimatizing, it is adapting physically to different environmental conditions, such as changes in food supply, temperature or altitude

accumulate *verb* accumuler *or* s'accumuler; **sediments and debris accumulate at the bottom of lakes** = sédiments et débris s'accumulent au fond des lacs

◇ **accumulated temperature** *noun* température *f* cumulée

◇ **accumulation** *noun* accumulation *f; (glaciology)* **accumulation zone** = zone d'accumulation; **risk of accumulation in the food chain** = risque d'accumulation dans la chaîne alimentaire

◇ **accumulative** *adjective* cumulatif, -ive; **accumulative effect** = effet cumulatif

◇ **accumulator** *noun* accumulateur *m*; **thermal** *or* **heat accumulator** = accumulateur thermique *or* de chaleur

Acer *noun* acer *m*

acid *noun* acide *m*; **hydrochloric acid is secreted in the stomach and forms part of the gastric juices** = l'acide chlorhydrique, secrété dans l'estomac, est l'un des sucs gastriques; **acid deposition** = dépôts *mpl* acides; **acid mine drainage** = exhaure *f* acide; **acid mine water** = eaux *fpl* de mine acides; **acid-neutralizing capacity (ANC)** = potentiel *m* de neutralisation de l'acide (PNA); **acid precipitation** = précipitations *fpl* acides; **inorganic acids** = acides minéraux; **organic acids** = acides organiques

◇ **acid-proof** *adjective* résistant, -e aux acides

◇ **acidic** *adjective* acide; **soil and vegetation in high altitude forests are directly exposed to an extremely acidic cloud base** = le sol et la végétation des forêts d'altitude sont en contact direct avec la base extrêmement acide de la couche nuageuse; **acidic properties** = propriétés *fpl* acides; **acidic rocks** = roches *fpl* acides; **acidic water** = eau *f* acide

◇ **acidification** *noun* acidification *f*; **acidification of the soil leads to the destruction of some living organisms** = l'acidification des sols provoque la destruction de certains organismes vivants

◇ **acidify** *verb* acidifier *or* s'acidifier; **fallout causes acidified lakes with no fish population** = sous l'effet des retombées atmosphériques, les lacs s'acidifient et les poissons disparaissent

◇ **acidity** *noun* acidité *f*; **the alkaline solution may help to reduce acidity** = la solution alcaline peut contribuer à la diminution de l'acidité

> COMMENT: acidity and alkalinity are measured according to the pH scale. pH7 is neutral, pH6 and below is acid

acid rain *noun* pluies *fpl* acides

> COMMENT: acid rain is mainly caused by sulphur dioxide, nitrogen oxide and other pollutants which are released into the atmosphere when fossil fuels containing sulphur (such as oil or coal) are burnt. Acid rain rarely falls near the source of the pollution, because the smoke from chimneys can be carried by air currents for many kilometres before it finally falls as rain. So Scandinavia receives acid rain which is caused by pollution from British and German factories; Canada receives acid rain from factories in the US. The effects of acid rain are primarily felt by wildlife. The water in lakes becomes very clear as fish and microscopic animal life is killed. It is believed that it is acid rain that kills trees, especially conifers, which gradually lose their leaves and die

acid soot *noun* suie *f* acide

> COMMENT: acid soot can fall relatively close to the source of pollution. It is caused when carbon combines with sulphur trioxide from sulphur-rich fuel

to form particles of an acid substance which can damage the surfaces it falls on (such as stone buildings)

acorn *noun* gland *m* (de chêne)

acoustics *noun (study of sound)* acoustique *f*

◇ **acoustician** *noun* acousticien, -ienne

acquired *adjective* acquis, -e; **acquired immunity** = immunité acquise

acre *noun* acre *m or* demi-hectare *m*

◇ **acreage** *noun* aire *f or* superficie *f* (en acres); **cultivable acreage** = surface *f* cultivable

acrid *adjective* âcre

acrolein *noun* acroléine *f*

act *verb* agir; **the emergency services acted quickly to contain the oil spill** = les services d'urgence ont pris des mesures rapides pour contenir la marée noire; **pesticides act on the animals' nervous system** = les pesticides agissent sur le système nerveux des animaux

actinide *noun* actinide *m*

COMMENT: actinides are waste products from nuclear fission. They pose problems for disposal as some of them have very long half-lives. They can be reduced to more disposable forms by burning in fast reactors

actinium *noun* actinium *m*
NOTE: chemical symbol is **Ac;** atomic number is **89**

action *noun* action *f or* mesure *f*; **to take action against something** *or* **to stop something** = prendre des mesures contre quelque chose *or* empêcher quelque chose; **the government is taking action to stop the spread of pollution** = le gouvernement prend des mesures pour limiter la pollution

◇ **activate** *verb* activer; **activated carbon** *or* **activated charcoal** = charbon *m* actif *or* activé; **activated sludge** = boues activées; **activated sludge process** = procédé des boues activées

◇ **activation** *noun* activation *f*; **activation of sludge** = activation des boues

◇ **active** *adjective* actif, -ive; **active ingredient (AI)** = ingrédient actif *or* principe actif; **active margin** = marge continentale active; **active organic matter (AOM)** = matière organique active; **active volcano** = volcan actif; **active water** = eau corrosive

◇ **activity** *noun* activité *f*; **enzymic** *or* **enzyme activity** = activité enzymatique; **volcanic activity** = activité volcanique

acute *adjective (illness)* aigu, -uë; *(situation)* grave *or* sérieux , -euse *or* sévère; **the region is suffering from an acute shortage of medical supplies** = cette région souffre d'une grave pénurie de produits pharmaceutiques; **after the acute stage of the illness had passed, he felt very weak** = une fois passé le stade grave de la maladie, il se sentit très faible; *compare* CHRONIC

adapt *verb* adapter *or* s'adapter; **the animals have gradually adapted to the change in climate** = petit à petit, les animaux se sont adaptés au changement de climat; **people adapt to the reduced amounts of oxygen available at high altitudes** = les gens s'adaptent à la diminution de l'oxygène en altitude

◇ **adaptability** *noun* adaptabilité *f*; **adaptability in ecosystems** = adaptabilité des écosystèmes; **degree of adaptability** = degré *m* d'adaptabilité

◇ **adaptation** *noun* adaptation *f*

◇ **adaptive radiation** *noun* radiation *f* adaptative

additive *noun* additif *m or* adjuvant *m*; **the orange juice contains a number of additives** = ce jus d'orange contient un certain nombre d'additifs; **allergic reactions to additives are frequently found in workers in food processing factories** = le personnel de l'industrie alimentaire est fréquemment sujet à des réactions allergiques aux additifs; **additives in animal foodstuff** = additifs dans les aliments pour animaux; **food additive** = additif alimentaire; **fuel additive** = additif pour carburant; **lead-based additive** = additif à base de plomb

COMMENT: colour additives are added to food to improve its appearance. Some are natural organic substances like saffron, carrot juice or caramel, but other colour additives are synthetic. Other substances are added to food to prevent decay or to keep the food in the right form: these can be emulsifiers, which bind different foods together as mixtures in sauces for example, and stabilizers, which can keep a sauce semi-liquid and prevent it from separating into solids and liquids. The European Community allows certain additives to be added to food, and these are given E numbers

ADI = ACCEPTABLE DAILY INTAKE

adiabatic *adjective* adiabatique; **adiabatic lapse rate** = gradient *m* adiabatique *or* vitesse *f* de refroidissement/réchauffement adiabatique

◊ **adiabatically** *adverb* adiabatiquement; **the air mass rises adiabatically through the atmosphere** = la masse d'air s'élève adiabatiquement dans l'atmosphère

COMMENT: a parcel of rising air expands, because the surrounding pressure falls. Also its temperature falls because no heat can enter or leave it. If a parcel of air descends, the opposite happens, and the air temperature rises. See also INVERSION

adipose tissue *noun* tissu *m* adipeux

adjust *verb* adapter *or* s'adapter; **plants take some time to adjust to a new climatic system** = les plantes mettent un certain temps à s'adapter à un nouveau type de climat

◊ **adjustment** *noun* adaptation *f*

adjuvant *noun* adjuvant *m*

administration *noun* administration *f*; **local administration** = administration locale

adobe *noun* adobe *m*

adsorb *verb (of a solid)* adsorber

◊ **adsorbable** *adjective* adsorbable

◊ **adsorbent** *noun* adsorbant *m*

◊ **adsorption** *noun* adsorption *f*

advanced gas-cooled reactor (AGR) *noun* réacteur *m* à refroidissement à gaz

advection *noun (movement of air in a horizontal direction)* advection *f*; **advection fog** = brouillard *m* d'advection

adventitious *adjective (root which develops from a plant's stem)* adventice

adverse *adjective* défavorable *or* indésirable

advisory *adjective* consultatif, -ive

◊ **advisory board** *noun* comité consultatif *or* conseil consultatif

AEA *GB* = ATOMIC ENERGY AUTHORITY

AEC *US* = ATOMIC ENERGY COMMISSION

aeolian *adjective* éolien, -ienne; **aeolian deposit** = dépôt éolien; *see also* LOESS

aerate *verb* aérer; **worms are useful because they aerate the soil** = les vers sont utiles, ils aèrent la terre

◊ **aeration** *noun* aération *f*; **aeration tank** = bassin *m* d'aération

◊ **aerator** *noun* aérateur *m*

aerial *adjective* aérien, -ienne; **aerial roots** = racines aériennes

aerobic *adjective* aérobie; **aerobic digestion** = digestion aérobie

◊ **aerobiosis** *noun* aérobiose *f*

NOTE: opposite is **anaerobic, anaerobiosis**

aerogenerator *noun* aérogénérateur *m*

aerosol *noun* **(a)** *(tiny particles)* aérosol *m*; **aerosol dispenser** = agent *m* dispersant d'aérosol *or* générateur *m* d'aérosol; **aerosol propellant** = agent propulseur d'aérosols; **condensation aerosol** = aérosol de condensation; **dispersion aerosol** =

aérosol de dispersion **(b)** *(can)* bombe *f* aérosol

COMMENT: aerosols in the atmosphere may be formed of liquid (as in the case of mist) or solid particles (as in the case of dust storms). Aerosols in the atmosphere are the form in which pollutants such as smoke are dispersed. Commercial aerosols (that is, the metal containers) may use CFCs as propellants, but these are believed to be responsible for the destruction of ozone in the upper atmosphere, and are gradually being replaced by less destructive agents

aestivation *noun* estivation *f*

aetiology *or US* **etiology** *noun* étiologie *f*

◇ **aetiological agent** *noun* agent *m* étiologique

affect *verb* affecter *or* détériorer; **plant growth has been affected by the change in climate** = la croissance des végétaux a été affectée par le changement climatique; **acid rain affects all freshwater lakes in the area** = les pluies acides affectent tous les lacs d'eau douce de la région

affluent 1 *adjective* abondant, -e *or* riche **2** *noun (tributary river)* affluent *m*

afforest *verb* boiser *or* reboiser

◇ **afforestation** *noun* boisement *m or* reboisement *m*; **there is likely to be an increase in afforestation if the scheme is introduced** = si le projet est réalisé, le reboisement sera probablement plus important

aflatoxin *noun* aflatoxine *f*

afrormosia *noun* afrormosia *m*

aftershock *noun* aftershock *m*

Ag *chemical symbol for* SILVER

agar *or* **agar agar** *noun* agar-agar *m or* gélose *f*

agency *noun* **(a)** *(force that causes something to happen)* action *f* **(b)** *(office or organization which provides help)* agence *f*; **a famine relief agency** = agence de lutte contre la famine; **basin agency** = agence de bassin; *US* **Agency for International Development** = Agence pour le développement international

agent *noun* **(a)** *(person who acts for another, usually in another country)* agent *m or* représentant *m*; **she is the local agent for the relief organization** = elle est le représentant local de l'organisation caritative **(b)** *(chemical substance which makes another substance react)* agent *m*; **agent orange** = agent orange; **bleaching agent** = agent de blanchiment; **carcinogenic agent** = agent cancérigène; **dispersing agent** = agent de dispersion; **flocking agent** = floculant *m*; **polluting agent** = polluant *m*; **surface-active agent** = surfactant *m*; **thickening agent** = épaississant *m*

agglomerants *plural noun* agglomérants *mpl*

aggravate *verb* aggraver; **the effects of acid rain have been aggravated by the chemical runoff** = l'effet nocif des pluies acides a été aggravé par le ruissellement des produits chimiques

aggregate *noun (crushed stones used to make road surfaces)* agrégat *m*

◇ **aggregation** *noun* agrégation *f*

AGR = ADVANCED GAS-COOLED REACTOR

agri- *or* **agro-** *prefix (meaning agriculture)* agro-

◇ **agribusiness** *noun* agrobusiness *m or* les agro-industries *fpl*

◇ **agrifood industry** *noun* industrie *f* agroalimentaire

agriculture *noun* agriculture *f*

◇ **agricultur(al)ist** *noun* agriculteur *m or* agronome *m&f*

◇ **agricultural** *adjective* agricole; **agricultural engineer** = ingénieur *m* agronome *or* expert *m* agronome; **agricultural waste** = déchets *mpl* agricoles

COMMENT: the use of land to raise crops for eating first started about 10,000 years ago. All plants grown for food have been developed over many centuries from wild plants, which have been progressively bred to give the best yields in different types of environment. Genes from wild plants tend to be more hardy and resistant to disease, and are still kept in gene banks to strengthen new cultivated varieties

agrochemicals *noun* produits *mpl* chimiques destinés à l'agriculture

agroclimatology *noun* agroclimatologie *f or* climatologie *f* agricole

agro-ecology *noun* écologie *f* agricole

agroecosystem *noun* écosystème *m* agricole

agroforestry *noun* agroforesterie *f*

agronomist *noun* agronome *m&f*; **pasture agronomist** = agropastoraliste *m&f*

◇ **agronomy** *noun* agronomie *f*

AI = ACTIVE INGREDIENT, ARTIFICIAL INSEMINATION

aid 1 *noun* **(a)** *(help)* aide *f*; **first aid** = premiers secours *or* soins *mpl* de première urgence; **medical aid** = aide médicale **(b)** *(help to a developing country)* aide; **food aid to the Third World** = aide alimentaire au tiers-monde; **the country spends 7% of its gross national product on aid to Third world countries** = le pays dépense 7% de son produit national brut pour l'aide au Tiers-Monde **(c)** *(machine or tool or drug which helps)* aide *or* moyen *m*; **crop sprayers are useful aids in combating insect-borne disease** = la pulvérisation des cultures constitue une aide utile dans la lutte contre les maladies transmises par les insectes **2** *verb* aider *or* soutenir; **changing to lead-free petrol will aid the fight against air pollution** = le passage à l'essence sans plomb contribuera à la lutte contre la pollution de l'air

◇ **AID** *US* = AGENCY FOR INTERNATIONAL DEVELOPMENT

◇ **aid agency** *noun* agence *f* d'aide

◇ **aider** *or* **aid worker** *noun (person)* aide *m&f*; **first aider** = secouriste *m&f*

aim *verb* avoir l'intention (de) *or* viser; **the government aims to bring in stricter pollution controls** = le gouvernement a l'intention d'introduire des mesures plus strictes pour lutter contre la pollution

air *noun* air *m*; **children playing in the streets are breathing polluted air** = les enfants qui jouent dans la rue respirent de l'air pollué; **go for a walk in the mountain and get some fresh air** = va faire une promenade dans la montagne pour respirer le bon air; **air cleaner** = filtre *m* à air; **air conditioner** = climatiseur *m*; **air conditioning** = climatisation *f*; **air current** = courant *m* aérien; **air flow** = courant atmosphérique; **air frost** = gel *m* (de l'air); **air gasification** = gazéification *f* à l'air; **air mass** = masse *f* d'air; **air pollutant** = polluant *m* atmosphérique; **air pollution** = pollution *f* de l'air *or* pollution atmosphérique; **air pressure** = pression atmosphérique; **air purification** = purification *f* de l'air; **air quality** = qualité *f* de l'air; **air screen** = filtre *m* à air; **air stripping** = tri *m* aérolique

NOTE: where referring to a distinct mass of air, the word **parcel** is used

◇ **airborne** *adjective* en suspension dans l'air *or* emporté, -e par l'air; **airborne combustion product** = produit *m* de combustion en suspension dans l'air; **airborne pollutant** = polluant *m* transporté par le vent; **there is a high risk of airborne pollution near the factory** = le risque de pollution atmosphérique est important à proximité de l'usine

◇ **air-cooled** *adjective* à refroidissement par air

◇ **air-cooling** *noun* refroidissement *m* par air

◇ **airstream** *noun* courant *m* atmosphérique; **a westerly airstream is flowing across the country** = un vent d'ouest souffle sur le pays

COMMENT: the composition of air in the lower atmosphere is: nitrogen (78%), oxygen (21%), argon (less than 1%) and trace quantities of carbon dioxide, helium, hydrogen, krypton, neon, ozone, and xenon. Air pollution can be caused by human action such as industrial processes or smoking tobacco, but also by natural disasters such as volcanic eruptions, forest fires, etc.

Al *chemical symbol for* ALUMINIUM

Alaska *noun US (unit of measurement of the quantity of oil produced in Alaskan oilfields, needed for a certain use)* alaska *m*; **energy use in commercial buildings has fallen by almost 0.5 Alaska** = la consommation d'énergie dans les locaux commerciaux a baissé de presque 0,5 alaska; **heat conservation has eliminated fuel needs equivalent to 2 Alaskas** = les mesures de conservation de la chaleur ont fait baisser les besoins en combustible de 2 alaskas

albedo *noun* albedo *m*

COMMENT: a measurement of the ability of a surface to reflect light, shown as the proportion of solar energy which strikes the earth and is reflected back by a particular surface. Albedo is highest on light shiny surfaces such as snow. It is lowest on dark uneven surfaces, such as masses of leaves which absorb solar energy

QUOTE if cloud cover increases, the Earth's albedo can increase - clouds over the oceans contribute significantly to the overall reflectivity of the earth

Nature

aldehyde *noun* aldéhyde *m*

alder *noun* au(l)ne *m*

aldicarb *noun* aldicarbe *m*

aldrin *noun* aldrine *f*

alert *noun* alerte *f*; **pollution alert** = alerte à la pollution

aleurone *noun* aleurone *f*

alfalfa *noun* luzerne *f*

algae *plural noun* algues *fpl*; **algae bloom** *see* ALGAL BLOOM **blue-green algae** = cyanophycées *fpl or* algues bleues; **brown algae** = phaeophycées *fpl or* algues brunes; **freshwater algae** = algues d'eau douce; **green algae** = chlorophycées *fpl or* algues vertes; **marine algae** = algues marines; **red algae** = rhodophycées *fpl or* algues rouges

◇ **algaecide** *or* **algicide** *noun* algicide *m*

◇ **algal** *adjective* d'algues; **algal populations increase rapidly when phosphates are present** = la présence de phosphates entraîne une prolifération d'algues; **algal bloom** = bloom *m or* prolifération d'algues *f*; **algal control** = lutte *f* contre les algues; **algal culture** = culture *f* d'algues; **algal culture installation** = installation de culture d'algues

◇ **algoculture** *noun* algoculture *f*

COMMENT: algae grow rapidly in water which is rich in phosphates. When the phosphate level increases, as when fertilizer runoff enters the water, the algae multiply greatly to form huge floating mats (or blooms), blocking out the light and inhibiting the growth of other organisms. When the algae die, they combine with all the oxygen in the water so that other organisms suffocate

alien 1 *adjective* étranger, -ère; **a fifth of the area of the national park is under alien conifers** = un cinquième de la surface du parc national est planté de conifères introduits; **alien species, introduced by settlers as domestic animals, have brought about the extinction of some endemic species** = l'introduction d'animaux domestiques non indigènes a provoqué la disparition d'espèces endémiques **2** *noun* étranger, -ère

alimentation *noun* alimentation *f*

◇ **alimentary canal** *or* **alimentary system** *noun* appareil *m* digestif

aliphatic hydrocarbons *plural noun* hydrocarbures *mpl* aliphatiques; *compare* AROMATIC

alkali *noun* alcali *m or* base *f*

NOTE: British English plural is **alkalis,** but US English is **alkalies**

◇ **alkaline** *adjective* alcalin, -e *or* basique

◇ **alkalinity** *noun* alcalinité *f or* basicité *f*

COMMENT: alkalinity and acidity are measured according to the pH scale. pH7 is neutral, and pH8 and upwards is alkaline. One of the commonest alkalis is caustic soda, used to clear blocked drains

alkaloid 1 *adjective* alcaloïde **2** *noun* alcaloïde *m*

allele *noun (alternative form of a gene)* allèle *m*

◇ **allelopathy** *noun* allélopathie *f*

allergen *noun* allergène *m*

◇ **allergenic** *adjective* allergène; **allergenic agent** = allergène *m*; **the allergenic properties of fungal spores** = propriétés *fpl* allergènes des spores de champignon

◇ **allergic** *adjective* allergique; **allergic person** = personne *f* souffrant d'allergie; **allergic reaction to chemicals** = réaction *f* d'allergie aux produits chimiques; **she is allergic to pollen** = elle est allergique au pollen; **he showed an allergic reaction to rotting hay** = il a montré une réaction allergique au foin en décomposition

◇ **allergy** *noun* allergie *f*; **allergy to household dust** = allergie à la poussière de maison; **food allergy** = allergie alimentaire

COMMENT: allergens are usually proteins, and include foods, dust, animal hair, as well as pollen from flowers. Treatment of allergies depends on correctly identifying the allergen to which the patient is sensitive. This is done by patch tests, in which which drops of different allergens are placed on scratches in the skin. Food allergens discovered in this way can be avoided, but it is hard to avoid other common allergens like dust and pollen, and these have to be treated by a course of desensitizing injections

alleviate *verb* alléger *or* atténuer les effets; **they are trying to alleviate the water shortage in the south of the country** = on essaie de limiter les conséquences de la pénurie d'eau dans le sud du pays

◇ **alleviation** *noun* limitation *f* des effets; **flood alleviation** = lutte *f* contre les inondations *or* prévention *f* des inondations

allo- *prefix (meaning different)* allo-

◇ **allogamy** *noun* allogamie *f*

COMMENT: fertilization by pollen from different flowers or from flowers of genetically different plants of the same species. Some fruit trees are self-fertile, that is they fertilize themselves with their own pollen. Others need pollinators, usually different cultivars of the same species

allograft *or* **homograft** *noun* homogreffe *f*

allopatric *adjective* allopatrique

alloy *noun* alliage *m*

alluvium *noun* alluvion *f*
NOTE: plural is **alluvia**

◇ **alluvial** *adjective* alluvial, -e, -aux; **alluvial deposits** *or* **alluvial soils** = alluvions *fpl or* masses boueuses charriées; **alluvial mining** = extraction minière alluviale; **alluvial plain** = plaine alluviale; **alluvial silt** = boues alluviales

alpha *noun* alpha *m*; **alpha particle** = particule *f* alpha; **alpha radiation** = radiation *f* alpha; **alpha rays** = rayons *mpl* alpha; **alpha waste** = déchets *mpl* alpha

alpine *adjective* alpin, -e; **alpine plants** = plantes alpines; **alpine vegetation grows above the treeline** = la végétation alpine pousse au delà de la limite des arbres

alteration *noun (of the environment)* altération *f*

alternative *adjective* alternatif, -ive *or* différent, -e *or* de substitution; **alternative sources of energy** = sources *fpl* d'énergie de substitution *or* nouvelles sources d'énergie; **alternative medicine** = médecine *f* douce; **alternative technology** = technologie *f* douce

alti- *or* **alto-** *prefix (meaning height)* alti-

◇ **altimeter** *noun* altimètre *m*

altitude *noun* altitude *f*

◇ **altitude sickness** *noun* mal *m* de l'altitude

altocumulus *noun* altocumulus *m inv; compare* STRATOCUMULUS

altostratus *noun* altostratus *m inv*

aluminium *or US* **aluminum** *noun* aluminium *m*
NOTE: chemical symbol is **Al;** atomic number is **13**

◇ **alumina** *noun* alumine *f*; **high alumina cement** = ciment *m* alumineux

Am *chemical symbol for* AMERICIUM

ambient *adjective* ambiant, -e; **deaths from ambient monoxide poisoning are increasing** = le nombre de décès dus au monoxyde de carbone ambiant est en augmentation; **ambient noise** = bruit ambiant; **ambient quality standards** = normes *fpl* de qualité de l'air; **ambient temperature** = température ambiante

amelioration *noun* amélioration *f*; **there has been an amelioration in pollution levels** = on constate une amélioration des taux de pollution

amenity *noun* charme *m or* agrément *m*; **civic amenity site** = décharge *f* municipale; **amenity society** = association pour la sauvegarde de l'environnement

◇ **amenities** *plural noun* aménagements *mpl or* équipements *mpl* locaux; **natural amenities** = cadre *m* naturel; **public amenities** = équipements *mpl* collectifs

americium *noun* américium *m*
NOTE: chemical symbol is **Am;** atomic number is **95**

amino acid *noun* acide *m* aminé *or* aminoacide *m*; **essential amino acids** = acides aminés essentiels; **proteins are first broken down into amino acids** = les protéines sont d'abord dégradées en acides aminés

COMMENT: amino acids all contain carbon, hydrogen, nitrogen and oxygen, as well as other elements. Some amino acids are produced in the body itself, but others have to be absorbed from food. The eight essential amino acids are: isoleucine, leucine, lysine, methionine, phenylalanine, threopine, tryptophan and valine

ammonia *noun* ammoniac *m*
NOTE: chemical symbol is **NH_3**

◇ **ammonia water** *noun* eau *f* ammoniacale

COMMENT: ammonia is released into the atmosphere from animal dung. It has the effect of neutralizing acid rain, but in combination with sulphur dioxide it forms ammonium sulphate which damages the green leaves of plants

ammonification *noun* ammonification *f*

ammonium *noun* ammonium *m*

amoeba *noun* amibe *f*
NOTE: plural is **amoebae.** Note also the US spelling **ameba**

◇ **amoebiasis** *noun* amibiase *f*

◇ **amoebic** *adjective* amibien, -ienne; **amoebic dysentery** = dysenterie amibienne

◇ **amoebicide** *noun* substance *f* détruisant les amibes

amorphous *adjective* amorphe

amount *noun* quantité *f*; **the amount of pollutants that the factory is allowed to discharge into the atmosphere is carefully controlled** = la quantité de polluants que l'usine est autorisée à rejeter dans l'atmosphère est étroitement contrôlée

◇ **amount to** *verb* s'élever à; **rainfall in some areas only amounts to a few millimeters per annum** = dans certaines régions, les précipitations ne s'élèvent qu'à quelques millimètres par an; **the government's attitude amounts to a dismissal of the acid rain problem** = l'attitude du gouvernement revient à nier le problème des pluies acides

ampere *noun* ampère *m*

Amphibia *plural noun* amphibiens *mpl or* batraciens *mpl*

◇ **amphibian 1** *adjective* amphibie **2** *noun* amphibie *m*

◇ **amphibious** *adjective* amphibie

anabatic wind *noun* vent *m* anabatique

COMMENT: a wind which blows up the slope of a mountain as it is heated by the ground. The opposite is katabatic

anabolism *noun* anabolisme *m*

anadromy *noun (migration of fish)* anadromie *f*

◇ **anadromous** *adjective* anadrome; *see also* CATADROMY

anaerobe *noun* anaérobie *m*

◇ **anaerobic** *adjective* anaérobie; **anaerobic decomposition** = décomposition *f* anaérobie; **anaerobic digestion** = digestion *f* anaérobie

◇ **anaerobiosis** *noun* anaérobiose *f*
NOTE: opposite is **aerobic, aerobiosis**

analyse *verb* analyser; **the laboratory is analysing the soil samples** = le laboratoire procède à l'analyse des prélèvements de terre; **when the water sample was analysed it was found to contain traces of bacteria** = l'analyse du prélèvement d'eau a révélé la présence de quelques bactéries

◇ **analysis** *noun* analyse *f*
NOTE: plural is **analyses**

◇ **analyst** *noun* analyste *m&f*

> QUOTE the ozone layer is thinning in the northern as well as the southern hemisphere according to a new and exhaustive analysis of data
>
> *New Scientist*

ANC = ACID-NEUTRALIZING CAPACITY

anemometer *noun* anémomètre *m*

COMMENT: an instrument for measuring wind speed, an anemometer is formed of four cups at the ends of the arms of a cross-piece, which is mounted horizontally on a pivot and turns round as the wind blows; it can be linked to an anemograph, which records the wind speed on a roll of paper

aneroid barometer *noun* baromètre *m* anéroïde

angledozer *noun* angledozer *m or* bouteur *m* biais

animal 1 *adjective* animal, -e, -aux **2** *noun* animal, -aux *m*; **animal environment** = milieu *m* animal *or* zoologique

anion *noun* anion *m*

annoyance *noun* désagrément *m or* gêne *f*; **annoyance index** = indice *m* de gêne; **annoyance scale** = échelle *f* des nuisances; **annoyance score** = degré *m* de gêne; **annoyance sound level** = niveau *m* acoustique de gêne

annual 1 *adjective* annuel, -elle; *(rings of new wood formed each year in the trunk of a tree)* **annual rings** = anneaux *mpl* de croissance; *see also* DENDROCHRONOLOGY **2** *noun* plante *f* annuelle

COMMENT: as a tree grows, the wood formed in the spring has more open cells than that formed in later summer. The difference in texture forms the visible rings. Note that in tropical countries, trees grow all the year round and so do not form rings

anomaly *noun* anomalie *f*; **magnetic anomaly** = anomalie magnétique

anopheles *noun* anophèle *m*

anoxia *noun* anoxie *f*

◇ **anoxic** *adjective* anoxique

anoxybiosis *noun* anoxybiose *f*

antacid *adjective* alcalin, -e *or* antiacide

Antarctic 1 *adjective* antarctique; **Antarctic air** = air *m* antarctique; **the Antarctic Circle** = le cercle antarctique **2** *noun* l'Antarctique *m*

◇ **Antarctica** *noun* l'Antarctique *m*

anther *noun* anthère *f*

anthracite *noun* anthracite *m*

◇ **anthracosis** *noun* anthracose *f*

anti- *prefix (meaning against)* anti-; **anticondensation paint** = peinture *f* anticondensation; **anti-pollution legislation** = législation *f* antipollution; **antipredator nets** = filets *mpl* antiprédateurs

antibacterial *adjective* antibactérien, -ienne

antibiotic 1 *adjective* antibiotique **2** *noun* antibiotique *m*; **he was given a course of antibiotics** = on lui a donné un traitement d'antibiotiques; **antibiotics are no use against viral diseases** = les antibiotiques sont inutiles en cas de maladie virale; **broad spectrum antibiotics** = antibiotiques à large spectre

COMMENT: penicillin is one of the commonest antibiotics, together with streptomycin, tetracycline, erythromycin and many others. Although antibiotics are widely and successfully used, new forms of bacteria have developed which are resistant to them

antibody *noun* anticorps *m*

anticaking additive *noun* anti-agglomérant *m*

anticline *noun (in rock formations)* anticlinal, -aux *m; compare* SYNCLINE

anticyclone *noun* anticyclone *m*; **winds circulate round an anticyclone clockwise in the Northern Hemisphere and anticlockwise in the Southern** = autour d'un anticyclone, la circulation du vent s'effectue dans le sens des aiguilles d'une montre dans l'hémisphère Nord, et dans le sens inverse dans l'hémisphère Sud

◇ **anticyclonic** *adjective* anticyclonal, -e, -aux *or* anticyclonique; **anticyclonic gloom** = obscurité *f* anticyclonique

◇ **anticyclonically** *adverb* de mode anticyclonique

antidote *noun* antidote *m*; **there is no satisfactory antidote to cyanide** = il n'existe pas de véritable antidote au cyanure

antifoam *noun* antimousse *m*

◇ **anti-foaming agent** *noun* agent *m* antimousse

antifouling (paint) *noun* peinture *f* antifouling; *see also* TBT

antifungal *adjective* antifongique

antihistamine (drug) *noun* antihistaminique *m*

antiknock additive *noun* additif *m* antidétonant

COMMENT: substance (such as tetraethyl lead) which is added to petrol to prevent "knocking". Antiknock additives increase the power of petrol, but create dangerous lead pollution through exhaust fumes

antimalarial 1 *adjective* antipaludique **2** *noun* thérapeutique *f* antipaludique

antioxidant *noun* antioxydant *m*

COMMENT: substance which prevents oxidation, used to prevent materials such as rubber from deteriorating; also added to processed food to prevent oil going bad (in the EC, antioxidant food additives have E numbers E300 - 321)

antipodes *plural noun* antipodes *mpl*

antiseptic 1 *adjective* antiseptique; **she gargled with an antiseptic mouthwash** = elle s'est fait un gargarisme avec un produit antiseptique **2** *noun* antiseptique *m*; **the nurse painted the wound with antiseptic** = l'infirmière a badigeonné la plaie avec un antiseptique

antiserum *noun* antisérum *m*
NOTE: plural is **antisera**

antivenene *or* **antivenom (serum)** *noun* sérum *m* antivenin

anvil (top) *noun (cloud formation)* enclume *f*

AOM = ACTIVE ORGANIC MATTER

AONB = AREA OF OUTSTANDING NATURAL BEAUTY

aphid *noun* puceron *m*; **analysis of the effects on the aphid population showed a 19% increase in the rate of production** = l'analyse des effets sur la population de pucerons a indiqué une augmentation de 19% du taux de production

aphotic zone *noun (water below about 1,500 m, so deep that sunlight cannot penetrate it)* zone *f* aphotique

API = AMERICAN PETROLEUM INSTITUTE **API scale** = échelle *f* API

aposematic *adjective* aposématique

apparatus *noun* appareils *mpl or* équipement *m*
NOTE: no plural: **a piece of apparatus; some new apparatus**

appliance *noun* appareil *m*; **domestic electrical appliances** = appareils ménagers *or* appareils électro-ménagers

application *noun* **(a)** *(asking for a job)* candidature *f*; **if you are applying for the job, you must fill in an application form** = si vous vous présentez à ce poste, il vous faut remplir une fiche de candidature **(b)** *(putting a substance on)* application *f*; **two applications of the pesticide should be sufficient to keep most pests off** = deux applications de ce pesticide devraient suffire pour éloigner la plupart des insectes nuisibles

apply *verb* **(a)** *(to put a substance on)* appliquer (une substance); **the fungicide should be applied in early spring** = le fongicide doit être appliqué au début du printemps **(b)** *(to refer to)* s'appliquer à *or* se rapporter à; **this order applies to all producers of the pesticide** = la consigne concerne tous les fabricants de ce pesticide

◇ **apply for** *verb* demander *or* poser sa candidature à; **she applied for a job in an environmental health department** = elle a posé sa candidature à un poste dans un département d'hygiène du milieu

approach **1** *noun* approche *f*; **the government has adopted a radical approach to the problem of desertification** = le gouvernement a abordé le problème de la désertification de manière radicale **2** *verb* approcher *or* s'approcher de; **do not approach the deer in the mating season** = il ne faut pas s'approcher des cerfs pendant la période du rut; **the sand dunes are approaching the forest area** = les dunes progressent vers la forêt

appropriate *verb* s'approprier; **the town council has appropriated the site for a car park** = le conseil municipal a acquis le site pour en faire un parking

appropriate technology *noun* technologie *f* appropriée *or* adaptée à l'environnement; **biomethanation seems an eminently appropriate technology for use in rural areas** = il semble que la biométhanisation constitue une technologie remarquablement appropriée dans les zones rurales

> COMMENT: in many parts of world, devices to help the local population cultivate the land can be made out of simple pipes or pieces of metal. Expensive tractors may not only be unsuitable for the terrain involved, but also use fuel which costs more than the crops produced

aqu- *prefix (meaning water)* aqua- *or* aqui-

◇ **aquaculture** *or* **aquiculture** *noun* aquaculture *f or* aquiculture *f*

◇ **aquafarming** *noun* aquaculture *f*

◇ **aquarium** *noun* aquarium *m; see also* -ARIUM

◇ **aquatic** *adjective* aquatique; **aquatic animals** = animaux *mpl* aquatiques

◇ **aquiclude** *noun* aquiclude *m or* couche *f* imperméable

◇ **aquifer** *noun* aquifère *m*; **confined aquifer** = aquifère captif; **unconfined aquifer** = aquifère libre

Ar *chemical symbol for* ARGON

arable *adjective* arable *or* cultivable; **arable farming** = culture *f*; **arable soil** = terres *fpl* cultivables

arachidonic acid *noun* acide *m* arachidonique

Arachnida *plural noun* arachnides *mpl*

COMMENT: a class of animals with eight legs (such as spiders, mites, etc.). Arachnida have pincers on the first pair of legs. Their bodies are divided into two parts, and they have no antennae

arbor- *prefix (meaning trees)* arbor-

◇ **arboreal** *adjective* arboricole; **arboreal animals** = animaux *mpl* arboricoles

◇ **arboretum** *noun* arboretum *m*

◇ **arboricide** *noun* arboricide *m*

◇ **arboriculture** *noun* arboriculture *f*

◇ **arborist** *noun* arboriculteur, -trice

arbovirus *noun* arbovirus *m*

archipelago *noun* archipel *m*

Arctic **1** *adjective* arctique; **Arctic air** = air *m* arctique; **the Arctic Circle** = le cercle arctique **2** *noun* **the Arctic** = l'Arctique *m*

area *noun* **(a)** *(measurement of space)* aire *f or* superficie *f*; **to measure the area of the field you must multiply the length by the width** = pour obtenir la superficie du champ, il faut multiplier la longueur par la largeur; **the desert covers an area of 2,500 square miles** = le désert s'étend sur 3500 kilomètres carrés **(b)** *(region of land)* région *f or* zone *f*; **the whole area has been contaminated by waste from the power station** = toute la région a été contaminée par les déchets de la centrale électrique; **Area of Outstanding Natural Beauty (AONB)** = site *m* naturel classé; **catchment area** = bassin *m* hydrographique *or* bassin versant; *(of plants and animals)* **distribution area** = aire *f* de répartition; **drainage area** = aire de drainage; **mining subsidence area** = région *f* d'affaissement; **pedestrian area** = zone *f* piétonne; **storage area** = zone de stockage; **urban area** = agglomération *f*

arete *noun (of mountain)* arête *f*

argon *noun* argon *m*
NOTE: symbol is **Ar;** atomic number is **18**

arid *adjective* aride; **arid zone** = zone aride

◇ **aridity** *noun* aridité *f*

-arium *suffix (meaning a display, usually involving water)* **dolphinarium** = aquarium *m* pour dauphins; **herbarium** = herbier *m*; **oceanarium** = aquarium pour animaux marins

aromatic **1** *adjective (of organic compound)* aromatique; **aromatic compound** = composé *m* aromatique **2** *noun* composé *m* aromatique; **aromatics** = carbures *mpl* aromatiques

array *noun (group)* batterie *f*; **solar array** = *noun* générateur *m* photovoltaïque

arrester *noun* capteur *m*; **lightning arrester** = prise *f* antifoudre

arroyo *noun* arroyo *m; compare* WADI

arsenic *noun* arsenic *m*
NOTE: symbol is **As;** atomic number is **33**

◇ **arsenical** *noun* arsenical, -e, -aux

artefact *or US* **artifact** *noun* objet *m* fabriqué

artesian spring *or* **artesian well** *noun* puits *m* artésien

artificial *adjective* artificiel, -elle; **artificial community** = communauté artificielle; **artificial insemination (AI)** = insémination artificielle; **artificial rain** = pluie artificielle *or* pluie provoquée

As *chemical symbol for* ARSENIC

asbestos *noun* amiante *m*; **asbestos cement** = amiante-ciment *m*; **asbestos fibre** = fibre *f* d'amiante

◇ **asbestosis** *noun* asbestose *f*

COMMENT: asbestos was formerly widely used in cement and cladding and other types of fireproof construction materials; it is now recognised that asbestos dust can cause many lung diseases, leading in some cases to forms of cancer, with the result that constructions containing asbestos are being demolished or rebuilt with alternative materials

ascorbic acid *noun* acide *m* ascorbique

asepsis *noun* asepsie *f*

◇ **aseptic** *adjective* aseptique; **it is important that aseptic techniques should be used in microbiological experiments** = il est important d'utiliser des techniques d'asepsie en microbiologie; **aseptic surgery** = chirurgie aseptique; *compare* ANTISEPTIC

asexual *adjective* asexué, -e; **asexual reproduction** = reproduction asexuée

ash *noun* **(a)** *(tree)* frêne *m* **(b)** *(residue from a fire)* cendre *f*; **ash content of a fuel** = résidu en cendre d'un combustible; **fly ash** = cendres volantes; **incineration ash** = résidus de combustion; **volcanic ash** = cendre volcanique

◇ **ash-bin** *noun* boîte *f* à ordures *or* poubelle *f*

◇ **ash can** *noun US* poubelle *f*

◇ **ash man** *noun US* éboueur *m*

aspen *noun (tree)* tremble *m*

asphalt *noun* asphalte *m*

COMMENT: asphalt is found naturally in tar sands, but is also manufactured as a by-product of petroleum distillation. It is used, when melted, to paint on roofs to make them waterproof *or* to mix with aggregate to make hard road surfaces

assess *verb* évaluer

◇ **assessment** *noun* évaluation *f*; **impact assessment** = évaluation de l'impact; **risk assessment** = évaluation des risques

assimilate *verb* assimiler

◇ **assimilation** *noun* assimilation *f*

associate *verb* associer; **the government is closely associated with the project** = le gouvernement est étroitement associé au projet; **associated communes** = communes *fpl* regroupées

◇ **association** *noun* association *f*; **biological association** = biocénose *f*

astatine *noun* astate *m*
NOTE: chemical symbol is **At**; atomic number is **85**

aster *noun (structure shaped like a star, seen around the centrosome during cell division)* aster *m*

asthenosphere *noun* asthénosphère *f*

asthma *noun* asthme *m*

asulam *noun (herbicide)* asulame

At *chemical symbol for* ASTATINE

Atlantic *adjective* atlantique; **Atlantic Ocean** = océan Atlantique; **North Atlantic Drift** = dérive *f* nord atlantique

atmosphere *noun* **(a)** *(gaseous zone)* atmosphère *f* **(b)** *(unit of measurement)* atmosphère *f*

◇ **atmospheric** *adjective* atmosphérique; **atmospheric pressure** = pression *f* atmosphérique; **atmospheric pressure zones** = zones *fpl* de pression atmosphérique

COMMENT: the atmosphere surrounds the earth to a depth of several thousand kilometres, but is concentrated in the 20 kilometres immediately above the planet's surface. Its pressure decreases with height. The atmosphere is divided into various layers or zones: troposphere, stratosphere, mesosphere and thermosphere. Atmospheric pressure zones are bands of high and low pressure running round the earth (high pressure near the poles, low pressure between 40 and 70 degrees latitude north and south, high pressure along the 30 degrees latitude line in the subtropics, then low pressure again around the equator).

atoll *noun* atoll *m*

atom *noun* atome *m*; **atom bomb** = bombe *f* atomique

◇ **atomic** *adjective* atomique *or* nucléaire; **atomic energy** = énergie *f* nucléaire; **atomic fission** = fission *f* nucléaire; **atomic fusion** = fusion *f* nucléaire; **atomic number** = nombre *m or* numéro *m* atomique; **atomic pile** = pile *f* atomique; **atomic power station** = centrale *f* nucléaire; **atomic warfare** = guerre *f* nucléaire; **atomic waste** = déchets *mpl* nucléaires; **atomic-powered** = (fonctionnant à l'énergie) nucléaire

◇ **Atomic Energy Authority (UKAEA)** *noun GB* Commissariat *m* à l'énergie atomique

◇ **Atomic Energy Commission (AEC)** *noun US* Commissariat *m* à l'énergie atomique

COMMENT: each atom consists of protons and neutrons grouped together to form a nucleus, and electrons which surround the nucleus. Atomic energy is produced from the fission of atoms of uranium-235. One of the problems associated with the production of energy is the radioactive waste produced by nuclear reactors. This takes various forms: it can be gas (such as krypton or xenon), water from cooling processes, or spent fuel rods

atomize *verb* atomiser

◇ **atomizer** *noun* atomiseur *m*

attract *verb* attirer

◇ **attractant** *noun* attractif *m*; **sexual attractant** = attractif sexuel

◇ **attraction** *noun* attraction *f*

Au *chemical symbol for* GOLD

audio- *prefix (meaning hearing)* audio-

◇ **audiogram** *noun* audiogramme *m*

◇ **audiometer** *noun* audiomètre *m*

Audubon Society *proper noun US (society whose aims are the conservation of wildlife, especially birds)* Société *f* Audubon (de protection de la nature et plus particulièrement des oiseaux)

aureole *noun (round the sun)* auréole *f*

auriferous *adjective* aurifère

aurora australis *or* **aurora borealis** *noun* aurore *f* australe *or* aurore boréale

Australasian Region *noun* région *f* australasienne

autecology *noun* autécologie *f; compare* SYNECOLOGY

authority *noun* autorité *f*; **local authority** = collectivité *f* locale; *(in Scotland)* **regional authority** = collectivité régionale; **district authorities** = autorités régionales; **public authorities** = autorités publiques

auto- *prefix (meaning self)* auto-

◇ **autoecology** *noun* autoécologie *f*

◇ **autogamy** *noun* autogamie *f*

◇ **autolysis** *noun* autolyse *f*

◇ **autonomic nervous system** *noun* système *m* nerveux autonome

◇ **autotroph** *noun* autotrophe *m; compare* HETEROTROPH

◇ **autotrophic organism** *noun* autotrophe *m or* organisme *m* autotrophe

autumn *noun* automne *m*

◇ **autumnal** *adjective* automnal, -e, -aux *or* d'automne; **autumnal equinox** = équinoxe *m* d'automne

auxin *noun* auxine *f*

availability *noun* apport *m or* disponibilité *f*; **nutrient availability** = apport nutritif; **solar energy availability** = ressources *fpl* énergétiques solaires

◇ **available** *adjective* disponible

avalanche *noun* avalanche *f*; **avalanche wind** = vent d'avalanche

average 1 *adjective* moyen, -enne; **average density** = densité moyenne **2** *noun* moyenne *f*

Aves *plural noun* oiseaux *mpl*

◇ **avicide** *noun* avicide *m*

◇ **avifauna** *noun* avifaune *f*

COMMENT: birds are closely related to reptiles, and have scales on their legs. Their forelimbs have developed into wings

azo dyes *plural noun* colorants *mpl* azoïques

COMMENT: many of the azo dyes (such as tartrazine) provoke allergic reactions; some are believed to be carcinogenic

Bb

B 1 *chemical symbol for* BORON **2** *see* VITAMIN

Ba *chemical symbol for* BARIUM

bacillus *noun* bacille *m*
NOTE: plural is **bacilli**

◇ **bacillary** *adjective* bacillaire; **bacillary dysentery** = dysenterie *f* bacillaire

back *verb (of wind)* tourner dans le sens inverse des aiguilles d'une montre
NOTE: the opposite is **veer**

background *noun* contexte *m or* milieu *m*; **background carboxyhaemoglobin level** = concentration *f* normale de carboxyhémoglobine dans le sang; **background concentration** = concentration *f* de fond; **background level** = niveau *m* de fond; **background noise** = bruit *m* de fond; **background pollution** = pollution *f* de fond; **background radiation** = radioactivité *f* naturelle *or* radioactivité de base

COMMENT: background radiation can depend on the geological structure of the area. Places above granite are particularly subject to high levels of radiation. Other sources of background radiation are: cosmic rays from outer space, radiation from waste products of nuclear power plants which has escaped into the environment, radiation from TV and computer screens

backscatter 1 *noun* rétrodiffusion *f*; **backscatter contributes to an increase in albedo** = la rétrodiffusion contribue à l'accroissement de l'albedo **2** *verb* rétrodiffuser; **a proportion of incoming solar radiation is backscattered by air in the atmosphere** = une partie des radiations solaires est rétrodiffusée par l'air dans l'atmosphère

backshore *noun* haute *f* plage

backwater *noun* **(a)** *(in a stream)* bras *m* mort **(b)** eaux *fpl* de remous

bacteria *plural noun* bactéries *fpl*; **bacteria beds** = lits *mpl* bactériens; **oil-eating bacteria** = bactéries mangeuses de pétrole
NOTE: the singular is **bacterium**

◇ **bacterial** *adjective* bactérien, -ienne; **bacterial contamination** = infection bactérienne; **bacterial strain** = souche bactérienne

◇ **bactericidal** *adjective* bactéricide

◇ **bactericide** *noun* bactéricide *m*

◇ **bacteriophage** *noun* bactériophage *m*

COMMENT: bacteria can be shaped like rods (bacilli), like balls (cocci) or have a spiral form (such as spirochaetes). Bacteria, especially bacilli and spirochaetes, can move and reproduce very rapidly

badlands *plural noun (in North and South America)* terres *fpl* incultes *or* bad-lands *mpl*

bag *noun (filter to remove particles of matter from waste gas)* sac *m*

balance *noun* bilan *m or* équilibre *m*; **energy balance** = bilan énergétique; **heat balance** = bilan thermique; **the balance of nature** *or* **ecological balance** = l'équilibre écologique; **the balance of the biotope** = le bilan écologique; **to disturb the balance of nature** = perturber l'équilibre écologique; **water balance** = bilan hydrologique *or* équilibre hydrique; **water-salt balance** = équilibre hydrosalin

baleen *noun* fanon *m*; **baleen whales** = mysticètes *m or* cétacés *mpl*

COMMENT: the baleen whales (which are the larger of the two groups of whales, the others being the toothed whales or Odontoceti) live on plankton and other tiny marine animals. They eat by sucking in huge quantities of water, and then forcing it out with their tongues through the baleen, which catches the plankton for the whales to eat

ballast *noun* ballast *m*; **solid state ballast lamp** = lampe *f* résistance à semi-conducteur

balsa wood *noun* balsa *m*

ban 1 *noun* interdiction *f*; **nuclear test ban** = interdiction des essais nucléaires **2** *verb* interdire; **the United States have banned the use of CFCs in aerosols** = les Etats-Unis ont interdit l'utilisation des CFC dans les aérosols; **smoking is banned in most restaurants** = il est interdit de fumer dans la plupart des restaurants

band (a) *(of rocks)* bande *f* **(b)** *(of frequncies)* bande *f* de fréquences; **the telephone voice band is between 300 and 3400 Hz** = la bande de fréquences vocales du téléphone se situe entre 300 et 3400 Hz

◇ **banded** *adjective (rocks)* zoné, -e

bank 1 *noun* **(a)** *(of river)* bord *m or* rive *f*; **the banks** = le rivage **(b)** *(of sand or snow)* banc **(c)** *(of blood, etc.)* banque *f*; *see also* BLOOD BANK, EYE BANK, GENE BANK, SPERM BANK **(d)** *(for waste)* conteneur *m* de collecte; *see also* BOTTLE BANK, CAN BANK **2** *verb (of a furnace)* couvrir

bar *noun* **(a)** *(of sand)* barre *f*; **longshore bar** = cordon *m* littoral; **sandbar** = barre de sable **(b)** *(unit of measure of atmospheric pressure)* bar *m*

barium *noun* baryum *m*; **barium concrete** = béton *m* à granulats lourds (protection contre les rayonnements)
NOTE: symbol is **Ba**; atomic number is **56**

bark *noun* **(a)** *(of trees)* écorce *f* **(b)** *(of dogs or foxes)* aboiement *m or* glapissement *m*

barley *noun* orge *f*

baro- *prefix (referring to atmospheric pressure)* baro-

◇ **barograph** *noun* barographe *m*

◇ **barometer** *noun* baromètre *m*; **aneroid barometer** = baromètre anéroïde; **mercury barometer** = baromètre à mercure

◇ **barometric** *adjective* barométrique; **barometric corrections** = corrections *fpl* barométriques; **barometric pressure** = pression *f* barométrique

◇ **barometrically** *adverb* barométriquement

barrage *noun* barrage *m*

COMMENT: the advantages of building barrages to harness tidal power are that they are economical to run and use no fuel. They do pose particular environmental problems (as do all dams) in that they may change the ecosystem of the surrounding countryside. In the case of a barrage, it would have an effect on the estuary marshlands, on the river behind the barrage, and possibly on the movement of coastal silt by the tides

QUOTE the barrage would cost more to build than a conventional or nuclear plant, but it could run for a century or more with only minor engineering attention
Environment Now

barrel *noun* **(a)** *(large round container for liquids such as beer, wine, oil)* tonneau *m* **(b)** *(amount of crude oil contained in a standard barrel, = 42 US gallons)* baril *m* (de pétrole)

barren *adjective* aride *or* stérile

◇ **Barren Grounds** *or* **Barren Lands** *plural noun* toundras *fpl* du Canada septentrional

◇ **barren waters** *plural noun* eaux *fpl* peu peuplées

barrier *noun* barrière *f or* obstacle *m*; **barrier beach** *or* **barrier island** = barre *f* côtière; **barrier reef** = récif-barrière *m*; **biotic barrier** = barrière biotique; **floating barrier** = barrage *m* flottant; **noise barrier** = écran *m* acoustique; **sound barrier** = mur *m* du son

basal *adjective* de base *or* basal, -e, -aux; *(area of woodland actually covered by the trunks of trees)* **basal area** = recouvrement basal; *(of person)* **basal metabolism** *or* **basal metabolic rate (BMR)** = métabolisme basal

basalt *noun* basalte *m*

◇ **basaltic** *adjective* basaltique; **most volcanic lava is basaltic** = la lave volcanique est en grande partie basaltique

base 1 *noun* **(a)** *(bottom part)* base *f*; **the pituitary gland hangs down from the base of the brain** = la glande pituitaire (l'hypophyse) se trouve à la base du cerveau; **base level** = niveau *m* de base; **base unit** = unité *f* de base **(b)** *(main ingredient)* base *f* **(c)** *(chemistry)* base *f*; **base chemical** = base **2** *verb* baser *or* fonder; **statistics based on information gathered from several monitoring stations** = statistiques établies à partir d'informations recueillies dans plusieurs stations de contrôle

◇ **basement** *noun (lowest level of rocks)* socle *m or* soubassement *m*

basic *adjective* **(a)** de base *or* élémentaire; **you should know basic maths if you want to work in a shop** = il faut un minimum de connaissances en maths si on veut travailler dans un magasin; **basic research** = recherche *f* fondamentale **(b)** *(geology)* basique; **basic rock** = roche ignée; **basic slag** = scorie *f* basique **(c)** *(chemistry)* basique; **basic salt** = sous-sel *m or* sel basique

basin *noun* **(a)** *(large low area of land, drained by a large river system)* bassin *m*; **thousands of tributaries drain into the Amazon basin** = des milliers d'affluents se jettent dans le bassin amazonien; **a ring of volcanoes around the edge of the Pacific basin** = un arc volcanique qui borde le bassin du Pacifique; **catchment basin** = bassin hydrographique *or* bassin versant; **coal basin** = bassin houiller; **ground water basin** = bassin hydrogéologique; **river basin** = bassin fluvial *or* bassin hydrographique **(b)** *(in treatment works)* **sedimentation** *or* **settling basin** = bassin de décantation; **storage basin** = réservoir de distribution

Batesian mimicry *noun* mimétisme *m* batésien

bathy- *prefix (referring to the deep part of the seabed)* bathy-

◇ **bathyal** *adjective* bathyal, -e, -aux

◇ **bathylimnetic** *adjective* de zone profonde

battery *noun* **(a)** *(electric)* accumulateur *m or* batterie *f or* pile *f*; **battery-operated** = fonctionnant avec des piles; **electric battery** = pile électrique; **the calculator runs on batteries** = la calculette fonctionne avec des piles; **a battery-powered car** = une voiture électrique **(b)** *(farming)* en batterie *or* intensif, -ive; **battery farming** = élevage en batterie; **battery hen** = poule de batterie. See also FREE-RANGE EGGS

> COMMENT: a method of egg production which is very energy-efficient. It is criticized, however, because of the quality of the eggs, the possibility of disease and the polluting substances produced, and also on grounds of cruelty because of the stress caused to the birds.

bauxite *noun* bauxite *f*

bay *noun (coastline)* baie *f*

Be *chemical symbol for* BERYLLIUM

beach *noun* grève *f or* plage *f*; *(wave)* **beach comber** = houle déferlante; **beach sediment** = sédiment *m* de rivage; **pebble beach** = plage de galets; **sand(y) beach** = plage de sable

Beaufort scale *noun* échelle *f* de Beaufort; **the meteorological office has issued a warning of force 12 winds** = la météo a lancé un avis de tempête force 12
NOTE: used in weather forecasts, as an indication of the force of the wind: **"gales force 8, northerly"**

> COMMENT: the Beaufort scale was devised in the 18th century by a British admiral. The descriptions of the winds, and their speeds in knots are: 0: calm (0 knots); 1: light air (2 knots); 2: light breeze (5 knots); 3: gentle breeze (9

knots); 4: moderate breeze (13 knots); 5: fresh breeze (19 knots); 6: strong breeze (24 knots); 7: near gale (30 knots); 8: gale (37 knots); 9: strong gale (44 knots); 10: storm (52 knots); 11: violent storm (60 knots); 12: hurricane (above 60 knots)

becquerel *noun* becquerel *m*
NOTE: now used in place of the **curie.** See also **rad.** Becquerel is written **bq** with figures: **200bq**

bed *noun* **(a)** *(bottom of river or sea)* lit *m or* fond *m*; **a fish which feeds on the seabed** = un poisson qui se nourrit sur les fonds marins; **the river bed is choked with weeds** = le lit de la rivière est encombré d'algues **(b)** *(layer of sediment or rock)* couche *f or* gisement *m*; **the cliffs show clearly several beds of sandstone** = on voit clairement plusieurs couches de grès sur les falaises

◇ **bedding** *noun* stratification *f*

◇ **bedrock** *noun* bed-rock *m or* roche *f* de fond *or* roche *f* sous-jacente *or* soubassement *m*

beech *noun* hêtre *m*

beetle *noun* coléoptère *m*

◇ **black beetle** *noun* cancrelat *m*

behaviour *noun* comportement *m*

◇ **behavioural** *adjective* comportemental, -e, -aux; **behavioural scientist** = béhavioriste *m&f*

◇ **behaviourism** *noun* béhaviorisme *m*

below *preposition* **(a)** *(lower than)* sous *or* au-dessous de; **below freezing** = au-dessous de zéro; **below sea-level** = au-dessous du niveau de la mer **(b)** *(on river)* en aval de; **the Thames below London** = la Tamise en aval de Londres

belt *noun* ceinture *f*; **(outer) green belt** = ceinture verte périphérique

benthos *noun (bottom of sea)* benthos *m*

◇ **benthon** *or* **benthic organism** *noun* organisme *m* benthique; **benthic fauna** = faune *f* benthique

benzene *noun* benzène *m*

◇ **benzene hexachloride (BHC)** *noun* hexachlorocyclohexane *m*

◇ **benzpyrene** *noun* benzopyrène *m or* pyrène *m* benzoïque

beriberi *noun* béribéri *m*

COMMENT: a disease of the nervous system caused by lack of vitamin B_1; beriberi is prevalent in tropical countries where the diet is mainly white rice which is deficient in thiamine

berry *noun* baie *f or* fruit *m* baccien

beryllium *noun* béryllium *m*
NOTE: chemical symbol is **Be;** atomic number is **4**

◇ **berylliosis** *noun* bérylliose *f*

Bessemer process *noun* bessemérisation *f*

COMMENT: the process involves heating molten metal and blowing air into it at the same time; this is done in a type of furnace called a Bessemer converter. The process is used to remove phosphorus and carbon from pig iron. The air forms iron oxide, which removes impurities from the molten metal, including carbon monoxide which burns off. Finally manganese is added to the metal to remove the iron oxide

beta *noun* bêta *m*; **beta decay** = désintégration *f* bêta; **beta particle** = particule *f* bêta; **beta radiation** = rayons *mpl* bêta

BHC = BENZENE HEXACHLORIDE

Bhopal *noun (town in India, scene of an accident in 1984, where lethal methyl isocyanate gas escaped from a chemical plant and caused many casualties)* Bhopal

BHT = BUTYLATED HYDROXYTOLUENE

bicarbonate *noun* bicarbonate *m*

biennial **1** *adjective* bisannuel, -elle **2** *noun* plante *f* bisannuelle

bight *noun (on coast)* anse *f or* baie *f*

Bilharzia *or* **Schistosoma** *noun* bilharzie *f*

◇ **bilharziasis** *or* **schistosomiasis** *noun* bilharziose *f or* schistosomiase *f*
NOTE: although strictly speaking, **Bilharzia** is the name of the fluke, it is also generally used for the name of the disease: **bilharzia patients; six cases of bilharzia**

COMMENT: the larvae of the fluke enter the skin through the feet and lodge in the walls of the intestine or bladder. They are passed out of the body in stools or urine and return to water, where they lodge and develop in water snails before going back into humans. Patients suffer from fever and anaemia

billion *noun* **(a)** *GB* billion *m* **(b)** *US* milliard *m*

bin *noun* **(a)** *(for domestic waste)* **(dust)bin** = boîte *f* à ordures *or* poubelle *f* (NOTE: US English is **trash can**) **(b)** **storage bin** = silo *m* de stockage

binding agent *noun* agglomérant *m or* liant *m*

binomial classification *noun* classification *f* binomiale

COMMENT: a way of naming living organisms, devised by Linnaeus, using two Latin names. The first name is the name of the genus or generic name, and the second or specific name is the name of the species; so the species man is *Homo sapiens*, the house sparrow is *Passer domesticus*, and the redwood is *Sequoia sempervirens*. A third name can be added to indicate a subspecies

bio- *prefix (referring to living organisms)* bio-

bioaccumulation *noun* bioaccumulation *f*

bioaeration *noun* bioaération *f*

bioassay *noun* bioessai *m or* essai biologique

biochemical *adjective* biochimique; **biochemical oxygen demand (BOD)** = demande *f* biochimique en oxygène (DBO); **the main aim of sewage treatment is to reduce the BOD of the liquid** = le but principal du traitement des eaux usées est de réduire la DBO du liquide

COMMENT: diluted sewage passed into rivers contains dissolved oxygen which is absorbed by bacteria as they oxidize the pollutants in the sewage. The oxygen is replaced by oxygen from the air. Diluted sewage should not absorb more than 20ppm of dissolved oxygen

biochemist *noun* biochimiste *m&f*

◇ **biochemistry** *noun* biochimie *f*

biocide *noun* biocide *m*; **biocide pollution** = pollution *f* par les biocides; **biological effects of biocides in surface waters** = effets *mpl* biologiques des biocides sur les eaux de surface; **biocides used in agriculture run off into lakes and rivers** = les biocides utilisés en agriculture ruissellent dans les lacs et les rivières

bioclimatology *noun* bioclimatologie *f*

biocoenosis *noun* biocénose *f*; **benthic biocoenosis** *or* **marine biocoenosis** = biocénose benthique *or* biocénose marine

biocoenotics *noun* biocénotique *f*

bioconcentration *noun* bioconcentration *f*

biocontrol *or* **biological control** *noun* lutte *f* biologique

bioconversion *noun* bioconversion *f*

biodegradibility *noun* biodégradabilité *f*

◇ **biodegradable** *adjective* biodégradable; **biodegradable packaging** = emballage *m* biodégradable; **organochlorines are not biodegradable and enter the food chain easily** = les composés organochlorés ne sont pas biodégradables et pénètrent facilement dans la chaîne alimentaire

◇ **biodegradation** *noun* biodégradation *f*

> QUOTE human sewage is a totally biodegradable product, and sea and sunlight will break it down through the natural process of oxidation
> *Environment Now*

biodetergent *noun* détergent *m* biologique

biodynamics *noun* biodynamique *f*

bioecology *noun* synécologie *f*

bioenergetics *noun* bioénergétique *f*

bioengineering *noun* génie *m* biologique

biofuel *noun* biocombustible *m or* combustible *m* organique

> COMMENT: the use of biofuels for domestic heating may be a way of disposing of refuse, but it carries the risk of adding to air pollution, since the biomass itself may pollute

biogas *noun* biogaz *m*; **farm biogas systems may be uneconomic unless there is a constant demand for heat** = les systèmes biogaz des fermes peuvent ne pas être rentables si la demande en chaleur n'est pas constante; **the use of biogas systems in rural areas of developing countries is increasing** = on note un accroissement de l'utilisation de systèmes biogaz dans les zones rurales des pays en voie de développement

biogeochemical *adjective* biogéochimique

◇ **biogeochemistry** *noun* biogéochimie *f*

biogeographer *noun* biogéographe *m&f*

◇ **biogeographical region** *noun* région *f* biogéographique

biogeosphere *noun* biogéosphère *f*

bioinsecticide *noun* bioinsecticide *m or* insecticide *m* biologique

biological *adjective* biologique; **biological age** = âge *m* biologique; **biological clock** *or* **circadian rhythm** = horloge *f* biologique; **biological control** *or* **biocontrol** = lutte *f* biologique *or* contrôle *m* biologique; **biological detergent** *or* **biological soap powder** = détergent *m* biologique *or* lessive *f* aux enzymes; **biological energy conversion** = bioconversion *f*; **biological half-life** = demi-vie *f or* période *f* biologique; **biological indicator** = indicateur *m* biologique *or* bioindicateur *m*; **biological magnification** = amplification *f* biologique *or* magnification *f* biologique; **biological monitoring** = contrôle *m* écologique; **biological oxygen demand (BOD)** = demande *f* biologique en oxygène (DBO); **biological productivity** = productivité *f* biologique

> COMMENT: biological control of insects involves using bacteria, viruses, parasites and predators to destroy the insects. Plants can be controlled by herbivorous animals such as cattle

biologist *noun* biologiste *m&f*

biology *noun* biologie *f*

biomass *noun* biomasse *f*

biome *noun* biome *m*

> COMMENT: a large ecological region characterized by similar vegetation and climate, such as the deserts, the tundra, etc., and all the living organisms in it. The ten principal biomes are: mountain and polar regions, tropical rainforest, grasslands, deserts, temperate forests, monsoon forests, deciduous forests, coniferous forests and evergreen shrub forests

biometeorology *noun* biométéorologie *f*

biomethanation *noun* biométhanisation *f*

> QUOTE biomethanation is attractive for use in rural areas for several reasons: it is an anaerobic digestion process, which is the simplest, safest way that has been found for treating human excreta and animal manure
> *Appropriate Technology*

bion *noun* organisme *m*

biopesticide *noun* pesticide *m* biologique

COMMENT: biopesticides have the advantage that they do not harm the environment as they are easily inactivated and broken down by sunlight. This is, however, a practical disadvantage for the farmer who uses them, since they may not be as efficient in controlling pests as artificial chemical pesticides (which are persistent and difficult to control)

biophyte *noun* plante *f* carnivore

biosphere *noun* biosphère *f*

biosynthesis *noun* biosynthèse *f*

biota *noun* biote *m*

◊ **biotic** *adjective* biotique; **biotic barrier** = barrière *f* biotique; **biotic capacity** *or* **potential** = capacité *f* biotique; **biotic climax** = climax *m* biotique; **biotic community** = communauté *f* biotique; **biotic factors** = facteurs *mpl* biotiques; **biotic index** = indicateur *m* biotique; **biotic pyramid** = pyramide *f* biotique; **biotic succession** = succession *biotique*

biotechnology *noun* biotechnologie *f*

biotope *noun* biotope *m*

biotransformation *noun* transformation *f* biologique

bioturbation *noun* bioturbation *f*

biotype *noun* biotype *m*

biphenyl *noun* diphényle *m*

birch *noun* bouleau *m*

bird *noun* oiseau *m*; **bird of prey** = oiseau de proie; **bird sanctuary** = réserve *f* d'oiseaux; **bird song** = cris *mpl* *or* chants *mpl* d'oiseau; **flightless bird** = oiseau coureur

◊ **birdwatcher** *noun* ornithologiste *m&f* *or* ornithologue *m&f*

◊ **birdwatching** *noun* ornithologie *f*

birth *noun* naissance *f*

◊ **birth control** *noun* régulation *f* des naissances *or* limitation *f* des naissances

◊ **birth rate** *noun* natalité *f* *or* taux *m* de natalité; **a birth rate of 15 per thousand** = un taux de natalité de 15 pour mille; **decline in the birth rate** = dénatalité *f*

bitumen *noun* bitume *m*

◊ **bituminous coal** *noun* charbon *m* bitumineux *or* houille *f* grasse

◊ **bituminous shale** *noun* schiste *m* bitumineux

black *adjective* noir, -e; **black bean** = catanospermum *m* austral; **black beetle** = cancrelat *m*; **black carbon** *or* **soot carbon** = carbone-suie *f*; **Black Death** = Peste noire (peste bubonique); **black earth** = sols noirs *or* tchernoziom *m*; **black frost** = gel *m*; **black ice** = verglas *m*; **black smoke** = fumée noire; *(fungus)* **black spot** = tache noire; **black tide** = marée noire

◊ **blackwood** *noun* Acacia melanoxylon (arbre feuillu d'Australie)

blade *noun (of grass)* brin *m* *or* lame *f* *or* limbe *m*

blanket 1 *noun* couche *f* *or* couverture *f*; **a blanket of snow covered the fields** = les champs étaient recouverts d'une épaisse couche de neige; **the town was covered in a blanket of smog** = la ville était envahie par le smog; **blanket bog** = couche marécageuse *or* grande étendue *f* marécageuse **2** *verb* couvrir *or* recouvrir; **thick fog blanketed the airport** = l'aéroport était noyé dans un épais brouillard

blast *noun* explosion *f*; **thousands of people would be killed by the blast** = des milliers de gens mourraient dans l'explosion; **blast effect** = effet *m* de souffle

◊ **blast furnace** *noun* haut-fourneau *m*

COMMENT: ore, coke and limestone are heated together, air is blown through the mixture, and the molten metal is drawn off into moulds

blaze 1 *noun* **(a)** *(fire)* incendie *m*; **forest blaze** = incendie de forêt **(b)** *(mark)* balise *f*; *(on a tree)* flache *f* **2** *verb* baliser *or* marquer; **to blaze a trail** = baliser un sentier

bleaching *noun* blanchiment *m*; **bleaching agent** = agent *m* de blanchiment; **oxygen bleaching** = blanchiment à l'oxygène

blight 1 *noun* **(a)** *(fungus disease of plants)* charbon *m or* mildiou *m or* rouille *f*; **they are taking steps to eradicate the epidemic of potato blight** = on prend des mesures pour éradiquer l'épidémie de mildiou de pomme de terre **(b)** *(in towns)* dégradation *f*; **urban blight** = dégradation de l'environnement urbain **2** *verb* dégrader; **the landscape was blighted by open-cast mining** = les mines à ciel ouvert défiguraient le site

blizzard *noun* blizzard *m or* tempête *f* de neige; **there were blizzards on the highlands during the weekend** = il y a eu des tempêtes de neige dans les régions montagneuses ce week-end

blood *noun* sang *m*; **blood bank** = banque *f* du sang; **blood cell** *or* **blood corpuscle** = globule *m*; **blood chemistry** = composition *f* du sang *or* constitution *f* du sang; **blood count** = dénombrement *m* des hématies *or* numération *f* globulaire; **blood plasma** = plasma *m* sanguin; **blood platelet** = plaquette *f*; **blood serum** = sérum *m* sanguin; **blood sugar level** = glycémie *f*; **blood test** = analyse *f* de sang

blood group *noun* groupe *m* sanguin

COMMENT: blood is classified in various ways. The most common classifications are by the agglutinogens in red blood corpuscles (factors A and B) and by the Rhesus factor. Blood can therefore have either factor (Group A and Group B), or both factors (Group AB) or neither (Group O), and each of these groups can be Rhesus negative or positive

bloodstream *noun* courant *m* sanguin

COMMENT: blood is formed of red and white corpuscles, platelets and plasma. It circulates round the body, going from the heart and lungs along arteries and returns to the heart through the veins. As it moves round the body it takes oxygen to the tissues and removes waste material from them. Waste material is removed from the blood by the kidneys or exhaled through the lungs. It also carries hormones produced by glands to the various organs which need them

bloom 1 *noun* **(a)** *(flower)* fleur *f or* floraison *f*; **the blooms on the orchids have been ruined by frost** = les fleurs d'orchidées ont été complètement abîmées par le gel **(b) algal bloom** = prolifération *f* d'algues **2** *verb* fleurir; **the plant blooms at night** = cette plante fleurit la nuit; **some cacti bloom every seven years** = certains cactus ne fleurissent que tous les sept ans

blow 1 *noun* souffle *m*; **the blow of air through a Bessemer converter** = l'air insufflé dans un convertisseur Bessemer **2** *verb* **(a)** *(of wind)* souffler; **it was blowing hard on the top of the mountain** = le vent soufflait fort au sommet de la montagne **(b)** emporter *or* pousser; **topsoil was blown away by the strong wind** = la couche arable a été emportée par les vents violents

◇ **blow-by** *noun* gaz *m* non brûlé *or* gaz de carter

blowhole *noun* **(a)** *(hole in the roof of a cave by the sea)* cheminée *f* **(b)** *(nostril of a whale)* évent *m*

blowout *noun (sudden rush of oil or gas from an oilwell)* éruption *f*

blubber *noun* blanc *m* de baleine

blue 1 *adjective* bleu, -e; **blue whale** = baleine bleue **2** *noun* bleu *m*

BMR = BASAL METABOLIC RATE

BNFL = BRITISH NUCLEAR FUELS LTD (fabricant britannique de barres de combustible nucléaire)

board *noun* commission *f or* comité *m*; **advisory board** = comité *or* conseil *m* consultatif; *US* **Board of Health** = service *m* municipal d'hygiène; **board of inquiry** = comission d'enquête; *US* **Board of Trade** = Chambre *f* de commerce

BOD = BIOCHEMICAL OXYGEN DEMAND

body *noun* **(a)** *(of animal)* corps *m* **(b)** *(organization)* comité *m or* corps; **consultative body** = comité consultatif; **legislative body** = corps législatif

body of water *noun* masse *f* d'eau (naturelle) *or* plan *m* d'eau; **receiving body of water** = cours *m* d'eau *or* milieu récepteur

bog *noun* marais *m*; **blanket bog** = grande étendue *f* marécageuse *or* couche *f* marécageuse; **bog mosses live on nutrients which fall in rain** = les mousses des marais se développent grâce aux nutriments apportés par la pluie

◇ **boggy** *adjective* marécageux, -euse *or* tourbeux, -euse

◇ **bogland** *noun* terre *f* marécageuse

boil *verb* bouillir; **water is boiled to form steam** = on fait bouillir l'eau pour la transformer en vapeur; **tourists are advised that ordinary tap water should be boiled before drinking it** = il est conseillé aux touristes de faire bouillir l'eau du robinet avant de la boire

◇ **boiler** *noun* chaudière *f*; **waste heat boiler** = chaudière de récupération

◇ **boiling point** *noun* point *m* d'ébullition; **the boiling point of water is 100°C** = le point d'ébullition de l'eau est 100°C

◇ **boiling water reactor (BWR)** *noun* réacteur *m* à eau bouillante

bole *noun (base of a tree trunk)* fût *m or* tronc *m*

bomb *noun* bombe *f*

bond 1 *noun* adhérence *f or* lien *m*; **chemical bond** = liaison *f* chimique **2** *verb (of two substances)* adhérer *or* se lier; **adsorption is the bonding of a gas to a solid surface** = l'adsorption est la pénétration superficielle d'un gaz dans une surface solide

bone *noun* os *m*; **there are several small bones in the human ear** = l'oreille humaine contient plusieurs petits os; **bone conduction** = conduction *f* osseuse; **bone structure** = (i); *(system of jointed bones as it forms the body of an animal)* ossature *f* (ii); *(structure of a bone)* structure *f* de l'os

◇ **bonemeal** *noun* cendre *f* d'os

boom *noun* grondement *m*; **sonic boom** *or* **supersonic boom** = bang *m* supersonique

Bordeaux mixture *noun* bouillie *f* bordelaise

bore 1 *noun* **(a)** *(tidal wave in a river)* mascaret *m* **(b)** *(measurement across the inside of a pipe or hole)* section *f*; **the central heating uses small-bore copper piping** = pour le chauffage central, on utilise des tuyaux de cuivre de petite section; **the well has a two-meter bore** = le puits a deux mètres de diamètre **2** *verb* forer; **they have bored six test holes to try to find water** = ils ont foré le sol en six endroits pour essayer de trouver de l'eau

◇ **borehole** *noun* puits *m or* trou *m* de sonde; **the borehole is intended to test the geology of the site to see if it is suitable for burying nuclear waste** = ce trou de sonde permettra de connaître la géologie du terrain et ainsi de savoir s'il est possible d'y enfouir des déchets nucléaires; **boreholes supply water of excellent quality** = l'eau de puits est d'excellente qualité

boreal *adjective* boréal, -e, -aux

◇ **borealis** *see* AURORA

-borne *suffix (meaning carried by)* transporté; **airborne pollutants** = polluants transportés par le vent; **waterborne diseases** = maladies transmises par l'eau; *see* AIRBORNE, WATERBORNE

boron *noun* bore *m*
NOTE: chemical symbol is **B;** atomic number is **5**

botany *noun* botanique *f*

◇ **botanical** *adjective* botanique; **botanical garden** = jardin botanique; **botanical insecticide** = insecticide à base de plantes; **botanical specimens** = spécimens botaniques

◇ **botanist** *noun* botaniste *m&f*

bottle bank *noun* conteneur *m* de collecte de verre usagé

> COMMENT: because recycled glass does not require extremely high temperatures to melt, it is more energy-efficient than using the usual raw materials. Also one tonne of cullet (broken glass) will produce the same amount of finished glass as ten tonnes of raw materials (mainly sand, limestone and sodium carbonate)

bottled gas *noun* gaz *m* en bouteille

bottom *noun* fond *m; US* **bottom land** = terre *f* alluviale; *US* **bottom lands** = plaine *f* alluviale; **bottom water** = eaux *fpl* de fond

botulism *noun* botulisme *m*

> COMMENT: a type of food poisoning, caused by a toxin of *Clostridium botulinum* in badly canned or preserved food. The symptoms include paralysis of the muscles, vomiting and hallucinations. Botulism is often fatal

boulder *noun* bloc *m*; **boulder clay** = dépôt *m* argileux erratique *or* argile *f* à blocaux *or* marne *f* à nodules

Bovidae *plural noun* bovidés *mpl*

◇ **bovine** *adjective* bovin, -e; **bovine somatotropin (BST)** = hormone *f* somatotrope bovine

bq *abbreviation for* BECQUEREL

Br *chemical symbol for* BROMINE

bracken *noun* fougère *f*

> COMMENT: bracken is hard to eradicate as it sprouts easily after being burnt. The spores of bracken contain a carcinogenic substance

brackish *adjective (water)* saumâtre

bract *noun* bractée *f*

bran *noun (outside covering of the wheat seed)* son *m*

branch *noun* **(a)** *(of tree)* branche *f* (d'arbre) **(b)** *(of river)* ramification *f*

brass *noun* cuivre *m or* laiton *m*

breakdown *noun (biological)* dégradation *f*

breakthrough *noun (where sewage or other pollutants get into the domestic water supply)* intrusion *f*

breakwater *noun* brise-lames *m or* jetée *f*

breccia *noun* brèche *f*

breed 1 *noun* race *f or* variété *f*; **a hardy breed of sheep** = une race de moutons robuste; **two new breeds of rice have been developed** = deux nouvelles espèces de riz ont été élaborées **2** *verb* **(a)** *(of organisms)* se reproduire; **rabbits breed very rapidly** = les lapins se reproduisent très rapidement **(b)** *(encourage to develop)* favoriser le développement; **insanitary conditions help to breed disease** = l'insalubrité favorise le développement de la maladie **(c)** *(new breeds of animals)* améliorer la qualité de la race par croisement; **farmers have bred new hardy forms of sheep** = les fermiers ont obtenu, par croisement, de nouvelles espèces de moutons plus robustes

◇ **breeding** *noun* élevage *m*; **intensive animal breeding** = élevage intensif

> QUOTE the large birds bred in the poorly drained wetlands of central Illinois
> *Birder's World*

breeder *noun* **(a)** *(person who breeds new forms of animals or plants)* éleveur *m*; **a cattle breeder** = un éleveur de bétail; **plant breeder** = phytogénéticien, -ienne **(b) fast breeder reactor** = réacteur *m* à neutrons rapides *or* surgénérateur *m*

> COMMENT: uranium-238 is a natural uranium isotope and is fertile, i.e. it can be used to produce the fissile plutonium-239. In a breeder reactor, uranium-238 is used as a blanket round the plutonium fuel and when the plutonium is fissioned high-speed neutrons are produced which change on contact with the uranium-238 and eventually produce a slightly greater quantity of plutonium-239 than that originally used as fuel. The excess plutonium can be used as a fuel in

another breeder reactor or in an ordinary burner reactor

breeze *noun* **(a)** *(gentle wind)* brise *f*; **land breeze** = brise de terre; **sea breeze** = brise de mer; **a stiff breeze** = vent *m* frais; *see also* BEAUFORT SCALE **(b)** *(solid waste from a furnace)* cendres *fpl*; **breeze blocks** = parpaings *mpl*

◇ **breezy** *adjective* frais, fraîche et venté, -e

British Thermal Unit (BTu *or* **BTU)** *noun* unité *f* de mesure de chaleur

COMMENT: a non-metric unit, used in the US but no longer in the UK

broad *adjective* large; **broad spectrum antibiotics** = antibiotiques *mpl* à large spectre; **broad paths are left through the forest plantations to act as firebreaks** = les plantations forestières sont traversées de larges chemins jouant le rôle de coupe-feu

◇ **broadleaf** *or* **broad-leaved tree** *noun* feuillu *m*; **broadleaved evergreens** = feuillus persistants; **the plan is to plant 12,000 hectares of agricultural land a year, one third of which will be broadleaves** = il est prévu de planter des arbres, dont un tiers de feuillus, sur 12 000 hectares de terres agricoles

bromine *noun* brome *m* *or* bromide *m*
NOTE: the chemical symbol is **Br**; atomic number is **35**

bronch- *prefix (meaning the windpipe)* bronch(o)-

◇ **bronchi** *plural noun* bronches *fpl*
NOTE: singular is **bronchus**

◇ **bronchial** *adjective* bronchique *or* des bronches; **bronchial asthma** = asthme *m* bronchique; **bronchial pneumonia** = broncho-pneumonie *f*; **bronchial tubes** = bronches *fpl*

◇ **bronchiole** *noun* bronchiole *f*

◇ **bronchitis** *noun* bronchite *f*; **acute bronchitis** = bronchite aiguë; **chronic bronchitis** = bronchite chronique

◇ **bronchus** *noun* bronche *f*

brood *noun* couvée *f* *or* portée *f*; **the territory provides enough food for two adults and a brood of six or eight young** = il y a suffisamment de nourriture sur ce territoire pour deux adultes et une couvée de six ou huit jeunes

◇ **brooding time** *noun* couvaison *f*

brook *noun* ruisseau *m*

brown *adjective* brun, -e *or* marron; **brown bread** = pain *m* bis *or* pain complet; **brown bread is better for you than white** = pour votre santé, il est préférable de manger du pain complet plutôt que du pain blanc; **brown coal** = lignite *m*; **brown earth** *or* **brown forest soil** = sol brun; **brown fat (tissue)** = graisses brunes; **brown podzolic soil** = sol podzolique brun

Brucella *noun* Brucella *f*

◇ **brucellosis** *noun* brucellose *f*

COMMENT: a disease which can be caught from cattle or goats or from drinking infected milk, spread by a species of the bacterium *Brucella*. Symptoms include tiredness, arthritis, headache, sweating, irritability and swelling of the spleen

brush *noun* brousse *f* *or* broussailles *fpl*; **brush killer** = débroussaillant *m*

BST = BOVINE SOMATOTROPIN

Btu *or* **BTU** = BRITISH THERMAL UNIT

bubonic plague *noun* peste *f* bubonique

COMMENT: bubonic plague was the Black Death of the Middle Ages. Symptoms are fever, delirium, vomiting and swellings of the lymph nodes

bud *noun* bourgeon *m*

◇ **budding** *noun* greffe *f* végétale

budget *see* ENERGY BUDGET

buffalo *noun* **(a)** *(common domestic animal in tropical countries)* buffle *m* **(b)** *US* bison *m*

buffer 1 *noun* solution *f* tampon *or* substance *f* tampon; **buffer action** = action *f* de tampon; **buffer land** = zone-tampon *f*; **buffer zone** = coupure *f* verte **2** *verb* tamponner; **if a lake is well buffered, it will not have a low pH factor, even if acid rain falls into it** = si la composition chimique d'un lac est bien équilibrée, son pH ne sera pas affecté par les pluies acides; **bicarbonate is the main buffering factor in fresh water** = le bicarbonate est le principal système tampon des eaux douces

bug *noun (informal)* insecte *m*

build *verb* bâtir *or* construire; **the developer is planning to build 2,500 new houses on the greenfield site** = le promoteur a l'intention de construire 2.500 maisons sur cet espace vert; **the built environment** = l'environnement bâti

building *noun* bâtiment *m or* construction *f*; **building area** = zone *f* à bâtir; **building permit** = permis *m* de construire; **building density** = densité *f* de construction; **building industry** = industrie *f* du bâtiment; **building site** = chantier *m* de construction

build up *verb* accumuler *or* s'accumuler; **traces of pesticide gradually built up in the food chain** = des pesticides en traces se sont progressivement accumulés dans la chaîne alimentaire

◇ **built-up area** *noun* zone *f* construite

build-up *noun* accumulation *f or* prolifération *f*; **a build-up of DDT in the food chain** = une accumulation de DDT dans la chaîne alimentaire; **bacterial build-up** = prolifération bactérienne

bulb *noun* bulbe *m*

bulk *noun* vrac *m*; **bulk refuse collection** = collecte *f* de déchets encombrants; **bulk plant** = installation *f* de stockage en vrac; **in bulk** = en vrac

bulking agent *noun* floculant *m*

bulking of sludge *noun* gonflement *m* des boues

bulldozer *noun* bulldozer *m*

bund *noun* digue *f or* talus *m*

> QUOTE farmers have traditionally relied on a system of bunding to grow sorghum in the area's semi-arid soil
>
> *New Scientist*

bureaucracy *noun (often used as criticism)* **(a)** les fonctionnaires *mpl* **(b)** bureaucratie *f*; **the distribution of aid is held up by bureaucracy** = la distribution de l'aide humanitaire est ralentie par la bureaucratie; **the group has complained about the bureaucracy involved in getting planning permission** = le groupe s'est plaint des difficultés bureaucratiques rencontrées pour l'obtention du permis de construire

◇ **bureaucratic** *adjective* bureaucratique; **relief workers are continually fighting against bureaucratic muddle** = les organisations humanitaires se battent constamment contre les tracasseries administratives

burial *noun* enterrement *m or* enfouissement *m*; **burial in landfill sites** = enfouissement dans des décharges; **burial site** = site d'enfouissement; **the group is opposed to the burial of nuclear waste on the site** = l'association s'oppose à l'enfouissement de déchets nucléaires sur ce site; **land burial** = enfouissement dans le sol

burn 1 *noun* **(a)** *(in Scotland)* ruisseau *m* **(b)** *(injury to skin and tissue)* **burns** = brûlures *fpl* **2** *verb* brûler; **several hundred hectares of forest were burnt in the fire** = plusieurs centaines d'hectares de forêt ont été détruits par le feu; *see also* SLASH AND BURN

◇ **burner** *noun* brûleur *m*; **open burner** = foyer *m* ouvert

◇ **burner reactor** *noun* chaudière *f* nucléaire

◇ **burning** *noun* brûlage *m or* combustion *f*; **open burning** = combustion à l'air libre

◇ **burn-up** *noun* combustion *f* massique *or* taux *m* de combustion

bush *noun* **(a)** buisson *m or* arbuste *m*; **a coffee bush** = un caféier **(b)** *(in semi-arid* *regions)* **the bush** = la brousse; **bush-fellow** = jachère *f* forestière

butane *noun* butane *m*

butterfly *noun* papillon *m*

butylated hydroxytoluene (BHT) *noun* butylhydroxytoluène *m*

Buys Ballot's Law *noun* loi *f* de Buys Ballot

COMMENT: a rule for identifying low pressure areas (based on the Coriolis effect) that in the Northern Hemisphere, if the wind is blowing from behind you, then the low pressure area is to the left, while in the Southern Hemisphere it is to your right

BWR = BOILING WATER REACTOR

by *preposition* par *or* en *or* de; **the crop was destroyed by the storm** = la récolte a été détruite par l'orage; **to travel by car** *or* **by train** = voyager en voiture *or* en train; **by 1995, the population will have risen to over 20 million** = d'ici 1995, la population sera passée à plus de 20 millions; **the inflation rate has increased by 5%** = l'inflation a augmenté de 5%

by-pass 1 *noun* rocade *f or* route *f* de contournement; **since the by-pass was built, traffic in the town has been reduced by half** = depuis la construction de la rocade, la circulation a diminué de moitié en ville **2** *verb* contourner *or* éviter; **they by-passed the normal complaints procedure and went straight to the director of the chemical company** = ils sont allés directement voir le directeur de la compagnie de produits chimiques, sans suivre la procédure habituelle de réclamation; **the plans are to build a new main road, by-passing the town** = il est prévu de construire une nouvelle grande voie de circulation qui contourne la ville

by-product *noun* dérivé *m or* sous-produit *m*

byssinosis *noun* byssinose *f*

Cc

C **1** *chemical symbol for* CARBON **2** = CELSIUS **3** *see* VITAMIN

Ca *chemical symbol for* CALCIUM

cactus *noun* cactus *m*
NOTE: plural is **cacti** or **cactuses**

cadmium *noun* cadmium *m*; **cadmium sulphide** = sulfure *m* de cadmium
NOTE: chemical symbol is **Cd;** atomic number is **48**

> COMMENT: cadmium is used for making rods for nuclear reactors. It is also present in tobacco smoke, and is found in fish and shellfish such as oysters

caducous **1** *adjective* caduc, caduque **2** *noun* caduque *f*

caesium *noun* césium *or* caesium *m*
NOTE: chemical symbol is **Cs;** atomic number is **55**

caffeine *noun* caféine *f*

> COMMENT: apart from acting as a stimulant, caffeine also helps in the production of urine. It can be addictive, and exists in both tea and coffee in about the same percentages as well as in chocolate and other drinks

Cal *or* **cal** = KILOCALORIE

calcareous *adjective* calcaire

calcicole *or* **calciphile** *or* **calcicolous plant** *noun* plante *f* calcicole *or* plante calciphile

calcification *noun* calcification *f*

◇ **calcified** *adjective* calcifié, -e *or* pétrifié, -e

calcifuge *or* **calciphobe** *noun* plante *f* calcifuge *or* plante calciphobe

calcimorphic soil *noun* sol *m* calcimorphe

calcination *noun* calcination *f*; **calcination of liquid waste** = calcination de déchets liquides

calciphile = CALCICOLE

calciphobe = CALCIFUGE

calcium *noun* calcium *m*; **calcium carbonate** = carbonate *m* de calcium; **calcium cycle** = cycle *m* du calcium; **calcium hydroxide** = hydroxyde *m* de calcium; **calcium oxide** = chaux vive *or* oxyde *m* de calcium; **calcium phosphate** = phosphate *m* de chaux
NOTE: chemical symbol is **Ca;** atomic number is **20**

> COMMENT: calcium is essential for various bodily processes such as blood clotting, and is an important element in a correct diet. Milk, cheese, eggs and certain vegetables are its main sources. In birds calcium is responsible for the formation of strong egg shells. Water which passes through limestone contains a high level of calcium and is called "hard"

calibrate *verb* calibrer *or* étalonner

◇ **calibration** *noun* calibrage *m or* étalonnage *m*; **calibration curve** = courbe *f* d'étalonnage

calm *noun* calme *m; see also* BEAUFORT SCALE

calomel *noun* calomel *m*

calor *noun* chaleur *f*

◇ **caloric** *adjective* calorifique *or* calorique; **caloric energy** = énergie *f* thermique; **caloric requirement** = ration *f* calorique

◊ **calorie** *or* **gram calorie** *noun* calorie *f*

◊ **Calorie** *or* **large calorie** *noun* kilocalorie *f or* grande calorie *or* 1000 calories

◊ **calorific power** *noun* puissance *f* calorifique

◊ **calorific value** *noun* pouvoir *m* calorifique *or* valeur *f* calorifique; **the tin of beans has 250 calories** *or* **has a calorific value of 250 calories** = cette boîte de haricots a une valeur calorifique de 250 calories

COMMENT: one calorie is the amount of heat needed to raise the temperature of one gram of water by one degree Celsius. A Calorie or kilocalorie is the amount of heat needed to raise the temperature of a kilogram of water by one degree Celsius. The Calorie is also used as a measurement of the energy content of food and to show the caloric requirement, or amount of energy needed by an average person. The average adult in an office job, requires about 3,000 Calories per day, supplied by carbohydrates and fats to give energy and proteins to replace tissue. More strenuous physical work needs more Calories. If a person eats more than the number of Calories needed by his energy output or for his growth, the extra Calories are stored in the body as fat

calyx *noun* calice *m*
NOTE: the plural is **calyces**

camouflage 1 *noun* camouflage *m*; **the stripes on the zebra are a form of camouflage which makes the animal less easy to see in long grass** = les rayures du zèbre constituent une sorte de camouflage qui le rend plus difficilement repérable dans les hautes herbes **2** *verb* camoufler

can *noun* (i) boîte *f* de conserve; (ii) récipient *m*; **can bank** = conteneur de boîtes de conserve usagées; **spray can** = bombe *f* aérosol

COMMENT: aluminium cans are particularly valuable and can be collected separately. Other cans are made of ferrous metals and can be separated by testing with a magnet

Canadian deuterium-uranium reactor (CANDU reactor) *noun* réacteur *m* canadien au deutérium et à l'uranium

COMMENT: the CANDU reactor uses uranium oxide as fuel and heavy water as moderator and coolant

canal *noun* canal, -aux *m*

cancer *noun* **(a) Tropic of Cancer** = tropique *m* du Cancer **(b)** cancer *m*; **he has been diagnosed as having lung cancer** *or* **as having cancer of the lungs** = le diagnostic indique qu'il a un cancer du poumon

◊ **cancerous** *adjective* cancéreux, -euse; **the X-ray revealed a cancerous growth in the breast** = la radio a révélé l'existence d'une tumeur cancéreuse au sein

candela *noun (base SI unit of measurement of light intensity)* candela *f*
NOTE: symbol is **cd**

CANDU = CANADIAN DEUTERIUM-URANIUM REACTOR

canister *noun* fût *m*

canker *noun* chancre *m or* nécrose *f*

◊ **cankered** *adjective* atteint, -e par le chancre

cannabis *or* **hemp** *noun* cannabis *m or* chanvre *m* indien

canopy *noun* canopée *f*; **canopy cover** = couvert *m* (forestier)

QUOTE trees that grow to form the tallest part of the canopy suffer more damage than the slower growing trees forming the understorey
Guardian

canyon *noun* canyon *m*

CAP = COMMON AGRICULTURAL POLICY

capacity *noun* capacité *f*; **acceptance capacity** = capacité de tolérance; **biotic capacity** = capacité biotique; **engine capacity** = puissance *f* (du moteur); **water**

holding capacity = capacité de rétention en eau

capillary *noun* capillaire *m*; **capillary flow** = capillarité *f*

◇ **capillarity** *noun* = CAPILLARY FLOW

capital expenditure *noun* dépenses *fpl* d'investissement

capital goods *plural noun* biens *mpl* d'équipement

Capricorn *noun* **Tropic of Capricorn** = tropique *m* du Capricorne

capsid bug *noun* hétéroptère *m* miride

capsular *adjective* capsulaire

capsule *noun* capsule *f*

capture *noun (of water)* captage *m; (animals)* capture *f*

caramel *noun* caramel *m*

carbamate *noun (pesticide)* carbamate *m*

> COMMENT: the advantage of carbamates over DDT is that they are not persistent and do not enter the human food chain

carbohydrates *plural noun* hydrates *mpl* de carbone *or* glucides *mpl*

carbon *noun* **(a)** carbone *m*; **carbon balance** = bilan *m* du carbone; **carbon cycle** *or* **circulation of carbon** = cycle *m* du carbone; **carbon dating** *or* **carbon-14 dating** = datation *f* au carbone 14 *or* datation par la méthode du carbone 14 marqué; **carbon dioxide (CO_2)** = dioxyde *m* de carbone *or* gaz *m* carbonique; **carbon fibre** = fibre *f* de carbone; **carbon monoxide (CO)** = oxyde *m* de carbone; **carbon sink** = puits *m* de carbone; **carbon tetrachloride** = tétrachlorure *m* de carbone (NOTE: chemical symbol is **C**) **(b)** charbon *m*

> COMMENT: Carbon dioxide exists naturally in air and is produced by burning or rotting organic matter. In animals, the body's metabolism makes the tissues burn carbon, which is then breathed out by the lungs as waste carbon dioxide. Carbon dioxide is removed from the atmosphere by plants when it is split by chlorophyll in photosynthesis to form carbon and oxygen. It is also dissolved from the atmosphere in sea water. The increasing release of carbon dioxide into the atmosphere, especially from burning fossil fuels, contributes to the greenhouse effect. Carbon dioxide is used in solid form as a means of keeping food cold. It is also used in fizzy drinks and has the E number 290. It is used as a coolant in some nuclear reactors. Carbon monoxide combines very easily with haemoglobin in blood to form carboxyhaemoglobin, which has the effect of starving the tissues of oxygen. It exists in tobacco smoke (see PASSIVE SMOKING) and in car exhaust fumes

carbonaceous *adjective* carboné, -e *or* carbonifère

carbonate 1 *noun* carbonate *m*; **calcium carbonate** = carbonate de calcium **2** *verb* carbonater

carbonation *noun* carbonation *f*

carbonization *noun* carbonisation *f or* houillification *f*

carboxyhaemoglobin *noun* carboxyhémoglobine *f*

carcinogen *noun* substance *f* cancérigène *or* substance cancérogène

◇ **carcinogenesis** *noun* cancérogenèse *f or* carcinogenèse *f*; **radiation carcinogenesis** = radiocancérogenèse *f*

◇ **carcinogenic** *adjective* cancérigène *or* cancérogène; **carcinogenic agent** *or* **substance** = agent *m or* substance *f* cancérigène

cardinal points *plural noun* points *mpl* cardinaux

carnivore *or* **carnivorous animal** *noun* carnivore *m or* animal *m* carnivore; **social carnivores** = carnivores sociaux; *compare* HERBIVORE, OMNIVORE

◊ **Carnivora** *plural noun* carnassiers *mpl*

◊ **carnivorous** *adjective* carnivore; **carnivorous animals** = CARNIVORA **carnivorous plants** = plantes *fpl* carnivores; *compare* HERBIVORE, OMNIVORE

carpel *noun* carpelle *m*

◊ **carpellary** *adjective* carpellaire

carr *noun (type of fen)* carr *m*

carrageenan *noun* carragénane *f*

carrier *noun* **(a)** *(person who carries bacteria of a disease in his body)* porteur *m* (de germes) **(b)** *(insect which carries disease)* insecte *m* vecteur **(c)** *(healthy person who carries the chromosome defect of a hereditary disease such as haemophilia)* porteur *m* sain

◊ **carrier gas** *noun* gaz *m* porteur

◊ **carrying capacity** *noun* capacité *f* d'accueil de l'environnement

cascade 1 *noun* cascade *f* **2** *verb (of liquid)* tomber en cascade

case *noun* **(a)** enveloppe *f* (rigide); **seed case** = tégument *m*; **case hardened** = (acier) trempé **(b)** *(medical)* cas *m*; **case history** = anamnèse *f or* évolution *f* de la maladie; **there were two hundred cases of cholera in the recent outbreak** = il y a eu deux cents cas de choléra lors de la dernière épidémie

cash crops *plural noun* cultures de rapport *or* cultures commerciales

> QUOTE in the Philippines as a whole, more than 30% of the total cultivated land area was given over to cash crop production for export in 1980, mainly bananas, pineapples and sugar cane
>
> *The Ecologist*

caste *noun* caste *f or* classe sociale; **caste system** = système *m* de castes

catabolism *noun* catabolisme *m*

◊ **catabolic** *adjective* catabolique

catadromous *adjective* catadrome

◊ **catadromy** *noun* catadromie *f; see also* ANADROMY, ANADROMOUS

catalysis *noun* catalyse *f*

◊ **catalyst** *noun* catalyseur *m*; **the sun acts as a catalyst in forming ozone** = dans la formation de l'ozone, le soleil joue le rôle de catalyseur; **an enzyme which acts as a catalyst in the digestive process** = une enzyme qui joue le rôle de catalyseur dans la digestion

◊ **catalytic** *adjective* catalytique; **catalytic converter** *or US* **catalytic muffler** = pot *m* catalytique; **catalytic reaction** = réaction *f* catalytique

◊ **catalyze** *verb* catalyser

> COMMENT: a catalytic converter is a box filled with a catalyst, such as platinum. Converters can only be used on cars burning unleaded petrol, as the lead compounds in leaded petrol rapidly coat the catalyst in the converter and prevent it functioning

catch 1 *noun (amount of fish caught)* capture *f or* volume *m* de pêche; **regulations to limit the herring catch** = lois limitant le volume de pêche de harengs; **total allowable catches (TACs)** = taux *m* admissible de capture (TAC) **2** *verb* attraper *or* pêcher

> QUOTE more than 10,000 fishermen here used to produce about 11 percent of the fish catch of the entire country
>
> *Guardian*

catchment *noun* captage *m*; **catchment area** = bassin *m* hydrographique *or* bassin versant; **water catchment** = captage d'eau

catch-water drain *noun* collecteur *m* d'eau pluviale

catena *noun* chaîne *f* de sols *or* chaîne de végétation

cation *noun* cation *m*; **cation exchange** = échange *m* cationique *or* échange de cations

catkin *noun (botany)* chaton *m*

cattle *noun* bétail *m*; **the herdsmen drive their herds of cattle across the plain** = les gardiens de troupeaux mènent le bétail à travers la plaine; **thousands of cattle have died in the draught** = la sécheresse a causé la mort de milliers de têtes de bétail

caustic *adjective* caustique; **caustic lime** = chaux *f* vive; **caustic soda** = soude *f* caustique

cave *noun* grotte *f*

cavern *noun* caverne *f*

◇ **cavernicole** *noun* cavernicole *m&f*

cavity *noun* cavité *f*; **cavity insulation** = isolation *f* des murs creux; **cavity walls** = murs *mpl* avec vide d'air

Cd 1 *chemical symbol for* CADMIUM **2** = CANDELA

cedar *noun* cèdre *m*

ceiling *noun* plafond *m*; **cloud ceiling** = plafond nuageux

celestial *adjective* céleste; **celestial equator** = équateur *m* céleste

celi- *prefix US* = COELI-

cell *noun* cellule *f*; **blood cell** = globule *m*; **red blood cell** = globule rouge; **white blood cell** = globule blanc; **cell division** = division cellulaire; **cell membrane** = membrane *f* cellulaire; **cell wall** = paroi *m* cellulaire; **daughter cell** = cellule *f* fille; **mast cell** = leucocyte *m* basophile; **mother cell** *or* **parent cell** = cellule *f* mère; **receptor cell** = récepteur *m*

COMMENT: the cell is a unit which can reproduce itself. It is made up of a jelly-like substance (cytoplasm) which surrounds a nucleus, and contains many other small organisms which vary according to the type of cell. Cells reproduce by division (mitosis). Some microorganisms are formed of a single cell, but most organisms are formed by the division and reproduction of many millions of cells

cellular *adjective* cellulaire; **cellular plant** = plante *f* cellulaire; **cellular tissue** = tissu *m* laminaire

cellulose *noun* cellulose *f*

COMMENT: cellulose is not digestible, and is passed through the digestive system as roughage

Celsius *noun* Celsius

COMMENT: used in many countries, but not in the USA, where the Fahrenheit system is still preferred. Normally written as **C** after the number: **52° C** (say: 'fifty-two degrees Celsius'). Was formerly called **centigrade.** To convert Celsius temperatures to Fahrenheit, multiply by 1.8 and add 32. So 20°C is equal to 68°F

cement *noun* ciment *m*; **high alumina cement** = ciment alumineux

centigrade *noun* centigrade *m; see also* CELSIUS

centimetre *or US* **centimeter** *noun* centimètre *m*

NOTE: centimetre is usually written **cm** with figures

central *adjective* central, -e, -aux; **central nervous system (CNS)** = système *m* nerveux central; **central refuse treatment** = usine centrale de traitement des déchets

◇ **centre** *or US* **center** *noun* **(a)** *(middle)* centre *m*; **the center of the hurricane passed over the city** = le centre du cyclone est passé au-dessus de la ville; **a park is to be built in the centre of the town** = il est prévu d'aménager un parc au centre de la ville **(b)** *(large building)* **research centre** = centre de recherche

centrifugal *adjective* centrifuge; **centrifugal force** = force *f* centrifuge

◇ **centrifugation** *or* **centrifuging** *noun* centrifugation *f*

◇ **centrifuge** *noun* centrifugeuse *f*

centriole *noun* centriole *m*

centripetal *adjective* centripète; **centripetal force** = force *f* centripète

centrosome *noun* centrosome *m*

cephal- *prefix (meaning head)* céphal(o)-

◊ **cephalic** *adjective* céphalique; **cephalic index** = indice *m* céphalique

◊ **Cephalopoda** *or* **cephalopods** *plural noun* céphalopodes *mpl*

cereal *noun* **(a)** *(plant)* céréale *f*; **the Common Market grows large quantities of cereals** = le Marché commun est un grand producteur de céréales **(b)** *(food)* céréales *fpl*; **he ate a bowl of cereal** = il a mangé un bol de céréales; **put milk and sugar in your cereal** = ajoutez du lait et du sucre dans les céréales

> COMMENT: cereal plants are all members of the Graminales family or grasses. The commonest are oats, wheat, barley, maize and rye in colder temperate areas, and rice and sorghum in warmer regions

cerebellar *adjective* du cervelet

◊ **cerebellum** *noun* cervelet *m*

> COMMENT: the cerebellum is formed of two hemispheres, with the vermis in the centre. The cerebellum is the part of the brain where voluntary movements are coordinated and is associated with the sense of balance

cerebr- *or* **cerebro-** *prefix (meaning cerebrum or brain)* cérébro-

◊ **cerebral** *adjective* cérébral, -e, -aux; **cerebral hemisphere** = hémisphère cérébral

◊ **cerebrospinal** *adjective* cérébrospinal, -e, -aux; **cerebrospinal fluid (CSF)** = fluide cérébrospinal *or* liquide céphalo-rachidien

> COMMENT: CSF is found in the space between the arachnoid mater and pia mater of the brain, between the ventricles of the brain, and in the central canal of the spinal cord. CSF consists mainly of water, with some sugar and sodium chloride. Its function is to cushion the brain and spinal cord

cerebrum *noun* cerveau *m*

> COMMENT: the cerebrum is the largest part of the brain, formed of two sections (the cerebral hemispheres) which run along the length of the head. The cerebrum controls the main mental processes, including the memory

certificate *noun* attestation *f* *or* certificat *m*; **birth certificate** = acte *m* de naissance *or* extrait *m* de naissance; **death certificate** = acte de décès

certify *verb* certifier

cesium *US* = CAESIUM

cesspool *or* **cesspit** *noun* fosse *f* d'aisance *or* fosse septique

Cetacea *or* **cetaceans** *plural noun* cétacés *mpl*

CFC = CHLOROFLUOROCARBON
CFC-11 = CFC 11 *or* Fréon 11; **CFC-12** = CFC 12 *or* Fréon 12

CFM = CHLOROFLUOROMETHANE

chain *noun* chaîne *f*; **chain reaction** = réaction *f* en chaîne; **chain-like particle** = particule *f* à structure en chaîne; **food chain** = chaîne alimentaire

chalk *noun* craie *f* *or* calcaire *m* crayeux

◊ **chalky** *adjective* crayeux, -euse; **chalky soil** = terrain crayeux; **chalky water** = eau *f* calcaire

> COMMENT: chalk is found widely in many parts of Northern Europe. Formed from animal organisms it is also used as an additive (E170) in white flour

change *noun* changement *m* *or* variation *f*; **pressure changes** = variations barométriques

channel 1 *noun* **(a)** *(deep water where ships can pass or stretch of water between two seas)* chenal, -aux *m*; **the (English) Channel** = la Manche **(b)** *(bed of a river or ground across which a river or stream flows)* lit *m* *or* canal, -aux; **drainage channel** = canal de drainage; **storm channel** = déversoir *m* d'orage **2** *verb* canaliser

NOTE: GB English is **channelled, channelling** while US English is **channeled, channeling**

◇ **channelization** *noun* (processus de) canalisation *f*

◇ **channelize** *verb* canaliser

character *noun* caractère *m*; **acquired character** = caractère acquis; **hereditary character** = caractère héréditaire

characteristic **1** *adjective* caractéristique *or* typique; **characteristic species** = espèce *f* caractéristique **2** *noun* caractéristique *f or* propriété *f*; **one of the characteristics of the squid is that it can send out a cloud of ink when attacked** = une des caractéristiques du calmar est d'envoyer un jet d'encre en cas d'attaque

characterize *verb* caractériser; **deserts are characterized by little rainfall, arid soil and very little vegetation** = précipitations réduites, sol aride et végétation rare caractérisent le désert

charcoal *noun* charbon *m* de bois; **activated charcoal** = charbon de bois activé

charge *noun (payment)* charge *f or* redevance *f*; **effluent charges** = taxes *fpl or* redevances de déversement; **noise charges** = redevances sur le bruit; **pollution charges** = redevances de pollution

chart **1** *noun* **(a)** *(map of an area of water)* carte *f* (marine) **(b)** *(diagram)* diagramme *m or* graphique *m or* tableau *m*; **this chart shows the extent of forest areas affected by acid rain** = cette carte indique l'étendue des zones forestières touchées par les pluies acides; **a chart showing the increase in cases of lung cancer** = tableau indiquant l'augmentation des cancers du poumon; **temperature chart** = (i) courbe *f* de température; (ii) feuille *f* de température; **weather chart** = carte météorologique **2** *verb* établir une carte *or* un tableau *or* un diagramme

chemical **1** *adjective* chimique; **chemical agent** = agent *m* chimique; **chemical closet** *or* **chemical toilet** = WC chimique; **chemical compound** = composé *m* chimique; **chemical element** = élément *m* chimique; **chemical engineering** = génie *m* chimique; **chemical factory** = usine *f* de produits chimiques; **chemical mutagen** = mutagène *m* chimique; **chemical name** = nom *m* chimique; **chemical oxygen demand (COD)** = demande *f* chimique en oxygène; **chemical residue** = résidus *mpl* de substance chimique; **chemical symbol** = symbole *m* chimique; **chemical warfare** = guerre *f* chimique; **chemical weapons** = armes *fpl* chimiques **2** *noun* substance *f* chimique; **the widespread use of chemicals in agriculture** = l'utilisation intensive de produits chimiques dans l'agriculture; **process chemicals** = produits *mpl* chimiques industriels

chemist *noun* **(a)** *(scientist who studies chemistry)* chimiste *m&f* **(b)** *(pharmacist)* **dispensing chemist** = pharmacien, -ienne (d'officine)

chemistry *noun* **(a)** chimie *f*; **blood chemistry** *or* **chemistry of the blood** = composition *f or* constitution *f* du sang **(b)** composition *f* chimique; **human action has radically altered the chemistry of the atmosphere** = l'activité humaine a radicalement changé la composition chimique de l'atmosphère

chemo- *prefix (meaning chemistry)* chimi-

◇ **chemoautotrophic bacteria** *or* **chemolithotrophic bacteria** *plural noun* bactéries *fpl* chimio-autotrophes

◇ **chemo-organotrophic** *adjective* chimio-organotrophique

◇ **chemoreceptor** *noun* chémocepteur *m*; *see also* EXTEROCEPTOR, INTEROCEPTOR, RECEPTOR

◇ **chemosphere** *noun* chimiosphère *f*

◇ **chemosterilant** *noun* chimiostérilisant *m*

◇ **chemosynthesis** *noun* chimiosynthèse *f*

◇ **chemotaxis** *or* **chemotaxy** *noun* chimiotaxie *f*

◇ **chemotrophic** *adjective* chimio-autotrophe

◇ **chemotropism** *noun* chimiotropisme *m*

Chernobyl *noun* Tchernobyl

COMMENT: name of a large nuclear power station in the Ukraine, the scene of a disastrous fire in 1986

chernozem *noun* tchernoziom *m*

COMMENT: chernozem is found in the temperate grass-covered plains of Russia and North and South America

chestnut *noun (edible)* châtaignier *m*; **horse chestnut** = marronnier *m*

chill *noun* froid *m*; **wind chill factor** = facteur d'hypothermie due au vent

COMMENT: the wind chill factor is a calculation of the risk of exposure in cold weather by adding the speed of the wind to the number of degrees of temperature below zero

chillshelter *noun* parc *m* d'engraissement bordé de talus ou de coupe-vent

chimney *noun* cheminée *f*; **smoke poured out of the factory chimneys** = des nuages de fumée s'échappaient des cheminées de l'usine; **chimneys were built very tall, so that the polluting smoke would be carried a long way by the wind** = on construisait de très hautes cheminées pour que le vent emporte au loin les fumées polluantes; **chimney stack** = (tuyau de) cheminée d'usine

china clay *noun* kaolin *m*

China syndrome *noun* syndrome *m* chinois

COMMENT: according to the China syndrome, the core of the reactor melts its surroundings, and sinks into the earth with such energy that it would supposedly burn its way through to China (the antipode of the USA). In reality it would not burn its way so far, but would heavily contaminate the environment of the reactor

chinook *noun* chinook *m*

chloralkali industry *noun* industrie *f* du chlore et de la soude

chlordane *noun* chlordane *m*

chloride *noun* chlorure *m*; **sodium chloride** = chlorure de sodium

◇ **chloridation** *noun* chloruration *f*

chlorinate *verb* chlorurer

◇ **chlorinated** *adjective* chloré, -e; **chlorinated hydrocarbon insecticides** = insecticides organochlorés

COMMENT: chlorinated hydrocarbon insecticides include DDT, aldrin and lindane. These types of insecticide are very persistent, with a long half-life of up to 15 years, while organic phosphorous insecticides have a much shorter life. Chlorinated hydrocarbon insecticides not only kill insects, but also enter the food chain and kill small animals and birds which feed on the insects

chlorination *noun* **(a)** chloration *f* **(b)** *(of water)* chloruration *f*

◇ **chlorinator** *noun* chlorateur *m*

COMMENT: chlorination is used to kill bacteria in drinking water, in swimming pools, and sewage farms, and has many industrial applications such as sterilization in food processing

chlorine *noun* chlore *m*; **chlorine demand** = demande *f* en chlore; **chlorine dioxide** = dioxyde *m* de chlore; **chlorine monoxide** = oxyde *m* de chlore; **chlorine water** = eau *f* de chlore; **chlorine-containing compound** = composé *m* chloré

NOTE: symbol is **Cl**; atomic number is **17**

QUOTE chlorine monoxide, at the concentrations found over the Antarctic in spring, destroys ozone at a rate of about 2 per cent per day

New Scientist

chlorobiphenyl *noun* diphényle *m* chloré

chlorofluorocarbon (CFC) *or* **chlorofluoromethane (CFM)** *noun* chlorofluorocarbure *m* *or* chlorofluorométhane *m*; **CFC-11** = CFC 11 *or* Fréon 11; **CFC-12** = CFC 12 *or* Fréon 12

COMMENT: CFCs are classified by numbers: CFC-10 is used in aerosols; CFC-11 is used to make plastic foam;

CFC-12 is a coolant for refrigerators; CFC-13 is the cleaning substance used in the electronics industry. When CFCs are released into the atmosphere, they rise slowly taking about seven years to reach the stratosphere. But once they are there, under the influence of the sun's ultraviolet light they break down into chlorine atoms which destroy the ozone layer. This allows harmful solar UV radiation to pass through to the earth's surface. Because it takes so long for the CFCs to reach the stratosphere, any reduction in their use on earth does not have an immediate effect on the concentrations in the stratosphere. Replacements for CFCs are being developed, which should reduce the problem eventually. It is a pity that CFCs have this unfortunate effect on the ozone layer, since in other ways they are ideal gases, being stable and non-toxic

QUOTE he plans to publish lists of aerosols detailing their use of CFCs. As products become CFC-free, they will be removed from the list

Independent

QUOTE the electronics industry accounts for some 45% of the use of CFC-13, which is used mainly to clean printed circuit boards

New Scientist

QUOTE it remains to be seen if alternatives will prove satisfactory for use as solvents in electronics manufacture or as blowing agents for making cushioning foams - two of the principal uses of CFCs at present. CFCs are valuable in these areas because they are relatively non-toxic, non-flammable and stable

Environment Now

QUOTE no other chemicals in the home are as harmless as CFCs, and few so useful in their role as the working fluids of refrigerators

New Scientist

chloromethane *noun* chlorométhane *m*

chlorophyll *noun* chlorophylle *f*

◇ **Chlorophyta** *plural noun* chlorophycées *fpl*

◇ **chlorosis** *noun* chlorose *f*

COMMENT: chlorophyll absorbs light energy from the sun and supplies plants with the energy to enable them to carry out photosynthesis. It is also used as a colouring (E140) in processed food

choke *verb* étouffer; **the reservoirs became choked with rapidly-growing weeds** = les réservoirs ont été rapidement envahis par des algues à croissance très rapide; **the centre of the town is choked with traffic** = le centre de la ville est paralysé par la circulation

cholera *noun* choléra *m*; **a cholera epidemic broke out after the flood** = une épidémie de choléra s'est déclarée juste après l'inondation

COMMENT: a serious bacterial disease spread through food or water which has been infected by *Vibrio cholerae*. The infected person suffers diarrhoea, cramp in the intestines and dehydration. The disease is often fatal and vaccination is only effective for a relatively short period

cholesterol *noun* cholestérol *m*

COMMENT: cholesterol is formed by the body and is found in brain cells, the adrenal glands, liver and bile acids. High levels of cholesterol in the blood are found in diabetes. High blood cholesterol levels are associated with diets rich in animal fat (such as butter and fat meat). Excess cholesterol can be deposited in the walls of arteries, causing atherosclerosis

CHP = COMBINED HEAT AND POWER **CHP plant** = installation *f* de cogénération de chaleur et d'électricité

chromatid *noun* chromatide *f*

◇ **chromatin** *noun* chromatine *f*; **sex chromatin** = chromatine sexuelle

chromatography *noun* chromatographie *f*

chromatophore *noun* **(a)** *(any cell which contains pigment)* chromatophore *m* **(b)** *(cell in plants or algae which contains chlorophyll)* chloroplaste *m*

chromium *noun* chrome *m*
NOTE: the chemical symbol is **Cr;** atomic number is **24**

chromosome *noun* chromosome *m*

◇ **chromosomal** *adjective* chromosomique

◇ **chromosomic** *adjective* chromosomique; **chromosomic chart** = caryotype *m*

COMMENT: each species has its own chromosomal make-up. The human cell has 46 chromosomes, 23 inherited from each parent. Among these are the X and Y chromosomes,, which are responsible for sexual differences. The female has one pair of X chromosomes, and the male one X and one Y chromosome. Sperm carry either an X or a Y chromosome. If a sperm with a Y chromosome fertilizes a female's ovum the resulting offspring will be a male (XY); otherwise it will be a female (XX)

chronic *adjective* chronique; **the forest was suffering from chronic soil acidification** = le sol de la forêt souffrait d'acidification chronique; *compare* ACUTE

chrysalis *noun* chrysalide *f*

Chrysophyta *plural noun* chrysophycées *fpl*

chute *noun* **(a)** cascade *f* **(b)** *(for rubbish)* vide-ordures *m*

Ci = CURIE

-cide *suffix (meaning which kills)* -cide; **herbicide** = herbicide *m*

cilia *see* CILIUM

◇ **ciliary** *adjective* ciliaire; **ciliary feeders** = mollusques *mpl* ciliés

◇ **ciliated epithelium** *noun* épithélium *m* cilié

◇ **cilium** *noun* cil *m*
NOTE: plural is **cilia**

cinders *plural noun* cendres *fpl or* scories *fpl*

circadian rhythm *noun* rythme *m* circadien

COMMENT: the rhythm of daily activities and bodily processes (eating *or* defecating *or* sleeping, etc.) frequently controlled by hormones, which repeats every twenty-four hours and is found both in plants and animals

circulate *verb (of air or fluid)* circuler

◇ **circulation** *noun* circulation *f*

◇ **circulatory** *adjective* circulatoire; **circulatory system** = appareil *m* circulatoire

COMMENT: blood circulates around the body, carrying oxygen from the lungs and nutrients from the liver through the arteries and capillaries to the tissues. The capillaries exchange the oxygen for waste matter such as carbon dioxide which is taken back to the lungs to be expelled. At the same time the blood obtains more oxygen in the lungs to be taken to the tissues

circum- *prefix (meaning around)* circum-

◇ **circumpolar** *adjective* circumpolaire; **circumpolar vortex** = vortex *m* circumpolaire

cirrocumulus *noun* cirrocumulus *m*

◇ **cirrostratus** *noun* cirrostratus *m*

◇ **cirrus** *noun* cirrus *m*

citric acid *noun* acide *m* citrique; **citric acid cycle** *or* **Krebs cycle** = cycle *m* de l'acide citrique *or* cycle de Krebs

Cl *chemical symbol for* CHLORINE

cladding *noun* gainage *m*; **the hot water tank needs to be insulated with at least 10 cm of cladding** = il faut prévoir, autour du ballon d'eau chaude, une gaine d'isolation d'au moins 10 cm d'épaisseur; **cladding is used in nuclear reactors to separate the nuclear fuel rods from the coolant** = dans un réacteur nucléaire, les barres de combustible sont isolées du liquide de refroidissement par un gainage

clarification *noun* clarification *f*; **clarification basin** = bassin *m* de clarification *or* clarificateur *m*

class *noun* classe *f*

classify *verb* **(a)** classer *or* inclure dans une catégorie; **the area has been classified as an Area of Oustanding Beauty** = la zone a été classée "site naturel"; **blood groups are classified according to the ABO system** = la classification des groupes sanguins se fait selon le système ABO; **the pollution records are classified under the name of the site which has been polluted** = les relevés concernant la pollution sont classés par site pollué **(b)** classer secret; **the reports on the accident are classified and may not be consulted by the public** = les rapports sur l'accident sont classés "top secret" et ne peuvent être consultés par le public

◇ **classification** *noun* classification *f*; **the Linnean classification (of plants and animals)** = la classification de Linné (des plantes et des animaux); **the ABO classification of blood** = classification ABO (des groupes sanguins)

clay *noun* argile *m* *or* glaise *f*

◇ **clayey** *adjective* argileux, -euse *or* glaiseux, -euse; **these plants do best in clayey soils** = ces plantes poussent mieux dans un sol argileux

◇ **claypan** *noun* dépression *f* argileuse

clean 1 *adjective* propre; **clean air** = air *m* pur *or* air propre; **clean power station** = centrale *f* électrique propre; **clean technologies** = technologies *fpl* propres **2** *verb* assainir *or* épurer *or* nettoyer

◇ **cleaning** *noun* épuration *f* *or* nettoyage *m*; **cleaning plant** = installation *f* d'épuration; **coal cleaning** = nettoyage *m* du charbon; **gas cleaning** = épuration des gaz

clean up *verb* assainir *or* nettoyer; **they are working to clean up the beaches after the oil spill** = ils s'emploient à nettoyer la plage après la marée noire

◇ **clean-up** *noun* nettoyage *m*; **the local authorities have organized a large-scale clean-up of polluted beaches** = les autorités locales ont organisé un nettoyage à grande échelle des plages polluées

◇ **cleaning up** *noun* assainissement *m* *or* épuration *f* *or* nettoyage *m*

cleanse *verb* nettoyer *or* purifier

◇ **cleanser** *noun* détergent *m*

◇ **cleansing** *noun* nettoyage *m*

clear 1 *adjective* **(a)** *(easily understood)* clair, -e; **there's no clear way of explaining the problem** = on ne peut pas expliquer ce problème de façon claire **(b)** *(transparent)* clair, -e *or* limpide; **acid rain turns lakes crystal clear** = sous l'effet des pluies acides, l'eau des lacs devient complètement transparente; **clear air** = air limpide; **clear sky** = ciel clair **(c) clear of** = débarrassé, -e de *or* libre de; **the area is now clear of pollution** = cette région n'est plus polluée **2** *verb* défricher; **we are clearing rainforst at a faster rate than before** = on défriche la forêt tropicale plus rapidement que par le passé; **they cleared hectares of jungle to make a new road to the capital** = des hectares de jungle ont été défrichés en vue de la construction d'une nouvelle route vers la capitale

clearance *noun* dégagement *m* *or* déblaiement *m* *or* enlèvement *m*

clearcut 1 *noun* **(a)** *(action)* coupe *f* rase **(b)** clairière *f* *or* zone *f* déboisée **2** *verb* déboiser

◇ **clearcutting** *noun* coupe *f* rase

> COMMENT: clearcutting is a way of managing a forest. Once the felled timber has been removed, the land is cleared of stumps and roots, and then sown with new tree seed

clearfell *verb* déboiser

clearly *adverb* clairement

clearwell *noun* réservoir *m* d'eau potable

cliff *noun* falaise *f*; **many types of birds nest on ledges in the cliffs** = de nombreuses espèces d'oiseaux nichent sur les vires des falaises

climate *noun* climat *m*; **continental climate** = climat continental; **temperate climate** = climat tempéré

◇ **climatic** *adjective* climatique; **climatic climax** = formation *f* climatique finale *or* climax *m* climatique; **climatic factors** = facteurs *mpl* climatiques; **climatic zone** = zone *f* climatique

COMMENT: the climatic zones are: the arctic (covering the two polar regions); the boreal in the Northern Hemisphere, south of the arctic; two temperate zones in the Northern and Southern hemispheres; two subtropical zones, including the deserts; and the equatorial zone which has a damp tropical climate

climatological *adjective* climatologique; **scientists have gathered climatological statistics from weather stations all round the world** = les météorologistes ont rassemblé des données statistiques provenant de stations météorologiques du monde entier; **climatological data** = données *fpl* climatologiques; **climatological station** = station *f* climatologique

◇ **climatologist** *noun* climatologiste *m&f* *or* climatologue *m&f*

◇ **climatology** *noun* climatologie *f*

climax *noun* climax *m*; **climax community** = communauté *f* climacique; **edaphic climax** = climax édaphique

cline *noun* cline *m; see also* ECOCLINE, GEOCLINE

clinker *noun* clinker *m*

clisere *noun* clisère *f*

clogging index *noun* pouvoir *m* colmatant

clone 1 *noun* clone *m* **2** *verb* cloner

◇ **cloning** *noun* clonage *m*

NOTE: the word clone originally referred to a group of cells derived from the same source, but is now used in the singular to refer to a single organism

Clostridium *noun* clostridium *m*

COMMENT: species of Clostridium cause botulism, tetanus and gas gangrene, but also increase the nitrogen content of soil

cloud *noun* nuage *m*; **clouds of smoke poured out of the factory chimney** = des nuages de fumée s'échappaient de la cheminée d'usine; **the eruption sent a cloud of ash high into the atmosphere** = l'éruption a projeté un nuage de cendres très haut dans l'atmosphère; **dust clouds swept across the plains** = les plaines étaient balayées par des nuages de poussière

NOTE: as a plural, **clouds** means several separate clouds; otherwise the singular can be used to refer to a large continuous mass: **there is a mass of cloud over the southern part of the country**

◇ **cloudbank** *noun* banc *m* de nuages

◇ **cloudbase** *noun* base *f* (d'un banc de nuages)

◇ **cloudburst** *noun* averse *f* *or* pluie *f* d'orage

◇ **cloud chamber** *noun* chambre *f* d'ionisation

◇ **cloud cover** *noun* couche *f* nuageuse; *see also* OKTA

◇ **cloud-forest** *noun* forêt *f* nuageuse *or* forêt ombrophile tempérée

◇ **cloudlayer** *noun* couche *f* de nuages

◇ **cloudless** *adjective* clair, -e *or* dégagé, -e

◇ **cloudy** *adjective* nuageux, -euse

COMMENT: clouds are formed as humid air rises and then cools. They are classified by meteorologists into ten categories: high clouds (cirrus, cirrocumulus, cirrostratus); middle clouds (altocumulus, altostratus, nimbostratus); low clouds (stratocumulus, stratonimbus, cumulus and cumulonimbus)

clump 1 *noun (group of particles which stick together)* agglutination *f* **2** *verb* s'agglutiner

CNS = CENTRAL NERVOUS SYSTEM

Co *chemical symbol for* COBALT

coagulate *verb* coaguler *or* se coaguler; **blood coagulates in contact with air** = le sang coagule au contact de l'air

◇ **coagulant** *noun* coagulant *m*

◇ **coagulation** *noun (of a liquid)* coagulation *f*; **blood coagulation** = coagulation sanguine

coal *noun* charbon *m or* houille *f*; **brown coal** = lignite *m*; **coal basin** = bassin *m* houiller; **coal cleaning** = nettoyage *m* du charbon; **coal-fired power station** = centrale *f* au charbon; **coal gas** = gaz *m* (de houille); **coal mine** = mine *f* de charbon; **coal seam** = couche *f or* veine *f* (de charbon); **coal tar** = coaltar *m or* goudron *m* de houille; **high-sulphur coal** = charbon à haute teneur en soufre; **low-sulphur coal** = charbon à faible teneur en soufre; **soft coal** = houille grasse

COMMENT: coal was formed many millions of years ago from organic refuse deposited in swamps. Decaying plants formed peat, which was pressed by other layers of deposits to form first lignite (or brown coal) and then coal itself. Coal is composed mainly of carbon. It can be classified into various grades. Lignite, or brown coal, is soft and not a very efficient fuel. Bituminous coals are harder and contain more carbon. Anthracite is the hardest coal, being almost pure carbon, and is the most efficient producer of heat. Coal is used commercially to fuel power stations, to burn to produce gas and to make coke, which burns at a higher temperature and is used in metal refining. It is also processed to make various forms of smokeless fuels used in domestic heating appliances Coal affects the environment in two ways: (a) in the mining process, waste matter can create ugly slag heaps and can contaminate rivers; old mines create subsidence as they fill in; (b) burning coal emits toxic smoke, especially sulphur oxides and fly ash, together with carcinogenic substances such as benzpyrene. These emissions cause smog at low levels and can rise into the atmosphere and contribute to the greenhouse effect

coarse *adjective* gros, -se; **coarse sand fell to the bottom as sediment, while the fine grains remained suspended** = les gros grains de sable ont formé un dépôt sédimentaire au fond du récipient tandis que les plus petits sont restés en suspension; **coarse fish** = poissons blancs d'eau douce; **coarse fishing** = pêche à l'eau douce

coast(line) *noun* côte *f or* littoral *m*

◇ **coastal** *adjective* côtier, -ière; **a plant found in coastal waters** = plante *f* des eaux côtières; **coastal fog** = brume côtière; **coastal protection** = protection côtière *or* du littoral

cobalt *noun* cobalt *m*
NOTE: symbol is **Co;** atomic number is **27**

◇ **cobalt-60** *noun* cobalt radioactif *or* radiocobalt *m or* cobalt-60

cobble *noun* galet *m; see also* WENTWORTH-UDDEN SCALE

coccidioidomycosis *noun* coccidioïdomycose *f*

coccus *noun* coccus *m*
NOTE: plural is **cocci**

coconut *noun* noix *f* de coco

◇ **coconut palm** *noun* cocotier *m*

COD = CHEMICAL OXYGEN DEMAND

cod *noun* morue *f*; **cod liver oil** = huile *f* de foie de morue

code 1 *noun* code *m*; **genetic code** = code génétique **2** *verb* coder *or* déterminer; **genes are sequences of DNA that code for specific proteins** = les gènes sont des séquences d'ADN qui déterminent la différenciation des protéines

codistillation *noun* codistillation *f*

codominant 1 *adjective* codominant, -e **2** *noun* codominant *m*

coeli- *or US* **celi-** *prefix (meaning a hollow, such as the abdomen)* coeli-

◇ **coeliac** *adjective* coeliaque

coelom *noun* coelom *m*

cogeneration *noun* cogénération *f*

coir *noun* coir *m*

coke *noun* coke *m*; **coke burner** = cokeur *m*; **oil coke** = coke de pétrole

COMMENT: coke is produced in coking ovens, where coal is heated to white heat without air. This removes most of the tar and the resulting fuel burns at a much higher temperature than coal and produces very little smoke or ash. It is used in blast furnaces

col *noun* **(a)** *(in mountains)* col *m* **(b)** *(meteorology)* creux *m*

cold 1 *adjective* froid, -e; **the weather is colder than last week and they say it will be even colder tomorrow** = il fait plus froid que la semaine dernière et il paraît qu'il fera encore plus froid demain; **many old people suffer from hypothermia in very cold weather** = beaucoup de personnes âgées souffrent d'hypothermie quand il fait très froid; **cold front** = front froid; **cold hardening** = lignification *f or* sclérification *f*; **cold trough** = zone *f* dépressionnaire froide **2** *noun* froid *m*; **sheep can withstand the cold** = les moutons résistent bien au froid

coliform *adjective* coliforme

COMMENT: coliform bacteria are similar to *Escherichia coli*. If *Escherichia coli* is found in water, it indicates that the water has been polluted by faeces, although it may not cause any illness

collagen *noun* collagène *m*; **collagen disease** = collagénose *f*

◇ **collagenous** *adjective* collagène

collect *verb* ramasser *or* récupérer

collection *noun* **(a)** *(picking up waste or refuse)* collecte *f or* ramassage *m*; **collection of bulky waste** = collecte des déchets encombrants; **refuse collection vehicle** *or* **collection truck** = benne *f* à ordures; **glass collection** = collecte du verre; **separate collection** *or* **selective collection** = collecte sélective **(b)** *(capturing energy)* captage *m*; **collection of solar energy** = captage de l'énergie solaire

collector *noun* capteur *m or* collecteur *m*; **collector panel** = capteur plan; **concentrating collector** = capteur à concentration; **concentrating solar collector** = capteur solaire à concentration

colloid *noun* colloïde *m*

◇ **colloidal** *adjective* colloïdal, -e, -aux

colony *noun* colonie *f*; **communal colony** = colonie communautaire

◇ **colonial** *adjective* colonial, -e, -aux *or* se rapportant à une colonie; **colonial animals** = animaux vivant en colonie

◇ **colonization** *noun* colonisation *f*; **islands are particularly subject to colonization by species of plants or animals introduced by man** = les îles sont tout particulièrement exposées à la colonisation par les plantes ou les animaux introduits par l'homme

◇ **colonize** *verb* coloniser; **derelict city sites rapidly become colonized by plants** = les terrains vagues urbains sont rapidement envahis par la végétation; **rats have colonized the river banks** = les rats ont colonisé les rives du fleuve

◇ **colonizer** *noun* espèce *f* colonisatrice

Colorado beetle *noun* doryphore *m*

coloration *noun* coloration *f*; **cryptic coloration** = coloration cryptique; **protective coloration** = homochromie *f or* mimétisme *m* des couleurs

colostrum *noun* colostrum *m*

colour *or US* **color 1** *noun* couleur *f*; **flowers use colour to attract insects** = c'est grâce à leur couleur que les fleurs attirent les insectes **2** *verb* colorer *or* se colorer; **the chemical coloured the river blue** = le produit chimique a coloré l'eau de la rivière en bleu

◇ **colouring (matter)** *noun* colorant *m*

◇ **colourless** *adjective* incolore; **water is a colourless liquid** = l'eau est un liquide incolore

COMMENT: colouring additives have E numbers 100 to 180. Some are natural pigments, such as riboflavine (E101), carrot juice (E160) or chlorophyll (E140) and are safe. Others, such as tartrazine (E102) and other azo dyes are suspected of being carcinogenic. Also suspect is caramel (E150), which is the most widely used colouring substance

column *noun* colonne *f*; **basalt rocks form columns in certain parts of the world** = dans certaines régions du monde, les roches basaltiques sont en forme de colonnes

◇ **columnar** *adjective* en forme de colonne; **igneous rocks may have a columnar structure** = la structure des roches ignées est parfois en forme de colonne

combat *verb* combattre; **the medical team is combating an outbreak of diphteria** = l'équipe médicale lutte pour enrayer l'épidémie de diphtérie; **what can we do to combat the spread of the disease?** = que pouvons-nous faire pour enrayer la maladie?

combine *verb* combiner; **combined heat and power (CHP) scheme** = cogénération *f* de chaleur et d'électricité

◇ **combination** *noun* combinaison *f*

combust *verb* brûler; **Denmark combusts 75% of its refuse for heat reclamation** = au Danemark on brûle 75% des déchets pour produire de la chaleur

◇ **combustion** *noun* combustion *f*; **combustion plant** = usine *f* d'incinération; **combustion residues** = résidus *m* de combustion; **internal combustion engine** = moteur à combustion interne

commensal 1 *adjective* commensal, -e, -aux **2** *noun* commensal *m*

◇ **commensalism** *noun* commensalisme *m*

COMMENT: if a commensal causes harm it is a parasite; if the two organisms are dependent on each other they exist in symbiosis

comminution *noun* broyage *m*

◇ **comminutor** *noun* broyeur *m*

committee *noun* comité *m*; **advisory committee** = comité consultatif; **committee on water problems** = comité des problèmes de l'eau

common 1 *adjective* **(a)** fréquent, -e; **noise pollution is a common problem in large cities** = la pollution par le bruit est un problème fréquent dans les grandes villes **(b)** commun, -e; *(in the EEC)* **Common Agricultural Policy (CAP)** = Politique agricole commune (PAC); **common land** = terrain communal; **common nuisance** = dommage *m* à autrui **2** *noun* terrain *m* communal (NOTE: now usually used in place names such as **Clapham Common**)

community *noun* **(a)** *(group of different organisms which live together)* communauté *f*; **climax community** = communauté climacique **(b)** *(group of people who live and work in a district)* communauté *f* *or* groupement *m*; **community architecture** = architecture *f* de quartier *or* architecture de proximité; **community area** = quartier *m* d'habitation; **community facilities and services** = installations *fpl* et services collectifs; **community heating** = chauffage *m* urbain; **community medicine** = épidémiologie *f*; **community physician** = épidémiologiste *mf*; **community transport** = transports *mpl* communautaires

commuter *noun* banlieusard *m*

◇ **commuter train** *noun* train *m* de banlieue

compact *verb (of waste)* compacter

◇ **compacting** *noun* compactage *m*

◇ **compaction** *noun* compression *f*

◇ **compactor** *noun* compacteur *m*; **waste compactor** = compacteur de déchets

companion *noun* compagnon *m* *or* compagne *f*; **companion plants** = espèces végétales compagnes

COMMENT: some plants grow better when planted near others. Beans and peas help root plants such as carrots and beetroot. Most herbs (except fennel) are helpful to other plants. Marigolds help reduce aphids if they are planted near plants such as broad beans or roses which are subject to aphid infestation. The strong smell of onions is disliked by the carrot fly, so planting onions near carrots makes sense. On the other hand, most other plants (and especially peas and beans) dislike onions and will not grow well near them

compartment *noun (section of a managed plantation of trees)* parcelle *f*

compensation *noun* compensation *f*; **compensation depth** = niveau de compensation; **compensation point** = point de compensation

compliance *noun* conformité *f*; **cost of compliance** = coût de mise en conformité

◇ **comply with** *verb* se mettre en conformité avec *or* se conformer (à); **the factory was forced to comply with the new regulations on emission of toxic gases** = l'usine a été contrainte de se conformer au nouveau règlement sur l'émission de gaz toxiques

> QUOTE some cities have tried to bring their ozone levels into compliance with federal safety standards, but failed
> *Environmental Action*

compose *verb* composer *or* constituer; **air is composed of a mixture of gases: 75% nitrogen, 23% oxygen, 1% argon and very small quantities of several other gases** = l'air est composé de plusieurs gaz: 75% d'azote, 23% d'oxygène, 1% d'argon et d'infimes quantités de plusieurs autres gaz

◇ **composition** *noun* composition *f or* constitution *f*; **chemical composition** = composition chimique

Compositae *plural noun* composées *fpl*

compost *noun* compost *m*; **compost heap** = tas *m* de compost; **mushroom compost** = champignonnière *f or* terreau *m* à champignons

◇ **composting** *noun* compostage *m or* fabrication *f* de compost; **composting drum** = fût *m* de compostage; **sludge composting** = compostage des boues

compound *noun* composé *m*; **chemical compound** = composé chimique; **nitrogen compound** = composé azoté; **stable compound** = composé stable

COMMENT: compounds are stable (i.e. the proportions of the elements in them are always the same) but can be split into their basic elements by chemical reactions

concentrate **1** *noun* **(a)** *(strength of a solution)* concentration *f* **(b)** *(strong solution which is to be diluted)* concentré *m* **2** *verb* **(a)** *(to reduce a solution)* concentrer *or* se concentrer **(b) to concentrate on** = se concentrer sur *or* fixer son attention sur

◇ **concentrating solar collector** *noun* capteur *m* solaire à concentration

concentration *noun* **(a)** *(chemistry)* concentration *f*; **background concentration** = concentration de fond; **concentration factor** = facteur *m* de concentration; **ground-level concentration** = concentration au niveau du sol; **maximum allowable concentration (MAC)** = concentration maximale admissible (CMA) **(b)** *(of people)* densité *f*; **population concentration** = densité de population; **traffic concentration** = densité de la circulation

> QUOTE the concentration of atmospheric carbon dioxide is now 23 per cent higher
> *Scientific American*

> QUOTE flights into the Antarctic ozone hole revealed very high concentrations of chlorine monoxide
> *New Scientist*

concrete *noun* béton *m*; **concrete shield** = bouclier *m* en béton; **reinforced concrete** = béton armé

concretion *noun* concrétion *f*

◇ **concretionary** *adjective* concrétionné, -e

condensate *noun* condensat *m*; **condensate storage tank** = réservoir *m* à condensat

condensation *noun* **(a)** *(action of condensing vapour into liquid)* condensation *f*; **condensation aerosol** = aérosol de condensation; **condensation nucleus** = noyau de condensation **(b)** *(water which forms on walls or windows, etc.)* condensation *or* liquide *m* condensé

condense *verb* condenser

◇ **condensed** *adjective* condensé, -e

◇ **condenser** *noun (device in a nuclear power station)* condenseur *m*

> COMMENT: condensers are also used in domestic clothes driers (where the warm air is recycled through the machine and is used again to save energy), and in refrigerators (where heat is transferred to the cooling liquid)

condition *noun* état *m* (de santé *or* de propreté); **the road system is in very good condition** = le réseau routier est en très bon état; **half the population is suffering from malnutrition and their condition is getting worse** = la moitié de la population souffre de malnutrition et l'état de santé général se détériore; **conditions in the urban areas are very bad** = les conditions de vie en zone urbaine sont très mauvaises

◇ **conditioned reflex** *noun* réflexe *m* conditionné

◇ **conditioning** *noun* conditionnement *m*; **radioactive waste conditioning** = le conditionnement des déchets radioactifs

conduction *noun* conduction *f*; **air conduction** = conduction aérienne; **bone conduction** = conduction osseuse

◇ **conductive** *adjective* conductible; **highly conductive** = de haute conductibilité

◇ **conductivity** *noun* conductivité *f*

conduit *noun* canalisation *f or* tuyau *m*

cone *noun* **(a)** *(shape)* cône *m* **(b)** *(retina cell)* cône *m* **(c)** *(botany)* cône *m*

confluence *noun (place where two rivers join)* confluent *m; (place where two streams of air join)* confluence *f*

conformity *noun* conformité *f*; **in conformity with the methods** = conformément aux méthodes

congenital *adjective* congénital, -e, -aux; **congenital defect** = malformation congénitale

◇ **congenitally** *adverb* congénitalement; **she was born congenitally deaf** = elle est sourde de naissance, à cause d'une malformation congénitale

> COMMENT: a congenital condition is not always inherited from a parent through the genes. It may be due to abnormalities which develop in the fetus because of factors such as a disease which the mother has (as in the case of German measles) or a drug which she has taken

congestion *noun* congestion *f*; **traffic congestion** = encombrement *m* (de la circulation)

◇ **congested** *adjective* congestionné, -e *or* encombré, -e; **it is hoped that building the by-pass will relieve the congested inner city streets** = on espère que la construction de la rocade va décongestionner les rues du centre ville

conglomerate *noun (sedimentary layer formed of small round stones)* conglomérat *m*

conifer *noun* conifère *m*; **afforestation with conifers has had a noticeable effect on the landscape of the upland region** = la plantation de conifères a notablement changé la physionomie du paysage des plateaux

◇ **coniferous** *adjective* conifère; **coniferous forest** = forêt *f* de conifères

> COMMENT: Conifers are members of the order Coniferales, and include pines, firs, spruce, etc. They are natives of the cooler temperate regions, are softwoods and grow very fast. They exude resin, and this, together with the hardness of the needles makes it impossible for plants to grow on the forest floor beneath them. If conifers are planted close together they will grow straight and tall, making them ideal for cheap construction material. Because of this, they are frequently used in afforestation plantations in places where they would not have grown naturally,

and where, unfortunately, they hide the landscape and reduce wildlife

coning *noun (plume of smoke)* panache *m* conique

connect *verb* connecter *or* relier; **a sandbar connects the island to the mainland at high tide** = à marée haute, un banc de sable relie l'île au continent

◇ **connection** *noun* connexion *f*

◇ **connective tissue** *noun* tissu *m* conjonctif *or* cellulaire

conservancy *noun* organisme *m* officiel chargé de la protection d'un site naturel; *GB* **Nature Conservancy Council** = Conseil pour la protection de l'environnement

conservation *noun* **(a)** *(keeping or not wasting)* conservation *f or* économie *f*; **conservation of resources** = conservation des ressources; **conservation of energy** *or* **energy conservation** = conservation *or* économie d'énergie; **forest conservation** = conservation forestière; **soil conservation** *or* **conservation of soil** = conservation des sols **(b)** *(maintenance of environmental quality)* protection *f*; **conservation body** = organisme *m* pour la défense de l'environnement; **conservation measures** = défense *f* de l'environnement; **nature conservation** = protection de la nature

◇ **Conservation Area** *noun* secteur *f* sauvegardé *or* site *m* classé

◇ **conservationist** *noun* écologiste *m&f* *or* partisan *m* de la défense de l'environnement

> QUOTE if all cost-effective conservation measures were taken and the U.S. became as energy-efficient as Japan, the country would consume half as much energy as it does today
>
> *Scientific American*

conserve *verb* **(a)** *(keep)* conserver **(b)** *(protect)* protéger *or* sauvegarder

> QUOTE the genus Martes comprises eight species, all of which have solved the problem of conserving heat in the long northern winters by growing dense water-repellent coats
>
> *BBC Wildlife*

constant *adjective* **(a)** continu, -e *or* incessant, -e; **the wardens complained about the constant stream of visitors to the reservation** = les gardiens de la réserve se sont plaints du flot incessant de visiteurs **(b)** constant, -e; **constant level chart** = carte *f* à niveau constant; **constant pressure chart** = carte à pression constante *or* carte d'isohypses *or* carte de surface isobare

constituent 1 *adjective* constitutif, -ive; **the constituent elements of air** = les éléments constitutifs de l'air **2** *noun* composant *m*

construction *noun* construction *f*; **construction certificate** = permis *m* de construire; **construction industry** = industrie *f* du bâtiment; **construction workers** = ouvriers *mpl* du bâtiment

consumable *adjective* de consommation; **consumable goods** = produits de consommation

consumables *plural noun* = CONSUMABLE GOODS

consume *verb (to use up or to eat foodstuffs)* consommer; *(to burn fuel)* brûler; **the population consumes ten tonnes of foodstuffs per week** = la population consomme dix tonnes de produits alimentaires par semaine; **the new pump consumes half the fuel which a normal pump would use** = par rapport à une pompe ordinaire, cette nouvelle pompe consomme deux fois moins de combustible

consumer *noun* **(a)** consommateur *m*; **gas consumers are protesting at the increase in prices** = les usagers protestent contre l'augmentation du prix du gaz; **the factory is a heavy consumer of water** = l'usine consomme de grandes quantités d'eau; **consumer council** = organisme *m* représentant les consommateurs; **consumer durables** = biens *mpl* durables; **consumer goods** = biens *mpl or* produits *mpl* de consommation; **consumer goods industry** = industrie *f* de biens de consommation; **consumer panel** = jury *m* de consommateurs; *US* **consumer price index** = indice *m* des prix à la consommation; **consumer protection** = protection *f* du consommateur; **consumer research** = recherche *f* sur les motivations des consommateurs; **consumer society** = société *f* de consommation **(b)** *(biology)* consommateur *m; (animal which eats plants)* **primary consumer** = consommateur primaire; *(animal (such as a carnivore) which eats other consumers)* **secondary consumer** = consommateur secondaire; *(carnivore which eats other carnivores)* **tertiary consumer** = consommateur tertiaire

consumerism *noun* protection *f* du consommateur *or* consumérisme *m*; **green consumerism** = consumérisme vert

> QUOTE the buildings sector, rather than transportation, is the single largest consumer of energy in the U.S. economy
> *Scientific American*

consumption *noun* consommation *f*; **a car with low petrol consumption** = une voiture qui consomme peu de carburant; **the factory has a heavy consumption of coal** = l'usine est grande consommatrice de charbon; **the country's consumption of wood has fallen by a quarter** = la consommation nationale de bois a diminué d'un quart; **3% of all food samples were found to be unfit for human consumption through contamination by lead** = 3% des prélèvements de nourriture se sont révélés impropres à la consommation humaine car ils contenaient du plomb; **consumption residues** = résidus *mpl* de consommation; **domestic consumption** *or* **home consumption** = consommation domestique

contact 1 *noun* contact *m*; **to have contact with someone** *or* **something** = toucher *or* être en contact direct avec quelqu'un ou quelque chose; **to be in contact with someone** = être près de quelqu'un *or* être en contact avec quelqu'un; **contact herbicide** *or* **contact weedkiller** = herbicide *m* de contact; **contact insecticide** = insecticide *m* de contact **2** *verb* contacter; **contact your local office to find out details of membership to the group** = contactez votre bureau régional pour connaître les conditions d'adhésion

contagion *noun* contagion *f*

◊ **contagious** *adjective* contagieux, -euse

container *noun* **(a)** *(packaging)* emballage *m*; **beverage container** = emballage de boisson; **disposable container** = emballage à jeter; **returnable container** = emballage consigné **(b)** *(for shipping)* conteneur *m*; **collection from container** = collecte *f* par conteneur

containment building *noun (nuclear)* enceinte *f* de confinement

contaminant *noun* agent *m* de contamination

contaminate *verb* contaminer *or* infecter; **supplies of drinking water were contaminated by refuse from the factories** = les réserves d'eau potable ont été contaminées par les rejets d'usine; **a whole group of tourists fell ill after eating contaminated food** = tout un groupe de touristes est tombé malade après avoir mangé de la nourriture contaminée; **7% of the soil is contaminated by heavy metals** = 7% du sol sont pollués par les métaux lourds

contamination *noun* contamination *f or* infection *f*; **contamination resulted from drinking polluted water** = la contamination a été causée par l'absorption d'eau polluée; **atmospheric contamination** = contamination atmosphérique

content *noun* teneur *f or* titre *m*; **these foods have a high starch content** = ces aliments contiennent une forte proportion d'amidon; **dried fruit has a higher sugar content than fresh fruit** = les fruits secs contiennent plus de sucre que les fruits frais; **lead content should be reduced to 0.1 g/l by 1995** = la teneur en plomb devrait être ramenée à 0,1 g/l d'ici à 1995; **sulfur content** = teneur en soufre

continent *noun* continent *m*

◊ **continental** *adjective* continental, -e, -aux; **continental climate** = climat continental; **continental crust** = croûte continentale *or* écorce continentale; **continental drift** = dérive *f* des continents; **continental margin** = marge continentale; **continental shelf** = plateau continental *or* plate-forme continentale; **continental slope** = talus continental

contour *noun* courbe *f* de niveau; **contour farming** = labour *m* suivant les courbes de niveau; **contour interval** = intervalle *m* des courbes de niveau; **contour line** = courbe de niveau; **contour map** = carte *f* topographique; **contour ridging** = labour *m* de niveau; **contour strip cropping** = culture *f* de niveau en bande; **contour tillage** = labour *m* suivant les courbes de niveau

> COMMENT: in contour farming, the ridges of earth act as barriers to prevent soil being washed away and the furrows retain the rainwater

control 1 *noun* **(a)** *(restraining or keeping in order)* contrôle *m or* lutte *f or* maîtrise *f*; **biological control** = contrôle biologique *or* lutte biologique; **control of air pollution** = lutte contre la pollution atmosphérique; **(nuclear) control rod** = barre *f* de commande *or* barre de contrôle; **environmental control** = protection *f* de l'environnement; **pollution control** = lutte contre la pollution; **residual control** = élimination totale; **the specialists brought the epidemic under control** = les spécialistes ont réussi à maîtriser l'épidémie; **the epidemic got rapidly out of control** = l'épidémie s'est rapidement propagée; **strict controls over dangerous waste** = contrôle strict des déchets dangereux **(b)** *(in experiments)* témoin *m*; **control group** = groupe *m* témoin **2** *verb* maîtriser *or* dominer; **the medical authorities are trying to control the epidemic** = les autorités sanitaires tentent de maîtriser l'épidémie; **they were unable to control the spread of the pest** = ils furent incapables de maîtriser la propagation des insectes nuisibles

◊ **controlled drugs** *or* **dangerous drugs** *plural noun* médicaments *mpl* dangereux

◊ **controlled tipping** *noun* décharge *f* contrôlée (NOTE: the US English is **sanitary landfill**)

conurbation *noun* conurbation *f*

convection *noun* convection *f or* convexion *f*; *compare* ADVECTION

conventional *adjective* classique *or* conventionnel, -elle *or* traditionnel, -elle; **conventional formulation** = formulation traditionnelle; **conventional fuels** = combustibles traditionnels; **conventional medicine** = médecine traditionnelle; **conventional power station** = centrale traditionnelle *or* centrale classique

conversion *noun* conversion *f or* transformation *f*; **the conversion of oxygen into ozone** = la transformation de l'oxygène en ozone

convert *verb* convertir *or* transformer; **photochemical reactions convert oxygen to ozone** = l'oxygène se transforme en ozone par réaction photochimique; **he has converted his car to take unleaded petrol** = sa voiture est maintenant équipée pour rouler à l'essence sans plomb; **sulphur dioxide and nitrogen oxides emitted into the atmosphere are chemically converted into sulphuric and nitric acid** = le dioxyde de soufre et les oxydes d'azote émis dans l'atmosphère se transforment en acides sulfurique et nitrique

converter *noun* convertisseur *m*; **Bessemer converter** = convertisseur Bessemer; **catalytic converter** = pot *m* catalytique; **methane converter** = convertisseur de méthane

> COMMENT: a catalytic converter is a box filled with a catalyst, such as platinum. Converters can only be used on cars burning unleaded petrol, as the lead compounds in leaded petrol rapidly coat the catalyst in the converter and prevent it functioning

cool 1 *adjective* frais, fraîche; **cool weather is forecast for the rest of the week** = on prévoit un temps frais pour le reste de la semaine **2** *verb* rafraîchir *or* refroidir *or* se rafraîchir *or* se refroidir; **cooling pond** = bassin *m* de refroidissement; **cooling tower** = tour *f* de refroidissement *or* de réfrigération; **cooling water** = eau *f* de refroidissement *or* de réfrigération

coolant *noun* réfrigérant *m*; **ordinary water is used as a coolant in certain types of nuclear reactor** = dans certains types de réacteurs nucléaires, on utilise de l'eau ordinaire pour le refroidissement; **coolant pump** = pompe de refroidissement

cooperation *noun* coopération *f*

copper *noun* cuivre *m*; **copper ore** = minerai *m* de cuivre; **copper oxide** = oxyde *m* de cuivre; **copper sulphide** = sulfure *m* de cuivre
NOTE: the chemical symbol is **Cu;** atomic number is **29**

coppice 1 *noun* taillis *m*; **coppice wood** = taillis simple **2** *verb (of tree)* tailler; **coppicing is a traditional method of wood management** = les coupes de rajeunissement constituent une méthode traditionnelle d'exploitation des forêts; **coppiced wood can be dried for use in wood-burning stoves** = on peut faire sécher les rejets coupés pour alimenter les poêles à bois; *compare* POLLARD

copra *noun* coprah *m or* copra *m*

copse *noun* taillis *m*

coral *noun* corail *m*; **coral reef** = récif *m* corallien *or* récif de corail; **coral sand** = sable *m* corallien

cordwood *noun* bois *m* de corde

core *noun* **(a)** *(central part of the earth)* noyau *m*; **the earth's core is believed to be formed of nickel and iron** = on pense que le noyau de la Terre est composé de nickel et de fer **(b)** *(of nuclear reactor)* coeur *m*; **core basket** = enveloppe *f* du coeur; **core cooling-pump** = pompe *f* de refroidissement (du coeur du réacteur)

Coriolis force *noun* force *f* de Coriolis

cork *noun* liège *m or* suber *m*; **cork oak tree** = chêne-liège *m*

corm *noun* tige *f* souterraine bulbeuse *or* bulbe *m*

corn *noun* **(a)** *GB* blé *m* **(b)** *US* maïs *m*

corolla *noun* corolle *f*

corona *noun (round the sun)* couronne *f*

corrasion *noun* corrasion *f*

correction *noun* correction *f*; **barometric corrections** = corrections barométriques

corrode *verb* corroder *or* se corroder; **iron corrodes and forms rust** = le fer se corrode et rouille

◊ **corrosion** *noun* corrosion *f*

◊ **corrosive** *adjective* corrosif, -ive; **corrosive power** = pouvoir corrosif; **corrosive dry deposition can affect building materials** = les matériaux de construction peuvent être attaqués par les dépôts secs corrosifs

cosmos *noun* cosmos *m or* univers *m*

◊ **cosmic** *adjective* cosmique; **cosmic rays** *or* **cosmic radiation** = rayons *mpl* cosmiques *or* rayonnement *m* cosmique

cost *noun* coût *m*; **cost of living** = coût de la vie; **labour cost** = coûts salariaux; **private cost** = coût privé; **social cost** = coût social

◊ **cost-benefit analysis** *noun* analyse *f* coût-bénéfice

◊ **cost-effective** *adjective* rentable

◊ **cost-effectiveness** *noun* rentabilité *f*; **cost-effectiveness analysis** = analyse *f* coût-efficacité

◊ **costly** *adjective* coûteux, -euse *or* onéreux, -euse; **pollution control measures are costly to the community** = les mesures de lutte contre la pollution coûtent cher à la collectivité

cottonwood *noun* peuplier *m* de Virginie

cotyledon *noun* cotylédon *m*

> COMMENT: cotyledons are thicker than normal leaves, and contain food for the growing plant. Plants are divided into two groups: those which produce a single cotyledon (monocotyledons) and those which produce two cotyledons (dicotyledons)

counter *noun* compteur *m*; **Geiger counter** = compteur Geiger

country *noun* **(a)** *(state)* pays *m*; **town and country planning** = aménagement *m* du territoire **(b)** *(area of land which is not a town)* campagne *f*; **we live in the country** = nous habitons à la campagne; **country areas are less polluted than urban areas** = la campagne est moins polluée que la ville; **country park** = parc *m* rural

◇ **countryside** *noun* campagne *f*; *GB* **Countryside Commission** = organisme officiel chargé de l'aménagement en zone rurale

coupe *noun (area of a forest in which trees have been cut)* coupe *f*

cover *noun* couverture *f*; **grass cover will provide some protection against soil erosion** = l'herbe protège le sol de l'érosion; **cover crop** = culture de protection; **ground cover** *or* **plant cover** *or* **tree cover** = couvert *m* végétal *or* couverture végétale *or* tapis *m* végétal

◇ **covering material** *noun* matériau *m* de couverture

Cr *symbol for* CHROMIUM

cracking *noun* cracking *m or* craquage *m*

crater *noun* cratère *m*; **crater lake** = lac *m* de cratère

creep *noun* **soil creep** = reptation *f*

creosote *noun* créosote *f*

crepuscular rays *plural noun* rayons *mpl* crépusculaires

crest *noun* crête *f*

crevasse *noun* crevasse *f*

crevice *noun* fente *f or* fissure *f*

crisis *noun* crise *f or* stade *m* critique; **a crisis caused by draught** = une crise provoquée par la sécheresse; **situations of ecological crisis** = situations *fpl* de crise écologique (NOTE: plural is **crises)**

◇ **crisis centre** *noun* cellule *f* de crise

criterion *noun* critère *m*
NOTE: plural is **criteria**

critical *adjective* **(a)** *(which criticizes)* critique; **the report was critical of the steps taken to cut down pollution** = le rapport émet des critiques sur les mesures prises pour lutter contre la pollution **(b)** *(referring to crisis)* critique; *(in food chain)* **critical link** = liaison *f* critique; **critical load** = charge *f* critique; **critical mass** = masse *f* critique; **critical organ** = organe *m* critique; **critical pH** = pH *m* critique *or* pH limite; **critical point** = point *m* critique; **critical temperature** = température *f* critique

◇ **critically** *adverb* **(a)** *(in a way which criticizes)* (i) sévèrement *or* (ii) d'un oeil critique **(b)** *(seriously)* **critically ill** = gravement malade

criticize *verb* critiquer *or* émettre des critiques; **the report criticized the government's attitude to building on green belt areas** = le rapport a critiqué l'attitude du gouvernement à propos de la construction de bâtiments en zone verte

crop 1 *noun* **(a)** *(plants grown for food)* culture *f*; **crop breeder** = phytogénéticien, -ienne; **crop breeders depend on wild plants to develop new and stronger strains** = les phytogénéticiens ont besoin des plantes sauvages pour mettre au point de nouvelles variétés plus résistantes; **basic crop** = culture *m* de base; **cash crop** = culture commerciale *or* culture de rapport; **crop dusting** *or* **crop spraying** = pulvérisation *f* des cultures; **crop rotation** *or* **rotation of crops** = assolement *m*; **crop sprayer** = pulvérisateur *m*; **mixed crop** = polyculture *f*; **single crop** = monoculture *f* **(b)** *(produce from plants)* récolte *f*; **the tree has produced a heavy crop of apples** = cet arbre a donné une bonne récolte de pommes; **the first crop was a failure** = la première récolte fut un échec **(c)** *(bird's throat)* jabot *m* **2** *verb* donner une récolte *or* produire une récolte; **a strain of rice which crops heavily** = une variété de riz d'un très bon rendement

◇ **cropland** *noun* terre *f* de culture

◇ **cropper** *or* **heavy cropper** *noun* (arbre *or* plante) qui a un bon rendement

cross 1 *noun* **(a)** *(shape)* croix *f*; **the Red Cross** = la Croix-Rouge **(b)** *(breeding of plants or animals from two different breeds)* croisement *m* or hybridation *f* **2** *verb* croiser; **they crossed two strains of rice to produce a new strain which is highly resistant to disease** = par croisement de deux variétés de riz, on a obtenu une nouvelle variété très résistante à la maladie

◇ **crossbred** *adjective* (animal) résultant d'un croisement or hybride; **a herd of crossbred sheep** = un troupeau de moutons hybrides

◇ **cross-breeding** *noun* croisement *m*

◇ **cross-fertilization** *noun* fécondation *f* croisée

◇ **cross-pollination** *noun* pollinisation *f* croisée

COMMENT: all of these processes avoid inbreeding, which may weaken the species. Some plants are self-fertile (i.e. they are able to fertilize themselves) and do not need pollinators, but most benefit from cross-fertilization and cross-pollination

crown *noun (of tree)* cime *f* or faîte *m* or houppier *m*

◇ **crown of thorns starfish** *noun* étoile *f* de mer épineuse or acanthaster *m*

Cruciferae *plural noun* crucifères *fpl* or cruciféracées *fpl*

crude oil or **crude petroleum** *noun* pétrole *m* brut

COMMENT: crude petroleum is found in geological deposits, mainly in the Middle East, in the North Sea, Central America and Asia. It is made up of varying types of hydrocarbon, together with sulphur compounds and is often found with natural gas

crusher *noun* broyeur *m*

◇ **crusher unit** *noun* station *f* de broyage

crushing *noun (waste)* déchiquetage *m*

◇ **crushing system** *noun* chaîne *f* de broyage

crust *noun* croûte *f*; **continental crust** = croûte continentale or écorce continentale

Crustacea *plural noun* crustacés *mpl*

◇ **crustacean** *noun* crustacé *m*

◇ **crustaceous** *adjective* crustacé, -e

cryophyte *noun* cryophyte *m*

cryptic coloration *noun* coloration *f* cryptique

crypto- *prefix (meaning hidden)* crypto-

◇ **cryptozoic** *adjective* cryptozoïque

crystal *noun* cristal, -aux *m*

◇ **crystalline** *adjective* cristallin, -e; **crystalline rocks** = roches cristallines

Cs *chemical symbol for* CAESIUM

CSF = CEREBROSPINAL FLUID

Cu *chemical symbol for* COPPER

cubic *adjective* cubique; **cubic capacity** = volume *m*; **cubic metre** = mètre cube (m^3)

cull 1 *noun* élimination *f* sélective; **seal cull** = élimination *f* or massacre *m* des bébés-phoques **2** *verb* éliminer (pour contrôler le développement d'une race)

COMMENT: in the management of large wild animals without predators, such as herds of deer in Europe, it is usual to kill some mature animals each year to prevent a large population forming and overgrazing the pasture. Without culling the population would seriously damage their environment and eventually die back from starvation

QUOTE introducing superior quality genotypes into the population can only improve the entire breed if inferior ones are culled
Appropriate Technology

QUOTE the director of the fishermen's federation continues to call for a grey seal cull (he wants up to 15,000 killed each year)
BBC Wildlife

cullet *noun* calcin *m*

culm *noun* **(a)** *(stem of a grass which produces flowers)* stipe *m* or tige *f* **(b)**

(waste from an anthracite processing plant) résidus *mpl* de houille

cultch *noun (for oysters)* collecteur *m*

cultivate *verb* cultiver *or* labourer; **the fields are cultivated in the spring, ready for sowing corn** = on laboure les champs au printemps avant de semer le blé; **cultivated land** = terre cultivée

◇ **cultivar** *noun* cultivar *m or* variété *f* cultivée

◇ **cultivation** *noun* culture *f*; **land under cultivation** *or* **fields under cultivation** = cultures; **out of cultivation** = en friche; **shifting cultivation** = agriculture *f* itinérante; **the area under rice cultivation has grown steadily in the past 40-50 years** = la superficie des terres consacrées à la culture du riz croît régulièrement depuis 40-50 ans

◇ **cultivator** *noun* **(a)** *(person)* cultivateur *m* **(b)** *(machine)* motoculteur *m*

culture 1 *noun* culture *f*; **culture medium** *or* **agar** = bouillon *m* de culture *or* milieu *m* de culture; **stock culture** = souche *f* bactérienne *or* microbienne **2** *verb* faire une culture microbienne

culvert *noun* ponceau, -eaux *m or* canalisation *f* sous chaussée

cumulus *noun* cumulus *m; see also* ALTOCUMULUS, STRATOCUMULUS

◇ **cumulonimbus** *noun* cumulonimbus *m*

curie *noun* curie *m*; **discharges of more than 20 curies per year are not permitted** = les émissions supérieures à 20 curies par an sont interdites

NOTE: with figures usually written **Ci: 25 Ci**

current *noun (water or air or electricity)* courant *m*; **dangerous currents make fishing difficult near the coast** = de dangereux courants rendent la pêche côtière difficile; **a warm westerly current is blowing across the country** = un vent d'ouest doux souffle sur le pays

curvature *noun* courbure *f*; **curvature of the earth** = la courbure de la Terre

curve *noun* courbe *f*; **calibration curve** = courbe d'étalonnage

cut 1 *noun* coupe *f*; **partial cut** = coupe partielle; *see also* CLEARCUT **2** *verb* couper *or* se couper

◇ **cutting** *noun* bouture *f*; **leaf cutting** *or* **root cutting** *or* **stem cutting** = bouture de feuille *or* bouture de racine *or* bouture de tige

> COMMENT: taking cuttings is a frequently used method of propagation which ensures that the new plant is an exact clone of the one from which the cutting was taken

cyan *noun* cyan *m*

cyanide *noun* cyanure *m or* sel *m* de l'acide cyanhydrique; **cyanide removal** = décyanuration *f*

> COMMENT: hydrogen cyanide is a gas with a smell of almonds; it kills very rapidly when drunk or inhaled. Cyanide is present in many effluents from industrial processes

cyano- *prefix (meaning blue)* cyano-

◇ **cyanocobalamin** *noun (vitamin B_{12})* cyanocobalamine *f*

> COMMENT: Vitamin B_{12} is found in liver and kidney but not in vegetables. Lack of it can cause anaemia

Cyanophyta *plural noun* cyanophycées *fpl or* algues *fpl* bleues

cyanosis *noun* cyanose *f*

cyclamate *noun* cyclamate *m*

> COMMENT: cyclamate is a sweetening substance (a salt of cyclamic acid), and is believed to be carcinogenic and banned in the USA as a food additive

cycle *noun* cycle *m*; **industrial waste upsets the natural nutrient cycle** = les déchets industriels perturbent le cycle naturel des substances nutritives; **utilization cycle of materials** = cycle d'utilisation des matériaux; **carbon cycle** = cycle du carbone; **hydrological cycle** = cycle de l'eau *or* cycle hydrologique; **menstrual cycle** = cycle menstruel; **nitrogen cycle** = cycle de l'azote

cyclical *adjective* cyclique

cyclo- *prefix (meaning cyclical)* cyclo-; **cyclothymia** = cyclothymie *f*

cyclone *noun* **(a)** *(low pressure area)* cyclone *m see also* ANTICYCLONE **(b)** *(in the Indian Ocean)* **tropical cyclone** = cyclone tropical **(c)** *(device which removes solid particles from waste gases)* cyclone; **cyclone dust separator** = dépoussiéreur *m* à cyclone; **cyclone separation** = cyclonage *m*

◇ **cyclonic** *adjective* cyclonique; **in a cyclonic direction** = dans une direction cyclonique

◇ **cyclonically** *adverb* dans une direction cyclonique; **waterspouts rotate cyclonically, that is anticlockwise in the Northern Hemisphere and clockwise in the Southern Hemisphere** = les trombes tournent dans une direction cyclonique: dans le sens des aiguilles d'une montre dans l'hémisphère Sud, et dans le sens inverse dans l'hémisphère Nord

cylinder capacity *noun* cylindrée *f*

cyt- *or* **cyto-** *prefix (referring to cells)* cyto-

◇ **cytochemistry** *noun* cytochimie *f*

◇ **cytogenetics** *noun* cytogénétique *f*

◇ **cytokinesis** *noun* cytodiérèse *f*

◇ **cytology** *noun* cytologie *f*

◇ **cytolysis** *noun* cytolyse *f*

◇ **cytoplasm** *noun* cytoplasme *m*

◇ **cytoplasmic** *adjective* cytoplasmique

◇ **cytosine** *noun* cytosine *f*

◇ **cytosome** *noun* cytosome *m*

◇ **cytotoxin(e)** *noun* cytotoxine *f*

Dd

D 1 *chemical symbol for* DEUTERIUM **2** *see* VITAMIN

dairy farming *noun* industrie *f* laitière; **dairy products** = produits *mpl* laitiers

dam *noun* barrage *m or* digue *f*

damage 1 *noun* dégâts *mpl or* dommage *m*; **damage threshold** = seuil *m* de nocivité; **desiccation damage** = dégâts *or* dommages causés par la dessiccation; **ecological damage** = dégradation écologique; **environmental damage** = atteinte à l'environnement; **genetic damage** = lésion génétique **2** *verb* endommager *or* nuire à

damp 1 *adjective* humide **2** *noun* humidité *f*

◇ **dampen** *verb* humecter *or* humidifier

◇ **damping** *noun* mise *f* en veilleuse d'un haut-fourneau

◇ **damp off** *verb (of seedlings)* fondre; **damping off** = fonte *f* des semis

Dano process *noun (waste treatment)* procédé *m* Dano

Darwinism *or* **Darwinian theory** *noun* darwinisme *m*; **Darwinian fitness** = aptitude *f* darwinienne; *see also* NEO-DARWINISM

data *noun* données *fpl*; **the data is very interesting** = ces données sont très intéressantes

daughter cell *noun* cellule-fille *f*

daylight *noun* lumière *f* du jour

◇ **daylight-saving time (DST)** *noun* *GB* heure *f* d'été

dB = DECIBEL

DDT = DICHLORO-DIPHENYL-TRICHLOROETHANE

deactivate *verb* mettre hors tension

death *noun* mort *f*; **death rate** = mortalité *f or* taux *m* de mortalité

debacle *noun* débâcle *f*

debris *noun* débris *mpl or* roches *fpl* détritiques; **volcanic debris from a volcano in eruption** = débris volcaniques d'un volcan en éruption; **mounds of debris left by open-cast mining** = monticules *mpl* de déchets résultant de l'extraction minière à ciel ouvert; **debris flow** = éboulement *m or* glissement *m* de terrain *or* lave *f* torrentielle
NOTE: not plural in English

decay 1 *noun* **(a)** *(of organic matter)* décomposition *f or* pourrissement *m*; **bacterial decay** = décomposition bactérienne; **decay of organic matter** = décomposition des matières organiques; **urban decay** = dégradation *f* des villes; **wood is treated againt decay** = le bois est traité contre le pourrissement **(b)** *(of radioactive substances)* désintégration *f*; **decay heat** = chaleur *f* de désintégration; **radioactive decay** = décroissance *f* de la radioactivité *or* désintégration radioactive **2** *verb* **(a)** *(of organic matter)* se décomposer *or* se dégrader **(b)** *(of radioactive substances)* se désintégrer

decibel (dB) *noun* décibel *m*; **decibel A scale** *or* **dBA scale** = décibel à pondération (dBA)

COMMENT: the range of audible sounds is measured in decibels, which are calculated by measuring the sound pressure level. Decibels are calculated on a logarithmic scale, each step in the scale is an increase of ten times the previous step. The scale is further refined according to an A, B, C system, the dBA being the most used because it is the hearing level of humans

deciduous *adjective* **(a)** à feuilles caduques; **deciduous tree** = feuillu *m or* arbre *m* à feuillage caduc; **deciduous forest** = forêt *f* feuillue *or* forêt de feuillus; **deciduous woodlands grew up after the last ice age** = les forêts de feuillus sont apparues après le dernier âge glaciaire; **semi-deciduous forest** = forêt décidue tropicale; **temperate deciduous forest** = forêt décidue tempérée **(b)** temporaire; **deciduous teeth** *or* **deciduous dentition** = dentition *f* caduque *or* dentition temporaire *or* dents *fpl* de lait

decimate *verb* décimer; **overfishing has decimated the herring population in the North Sea** = la surpêche a décimé les populations de harengs de la mer du Nord

decision-maker *noun* décideur *m*

declination *noun (astronomy)* déclinaison *f*; **magnetic declination** = déclinaison magnétique

decline 1 *noun* déclin *m*; **the decline in the number of cases of pollution is due to the better policing of factory emissions** = la diminution des cas de pollution est due à une amélioration du contrôle des rejets industriels; **ecologists are working to diagnose forest decline in its early stages** = les écologistes tentent de diagnostiquer les premiers signes de dépérissement des forêts; **decline in population** = déclin *m* démographique; **on the decline** = en diminution; **the population of the birds now seems to be on the decline** = la population d'oiseaux semble maintenant être en diminution **2** *verb* décliner *or* diminuer; **the fish population declined sharply as the water became more acid** = l'eau devenant de plus en plus acide, la population de poissons a brutalement diminué; **to decline in importance** = perdre de l'importance

> QUOTE much of the decline in energy consumption is due to the more efficient use of energy in homes and offices
> *Scientific American*

> QUOTE the butterfly's alarming decline is probably the result of habitat reduction
> *Natural History*

de-coking *noun* décokage *m*

decommission *verb (nuclear installation)* déclasser

◇ **decommissioning** *noun* déclassement *m*; **decommissioning waste** = déchets *mpl* provenant du déclassement des centrales nucléaires

decompose *verb (of organic material)* décomposer *or* dégrader *or* se décomposer *or* se dégrader

◇ **decomposable** *adjective* décomposable; **biologically decomposable** = biodégradable

◇ **decomposer** *noun* décomposeur *m or* microconsommateur *m*

◇ **decomposition** *noun* décomposition *f*

decontaminate *verb* décontaminer

◇ **decontamination** *noun* décontamination *f*; **decontamination index** = indice *m* de décontamination

decrease 1 *noun* diminution *f*; **decrease in the birth rate** = dénatalité *f*; **natural decrease in population** = dépopulation *f*; **population decrease** = dépeuplement *m*; **a decrease of 20%** = une diminition de 20%; **on the decrease** = en déclin **2** *verb* décroître *or* diminuer

DED = DUTCH ELM DISEASE

deduster *noun* dépoussiéreur *m*

deep *adjective* profond, -e; **deep water** = eau profonde

deep ecology *noun* écologisme *m* radical

deep-freezing *noun* congélation *f or* surgélation *f*

deep-sea *adjective* pélagique *or* abyssal, -e, -aux; **deep-sea fisherman** = pêcheur *m* hauturier; **deep-sea fishing** = pêche *f* hauturière

deficiency *noun* déficience *f or* carence *f*; **deficiency disease** = maladie *m* de carence; **iron deficiency** = carence en fer

◇ **deficient** *adjective* déficient, -e *or* insuffisant, -e; **deficient in nutrients** = insuffisant en éléments nutritifs; **the soil is deficient in important nutrients** = le sol présente une carence en éléments nutritifs importants; **scrub plants are well adapted to this moisture-deficient habitat** = cet habitat peu humide convient bien aux broussailles

deficit *noun* déficit *m*

definitive host *noun* hôte *m* définitif

deflocculant *noun* défloculant *m*

◇ **deflocculation** *noun* défloculation *f*

defoliant *noun* défoliant *m*

◇ **defoliate** *verb* défolier

◇ **defoliation** *noun* défoliation *f*

deforest *verb* déboiser; **the timber industry has helped to deforest the tropical regions** = l'industrie du bois a contribué au déboisement des régions tropicales

◇ **deforestation** *noun* déboisement *m or* déforestation *f*

> QUOTE the main reason for the drought and its severity is deforestation like that which has taken place in Ethiopia and Brazil. The destruction of the trees destroys the land's watersheds. The lack of trees also allows the fertile topsoil to blow away
>
> *Appropriate Technology*

degas *verb* dégazer

◇ **degasification** *noun* dégazage *m*

◇ **degassing** *noun* dégazage *m*

degrade *verb* dégrader *or* détériorer; **the land has been degraded through overgrazing** = le surpâturage a provoqué la dégradation du sol; **ozone may worsen nutrient leaching by degrading the water-resistant coating on pine needles** = en détériorant la pellicule imperméable des aiguilles de pin, il est possible que l'ozone aggrave le lessivage des éléments nutritifs

◇ **degradable** *adjective* dégradable; *compare* BIODEGRADABLE

◇ **degradation** *noun* dégradation *f*; **degradation of air** = pollution *f* de l'air; **degradation of energy** = dégradation de l'énergie; **environmental degradation** = dégradation de l'environnement; **chemical degradation of the land can be caused by overuse of fertilizers and by pollutants from industrial processes** = la dégradation chimique des sols peut être due à l'usage excessif d'engrais et aux émissions polluantes des industries

> QUOTE it is possible to degrade the actinides to fission products with much shorter half-lives
>
> *New Scientist*

degree *noun* **(a)** *(in science)* degré *m*; **degree Celsius** = degré Celsius; **degree Fahrenheit** = degré Fahrenheit; **water freezes at 32°F (thirty-two degrees Fahrenheit) or 0°C (zero degree Celsius)** = l'eau gèle à 32°F (trente deux degrés Fahrenheit), à 0°C (zéro degré Celsius); **a circle has 360°** = un cercle a 360°; **the temperature is only 20° Celsius** = la température n'est que de 20 degrés Celsius (NOTE: the word **degree** is written ° after figures: **40°C** ; say: "forty degrees Celsius") **(b)** degré *m or* mesure *f*; **to a minor degree** = peu; **to some degree** = jusqu'à un certain point *or* dans une certaine mesure; **to a degree** = au plus haut point *or* extrêmement

dehisce *verb (of ripe seed pod or fruit)* s'ouvrir

◇ **dehiscence** *noun* déhiscence *f*

◇ **dehiscent** *adjective* déhiscent, -e

dehumidifier *noun* déshumidificateur *m*

dehydrate *verb* déshydrater *or* se déshydrater; **after two days without food or drink, he became severely dehydrated** = au bout de deux jours sans boisson ni nourriture, il était gravement déshydraté

◇ **dehydration** *noun* **(a)** *(taking water from substance)* dessiccation *f* **(b)** *(from human body)* déshydratation *f*

deinking *or* **de-inking** *noun* désencrage *m*; **de-inking unit** = unité de désencrage

deintensified farming *noun* désintensification *f* des cultures

delta *noun* delta *m*; **the Nile delta** = le delta du Nil

◇ **deltaic deposits** *plural noun* dépôts *mpl* deltaïques

delta rays *plural noun* rayons *mpl* delta

demand *noun* demande *f*; **they are building more power stations to satisfy the demand for electricity** = on construit davantage de centrales afin de répondre à la demande en électricité; **they calculate that demand will exceed supply within ten years** = on estime que, d'ici dix ans, la demande sera supérieure à la capacité de production; **chemical oxygen demand (COD)** = demande chimique en oxygène (DCO); **supply and demand** = l'offre *f* et la demande

deme *noun* dème *m*

demersal *adjective* démersal, -e *or* benthique; *compare* PELAGIC

demineralization *noun* déminéralisation *f*

demo = DEMONSTRATION REACTOR FOR NUCLEAR FUSION

demography *noun* démographie *f*

◇ **demographic** *adjective* démographique; **demographic transition** = transition démographique

demonstration reactor for nuclear fusion (demo) *noun* réacteur *m* à fusion nucléaire de démonstration

denaturation *noun* dénaturation *f*

◇ **denature** *verb* dénaturer; **denatured alcohol** = alcool *m* dénaturé

dendritic *adjective* dendritique; **dendritic drainage** = réseau *m* (hydrographique) dendritique

◇ **dendrochronology** *noun* dendrochronologie *f*

◇ **dendroclimatology** *noun* dendroclimatologie *f*

COMMENT: because tree rings vary in width depending on the weather during a certain year, it has been possible to show a pattern of yearly growth which applies to all wood from a certain region. This allows old structures to be dated even more accurately than with carbon-dating systems. It is also possible to chart past changes in climate in the same way (rings vary in thickness according to rainfall, etc.) allowing scientists to compare the climatic changes in various parts of the world over a very long period of time

dengue *or* **breakbone fever** *noun* dengue *f*

denitrification *noun* dénitrification *f*

dense *adjective* dense; **animals live safely in dense tropical rainforest** = les animaux vivent tranquilles dans les profondeurs de la forêt tropicale

◇ **densely** *adverb* **densely populated** = à forte densité de population

◇ **density** *noun* densité *f*; **density dependence** = densité dépendance; **density dependent** = densité dépendant; **density independent** = indépendant de la densité *or* non densité dépendant; **population density** = densité de la population

denude *verb* dénuder *or* éroder

◇ **denudation** *noun* dénudation *f*

de-oiling *noun* déshuilage *m*

deoxygenation *noun* désoxygénation *f*

deoxyribonucleic acid (DNA) *noun* acide *m* désoxyribonucléique (ADN); *see also* RNA

department *noun (in government)* département *m or* ministère *m; US* **Department of Energy (DOE)** = ministère de l'Energie; *GB* **Department of the Environment (DoE)** = ministère de l'Environnement

dependent *adjective* dépendant, -e; **the country's whole economy is dependent on its natural resources** = l'économie du pays dépend, dans sa totalité, de ses ressources naturelles

deplete *verb* épuiser *or* réduire; **runoff from hillsides depletes the soil of nutrients** = sous l'effet du ruissellement des coteaux qui draine les éléments nutritifs du sol, la terre s'appauvrit

◇ **depletion** *noun* appauvrissement *m or* épuisement *m*; **ozone depletion** = appauvrissement en ozone; **soil depletion** = épuisement des sols

deposit 1 *noun* dépôt *m or* sédiment *m*; **alluvial deposits** = alluvions *mpl or* masses *fpl* boueuses charriées; **coal deposits** = gisement *m* houiller; **deposits of coal have been found in the north of the country** = on a découvert des gisements houillers dans le nord du pays; **lake deposits** = sédiments limniques **2** *verb* déposer; **the volcanic eruption deposited a thin layer of ash over a wide area** = l'éruption volcanique a déposé une fine couche de cendres sur une très grande superficie; **deposited matter** = dépôts *mpl*

◇ **deposition** *noun* dépôt *m*; **the deposition of sediment at the bottom of a lake** = le dépôt de sédiments au fond d'un lac; **dry deposition** = dépôts secs; **some of the sulphate particles settle to the ground in the process called dry deposition** = lors du processus dit de dépôt sec, une partie des particules de sulfate se dépose sur le sol

◇ **depository** *noun* entrepôt *m*; **deep depository** = site d'enfouissement profond; *compare* REPOSITORY

depression *noun* **(a)** *(atmospheric)* dépression *f* **(b)** *(in land)* zone *f* dépressionnaire

depth *noun* **(a)** profondeur *f*; **the water is two meters in depth** = l'eau est profonde de deux mètres **(b)** hauteur *f*; **depth of rainfall** = hauteur pluviométrique

derelict *adjective* abandonné, -e *or* en ruine; **derelict land** = terre abandonnée; **a plan to reconstruct derelict city sites** = un projet de reconstruction des zones urbaines en ruine

◇ **dereliction** *noun* abandon *m*; **industrial dereliction** = désaffectation *f* d'usines

derivative *noun* dérivé *m*; **petroleum derivative** = dérivé du pétrole

derris *noun (insecticide of plant origin)* roténone *f*

desalinate *verb* dessaler

◇ **desalination** *noun* dessalement *m*; **desalination plant** = usine *f* de dessalement

COMMENT: desalination can refer simply to the removal of salts from soil by the action of rain. It is most commonly used to mean the process of removing salt from sea water to make it drinkable. Desalination plants work by distillation, dialysis or by freeze drying. The process is very costly, and is only cost-effective in desert countries where the supply of fresh water is minimal

desert *noun* désert *m*; **biological desert** = désert biologique; **cold desert** *or* **rock desert** = désert froid; **desert formation** = désertification *f*; **desert soil** = sol désertique; **the Sahara Desert** = le désert du Sahara; **warm desert** = désert chaud

◇ **desertification** *noun* désertification *f*; **changes in the amount of sunlight reflected by different vegetation may contribute to desertification** = il est possible qu'une modification de la quantité de rayons solaires réfléchis par divers végétaux contribue à la désertification; **increased tilling of the soil, together with long periods of drought have brought about the desertification of the area** = des labourages de plus en plus fréquents et de grandes périodes de sécheresse ont provoqué la désertification de cette zone

◇ **desertify** *verb* devenir désertique *or* provoquer la désertification *or* transformer en désert; **it is predicted that half the country will be desertified by the end of the century** = on prévoit que la désertification affectera la moitié du pays d'ici à la fin du siècle

COMMENT: a desert will be formed in areas where rainfall is very low (less than 25 centimetres per annum) whether the region is hot or not. About 30% of all the land surface of the earth is desert or in the process of becoming desert. Reclaiming desert is a very expensive operation and usually not very successful

desiccate *verb* dessécher *or* sécher; **cattle wander across the desiccated pastures in search of fodder** = le bétail erre dans les pâturages desséchés à la recherche de nourriture

◇ **desiccant** *noun* dessiccatif *m or* siccatif *m*

◇ **desiccation** *noun* dessiccation *f*; **the greenhouse effect may lead to climatic changes such as the vast desiccation of Africa** = il est possible que l'effet de serre provoque des changements climatiques, par exemple la dessiccation massive des sols en Afrique; **desiccation damage** = dégâts *mpl or* dommages *mpl* causés par la dessiccation

design 1 *noun* conception *f*; **landscape design** = architecture *f* paysagiste *or* du paysage; **urban design** = aménagement des villes **2** *verb* concevoir

◇ **designer** *noun* dessinateur, -trice *or* concepteur, -trice; **landscape designer** = architecte *m* paysagiste

designate *verb* désigner *or* classer; **an area of woodland which has been designated a Site of Special Scientific Interest** = une zone boisée classée pour son intérêt scientifique; **the city has been designated a nuclear-free zone** = la ville a été classée zone non nucléaire; **designated development area** = zone *f* d'aménagement différé (ZAD)

destroy *verb* détruire *or* éliminer; **at this rate, all virgin rainforests will have been destroyed by the year 2020** = si la déforestation continue à ce rythme, toutes les forêts vierges auront complètement disparu d'ici à l'an 2020; **the building of the motorway will destroy several areas of wild fen** = la construction de l'autoroute fera disparaître plusieurs zones de marais sauvages

◇ **destruction** *noun* destruction *f*; **the destruction of the habitat has led to the almost complete extinction of the species** = la destruction de son habitat a provoqué la quasi-disparition de l'espèce

desulphurization *noun* désulfuration *f*

detect *verb* détecter; **an instrument to detect microscopic changes in cell structure** = instrument permettant de détecter les changements microscopiques de la structure cellulaire; **sensors detected an increase in radiation levels** = les détecteurs ont indiqué un accroissement des radiations

◇ **detectable** *adjective* détectable; **some toxic substances are invisible and only detectable by analysis in a laboratory** = certaines substances toxiques sont invisibles et seule une analyse en laboratoire permet de les détecter

◇ **detection** *noun* détection *f*; **the detection of sounds by nerves in the ear** = la détection des sons par des nerfs situés dans l'oreille; **the detection of minute levels of lead in the atmosphere** = la détection de minuscules quantités de plomb dans l'atmosphère

QUOTE the increase in the amount of carbon dioxide, together with trace gases such as methane and nitrogen oxide, is likely to cause a detectable global warming
Scientific American

detergent *noun* détergent *m*; **detergent foam** = mousses de détergent; **hard detergent** *or* **non-biodegradable detergent** = détergent dur *or* détergent non biodégradable; **biodegradable detergent** *or* **soft detergent** = détergent mou *or* détergent biodégradable

COMMENT: most detergents do not trigger allergies but some biological detergents, which contain enzymes to remove protein stains can cause skin rashes. The first detergents contained alkylbenzene sulphonate which did not degrade on contact with bacteria and so passed into sewage (creating large amounts of foam in sewers and rivers); some types of detergent are "biological", that is they are biodegradable, and so can be degraded by bacteria

deteriorate *verb* détériorer *or* se détériorer; **the quality of the water in the river has deteriorated since the construction of factories on its banks** = la qualité de l'eau du fleuve s'est détériorée depuis qu'on a construit des usines sur ses rives

◇ **deterioration** *noun* détérioration *f*; **deterioration of the environment** = altération *f* de l'environnement; **deterioration of natural vegetation** = détérioration du couvert végétal naturel

> QUOTE evidence for worldwide climatic deterioration is convincing and well-documented
> *New Scientist*

determine *verb* déterminer *or* établir; **inspectors are trying to determine the source of pollution** = les inspecteurs tentent d'identifier l'origine de la pollution

detinning *noun* désétamage *m*

detoxication *or* **detoxification** *noun* détoxication *f*

detrimental *adjective* nuisible *or* préjudiciable *or* qui porte atteinte à; **conservation groups have criticized the introduction of red deer, a species which is highly detrimental to local flora** = les associations de protection de l'environnement étaient opposées à l'introduction de cerfs car cette espèce provoque de gros dégâts sur la végétation locale

detritor *noun* désableur *m*

detritus *noun* détritus *m*

◇ **detrital** *adjective* détritique

◇ **detritivore** *noun* animal *m* détritivore

◇ **detritivorous** *adjective* détritophage

deuterium *noun* deutérium *m*; **deuterium oxide** = oxyde *m* de deutérium

NOTE: the chemical symbol for deuterium is **D**; the symbol for heavy water is $\mathbf{D_2O}$

develop *verb* **(a)** *(a habit)* attraper *or* contracter (une habitude) **(b)** développer *or* se développer; **developed countries** = pays *mpl* industrialisés; **developing countries** = pays en voie de développement **(c)** aménager *or* bâtir; **developed area** = zone *f* aménagée *or* zone bâtie; **they are planning to develop the site as an industrial estate** = il est prévu d'implanter ici un complexe industriel

developer *noun* promoteur *m*; **the land has been acquired by developers for an industrial park** = le terrain a été acheté par des promoteurs qui veulent y aménager une zone industrielle

development *noun* **(a)** développement *m or* élaboration *f or* mise *f* au point; **the development of new compounds** = l'élaboration de nouveaux composés chimiques; **economic development** = développement économique **(b)** aménagement *m or* construction *f*; **development area** *or* **development zone** = zone *f* à urbaniser *or* zone à urbaniser en priorité (ZUP); **development plan** = plan *m* d'aménagement; **housing development** = cité *f* d'habitation; **national planning and development** = aménagement du territoire; **regional planning and development** = aménagement régional

device *noun* appareil *m or* dispositif *m*; **they have installed devices for measuring radiation on the site** = des systèmes de mesure de radiation ont été installés sur le site; **the company has brought in a device for taking rock samples** = la société vient de lancer un appareil qui permet de prélever des échantillons de roche

dew *noun* rosée *f*; **dew point** = point *m* de rosée; **dew pond** = mare *f*

DHW = DOMESTIC HOT WATER

diagram *noun* diagramme *m or* schéma *m*; **the book gives a diagram of the movement of air currents** = le livre contient un schéma de la circulation des courants aériens; **the diagram shows the occurrence of cancer in the region of the nuclear power station** = ce diagramme indique la fréquence des cancers dans la région de la centrale nucléaire

dialysis *noun* dialyse *f*

◇ **dialyzing membrane** *noun* membrane *f* de dialyse

> COMMENT: in dialysis, larger dispersed particles are not allowed through the

membrane but small dissolved particles will pass through

diameter *noun* diamètre *m*

diatom *noun* diatomée *f*

◇ **diatomaceous earth** *or* **diatomite** *noun* diatomite *f or* terre *f* d'infusoires

◇ **diatomist** *noun* spécialiste *m&f* des diatomées; **diatomists have found that the lake is ten times more acid than it was ten years ago** = selon les spécialistes des diatomées, le lac est dix fois plus acide qu'il y a dix ans

COMMENT: most of the producers in sea water food chains are diatoms. Bodies of diatoms have contributed to the formation of oil reserves

dibromochlorpropane (DBCP) *noun* dibromochloropropane *m* (DBCP)

dichlorodiphenyltrichloroethane (DDT) *noun* dichloro-diphényl-trichloréthane *m* (DDT)

COMMENT: DDT is highly toxic and remains for a long time as a deposit in animal organisms. It gradually builds up in the food chain as smaller animals are eaten by larger ones, with the result that raptors (such as eagles and hawks) can be killed by the DDT which builds up in their systems from the bodies of smaller animals which they have eaten

dicotyledon *noun* dicotylédone *f*; **dicotyledons form the largest group of plants** = les dicotylédones constituent la classe de plantes la plus importante; *compare* COTYLEDON, MONOCOTYLEDON

◇ **dicotyledonous** *adjective* (plante) dicotylédone *or* à deux cotylédons

die *verb* mourir; **the fish in the lake died poisoned by chemical discharge from the factory** = les poissons du lac sont morts empoisonnés par les rejets chimiques de l'usine; **scientists are trying to find out what makes the trees die** = les scientifiques tentent de découvrir la cause de la mort des arbres

◇ **die back** *verb (of a branch or shoot of a plant)* dépérir; **silver fir are known to die back from time to time** = on sait que, par périodes, les sapins argentés dépérissent

◇ **dieback** *noun* **(a)** dessèchement *m* des rameaux **(b)** dépérissement *m*; **half the trees in the forest are showing signs of dieback** = la moitié des arbres de cette forêt montre des signes de dépérissement; *see also* WALDSTERBEN

◇ **die down** *verb* diminuer; **the strong winds have died down** = les vents forts se sont calmés

COMMENT: there are many theories to try to explain the causes of dieback: sulphur dioxide, nitrogen oxides, ozone, are all possible causes; also acidification of the soil or acid rain on leaves

dieldrin *noun* dieldrine *f*

diesel (fuel) *or* **diesel oil** *noun* gas-oil *m*

◇ **diesel-engined vehicle** *or* **diesel-powered vehicle** *noun* véhicule *m* diesel; **diesel-powered vehicles are one of the main sources of pollution** = les véhicules diesel représentent une des plus importantes sources de pollution

COMMENT: in a diesel engine, a quantity of oil is pumped to each cylinder in turn. Diesel-engined cars are usually more economical to run, but cause more pollution than petrol-engined cars

diet 1 *noun* alimentation *f or* régime *m* alimentaire; **balanced diet** = régime alimentaire équilibré; **low-calorie diet** = régime basses calories; **salt-free diet** = régime sans sel; **it lives on a diet of insects and roots** = il se nourrit d'insectes et de racines; **the normal western diet is too full of carbohydrates** = dans les pays occidentaux, l'alimentation est trop riche en hydrates de carbone; **to be on a diet** = être au régime **2** *verb* suivre un régime *or* se mettre au régime

◇ **dietary** *adjective* diététique; **dietary fibre** *or* **roughage** = cellulose *f* végétale *or* fibres *fpl*

◇ **dietetic** *adjective* diététique

◇ **dietetics** *noun* diététique *f*

difference *noun* différence *f*; **can you tell the difference between butter and margarine?** = est-ce que tu sais reconnaître le beurre de la margarine?

◇ **different** *adjective* différent, -e; **living in the country is very different from living in town** = la vie à la campagne est très différente de la vie en ville; **the landscape looks quite different since the mine was opened** = le paysage a beaucoup changé depuis l'ouverture de la mine

◇ **differential** *adjective* différentiel, -elle; **differential heating** = échauffement différentiel

diffuse 1 *adjective* diffus, -e **2** *verb* diffuser *or* se diffuser; **certain substances easily diffuse through the walls of capillaries** = certaines substances diffusent facilement à travers les parois des capillaires

◇ **diffusion** *noun* diffusion *f*

digest *verb (food, waste)* digérer; **55% of UK sewage sludge is digested** = au Royaume-Uni, la digestion des boues d'égout atteint 55%; **wastes from food processing plants can be anaerobically digested** = les déchets de l'industrie alimentaire peuvent être éliminés par digestion anaérobie

◇ **digester** *noun* digesteur *m*; **anaerobic digesters can be used to convert cattle manure into gas** = pour transformer le fumier en gaz, on peut utiliser un digesteur anaérobie; **aerobic digester** = digesteur aérobie; **digester gas** = biogaz *m or* gaz *m* de digestion

◇ **digestible** *adjective* qui peut être digéré *or* digestible; **glucose is an easily digestible form of sugar** = le glucose est un sucre facilement assimilable par l'organisme; **digestible organic matter (DOM)** = matière organique digestible (MOD)

◇ **digestion** *noun* digestion *f*

◇ **digestive** *adjective* digestif, -ive; **digestive enzymes** = enzymes digestives; **digestive system** = appareil digestif

> QUOTE the digester was developed by a group of scientists concerned with technological efficiency
> *Appropriate Technology*

> QUOTE research has shown that up to 60% of the contaminants present in the sewage stream may be absorbed into the sludge removed in primary screening operations and then treated by digestion process
> *London Environmental Bulletin*

dilute 1 *adjective* dilué, -e **2** *verb* diluer; **the disinfectant must be diluted in four parts of water before it can be used on the skin** = diluer le désinfectant dans quatre volumes d'eau avant utilisation sur la peau; **dilute and disperse** = dilution *f* et dispersion

NOTE: opposite is **concentrate**

◇ **diluent** *noun* diluant *m*

◇ **dilution** *noun* dilution *f*

dimethyl sulphate *noun* sulfate *m* de diméthyle

dioxide *see* CARBON

dioxin *noun* dioxine *f*

disaster *noun* catastrophe *f*; **ecological disaster** = catastrophe écologique; **natural disaster** = catastrophe naturelle

discharge 1 *noun* **(a)** décharge *f or* rejet *m*; **discharge into the atmosphere** = rejets dans l'atmosphère; **discharge of cooling water** = décharge d'eau de refroidissement; **discharge of effluents** = décharge d'effluents; **discharge pipe** = canal *m* d'évacuation *or* canal de déversement; **discharge pipes take the liquid waste into the sea** = des canalisations évacuent les effluents liquides dans la mer; **dust discharge** *or* **heat discharge** = rejet de poussière *or* rejet de chaleur; **radioactive discharges from reprocessing plants** = rejets radioactifs des usines de retraitement; **thermal discharge** = rejets thermiques **(b)** *(rate of flow)* débit *m* **2** *verb* **(a)** *(to throw away)* rejeter *or* déverser; **the factory discharges ten tonnes of toxic effluent per day into the river** = l'usine rejette dix tonnes d'effluents toxiques dans le fleuve chaque jour **(b)** *(to flow into)* se jeter; **the**

river Rhine discharges into the North Sea = le Rhin se jette dans la mer du Nord

> QUOTE the mill was poorly ventilated and such dust as was extracted from the air was discharged to an atmosphere in close proximity to houses and a local school
> *Environment Now*

disclimax *noun* disclimax *m*; **disclimax community** = communauté *f* (biologique) de disclimax; *compare* CLIMAX

discolour *or US* **discolor** *verb* décolorer *or* se décolorer

◇ **discoloration** *noun* décoloration *f*

◇ **discoloured** *or US* **discolored** *adjective* décoloré, -e

discontinuity *noun* discontinuité *f*; **Gutenberg discontinuity** = discontinuité de Gutenberg; **Mohorovičić discontinuity** = discontinuité de Mohorovičić

disease *noun* maladie *f*; **he caught a disease in the tropics** = il a attrapé une maladie sous les tropiques; **the rice crop has been affected by a virus disease** = les cultures de riz ont été atteintes par une maladie virale; **he is a specialist in occupational diseases** *or* **in diseases which affect workers** = c'est un spécialiste des maladies du travail

◇ **diseased** *adjective* malade; **to treat dieback, diseased branches should be cut back to healthy wood** = pour traiter les arbres atteints de dépérissement des rameaux, il faut couper les branches malades jusqu'à la partie saine

disinfect *verb* désinfecter; **all utensils must be thoroughly disinfected** = tous les ustensiles doivent être parfaitement désinfectés

◇ **disinfectant** *noun* désinfectant *m*

◇ **disinfection** *noun* désinfection *f*

NOTE: the words **disinfect** and **disinfectant** are used for substances which destroy germs on instruments, objects or the skin; substances used to kill germs inside infected people are **antibiotics, drugs** , etc.

disinfesting *noun* désinsectisation *f*

disintegrate *verb* désintégrer *or* désagréger *or* se désintégrer *or* se désagréger; **the wood has been eaten by termites and simply disintegrated** = le bois a été mangé par les termites et s'est tout simplement désintégré

◇ **disintegration** *noun* désagrégation *f* *or* désintégration *f*

dismantle *verb (nuclear)* démanteler

◇ **dismantling** *noun* démantèlement *m*

disorder *noun* affection *f* *or* perturbation *f*; **environmental disorder** = perturbation de l'environnement; **respiratory disorder** = affection des voies respiratoires

dispenser *noun* distributeur *m*; **aerosol dispenser** = (i) dispersant *m* d'aérosol; (ii) générateur *m* d'aérosol

disperse *verb* **(a)** *(of organisms)* se propager **(b)** se disperser; **power stations have tall chimneys to disperse the emissions of pollutants** = les centrales électriques ont de grandes cheminées pour que les polluants soient dispersés dans l'atmosphère; **dispersed particles** = particules dispersées

◇ **dispersal** *noun* dispersion *f*; **aphids breed in large numbers and spread by dispersal in wind currents** = les pucerons se reproduisent en grand nombre puis se propagent, dispersés par les vents; **water dispersal** *or* **wind dispersal** = dissémination *f* par l'eau *or* dissémination par le vent

◇ **dispersing agent** *noun* agent *m* de dispersion

◇ **dispersion** *noun* dispersion *f*; **dispersion aerosol** = aérosol *m* de dispersion

disposal *noun* élimination *f* *or* traitement *m* *or* vidange *f* *or* évacuation *f*; **the disposal of raw sewage into the sea is contaminating shellfish** = l'évacuation, dans la mer, des eaux d'égout non traitées contamine les mollusques et les crustacés; **land disposal** = élimination par épandage; **marine disposal** = évacuation *f* dans la mer; **sewage disposal** = évacuation des eaux d'égout; **refuse disposal** *or* **waste disposal** = élimination *or* évacuation des déchets; **waste disposal unit** = broyeur *m* (d'ordures)

dispose of *verb* se débarrasser de *or* jeter; **the problem with nuclear reactors is how to dispose of radioactive waste** = le problème, avec les réacteurs nucléaires, c'est de savoir comment se débarrasser des déchets radioactifs

disrupt *verb* perturber

◇ **disruption** *noun* perturbations *fpl*; **ecological disruption** = perturbations écologiques

dissemination *noun* dissémination *f or* propagation *f*; **the dissemination of new technology in third world countries** = la propagation des nouvelles technologies dans le tiers-monde

dissolve *verb* dissoudre *or* se dissoudre; **nitric acid readily dissolves in cloud droplets** = l'acide nitrique se dissout facilement dans les gouttelettes de nuage

◇ **dissolvable** *adjective* dissoluble

distil *verb* distiller; **distilled water** = eau *f* déminéralisée

◇ **distillate** *noun* distillat *m*

◇ **distillation** *noun* distillation *f*; **fractional distillation** = distillation fractionnée

distributary *noun (of river)* bras *m* secondaire

distribute *verb* répartir; **the species is widely distributed throughout Northern Europe** = cette espèce est largement répandue dans toute l'Europe du Nord

◇ **distribution** *noun* répartition *f*; **distribution area** = aire *f* de répartition; **the distribution of wealth** = la répartition des richesses

district *noun* district *m or* quartier *m or* région *f*; **district authorities** = autorités *fpl* régionales; *GB* **district council** = conseil général; *US* **district court** = cour *f* fédérale; **district heating** = chauffage *m* urbain

disturb *verb* perturber; **the building of the road has disturbed the balance of the ecosystem** = la construction de la route a perturbé l'équilibre de l'écosystème

◇ **disturbance** *noun* perturbation *f*; **disturbance threshold** = seuil *m* de perturbation; **a source of disturbance to the equilibrium of the atmosphere** = source de perturbation de l'atmosphère

ditch *noun* fossé *m*; **drainage ditch** = fossé de drainage

diuresis *noun* diurèse *f*

◇ **diuretic** **1** *adjective* diurétique **2** *noun* diurétique *m*

diurnal *adjective* diurne; **diurnal cycle** = cycle *m* diurne; **diurnal rhythm** = rythme *m* diurne

diversify *verb* diversifier; **farmers are encouraged to diversify land use by using it for woodlands or for recreational purposes** = on encourage les agriculteurs à diversifier l'occupation des sols en créant des zones boisées ou à vocation touristique

◇ **diversification** *noun* diversification *f*

◇ **diversity** *noun* diversité *f*; **alpha diversity** = diversité alpha; **beta diversity** = diversité bêta

> QUOTE the scheme to help farmers diversify out of agriculture and so help farm income and rural development
> *Environment Now*

divide *verb* diviser *or* se diviser; **the area was divided into quadrats for sampling purposes** = pour l'échantillonnage, on a divisé le terrain en quadrats

◇ **division** *noun* division *f*; **cell division** = division cellulaire

dizygotic twins *or* **fraternal twins** *plural noun* jumeaux *mpl* dizygotes; *compare* IDENTICAL, MONOZYGOTIC

DNA = DEOXYRIBONUCLEIC ACID

DO = DISSOLVED OXYGEN

DoE *GB* = DEPARTMENT OF THE ENVIRONMENT

DOE *US* = DEPARTMENT OF ENERGY

doldrums *plural noun (climate)* calmes *mpl*

doline *noun* doline *f*

dolphin *noun* dauphin *m*

◇ **dolphinarium** *noun* aquarium *m* pour dauphins

DOM (a) = DIGESTIBLE ORGANIC MATTER **(b)** = DRY ORGANIC MATTER

domestic *adjective* domestique *or* intérieur, -e; **domestic animal** = animal *m* domestique; **domestic consumption** = consommation *f* domestique; **domestic heat pump** = pompe à chaleur pour le chauffage domestique; **domestic heating oil** = fuel *m* domestique; **domestic hot water (DHW)** = eau *f* chaude sanitaire; **domestic livestock** = bétail *m or* cheptel *m*; **domestic refuse** = ordures *fpl* ménagères; **domestic sewage** = eaux *fpl* usées domestiques *or* eaux-vannes *fpl*; **domestic waste** = ordures ménagères

◇ **domesticated** *adjective* apprivoisé, -e *or* domestiqué, -e

dominance *noun* dominance *f*

dominant 1 *adjective* dominant, -e; **dominant species** = espèce dominante **2** *noun* dominante *f*; *see also* CODOMINANT, SUBDOMINANT

> COMMENT: since each physical trait is governed by two genes, if one is recessive and the other dominant, the resulting trait will be that of the dominant gene

dormancy *noun* dormance *f*

◇ **dormant** *adjective* dormant, -e; **dormant plant** = plante dormante; **dormant volcano** = volcan *m* en sommeil; *compare* EXTINCT

dorsal *adjective* dorsal, -e, -aux
NOTE: opposite is **ventral**

dose *noun* dose *f*; **the patients received more than the allowed dose of radiation** = les patients ont été exposés à une dose de radiation supérieure aux limites autorisées; **exposure dose** = dose d'exposition; **irradiation dose** = dose d'irradiation; **maximum allowable dose (MAD)** = dose maximale admissible (DMA); **minimum lethal dose** = dose létale minimale (DLM)

◇ **dosimeter** *or* **dosemeter** *noun* dosimètre *m*

double *verb* doubler

◇ **doubling time** *noun* temps *m* de doublement

Douglas fir *noun* douglas *m* taxifolié *or* douglas vert

down draft *or* **down draught** *noun* courant *m* descendant

downland *noun* région *f* des Downs

downpipe *noun* tuyau *m* de chute

downs *plural noun GB* les Downs *mpl or* les Dunes *fpl*

downstream *adjective & adverb* en aval

down wash *noun* rabattement *m* de fumée

drain 1 *noun* conduite *f* d'évacuation *or* égout *m*; **storm drain** = égout d'évacuation des eaux pluviales **2** *verb* **(a)** *(of liquid)* assécher *or* drainer *or* vidanger **(b)** *(of stream)* s'écouler *or* se jeter; **the stream drains into the main river** = cette rivière se jette dans le fleuve

◇ **drainage** *noun* drainage *m or* assainissement *m*; **drainage area** = aire *f* de drainage; **drainage basin** = réseau *m* hydrographique *or* réseau de drainage; **drainage ditch** = fossé *m* de drainage; **drainage network** = réseau *m* de drainage; **drainage system** = réseau d'assainissement *or* système *m* d'évacuation des eaux usées; **the houses have no drainage system** = ces maisons n'ont pas de réseau d'assainissement

◇ **draining** *noun* assèchement *m*; **draining of marshes** = assèchement des marais

draught animals *plural noun* animaux *mpl* de trait

COMMENT: considerable use is made of draught animals in many areas of the world. Oxen, buffaloes, yaks, camels, elephants, donkeys, horses are all used as draught animals. The advantages of using animals are many: they produce young so do not always have to be bought; they are cheaper to buy than machines; they do not use expensive fuel, even though they eat large quantities of food; they may be slower than machines but they can work in difficult terrains. Their most important advantage is that they are appropriate to the local conditions

dredge *verb* draguer

◇ **dredging** *noun* **(a)** dragage *m* **(b)** **dredgings** = boues *fpl* de dragage

drift *noun* dérive *f*; **drift current** = vent-courant *m*; **drift ice** = iceberg *m*; **littoral drift** = dérive littorale; **North Atlantic Drift** = dérive *f* nord-atlantique; **spray drift** = pulvérisation *f* involontaire; **wildlife in hedges can be harmed by spray drift from fields** = la faune et la flore des haies risquent d'être endommagées par des projections involontaires lors de la pulvérisation des champs; *see* CONTINENTAL, GLACIAL

drill *verb* forer; **to drill an oil-well** = forer un puits de pétrole

◇ **drilling** *noun* forage *m*; **drilling for oil** = forage pétrolier; **drilling platform** = plate-forme *f* de production; **drilling rig** = derrick *m or* plate-forme de forage; **drilling ship** = navire *m* de forage

drink *verb* boire

◇ **drinkable water** *noun* eau *f* potable

◇ **drinking water** *noun* eau *f* de boisson

drizzle *noun* bruine *f*

◇ **drizzly** *adjective* de bruine

drop 1 *noun* **(a)** *(of liquid)* goutte *f*; **a drop of acid burned through the material** = une goutte d'acide a fait un trou dans le tissu; **drops of rain soon began to fall** = des gouttes de pluie se mirent bientôt à tomber **(b)** *(fall)* baisse *f*; **drop in pressure** = chute *f* de pression; **a drop of temperature of over 50° in one morning is uncommon** = il est rare que la température baisse de plus de 50° en une matinée **(c)** *(of fruit)* chute *f*; **June drop** = chute physiologique **2** *verb* tomber *or* chuter; **pressure began to drop as the storm approached** = la pression commença à baisser à l'approche de l'orage

◇ **droplet** *noun* gouttelette *f*

◇ **droppings** *plural noun (animals)* excréments *mpl; (birds)* fiente *f*; **the grass was covered with rabbit and sheep droppings** = l'herbe était couverte d'excréments de lapin et de mouton

drought *noun* sécheresse *f*; **relief agencies are bringing food to drought-stricken areas** = les associations humanitaires apportent de la nourriture dans les zones frappées par la sécheresse

drowned valley *noun* vallée *f* inondée

drupe *noun* drupe *f*

dry 1 *adjective* aride *or* sec, sèche; **dry adiabatic lapse rate** = vitesse *f* de réchauffement/refroidissement adiabatique; **dry deposition** = dépôts secs; **dry farming** = culture sèche; **dry ice** = neige *f* carbonique; **dry organic matter (DOM)** = matières organiques sèches; **dry rot** = pourriture sèche; **dry season** = saison sèche; **dry steam** = vapeur sèche **2** *verb* sécher

◇ **drying** *noun* assèchement *m or* séchage *m*; **drying bed** = lit *m* de séchage; **the drying out of wetlands** = l'assèchement des zones humides

◇ **dryness** *noun* aridité *f or* sécheresse *f*; **the dryness of the atmosphere on very high mountains** = la sécheresse de l'air dans les très hautes montagnes

◇ **drystone wall** *noun* mur *m* de pierres sèches

◇ **dry up** *verb (of a river or lake)* se dessécher *or* se tarir; **the river dries up completely in summer** = la rivière est complètement à sec en été

DST *GB* = DAYLIGHT SAVING TIME

duct *noun* conduite *f or* conduit *m*; **air-conditioning ducts need regular cleaning** = les conduits d'air conditionné doivent être régulièrement nettoyés

dump 1 *noun* décharge *f or* dépôt *m*; **the mine is surrounded with dumps of excavated waste** = la mine est entourée de monceaux de déchets d'excavation; **dump for bulky waste** = décharge pour déchets encombrants *or* monstres; **municipal dump** *or* **refuse dump** = décharge municipale *or* Déchetterie *f*; **nuclear dump** = site de stockage de déchets nucléaires; **open dump** = décharge brute; **waste dump** = décharge *or* dépôt de déchets **2** *verb* déposer *or* jeter; **the UK dumps its industrial waste into the North Sea** = au Royaume-Uni, les effluents industriels sont rejetés dans la mer du Nord

◊ **dumping** *noun* décharge *f or* dépôt *m or* rejet *m*; **controlled dumping** = décharge contrôlée; **dumping at sea** = immersion *f or* rejet *m* en mer; **dumping of used oil** = décharge d'huile usée; **indiscriminate dumping** = décharge non contrôlée; **no dumping** = décharge interdite

◊ **dumpsite** *noun* décharge *f*; **sludge bacteria can survive in seawater for long periods and are widely dispersed from dumpsites** = les bactéries des boues peuvent survivre longtemps dans l'eau de mer et elles se disséminent loin de la zone d'immersion

dunes *plural noun* dunes *fpl*; **the village was threatened by encroaching sand dunes** = le village était menacé par l'avancée des dunes

dung *noun* excréments *mpl; (of deer and other wild animals)* fumées *fpl*; **they collected the dried dung in the fields and used it as fuel** = ils ont ramassé dans les champs les excréments séchés pour les utiliser comme combustible

duramen *noun* duramen *m or* aubier *m*

durum *noun* blé *m* dur

dust *noun* poussière *f*; **dust bowl** = désert *m* de poussière; **dust burden** = charge *f* en poussière; **dust cloud** = nuage *m* de poussière; **dust coal** = charbon *m* pulvérisé; **dust devil** = tempête *f* de poussière; **dust storm** = tempête de sable; **dust extractor** = extracteur *m* de poussière; **dust veil** = voile *m* de poussière

◊ **dustbin** *noun GB* poubelle *f*

NOTE: US English is **garbage can** *or* **trashcan**

◊ **dustman** *noun GB* éboueur *m*

Dutch elm disease (DED) *noun* maladie *f* hollandaise de l'orme *or* thylose *f*

dwelling *noun* habitation *f*; **dwelling unit** = unité *f* d'habitation; **multifamily unit** = habitation collective; **single family dwelling** = habitation individuelle

dye *noun* colorant *m*

dyke 1 *noun* **(a)** *(wall)* digue *f* **(b)** *(ditch)* fossé *m* **2** *verb* construire des digues

dynamometer *noun* dynamomètre *m*

dysentery *noun* dysenterie *f*

◊ **dysenteric** *adjective* dysentérique

> COMMENT: dysentery occurs mainly in tropical countries. The symptoms include diarrhoea, discharge of blood, and pain in the intestines. There are two main types of dysentery: bacillary dysentery, caused by the bacterium *Shigella* in contaminated food; and amoebic dysentery or amoebiasis, caused by a parasitic amoeba *Entamoeba histolytica* spread through contaminated drinking water

dysphotic *adjective* dysphotique

dystrophic lake *noun* lac *m* dystrophe

dystrophy *noun* dystrophie *f*

Ee

E *see* VITAMIN

E number classification des additifs alimentaires dans la CEE

COMMENT: additives are classified as follows: colouring substances: E100 - E180; preservatives: E200- E297; antioxidants: E300 - E 331; emulsifiers and stabilizers: E322 - E495; acids and bases: E500 - 529; anti-caking additives: E 530 - E578; flavour enhancers and sweeteners: E620 - E637

earth *noun* **(a) (the planet) Earth** = la Terre; **on earth** = sur terre **(b)** sol *m or* terre *f*; **earth closet** = fosse *f* d'aisances; **earth dam** = barrage *m* en terre; **earth sciences** = sciences *fpl* de la terre; **earth slide** = glissement *m* de terrain

COMMENT: the planet earth can be divided into various zones: the lithosphere (solid rock and molten interior), the hydrosphere (the water covering the earth's surface), the atmosphere (the gaseous zone rising above the earth's surface) and the biosphere (those parts of the other zones in which living organisms exist). The interior of the earth is formed by a central core made of nickel and iron, part of which is solid. Above the core is the mantle, a layer about 2,700km thick of molten minerals. On top of the mantle is the crust, formed of solid rock between six and seventy kilometres thick

earthflow *or* **earth flow** *noun* glissement *m* de terrain

◇ **earthquake** *noun* séisme *m or* tremblement *m* de terre

◇ **earthworks** *plural noun* travaux *mpl* de terrassement

◇ **earthworm** *noun* ver *m* de terre

COMMENT: earthworms provide a useful service by aerating the soil as they tunnel. They also eat organic matter and help increase the soil's fertility. It is believed that they also secrete a hormone which encourages rooting by plants

east 1 *adjective* de l'est *or* d'est; **east wind** = vent d'est **2** *noun* est *m*; **the Far East** = l'Extrême-Orient; **the Middle East** = le Moyen-Orient

◇ **easterly** *adjective* à l'est *or* vers l'est; **the hurricane was moving in an easterly direction** = l'ouragan se déplaçait vers l'est

◇ **eastern** *adjective* de l'est *or* oriental, -e, -aux; **the main rain forests lie in the eastern part of the country** = la plupart des forêts tropicales se trouvent à l'est du pays

ebb *noun* reflux *m*; **ebb and flow** = le flux et le reflux; **ebb tide** = marée *f* descendante *or* reflux; **the plan is to build a barrage with 7gW of installed capacity, generating electricity on the ebb tide** = on projette de construire un barrage de 7gW de puissance installée qui produira de l'électricité à marée descendante; *compare* FLOOD TIDE

ebony *noun* ébène *m*

echo *noun* écho *m*

◇ **echolocation** *noun* écholocation *f or* autodétection *f*

◇ **echosounder** *noun* sonde *f* acoustique

◇ **echosounding** *noun* sondage *m* par ultrasons

eclipse *noun* éclipse *f*; **partial eclipse** = éclipse partielle; **total eclipse** = éclipse totale

ecocline *noun* écocline *f*

ecology *noun* écologie *f*; **animal ecology** = écologie animale; **deep ecology** =

écologisme *m* radical; **human ecology** = écologie humaine; **landscape ecology** = écologie du paysage; **marine ecology** = écologie marine; **plant ecology** = phytoécologie *f or* écologie végétale

◇ **ecological** *adjective* écologique; **ecological balance** *or* **balance of nature** = équilibre *m* écologique; **ecological damage** = dégradation *f* écologique; **ecological disaster** = catastrophe *f* écologique; **ecological disruption** = perturbations *fpl* écologiques; **ecological efficiency** = efficacité *f* écologique; **ecological factors** = facteurs *mpl* écologiques; **ecological indicator** = indicateur *m* écologique; **ecological mapping** = cartographie *f* écologique; **ecological niche** = niche *f* écologique; **ecological pyramid** = pyramide *f* écologique; **ecological recovery** = assainissement *m* écologique; **ecological succession** = succession *f* écologique

◇ **ecologist** *noun* **(a)** *(scientist who studies ecology)* écologue *m&f* **(b)** *(person who is interested in ecological problems)* écologiste *m&f*

ecomovement *noun* mouvement *m* écologique

economic *adjective* **(a)** rentable; **the farm is let at an economic rent** = le loyer de cette ferme est rentable; **it is hardly economic for the company to continue in business if pollution controls are so expensive** = l'entreprise sera à peine rentable si le coût des mesures anti-pollution est si élevé **(b)** économique *or* qui a trait à l'économie; **economic conservation** = conservation *f* des ressources naturelles; **economic crisis** *or* **economic depression** = crise *f* économique; **economic development** = développement *m* économique; **the economic development of the region has totally changed since they discovered oil there** = le développement économique de cette région a été complètement bouleversé depuis qu'on y a découvert du pétrole; **economic development results in increased pollution of the environment** = le développement économique a pour effet d'accroître la pollution de l'environnement; **economic efficiency** = rendement *m* économique; **economic ends** = objectifs *mpl* économiques; **economic geology** = géologie *f* économique; **economic growth** = croissance *f* économique; **the country enjoyed a period of economic growth in the 1960s** = le pays a connu une période de croissance économique dans les années 60; **the economic system of a country** = l'économie d'un pays

◇ **economical** *adjective* économique *or* bon marché; **economical car** = voiture *f* économique; **economical use of resources** = exploitation *f* mesurée des ressources

◇ **economics** *noun* **(a)** économie *f* politique **(b)** les aspects économiques; **the economics of town planning** = les aspects économiques de l'aménagement urbain; **I do not understand the economics of the coal industry** = je ne comprends pas les fondements économiques de l'industrie du charbon

◇ **economist** *noun* économiste *m&f*; **agricultural economist** = agroéconomiste *m&f*

◇ **economize** *verb* économiser; **to economize on petrol** = économiser l'essence

◇ **economizer** *noun (device which saves heat)* économiseur *m or* préchauffeur *m*

economy *noun* **(a)** *(not wasting)* économie *f or* épargne *f*; **an economy measure** = une mesure d'économie; **to introduce economies** *or* **economy measures into the system** = introduire des mesures d'économie dans le système; **economy car** = voiture *f* économique **(b)** *(of a country)* économie *f or* système *m* économique; **black economy** = travail *m* au noir *or* travail non déclaré; **capitalist economy** = économie capitaliste; **controlled economy** = économie dirigée; **free market economy** = économie de marché; **mixed economy** = économie mixte *or* système *m* d'économie mixte; **planned economy** = économie planifiée *or* système de planification économique

ecoparasite *noun* écoparasite *m*

ecophysiology *noun* écophysiologie *f*

ecoproduct *noun* écoproduit *m*

ecospecies *noun* écoespèce *f*

ecosphere *noun* écosphère *f*

ecosystem *noun* écosystème *m*; **European wetlands are classic examples of ecosystems that have been shaped by humans. For thousands of years they have provided pasture for livestock, reeds for thatching and fuel, silage and bedding for livestock** = les zones humides d'Europe constituent un exemple classique d'écosystème créé par l'homme. Depuis des milliers d'années, elles sont le lieu de pâturage du bétail, leur paille est utilisée à la fois pour les toits de chaume, comme combustible ainsi que comme fourrage et litière pour le bétail

> COMMENT: an ecosystem can be any size, from a pinhead to the whole biosphere. The term was first used in the 1930s to describe the interdependence of organisms among themselves and with the living and non-living environment

ecotone *noun* écotone *m*

ecotoxicity *noun* écotoxicité *f*

ecotoxicology *noun* écotoxicologie *f*

ecotype *noun* écotype *m*

ecto- *prefix (meaning outside)* ecto-

◊ **ectoparasite** *noun* ectoparasite *m; compare* ENDOPARASITE

◊ **ectoplasme** *noun (in cells)* ectoplasme *m*

edaphic *adjective* édaphique; **edaphic climax** = climax *m* édaphique; **edaphic factors** = facteurs édaphiques

◊ **edaphon** *noun* édaphon *m*

eddy *noun* remous *m or* tourbillon *m*

edible *adjective* comestible; **edible fungi** = champignons *mpl* comestibles

EER = ENERGY EFFICIENCY RATIO

EFA = ESSENTIAL FATTY ACID

effect *noun* effet *m*; **the effects of acid rain on the environment** = les conséquences des pluies acides sur l'environnement; **radiation had a noticeable effect on animal life in the area** = les rayonnements ont eu un effet notable sur la vie animale de la région; **greenhouse effect** = effet de serre

effective *adjective* efficace *or* effectif, -ive; **effective height** = hauteur effective; **is there a safe and effective way of stopping pollution from factory chimneys?** = existe-t-il un moyen sûr et efficace pour supprimer les émissions polluantes des cheminées d'usine?

◊ **effectiveness** *noun* efficacité *f*

efficiency *noun* rendement *m or* efficacité *f*; **ecological efficiency** = efficacité écologique; **economic efficiency** = rendement économique; **end-use efficiency** = rendement final; **fuel efficiency** = rendement du combustible

◊ **efficient** *adjective* efficace *or* d'un bon rendement; **the new system of smoke control is extremely efficient** = le nouveau système de lutte contre la fumée est très efficace; **energy-efficient machine** = machine *f* d'un bon rendement énergétique

◊ **efficiently** *adverb* de façon efficace

> QUOTE suppose an efficient refrigerator conserves 1,000 kilowatt-hours per year, but costs [100 more than a less efficient model
> *Scientific American*

> QUOTE much of the decline in energy consumption is due to the more efficient use of energy in homes and offices
> *Scientific American*

> QUOTE most of the changes in demand are met by varying the output of the larger coal-fired power stations and by running the less efficient stations during the daytime only
> *Ecologist*

effluent *noun* effluent *m*; **effluent charge** = taxe *f or* redevance *f* de déversement; **effluent monitor** = système *m* de contrôle de la radioactivité des effluents; **effluent purification process** = procédé d'épuration des effluents; **effluent standard** = norme *f* de rejet d'effluents

EHO = ENVIRONMENTAL HEALTH OFFICER

ejecta *plural noun* éjecta *mpl*

electric *adjective* électrique; **the drying system is heated by an electric heater** = le séchage est effectué par un appareil de chauffage électrique; **the electric cables are buried underground to avoid spoiling the landscape** = les câbles électriques sont enterrés pour ne pas enlaidir le paysage; *US* **electric facility** = centrale *f* électrique; **electric storm** = orage *m* magnétique

◇ **electrical** *adjective* électrique; **electrical power generation** = production *f* d'électricité; **electrical appliances** = appareils *mpl* électriques

◇ **electricity** *noun* électricité *f; GB* **Electricity Board** = Office régional de l'électricité; **electricity mains** = réseau *m* de distribution d'électricité; **dynamic electricity** = électricité dynamique; **static electricity** = électricité statique; **the pump is run by electricity** = la pompe fonctionne à l'électricité; **electricity is used to pump water into the irrigation channels** = on utilise une pompe électrique pour alimenter les canaux d'irrigation; *see also* ELECTROSTATIC

> QUOTE using electricity for heating is an extravagant use of our energy resources because, apart from the very small hydroelectric contribution, we use steam turbines to turn the generators that produce our electricity. In steam turbines, steam is raised by heating water by means of coal, oil or nuclear energy. The steam driving the turbines is then condensed and returned to the boilers to be used again. This reuse increases the heat efficiency, but over 95% of our electricity comes from about one-third of the heat available in the primary fuel. The rest is wasted, except in those countries where the heat is used in Combined Heat and Power stations. Britain has no CHP stations
>
> *Ecologist*

electrodialysis *noun* électrodialyse *f*

electromagnet *noun* électroaimant *m*

◇ **electromagnetic** *adjective* électromagnétique; **electromagnetic pollution** = pollution *f* électromagnétique

electromotive force (EMF) *noun* force *f* électromotrice (f.é.m.)

electron *noun* électron *m*; **electron microscope (EM)** = microscope *m* électronique

◇ **electronic** *adjective* électronique

◇ **electronics** *noun* l'électronique *f*

electrostatic *adjective* électrostatique; **electrostatic precipitator** = précipitateur *m* électrostatique

◇ **electrostatics** *noun* l'électrostatique *f*

element *noun* élément *m*; **essential element** = élément essentiel; **trace element** = oligo-élément *m or* élément trace

◇ **elemental** *adjective* élémentaire

eliminate *verb* éliminer; **they have eliminated smallpox in the country** = il n'y a plus un seul cas de variole dans le pays; **mosquitoes were eliminated by a programme of spraying breeding grounds with oil** = une série de pulvérisations de pétrole sur les lieux de reproduction a permis l'élimination totale des moustiques

◇ **elimination** *noun* élimination *f*

elm *noun* orme *m; see also* DUTCH ELM DISEASE

El Niño *noun* **(a)** El Niño *m* **(b)** événement *m or* phénomène *m* El Niño

> COMMENT: El Niño not only brings high tides, but also influences the rainfall patterns all around the Pacific basin, with most rain falling along the Pacific coast of South America, in South India and in the Pacific Islands, but making North India and Australia drier than usual. The phenomenon seems to occur as a cycle, every two to five years, and seems to be caused by fluctuations in the water of the Pacific Ocean itself, although some scientists have suggested it is connected with heavy snowfalls in Central Asia

> QUOTE El Niño events are associated with general tropical tropospheric warming and occurrences of drought over large areas
>
> *New Scientist*

QUOTE during an El Niño, which occurs roughly twice per decade but with extremely variable intensity, complex interactions of ocean currents, atmosphere and shifting precipitation belts produce droughts and other meteorological anomalies throughout the world for several months or even longer

Natural History

eluvium *noun* éluvion *f or* éluvium *m; compare* ALLUVIUM

◇ **eluviation** *noun* éluviation *f*

EM = ELECTRON MICROSCOPE

embankment *noun* berge *f or* quai *m*

embryo *noun* embryon *m*; **in embryo** = à l'état embryonnaire

◇ **embryonic** *adjective* embryonnaire; **embryonic abortion** = avortement précoce

emergence *noun (of land mass)* émergement *m*

emergency *noun* urgence *f*; **emergency shutdown** = arrêt *m* d'urgence; *(in hospital)* **emergency ward** = service *m* des urgences

EMF = ELECTROMOTIVE FORCE

emigration *noun* émigration *f*

emission *noun* émission *f*; **gas emissions can cause acid rain** = les émissions de gaz peuvent provoquer des pluies acides; **emission charges** = redevances *fpl* sur les émissions; **emission standard** = norme *f* d'émissions; **emission standards for vehicles** = normes d'émissions des véhicules

QUOTE the EEC Commission has proposed the establishment of emission limit values for large combustion plants as part of a set of measures designed to achieve a substantial reduction in overall emissions of sulphur dioxide and nitrogen oxides

Environment

QUOTE 40% of gasoline vapour emissions occur at the gas pump. When gas is pumped into the car's fuel tank, built-up vapours are forced into the air

Environmental Action

emit *verb* dégager *or* émettre

◇ **emitter** *noun* émetteur *m or* source *f* d'émission; **a heavy emitter of CO_2** = une importante source de CO_2

emulsify *verb* émulsifier *or* émulsionner

◇ **emulsifier** *noun (substance)* émulsifiant *m; (device)* émulsifieur *m; see also* STABILIZER

◇ **emulsifying agent** *noun* émulsifiant *m*

encroach on *verb* empiéter *or* mordre sur; **the dunes are encroaching on the pasture land** = les dunes gagnent du terrain sur les pâturages; **the town is spreading beyond the by-pass, encroaching on good quality farming land** = la ville, qui se développe maintenant au-delà de la rocade, empiète sur les bonnes terres agricoles; **trees are spreading down the mountain and encroaching on the lower more fertile land in the valleys** = la forêt s'étend maintenant jusqu'au pied de la montagne et empiète sur les terres fertiles des vallées

end *noun* fin *f*; **end product** = produit fini; **end-use efficiency** = rendement *m* final; **end user** = consommateur *m* final *or* utilisateur *m* final

endanger *verb* mettre en danger; **pollution from the factory is endangering the aquatic life in the lakes** = les déversements polluants de cette usine mettent en danger la faune et la flore des lacs

◇ **endangered species** *noun* espèce *f* menacée *or* espèce en voie d'extinction

COMMENT: The categories of the degree of risk of extinction as drawn up by the IUCN are: 1. Endangered: in danger of extinction and unlikely to survive if the causal factors continue to operate. 2. Vulnerable: will move into the endangered category in the near future if the causal factors continue to operate. 3. Rare: not endangered or vulnerable, but at risk of becoming so

endemic *adjective* naturel, -elle *or* endémique; **the isolation of the islands has led to the evolution of endemic forms** = l'isolement de ces îles a favorisé le développement de formes endémiques; **the northern part of the island is inhabited by many endemic mammals and birds** = la population endémique du nord de l'île est composée de mammifères et d'oiseaux; **this disease is endemic to Mediterranean countries** = c'est une maladie endémique dans les pays méditerranéens; **endemic population** = population *f* naturelle *or* population endémique; *see also* EPIDEMIC, PANDEMIC

endo- *prefix (meaning inside)* endo-

◊ **endocrine** *adjective* endocrine; **endocrine gland** = glande *f* endocrine

◊ **endoparasite** *noun* endoparasite *m; see also* ECTOPARASITE

◊ **endothelium** *noun* endothélium *m; compare* EPITHELIUM

endrin *noun* endrine *f*

energize *verb* alimenter en électricité

energy *noun* énergie *f or* force *f*; **you need to eat certain types of food to give you energy** = il vous faut manger un certain type d'aliments qui vous donneront des forces; **energy analysis** = analyse *f* énergétique; **energy balance** *or* **energy budget** = bilan *m* énergétique; **energy conservation** = économie *f* d'énergie; **energy consumption** = consommation *f* d'énergie; **energy cost** = coût *m* énergétique; **energy crop** = plante *f* énergétique; **energy cropping** = agri-énergie *f*; **energy efficiency ratio (EER)** = taux *m* de rendement énergétique; **energy-efficient** = d'un bon rendement énergétique; **energy farm** = ferme *f* énergétique; **energy flow** = flux *m* d'énergie; **energy input** = énergie fournie *or* apport d'énergie; **energy output** = énergie produite; **energy requirements** = besoins *mpl* énergétiques; **energy reserves** = réserves *fpl* énergétiques; **energy resources** = ressources *fpl* énergétiques; **energy storage** = stockage *m* de l'énergie; **energy supply** = approvisionnement *m* en énergie; **energy value** *or* **calorific value** = valeur *f* énergétique *or* valeur calorifique; **primary energy** = énergie primaire

engineering *noun* génie *m*; **agricultural engineering** = génie rural; **civil engineering** = génie civil; **genetic engineering** = génie génétique; **engineering industries** = industries *fpl* d'équipement

enhance *verb* améliorer *or* rehausser

◊ **enhancer** *noun (in food)* agent *m* de sapidité; **flavour enhancer** = arôme *m* artificiel

enrich *verb* enrichir; **fuel is enriched to 15% with fissile material** = le combustible est enrichi à 15% de matière fissile

◊ **enrichment** *noun* enrichissement *m*

ensilage *or* **ensiling** *noun* ensilage *m*

entomology *noun* entomologie *f*

◊ **entomological** *adjective* entomologique

◊ **entomologist** *noun* entomologiste *m&f*; **medical entomologist** = médecin *m* patho-entomologiste

entrap *verb* capter; **90% of sulphur emissions can be entrapped** = il est possible de capter 90% des émissions de soufre; **coal-fired power stations should be equipped with the means of entrapping sulphur** = les centrales au charbon devraient être équipées de systèmes permettant de filtrer les émissions de soufre

environment *noun* environnement *m or* milieu *m*; **the built environment** = l'environnement bâti; **environment protection** = protection *f* de l'environnement; **living environment** = cadre *m* de vie; **natural environment** = milieu naturel; **noise environment** = environnement sonore; **residential environment** = habitat *m*; **rural environment** = milieu rural; **working environment** = conditions *fpl* de travail

◊ **environmental** *adjective* écologique *or* du milieu; **environmental annoyance** =

nuisance *f*; **environmental biology** = biologie *f* du milieu; **environmental concentration** = concentration *f* dans l'environnement; **environmental control** = protection *f* de l'environnement; **environmental damage** = atteinte *f* à l'environnement; **environmental forecasting** = prévision *f* d'impact sur l'environnement; **environmental geology** = écogéologie *f*; **environmental health** = hygiène *f* du milieu; *UK* **Environmental Health Officer (EHO)** = inspecteur de la santé et de l'environnement; **environmental hygiene** = hygiène *f* de l'environnement; **environmental impact** = impact *m* sur l'environnement; **environmental impact assessment** = étude *f* d'impact sur l'environnement; *US* **Environmental Protection Agency (EPA)** = Agence pour la protection de l'environnement; **environmental protection association** = association *f* pour la défense de l'environnement; **environmental quality standards** = normes *fpl* d'environnement; **environmental resistance** = capacité *f* de résistance à l'environnement; **environmental science** = science *f* de l'environnement

◊ **environmentalism** *noun* étude *f* de l'environnement

◊ **environmentalist** *noun* environnementaliste *m or* spécialiste *m&f* des problèmes de l'environnement

◊ **environmentalist group** *noun* groupe *m* de défense de l'environnement

enzyme *noun* enzyme *f*
NOTE: the names of enzymes mostly end with the suffix **-ase**

◊ **enzymatic** *adjective* enzymatique

COMMENT: many different enzymes exist in organisms, working in the digestive system, in the metabolic processes and helping the synthesis of certain compounds. Some pesticides and herbicides work by interfering with enzyme systems or by destroying them altogether

EPA *US* = ENVIRONMENTAL PROTECTION AGENCY

ephemeral *adjective* éphémère

epibiosis *noun* épibiose *f*

◊ **epibiont** *noun* épibionte *m*

epicentre *noun* épicentre *m*

epidemic 1 *adjective* épidémique; **the disease rapidly reached epidemic proportions** = la maladie a rapidement atteint les proportions d'une épidémie **2** *noun* épidémie *f*; **the health authorities are taking steps to prevent an epidemic of cholera** *or* **a cholera epidemic** = les autorités sanitaires prennent des mesures pour empêcher une épidémie de choléra; *see also* ENDEMIC, PANDEMIC

◊ **epidemiological** *adjective* épidémiologique

◊ **epidemiology** *noun* épidémiologie *f*

epigeal *adjective* épigé, -e

epigenous *adjective (growing on a surface)* épigène

epigeous *adjective (growing on the ground)* épigé, -e

epilimnion *noun* épilimnion *m*

epiphyte *noun* épiphyte *m*; **nest epiphyte** = plante *f* à racines aériennes

episode *noun* épisode *m*; **there have been three serious acid rain episodes in the last four months** = il y a eu trois épisodes graves de pluies acides au cours des quatre derniers mois; **high sulphur dioxide episodes have killed several hundred birds at one time** = des épisodes de dioxyde à haute teneur en soufre ont provoqué d'un coup la mort de plusieurs centaines d'oiseaux

QUOTE pollution comes in periodic episodes, followed by intervals when the atmosphere remains fairly pure
Environment Now

QUOTE although the normal amounts of pollutant do not damage vegetation, a number of episodes occurred when concentrations rose to more than 60 parts per billion parts of water
New Scientist

epithelium *noun* épithélium *m; see also* ENDOTHELIUM, MESOTHELIUM

◇ **epithelial** *adjective* épithélial, -e, -aux; **epithelial layer** = épithélium *m*

epizoite *noun* épizoïte *f*

equator *noun* équateur *m*; **celestial equator** = équateur céleste; **the area of rainforests lies around the Equator** = les forêts tropicales se trouvent dans la zone équatoriale

◇ **equatorial** *adjective* équatorial, -e, -aux; **equatorial currents** = courants équatoriaux; **equatorial regions** = zones équatoriales

equilibrium *noun* équilibre *m*; **population equilibrium** = équilibre démographique; **soil equilibrium** = équilibre pédologique

equinox *noun* équinoxe *m*

COMMENT: the two equinoxes are the autumnal equinox, which occurs about September 22nd and the spring or vernal equinox on about March 21st

equip *verb* équiper; **the operating theatre is equipped with the latest scanning devices** = la salle d'opération est équipée des plus récents échographes

◇ **equipment** *noun* équipement *m or* outillage *m*; **the centre urgently needs seismological equipment** = il est urgent d'installer une station sismologique au centre

NOTE: no plural: for one item say **a piece of equipment**

equivalent 1 *adjective* équivalent, -e **2** *noun* équivalent *m*; **oil-equivalent** = équivalent-pétrole *m*; **tons of oil-equivalent (toe)** = tonnes *fpl* d'équivalent-pétrole (tep); **population-equivalent** = équivalent-habitant *m* (Eqh)

eradicate *verb* supprimer *or* faire disparaître; **international action to eradicate glaucoma** = action mondiale pour l'éradication du glaucome

◇ **eradication** *noun* éradication *f or* élimination *f or* suppression *f*

ergot *noun* ergot *m*

◇ **ergotism** *noun* ergotisme *m*

erode *verb* éroder; **the cliffs have been eroded by the sea** = les falaises ont subi l'érosion de la mer

◇ **erosion** *noun* érosion *f*; **grass cover provides some protection against soil erosion** = l'herbe protège le sol de l'érosion; **land erosion control** = lutte contre l'érosion des sols

COMMENT: erosion can easily result from human activity. Cleared land in drought-stricken areas can produce dry soil which can blow away; felling trees removes the roots which bind the soil particles together and so exposes the soil to erosion by rainwater

erupt *verb (of a volcano)* entrer en éruption

◇ **eruption** *noun* éruption *f*; **several villages were destroyed in the volcanic eruption of 1978** = plusieurs villages ont été détruits lors de l'éruption volcanique de 1978

◇ **eruptive** *adjective* éruptif, -ive

escape 1 *noun* **(a)** *(of toxic substances)* fuite *f*; **the area around the reprocessing plant was evacuated because of an escape of radioactive coolant** = la zone entourant l'usine de retraitement a été évacuée à la suite d'une fuite de liquide réfrigérant radioactif **(b)** *(animal or plant)* animal *m or* végétal *m* redevenu sauvage **2** *verb* échapper *or* s'échapper *or* fuir *or* s'enfuir; **feral cats are cats which have escaped from households and become wild** = les chats féraux sont des chats domestiques qui se sont enfuis et sont retournés à l'état sauvage

Escherichia coli *plural noun* Escherichia *m* coli

essence *noun* essence *f*

◇ **essential** *adjective* essentiel, -elle; **essential amino acid** = acide aminé essentiel; **essential elements** = éléments essentiels; **essential fatty acid (EFA)** = acide gras essentiel; **essential oils** *or* **volatile oils** = huiles essentielles

COMMENT: the essential amino acids are: isoleucine, leucine, lysine, methionine, phenylalanine, threonine, tryptophan and valine. The essential fatty acids are linoleic acid, linolenic acid and arachidonic acid

establish *verb* **(a)** s'établir; **the starling has become established in all parts of the USA** = les étourneaux se sont établis partout aux Etats-Unis; **even established trees have been attacked by the disease** = même les arbres implantés depuis longtemps ont été atteints par la maladie **(b)** déterminer *or* établir *or* prouver; **the inspectors have tried to establish the cause of the disaster** = les inspecteurs ont tenté de déterminer la cause de la catastrophe

◇ **establishment** *noun* implantation *f or* installation *f*; **establishment of a forest** = installation d'une forêt

estate *noun* bien *m or* propriété *f*; **housing estate** = cité *m or* lotissement *m*; **industrial estate** = complexe industriel *or* zone industrielle; **real estate** = propriété foncière

estimate 1 *noun* estimation *f or* évaluation *f* **2** *verb* estimer *or* évaluer

estuary *noun* estuaire *m*

◇ **estuarine** *adjective* estuarien, -ienne; **estuarine plants** = plantes estuariennes

ethanol *noun* éthanol *m*

ethical *adjective* éthique; **ethical committee** = comité d'éthique

◇ **ethics** *noun* éthique *f*

Ethiopian Region *noun* région *f* éthiopienne

ethno- *prefix (meaning man)* ethno-; **ethnobotany** = ethnobotanique *f*

ethology *noun* éthologie *f*

ethylene *noun* éthylène *m*

etiolation *noun* chlorose *f or* étiolement *m*

etiology *noun* étiologie *f*

◇ **etiological agent** *noun* agent *m* étiologique

eucalyptus *noun* eucalyptus *m*

Euglenophyta *plural noun* euglénophycées *fpl*

euphotic zone *or* **photic zone** *noun* couche *f* euphotique; *compare* APHOTIC

euryhaline *adjective* euryhalin, -e; *compare* STENOHALINE

eurythermous *adjective* eurytherme; *compare* STENOTHERMOUS

eutrophy 1 *noun* eutrophie *f* **2** *verb* présenter un phénomène d'eutrophisation; **the sea is becoming eutrophied with nutrients** = la mer connaît un phénomène d'eutrophisation provoqué par le déversement de substances nutritives

◇ **eutrophic** *adjective* eutrophe; **eutrophic lake** = lac eutrophe; *compare* OLIGOTROPHIC

◇ **eutrophication** *noun* eutrophisation *f*

evaporate *verb* s'évaporer; **surface waters quickly evaporate in the sun** = les eaux de surface s'évaporent rapidement au soleil; **in tropical areas, up to 75% of rainfall will evaporate** = sous les tropiques, 75% des précipitations s'évaporent

◇ **evaporation** *noun* évaporation *f*; **evaporation of water from the surface of a lake** = évaporation de l'eau à la surface d'un lac; **surface evaporation** = évaporation de surface

◇ **evaporative** *adjective* évaporatif, -ive

◇ **evapotranspiration** *noun* évapotranspiration *f*

◇ **evapotranspire** *verb* perdre de l'eau par évaporation et transpiration

> QUOTE deforestation is already disrupting the hydrological cycles that control rainfall. At least half of the rainwater that falls on most tropical forests is returned back to the atmosphere through evapotranspiration, hence the perpetual cloud that hangs over the world's great rainforests. The evaporated moisture is then carried by the wind to fall as rain in areas often many thousands of miles away
>
> *Ecologist*

event *noun* événement *m or* éventualité *f*; **three exceptionally warm years - 1980, 1983 and 1987 - in which El Niño events were at their height** = trois années exceptionnellement chaudes - 1980, 1983 et 1987 - au cours desquelles les événements El Niño furent particulièrement violents

evergreen 1 *adjective* à feuilles persistantes **2** *noun* arbre *m* à feuilles persistantes; *compare* DECIDUOUS

◇ **evergreens** *plural noun* plantes *fpl* vertes

evolution *noun* évolution *f*

◇ **evolutionary** *adjective* évolutionnaire *or* évolutif, -ive; **evolutionary changes which have taken place over thousands of years** = évolutions qui se sont produites au cours de milliers d'années

examine *verb* examiner *or* étudier *or* vérifier; **the water samples were examined in the laboratory** = les prélèvements d'eau ont été analysés en laboratoire

◇ **examination** *noun* étude *f or* examen *m or* contrôle *m*; **they carried out an examination of the problem** = ils ont procédé à l'analyse du problème; **examination of the house revealed traces of radon** = l'examen de la maison a permis de détecter des traces de radon

exceed *verb* dépasser *or* excéder; **it is dangerous to exceed the stated dose** = il est dangereux de dépasser la dose prescrite; **the concentration of radioactive material in the waste exceeded the government limits** = la concentration en éléments radioactifs des déchets était supérieure au maximum autorisé par le gouvernement

excess 1 *adjective* qui dépasse; **excess phosphates run off into the river system** = l'excès de phosphates ruisselle dans les bassins fluviaux **2** *noun* excédent *m or* excès *m*; **in excess of** = qui dépasse

◇ **excessive** *adjective* excessif, -ive; **excessive ultraviolet radiation can cause skin cancer** = une trop grande exposition aux rayons ultraviolets peut provoquer des cancers de la peau

exchange *noun* échange *m*; **cation exchange** = échange cationique *or* échange de cations; **gas exchange** = échange gazeux; **ion exchange** = échange d'ions; **ion-exchange filter** = adoucisseur *m* d'eau *or* filtre *m* échangeur d'ions

◇ **exchanger** *noun* échangeur *m*; **heat exchanger** = échangeur de chaleur

excrement *noun* excrément *m*

excrete *verb* excréter; **the urinary system separates waste liquids from the blood and excretes them as urine** = l'appareil urinaire filtre les toxines sanguines, qui sont ensuite excrétées dans les urines

◇ **excreta** *plural noun* excreta *mpl or* excrétions *fpl*

◇ **excretion** *noun* excrétion *f; compare* SECRETE, SECRETION

exhaust 1 *noun* échappement *m*; **exhaust fumes** *or* **exhaust gases** = gaz *m* d'échappement; **exhaust gas filter system** = système *m* de purification des gaz d'échappement; **exhaust pipe** *or US* **tailpipe** = pot *m or* tuyau *m* d'échappement; **exhaust purification device** = système d'épuration des gaz; **exhaust system** = système d'échappement **2** *verb* épuiser *or* s'épuiser

◇ **exhaustion** *noun* épuisement *m*; **the exhaustion of of the earth's natural resources** = l'épuisement des ressources naturelles de la Terre

exosphere *noun* exosphère *f*

expanded *adjective* expansé, -e; **expanded polystyrene** = polystyrène expansé

> COMMENT: expanded polystyrene and other plastics are extensively used for packaging. CFCs are sometimes used in their manufacture

expectancy *noun* espérance *f*; **life expectancy** = espérance de vie

expenditure *noun* dépenses *fpl*; **the expenditure of public funds for this project** = l'utilisation de fonds publics pour ce projet; **public expenditure** = dépenses publiques

experiment 1 *noun* expérience *f*; **to carry out an experiment** *or* **to make an experiment** = procéder à une expérience *or* faire une expérience; **as an experiment** = à titre d'expérience **2** *verb* faire une expérience *or* expérimenter; **they are now experimenting with a new medicine** = un nouveau médicament est en cours d'expérimentation

◊ **experimental** *adjective* expérimental, -e, -aux; **at the experimental stage** = au stade expérimental

◊ **experimentally** *adverb* à titre d'expérience

explode *verb* exploser; *see also* EXPLOSION, EXPLOSIVE

exploit *verb* exploiter; **large companies ruined the environment by exploiting the natural wealth of the forest** = de grandes compagnies ont détruit l'environnement en exploitant les richesses naturelles de la forêt; **the birds have exploited the sudden increase in the number of insects** = les oiseaux ont profité de la soudaine prolifération d'insectes

◊ **exploitation** *noun* exploitation *f*; **further exploitation of the coal deposits is not economic** = il n'est pas rentable de poursuivre l'exploitation des mines de charbon

explosion *noun* explosion *f*; **population explosion** = explosion démographique

> QUOTE the disaster started with heavy autumn rains in the Western Sahara, causing a population explosion among locusts
>
> *New Scientist*

explosive 1 *adjective* explosif, -ive; **continuing deprivation is causing a potentially explosive situation in urban areas** = les privations constantes créent une situation potentiellement explosive dans les zones urbaines; **explosive hazard** = risque *m* d'explosion **2** *noun* explosif *m*

exponential *adjective* exponentiel, -elle; **exponential growth** = croissance exponentielle

◊ **exponentially** *adverb* exponentiellement *or* très rapidement; **we can expect pollution to increase exponentially over the next years** = on peut s'attendre à une augmentation vertigineuse de la pollution dans les prochaines années

expose *verb* **(a)** mettre en évidence; **the report exposed a lack of supervision in maintenance of the reactor** = le rapport a mis en évidence l'insuffisance des opérations de contrôle de l'entretien du réacteur **(b) to expose (someone** *or* **something) to something** = exposer (quelqu'un ou quelque chose) à quelque chose; **she was exposed to a lethal dose of radiation** = elle a été exposée à une dose mortelle de radiations

◊ **exposure** *noun* **(a)** *(being exposed)* exposition *f or* irradiation *f*; **exposure dose** = dose *f* d'exposition *or* d'irradiation; **exposure to harmful radiation** = exposition à des radiations nocives **(b)** *(being cold)* exposition *f* au froid *or* hypothermie *f*; **the survivors of the crash were all suffering from exposure after spending a night in the snow** = tous ceux qui avaient survécu à l'accident souffraient d'hypothermie après avoir passé une nuit dans la neige

> QUOTE exposure to the general background level of airborne asbestos gives rise to a risk which is low in comparison with other risks of life
>
> *London Environmental Bulletin*

extended family *noun* famille *f* étendue

extensive *adjective* extensif, -ive; **an extensive system of pig farming** = élevage porcin extensif

◇ **extensification** *noun* désintensification *f* *or* utilisation *f* de méthodes moins intensives

COMMENT: less intensive farming involves using fewer chemical fertilizers, leaving uncultivated areas at the edges of fields, reducing sizes of herds of cattle, etc. This allows lower yields from the same area of farmland, which is necessary if production levels are too high, as they are in the EC

external *adjective* externe *or* extérieur, -e; **external effects** *or* **externalities** = effets *mpl* externes *or* nuisances *fpl*

exteroceptor *noun* extérocepteur *m; see also* CHEMORECEPTOR, INTEROCEPTOR, RECEPTOR

extinct *adjective* **(a)** *(species)* disparu, -e; **one species of animal or plant becomes extinct every day** = une espèce animale ou végétale disparaît chaque jour; **several native species have become extinct since sailors in the nineteenth century introduced dogs to the island** = depuis que des marins, au dix-neuvième siècle, ont introduit des chiens sur l'île, plusieurs espèces indigènes ont disparu **(b)** *(volcano)* éteint, -e; *compare* DORMANT

◇ **extinction** *noun* disparition *f* *or* extinction *f*; **the last remaining examples of oryx were taken to zoos for breeding purposes, so as to save the species from extinction** = pour sauver l'espèce en voie de disparition, on a placé les derniers oryx vivants dans des zoos pour qu'ils s'y reproduisent; **the introduction of European species caused the extinction of the native species** = l'introduction d'espèces européennes a provoqué la disparition des espèces indigènes

extract 1 *noun* extrait *m* **2** *verb* extraire

◇ **extraction** *noun* extraction *f*; **gas extraction** = extraction du gaz; **extraction fan** = ventilateur *m*

◇ **extractor** *noun* extracteur *m*; **extractor fan** = ventilateur *m*

extrusive *adjective (rock)* extrusif, -ive

exurbia *noun US* banlieue *f* résidentielle des nouveaux riches

eye *noun* **(a)** oeil *m*; **eye bank** = banque des yeux **(b)** *(central point of a tropical storm)* oeil (d'un cyclone)

COMMENT: the eye of a typhoon is the point of lowest pressure, where the wind is light. As the storm approaches, winds grow in intensity until they are strongest just before the eye passes over the spot. The eye can be several kilometres wide and may take some minutes to pass. When it has passed, the winds begin again, but from the opposite direction

eyesore *noun* horreur *m* *or* vision *f* hideuse; **the lake full of old bottles and cans is an eyesore and should be cleaned up** = ce lac envahi de vieilles bouteilles et de boîtes de conserve est un triste spectacle; il devrait être nettoyé

Ff

F 1 *abbreviation for* FAHRENHEIT **2** *chemical symbol for* FLUORINE

◇ **F_1** *noun (in breeding experiments)* F_1 *m* (symbole de la première génération filiale); **F_1 hybrid** = hybride F_1

facies *noun* faciès *m*; **neritic facies** = faciès néritique

facilities *plural noun* équipements *mpl*; **public facilities** = équipements d'intérêt général; **recreational facilities** = équipements de loisir; **standard of facilities** = niveau *m* d'équipement

factor *noun* **(a)** facteur *m*; **ecological factors** = facteurs écologiques; **growth factor** = facteur de croissance; **hereditary factors** = facteurs d'hérédité **(b)** puissance *f*; **by a factor of ten** = puissance 10

> QUOTE nitrates and sulphates have increased by factors of 2 and 3.5 respectively in the Arctic in the 200 years since the Industrial Revolution
>
> *New Scientist*

> QUOTE the dilution of the acid lowers the concentration of sulphur and nitrogen compounds in precipitation by a factor of between 3 and 30
>
> *Scientific American*

factory *noun* usine *f*; **smoke from factory chimneys blew across the town** = la fumée des cheminées d'usine se répandait au-dessus de la ville; **the planning department has refused permission to site the new chemical factory in the middle of a residential district** = les services de l'urbanisme n'ont pas accordé l'autorisation d'implanter la nouvelle usine de produits chimiques au coeur d'une zone résidentielle; **illegal discharge of slurry from factory farms can contaminate the water system** = le déversement illégal de purin des élevages intensifs risque de contaminer le réseau hydrographique; **factory farming** = élevage *m* industriel; **factory inspector** *or* **inspector of factories** = inspecteur *m* du travail; **factory ship** = navire-usine *m*

faeces *or* **excreta** *plural noun* fèces *fpl* *or* matières fécales *or* excreta *mpl*

◇ **faecal** *adjective* fécal, -e, -aux; **faecal matter** = matières fécales

NOTE: also spelt **feces, fecal** especially in the USA

Fahrenheit *noun* Fahrenheit; **Fahrenheit scale** = échelle *f* Fahrenheit; *compare* CELSIUS, CENTIGRADE

> COMMENT: used in the USA, but less common in the UK. Normally written with an **F** after the degree sign: **32° F** (say: "thirty-two degrees Fahrenheit"). To convert Fahrenheit temperatures to Celsius, subtract 32, multiply by 5 and divide by 9: so 68° F equals 20° C. As a quick rough estimate, subtract 30 and divide by 2

fall 1 *noun* **(a)** baisse *f* *or* chute *f*; **after installing filters, there was a fall in the emission of particles of ash** = après l'installation des filtres, on a noté une diminution des émissions de particules de cendres **(b)** chute *f*; **fall of snow** *or* **snowfall** = chute de neige; **there was a heavy snowfall during the night** = il y a eu une forte chute de neige cette nuit; *see also* RAINFALL **(c)** *US* = AUTUMN **2** *verb* **(a)** *(to get lower)* diminuer *or* baisser; **barometric pressure is falling, and a storm is likely to pass over the area during the next twenty-four hours** = la pression barométrique est en baisse et il y a un risque d'orage dans la région au cours des prochaines vingt-quatre heures; **radiation levels have fallen** = les taux de rayonnement sont en baisse **(b)** *(rain, snow, leaves)* tomber; **snow fell all night** = il a neigé toute la nuit; **no rain has fallen in the area for over six months** = il n'y a eu aucune chute de pluie dans la région depuis plus de six mois

◇ **fallout** *noun* retombées *fpl*; **fallout shelter** = abri *m* antiatomique; **nuclear fallout** *or* **radioactive fallout** = retombées radioactives

◇ **falls** *plural noun* chutes *fpl*; **Niagara Falls** = les chutes du Niagara; **Victoria Falls** = les chutes Victoria

◇ **fallspeed** *noun* vitesse *f* de précipitation

◇ **fallstreak** *noun* virga *f*

> QUOTE the overall level of radioactivity in the vegetation eaten by sheep has fallen by one-fifth over the last year
> *New Scientist*

fallow *adjective* en jachère; **to let land lie fallow** = laisser la terre en jachère; *see also* BUSH-FALLOW

family *noun* famille *f*; **tigers and leopards are members of the cat family** = les tigres et les léopards font partie de la famille des félins; **extended family** = famille étendue; **family planning** = planning *m* familial; **nuclear family** = famille nucléaire

NOTE: names of families of animals end in **-idae** and of families of plants in **-ae**

famine *noun* famine *f*; **when the monsoon failed for the second year, the threat of famine became more likely** = après deux mauvaises saisons de mousson, le risque de famine allait grandissant; **famine relief** = aide *f* alimentaire

fan out *verb* se déployer

◇ **fanning** *noun (of smoke)* panache *m* horizontal

FAO = FOOD AND AGRICULTURE ORGANIZATION

far *adjective* lointain, -e; **the Far East** = l'Extrême-Orient *m*; **the Far North** = le Grand Nord; **the Far-West** = le Far-West *or* l'ouest *m* américain

farm **1** *noun* exploitation *f* agricole *or* ferme *f*; **farm produce** = produits *mpl* agricoles **2** *verb* **(a)** *(be a farmer)* être agriculteur **(b)** *(land)* cultiver (la terre)

◇ **farmed** *adjective* d'élevage; **farmed fish** = poisson d'élevage

◇ **farmer** *noun* agriculteur *m*; **dairy farmer** = producteur *m* de produits laitiers; **farmer's lung** = poumon *m* des fermiers

◇ **farmhouse** *noun* ferme *f*

◇ **farming** **1** *adjective* de culture *or* cultural, -e, -aux; **farming communities** = collectivités *fpl* rurales **2** *noun* agriculture *f*; **contour farming** = culture *f* de niveau; **factory farming** = élevage *m* industriel; **fruit farming** = culture fruitière; **mixed farming** = agriculture mixte *or* polyculture *f*; **organic farming** = agriculture biologique; **sea farming** = mariculture *f*; **vegetable farming** = culture maraîchère; *see also* ARABLE, DAIRY, FISH FARMING

◇ **farmland** *noun* terres arables *or* terres cultivées

◇ **farmyard** *noun* cour *f* de ferme; **farmyard manure** = fumier *m*

fast *adjective* rapide; **fast breeder reactor (FBR)** *or* **fast neutron reactor** = réacteur *m* à neutrons rapides *or* surgénérateur *m*; **fast (-neutron) fission** = fission *f* rapide *or* fission par neutron rapide

fat **1** *adjective* gras, grasse *or* gros, grosse; **the price of fat cows has increased** = le prix des vaches grasses a augmenté **2** *noun* **(a)** graisse *f*; **body fat** *or* **adipose tissue** = tissu *m* adipeux; **brown fat tissue** = graisses brunes; **saturated fat** = graisse saturée; **unsaturated fat** = graisse non saturée *or* insaturée **(b)** *(food)* lipide *m*

◇ **fat-soluble** *adjective* liposoluble; **Vitamin D is fat-soluble** = la vitamine D est liposoluble; **PCBs are fat-soluble and so collect in the blubber of seals** = les PCB sont liposolubles et s'accumulent donc dans la graisse des phoques

◇ **fatstock** *noun* animaux *mpl* de boucherie

◇ **fatten** *verb* engraisser; **he buys lamb for fattening and then sells them for meat** = il achète des agneaux pour les engraisser puis les revend comme viande de boucherie

◇ **fatty** *adjective* gras, grasse *or* graisseux, -euse *or* oléagineux, -euse; **fatty acid** = acide *m* gras; **essential fatty acid (EFA)** = acide gras essentiel

COMMENT: fat is a necessary part of diet because of the vitamins and energy-giving calories which is contains. Fat in the diet comes from either animal fats or vegetable fats. Animal fats such as butter, fat meat or cream, are saturated fatty acids. It is believed that the intake of unsaturated and polyunsaturated fats (mainly vegetable fats and oils, and fish oil) in the diet, rather than animal fats, helps keep down the level of cholesterol in the blood and so lessens the risk of atherosclerosis. A low-fat diet does not always help to reduce weight

fatal *adjective* fatal, -e, -als *or* mortel, -elle; **a fatal accident** = un accident mortel

fault *noun (in the Earth's crust)* faille *f*; **the San Andreas Fault** = la faille de San Andreas

◇ **fault-plane** *noun* plan *m* de faille

fauna *noun* faune *f*; **deep-sea fauna** = faune abyssale; **soil fauna** = faune du sol; *see also* FLORA
NOTE: plural is **fauna** or **faunas**

FBC = FLUIDIZED-BED COMBUSTION

FBR = FAST BREEDER REACTOR

FC = FIBRE-CONCRETE

FDA *US* = FOOD AND DRUG ADMINISTRATION

Fe *chemical symbol for* IRON

feed 1 *noun (given to animals)* alimentation *f or* nourriture *f*; **traces of pesticides were found in the cattle feed** = on a trouvé des traces de pesticides dans les aliments pour le bétail; **feed grains** = céréales fourragères **2** *verb* **(a)** nourrir; **feeding grounds** = aire *f* de nutrition; **estuaries are winter feeding grounds of migratory birds** = en hiver, les estuaires sont les aires de nutrition des oiseaux migrateurs **(b)** alimenter; **several small streams feed into the river** = plusieurs petites rivières se jettent dans le fleuve

◇ **feedback** *noun* feedback *m or* information *f or* rétroaction *f*; **we are getting some feedback from workers in the area about the distribution of relief supplies** = les ouvriers de la région nous tiennent informés de la distribution des secours; **positive feedback** = rétroaction positive

QUOTE the changing carbon dioxide content of the atmosphere amplifies the change in a feedback
New Scientist

◇ **feeder** *noun* **(a)** *(animal)* mangeur *m or* mangeuse *f*; **bottom feeder** = limivore *m or* pélophage *m*; **filter feeder** = organisme *m* filtreur; **plant feeder** = phytophage *m*; **feeder roots** = racines *fpl* nutritives **(b)** *(device)* nourrisseur *m*; **feeder reservoir** = réservoir *m* d'alimentation **(c)** *(of river)* **feeder stream** = affluent *m*

◇ **feedlot** *noun* parc *m* d'engraissement

feldspar *or* **feldspath** *noun* feldspath *m*

fell 1 *noun* mont *m or* montagne *f*; **the fells** = la lande **2** *verb (a tree)* abattre (un arbre); *see also* CLEARFELL

◇ **felling** *noun* abattage *m*

female *adjective & noun* femelle *(f)*

fen *or* **fenland** *noun* marais *m or* marécage *m*

feral *adjective* féral, -e, -aux *or* redevenu, -e sauvage; **the native population of rabbits was exterminated by feral cats** = les lapins indigènes ont été exterminés par les chats féraux

fermentation *noun* fermentation *f*

fern *noun* fougère *f*

ferro- *prefix (meaning iron)* ferro-

◇ **ferrous** *adjective* ferreux, -euse

◇ **ferruginous** *adjective* ferrugineux, -euse

fertile *adjective* fertile

◇ **fertility** *noun* fécondité *f or* fertilité *f*; **fertility rate** = taux *m* de fécondité
NOTE: the opposite is **sterile, sterility**

◇ **fertilization** *noun* fécondation *f or* fertilisation *f*

◇ **fertilize** *verb* **(a)** *(ovum)* féconder **(b)** *(soil)* fertiliser *or* mettre de l'engrais

◇ **fertilizer** *noun* engrais *m or* fertilisant *m*; **artificial fertilizers** = engrais artificiels; **chemical fertilizers** = engrais chimiques; **nitrogen fertilizers** = engrais azotés

> QUOTE excessive amounts of potassium lead to poor fertility in dairy cows grazing intensively fertilized pastures. High levels of nitrate in grass are suspected of causing liver damage in cows
>
> *Ecologist*

FGD = FLUE GAS DESULPHURIZATION

fibre *or US* **fiber** *noun* fibre *f*; **dietary fibre** = cellulose *f* végétale *or* fibres; **high fibre diet** = régime *m* alimentaire riche en fibres

◇ **fibre-concrete (FC)** *noun* Fibrociment® *m*

◇ **fibrous** *adjective* fibreux, -euse; **fibrous rooted plants** = plantes *fpl* aux racines fibreuses

> COMMENT: dietary fibre is found in cereals, nuts, fruit and some green vegetables. There are two types of fibre in food: insoluble fibre (in bread and cereals) which is not digested and soluble fibre (in vegetables and pulses). Foods with the highest proportion of fibre are bread, beans and dried apricots. Fibre is thought to be necessary to help digestion and avoid developing constipation, obesity and appendicitis

fidelity *noun* fidélité *f*

field *noun* **(a)** champ *m or* terrain *m*; **field botany** = botanique *f* sur le terrain; **field observations** *or* **observations in the field** = observations *fpl* sur le terrain; **field research** = prospection *f* sur le terrain; **field study** = étude *f* sur le terrain; **field test** = essai *m* sur le terrain *or* essai sur place; **field-grown** = de plein champ **(b)** *(physics)* champ *m*; **field of vision** = champ de vision; **magnetic field** = champ magnétique **(c)** domaine *m*; **he specializes in the field of environmental health** = il se spécialise dans le domaine de l'hygiène du milieu

◇ **fieldwork** *noun* recherches *fpl* sur le terrain

film *noun* film *m or* pellicule *f*; **a film of oil on the surface of water** = une fine pellicule de pétrole sur la surface de l'eau

filter 1 *noun* filtre *m*; **filter basin** = bassin *m* de filtrage; **filter bed** = lit *m* de filtration; **filter feeder** = organisme *m* filtreur **2** *verb* filtrer; **impurities are filtered from the liquid by passing it through layers of charcoal** = le liquide passe à travers plusieurs couches de charbon qui filtrent les impuretés

◇ **filtrate** *noun* filtrat *m*

◇ **filtration** *noun* filtrage *m or* filtration *f*

fine *adjective* **(a)** *(very small)* fin, -e; **particles of fine ash are carried into the upper atmosphere** = de fines particules de cendres sont emportées dans la haute atmosphère **(b)** *(weather)* beau, belle

finite *adjective* limité, -e; **coal supplies are finite and are forecast to run out in 1995** = les réserves de charbon sont limitées et elles seront probablement épuisées en 1995; **finite resources** = ressources *fpl* non renouvelables
NOTE: opposite is **renewable**

fiord = FJORD

fir (tree) *noun* sapin *m*

◇ **fircone** *noun* pomme *f* de pin

fire *noun* feu *m or* incendie *m*; **fire climax** = pyroclimax *m*

◇ **firebreak** *noun (in a forest)* coupe-feu *m or* pare-feu *m*

◇ **-fired** *suffix* **coal-fired power station** = centrale (fonctionnant) au charbon; **gas-fired central heating** = chauffage central au gaz

◇ **firedamp** *noun* méthane *m or* grisou *m*

◇ **fireproof** *adjective & noun* ignifuge

◇ **firewood** *noun* bois *m* de chauffage

> QUOTE ecologists accept that forest fires are, over the long term, essential for vigorous tree growth. Burning clears out undergrowth that might choke saplings, removes old dead wood and recycles nutrients into the soil
>
> *Nature*

firn *noun* névé *m*

fish 1 *noun* poisson *m*; **fish farm** = centre *m* d'élevage de poissons; **fish farming** = élevage *m* de poissons *or* pisciculture *f*; **fish kill** = destruction *f* des poissons; **fish ladder** *or* **fish pass** *or* **fishway** = barrage *m* *or* échelle *f* à poissons *or* passe *f* à poissons; **fish pond** = vivier *m* *or* étang *m* à poissons; **fish population** = ressources *fpl* en poisson; **fish stock** = peuplement *m* de poisson **2** *verb* pêcher

◊ **fisherman** *noun* pêcheur *m*

◊ **fishery** *noun* **(a)** *(catching fish)* pêche *f*; **coastal fishery** = pêcherie côtière **(b)** *(area)* zone *f* de pêche; **the boats go each year to the rich fisheries off the north coast** = chaque année, les bateaux se rendent sur les riches zones de pêche au large de la côte nord; **fishery protection zone** = zone de pêche protégée; **a 200-mile fishery protection zone has been established round the islands** = la zone de pêche protégée s'étend à 200 miles autour des îles

◊ **fishing** *noun* pêche *f*; **fishing area** *or* **fishing zone** = zone *f* de pêche; **fishing grounds** = lieux *mpl* de pêche; **fishing rights** = droits *mpl* de pêche

◊ **fishmeal** *noun* farine *f* de poisson; **fishmeal factory** = fabrique *f* de farine de poisson

fissile *adjective (rock)* fissile; *(isotope)* fissile *or* fissible

fission 1 *noun* fission *f*; **atomic fission** *or* **nuclear fission** = fission atomique; **fast(-neutron) fission** = fission rapide **2** *verb* fissionner; **when the plutonium is fissioned, fast neutrons are produced** = la fission du plutonium libère des neutrons rapides

◊ **fissionable** *adjective* fissile *or* fissible

fissure *noun* crevasse *f* *or* fissure *f*; **fissure volcano** = volcan *m* fissural

fitness *noun* aptitude *f*; **Darwinian fitness** = aptitude darwinienne; **inclusive fitness** = aptitude globale

fixation *noun* fixation *f*; **nitrogen fixation** = fixation de l'azote

fjord *noun* fjord *m*

flake *noun* flocon *m*

flammability *noun* inflammabilité *f*

◊ **flammable** *adjective* inflammable

flash *noun* **(a) (lightning) flash** = éclair *m*; **flash point** = point *m* d'éclair **(b) flash flood** = crue *f* subite

flatfish *noun* poisson *m* plat

flatworm *noun* plathelminthe *m*

flavouring agent *noun* agent *m* de sapidité

flea *noun* puce *f*

fleet *noun* flotte *f*; **whaling fleet** = flotte de baleiniers

flightless bird *noun* oiseau *m* coureur

floating barriers *plural noun* barrages *mpl* flottants

flocculation *noun* floculation *f*

◊ **flocculant** *noun* floculant *m*

flock *noun (animals or farm birds)* troupeau *m; (flying birds)* vol *m*; **a flock of geese** = un troupeau d'oies; **a flock of sheep** = un troupeau de moutons

floe *noun* **ice floe** = banquise *f* *or* glace *f* flottante

flood 1 *noun* crue *f* *or* inondation *f*; **after the rainstorm there were floods in the valleys** = il y a eu des inondations dans les vallées à la suite de l'orage; **the spring floods have washed away most of the topsoil** = la couche arable a été presque entièrement emportée par les inondations du printemps; **river in flood** = rivière *f* en crue; **flood alleviation** *or* **flood control** = prévention *f* des inondations *or* lutte *f* contre les crues *or* lutte contre les inondations; **flood damage** = dégâts *mpl* des eaux; **flood warning** = annonce *f* des crues **2** *verb* inonder; **the river bursts its banks and floods the whole valley twice a year in the rainy season** = deux fois par an, à la saison des pluies, le fleuve déborde et inonde toute la vallée

◇ **flooding** *noun* inondation *f*; **severe flooding has been reported in the north of the country** = on annonce qu'il y a eu de graves inondations dans le nord du pays

◇ **floodplain** *noun* plaine *f* d'inondation

◇ **flood tide** *noun* marée *f* haute; *compare* EBB TIDE

◇ **floodwater** *noun* eau *f* de crue; **after the floodwater receded the centre of the town was buried in mud** = après la crue, le centre de la ville était recouvert de boue; **floodwater level** = niveau de crue

floor *noun (of sea bed, etc.)* fond *m; (of forest)* sol *m*; **fish which live on the floor of the ocean** = les poissons qui vivent sur les fonds marins; **the forest floor is covered with decaying vegetation** = le sol de la forêt est couvert de végétaux en décomposition

flora *noun (wild plants or book listing wild plants)* flore *f; see also* FAUNA

◇ **floral** *adjective* floral, -e, -aux; **floral zone** = zone *f* végétale

floret *noun* fleuron *m*

flourish *verb* prospérer; **the colony of rabbits flourished in the absence of predators** = la colonie de lapins a prospéré en l'absence de prédateurs; **the island has a flourishing plant community** = la communauté végétale de l'île est prospère

flow 1 *noun* circulation *f or* débit *m or* flux *m*; **the meter measures the flow of water through the pipe** = le compteur mesure le débit de l'eau qui passe dans le tuyau; **energy flow** = flux d'énergie; **lava flow** = coulée *f* de lave **2** *verb (of liquid)* circuler *or* couler; **the water flows through the pipe and turns the turbine** = l'eau passe dans le tuyau et actionne la turbine

◇ **flowmeter** *noun* débitmètre *m*

flower *noun* fleur *f*

fluctuate *verb* fluctuer *or* varier; **the average annual temperature of the earth fluctuates very little** = la température annuelle moyenne de la Terre varie très peu; **most populations fluctuate within fairly narrow limits** = la plupart des populations varie dans des limites plutôt étroites

◇ **fluctuation** *noun* changement *m or* fluctuation *f*; **small fluctuations in the earth's average temperature can have important climatic results** = de faibles variations de la température moyenne de la Terre peuvent provoquer d'importants changements climatiques

flue *noun* conduite *f or* tuyau *m*; **flue gas are passed directly into the atmosphere** = les gaz de combustion passent directement dans l'atmosphère; **flue gas desulphurization (FGD)** = désulfuration des gaz de combustion; **flue gas scrubber** = dispositif de lavage des gaz de combustion

> QUOTE in flue gas desulphurization wet limestone is sprayed into the plant's hot exhaust gases, where it scavenges as much as 90% of the sulphur dioxide
> *Scientific American*

fluid *noun* fluide *m or* liquide *m*

◇ **fluidized-bed combustion (FBC)** *noun* combustion *f* sur lit fluidisé; *see also* PRESSURIZED FBC

fluke *noun* douve *f or* trématode *m*

fluoride *noun* fluorure *m*; **fluoride toothpaste** = dentifrice fluoré

◇ **fluoridate** *verb* fluorer; **water fluoridated to 1 ppm** = eau fluorée à 1 ppm

◇ **fluoridation** *noun* fluoration *f or* fluoruration *f or* traitement *m* au fluor

◇ **fluorine** *noun* fluor *m*; **fluorine compounds** = composés fluorés

NOTE: chemical symbol is **F** ; atomic number is **9**

◇ **fluorocarbon** *noun* hydrocarbure *m* fluoré; *see also* CHLOROFLUOROCARBON

◇ **fluorosis** *noun* fluorose *f*

> COMMENT: fluorides such as hydrogen fluoride are emitted as pollutants from certain industrial processes and can affect plants (especially citrus fruit) by reducing chlorophyll. They also affect cattle by reducing milk yields. On the other hand, sodium fluoride will reduce decay in teeth, and is often added to drinking water or to toothpaste. In some areas, the water contains fluoride naturally, and here fluoridation is not carried out. Some people object to fluoridation, although tests have proved that instances of dental decay are fewer in areas where fluoride is present in drinking water

flush *verb* nettoyer en faisant circuler de l'eau; *(toilet)* tirer la chasse d'eau; **flush toilet** = toilette à chasse d'eau; *see also* CHEMICAL TOILET, EARTH CLOSET

fluvial *or* **fluviatile** *adjective* fluvial, -e , -aux *or* fluviatile; **fluvial** *or* **fluviatile deposits** = sédiments fluviaux

flux *noun* flux *m*; **heat flux** = flux de chaleur *or* flux thermique

fly 1 *noun* mouche *f*; **flies can walk on the ceiling** = les mouches peuvent marcher au plafond; **flies can carry infection onto food** = les mouches peuvent contaminer les aliments sur lesquels elles se posent **2** *verb* voler

◇ **fly ash** *noun* cendres *fpl* volantes; **the cloud contained particles of fly ash** = le nuage contenait des particules de cendres volantes

◇ **fly-tipper** *noun* personne *f* qui jette des ordures n'importe où

◇ **fly-tipping** *noun* décharge *f* illégale *or* fait *m* de jeter des ordures n'importe où

> QUOTE fly-tipping is the worst side-effect of the construction boom, due to the total absence of government regulations
> *London Environmental Alert*

foam *noun* écume *f or* mousse *f*; **detergent foam drifted along the river** = de la mousse de détergent flottait sur le fleuve; **foam manufacturer** = fabricant *m* de mousse plastique; **foam plastic** *or* **plastic foam** = mousse plastique; **polyester foam** = mousse de polyester

focus *noun (seismology)* foyer *m; see also* EPICENTRE

fodder *noun* fourrage *m*

FoE = FRIENDS OF THE EARTH

foehn *noun* foehn *m; see also* CHINOOK

fog *noun* brouillard *m or* brume *f*; **coastal fog** *or* **sea fog** = brume côtière *or* brume de mer; **freezing fog** = brouillard givrant

◇ **foggy** *adjective* brumeux, -euse *or* de brouillard; **foggy days are common in November** = il y a souvent du brouillard en novembre

> COMMENT: fogs are caused by a fall in the temperature of damp air, making the moisture in the air condense into droplets. This can happen as cold air passes over warm sea water (advection fog), or when the air just above ground level is warmer in the evening than the ground beneath (radiation fog). Technically speaking, a fog occurs when visibility falls to below 1,000 metres. Above this, moisture in the atmosphere is called 'mist'. Different levels of fog thickness are classified as: aviation fog (where aircraft may not be able to land), thick fog (with visibility down to 200 metres, where road traffic is affected) and dense fog (visibility down to 50 metres, where it is not safe for any vehicles to move about)

foliage *noun* feuillage *m or* frondaison *f*; **in a forest, much of the rainfall is lost through evaporation from foliage surfaces** = en forêt, une grande partie de l'eau de pluie s'évapore à la surface des feuilles

◇ **foliar** *adjective* foliaire; **foliar feed** = engrais *m* foliaire

food *noun* aliment *m* *or* nourriture *f*; **agri-food industry** = industrie *f* agroalimentaire; **food (processing) industry** = industrie alimentaire; **food additive** = additif *m* alimentaire; **food aid** = aide *f* alimentaire; **food allergies** = allergies *fpl* alimentaires; **Food and Agriculture Organization (FAO)** = Organisation des Nations unies pour l'alimentation et l'agriculture; *US* **Food and Drug Administration (FDA)** = Office du contrôle alimentaire et pharmaceutique; **food chain** = chaîne *f* alimentaire; **food crop** = culture *f* vivrière; **food dye** = colorant *m* alimentaire; **food grains** = céréales *fpl* alimentaires; **food material** = matière *f* nutritive; **food poisoning** = intoxication *f* alimentaire; **the hospital had to deal with six cases of food poisoning** = l'hôpital a dû traiter six cas d'intoxication alimentaire; **all the people at the party went down with food poisoning** = tous les invités ont été victimes d'une intoxication alimentaire; **food shortage** = pénurie *f* de nourriture; **food supplies** = vivres *mpl*; **food supply** = (i) approvisionnement *m* en denrées alimentaires; (ii) apport *m* nutritif; **food value** = valeur *f* nutritive; **food web** = réseau *m* trophique; **health food** = aliments *mpl* diététiques

◇ **foodstuffs** *plural noun* aliments *mpl*

COMMENT: two basic kinds of food chain exist: the grazing food chain and the detrital food chain in which plant-eaters and detritus-eaters participate. In practice, food chains are interconnected, making up food webs

footpath *noun* sentier *m*; **long-distance footpaths have been created through the mountain regions** = des sentiers de grande randonnée ont été aménagés dans les régions montagneuses

forage **1** *noun* fourrage *m* **2** *verb* fourrager; **the woodpecker forages in the forest canopy while searching for insects** = le pic-vert fourrage dans la canopée en cherchant des insectes

force *noun* force *f*; **the force of gravity** = la pesanteur

forecast **1** *noun* prévision s *fpl*; **weather forecast** = bulletin *m* météorologique *or* prévisions météorologiques; **long-range weather forecast** = prévisions météorologiques à long terme; **medium-range weather forecast** = prévisions météorologiques à moyen terme; **population forecast** = prévisions démographiques **2** *verb* prévoir

◇ **forecasting** *noun* prévision *f*; **weather forecasting** = météorologie *f*

foreign *adjective* étranger, -ère; **foreign aid** = aide étrangère; *GB* **Foreign and Commonwealth Office** = ministère des Affaires étrangères et du Commonwealth

foreshock *noun* onde *f* précurseur; *see also* AFTERSHOCK

foreshore *noun* bas *m* de plage *or* estran *m*

forest **1** *noun* forêt *f*; **the forests of Germany are affected with Waldsterben** = les forêts allemandes sont atteintes par le Waldsterben; **the whole river basin is covered with tropical forest** = la forêt tropicale couvre tout le bassin fluvial; **a virgin tropical forest is a very different ecosystem from the managed forests of Europe** = l'écosystème de la forêt vierge tropicale est très différent de celui de la forêt européenne exploitée; **forest fires are widespread in the dry season and can sometimes be started by lightning** = les incendies de forêt sont fréquents pendant la saison sèche et ils peuvent parfois être déclenchés par la foudre; **forest ranger** = garde *m* forestier; **high forest** = futaie *f*; **mixed forest** = forêt mixte; **rain forest** = forêt tropicale; **the forest floor** = le sol forestier; *US* **the Forest Service** = Office des forêts **2** *verb* gérer une forêt *or* exploiter une forêt

◇ **forester** *noun* garde *m* forestier

◇ **forestry** *noun* foresterie *f* *or* sylviculture *f*; *GB* **The Forestry Commission** = les Eaux et Forêts

> QUOTE one of the most vital functions fulfilled by forests is the control of water runoff to rivers. In a well-forested watershed, 95% of the annual rainfall is trapped in the network of roots that underlies the forest floor. This water is then released slowly over the year, keeping streams and rivers flowing during the dry season. When the forest is removed, the rains rush down the denuded slopes, straight into the local streams and rivers, only 5% of the rainwater being absorbed into the soil
>
> *Ecologist*

formation *noun* **(a)** formation *f*; **millions of years of warm damp climate led to the formation of coal seams** = des millions d'années de climat chaud et humide ont abouti à la formation de veines de charbon **(b) cloud formation** = formation nuageuse

fossil *noun* fossile *m*; **fossil fuels** = combustibles *mpl* fossiles *or* énergies fossiles

◇ **fossilized** *adjective* fossilisé, -e

foul *adjective* sale; **foul air** = air *m* vicié; **foul water** = eau *f* sale *or* eau souillée

fowl *noun* volaille *f*; **fowl pest** = peste *f* aviaire

Fr *chemical symbol for* FRANCIUM

fraction *noun* fraction *f*; **the fraction of petroleum which is a gas is natural gas** = la fraction gazeuse du pétrole est du gaz naturel

◇ **fractional distillation** *noun* distillation *f* fractionnée

fracture *noun* cassure *f or* fracture *f*

fragile *adjective* fragile

francium *noun* francium *m*
NOTE: chemical symbol is **Fr;** atomic number is **8**

free *adjective* libre; **free acceleration test** = essai *m* en accélération au point mort; **free heat** = chaleur *f* gratuite; **free temperature rise** = hausse *f* de température naturelle; **free-living animal** = animal *m* (de ferme) élevé en liberté; **free range eggs** = oeufs *mpl* de ferme

freeze *verb* congeler *or* geler; **it's freezing outside** = dehors, il gèle; **they say it will freeze tomorrow** = il paraît qu'il va geler demain; **freezing fog** = brouillard *m* givrant; **freezing level** = isotherme *m* zéro; **freezing point** = point *m* de congélation; **freezing rain** = pluie *f* en cours de congélation *or* pluie verglaçante; **the freezing point of water is 0°C** = le point de congélation de l'eau est 0°C

◇ **freeze drying** *noun* lyophilisation *f*

freon *noun* Fréon® *m*

frequency *noun* fréquence *f*

fresh *adjective* frais, fraîche *or* nouveau, nouvelle; **fresh air** = air frais *or* grand air; **they came out of the mine into the fresh air** = ils sortirent de la mine et se retrouvèrent au grand air; **fresh fish is less fatty than tinned fish** = le poisson frais est moins gras que le poisson en conserve; **fresh vegetables are expensive in winter** = les légumes frais sont chers en hiver

◇ **fresh water** *noun* eau *f* douce

◇ **freshwater** *adjective* d'eau douce; **some freshwater fish such as pike can withstand certain levels of acidity** = certains poissons d'eau douce, tel le brochet, tolèrent un certain taux d'acidité

friable *adjective* friable

Friends of the Earth (FoE) *plural noun (association)* Amis *mpl* de la Terre

front *noun* front *m*; **cold front** = front froid; **occluded front** = front occlus; **warm front** = front chaud

◇ **frontal** *adjective* frontal, -e, -aux; **frontal system** = système *m* de fronts; **frontal wave** = vague frontale

frost *noun* gel *m or* gelée *f*; **there was a frost last night** = il a gelé cette nuit; **ten degrees of frost** = dix degrés au-dessous de zéro; **a hard frost** = forte gelée; **air frost** = gel de l'air; **frost hollow** *or* **frost pocket** = trou *m* de gelée; **frost point** = point *m* de congélation; **ground frost** = gelée blanche; **hoar frost** = gelée blanche *or* givre *m*

◇ **frosty** *adjective* de gelée *or* glacial, -e, -aux *or* -als

frostbite *noun* gelure *f*

◇ **frostbitten** *adjective* gelé, -e

fruit 1 *noun* fruit *m*; **a diet of fresh fruit and vegetables** = un régime alimentaire à base de fruits et de légumes; **fruit fly** = drosophile *f*; **fruit tree** = arbre fruitier **2** *verb (of a tree)* produire (des fruits); **some varieties of apple fruit very early** = certaines variétés de pommiers sont précoces; **the drought has damaged fruiting trees** = la sécheresse a endommagé les arbres portant des fruits

◇ **fruiting season** *noun* période *f* de fructification

◇ **fruitwood** *noun (wood)* fruitier *m*

COMMENT: fruit contains fructose which is a good source of vitamin C and some dietary fibre. Dried fruit have a higher sugar content but less vitamin C than fresh fruit

fuel 1 *noun (for engines)* carburant *m; (for heating)* combustible *m*; **fossil fuels** = combustibles fossiles; **fuel additive** = additif *m* pour carburant; **fuel efficiency** = rendement *m* du combustible; **fuel element** = élément *m* de combustible; **fuel injection engine** = moteur *m* à injection; **fuel oil** = fuel *m* domestique; *(in reactor)* **fuel rod** = barre *f* de combustible; *(in car)* **fuel tank** = réservoir *m* à carburant; **nuclear fuel** = combustible nucléaire; **solid fuel** = combustible solide; **solid fuel heating** = chauffage *m* au charbon *or* chauffage à combustibles solides **2** *verb* alimenter (en combustible); **the boilers are fuelled by natural gas** = les chaudières fonctionnent au gaz naturel

◇ **fuel-efficient** *adjective* économique *or* qui consomme peu

◇ **fuel-saving** *adjective* qui réduit la consommation de carburant; **a fuel-saving device** = un économiseur de carburant

◇ **fuelwood** *noun* bois *m* de chauffage

QUOTE over 200,000 woodstoves have been sold in the UK, and the fuelwood market is estimated at 250,000 tonnes per annum
Environment Now

fumarole *noun* fumerolle *f*

fumes *plural noun* fumées *fpl or* gaz *mpl or* vapeurs *fpl*; **exhaust fumes** = gaz d'échappement; **factory fumes** = fumées d'usine; **petrol fumes** = vapeurs d'essence; **toxic fumes** = émanations *fpl* toxiques

fumigate *verb* désinfecter par fumigation *or* fumiger

◇ **fumigant** *noun* fumigant *m or* fumigateur *m*

◇ **fumigation** *noun* **(a)** *(air pollution)* enfumage *m* **(b)** *(killing insects)* fumigation *f*

fungus *noun* champignon *m*; **edible fungi** = champignons comestibles; **fungus disease** = maladie *f* cryptogamique; **fungus poisoning** = empoisonnement *m* par les champignons

NOTE: plural is **fungi.** For other terms referring to fungi, see words beginning with **myc-**

◇ **fungal** *adjective* fongique; **he had a fungal skin infection** = il a une dermite fongique

◇ **fungicidal** *adjective* fongicide

◇ **fungicide** *adjective & noun* fongicide *(m)*

◇ **fungoid** *adjective* cryptogamique *or* fongoïde

COMMENT: some fungi can become parasites of animals and cause diseases such as thrush. Other fungi, such as yeast, react with sugar to form alcohol. Some antibiotics (such as penicillin) are derived from fungi

fur *noun* **(a)** *(of animal)* poil *m or* pelage *m*; **rabbits have a thick coat of winter fur** = en hiver, les lapins ont une fourrure plus épaisse **(b)** *(clothing)* fourrure *f*; **she wore a fur coat and fur gloves** = elle portait un manteau de fourrure et des gants de fourrure

◇ **fur-farming** *noun* élevage *m* d'animaux pour leur fourrure

COMMENT: trapping of wild animals for their fur is considered cruel by many people. Artificial fur can be used as an alternative. Some native peoples, such as Eskimos, need to kill animals both for food and for their skins, so a total ban on killing is not practicable

furnace *noun* chaudière *f or* fourneau *m*

◇ **blast furnace** *noun* haut-fourneau *m*

furrow *noun* raie *f or* sillon *m*

fuse *verb* fondre *or* mettre en fusion

◇ **fusion** *noun* fusion *f*; **nuclear fusion** = fusion nucléaire

COMMENT: fusion is the opposite process to fission, which is currently used in all nuclear power stations. Fusion is used to create bombs such as the hydrogen bomb, and research is being carried out into ways of using it in power stations to create domestic power

Gg

g 1 = GRAM **2** = GRAVITY

◇ **G** *abbreviation for* GIGA-

Gaia theory *noun* théorie *f* de Gaïa

gain *noun* accroissement *m or* augmentation *f or* gain *m*; **energy gain** = gain énergétique; **heat gain** = gain gratuit de chaleur

gale *noun* grand vent *or* coup *m* de vent; **gales are forecast for the areas** = avis *m* de coup de vent sur la région; **two oaks were blown down in the October gales** = deux chênes ont été abattus lors des tempêtes d'octobre; **gale warning** = avis de coup de vent

galena *noun* galène *f*

gall *noun* galle *f*

gallon *noun* **(a)** *GB* gallon *m* (= 4,546 litres) **(b)** *US* gallon *m* (= 3,765 litres)

game *noun* gibier *m*; **big game** = gros gibier
NOTE: no plural

◇ **game birds** *plural noun* gibier *m* à plume

◇ **gamekeeper** *noun* garde-chasse *m*

◇ **game reserve** *noun* réserve *f* de gibier

◇ **game warden** *noun (in African safari park)* garde *m* chargé de la protection du gibier

gamete *noun* gamète *m*

◇ **gametocide** *noun* gamétocide *m*

◇ **gametocyte** *noun* gamétocyte *m*

gamma *noun* gamma *m*

◇ **gamma particle** *noun* particule *f* gamma

◇ **gamma radiation** *noun* rayonnement *m* gamma

◇ **gamma rays** *plural noun* rayons *mpl* gamma

> COMMENT: gamma rays form part of the high energy radiation which the earth receives from the sun. Gamma rays are also given off by radioactive substances and can penetrate very thick metal

garbage *noun* détritus *mpl or* ordures *fpl* (ménagères); *US* **garbage can** = récipient *m* à ordures *or* poubelle *f*; **garbage grinder** = broyeur *m* d'ordures

garden *noun* jardin *m*; **flower garden** = jardin d'agrément; **kitchen garden** = jardin potager; **market garden** = jardin maraîcher; **garden city** = cité-jardin *f*; **garden suburb** = banlieue *f* résidentielle

◇ **gardener** *noun* jardinier *m*

◇ **gardening** *noun* jardinage *m or* horticulture *f*

gas (a) *(neither liquid nor solid)* gaz *m*; **heating turned the liquid into a gas** = sous l'effet de la chaleur, le liquide s'est transformé en gaz; **if a gas is cooled it will become liquid** = sous l'effet du refroidissement, un gaz devient liquide; **gas cleaning** = épuration *f* des gaz; **gas exchange** = échange *m* gazeux; **gas mask** = masque *m* à gaz; **gas poisoning** = intoxication *f* due aux gaz; **gas-cooled reactor** = réacteur *m* à refroidissement à gaz **(b)** *(produced from coal or found underground)* gaz *m*; **we heat our house by gas** = notre maison est équipée d'un chauffage au gaz; **a gas cooker** = une cuisinière à gaz; **gas carrier** = méthanier *m*; **gas engine** = moteur *m* à gaz; **gas pipe** = tuyau *m* à gaz; **gas supply line** = conduite *f* de gaz; **gas turbine** = turbine *f* à gaz; **gas-fired** = chauffé, -e au gaz; **natural gas** = gaz naturel; **town gas** = gaz de ville **(c)** *US* essence *f*; **gas mileage** = consommation *f* d'essence

◊ **gaseous** *adjective* gazeux, -euse; **water in the gaseous state** = eau à l'état gazeux; **gaseous pollutant** = polluant sous forme gazeuse

◊ **gasification** *noun* gazéification *f*; **air gasification** = gazéification à l'air; **coal gasification** = gazéification au charbon

◊ **gasifier** *noun* usine *f* à gaz *or* gazogène *m*

◊ **gasoline** *noun US* essence *f*; **gasoline-powered** = à essence; **ordinary gasoline** = essence ordinaire

◊ **gasohol** *noun* gasohol *m*

◊ **gasometer** *noun* gazomètre *m*

gastr- *prefix (meaning stomach)* gastr(o)-

◊ **gastric** *adjective* gastrique; **gastric acid** = acide *m* gastrique; **gastric juices** = sucs *mpl* gastriques

◊ **gastroenteritis** *noun* gastro-entérite *f*

GCV = GROSS CALORIFIC VALUE

GDI = GROSS DOMESTIC INCOME

GDP = GROSS DOMESTIC PRODUCT

Geiger counter *noun* compteur *m* Geiger

COMMENT: a Geiger counter is made of a tube (forming a negative electrode) filled with argon, with a wire running through the centre which forms the positive electrode. The presence of radiation causes a discharge of electricity between the electrodes which creates an audible pulse which is used as a measure of the radiation: the greater the frequency of the pulses, the higher the level of radiation

gene *noun* gène *m*; **dominant gene** = facteur *m* dominant *or* gène dominant; **gene bank** = banque *f* de gènes; **gene mutation** = mutation *f* de gènes; **gene pool** = capacité *f* génétique *or* réservoir *m* de gènes; **recessive gene** = facteur récessif *or* gène récessif; *see* GENETIC

genera *see* GENUS

generalist *noun* **(a)** *(species)* espèce *f* généraliste **(b)** *(not a specialist)* généraliste *mf*

generate *verb* générer *or* produire; **carbon monoxide is generated by car engines** = les moteurs de voiture rejettent de l'oxyde de carbone; **the nuclear reaction generates a huge amount of heat** = la réaction nucléaire génère une immense quantité de chaleur

◊ **generating plant** *noun* centrale *f* électrique

◊ **generation** *noun* génération *f*

◊ **generator** *noun* générateur *m*; **electric generator** = générateur électrique

COMMENT: in a power station, various forms of fuel are used to create steam to turn turbines. The turbines turn a central shaft (the rotor) surrounded by a casing (the stator). Both rotor and stator are covered with windings of wire, and the electricity is generated by the movement of the shaft inside the casing

QUOTE in a biogas generator, organic material such as weeds or manure are fermented by bacteria in a tank. This produces a sludge that can be used for fertilizer and biogas that can be used for heating and lighting

New Scientist

QUOTE nearly 80% of Britain's electricity is generated in coal-fired power stations. Of the rest, some 17% is generated by nuclear power stations, at those times when they are not out of commission, and a mere 2% by hydroelectricity

Ecologist

generic *adjective* générique; **generic name** = nom *m* générique

COMMENT: organisms are usually identified by using their generic and specific names, e.g. *Homo sapiens* (man) and *Felix catus* (domestic cat). The generic name is written or printed with a capital letter. Both names are usually given in italics, or are underlined if written or typed

genet *noun* organisme *m* présentant une aberration génétique

genetic *adjective* génétique; **breeders of new crop plants are dependent on genetic materials from wild forms of maize and wheat** = pour créer de nouvelles variétés, les phytogénéticiens doivent travailler à partir du matériel génétique des variétés sauvages de maïs et de blé; **genetic code** = code *m* génétique; **genetic damage** = lésion *f* génétique; **genetic engineering** = génie *m* génétique; **genetic exchange** = échange *m* génétique; **genetic factor** = gène

◇ **genetics** *noun* génétique *f*; **populations genetics** = génétique des populations

QUOTE the emergent field of genetic engineering by which science devises new variations of life forms, does not render wild genes useless. This new science must be based on existing genetic material and makes such material more valuable
Brundtland Report

-genic *suffix (meaning produced or which produces)* -génique; **photogenic** = photogénique

genome *noun* génome *m*

genotoxicity *noun* génotoxicité *f*

◇ **genotoxic** *adjective* génotoxique

genotype *noun* génotype *m*

genus *noun* genre *m*
NOTE: plural is **genera**

geo- *prefix (meaning earth)* géo-

geochemistry *noun* géochimie *f*

◇ **geochemical** *adjective* géochimique

◇ **geochemist** *noun* géochimiste *m&f*

geocline *noun* géocline *m*

geodesy *noun* géodésie *f*

◇ **geodetic** *or* **geodesic** *adjective* géodésique; **geodetic surveys employ precise observations of angles and distances to determine the exact location of points on the earth's surface** = dans une étude géodésique, on s'appuie sur des relevés précis d'angles et de distances pour déterminer l'emplacement de points spécifiques sur la surface de la terre

geography *noun* géographie *f*; **human geography** = géographie humaine

◇ **geographer** *noun* géographe *m&f*

◇ **geographical** *adjective* géographique

geohydrochemistry *noun* géochimie *f* des eaux

geology *noun* géologie *f*; **economic geology** = géologie économique

◇ **geological** *adjective* géologique; **geological era** = ère *f* géologique; **geological exploration** = prospection *f* géologique; **geological period** = période *f* géologique; *US* **Geological Survey** = Bureau de recherches géologiques et minières

◇ **geologist** *noun* géologue *m&f*

geomagnetic *adjective* géomagnétique; **geomagnetic poles** = pôles *mpl* géomagnétiques

◇ **geomagnetism** *noun* géomagnétisme *m*

geomorphology *noun* géomorphologie *f*

geonomy *noun* géonomie *f*

geophone *noun* géophone *m*

geophysics *noun* géophysique *f or* physique *f* du globe

◇ **geophysicist** *noun* géophysicien, -ienne

geophyte *noun* géophyte *m*

geopolitics *noun* géopolitique *f*

geoscience *noun* sciences *fpl* de la Terre

◇ **geoscientist** *noun* spécialiste *m&f* des sciences de la Terre

geosphere *noun* géosphère *f*

geostrophic wind *noun* vent *m* géostrophique

geosyncline *noun* géosynclinal, -aux *m*

geothermal *adjective* géothermal, -e, -aux *or* géothermique; **geothermal area** = zone *f* géothermique; **geothermal deposit** = gisement *m* géothermique; **geothermal energy** *or* **geothermal power** = énergie *f* géothermique *or* géothermie *f*; **dry-steam geothermal energy** = géothermie sèche; **wet-steam geothermal energy** = géothermie humide; **geothermal expert** = géothermicien, -ienne; **geothermal field** = champ *m* géothermique; **geothermal heat** = chaleur *f* géothermique; **geothermal installation** = station *f* géothermique; **geothermal power plant** = centrale *f* électrique géothermique; **geothermal system** = système *m* géothermique

◇ **geothermally** *adverb* de source géothermale; **geothermally heated water can be used for domestic heating** = les eaux chaudes d'origine géothermale peuvent servir au chauffage domestique

COMMENT: apart from channelling water from hot springs, geothermal energy can also be created by pumping cold water into deep holes in the ground at points where hot rocks lie relatively close to the surface. The water is heated and becomes steam which returns to the surface and is used for domestic heating. See also HOT ROCKS

geothermics *noun* géothermie *f*

◇ **geothermic** *adjective* géothermique; **geothermic degree** = degré *m* géothermique

◇ **geothermy** *noun* géothermie *f*; **dry geothermy** = géothermie sèche

germ *noun* **(a)** *(part which develops into a new organism)* germe *m*; **germ cell** = cellule *f* **(b)** *(microbe)* bacille *f or* germe *or* microbe *m*; **germs are not visible to the naked eye** = les germes ne sont pas visibles à l'oeil nu; **germ carrier** = porteur, -euse de germes; **germ warfare** = guerre *f* bactériologique (NOTE: in this sense "germ" is not a medical term)

◇ **germicide** *noun* germicide *m*

germinal *noun* germinal, -e, -aux

◇ **germinate** *verb* germer

◇ **germination** *noun* germination *f*; **germination capacity** = capacité *f* germinative

gestation *noun* gestation *f*; **gestation period** = période *f* de gestation

geyser *noun* geyser *m*

COMMENT: geysers (such as Old Faithful in Yellowstone National Park in the USA) are caused when water deep below the earth's surface is heated to steam, and rises rapidly up a pipe leading to the surface, pushing the water already in the channel up with it

giant kelp *noun* macrocystis *f*

giga- *prefix (meaning one thousand million)* giga-

◇ **gigawatt (GW)** *noun* gigawatt *m*; **air-conditioning accounts for one third of the 500GW peak demand in the USA** = aux Etats-Unis, les systèmes de climatisation utilisent un tiers des 500 GW consommés aux heures de pointe

◇ **gigawatt-hour (GWh)** *noun* gigawatt-heure *m*

gills *plural noun* **(a)** *(of fish)* branchies *fpl or* ouïes *fpl* **(b)** *(of fungi)* lames *fpl or* lamelles *fpl*

glacial *adjective* glaciaire; **the rocks are marked by glacial action** = les roches portent la marque de l'action glaciaire; **glacial climatologist** = climatologue *m&f* spécialiste du glaciaire; **glacial deposits** *or* **glacial drift** = dépôts *mpl* glaciaires; **glacial striations** = stries *fpl* glaciaires

◇ **glaciation** *noun* glaciation *f*

◇ **glacier** *noun* glacier *m*

◇ **glaciologist** *noun* glaciologiste *m&f or* glaciologue *m&f*

◇ **glaciology** *noun* glaciologie *f*

COMMENT: during the Ice Ages, glaciers covered large parts of the Northern hemisphere, depositing sands in the form of glacial moraines and boulder clay. Glaciers are still found in the highest mountain areas, and in the Arctic and Antarctic regions

glass *noun* verre *m*; **glass collection** = collecte *f* du verre; **glass fibre** = fibre *f* de verre

glaucoma *noun* glaucome *m*

glaze *noun US* verglas *m; see also* BLACK ICE

glen *noun (in Scotland)* gorge *f or* vallon *m*

gley *noun* gley *m*

◊ **gleyed soil** *noun* sol *m* à gley

globe *noun* globe *m or* sphère *f*; **the globe** = la Terre

◊ **global** *adjective* du globe *or* de la planète *or* planétaire; **global temperature will rise over the next fifty years** = la température de la Terre va augmenter au cours des cinquante prochaines années; **global solar radiation (GSR)** = rayonnement solaire global (RSG); **global warming** = réchauffement *m* de la planète

> QUOTE fossil fuel power plants and internal combustion engines throw millions of tons of carbon, sulphur dioxide and nitrogen oxides into the air each year, contributing to air pollution, acid rain and global warming
> *Greenpeace*

> QUOTE climatologists now predict that the combined effect of deforestation and the burning of fossil fuels will cause levels of carbon dioxide in the atmosphere to double, bringing about a 2 or 3 degree rise in global temperatures. Rising global temperatures could completely alter the face of the earth
> *Ecologist*

globule *noun* gouttelette *f*

gloom *noun* obscurité *f or* ténèbres *fpl*; **anticyclonic gloom** = obscurité *f*; **anticyclonique**

glycogen *noun* glycogène *m*

GMT = GREENWICH MEAN TIME **at 22 hours GMT** = à 22 heures GMT

gneiss *noun* gneiss *m*

GNP = GROSS NATIONAL PRODUCT

gob *noun* résidus *mpl* de charbon bitumineux; *see also* CULM

gold *noun* or *m*
NOTE: chemical symbol is **Au;** atomic number is **79**

goods *plural noun* marchandises *fpl*; **consumer goods** = biens *mpl or* produits *mpl* de consommation; **environmental goods** = biens d'environnement

gorge *noun* gorge *f*

government *noun* administration *f or* gouvernement *m*; **government department** = département *m or* service *m* départemental; **government expenditure** = dépenses publiques; **local government** = administration *f* locale

gr = GRAIN

graben *noun* graben *m*

grade *noun* qualité *f or* teneur *f*; **high-grade ore** = minerai *m* de forte teneur; **low-grade ore** = minerai de faible teneur; **technical grade** = qualité technique

gradient *noun* **(a)** *(graph)* gradient *m*; **geothermal gradient** = gradient géothermique; **pressure gradient** = gradient barométrique; **temperature gradient** = gradient de température **(b)** *(slope)* inclinaison *f or* pente *f*; **plant roots cannot retain the soil on very steep gradients** = sur des pentes très raides, les racines des plantes ne peuvent pas retenir la terre

graft 1 *noun* **(a)** *(plant or animal tissue grafted)* greffe *f or* greffon *m* **(b)** *(operation)* greffe **2** *verb* greffer

> COMMENT: many cultivated plants are grafted. The piece of tissue from the original plant (or scion) is placed on a cut made in the outer bark of the host plant (the stock) so that a bond takes place. The aim is usually to ensure that the hardy qualities of the stock are able to benefit the weaker cultivated scion

grain *noun* **(a)** céréales *fpl* **(b)** *(size of crystals)* grain *m*; **grain size distribution** =

granulométrie *f* **(c)** *(weight)* grain (= 0,0648 gramme)
NOTE: when used with numbers, **grain** is usually written **gr**

gram *noun* gramme *m*; **a thousand grams make one kilogram** = il y a mille grammes dans un kilogramme; **5g of morphine are needed** = il faut 5g de morphine
NOTE: when used with numbers, **gram** is usually written **g: 50g**

-gram *suffix (meaning picture)* -gramme; **electrocardiogram** = électrocardiogramme *m*

Graminales *plural noun* graminées *fpl*

granite *noun* granit *m*

grant *noun* prime *f or* subvention *f*

granular *adjective* granulaire

◇ **granule** *noun* granule *m*

graph *noun* courbe *f or* graphique *m*; **temperature graph** = courbe de température

-graph *suffix (meaning machine which draws)* -graphe

◇ **-grapher** *suffix (meaning person who draws)* -graphe

◇ **-graphy** *suffix (meaning art of drawing)* -graphie

graphite *noun* graphite *m*

grass *noun* herbe *f; see also* GRAMINALES

◇ **grassland** *noun* herbages *mpl or* prairie *f*

> QUOTE the first problem for the pasture agronomist is to find a grass that can produce dense ground cover quickly. Legumes must not compete too much with the grass because cows prefer to eat grasses
>
> *New Scientist*

gravel *noun* gravier *m*

graveyard *noun* cimetière *m*

gravity *noun* gravité *f or* pesanteur *f*; **the earth's gravity** = la pesanteur terrestre; **the law of gravity** = la loi de la pesanteur

◇ **gravitational** *adjective* de gravitation; **gravitational field** = champ *m* de gravitation; **gravitational force** = force *f* de gravitation; **gravitational pull** = gravitation *f*

gray *noun* gray *m* (Gy)

graze *verb (of animals)* brouter *or* paître

◇ **grazier** *noun* pasteur *m*

◇ **grazing** *noun* pâturage *m*; **grazing food chain** = chaîne *f* alimentaire des herbivores; **there is good grazing on the mountain pastures** = les pâturages de montagne constituent de bons pacages; **overgrazing** = surpâturage *m*

green *adjective* **(a)** vert, -e; **green algae** = algues vertes; **Green Belt** = ceinture verte (périphérique); **green energy** = énergie verte; **green manure** = engrais vert; **green open space** = espace vert **(b)** *(related to ecology)* vert, -e; **green consumerism** = consumérisme vert; **green petrol** *or* **gasohol** = gasohol *m*; **green politics** = politique "verte"; **Green Party** *or* **the Greens** = les Verts

greenfield site *noun* terrain *m* (agricole) à bâtir *or* terrain agricole construit

greenhouse *noun* serre *f*; **greenhouse effect** = effet *m* de serre; **greenhouse gases** = gaz *m* (à effet) de serre

> COMMENT: carbon dioxide particles allow solar radiation to pass through and reach the earth, but prevent heat from radiating back into the atmosphere. This results in a rise in the earth's atmospheric temperature, as if the atmosphere were a greenhouse protecting the earth. Even a small rise of less than one degree Celsius in the atmospheric temperature could have serious effects on the climate of the earth as a whole. The temperature over the poles would rise, melting the polar ice caps and causing sea levels to rise everywhere. This would cause permanent flooding in many parts of world. In addition, temperate areas in

Asia and America would experience hotter and drier conditions, causing crop failures. Carbon dioxide is largely formed from burning fossil fuels; other gases contribute to the greenhouse effect, for instance, methane is increasingly produced by rotting vegetation in swamps, from paddy fields, from termites' excreta and even from the stomachs of cows. There is an opposite effect to the greenhouse, which is the cooling of the earth's atmosphere caused by the dust veil, a mass of particles of dust which circulates in the upper atmosphere and prevents solar radiation from passing though to the earth's surface

QUOTE in the next 40 or 50 years, the greenhouse gases in the atmosphere will double and the world will get warmer by between 1 and 4.5°C

Guardian

QUOTE in general, a temperature rise will decrease the time available for the specific phases of cereal crops from leaf growth through to reproduction. Yields will probably decrease as temperatures increase. But more CO_2 will put yields up and if temperature and CO_2 were the only factors, output from most crops would not change much

Farmers Weekly

Greenpeace *noun* Greenpeace

COMMENT: Greenpeace is an international pressure group, which takes physical action to prevent the pollution of the environment

Green Revolution *noun* révolution *f* verte

QUOTE in Asia, the Green Revolution, which featured high-input, high-yield agricultural technology, heralded a remarkable increase in grain production to the point that India and Pakistan became self-sufficient having formerly been large importers

Appropriate Technology

Greenwich Mean Time (GMT) *noun* heure *f* de Greenwich

grid *noun* **(a)** grille *f*; **grid reference** = quadrillage *m* de référence **(b)** réseau *m*; **National Grid** = réseau national d'électricité; **electricity grid** = réseaux électriques; **grid system** = réseau de distribution

grinder *noun* broyeur *m; US* **garbage grinder** = broyeur d'ordures

grinding *noun* broyage *m*; **coal grinding** = broyage du charbon

grit *noun* **(a)** sable *m or* gravier *m* **(b)** grains *mpl* de poussière dans l'air

groove *noun* sillon *m*

gross *adjective* brut, -e *or* total, -e, -aux; **gross calorific value (GCV)** = pouvoir calorifique supérieur (PCS); **gross domestic income (GDI)** = revenu intérieur brut (RIB); **gross domestic product (GDP)** = produit intérieur brut (PIB); **gross national product (GNP)** = produit national brut (PNB); **gross output** = production brute; **gross productivity** = productivité brute

ground *noun* **(a)** terre *f*; **in the open ground** = en pleine terre; **ground clearance** = débroussaillage *m*; **ground frost** = gelée *f* blanche; **at ground level** = au niveau du sol; **ground level concentration** = concentration au niveau du sol; **ground moraine** = moraine *f* de fond; **ground plant** = plante *f* terrestre; **ground pollution** = pollution *f* des sols; **ground water** = nappe *f* phréatique; **ground water basin** = bassin *m* hydrogéologique; **ground water capture** = captage *m* des eaux souterraines; **ground water level** = niveau *m* de la nappe phréatique; **ground water runoff** = écoulement *m* souterrain **(b)** terrain *m or* zone *f*; **building ground** = terrain à bâtir; **dumping ground** = décharge *f or* dépôt *m* d'ordures; **recreation ground** = terrain de jeu; **spawning ground** = zone de frai; **sports ground** = terrain de sport; **waste ground** = terrain vague; **wintering grounds** = lieux *mpl* d'hivernage

group 1 *noun* **(a)** *(of people)* groupe *m*; **environmentalist group** = groupe de défense de l'environnement; **pressure group** = groupe de pression; **public interest group** = groupe de défense des intérêts du public; **social group** = groupe social **(b)** *(classification)* classe *f or* groupe *m*; **age group** = classe d'âge; **blood group** = groupe sanguin; **taxonomic group** = groupe taxonomique **2** *verb* grouper *or* rassembler *or* se grouper *or* se rassembler; **blood grouping** = classification *f* par groupes sanguins

grow *verb* **(a)** croître *or* grandir; **the tree grows a new ring every year** = chaque année, l'arbre a un nouvel anneau de croissance; **he grew three centimeters in one year** = il a grandi de trois centimètres en un an; **growing point** = pointe *f* d'accroissement; **growing season** = saison *f* de végétation; **alpine plants have a short growing season** = la saison de végétation des plantes alpines est courte **(b)** cultiver; **peasant farmers are encouraged to grow new varieties of maize** = on encourage les agriculteurs à cultiver de nouvelles variétés de maïs **(c)** devenir; **it's growing colder at night now** = les nuits sont de plus en plus froides maintenant; **she grew weak with hunger** = le manque de nourriture la rendait de plus en plus faible

◇ **growth** *noun* accroissement *m or* croissance *f*; **the disease stunts the conifers' growth** = la maladie retarde la croissance des conifères; **the rings show the annual growth of a tree** = la croissance annuelle des arbres est indiquée par ses anneaux; **growth hormone** = hormone *f* de croissance; **growth inhibitor** = inhibiteur *m* de croissance; **growth promoter** = activateur *m* de croissance; **growth rate** = taux *m* de croissance; **growth regulator** = régulateur *m* de croissance; **growth retardant** = inhibiteur *m* de croissance; **growth rings** = anneaux *mpl* de croissance; *see also* ANNUAL RINGS **growth stimulant** = stimulant *m* de croissance; **population growth** = croissance démographique; **the growth in the population since 1960** = la croissance démographique depuis 1960; **urban growth** = extension *f* urbaine

groyne *noun* brise-lames *m*

grub 1 *noun* asticot *m or* larve *f* **2** *verb* **to grub up** = arracher *or* déraciner; **miles of hedgerows have been grubbed up to make larger fields** = pour agrandir les champs, on a arraché des kilomètres de haies

GSR = GLOBAL SOLAR RADIATION

guano *noun* guano *m*

guide 1 *noun* guide *m*; **read this guide to services offered by the local authority** = ce guide vous permettra de connaître les services de l'administration locale **2** *verb* guider

◇ **guidelines** *plural noun* directives *fpl*; **the minister has issued guidelines for the planning of inner cities** = le ministre a publié des directives pour l'aménagement des vieux quartiers pauvres

guild *noun* guilde *f*

gulf *noun* golfe *m*

◇ **Gulf Stream** *noun* Gulf *m* Stream

◇ **gulfweed** *noun (weed which grows in the Sargasso Sea)* sargasse *f*

gully *noun* caniveau *m or* ravine *f*; **gully cleaning** = curage *m* des caniveaux

gum *noun (botany)* gomme *f*

gust 1 *noun* bourrasque *f or* coup *m* de vent **2** *verb* souffler en rafales; **the met office is forecasting winds gusting to 90 miles an hour** = la Météorologie nationale annonce des vents soufflant en rafales pouvant atteindre 140 km/heure

◇ **gusty** *adjective* soufflant en rafale *or* en bourrasque

Gutenberg discontinuity *noun* discontinuité *f* de Gutenberg

GW *or* **gW** = GIGAWATT

◇ **GWh** = GIGAWATT-HOUR

Hh

H *chemical symbol for* HYDROGEN

ha = HECTARE

haar *noun* brume *f* de mer *or* haar *m*

habit *noun (botany)* manière *f* de croître; **a bush with an erect habit** = un buisson qui pousse en hauteur; **a plant with a creeping habit** = une plante grimpante

habitat *noun* biotope *m or* habitat *m*

> QUOTE because of its strange topography the area is richly endowed with contrasting habitats: bare rock and grassland, vine thickets and savanna
>
> *New Scientist*

> QUOTE throughout India, elephant habitat is suffering encroachment by coffee and tea plantations
>
> *BBC Wildlife*

haematite *noun* hématite *f*

haemoglobin (Hb) *noun* hémoglobine *f; see also* CARBOXYHAEMOGLOBIN

hail 1 *noun* grêle *f* **2** *verb* grêler

◇ **hailstone** *noun* grêlon *m*

◇ **hailstorm** *noun* averse *f* de grêle

COMMENT: hail occurs when rain forms in cumulonimbus clouds and is carried upwards into colder air where it freezes. It then falls back through the cloud, growing in size as it accumulates moisture

half-hardy *adjective (garden plant)* semi-rustique

half-life *noun* demi-vie *f or* période *f* radioactive de demi-valeur

◇ **half-life period** *or* **half-value period** *noun* période *f* radioactive de demi-valeur

COMMENT: radioactive substances decay in a constant way, and each has a different half-life: strontium-90 has a half-life of 28 years, radium-226 one of 1,620 years, and plutonium-239 has a half-life of 24,360 years

halo *noun* halo *m; compare* CORONA

halobiotic *adjective* halobiotique

halocline *noun* halocline *f*

halogen *noun* halogène *m*

◇ **halogenated** *adjective* halogéné, -e; **halogenated fluorocarbons** = fluorocarbures halogénés

◇ **halogenous** *adjective* halogéné, -e

halomethane *noun* halométhane *m*

halomorphic soil *noun* sol *m* halomorphique

halon *noun* halon *m*

halophile *noun* plante *or* espèce halophile

halophyte *noun* plante halophile *or* halophyte *f*

hanging valley *noun* vallée *f* suspendue

COMMENT: hanging valleys are the result of glaciation. The main valley has been cut deeper by the large glacier, leaving the smaller valley to join it at a cliff; this is one of the ways in which waterfalls are formed

hard *adjective* **(a)** dur, -e; **a diamond is one of the hardest minerals** = le diamant est un des minéraux les plus durs; **granite is a very hard stone** = le granite est une roche très dure; **hard water** = eau *f* calcaire **(b)** difficile; **it's hard for grazing animals to find enough to eat in drought conditions** = en période de sécheresse, les animaux brouteurs ont du mal à trouver de la nourriture **(c)** rude; **in a hard winter, many smaller birds may be killed** = un hiver rude peut causer la mort d'un grand nombre de petits oiseaux

harden *verb* durcir

◇ **cold hardening** *noun* lignification *f or* sclérification *f*

◇ **harden off** *verb* habituer au froid; **after seedlings have been grown in the greenhouse, they need to be hardened off before planting outside in the open ground** = une fois que les jeunes plants se sont développés dans la serre, il faut les habituer au froid avant de les planter à l'extérieur en pleine terre

◇ **hardener** *noun* agent *m* de durcissement

hardness *noun* **(a)** *(of mineral)* dureté *f* **(b)** *(of water)* degré *m* hydrotimétrique *or* dureté

◇ **total hardness (TH)** *noun* titre *m* hydrotimétrique

COMMENT: hardness of minerals is shown on a scale of 1 to 10: diamond is the hardest (i.e. it has hardness 10) and talc is the softest. A mineral of one grade is able to scratch or mark a mineral of the grade below

hardpan *noun (geology)* carapace *f*

hardwood *noun* feuillu *m; compare* SOFTWOOD

◇ **hardwoods** *plural noun* forêts *fpl* de feuillus

hardy *adjective* rustique; *see also* HALF-HARDY

harmattan *noun* harmattan *m*

harness *verb* exploiter; **a tidal power station harnesses the power of the tides** = une usine marémotrice exploite la force motrice des marées

harrow 1 *noun* herse *f* **2** *verb* herser

harvest 1 *noun* récolte *f*; **we think this year's rice harvest will be a good one** = nous pensons que la récolte de riz sera bonne cette année **2** *verb* récolter; **they are harvesting the rice crop** = ils sont en pleine récolte de riz; **clearcutting is one of the methods of harvesting timber** = la coupe rase constitue une des méthodes de récolte de bois

hatch *verb (of an animal in an egg)* sortir de son oeuf; *(of egg)* éclore

◇ **hatchery** *noun* écloserie *f*

◇ **hatching** *noun* éclosion *f*

hay *noun* foin *m*

◇ **hay fever** *noun* rhume *m* des foins; **when he has hay fever, he has to stay indoors** = quand il a le rhume des foins, il ne faut pas qu'il sorte; **the hay fever season starts in May** = la saison du rhume des foins commence en mai

◇ **haymaking** *noun* fenaison *f*

COMMENT: hay is cut before the grass flowers; at this stage in its growth it is a nutritious fodder. If it is mowed after it has flowered it is called straw, and is of much less use as a food, and so is used for bedding. Hay fever is an allergic reaction to pollen or fungus spores in the atmosphere. Tree pollen is most prevalent in spring, followed by the pollen of flowers and grasses during the summer months and fungal spores in the early autumn. The grains of pollen enter the nose and eyes and chemicals in them irritate the mucus and produce histamine

hazard *noun* danger *m or* risque *m*; **stagnant water poses a health hazard** = des eaux stagnantes constituent un risque pour la santé; **fire hazard** = risque d'incendie; **health hazard** = risque pour la santé; **natural hazards** = risques naturels; **at hazard** = en danger

◇ **hazardous** *adjective* dangereux, -euse; **hazardous to health** = dangereux pour la santé; **hazardous waste** = déchets dangereux

QUOTE some 2.3 million tonnes of hazardous waste were transported for disposal in another country in 1983
Guardian

haze *noun* brume *f or* vapeur *f*; **heat haze** = brume de chaleur

Hb = HAEMOGLOBIN

HC = HYDROCHLORIC ACID

HD = HIGH DENSITY

He *chemical symbol for* HELIUM

head *noun (of river)* origine *f* d'écoulement *or* source *f*

◇ **headland** *noun* **(a)** *(promontory)* cap *m or* promontoire *m* **(b)** *(on ploughed land)* butte *f*

◇ **headstream** *noun* affluent *m* du cours supérieur

◇ **head water** *noun* eau *f* d'amont

◇ **headwaters** *plural noun* sources *fpl*

health *noun* santé *f* hygiène *f*; **the council said that fumes from the factory were a danger to public health** = le conseil a déclaré que les fumées émises par l'usine représentaient un danger pour la santé publique; **environmental health** = hygiène du milieu; **Environmental Health Officer (EHO)** *or* **Public Health Inspector** = inspecteur *m* de la santé publique; *GB* **Health and Safety at Work Act** = loi *f* sur l'Hygiène et la sécurité au Travail; **health education** = éducation *f* sanitaire *or* hygiène; *GB* **The Health Service** = Sécurité sociale; **radiation health** = radioprotection *f*

◇ **healthy** *adjective* en bonne santé *or* sain, -e; **being a farmer is a healthy job** = c'est un métier sain que d'être agriculteur; **people are healthier than they were fifty years ago** = les gens sont en meilleure santé qu'il y a cinquante ans; **this town is the healthiest place in England** = cette ville est la plus salubre d'Angleterre; **if you eat a healthy diet and take plenty of exercise there is no reason why you should fall ill** = si votre alimentation est saine et si vous faites beaucoup d'exercice, il n'y a aucune raison pour que vous tombiez malade

heartwood *noun* duramen *m; compare* SAPWOOD

heat 1 *noun* chaleur *f*; **the heat of the sun made the surface of the road melt** = le soleil était si fort qu'il a fait fondre le revêtement de la route; **heat accumulator** = accumulateur *m* de chaleur; **heat balance** = bilan *m* thermique; **heat capacity** = capacité *f* calorifique; **heat conduction** = conduction *f* de chaleur; **heat conservation** = conservation *f* de la chaleur; **heat discharge** = rejet *m* de chaleur; **heat efficiency** = rendement *m* calorifique; **heat engine** = (i) géoconvection *f* (ii) thermopropulsion *f*; **heat exchanger** = échangeur *m* de chaleur; **heat exhaustion** = coup *m* de chaleur; **heat flow** = flux *m* de chaleur; **heat generation** = production *f* de chaleur; **heat haze** = brume *f* de chaleur; **heat insulation** = isolation *f* thermique; **heat loss** = déperdition *f* de chaleur *or* déperdition thermique; **heat pump** = pompe *f* à chaleur; **absorption heat pump** = pompe à chaleur à absorption; **heat recovery** = récupération *f* de chaleur; **heat storage** = stockage *m* de la chaleur; **heat value** = pouvoir *m* calorifique; **heat-proof** = résistant, -e à la chaleur **2** *verb* chauffer; **the solution should be heated to 25°C** = il faut porter la solution à une température de 25°C; **in the sun, the soil surface can heat to 60°C** = en plein soleil, la température du sol peut atteindre 60°C

heath *noun* (i) lande *f*; (ii) bruyère *f*

◇ **heathland** *noun* lande *f*

heating *noun* chauffage *m*; **central heating** = chauffage central; **district heating** *or* **urban heating** = chauffage urbain; **heating appliances** = appareils de chauffage; **heating power** *or* **heating value** = pouvoir calorifique

heavy *adjective* lourd, -e; **heavy hydrogen** = deutérium *m or* hydrogène lourd; **heavy industry** = industrie lourde; **heavy metal** = métal lourd; **heavy oil** = huile lourde; **heavy water** = eau lourde

> QUOTE the government agreed to reduce by 50% its discharges into the North Sea of heavy metals such as cadmium, iron, lead, zinc and arsenic
>
> *New Scientist*

hectare *noun* hectare *m*

NOTE: usually written **ha** after figures: **2,500 ha**

hedge *noun* haie *f* vive

◇ **hedgelaying** *noun* culture de haies infranchissables

◇ **hedgerow** *noun* haie *f*

◇ **hedging** *noun* culture *f* des haies

helio- *prefix (meaning sun)* hélio-

◇ **heliophilous** *adjective* héliophile

◇ **heliophyte** *noun* héliophyte *f*

◇ **heliothermics** *noun* héliothermique *f*

helium *noun* hélium *m*
NOTE: chemical symbol is **He;** atomic number is **2**

hemisphere *noun* hémisphère *m*; **northern hemisphere** = hémisphère Nord; **southern hemisphere** = hémisphère Sud *or* hémisphère austral

hemlock *noun* sapin *m* du Canada

hemp *noun* chanvre *m*

herb *noun* herbe *f*

◇ **herbaceous** *adjective* herbacé, -e; **herbaceous border** = bordure herbacée

◇ **herbage** *noun* herbages *mpl*

◇ **herbal** *adjective* d'herbes; **herbal remedies** = remèdes *mpl* à base de plantes

◇ **herbalism** *noun* phytothérapie *f*

◇ **herbalist** *noun* phytothérapeute *m&f*

◇ **herbarium** *noun* herbier *m*

◇ **herbicide** *noun* herbicide *m*; **contact herbicide** = herbicide de contact; **selective herbicide** = herbicide sélectif; **systemic herbicide** = herbicide systémique

◇ **herbivore** *or* **herbivorous animal** *noun* herbivore *m; compare* CARNIVORE, OMNIVORE

herd 1 *noun* troupeau *m*; **a herd of wildebeest** *or* **of elephants** *or* **of cows** = un troupeau de gnous *or* d'éléphants *or* de vaches **2** *verb (cattle, livestock)* garder; **livestock herding is the main source of revenue for the people of the area** = les gens du pays sont gardiens de troupeaux: c'est leur principale source de revenu

◇ **herdsman** *noun* gardien *m* de troupeau *or* pasteur *m*

hereditary *adjective* héréditaire

◇ **heredity** *noun* hérédité *f*

hetero- *prefix (meaning different)* hétéro-

◇ **heterogeneous** *adjective* hétérogène

◇ **heterogenous** *adjective* d'origine différente

◇ **heterosis** *noun (hybrid vigour)* hétérosis *f*

◇ **heterotrophic organism** *or* **heterotroph** *noun* organisme *m* hétérotrophe

> QUOTE ice crystals form in the polar vortex of air that swirls over Antarctica in the southern winter. This allows a series of heterogeneous chemical reactions to occur on the surface of the crystals, creating large amounts of chlorine monoxide which destroys ozone
> *New Scientist*

Hg *chemical symbol for* MERCURY

hibernate *verb (in animals)* hiberner *or* hiverner

◇ **hibernaculum** *noun* hibernacle *m*; **as the first frosts occur, small animals go into their winter hibernacula** = aux premières gelées, les petits animaux rentrent dans leur hibernacle
NOTE: plural is **hibernacula**

◇ **hibernation** *noun* hibernation *f*

> QUOTE hibernating bats don't simply shut down for the winter. Their body temperatures and activity levels vary widely and from time to time they emerge from their hibernacula
> *BBC Wildlife*

hickory *noun* hickory *m*

hide *noun (shelter for birdwatchers)* poste *m* d'observation caché

high 1 *adjective* **(a)** *(above the ground)* élevé, -e *or* haut, -e; **altocumulus clouds form at higher levels than cumulus** = les altocumulus se forment plus haut que les cumulus; **high level inversion** = inversion *f* supérieure **(b)** *(of greater intensity)* haut, -e; **the sample gave a high reading of radioactivity** = il est apparu que l'échantillon était hautement radioactif; **the soil is red, and high in aluminium and iron oxide** = la terre est rouge, riche en aluminium et en oxyde de fer; **an area of high pressure is moving south across the country** = une zone de haute pression se déplace vers le sud du pays; **the regions with highest rainfall are those of the western mountains** = les montagnes de l'ouest reçoivent les plus fortes précipitations; **UV rays are part of the high energy radiation from the sun** = les rayons UV font partie du rayonnement hautes énergies du Soleil; **high alumina cement** = ciment *m* alumineux; **high energy foods** = aliments *mpl* énergétiques; **high tension** = haute tension **2** *noun* zone *f* de haute pression; **subtropical high** = anticyclone subtropical

high-density *adjective* (de) haute densité *f*; **HD-polyethylene** = polyéthylène de haute densité

highlands *plural noun* régions *fpl* montagneuses; **vegetation in the highlands** *or* **highland vegetation is mainly grass, heather and herbs** = dans les régions montagneuses, la végétation se compose principalement de graminées, de bruyère et d'herbe

high-level radioactive waste *noun* déchets *mpl* nucléaires à forte radioactivité

> QUOTE consideration should be given to abandoning the site and declaring it unsuitable for the permanent disposal of high-level nuclear waste
> *Environmental Action*

high-risk *adjective* à haut risque *m*/E/ high-risk categories of workers = secteurs *mpl* d'activité à risque élevé; **high-risk patient** = patient *m* à haut risque

high seas *plural noun* haute *f* mer; **on the high seas** = en haute mer

high temperature (HT) *noun* haute *f* température

highwater *noun* crue *f or* hautes eaux *fpl*

highway *noun* route *f*; **highways department** = service *m* de la voirie *or* des routes; **Highways Department** = administration des Ponts et Chaussées

high-yielding *adjective* à haut rendement *m*; **they have started to sow high-yielding varieties (HYV) of seed with very good results** = ils ont commencé à semer avec succès des variétés à haut rendement

hill *noun* colline *f or* mont *m*

◇ **hillside** *noun* flanc *m* de (la) colline

hinterland *noun* arrière-pays *m*

histamine *noun* histamine *f*; **the presence of substances to which someone is allergic releases large amounts of histamine into the blood** = la présence de substances auxquelles une personne est allergique libère de grandes quantités d'histamine dans le sang; *see also* ANTIHISTAMINE

◇ **histaminic** *adjective* histaminique

histo- *prefix (meaning tissue)* histo-

◇ **histochemistry** *noun* histochimie *f*

◇ **histology** *noun* histologie *f*

history *noun* histoire *f*; **case history** = évolution *f* d'une maladie

hoar (frost) *noun* gelée *f* blanche *or* givre *m*

hoe 1 *noun* binette *f* **2** *verb* biner

holarctic region *noun* région *f* holarctique

holistic *adjective* holistique

hollow 1 *adjective* creux, -euse; **water collects in the hollow stem of plants** = l'eau s'accumule dans la tige creuse des végétaux **2** *noun* creux *m or* dépression *f*; **frost occurs in low-lying areas, called**

frost hollows = le gel survient dans les zones peu élevées, appelées trous de gelée

holoplankton *noun* holoplancton *m*

home *noun* **(a)** *(house)* domicile *m or* foyer *m*; **second home** = résidence *f* secondaire **(b)** *(animal's habitat)* **home range** = habitat *m* **(c)** *(inside a country)* **home consumption** = consommation *f* nationale

homeo- *or* **homoeo-** *prefix (meaning similar)* homéo-

◇ **homeostasis** *noun* homéostasie *f*

◇ **homeotherm** = HOMOIOTHERM

homo- *prefix (meaning the same)* homo-

◇ **homograft** *noun* homogreffe *f*

◇ **homosphere** *noun* homosphère *f*

homoiotherm *noun* (organisme) homéotherme *(m); compare* POIKILOTHERM

horizon *noun* **(a)** horizon *m*; **because of the curvature of the earth, the horizon looks curved when seen from a ship** = quand on est en bateau, l'horizon semble incurvé en raison de la courbure de la Terre **(b)** *(layer of soil)* horizon *m* repère

hormone *noun* hormone *f*; **hormone rooting powder** = hormone d'enracinement; **hormone weedkiller** = phytohormone herbicide; **juvenile hormone** = hormone juvénile; **plant hormone** = hormone végétale

◇ **hormonal** *adjective* hormonal, -e, -aux; **hormonal deficiency** = carence hormonale

horticulture *noun* horticulture *f*

◇ **horticulturist** *noun* horticulteur , -trice

host *noun* hôte *m*; **definitive host** = hôte définitif; **intermediate host** = hôte intermédiaire

hot *adjective* chaud, -e; **really hot weather only occurs in summer** = il ne fait vraiment très chaud qu'en été; **the hottest part of the reactor is the core** = le coeur est la partie la plus chaude du réacteur; **hot rocks** = roches chaudes; **hot spot** = point chaud

> QUOTE Scottish scientists have started on a map of radiation hot spots in Britain following the Chernobyl disaster
> *Farmers Weekly*

> QUOTE hot dry rock systems, where hot rocks alone at accessible depths are used to heat water pumped down from the surface
> *Environment*

house *noun* maison *f; US* **apartment house** = immeuble *m* collectif; *GB* **council house** = habitation *f* à loyer modéré; **detached house** = maison séparée; **semi-detached house** = maison jumelée; *(in Scotland)* **tenement house** = immeuble locatif

◇ **household** *noun* foyer *m or* ménage *m*

◇ **housing** *noun* logement *m; US* **Department of Housing and Development** = ministère de l'Urbanisme et du logement; **housing benefit** = allocation *f* logement; **housing development** = cité *f* d'habitation; **housing estate** = cité *f or* lotissement *m*

HT = HIGH TEMPERATURE

human 1 *adjective* humain, -e; **a human being** = un être humain; **human ecology** = écologie humaine; **human rights** = droits *mpl* de l'homme; **the human race** = la race humaine **2** *noun* humain *m*; **most animals are afraid of humans** = la plupart des animaux ont peur des êtres humains

humate *noun* humine *f*

humid *adjective* humide; **decomposition of organic matter is rapid in hot and humid conditions** = dans des conditions humides et chaudes, la décomposition des matières organiques est rapide

◇ **humidifier** *noun* humidificateur *m*

◇ **humidify** *verb* humidifier

◇ **humidity** *noun* humidité *f*; **absolute humidity** = humidité absolue; **relative humidity** = degré hygrométrique *or* humidité relative

◊ **humidity control** *noun (action)* contrôle de l'humidité; *(instrument)* humidostat *m*

humify *verb* humifier

◊ **humification** *noun* humification *f*

humus *noun* humus *m*

hunger *noun* faim *f*; **thousands of people were dying of hunger in the desert** = des milliers de gens mouraient de faim dans le désert

hurricane *noun* ouragan *m; compare* CYCLONE, TYPHOON

◊ **hurricane force wind** *noun* vent *m* de force 12

husbanding *noun* bonne gestion *f or* utilisation *f* mesurée; **a policy of husbanding scarce natural resources** = politique d'utilisation mesurée des ressources naturelles peu abondantes

husbandry *noun (farming)* agriculture *f*; **animal husbandry** = élevage *m*; **a new system of cattle husbandry** = une nouvelle méthode d'élevage des bovins

hybrid *adjective & noun* hybride *(m)*; **hybrid vigour** = hétérosis *f*

◊ **hybridization** *noun* hybridation *f*

hydr- *or* **hydro-** *prefix (meaning water)* hydr(o)-; **hydropower** *or* **hydroelectric power** = énergie *f* hydroélectrique

hydrocarbon *noun* hydrocarbure *m*; **aliphatic hydrocarbon** = hydrocarbure aliphatique; **chlorinated hydrocarbon** = hydrocarbure chloré; **liquid hydrocarbon** = hydrocarbure volatil

COMMENT: hydrocarbons are found in fossil fuels such as coal, oil, petroleum and natural gas. Hydrocarbons form a large part of exhaust fumes from cars and contribute to the formation of smog. When released into the air from burning coal or oil they react in the sunlight with nitrogen dioxide to form ozone. Hydrocarbons are divided into aliphatic hydrocarbons (paraffins, acetylenes and olefins) and aromatic hydrocarbons (benzenes).

hydrochloric acid (HC) *noun* acide *m* chlorhydrique

hydroelectricity *noun* hydroélectricité *f*

◊ **hydroelectric** *adjective* hydroélectrique; **hydroelectric energy** = énergie *f* hydroélectrique; **hydroelectric power station** = centrale *f* hydroélectrique; **the valley was flooded to construct the hydroelectric scheme** = la vallée a été inondée en vue de la réalisation du projet de centrale hydroélectrique

hydrogen *noun* hydrogène *m*; **hydrogen chloride** = acide *m* chlorhydrique; **hydrogen fluoride** = fluorure *m* d'hydrogène; **hydrogen fuel** = combustible *m* à base d'hydrogène; **hydrogen sulphide (H_2S)** = hydrogène sulfuré *or* acide *m* sulfurique

NOTE: chemical symbol is **H;** atomic number is **1**

hydrogenation *noun* hydrogénation *f*

hydrogeology *noun* hydrogéologie *f*

hydrograph *noun* relevé *m* hydrographique *or* hydrogramme *m*

◊ **hydrography** *noun* hydrographie *f*

hydrological *adjective* hydrologique; **hydrologic(al) cycle** = cycle *m* de l'eau *or* cycle hydrologique

hydrology *noun* hydrologie *f*; **ground-water hydrology** = hydrogenèse *f*

hydrometer *noun* hydromètre *m*

hydromorphic soil *noun* sol *m* hydromorphe

hydrophyte *noun* hydrophyte *f or* plante *f* aquatique

hydroponics *noun* hydroponique *f*

hydrosere *noun* hydrosérie *f*

hydrosphere *noun* hydrosphère *f*

hydrostatic *adjective* hydrostatique; **hydrostratic pressure** = pression *f* hydrostatique

hydrothermal *adjective* hydrothermal, -e, -aux; **hydrothermal formations** = formations hydrothermales; **hydrothermal vent** = évent hydrothermal

> QUOTE hydrothermal energy is used to produce electricity - more than 2,000 megawatts - at a geyser field north of San Francisco
>
> *Environment*

hydroxide *noun* hydrate *m or* hydroxyde *m*

hygiene *noun* hygiène *f*; **nurses have to maintain strict personal hygiene** = les infirmières doivent avoir une hygiène individuelle parfaite; **environmental hygiene** = hygiène de l'environnement; **tropical hygiene** = hygiène tropicale

◇ **hygienic** *adjective* hygiénique; **don't touch the food with dirty hands - it isn't hygienic** = ne touche pas à la nourriture avec les mains sales, ce n'est pas hygiénique

hygro- *prefix (meaning wet)* hygro-

◇ **hygrometer** *noun* hygromètre *m*

◇ **hygrometry** *noun* hygrométrie *f*

◇ **hygroscope** *noun* hygroscope *m*

◇ **hygroscopic** *adjective* hygroscopique

hyp- *prefix (meaning little)* hypo-
NOTE: opposite is **hyper-**

◇ **hypalgesia** *noun* hypoalgésie *f*

hyper- *prefix (meaning too much)* hyper-
NOTE: opposite is HYP- *or* HYPO-

◇ **hyperactive** *adjective* hyperactif, -ive

◇ **hyperparasite** *noun* hyperparasite *m*

◇ **hypersensitive** *adjective* hypersensible

◇ **hypersensitivity** *noun* hypersensibilité *f* **hypersensitivity to dairy products is quite common in children** = l'hypersensibilité aux produits lactés est assez courante chez les enfants

hypo- *prefix (meaning under or little)* hypo-; **hypodermic syringe** = seringue *f* hypodermique
NOTE: opposite is HYPER-

◇ **hypolimnion** *noun* hypolimnion *m*

◇ **hypoplankton** *noun* hypoplancton *m*

◇ **hypothermia** *noun* hypothermie *f*

hypothesis *noun* hypothèse *f*
NOTE: plural is **hypotheses**

HYV = HIGH-YIELDING VARIETY

Ii

I *chemical symbol for* IODINE

IAEA = INTERNATIONAL ATOMIC ENERGY AGENCY

-iasis *suffix (meaning disease caused by)* -iase; **amoebiasis** = amibiase *f*

ice *noun* **(a)** glace *f*; **Ice Age** = période *f* glaciaire; **ice crystals** = cristaux *mpl* de glace; **ice floe** = glace flottante; **ice sheet** = calotte *f* glaciaire; **continental ice sheet** = glacier *m* continental **(b) dry ice** = neige *f* carbonique

◇ **iceberg** *noun* iceberg *m*

COMMENT: ice is formed when water freezes at 0°C. Ice is less dense than water, and so floats. Because the ice in the polar ice caps is very thick and has been formed over many thousands of years, scientists are able to discover information about the climate over a very long period of time by examining core samples obtained by drilling into the ice

-icide *suffix (meaning which kills)* -icide; **pesticide** = pesticide *m*

ICRP = INTERNATIONAL COMMISSION ON RADIOLOGICAL PROTECTION

identical *adjective* identique; **identical twins** = jumeaux *mpl* univitellins

igneous *adjective* igné, -e; **igneous rock** = roche ignée; *compare* METAMORPHIC, SEDIMENTARY

COMMENT: igneous rocks are formed from lava which has either broken through the earth's crust (as in a volcanic eruption) or has entered the crust from below and formed a layer inside the crust

illegal *adjective* illégal, -e, -aux; **the illegal killing of a protected species** = le massacre illégal d'une espèce protégée; **it is illegal to take eggs from the nests of rare birds** = il est interdit de prendre dans leur nid les oeufs d'une espèce d'oiseau rare

◇ **illegally** *adverb* illégalement; **the company was accused of illegally felling protected forest** = l'entreprise a été accusée d'abattage illégal d'arbres dans une forêt protégée

illuviation *noun* illuviation *f*

imbalance *noun* déséquilibre *m*; **lack of vitamins A and E created hormonal imbalances in farm animals** = une carence en vitamines A et E a provoqué un déséquilibre hormonal chez les animaux de ferme

immature *adjective* immature; **an immature cell** = une cellule immature

immigration *noun* immigration *f*

immune *adjective* immunisé, -e; **this strain is not immune to virus** = cette variété n'est pas immunisée contre les virus; **immune body** = anticorps *m*; **immune system** = système immunitaire

◇ **immunity** *noun* immunité *f*; **the vaccine gives immunity to tuberculosis** = ce vaccin immunise contre la tuberculose; **acquired immunity** = immunité acquise; **natural immunity** = immunité naturelle

◇ **immunization** *noun* immunisation *f*

◇ **immunize** *verb* immuniser

NOTE: you immunize someone **against** a disease

impact *noun* impact *m*; **impact study** = étude *f* d'impact

◇ **impacted area** *noun US* quartier *m* surpeuplé

impair *verb* altérer *or* dégrader *or* détériorer

◇ **impairment** *noun* altération *f* *or* dégradation *f* *or* détérioration *f*

impermeable *adjective* imperméable; **rocks which are impermeable to water** = des roches imperméables à l'eau

impervious *adjective* imperméable

import **1** *noun* importation *f*; **import duties** = droits d'importation; **import of goods from Europe** = importation de marchandises en provenance d'Europe **2** *verb* importer

impoverish *verb* appauvrir; **overfarming has impoverished the soil** = la culture intensive a appauvri la terre

◇ **impoverished** *adjective* appauvri, -e; **if impoverished soil is left fallow for some years, nutrients may build up in the soil again** = laisser quelques années en jachère *or* en friche une terre appauvrie lui permet de reconstituer ses éléments nutritifs

◇ **impoverishment** *noun* appauvrissement *m*; **overexploitation led to the impoverishment of the soil** = la surexploitation de la terre a provoqué son appauvrissement

impregnate *verb* imprégner; **many fruits on sale are impregnated with pesticides even if they have been washed** = même si on les lave, beaucoup de fruits vendus dans le commerce restent imprégnés de pesticides; **wooden posts are impregnated with creosote** = les poteaux en bois sont imprégnés de créosote

imprint *verb (of young animals)* apprendre par imprégnation

◇ **imprinting** *noun* imprégnation *f*

improvement *noun* amélioration *f* *or* assainissement *m*

impure *adjective* impur, -e

◇ **impurities** *plural noun* impuretés *fpl*; **a filtre which removes impurities from drinking water** = filtre *m* destiné à retenir les impuretés de l'eau de boisson

in = INCH

inactive *adjective (substance)* inactif, -ive; *(volcano)* éteint

◇ **inactivate** *verb* rendre (un produit) inactif *or* neutraliser; **biopesticides are easily inactivated in the sunlight** = le soleil neutralise rapidement les pesticides biologiques

inbred *adjective* qui a un fort degré de consanguinité

◇ **inbreeding** *noun* consanguité *f*; **inbreeding depression** = dépression *f* de consanguinité

incentive *noun* mesure *f* d'incitation; **investment incentives** = mesures d'incitation à l'investissement; **tax incentives** = aides *fpl* fiscales

inch *noun* pouce *m* (= 2,54 cm)
NOTE: plural is **inches**

incidence *noun* fréquence *f*; **the incidence of radiation leaks has increased over the past four years** = la fréquence des fuites radioactives a augmenté au cours des quatre dernières années; **incidence rate** = taux *m* de fréquence

◇ **incident** *noun* incident *m*; **last year six hundred incidents of oil pollution were reported** = six cents cas de pollution par le pétrole ont été signalés l'an dernier

incinerate *verb* incinérer

◇ **incineration** *noun* incinération *f*; **controlled incineration of waste is one of the most effective methods of disposal** = l'incinération des déchets est une des méthodes d'élimination des déchets les plus efficaces; **uncontrolled incineration can contribute to atmospheric pollution** = l'incinération sauvage *or* non réglementaire peut contribuer à la pollution atmosphérique; **incineration ash** = résidus *mpl* de combustion; **incineration plant** = usine *f* d'incinération; **ocean incineration** = incinération en mer

◇ **incinerator** *noun* incinérateur *m*; **thermal incinerator** = incinérateur thermique

> QUOTE sludge incinerators have been shown to emit up to 1.8 µg per cubic meter of dioxins in the stack gases. A local incineration facility sited to reduce transport costs could therefore pose a toxicological hazard to residents
>
> *Local Environmental Bulletin*

incipient *adjective* qui commence *or* qui est à ses débuts; **incipient lethal dose** = dose létale 50

inclusive fitness *noun* aptitude *f* globale

incompatibility *noun* incompatibilité *f*

◊ **incompatible** *adjective* incompatible

in-depth *adjective* en profondeur

indicator *noun* indicateur *m*; **lichens act as indicators for atmospheric pollution** = le lichen est un indicateur de la pollution atmosphérique; **ecological indicator** = indicateur écologique; **indicator species** = espèce *f* indicatrice

indigenous *adjective* indigène; **there are six indigenous species of monkey on the island** = l'île compte six espèces de singes indigènes; **oaks are indigenous to the British Isles** = le chêne est indigène des Iles Britanniques; **the government encourages the planting of indigenous hardwoods where possible** = le gouvernement encourage la plantation de feuillus indigènes là où elle est possible

> QUOTE the Gambia is believed to be the first country in Africa to have adopted regulations supporting the use of indigenous low-cost building materials
>
> *Appropriate Technology*

NOTE: something is indigenous **to** a place

individual 1 *adjective & noun* individuel, -elle **2** *noun* individu *m*; **it is a native of North America, but individuals have been found as far south as Brazil** = bien qu'elle soit originaire d'Amérique du Nord, on a trouvé des individus de cette espèce jusque dans le sud, au Brésil

induce *verb* produire *or* provoquer; **human-induced stress** = stress *m* provoqué par l'homme

◊ **inducer** *noun* inducteur *m*

◊ **induction** *noun* induction *f*

> COMMENT: organochlorine type pesticides work by induction; they can affect the enzymes in animals in a food chain (birds for instance) they are not intended to kill

industry *noun* industrie *f*; **the building industry** = l'industrie du bâtiment; **heavy industry** = industrie lourde

◊ **industrial** *adjective* industriel, -elle; **industrial dereliction** = désaffectation *f* d'usines; **industrial disease** = maladie *f* du travail *or* maladie professionnelle; **industrial effluent** = INDUSTRIAL WASTE **industrial estate** = complexe industriel *or* zone industrielle; **industrial melanism** = mélanisme industriel; **industrial park** = zone industrielle; **industrial waste** = déchets *or* effluents industriels

◊ **industrialist** *noun* industriel *m*

◊ **industrialization** *noun* industrialisation *f*

◊ **industrialize** *verb* industrialiser; **industrialized countries** = pays *mpl* industrialisés; **industrialized countries are trying to control soot emissions** = les pays industrialisés tentent de lutter contre les émissions de suie

> COMMENT: industrial wastes can be divided into various types: solid waste, such as dust particles or slag from coal; liquid wastes from various processes, including radioactive coolants from power stations; and gas wastes, largely produced by the chemical industry

inert *adjective* inerte *or* inactif, -ive; **inert gases** = gaz rares

infect *verb* infecter

◊ **infection** *noun* contamination *f or* infection *f*; **as a carrier he was spreading infection to other people in the office** = il était porteur de la maladie et il a donc contaminé les autres personnes du bureau

◇ **infectious** *adjective* contagieux, -euse *or* infectieux, -euse; **this strain of flu is highly infectious** = cette souche de grippe est extrêmement contagieuse

◇ **infective** *adjective* infectieux, -euse

◇ **infectivity** *noun* caractère *m* infectieux *or* infection *f*

infertile *adjective* non fertile *or* stérile

◇ **infertility** *noun* stérilité *f*

infest *verb (of parasites)* infester; **pine forests have been infested with beetles** = les forêts de résineux ont été infestées de coléoptères; **infested plants should be dug up and burnt** = les végétaux infestés devraient être arrachés et brûlés; **the child's hair was infested with lice** = les cheveux de l'enfant étaient infestés de poux

◇ **infestation** *noun* infestation *f*; **the crop showed serious infestation with greenfly** = une infestation grave de pucerons s'était déclarée dans les cultures; **the condition is caused by infestation of the hair with lice** = son mauvais état est dû à une infestation de poux dans les cheveux

infiltration *noun* infiltration *f*; **infiltration capacity** = capacité *f* d'absorption; **infiltration basin** = bassin *m* d'épandage *or* bassin d'infiltration; **infiltration water** = eaux *fpl* d'infiltration

infinite *adjective* inépuisable *or* infini, -e; **infinite resources** = ressources inépuisables

inflammable *adjective* inflammable

inflorescence *noun* inflorescence *f*

inflow *noun* afflux *m or* arrivée *f*; **an inflow of effluents into the river** = un afflux d'effluents dans le fleuve

influent stream *noun* rivière *f* alimentant la nappe phréatique

information *noun* information *f or* renseignement *m*; **genetic information** = information génétique
NOTE: no plural; say **a piece of** information

infrared rays *or* **infrared radiation** *noun* radiations *fpl* infrarouges *or* rayonnement *m* infrarouge; **infrared photography** = photographie *f* infrarouge

infrastructure *noun* équipement *m or* infrastructure *f*; **road transport infrastructure** = infrastructure routière

ingestion *noun* ingestion *f*

inh-eq = INHABITANT-EQUIVALENT

inhabit *verb* habiter

◇ **inhabitant** *noun* habitant *m*; **inhabitant-equivalent (inh-eq)** = équivalent-habitant (éq-hab)

inhale *verb* inhaler *or* respirer

inheritance *noun* héritage *m or* patrimoine *m*; **the national inheritance** = le patrimoine national

inhibit *verb* empêcher *or* retarder; **lack of nutrients may inhibit plant growth** = une carence en éléments nutritifs peut retarder la croissance des végétaux

◇ **inhibitor** *noun* inhibiteur *m*; **growth inhibitor** = inhibiteur de croissance

inlet *noun* entrée *f or* crique *f or* bras *m* de mer

inner *adjective* interne *or* intérieur, -e; **inner core** = noyau *m* interne (de la Terre)

inorganic *adjective* inorganique *or* minéral, -e, -aux; **inorganic pesticide** *or* **fungicide** *or* **herbicide** = pesticide *m or* fongicide *m or* herbicide *m* non organique; **inorganic chemistry** = chimie *f* minérale

input *noun* apport *m*; **energy inputs** = apports *mpl* énergétiques

inquire *verb* demander *or* se renseigner; **he inquired about the environmental effects of the proposed scheme** = il s'est renseigné sur les conséquences du projet sur l'environnement

◇ **inquiry** *noun* enquête *f*; **there has been a government inquiry into the radiation leaks** = le gouvernement a ordonné une enquête sur les fuites radioactives

insanitary *adjective* insalubre *or* malsain, -e; **cholera spread rapidly because of the insanitary conditions in the town** = les conditions de vie insalubres ont favorisé la propagation du choléra

insect *noun* insecte *m*; **insect bites** = morsures *fpl* d'insectes *or* piqûres *fpl* d'insectes; **insects were flying round the lamp** = des insectes volaient autour de la lampe

◇ **insecticide** *noun* insecticide *m*; **organochlorine insecticides** = insecticides organochlorés; **persistent insecticides** = insecticides persistants; **synthetic insecticides** = insecticides de synthèse

◇ **insectivore** *noun* insectivore *m*

◇ **insectivorous** *adjective* insectivore; **insectivorous animal** = insectivore *m*; **insectivorous plant** = plante *f* insectivore

COMMENT: insects form the class Insecta. The body of an insect is divided into three distinct parts: the head, the thorax and the abdomen. The six legs are attached to the thorax. There are two antennae on the head. Most insect bites are simply irritating, but some people can be extremely sensitive to the bites of certain types of insect (such as bee stings). Other insect bites can be more serious, as insects can carry the bacteria which produce typhus, sleeping sickness, malaria, filariasis, etc. Synthetic insecticides, though effective, are often persistent and kill other larger animals when they get into the food chain. Natural insecticides (i.e. those produced from plant extracts) are less harmful to the environment

inshore *adjective* côtier, -ière *or* littoral, -e, -aux; **inshore fishing** = pêche côtière; **inshore waters** = eaux littorales

insolation *noun* ensoleillement *m*

insoluble *adjective* insoluble; **gold is insoluble in water** = l'or est insoluble dans l'eau

inspect *verb* examiner attentivement *or* inspecter; **the kitchens are inspected by health inspectors** = les cuisines sont inspectées par les services d'hygiène

◇ **inspection** *noun* inspection *f*; **inspection chamber** = fosse *f* d'inspection; *US* **Inspection and Maintenance (I/M) program** = programme d'inspection et de maintenance (émissions des véhicules); **the officials have carried out an inspection of the factory waste to see if it can be safely incinerated** = les services officiels ont procédé à l'examen des déchets de l'usine afin de déterminer s'il était possible de les incinérer sans risque

◇ **inspector** *noun* inspecteur, -trice; **Government Health Inspector** = inspecteur de la santé publique

installation *noun* installation *f or* station *f*; **geothermal installation** = station géothermique

institution *noun* institution *f*; **public institutions** = établissements publics

insulate *verb* isoler; **well-insulated houses need less heating** = on a moins besoin de chauffer une maison bien isolée

◇ **insulation** *noun* isolation *f*; **insulation materials** = matériaux *mpl* isolants; **heat insulation** = isolation thermique; **sound insulation** = isolation phonique *or* insonorisation *f*

intake *noun* admission *f or* prise *f or* absorption *f*; **the bird's daily intake of insects is more than half its own weight** = un oiseau consomme quotidiennement l'équivalent de la moitié de son poids en insectes; **a study of food intake among grassland animals** = étude de l'alimentation des animaux des prairies

integrated *adjective* intégré, -e; **integrated pest control** = lutte *f* biologique contre les insectes nuisibles

intensity *noun* intensité *f*; **low-intensity land** = terre *f* de culture non intensive

◇ **intensification** *noun* intensification *f*; **intensification of farming has contributed to soil erosion** = l'agriculture intensive a contribué à l'érosion des sols

◇ **intensify** *verb* intensifier *or* s'intensifier

◇ **intensive** *adjective* intensif, -ive; **intensive animal breeding** = élevage

intensif; **intensive cultivation** *or* **intensive farming** = agriculture *or* culture intensive
NOTE: the opposite is **extensive, extensification**

◇ **intensively** *adverb* intensivement

> QUOTE the diet of animals kept in intensive units is usually quite different from what the animals would eat if foraging for themselves. Grazing animals have the ability to seek out certain plants which contribute to their health
> *Ecologist*

inter- *prefix (meaning between)* inter-

◇ **interaction** *noun* interaction *f*; **host-parasite interaction** = interaction hôte-parasite

◇ **interbreed** *verb* croiser *or* accoupler (des animaux *or* espèces de races différentes)

◇ **interdependence** *noun* interdépendance *f*

◇ **interdependent** *adjective* interdépendant, -e

◇ **interfluve** *noun* interfluve *m*

◇ **interglacial period** *noun* période *f* interglaciaire

(special) interest group *noun* association *f*

interior 1 *adjective* intérieur, -e 2 *noun* intérieur *m; US* **Department of the Interior** = ministère de l'Environnement chargé des parcs nationaux

intermediate *adjective* intermédiaire; **intermediate host** = hôte *m* intermédiaire; **intermediate technology** = technologie *f* intermédiaire; **intermediate waste** = déchets *mpl* moyennement radioactifs

internal combustion engine *noun* moteur *m* à combustion interne

international *adjective* international, -e, -aux; **International Atomic Energy Agency (IAEA)** = Agence internationale de l'énergie nucléaire; **International Commission of Radiological Protection** = Commission internationale de protection radiologique; **International Union for the Conservation of Nature and the Protection of Natural Resources (IUCN)** = Union internationale pour la protection de la nature et des ressources naturelles; **International Whaling Convention** = Convention internationale sur les baleines

interoceptor *noun* intérocepteur *m; see also* CHEMORECEPTOR, EXTEROCEPTOR, RECEPTOR

interspecific *adjective* interspécifique

intertidal zone *noun* zone *f* intertidale

intervention *noun* intervention *f*; **intervention stocks** = stocks *mpl* d'intervention

intra- *prefix (meaning inside)* intra-

◇ **intraspecific** *adjective* intraspécifique

introduce *verb* introduire; **several of the species of plant now common in Britain were introduced by the Romans** = plusieurs espèces de végétaux aujourd'hui communes en Grande-Bretagne ont été introduites par les Romains; **settlers introduced dogs to the island, with the result that all flightless birds became extinct** = les colons ont introduit le chien sur l'île, ce qui a eu pour effet de faire disparaître tous les oiseaux coureurs; **starlings were introduced to the USA in 1891** = les étourneaux furent introduits aux Etats-Unis en 1891

◇ **introduction** *noun* **(a)** *(action)* introduction *f*; **before the introduction of grey squirrels, the red squirrel was widespread** = les écureuils roux étaient très nombreux avant l'introduction des écureuils gris; **the death-rate from malaria was very high before the introduction of new anti-malarial techniques** = le taux des décès dus au paludisme était très élevé avant l'introduction des nouvelles thérapeutiques antipaludiques **(b)** *(species introduced)* espèce introduite; **it is not an indigenous species by a 19th century introduction** = cette espèce n'est pas indigène, elle a été introduite au XIXe siècle

intrusion *noun* intrusion *f*; **igneous intrusion** = intrusion ignée

invasion *noun* invasion *f*

inventory *noun* inventaire *m*

inversion *noun* inversion *f*; **inversion layer** = couche *f* d'inversion; **thermal inversion** = inversion de température

COMMENT: air normally cools at a rate of 6.4°C per 1,000 metres of altitude. During the night, the ground cools as it loses heat by radiation and the air at ground level becomes cooler than the air above. This thermal inversion can cause smog, when the cooler ground-level air cannot move because there is no wind and remains trapped with its pollutants between the earth and the warm air above it

QUOTE the government's decision to delay the start of morning classes was to protect schoolchildren from the hazards of atmospheric inversions, which are most common on winter mornings
Environment

invertebrate *adjective & noun* invertébré, -e *(m)*
NOTE: the opposite is **vertebrate**

iodine *noun* iode *m*; **tincture of iodine** = teinture *f* d'iode
NOTE: chemical symbol is **I;** atomic number is **53**

◇ **iodization** *noun* iodation *f*

ion *noun* ion *m*; **ion exchange** = échange *m* d'ions; **ion-exchange filter** = adoucisseur *m* d'eau *or* filtre *m; compare* NEUTRON

◇ **ionization** *noun* ionisation *f*; **radiation ionization** = ionisation par rayonnement

◇ **ionize** *verb* ioniser; **ionizing particle** = particule *f* ionisante

◇ **ionizer** *or* **negative ion generator** *noun* ionisateur *m*

◇ **ionosphere** *noun* ionosphère *f*; **ionosphere layer** = couche *f* ionosphérique

COMMENT: it is believed that living organisms (including human beings) react to the presence of ionized particles in the atmosphere. Hot dry winds contain a higher proportion of positive ions than normal, and these winds (such as the foehn in Switzerland) cause headaches and other illnesses. If negative ionized air is introduced into an air-conditioning system, the incidence of headaches and nausea among people working in the building may be reduced

IQ = INTELLIGENCE QUOTIENT

iroko *noun* iroko *m*

iron *noun* fer *m*; **cast-iron** = fonte *f*; **iron ore** = minerai *m* de fer; **iron oxide** = oxyde *m* de fer; **iron pyrite** = pyrite *f* de fer; **iron removal** = déferrisation *f*; **ironworks** = usine *f* sidérurgique
NOTE: chemical symbol is **Fe;** atomic number is **26**

irradiate *verb* irradier

◇ **irradiation** *noun* irradiation *f or* rayonnement *m*; **irradiation dose** = dose *f* d'irradiation; **solar irradiation** = rayonnement solaire; **total body irradiation** = irradiation totale; **the irradiation of materials used in the construction of the power station caused severe damage** = l'irradiation des matériaux de construction de la centrale a causé de graves dommages

COMMENT: food is irradiated with gamma rays from isotopes which kill bacteria. It is not certain, however, that irradiated food is safe for humans to eat, as the effects of irradiation on food are not known. In some countries irradiation is only permitted as a treatment of certain foods

irreversible *adjective* irréversible

irrigate *verb* irriguer

◇ **irrigation** *noun* irrigation *f*; **new areas of land must be brought under irrigation to meet the rising demand for food** = il est indispensable d'accroître la superficie des terres irriguées pour faire face à la demande alimentaire croissante; **sprinkler irrigation** = irrigation par aspersion

COMMENT: irrigation can be carried out used powered sprinklers, or simply by channelling water along small irrigation canels from reservoirs or rivers. Irrigation is not necessarily an advantage, as it can cause salinization of the soil. This happens when the soil becomes waterlogged so that salts in the soil rise to the surface. At the surface, the irrigated water rapidly evaporates, leaving the salts behind in the form of a saline crust. Irrigation also has the further disadvantage of increasing the spread of disease. Water insects easily spread through irrigation canals and reservoirs

QUOTE in 1950 about 2 million hectares of the Aral Sea zone were irrigated. These days, irrigation covers some 7 million hectares and provides the Soviet Union with 95% of its cotton
Guardian

island *noun* île *f*

iso- *prefix (meaning equal)* iso-

◇ **isobar** *noun* isobare *f*

◇ **isobaric chart** *noun* carte *f* isobarique

◇ **isohaline** *noun* isohaline *f*

◇ **isohyet** *noun* courbe *f* isohyète

◇ **isoleucine** *noun* isoleucine *f*

◇ **isotaches** *plural noun* courbes *fpl* d'égale vitesse (du vent)

◇ **isotherm** *noun* isotherme *f*

isolate *verb* isoler; **scientists have been able to isolate the virus which causes legionnaires' disease** = les chercheurs ont réussi à isoler le virus responsable de la maladie du légionnaire; **candida is easily isolated from the mouths of healthy adults** = chez les adultes en bonne santé, on identifie facilement les candidas, champignons responsables de la candidose

◇ **isolated** *adjective* isolé, -e; **specimen plants have been found in isolated points on cliffs above the North Sea** = on a découvert des spécimens de végétaux en des points isolés des falaises de la mer du Nord

◇ **isolation** *noun* isolation *f*; **isolation hospital** = hôpital *m* d'isolement; **isolation ward** = service *m* des contagieux; **radioactive waste isolation** = confinement *m* des déchets radioactifs

isotope *noun* isotope *m*; **radioactive isotope** = isotope radioactif *or* radioisotope *m* NOTE: in formulae, an isotope is usually written as the letters of the element, with the mass and atomic number before it. Uranium-235 is therefore $^{235}_{92}U$

COMMENT: uranium exists in several isotopes: uranium-238 is the commonest and is used in fast breeder reactors because of its property of releasing energy very slowly under normal conditions; Uranium-235 is the isotope used in fission, because of its ability to release energy rapidly

isthmus *noun* isthme *m*

itai-itai *noun* itaï-itaï *m*

IUCN = INTERNATIONAL UNION FOR THE CONSERVATION OF NATURE AND NATURAL RESOURCES
NOTE: now renamed the "World Conservation Union"

Jj

J = JOULE

jam *noun (of cars, etc.)* embouteillage *m or* encombrement *m*

jet *noun* jet *m*; **jet engine** = moteur *m* à réaction *or* réacteur *m*; **jet fuel** = kérosène *m*; **jet propulsion** = propulsion par réaction; **jet-powered** *or* **jet-propelled** = à réaction

◇ **jetstream** *noun* jet-stream *m or* courant-jet *m*

jigger *or* **sandflea** *noun* chique *f or* puce *f* de mer

joint committee *noun* commission *f* mixte *or* commission paritaire

joule *noun* joule *m*
NOTE: usually written **J** with figures: **25J**

> COMMENT: one joule is the amount of energy used to move one kilogram the distance of one metre, using the force of one newton. 4.184 joules equals one calorie

jungle *noun (informal)* jungle *f*

juniper *noun* genièvre *m*

juvenile *adjective* juvénile; **juvenile hormone** = hormone *f* juvénile; **juvenile phase** = phase *f* juvénile; **juvenile water** = eaux *fpl* juvéniles

Kk

K **1** = KELVIN **2** *chemical symbol for* POTASSIUM **3** *see* VITAMIN

◇ **k** = KILO **kg** = KILOGRAM **kJ** = KILOJOULE

kala-azar *noun* kala-azar *m*

COMMENT: kala-azar is a form of leishmaniasis, caused by the infection of the intestines and internal organs by a parasite *Leishmania* spread by flies. Symptoms are fever, anaemia, general wasting of the body and swelling of the spleen and liver

kaolin *noun* kaolin *m*

karst *noun* karst *m*

karyotype *noun* caryotype *m*

katabatic wind *noun* vent *m* catabatique

COMMENT: a cold wind which flows downhill as the ground surface cools at night. The opposite is anabatic

katadromous = CATADROMOUS

kelvin *noun* kelvin *m*; **Kelvin scale** = échelle *f* de Kelvin

NOTE: temperatures are shown in kelvin without a degree sign: **20K.** On the Kelvin scale 0° C is equal to 273.15K

kerosene *noun* kérosène *m*

ketose *noun* cétose *f*

Kg = KILOGRAM

khamsin *noun* khamsin *m*

kieselguhr *noun* kieselguhr *m*

kill **1** *noun* **(a)** *(act of killing)* abattage *m or* mise *f* à mort; **pollutants in water are one of the main causes of fish kill** = les produits polluants rejetés dans les fleuves constituent une des causes principales de la destruction des poissons **(b)** *(prey which has been killed)* dépouille *f or* proie *f*; **the vultures surrounded the remains of the lion's kill** = les vautours entouraient la proie tuée par le lion **2** *verb* tuer; **she was given the kidney of a person killed in a car crash** = on lui a donné le rein d'une personne victime d'un accident de la route; **heart attacks kill more people every year** = de plus en plus de gens meurent d'une crise cardiaque chaque année; **antibodies are formed to kill bacteria** = l'organisme engendre des anticorps pour détruire les bactéries

◇ **kill off** *verb* exterminer; **dodos were killed off by eighteenth century sailors** = les dodos ont été exterminés par les marins au dix-huitième siècle

kiln *noun* four *m*; **the smoke from the brick kilns was taken away by the prevailing winds** = la fumée des fours à briques était emportée par les vents dominants; **cement kiln** = four à ciment; **rotating kiln** = four rotatif

kilo- *prefix (meaning thousand)* kilo-

◇ **kilocalorie** *noun* kilocalorie *f*

NOTE: when used with numbers **kilocalories** is usually written **Cal.** Note that it is now more usual to use the term **joule**

◇ **kilogram** *or* **kilo** *noun* kilogramme *m or* kilo *m*; **two kilos of sugar** = deux kilos de sucre; **he weighs 62 kilos (62kg)** = il pèse 62 kilos (62 kg)

NOTE: when used with numbers **kilos** is usually written **kg**

◇ **kilogray** *noun* kilogray *m*

◇ **kilojoule** *noun* kilojoule *m*

NOTE: when used with figures, usually written **kJ**

◇ **kilowatt** *noun* kilowatt *m*; **kilowatt-hour (kWh)** = kilowatt-heure (kWh) *m*; **the electricity consumption is 250 kWh** = la consommation d'électricité est de 250 kWh

NOTE: with figures **kilowatt** is usually written **kW**

kinetics *noun* cinétique *f*

◇ **kinetic** *adjective* cinétique; **kinetic energy** = énergie *f* cinétique

kingdom *noun* **(a)** *(classification of organisms)* règne *m*; **the largest species in the animal kingdom is the whale** = la baleine est le plus gros des animaux vivants; **the animal kingdom** = le règne animal **(b)** *(state)* royaume *m*; **the United Kingdom** = le Royaume-Uni

> COMMENT: the different natural kingdoms are: Kingdom Monera, Kingdom Protista, Kingdom Plantae, Kingdom Fungi and Kingdom Animalia. See the chart in the Supplement

kJ = KILOJOULE

knock *verb (of petrol engine)* détoner; **antiknock additive** *or* **antiknocking additive** = additif *m* antidétonant

knot *noun* noeud *m*

> COMMENT: one knot is equal to 1.85km/h. Knots are used for measuring the speed of water currents, wind, and ships

Kr *chemical symbol for* KRYPTON

Krebs cycle *or* **citric acid cycle** *noun* cycle *m* de Krebs *or* cycle de l'acide citrique

krill *noun* krill *m*

krypton *noun* krypton *m*
NOTE: chemical symbol is **Kr**; atomic number is **36**

kW = KILOWATT

kwashiorkor *noun* kwashiorkor *m*

kWh = KILOWATT-HOUR

Ll

lab *noun (informal)* = LABORATORY labo *m*; **we'll send the specimens away for a lab test** = nous allons expédier les prélèvements au labo pour les faire analyser; **the specimens have been returned by the lab** = le labo a renvoyé les prélèvements

laboratory *noun* laboratoire *m*; **the samples of water from the reservoir have been sent to the laboratory for testing** = les échantillons d'eau prélévés dans le réservoir ont été envoyés au laboratoire pour analyse; **laboratory officer** = responsable *m&f* de laboratoire; **laboratory technician** = technicien, -ienne de laboratoire *or* laborantin, -ine; **laboratory techniques** = techniques *fpl* de laboratoire

lacustrine *adjective* lacustre

lag *verb* calorifuger; **boilers and pipes should be carefully lagged to prevent heat loss** = il faudrait soigneusement calorifuger les tuyaux et les chaudières pour éviter toute perte de chaleur

◇ **lagging** *noun* calorifuge *m*

lagoon *noun* **(a)** *(shallow part of the sea in the tropics)* lagune *f* **(b)** *(artificial lake used for purifying sewage)* bassin *m*; **maturation lagoon** = bassin de maturation; **stabilization lagoon** = étang *m* de stabilisation

◇ **lagooning** *noun* lagunage *m*

lake *noun* lac *m*; **lake bloom** = prolifération d'algues dans un lac; **lake deposits** = sédiments *mpl* limniques; **salt lake** = lac salé; *see also* DYSTROPHIC, EUTROPHIC, MESOTROPHIC, OLIGOTROPHIC

land *noun* pays *m or* terrain *m or* terre *f*; **land breeze** = brise *f* de terre; **land burial** = enfouissement *m* dans le sol; **land clearing** = défrichement *m*; **land consolidation** = remembrement *m*; **land development** = aménagement *m* foncier; **land disposal** = élimination *f* par épandage; **land improvement** = amélioration *f* des terres *or* mise *f* en valeur des terres; **land improvement policy** = politique *f* d'amélioration des terres; **land improvement scheme** = plan *m* d'amélioration des sols; **land laws** = droit *m* foncier; **land management** = gestion *f* des terrains; **land reclamation** = récupération *f* des terres incultes; **land reform** = réforme *f* agraire; **land use** = occupation *f* du sol *or* utilisation *f* des terres; **they are carrying out a study of land use in northern areas** = ils ont entrepris une étude sur l'utilisation des terres dans les régions du nord

landfill *noun* décharge *f or* épandage *m*; **more than 2,000 landfills have been closed due to tighter environmental laws** = le renforcement de la réglementation sur la protection de l'environnement s'est traduit par la fermeture de plus de 2000 décharges; **landfill site** = (site de) décharge; **the council has decided to use the old gravel pits as a landfill site** = le conseil a décidé d'utiliser les anciennes carrières de gravier comme décharge; **landfill sites can leak pollutants into the ground water** = les produits polluants d'une décharge peuvent, en cas de fuite, atteindre la nappe phréatique; **landfill sites, if properly constructed, can be used to provide gas for fuel** = une décharge bien conçue peut être une source de gaz combustible; **lined landfill** = épandage contrôlé *or* étanche *or* à revêtement d'étanchéité

NOTE: in US English this is called **sanitary landfill**

◇ **landfilling** *noun* procédé *m* d'enfouissement des déchets

landlocked *adjective* entouré, -e par les terres

landmass *noun* plaque *f* continentale

landrace *noun (of animal or plant)* espèce *f* indigène *or* population *f* naturelle

landscape *noun* paysage *m*; **coastal landscape** = zones *fpl* côtières; **landscape design** = architecture *f* paysagère *or* architecture du paysage; **landscape ecology** = écologie *f* du paysage; **landscape planning** *or* **landscaping** = aménagement *m* du paysage; **landscape preservation** = sauvegarde *f* des sites; **urban landscape** = paysage urbain

landslide *or* **landslip** *noun* éboulement *m or* glissement *m* de terrain

lapse *noun* intervalle *m*; **a lapse of time** = un laps de temps

◇ **lapse rate** *or* **normal environmental lapse rate** *or* **temperature lapse rate** *noun* gradient *m* vertical de température; **adiabatic lapse rate** = gradient adiabatique *or* vitesse *f* de refroidissement/réchauffement adiabatique

larch *noun* mélèze *m*

larva *noun* larve *f*
NOTE: plural is **larvae**

◇ **larval** *adjective* larvaire; **larval development** = développement *m* larvaire; **larval stage** = stade *m* larvaire

laser *noun* laser *m*; **laser beam** = rayon *m* laser

latent *adjective* latent, -e; **latent heat** = chaleur latente; **latent heat of fusion** = chaleur latente de fusion; **latent heat material** = matériau *m* à chaleur latente; **latent heat storage** = accumulation *f* de chaleur latente

lateral *adjective* latéral, -e, -aux; **lateral moraine** = moraine latérale

laterite *noun* latérite *f*; **in some countries houses are built of laterite** = dans certains pays, on construit les maisons en latérite

◇ **lateritic** *adjective* latéritique

◇ **laterization** *noun* latérisation *f*

◇ **laterize** *verb* (se) transformer en latérites

◇ **latosol** *noun* latosol *m*

> COMMENT: when tropical rainforests are cleared, the soil beneath rapidly turns to laterite as nutrients are leached out by rain. Laterized land is incapable of cultivation and such areas turn to desert

latex *noun* latex *m*

latitude *noun* latitude *f*; **high latitudes** = hautes latitudes; **low latitudes** = basses latitudes; **mid-latitudes** = latitudes moyennes; **at a latitude of 46° North** = à 46° de latitude nord

> COMMENT: together with longitude, this is used to indicate an exact position on the earth's surface. Latitude is measured in degrees, minutes and seconds. The centre of London is latitude 51 30N, longitude 0 5W

lava *noun* lave *f*; **lava flowing from the volcano destroyed sugar plantations** = la lave du volcan a détruit les plantations de sucre; **lava flow** = coulée *f* de lave

law *noun* loi *f or* règle *f*; **energy conservation law** = loi de la conservation de l'énergie; **the law of gravity** = la loi de la pesanteur; **the law of supply and demand** = la loi de l'offre et de la demande; **by law** = selon la loi; **under French law** = selon la législation française; **basic law** *or* **outline law** = loi-cadre *f*

lawrencium *noun* lawrencium *m or* lawrentium *m*
NOTE: chemical symbol is **Lr**; atomic number is **103**

layer 1 *noun* **(a)** *(of a substance)* couche *f or* couverture *f*; **covering layer** = couche de couverture; **oil layer** = nappe *f* pétrolifère; **ozone layer** = couche d'ozone; **waterbearing layer** = couche aquifère (NOTE: in geological formations, layers of rock are called **strata;** layers of soil are called **horizons**) **(b)** *(stem of a plant which has made roots where it touches the ground)* marcotte *f* **2** *verb (plants)* marcotter

layout *noun* agencement *m or* schéma *m*

leach *verb* (i) lessiver (les sols); (ii) s'infiltrer (dans le sol); migrer (du sol); **excess chemical fertilizers on the surface of the soil leach into rivers and cause pollution** = l'apport excessif d'engrais chimiques pollue les rivières par infiltration; **excess nitrates have leached into ground water and contaminated the water supply** = l'excès de nitrates s'est infiltré dans les nappes aquifères et a contaminé les réserves d'eau; **waste materials are allowed to leach from landfill sites into the surrounding soil** = on laisse les déchets des décharges migrer dans le sol environnant

◇ **leachate** *noun* produit *m* de lixiviation

◇ **leaching** *noun* lessivage *m*; **leaching field** = champ *m* d'épandage

lead *noun* plomb *m*; **airborne lead** = plomb en suspension dans l'air; **airborne lead content** = teneur *f* de l'air en plomb
NOTE: chemical symbol is **Pb;** atomic number is **82**

◇ **lead-based additive** *noun* additif *m* à base de plomb

◇ **leaded petrol** *noun* essence *f* plombée

◇ **lead-free** *adjective* sans plomb; **lead-free petrol** = essence *f* sans plomb

◇ **lead oxide** *noun* oxyde *m* de plomb

◇ **lead poisoning** *noun* empoisonnement *m* par le plomb *or* intoxication *f* saturnine *or* saturnisme *m*

COMMENT: small children are particularly vulnerable to lead pollution, as lead affects brain development. Lead can enter the diet through drinking water which has been kept in lead pipes; it can also enter the body through paint (children's toys must be painted with lead-free paint). Lead is added to petrol to prevent knocking and give more power, but it causes lead fumes which are toxic and can be avoided by using lead-free petrol. Lead poisoning also occurs in birds, such as swans, which have eaten the lead pellets used by fishermen to weight their lines

leader stroke *noun (of lightning)* décharge *f* pilote

leaf *noun* feuille *f*; **leaves** = les feuilles *or* le feuillage
NOTE: plural is **leaves**

leak 1 *noun* fuite *f*; **the government is worried about the leaks of radioactive gas into the atmosphere** = le gouvernement est préoccupé par les fuites de gaz radioactifs dans l'atmosphère; **leak rate** = vitesse *f* d'écoulement **2** *verb (of gas or liquid)* fuir; **gallons of lethal acid leaked into the river from the chemical plant** = à la suite d'une fuite à l'usine de produits chimiques, des dizaines de litres d'un acide mortel se sont déversés dans la rivière

◇ **leakage** *noun* fuite *f*; **the monitoring team reported the leakage of oil from the tanker** = selon un rapport de l'équipe de contrôle, du pétrole s'est échappé du pétrolier

QUOTE children were warned to stay away from three watercourses yesterday after several hundred gallons of sulphuric acid leaked into a stream
Guardian

lean *adjective* maigre; *US* **lean gas** = mélange *m* pauvre

◇ **lean-burn engine** *noun* moteur *m* à mélange pauvre

lee *adjective* protégé, -e (du vent); **the trees on the lee side of the house grow better than those on the windward side** = les arbres protégés par la maison poussent mieux que ceux qui sont exposés au vent

◇ **leeward** *adjective* sous le vent

legislation *noun* législation *f*; **building legislation** = législation sur la construction; **planning legislation** = législation sur l'aménagement du territoire

legume *noun* légumineuse *f or* gousse *f*; **grass and legume associations are common in European pastureland** = l'herbe et les légumineuses sont souvent associées dans les pâturages d'Europe

◇ **Leguminosae** *plural noun* légumineuses *fpl*

◇ **leguminous** *adjective* légumineux, -euse

leisure *noun* loisir *m*; **leisure facilities** = équipements *mpl* de loisir

length *noun* longueur *f*; **wave length** = longueur d'onde

lentic *adjective* stagnant, -e *or* se rapportant à l'eau stagnante *or* lentique

Lepidoptera *plural noun* lépidoptères *mpl*

-less *suffix (meaning without)* sans; **a fishless lake** = un lac sans poisson

lessen *verb* amoindrir *or* diminuer; **the company is taking steps to lessen the release of pollutants into the atmosphere** = la compagnie prend des mesures pour réduire les émissions de polluants dans l'atmosphère

lethal *adjective* mortel, -elle *or* létal, -e; **these fumes are lethal if inhaled** = l'inhalation de ces fumées est mortelle; **lethal dose 50%** *or* **mean lethal dose** = dose létale 50% *or* dose mortelle 50%; **lethal gene** = gène létal; **lethal yellowing (LY)** = jaunissement mortel des cocotiers

leucine *noun* leucine *f*

levee *noun US* digue *f*

level 1 *adjective* plan, -e *or* plat, -e; **mountains give way to miles of level grassy plain** = les montagnes cèdent la place à d'immenses prairies plates **2** *noun* niveau *m*; **smoke levels in the city are only 10% of what they were twenty years ago** = le taux de fumées en ville ne représente plus que 10% de ce qu'il était il y a vingt ans; **forests will gradually die if pollution levels remain constant** = les forêts vont dépérir si les taux de pollution restent constants; **present levels of water pollution are not acceptable** = les taux actuels de pollution de l'eau sont inacceptables; **the fish contained higher than permitted levels of mercury** = la concentration en mercure des poissons était supérieure aux limites autorisées; **concentration level** = concentration *f*; **noise level** = niveau sonore; **sound level** = niveau acoustique; **trophic level** = niveau trophique; **warning level** = niveau d'alerte **3** *verb* aplanir *or* niveler

> QUOTE atmospheric levels of carbon dioxide are increasing at about 0.35 per cent a year
>
> *New Scientist*

ley *noun* prairie *f* temporaire

> COMMENT: a field in which crops are grown in rotation with periods when the field is under pasture. Ley farming is an essential part of organic farming: pasture land is fertilized by the animals which graze on it, and then is ploughed for crop growing. When the land has been exhausted by the crops, it is put back to pasture to recover

liana *noun* liane *f*

lias *noun* lias *m*

licence *or US* **license** *noun* licence *f or* permis *m*; **building licence** = permis de construire

lichen *noun* lichen *m*

> COMMENT: primitive plants which grow on the surface of stones or tree trunks, lichens can survive in arctic climates. They are formed of two organisms: a fungus which provides the outer shell and algae which provide chlorophyll and give the plant its colour. Lichens are very sensitive to pollution, especially sulphur dioxide, and act as indicators for atmospheric pollution. They also provide food for many arctic animals

life *noun* vie *f*; **deforestation has destroyed animal life in the area** = la déforestation a détruit toute vie animale dans la région; **animal and plant life** = vie animale et végétale; **life cycle** = cycle *m* d'évolution *or* cycle vital; **life expectancy** = espérance *f* de vie; **life forms** = formes *fpl* de vie; **life history** = cycle biologique; **life sciences** = sciences *fpl* de la vie; **life style** = mode *m* de vie; **life system** = sous-écosystème *m*; **life table** = table *f* de survie; **life-threatening disease** = maladie *f* mortelle; **life zone** = biome *m; see also* WILDLIFE

light 1 *adjective* **(a)** *(not heavy)* léger, -ère; **light water** = eau *f* ordinaire; **light water reactor (LWR)** = réacteur à eau légère **(b)** *(bright so that one can see well)* clair, -e *or* lumineux, -euse; **at six o'clock in the morning it was just getting light** = il commençait tout juste à faire jour à six heures du matin **2** *noun* lumière *f*; **the light of the sun makes plants green** = la lumière du Soleil donne leur couleur verte aux plantes; **there is not enough light to take a photo** = il n'y a pas assez de lumière pour prendre une photo; **light adaptation** = adaptation *f* (de l'oeil) à la lumière; **light reflex** = réflexe *m* (de la pupille) à la lumière; **light wave** = onde *f* lumineuse

lightning *noun* foudre *m*; **flash of lightning** = éclair *m*; **lightning arrester** = prise *f* antifoudre; **lightning conductor** *or* **lightning rod** = paratonnerre *m*; **sheet lightning** = éclairs en nappe

lignite *noun* lignite *m*

lime *noun* **(a)** *(calcium oxide used to spread on soil)* chaux *f*; **lime slurry** = lait *m* de chaux; **lime treatment** = traitement *m* à la chaux; **lime water** = eau *f* de chaux **(b)** *(common European tree)* tilleul *m* **(c)** *(citrus fruit)* citron *m* vert *or* lime *f*

◇ **limestone** *noun* calcaire *m*

◇ **liming** *noun (spreading lime on soil)* chaulage *m*

> COMMENT: limestone is formed of calcium minerals and often contains fossilized shells of sea creatures. It is used for building. Limestone is porous in its natural state and may form large caves by being weathered by water

limit 1 *noun* limite *f*; **they have set strict limits on the amount of fish which foreign fishing boats are allowed to catch** = le volume de pêche des bateaux étrangers est strictement limité; **fresh-water limit** = limite des eaux douces **2** *verb* limiter; **the government has limited the number of barrels of oil to be extracted each day** = le gouvernement a fixé une limite à la production journalière de barils de pétrole; **limiting factor** = facteur *m* inhibiteur (de croissance)

limn- *prefix (meaning fresh water)* limn(o)- *or* limni-

◇ **limnetic** *adjective* limnétique; **limnetic zone** = zone *f* limnétique

◇ **limnic** *adjective* limnique

◇ **limnion** *noun* limnion *m or* zone *f* limnétique

◇ **limnology** *noun* limnologie *f*

lindane *noun* lindane *m*

line 1 *noun* ligne *f or* série *f*; **line squall** = ligne de grain **2** *verb* doubler *or* garnir *or* revêtir; **landfill sites are lined with nylon to prevent leaks of dangerous liquids** = le fond des décharges est tapissé de Nylon pour prévenir toute fuite de liquides dangereux

◇ **liner** *noun* doublure *f*

link *noun* liaison *f or* lien *m*; **critical link** = liaison critique

Linnaean system *noun* classification *f* linnéenne

> COMMENT: a scientific system of naming organisms worked out by the Swedish scientist Carolus Linnaeus (1707-1778). The Linnaean system (or binomial classification) gives each organism a name made up of two main parts. The first is a generic name referring to the genus to which the organism belongs, and the second is a specific name which refers to the particular species. Organisms are usually identified by using both their generic and specific names, e.g. *Homo sapiens* (man) and *Felix catus* (domestic cat). The generic name is written or printed with a capital letter. Both names are usually given in italics, or are underlined if written or typed

linoleic acid *noun* acide *m* linoléique

linolenic acid *noun* acide *m* linolénique

lipid *noun* lipide *m*; **lipid metabolism** = métabolisme *m* des lipides

> COMMENT: lipids are fatlike substances which exist in human tissue and form an important part of the diet. They are not

water-soluble. They float in the blood and can attach themselves to the walls of arteries causing atherosclerosis

liposoluble *adjective* liposoluble

liquefaction *noun* liquéfaction *f*

liquefy *verb* liquéfier *or* se liquéfier; **liquefied natural gas (LNG)** = gaz naturel liquéfié; **liquefied petroleum gas (LPG)** = gaz de pétrole liquéfié (GPL)

liquid 1 *adjective* liquide; **liquid hydrocarbons** = hydrocarbures *mpl* liquides; **liquid hydrogen** = hydrogène *m* liquide; **liquid manure** = purin *m*; **liquid petroleum gas (LPG)** = gaz *m* de pétrole liquéfié (GPL); **liquid waste** = eaux *fpl* usées *or* effluents *mpl*; **liquid water** = eau *f* liquide **2** *noun* liquide *m*

liter *US* = LITRE

lith- *or* **litho-** *prefix (meaning stone)* lith- *or* litho-

◇ **lithosere** *noun* succession *f* de plantes d'origine rocheuse

◇ **lithosol** *noun* lithosol *m*

◇ **lithosphere** *noun* lithosphère *f*

◇ **lithospheric** *adjective* de la lithosphère; **lithospheric plates** = plaques *fpl* de la lithosphère

lithium *noun* lithium *m*; **lithium battery** = batterie *f* au lithium

litmus *noun* tournesol *m*; **litmus test** = réaction *f* au tournesol

litre *or US* **liter** *noun* litre *m*
NOTE: written **l** with figures; **2.5 l**

litter 1 *noun* **(a)** *(dead leaves)* litière *f* (du sol) **(b)** *(rubbish)* détritus *mpl*; **litter bag** = sac à déchets; **litter bin** = borne *f* de propreté **(c)** *(young mammals born to one mother at the same time)* portée *f* **2** *verb* **(a)** couvrir de *or* joncher de; **the valley is littered with huge boulders** = la vallée est jonchée d'énormes blocs **(b)** *(of animal)* mettre bas; **bears litter in early spring** = les ours mettent bas au début du printemps

littoral 1 *adjective* côtier, -ière *or* littoral, -e, -aux; **littoral currents** = courants côtiers; **littoral drift** = dérive littorale; **littoral zone** = zone littorale **2** *noun* côte *f* *or* littoral *m*

live 1 *adjective* **(a)** *(not dead)* vivant, -e **(b)** *(electric)* sous tension; **he was killed when he touched a live wire** = il est mort après avoir touché un fil sous tension **2** *verb* vivre; **living conditions** = conditions *fpl* de vie; **living environment** = cadre *m* de vie; **standard of living** *or* **living standards** = niveau *m* de vie

◇ **live off** *verb* se nourrir de *or* vivre de; **these fish live off the debris which sinks to the bottom of the lake** = ces poissons se nourrissent des débris qui tombent au fond du lac

◇ **live on** *verb* **(a)** *(to eat or drink matter)* se nourrir de *or* vivre de; **most apes live on berries and roots** = la plupart des singes se nourrissent de baies et de racines **(b)** *(to exist on the surface of something)* vivre sur *or* vivre à la surface de; **lice live on the skin of their host** = les poux vivent sur la peau de leur hôte

◇ **livestock** *noun* bétail *m or* cheptel *m*; **livestock production has increased by 5%** = la production du bétail a augmenté de 5%; **pastoralists move their livestock from place to place to find new grazing** = les pasteurs mènent leurs troupeaux de lieu en lieu pour trouver de nouveaux pâturages

◇ **live well** *noun* vivier *m*

LNG = LIQUEFIED NATURAL GAS

load *noun* **(a)** *(cargo carried)* charge *f or* quantité *f or* teneur *m*; **load on top** = chargement par le haut **(b)** *(amount of something which is carried)* charge *f or* teneur *f*; **critical load** = charge critique; **pollution load** = charge polluante

◇ **loading** *noun* chargement *m or* remplissage *m*

loam *noun* terreau *m*

◇ **loamy** *adjective* riche en terreau

lobby 1 *noun* groupe *m* de pression *or* lobby *m*; **the car lobby** = le lobby automobile; **the environmentalist lobby** =

le lobby écologiste **2** *verb* solliciter *or* faire pression sur; **they went to lobby their MP about the plan to build houses on the Green Belt** = ils sont allés faire pression sur leur député au sujet du projet de construction d'habitations dans la ceinture verte

◇ **lobbyist** *noun* membre *m* d'un groupe de pression

local *adjective* local, -e, -aux; **local authority** = collectivité locale; **local government** = administration locale

location *noun* implantation *f* *or* site *m*

loch *noun (in Scotland)* lac *m*; **sea loch** = bras *m* de mer; **Loch Ness monster** = le monstre du loch Ness

locust *noun* locuste *f* *or* criquet *m*

lode *noun* filon *m* *or* veine *f*

loess *noun* loess *m*

log *noun* bûche *f* *or* rondin *m*; **lying logs** = rémanents *mpl* de coupe

◇ **logger** *noun* bûcheron *m*

◇ **logging** *noun* abattage *m* des arbres; **logging residues** = déchets *mpl* forestiers

> QUOTE logging is central to deforestation in the tropics. Loggers open up the forest for local people to exploit
> *Environment Now*

long *adjective* long, longue

◇ **long-lived** *adjective* à longue durée de vie

◇ **long-range** *adjective* à long terme *or* à longue portée

◇ **longshore** *adjective* littoral, -e, -aux; **longshore drift** = dérive littorale

◇ **long-term** *adjective* à long terme; **long-term consequences** = conséquences *fpl* à long terme; **in the long term** = àlong terme; **the long-term effects of exposure to radiation from power lines are not yet known** = on ne connaît pas encore les effets à long terme de l'exposition aux radiations des lignes à haute tension

longitude *noun* longitude *f*; **at a longitude of 46°** = par 46° de longitude

> COMMENT: a point on the earth's surface measured in degrees east or west from Greenwich (a town just east of London). Together with latitude it gives the exact position of a place on the earth's surface. It is measured in degrees, minutes and seconds: the centre of London is latitude 51 30N, longitude 0 5W

looping *noun (of smoke)* panache *m* en boucle

loss *noun* perte *f*; **energy loss** = déperdition *f* d'énergie; **heat loss** = déperdition thermique; **vegetation loss** = dépérissement *m* de la végétation

lough *noun (in Ireland)* lac *m*

low 1 *adjective* bas, basse *or* peu élevé, -e; **the temperature is too low here for oranges to grow** = les températures ne sont pas assez élevées pour la culture des oranges; **area of low pressure** = zone *f* de basses pressions; **low blood pressure** *or* **hypotension** = tension artérielle basse *or* hypotension *f*; **low velocity zone** = zone de faible vitesse; **low water** = basses eaux *or* étiage *m*; **low-calorie diet** = régime *m* basses calories; **low-fat diet** = régime maigre; **low-level waste** = déchets *mpl* faiblement radioactifs; **low-waste technology** = techniques *fpl* peu polluantes **2** *noun (area of low atmospheric pressure)* dépression *f*

◇ **lower** *verb* diminuer *or* réduire

◇ **low-grade** *adjective* de faible teneur *or* à faible indice; **low-grade ore** = minerai *m* de faible teneur; **low-grade petrol** = essence *f* à faible indice d'octane

◇ **lowlands** *plural noun* basses terres *or* plaines *fpl*; **vegetation in the lowlands** *or* **in the lowland areas is sparse** = en plaine, la végétation est clairsemée

LPG = LIQUEFIED PETROLEUM GAS

Lr *chemical symbol for* LAWRENCIUM

lubricant *noun* lubrifiant *m*; **waste lubricants** = lubrifiants usagés

lubricating oil *noun* huile *f* de graissage

lucerne *noun* luzerne *f*

lumber *noun (USA and Canada)* bois *m* de charpente *or* bois d'oeuvre

◇ **lumberjack** *noun (USA and Canada)* bûcheron *m*

lunar *adjective* lunaire; **lunar eclipse** = éclipse *f* de lune; **lunar phases** = phases *fpl* de la lune

COMMENT: the changes in the appearance of the moon as it changes from new to full and back again every 29 days (the phases are: new moon, first quarter, full moon and last quarter)

lush *adjective* luxuriant, -e; **the cattle were put to graze on the lush grass by the river** = on a mené le bétail paître l'herbe grasse au bord du fleuve; **the lush tropical vegetation rapidly covered the clearing** = la riche végétation tropicale a rapidement envahi la clairière

LWR = LIGHT WATER REACTOR

LY = LETHAL YELLOWING

lye *noun* lessive *f*

lysine *noun* lysine *f*

Mm

m 1 = METRE *or* METER **2** = MILLION

MAC = MAXIMUM ALLOWABLE CONCENTRATION

macro- *prefix (meaning large)* macro-

◇ **macrobiotics** *noun* macrobiotique *f*; **macrobiotic food** = aliments *mpl* macrobiotiques

◇ **macroclimate** *noun* macroclimat *m*

◇ **macroconsumer** *noun* macroconsommateur *m*

◇ **macrocystis** *noun* macrocystis *f or* macrocystite *f*

◇ **macroeconomics** *noun* macroéconomie *f*; **macroeconomic analysis** = analyse *f* macroéconomique

◇ **macronutrient** *noun* macroélément *m*

◇ **macrophage** *noun* macrophage *m*

◇ **macrophyte** *noun* macrophyte *f*

◇ **macroplankton** *noun* macroplancton *m*

magma *noun* magma *m*

◇ **magmatic** *adjective* magmatique; **magmatic water** = eaux *fpl* magmatiques

magnesium *noun* magnésium *m*
NOTE: chemical symbol is **Mg;** atomic number is **12**

◇ **magnesium oxide** *noun* magnésie *f or* oxyde *m* de magnésium

magnet *noun* aimant *m*; **electromagnet** = électroaimant *m*

◇ **magnetic** *adjective* magnétique; **magnetic anomaly** = anomalie *f* magnétique; **magnetic declination** = déclinaison *f* magnétique; **magnetic field** = champ *m* magnétique; **magnetic north** = le nord magnétique; **magnetic pole** = pôle *m* magnétique; **magnetic storm** = orage *m* magnétique

◇ **magnetohydrodynamics (MHD)** *noun* magnétohydrodynamique *f*

magnification *noun* amplification *f*; **biological magnification** = amplification biologique *or* magnification *f* biologique

mahogany *noun* acajou *m*

main 1 *adjective* principal, -e, -aux; **main drain** *or* **main sewer** = collecteur principal **2** *noun* canalisation *f or* conduite *f*; **water main** = conduite d'eau

◇ **mains** *noun* réseau *m* de distribution

mainland *noun (as opposed to island)* continent *m*

maintain *verb* entretenir

◇ **maintenance** *noun* **(a)** *(keeping at a certain level)* maintien *m* **(b)** *(keeping in good condition)* entretien *m*; **maintenance ration** = ration *f* de subsistance

maize *noun* maïs *m*
NOTE: in US English called **corn**

make up (water) *noun* eau *f* d'appoint

malaria *noun (paludism)* malaria *f*

◇ **malarial** *adjective* paludique; **malarial parasite** = parasite *m* transmetteur du paludisme

◇ **malarious** *adjective (of region)* où le paludisme est endémique

> COMMENT: malaria is a recurrent disease which produces regular periods of shivering, vomiting, sweating and headaches as the parasites develop in the body; the patient also develops anaemia

malathion *noun* malathion *m*

male *adjective & noun* mâle *(m)*

malnutrition *noun* malnutrition *f or* sous-alimentation *f*

mammal *noun* mammifère *m*; **the Mammals** = les mammifères

man *noun* être *m* humain *or* homme *m*
NOTE: plural is **men**

◇ **man-caused** *adjective* anthropique *or* provoqué, -e par l'homme

◇ **man-made** *adjective (fibre, etc.)* synthétique *or* de synthèse; *(disaster)* causé par l'homme

manage *verb* **(a)** *(to control; to be in charge of)* gérer; **the department is in charge of managing land resources** = le département est chargé de la gestion des ressources du sol; **managed woodland** = région boisée exploitée **(b)** *(to be able to do something)* parvenir à faire *or* réussir à faire; **protesters managed to prevent the new road being built** = les protestataires ont réussi à empêcher la construction de la nouvelle route

◇ **management** *noun* aménagement *m or* direction *f or* gestion *f*; **river and basin management** = aménagement des cours d'eau et bassin; **woodland management** = gestion des forêts

◇ **manager** *noun* directeur, -trice *or* manager *m*

manganese *noun* manganèse *m*
NOTE: chemical symbol is **Mn;** atomic number is **25**

mangrove *noun* palétuvier *m*; **mangrove forests cover muddy tidal marshes, lagoons and estuaries** = les forêts de palétuviers couvrent les marais à marée, les lagunes et les estuaires; **mangrove swamp** = mangrove *f*

> COMMENT: some mangrove trees produce adventitious roots which take root near the parent tree and form new trees; others produce seeds which have roots even before they fall from the tree. The result is that mangrove swamps are very thick and spread quickly

manhole *noun* trou *m* d'homme *or* bouche *f* (d'égout) *or* regard *m*

mankind *noun* le genre humain *or* l'humanité *f*

mantle *noun (layer inside the earth, between the solid crust and the core)* manteau *m*

manufacture *verb* fabriquer; **ozone is constantly being manufactured and constantly being destroyed by natural processes in the atmosphere** = dans l'atmosphère, il y a un cycle naturel constant de formation et de destruction de l'ozone

◇ **manufacturer** *noun* fabricant *m*; **the company is a large manufacturer of farm machinery** = cette entreprise est un grand fabricant de machines agricoles

◇ **manufacturing 1** *adjective* industriel, -ielle; **manufacturing industries** = industries *fpl* de transformation **2** *noun* fabrication *f*

manure 1 *noun* fumier *m or* lisier *m*; **artificial manure** *or* **chemical manure** = engrais *m* chimique; **green manure** = engrais vert **2** *verb (to spread animal dung on land as fertilizer)* fumer (un champ)

map *noun* carte *f*; **topographic map** = carte topographique

maple *noun* érable *m*

marble *noun* marbre *m*

margarine *noun* margarine *f*

margin *noun* bord *m or* lisière *f or* marge *f*

◇ **marginal** *adjective* marginal, -e, -aux *or* secondaire; **cultivation of marginal areas can lead to erosion** = si on cultive la lisière des champs, on risque de déclencher un processus d'érosion

mariculture *noun* culture *f* marine

marine *adjective* marin, -e; **marine animals** = animaux marins; **seals and other marine mammals** = les phoques et autres mammifères marins; **marine fauna** = faune marine; **marine flora** *or* **marine vegetation** = flore marine; **marine life** = la faune et flore marines; **marine park** = parc *m* sous-marin; **marine sciences** = sciences *fpl* de la mer

marl *noun (fine soil formed of clay and lime)* marne *f*

marram grass *noun (grass which is planted on sand dunes to stabilize them)* oyats *mpl*

marsh *or* **marshland** *noun* marais *m or* marécage *m*; **marsh gas** = gaz *m* des marais *or* méthane *m*; **marsh plant** = plante *f* paludéenne

COMMENT: a marsh usually has a soil base, as opposed to a bog or fen which is composed of peat

marsupial *noun* marsupial, -aux *m*

COMMENT: group of Australian mammals with a pouch in which the young are carried. Marsupials give birth to young at a much earlier stage of development than other mammals so that the young need to be protected in the mother's pouch for some months until they become able to look after themselves

mass *noun* **(a)** *(body of matter)* masse *f*; **critical mass** = masse critique; **mass number** = nombre *m* de masse *or* nombre massique; **mass spectrometer** = spectromètre *m* de masse **(b)** *(large quantity or large number)* masse *or* grande quantité; **mass production** = fabrication *f* en série *or* production *f* de masse; **mass radiography** = radiographies *fpl* systématiques et généralisées; **mass screening** = opération *f* de dépistage généralisé; *(landslide)* **mass wasting** = mouvement *m* de masse

◇ **massive** *adjective* massif, -ive; **in the accident some of the workers received massive doses of radiation** = certains ouvriers ont reçu des doses massives de radiation lors de l'accident

mast *noun* **(a)** *(seeds of the beech tree)* faines *fpl* **(b)** **mast cell** = leucocyte *m* basophile

material *noun* **(a)** *(which can be used to make something)* matériau *m or* substance *f*; **plastic material** = matière *f* plastique; **raw material** = matière brute *or* matière première **(b)** *(cloth)* tissu *m*

matter *noun* matière *f*; **organic matter** *or* **inorganic matter** = matière organique *or* matière inorganique; **dry organic matter (DOM)** = matières organiques sèches

maturation *noun* maturation *f; (used in the final stages of sewage treatment)* **maturation lagoon** = bassin *m* de maturation

◇ **mature** *adjective* mûr, -e

◇ **maturing** *adjective* mûrissant, -e *or* arrivant à maturité

◇ **maturity** *noun* maturité *f*

maximum **1** *adjective* maximum, maxima *or* maximal, -e; **maximum allowable concentration (MAC)** = concentration maximale admissible (CMA); **maximum daily intake** = dose *f* journalière admissible (DJA); **maximum permissible dose** = dose maximum autorisée; **maximum permissible level** = rayonnement *m* maximum autorisé **2** *noun* maximum *m*; **maximum-minimum thermometer** = thermomètre à maximum et à minimum

meadow *noun* prairie *f*; **water meadow** = prairie inondable

mean **1** *adjective* moyen, -enne; **mean crop yields are down compared to last year** = en moyenne, les récoltes sont moins abondantes que l'an dernier; **mean density** = densité moyenne; **mean lethal dose** = dose létale moyenne; **mean temperatures** = températures moyennes **2** *noun* moyenne *f*; **the temperature has been above the mean for the time of year** = les températures ont été supérieures à la moyenne saisonnière

meander *noun* méandre *m*; **meander belt** = zone *f* de méandre; *see also* OX-BOW LAKE

means *noun* moyen *m*; **means of transport** = moyen de transport

meat *noun* viande *f*; **meat-eating animals** = carnivores *mpl*

medical *adjective* médical, -e, -aux; **medical assistance** = assistance médicale; **medical officer** = médecin *m* du travail

◊ **medication** *noun* **(a)** *(treatment by giving a drug)* médication *f* **(b)** *(medicine or drug)* médicament *m*

◊ **medicinal** *adjective* médicinal, -e, -aux; **medicinal herb** = herbe médicinale; **medicinal spring** = source *f* thérapeutique

◊ **medicinally** *adverb* à usage médicinal; **the herb can be used medicinally** = cette herbe peut avoir un usage médicinal

◊ **medicine** *noun* **(a)** *(drug)* médicament *m* **(b)** *(study or treatment of diseases)* médecine *f*

mega- *prefix (meaning large)* méga-; **megawatt** = mégawatt *m*
NOTE: the opposite is **micro-;** the prefix **mega-** is used in front of SI units to indicate one million

megalo- *prefix (meaning abnormally large)* mégalo-

◊ **megalopolis** *noun* conurbation *f or* mégalopole *f*

meiosis *or US* **miosis** *noun (process of cell division which results in two pairs of cells each with only one set of chromosomes)* méiose *f; compare* MITOSIS

melanin *noun* mélanine *f*

◊ **melanism** *noun* mélanisme *m*; **industrial melanism** = mélanisme industriel

COMMENT: a phenomenon where certain animals, such as butterflies and moths, become darker in colour in industrial areas allowing them to match the trees and leaves which are covered with soot. Because dark animals are better camouflaged in the sooty environment, they can avoid predators better than lighter ones. They therefore increase in number and eventually outnumber the lighter-coloured animals

melanoma *noun* mélanome *m*; **cases of melanoma could rise by between 5 and 7 per cent for each percentage decrease in ozone in the atmosphere** = pour chaque diminution de 1% de l'ozone atmosphérique, on peut craindre une augmentation de 5 à 7% des cas de mélanome

melt *verb* fondre; **the gradual rise in air temperature made the glacier melt** *or* **melted the glacier** = la hausse progressive de la température de l'air a fait fondre le glacier; *see also* MOLTEN

◊ **meltdown** *noun (accident in a nuclear reactor, where the core melts while the nuclear reaction is still in progress)* fusion *f*

◊ **melting point** *noun* point *m* de fusion; **the melting point of ice is 0°C** = le point de fusion de la glace est à 0°C

◊ **meltwater** *noun* eau *f* de fonte

membrane *noun* membrane *f*

Mendel's laws *plural noun* les lois *fpl* de Mendel

COMMENT: the two laws set out by Georg Mendel following his experiments growing peas, were (in modern terms): that genes for separate genetic characters assort independently of each other, and that the genes for a pair of genetic characters are carried by different gametes

menstruation *noun* menstruation *f*

◊ **menstrual** *adjective* menstruel, -elle; **menstrual cycle** = cycle menstruel

Mercalli *see* MODIFIED MERCALLI SCALE

mercury *noun* mercure *m*; **mercury barometer** = baromètre *m* à mercure; **mercury poisoning** = mercurialisme *m*
NOTE: the chemical symbol is **Hg;** atomic number is **80**

meridian *noun* méridien *m*

meridional *adjective (from the south)* méridional; *(referring to the meridian)* méridien, -enne; **meridional airstream** = circulation méridienne

◊ **meridionality** *noun* circulation *f* méridienne

mesa *noun (high plateau in the south west of the USA)* mesa *f*

meso- *prefix (meaning middle)* méso-

◇ **mesobenthos** *noun* mésobenthos *m*

◇ **mesoclimate** *noun* mésoclimat *m*

◇ **mesohaline** *adjective* mésohalin, -e

◇ **mesopause** *noun* mésopause *f*

◇ **mesophyll** *noun* mésophylle *m*

◇ **mesophyte** *noun* mésophyte *f*

◇ **mesoplankton** *noun* mésoplancton *m*

◇ **mesosaprobic** *adjective* mésosaprobe

◇ **mesosphere** *noun* mésosphère *f*

◇ **mesothelium** *noun* mésothélium *m; see also* ENDOTHELIUM, EPITHELIUM

◇ **mesotherm** *noun* mésotherme *f*

◇ **mesotrophic** *adjective* mésotrophe; **mesotrophic lake** = lac *m* mésotrophe

meta- *prefix (meaning which changes)* méta-

◇ **metabolic** *adjective* métabolique; **basal metabolic rate (BMR)** = métabolisme *m* basal; **metabolic cycle** = cycle *m* métabolique; **metabolic waste** = métabolite *m*

◇ **metabolism** *noun* métabolisme *m*; **basal metabolism** = métabolisme basal; **degradative metabolism** = catabolisme *m*; **synthetic metabolism** = anabolisme *m*

◇ **metabolize** *verb* métaboliser *or* transformer par le métabolisme; **the liver metabolizes proteins and carbohydrates** = le foie métabolise les protéines et les hydrates de carbone

COMMENT: metabolism covers all changes which take place in an organism: the building of tissue (anabolism); the breaking down of tissue (catabolism); the conversion of nutrients into tissue; the elimination of waste matter; the action of hormones, etc.

metal *noun* métal, -aux *m*; **ferrous metals** = métaux ferreux; **non-ferrous metals** = métaux non ferreux; **heavy metals** = métaux lourds; **metal content** = teneur *f* en métaux

◇ **metallic** *adjective* métallique; **metallic element** = corps *m* simple métallique

metaldehyde *noun* métaldéhyde *m*

metalimnion *noun (middle layer of water in a lake)* métalimnion *m*

metamorphic *adjective (rock, such as marble, which has changed because of pressure)* métamorphique

◇ **metamorphism** *noun (geology)* métamorphisme *m*

metamorphosis *noun* métamorphose *f*

meteor *noun* météore *m*

◇ **meteoric** *adjective (rainwater which has reached the water table)* météorique

◇ **meteorite** *noun* météorite *f*

COMMENT: outer space contains many millions of small solid bodies which sometimes come into contact with the earth. Large meteorites can create craters and form dust clouds when they hit the earth, and it is believed that very large meteorites hitting the earth at some time during its past history may have been responsible for major climatic changes

meteorology *noun* météorologie *f*

◇ **meteorological** *adjective* météorologique; **the Meteorological Office** = la Météorologie nationale

◇ **meteorologist** *noun* météorologiste *m&f or* météorologue *m&f*

meter 1 *noun* **(a)** compteur *m*; **electric meter** *or* **gas meter** *or* **water meter** = compteur d'électricité *or* compteur à gaz *or* compteur d'eau; **hundreds of power workers will be asked to carry radiation meters** = des centaines de travailleurs des centrales vont devoir porter un appareil de mesure des radiations **(b)** *US* = METRE **2** *verb* compter *or* mesurer

methaemoglobin *noun* méthémoglobine *f*

◇ **methaemoglobinaemia** *noun* méthémoglobinémie *f*

COMMENT: a dark brown substance formed from haemoglobin which develops during illness or following treatment with certain drugs, methaemoglobin cannot transport oxygen round the body, and so causes cyanosis

methane (CH_4) *noun* méthane *m*; **extraction of methane** = déméthanisation *m*; **methane converter** = convertisseur *m* de méthane; **methane fermentation** = fermentation *f* méthanique

◇ **methanation** *noun* méthanisation *f*

◇ **methanisation** *noun* méthanisation *f*

◇ **methanogenesis** *noun* méthanogenèse *f*

COMMENT: methane is produced naturally from rotting vegetation in marshes, where it can sometimes catch fire, creating the phenomenon called will o' the wisp, a light flickering over a marsh. It occurs more widely as the product of animal excreta (in cattle farming). Excreta from cattle can be passed into tanks where methane is extracted leaving the slurry which is then used as fertilizer. The methane can be used for heating or as a power source. Methane is also a greenhouse gas, and it has been suggested that methane from rotting vegetation, from cattle excreta, from water in paddy fields, and even from termites' nests, all contribute to the greenhouse effect

QUOTE the principal sources of methane are - enteric fermentation in livestock and insects, ricefields and natural wetlands, biomass burning, landfills and gas and coal fields

Nature

QUOTE people are worried about the possible escapes of methane gas should the tip be established

Environment Now

methanol *noun* méthanol *m*

COMMENT: an alcohol (CH_3OH) manufactured from coal, natural gas or waste wood, which can be used as fuel. Methanol can be used as a fuel in any type of burner; its main disadvantage is that it is less efficient than petrol and can cause pollution if it escapes into the environment as it mixes easily with water. Production of methanol from coal or natural gas, does not help fuel conservation, since it depletes the earth's fossil fuel resources

methyl *noun* méthyle *m*; **methyl alcohol** = alcool *m* méthylique; **methyl isocyanate (MIC)** = isocyanate *m* de méthyle

◇ **methylated spirits** *noun* alcool *m* à brûler *or* alcool dénaturé

◇ **methylene blue** *noun* bleu *m* de méthylène; **methylene blue test** = test *m* au bleu de méthylène

COMMENT: a test to see if a sample of effluent has the ability to remain in an oxidized condition (i.e. stable), by treating it with methylene blue over a period of time. The effluent is considered stable if it retains the blue colour of the dye throughout the testing period

metre *or US* **meter** *noun* mètre *m*

NOTE: with figures **metre** is usually written **m: 1.3m**

◇ **metric system** *noun* système *m* métrique

metropolis *noun* métropole *f*

◇ **metropolitan** *adjective* métropolitain, -e; **smog covered the whole metropolitan area** = le brouillard recouvrait toute la zone métropolitaine

Mg *chemical symbol for* MAGNESIUM

mg = MILLIGRAM

MHD = MAGNETOHYDRODYNAMICS

MIC = METHYL ISOCYANATE

mica *noun* mica *m*

micro- *prefix (meaning very small)* micro-

NOTE: the opposite is **macro-** *or* **mega-** *or* **megalo-** Note also that the prefix **micro-** is used in front of SI units to indicate a one millionth part; **microsecond** = one millionth of a second

microbe *or* **microorganism** *noun* microbe *m or* micro-organisme *m*

◇ **microbial** *or* **microbian** *adjective* microbien, -ienne; **microbial disease** = maladie *f* (d'origine) microbienne; **microbial ecology** = écologie microbienne; **microbial fermentation** = fermentation microbienne

◇ **microbiological** *adjective* microbiologique

◇ **microbiologist** *noun* microbiologiste *m&f*

◇ **microbiology** *noun* microbiologie *f*

QUOTE nitrates and organic matter from dead and decaying vegetation and from animal droppings, stimulate microbial activity in the soil

New Scientist

microclimate *noun* microclimat *m; compare* MACROCLIMATE

microconsumer *noun* microconsommateur, -trice

microeconomic *adjective* microéconomique

microenvironment *noun* micromilieu *m*

microfauna *noun* microfaune *f*

microhabitat *noun* microhabitat *m*

micrometer *noun (instrument)* micromètre *m*

micrometre *noun (one thousandth of a millimetre)* micromètre *m*

NOTE: usually written μ with figures : **25**μ

micron *noun* = MICROMETRE

NOTE: **micron** is still widely used when speaking, but **micrometre** is more correct

micronutrient *noun* microélément *m* nutritif

microorganism *or* **microbe** *noun* microorganisme *m or* microbe *m*

microplankton *noun* microplancton *m*

micropollutant *noun* micropolluant *m*

microscope *noun* microscope *m*; **the tissue was examined under the microscope** = le tissu a été examiné au microscope; **under the microscope it was possible to see the particles of pollen** = au microscope, on pouvait voir les particules de pollen; **electron microscope** = microscope élèctronique

◇ **microscopic** *adjective* microscopique

◇ **microscopy** *noun* microscopie *f*

COMMENT: in an ordinary or light microscope, the image is magnified by lenses; an electron microscope uses a beam of electrons instead of light, and so achieves much greater magnification

microtherm *noun* microtherme *f*

mid- *prefix (meaning middle)* central, -e *or* moyen, -enne

◇ **mid-latitudes** *plural noun* latitudes *fpl* moyennes; **in the mid-latitudes, global warming would produce dry hot summers and mild winters** = sous les latitudes moyennes, le réchauffement de la planète se traduirait par des étés chauds et secs et des hivers doux

◇ **mid-ocean ridge** *noun* dorsale *f* océanique

migrate *verb* **(a)** *(of birds and animals)* migrer; **as winter approaches, the herds of deer migrate south** = à l'approche de l'hiver, les troupeaux de cerfs migrent vers le sud **(b)** *(to move to another place)* migrer; **waste materials are allowed to migrate from landfill sites into the surrounding soil** = on laisse les déchets des décharges migrer dans le sol environnant

◇ **migrant** *noun* **(a)** *(bird or animal which migrates)* migrateur *m* **(b)** *(worker who moves from one country to another to find work)* travailleur *m* immigré; *compare* NOMAD

◇ **migration** *noun* migration *f*; **the islands lie along one of the main migration routes from Siberia to Australia** = les îles se trouvent sur un des principaux itinéraires de migration de la Sibérie vers l'Australie

◇ **migratory** *adjective* migrateur, -trice; **estuaries are important feeding grounds for migratory birds, and are also important for the passage of migratory fish like salmon** = les estuaires jouent un rôle important: aires de nutrition des oiseaux migrateurs et passage des poissons migrateurs comme le saumon

COMMENT: some examples of migration: birds (such as swallows) which breed in Northern Europe but which fly south for the winter; fish (such as salmon or eels) which spawn in one place, often a river, and then migrate to the sea after spawning

mildew *noun* mildiou *m*

mile *noun (unit of distance)* mile *m or* mille *m*
NOTE: one mile = 1,609.33 m

◇ **mileage** *noun* **(a)** *(distance in miles)* distance *f* parcourue (en milles) **(b)** *(miles per gallon of petrol)* consommation *f* d'essence

mill *noun (flour mill)* minoterie *f or* moulin *m; (factory)* fabrique *f or* usine *f*; **papermill** = papeterie *f or* fabrique *f* de papier; **watermill** = moulin à eau; **windmill** = moulin à vent; **mill race** = bief *m* de moulin; **mill wheel** = roue *f* de moulin

millet *noun* millet *m*

milli- *prefix (meaning one thousandth)* milli-

◇ **millibar** *noun* millibar *m; see also* ISOBAR

◇ **milligauss** *noun* milligauss *m*; **a person living under a low-voltage power line is exposed to 20 milligauss of radiation** = une personne habitant sous une ligne à basse tension est exposée à une radiation de 20 milligauss

◇ **milligram (mg)** *noun* milligramme *m* (mg)

◇ **millilitre (ml)** *noun* millilitre *m* (ml)

◇ **millimetre (mm)** *noun* millimètre *m* (mm)

◇ **millisievert (mSv)** *noun* millisievert *m*; **millisievert/year (mSv/year)** = millisievert/an

QUOTE radiation limits for workers should be cut from 50 to 5 millisieverts, and those for members of the public from 5 to 0.25
Guardian

million tonnes of coal equivalent (MTCE) *noun* million *m* de tonnes d'équivalent charbon; **renewable energy can provide up to 5 MTCE per annum** = les sources d'énergies renouvelables peuvent fournir jusqu'à 5 millions de tonnes d'équivalent charbon par an

mimic 1 *noun* imitateur *m*; **starlings are excellent mimics** = les étourneaux sont d'excellents imitateurs **2** *verb* imiter; **the starling mimicked the call of the thrush** = l'étourneau a imité le cri de la grive

◇ **mimicry** *noun* mimétisme *m*

COMMENT: some animals mimic others which are unpleasant or poisonous so that predators will not try to eat them (Batesian mimicry); other animals mimic animals which are as unpleasant to eat as themselves (Mullerian mimicry). In some animals, mimicry is a form of camouflage: insects mimic sticks or leaves so that predators cannot see them clearly

Minamata disease *noun* maladie *f* de Minamata

mine 1 *noun* mine *f*; **coal mine** = mine de charbon; **gold mine** = mine d'or; **open-cast mine** *or* **open pit mine** = mine à ciel ouvert **2** *verb* exploiter un gisement *or* extraire; **strip mining** = exploitation *f* minière par découverte; **surface mining** = exploitation à ciel ouvert

mineral 1 *adjective* **(a)** *(opposed to vegetable)* minéral, -e, -aux; **mineral nutrients** = nutriments minéraux; **mineral oil** = huile *f* minérale *or* pétrole *m*; **mineral water** = eau *f* minérale; **the mineral kingdom** = le règne minéral **(b)** *(which can be mined)* minier, -ière; **mineral deposits** = gisements miniers; **mineral resources** = ressources minières **2** *noun* minéral, -aux *m*

◇ **mineralization** *noun* minéralisation *f*

COMMENT: the most important minerals required by the body are: calcium (found in cheese, milk and green vegetables) which helps the growth of bones and encourages blood clotting; iron (found in bread and liver) which helps produce red blood cells; phosphorus (found in bread and fish) which helps in the growth of bones and the metabolism of fats; and iodine (found in fish) which is essential to the functioning of the thyroid gland

minimum 1 *adjective* minimum, minima *or* minimal, -e; **the law provides only minimum protection for the workers** = la loi ne donne qu'un minimum de protection aux travailleurs; **minimum lethal dose** = dose *f* minima mortelle **2** *noun* minimum *m*
NOTE: plural is **minimums** *or* **minima**

◊ **minimal** *adjective* minimal, -e, -aux; **minimal area** = surface minimale

minute *adjective* minuscule

miosis *US* = MEIOSIS

mire *noun* bourbier *m*

mist *noun* brume *f*; **sea mist** = brume de mer

◊ **misty** *adjective* brumeux, -euse; **a misty autumn morning** = un matin d'automne brumeux

COMMENT: usually mists form at night, when the temperature falls because the sky is clear. If visibility falls below 1,000 metres, the mist becomes a fog

misuse *verb* faire une mauvaise utilisation de

> QUOTE 50% of farms misuse the land or keep it fallow
> *Environmental Action*

mite *noun* acarien *m or* mite *f*

◊ **miticide** *noun* acaricide *m or* substance acaricide

mitochondrion *noun* mitochondrie *f*
NOTE: plural is **mitochondria**

mitosis *noun (cell division, where a cell divides into two identical cells)* mitose *f; compare* MEIOSIS

mixed *adjective* mixte; **mixed economy** = économie mixte *or* système d'économie mixte; **mixed farming** = agriculture *f* mixte *or* polyculture *f*; **mixed woodland** = forêt *f* mixte

ml = MILLILITRE

mm = MILLIMETRE

Mn *chemical symbol for* MANGANESE

Mo *chemical symbol for* MOLYBDENUM

model *noun* modèle *m*

moder *noun* moder *m*

moderate *verb* modérer

◊ **moderator** *noun* modérateur *m*

COMMENT: a substance, such as graphite or heavy water, which is used to slow down the speed of the neutrons in a nuclear reactor. Using a moderator allows fuel enriched with uranium-235 to be used

Modified Mercalli Scale *noun* échelle *f* Mercalli modifiée (MM)

COMMENT: the scale runs as follows: 1: shock not felt; 2: shock felt by people on the top floors of houses, and light fittings swing; 3: noticed by many people, especially on the top floors of houses; 4: shocks very noticeable, with plates rattling in cupboards; 5: plaster on walls cracks and small delicate items get broken; 6: more damage, furniture moves, people run outside for safety; 7: ordinary buildings are slightly damaged, weak buildings are badly damaged; 8: even very strong buildings are damaged, and chimneys fall down; 9: cracks appear in the ground, most buildings are badly damaged; 10: floods and landslides occur, power lines are brought down, railways and roads damaged; 11: bridges and most buildings destroyed; 12: ground moves so strongly that objects are thrown into the air, and the whole area is completely devastated

Mohorovičić discontinuity *noun* discontinuité *f* de Mohorovičić
NOTE: sometimes called the **Moho** *or* **M discontinuity** for short

moist *adjective* humide; **moist tropical forest** = forêt *f* tropicale humide

◇ **moisture** *noun* humidité *f*; **moisture content** = taux *m* d'humidité *or* teneur *f* en humidité *or* teneur en eau; **moisture meter** = hygromètre *m*

mol *symbol for* MOLE

mold *US* = MOULD

mole *noun* **(a)** *(base SI unit of amount of a substance)* mole *f* (NOTE: symbol is **mol) (b)** *(breakwater)* digue *f or* môle *m* **(c)** *(small grey mammal)* taupe *f*

◇ **molehill** *noun* taupinière *f*

molecule *noun* molécule *f*

◇ **molecular** *adjective* moléculaire; **molecular biology** = biologie *f* moléculaire; **molecular weight** = poids *m* moléculaire

mollusc *noun* mollusque *m*; **slugs and snails are molluscs, as are oysters and other shellfish** = les limaces et les escargots sont des mollusques, tout comme les huîtres et autres crustacés

◇ **molluscicide** *noun* molluscicide *m*

molten *adjective* en fusion *or* fondu, -e; **molten lava** = lave en fusion; *see also* MELT

molybdenum *noun* molybdène *m*
NOTE: the chemical symbol is **Mo;** atomic number is **42**

monitor 1 *noun (screen on a computer)* moniteur *m*; **cardiac monitor** = moniteur cardiaque **2** *verb (to check the progress of something)* contrôler *or* surveiller; **scientists have been monitoring air pollution for the last ten years** = les scientifiques surveillent la pollution atmosphérique depuis les dix dernières années

◇ **monitoring** *noun* contrôle *m or* surveillance *f*; **scientists have set up a monitoring programme to check the changes in the sun's radiation** = les scientifiques ont installé un système de contrôle destiné à observer les modifications du rayonnement solaire

> QUOTE extensive environmental and human health monitoring must be carried out
> *Guardian*

mono- *prefix (meaning single)* mono-

◇ **monocline** *noun* structure *f* monoclinale

◇ **monocotyledon** *noun* monocotylédone *f*; *compare* COTYLEDON, DICOTYLEDON

◇ **monocotyledonous** *adjective* (plante) monocotylédon *or* à un cotylédon

◇ **monoculture** *noun* monoculture *f*; **conifer monoculture** = monoculture de conifères
NOTE: opposite is **mixed culture**

◇ **monogamy** *noun* monogamie *f*; *compare* POLYGAMY

◇ **monophagous** *adjective* monophage

◇ **monosodium glutamate (MSG)** *noun (E621, substance added to processed food to enhance the flavour, but causing a reaction in hypersensitive people)* glutamate *m* de sodium

◇ **monoxide** *noun* monoxyde *m or* oxyde *m*; *see also* CARBON

◇ **monozygotic twins** *plural noun* jumeaux *mpl* monozygotes

monsoon *noun* mousson *f*; **monsoon forest** = forêt de mousson

COMMENT: both the name of a season of wind and rain in tropical countries, and the wind itself, which blows in opposite directions according to the season, especially the wind blowing north from the Indian Ocean in the summer

moon *noun* Lune *f*; **full moon** = pleine lune; **new moon** = nouvelle lune

COMMENT: the moon always shows the same face to the earth, and shines with light reflected from the sun. As it moves round the earth, the face of the moon gradually becomes completely lit by the sun and is then said to be full. See also LUNAR PHASES. The moon exerts a gravitational pull on the earth and influences the tides

moor *or* **moorland** *noun* lande *f*; **turf moor** = tourbière *f*

mor *noun* mor *m*

COMMENT: a type of humus found under coniferous forests, which is acid and contains few nutrients

moraine *noun* moraine *f*

COMMENT: a deposit of soil and gravel left by a glacier. There are various types of moraine: ground moraine, which is a deposit left under a glacier; terminal moraine, which is the heap of soil and sand pushed by a glacier and left behind when it melts; lateral moraines are deposits left by the sides of a glacier as it moves forward

moratorium *noun* moratoire *m or* moratorium *m*; **the government has called for a moratorium on nuclear testing** = le gouvernement a décrété un moratoire sur les essais nucléaires; **they voted to impose a ten-year moratorium on whale catching** = ils ont voté un moratoire de dix ans sur la pêche à la baleine; **the conference rejected a motion calling for a moratorium on nuclear reprocessing** = la conférence a rejeté une motion demandant un moratoire sur le retraitement nucléaire

morbidity rate *noun* morbidité *f*

morph *noun* forme *f* d'un organisme

morphology *noun* morphologie *f; see also* GEOMORPHOLOGY

mortality *noun* mortalité *f*; **the population count in spring is always lower than that in the autumn because of winter mortality** = au printemps les chiffres concernant la population sont toujours moins élevés qu'en automne en raison de la mortalité en hiver; **mortality rate** = mortalité *f or* taux *m* de mortalité

mortar *noun* mortier *m; see also* DRYSTONE WALL

mosaic *noun* mosaïque *f*

COMMENT: a virus disease of plants which makes spots on the leaves and can seriously affect some crops

mosquito *noun* moustique *m*; **mosquito control** = démoustication *f*

◇ **mosquitocide** *noun* culicide *m*

COMMENT: an insect which sucks blood and passes viruses or parasites into the bloodstream. In tropical countries, dengue, filariasis, malaria and yellow fever are transmitted in this way. Mosquitoes breed in water, and they spread rapidly in lakes or canals created by dams and other irrigation schemes. Because irrigation is more widely practised in tropical countries, mosquitoes are increasing and diseases such as malaria are spreading

moss *noun* mousse *f*; **Irish moss** = CARRAGEENAN **mosses** = les muscinées *fpl*

moth *noun* papillon *m* de nuit *or* phalène *f*

COMMENT: moths are similar to butterflies, but are dull in colour and lay their wings over their bodies when at rest

mother cell *noun* cellule *f* mère

mould *or US* **mold** *noun* **(a)** *(any of various fungi, especially mildew)* moisissure *f* **(b)** *(soft earth)* terreau *m*; **leaf mould** = terreau de feuilles

moult 1 *noun* mue *f*; **moult plumage** = plumage *m* de la période de la mue **2** *verb* muer; **most animals moult at the beginning of summer** = la plupart des animaux muent au début de l'été; **moulting season** = (saison de la) mue

mountain *noun (mass of rock rising higher than a hill)* montagne *f*; **mountain plant** = plante *f* monticole *or* plante de montagne; **mountain sheep** = mouton *m* de montagne; **mountain sickness** *or* **altitude sickness** = mal *m* des montagnes *or* mal d'altitude

◇ **mountainous** *adjective* montagneux, -euse

◇ **mountainside** *noun* versant *m* d'une montagne

mouth *noun (of river)* embouchure *f*

MSG = MONOSODIUM GLUTAMATE

MTCE = MILLION TONNES OF COAL EQUIVALENT

mud *noun* boue *f or* vase *f*; **drilling mud** = boue de forage; **mud volcano** = volcan *m* de boue; **red mud** = boues rouges

◇ **muddy** *adjective* boueux, -euse

◇ **mudflat** *noun* barre *f* de vase *or* laisse *f* de vase

◇ **mudslide** *noun* coulée *f* de boue

mulch 1 *noun* paillis *m or* mulch *m* **2** *verb* pailler *or* recouvrir de paillis

> COMMENT: black plastic sheeting is often used by commercial horticulturists, but the commonest mulches are organic. Apart from preventing evaporation, mulches reduce weed growth and encourage worms

mull *noun* mull *m*

> COMMENT: type of humus found under deciduous forests, with rotted leaves and many nutrients

Mullerian mimicry *noun* mimétisme *m* mullérien

multicellular *adjective* pluricellulaire

municipal *adjective* municipal, -e, -aux; **municipal dump** = décharge municipale; **municipal refuse** *or* **municipal waste** = ordures *fpl* urbaines

mushroom *noun* champignon *m or* mycète *m*

muskeg *noun (mainly in Canada)* tourbière *f*

mutant 1 *adjective* mutant, -e **2** *noun* mutant *m*

◇ **mutagen** *noun* mutagène *m or* agent *m* mutagène

◇ **mutagenicity** *noun* mutagénicité *f*

◇ **mutate** *verb* subir une mutation; **bacteria can mutate suddenly and become increasingly able to infect** = les bactéries peuvent subir de brusques mutations et provoquer des infections plus virulentes

◇ **mutation** *noun* mutation *f*

myc- *or* **myco-** *prefix (meaning fungus)* myc- *or* myco-

◇ **mycelium** *noun* mycélium *m*

◇ **Mycobacterium** *noun* mycobactérie *f*

◇ **mycology** *noun* mycologie *f*

myiasis *noun* myiase *f*

Myrtaceae *plural noun* myrtacées *fpl*

Mysticeti *plural noun (baleen whales)* mysticètes *fpl*

myxomatosis *noun* myxomatose *f*

Nn

N 1 *abbreviation for* NEWTON **2** *chemical symbol for* NITROGEN

Na *chemical symbol for* SODIUM

nacreous clouds *plural noun* nuages *mpl* nacrés

nanoplankton *noun* nanoplancton *m*

nastic response *noun* nastie *f*

◇ **-nasty** *suffix (meaning a nastic response)* -nastie; **photonasty** = photonastie *f*; **thermonasty** = thermonastie *f*

COMMENT: the response of plants and flowers to a stimulus which is not connected to the direction from which the stimulus comes, such as the closing of flowers at night, as opposed to tropism and taxis which are responses of flowers which move or turn towards the stimulus

natality *noun* natalité *f*; **natality rate** = (taux de) natalité *f*

national *adjective* national, -e, -aux; **national income** *or* **national revenue** = revenu national; *GB* **national nature reserve** = réserve naturelle; **national park** = parc national; **national planning and development** = aménagement *m* du territoire

native *adjective* indigène; **the elephant is native of Asia** = l'éléphant est originaire d'Asie; **native element** = élément natif; **native ground water** = eau *f* phréatique indigène; **native species** = espèce *f* indigène

natural *adjective* **(a)** *(normal)* normal, -e, -aux *or* naturel, -elle; **the animal's behaviour was quite natural** = l'animal avait un comportement tout à fait naturel; **it's natural for wild animals to be frightened by people** = les animaux sauvages ont naturellement peur des gens **(b)** *(not made by people)* **natural childbirth** = accouchement sans douleur; **natural evaporation** = évaporation naturelle; **natural habitat** = habitat naturel; **natural historian** = naturaliste *m&f*; **natural history** = histoire naturelle; **natural immunity** = immunité naturelle; **natural increase** = accroissement naturel; **natural pollutant** = polluant naturel; **natural resources** = ressources naturelles; **natural science** = sciences naturelles; **natural selection** = sélection naturelle; **natural vegetation** = végétation naturelle

◇ **natural gas** *noun* gaz naturel

COMMENT: natural gas is often found near petroleum deposits, although it can occur without petroleum. It is mainly formed of methane, but also contains small amounts of butane and propane. It contains no sulphur (coal gas contains sulphur) and since it mixes with air it burns completely, creating very little carbon monoxide

naturalist *noun* naturaliste *m&f*

◇ **naturalize** *verb (to introduce a species into an area where it has not lived before)* naturaliser; *(of plant)* s'acclimater

nature *noun* **(a)** *(essential quality)* nature *f* **(b)** *(kind or sort)* sorte *f* **(c)** *(plants, animals and their environment in general)* nature; *GB* **Nature Conservancy Council** = direction de la Protection de la nature et de l'environnement; **nature conservation** = protection *f* de la nature; **nature reserve** = réserve *f* naturelle; **nature study** = histoire *f* naturelle *or* sciences *fpl* naturelles; **nature trail** = sentier *m* de nature **(d)** **human nature** = la nature humaine

nauplius *noun* nauplius *m*

nautical *adjective* nautique; **international nautical mile** = mille *m* marin (= 1852 mètres)

naval *adjective* naval, -e, -als; **naval yard** = chantier naval

neap tide *noun* marée *f* de morte-eau; *compare* SPRING TIDE

need 1 *noun* besoin *m* **2** *verb* avoir besoin de

needle *noun (leaf of a conifer, pointer on a compass dial)* aiguille *f*

COMMENT: pine needles are covered with a waxy coating which prevents water loss and also stops diseases attacking the tree. Conifers reduce the water content in their needles as winter approaches

NEF = NOISE EXPOSURE FORECAST

negative feedback *noun* rétroaction *f* négative

QUOTE the increases in the concentration of methane and carbon dioxide may have caused significant warming already, if negative feedback mechanisms such as cloud cover are ineffective

Nature

neighbourhood noise *noun* nuisance *f* acoustique de voisinage

nekton *or* **necton** *noun* necton *m*

nematode *noun (type of roundworm)* nématode *m*

◇ **nematicide** *noun* nématicide *m*

QUOTE root-knot nematodes are among the most widespread pests that limit agricultural productivity. Almost all plants that account for the majority of the world's food crop - including the potato - are susceptible to these pests

Appropriate Technology

neo- *prefix (meaning new)* néo-

◇ **neo-Darwinism** *noun* néodarwinisme *m*

neptunium *noun* neptunium *m*
NOTE: chemical symbol is **Np;** atomic number is **93**

NER = NET ENERGY RATIO

neritic *adjective* néritique; **neritic facies** = faciès *m* néritique; **neritic zone** = zone *f* néritique

nerve poison = NEUROTOXIN

nest 1 *noun* nid *m*; **the birds have built a nest in the chimney** = les oiseaux ont fait un nid dans la cheminée; **when the little birds are several weeks old, they leave the nest** = quand les jeunes oiseaux ont plusieurs semaines, ils quittent le nid; **nest builder** = nidificateur, -trice **2** *verb* faire son nid *or* nicher; **nesting birds** = oiseaux nidificateurs; **nesting site** = site *m* de nidification

◇ **nestling** *noun* oisillon *m*

net 1 *noun* filet *m*; **drift net** = filet dérivant **2** *adjective* net, nette

net energy ratio (NER) *noun* rapport *m* énergétique net

network *noun* réseau *m*; **railway network** = réseau *m* ferroviaire; **urban network** = réseau urbain

neurone *or* **nerve cell** *noun* neurone *m*; **sensory neurone** = neurone sensoriel

neurotoxin *noun* neurotoxine *f*

neuston *noun* neuston *m*

neutral *adjective* neutre; **a pH factor of 7 is neutral** = une valeur pH de 7 est neutre

◇ **neutralize** *verb* neutraliser; **acid in drainage water can be neutralized by limestone** = le calcaire permet de neutraliser l'acide des eaux de ruissellement; **ammonia is produced in the nose to neutralize the effects of acid in the air** = l'ammoniac produit par le nez permet de neutraliser les effets de l'acide de l'air; **alkali poisoning can be neutralized by applying acid solution** = un empoisonnement dû à une substance alcaline peut être neutralisé par l'application d'une solution acide

◇ **neutralizing** *adjective* neutralisant, -e

QUOTE alkaline soils, such as soils rich in limestone, can neutralize acid directly

Scientific American

neutron *noun* neutron *m; compare* ION

névé *noun* névé *m*

newton *noun* newton *m*
NOTE: written **N** after figures: **the muscle exerted a force of 5N**

COMMENT: the SI unit of measurement of force. One newton is the force required to move 1 kilogram at the speed of 1 metre per second

NGO = NON-GOVERNMENTAL ORGANIZATION

Ni *chemical symbol for* NICKEL

niacin *noun* niacine *f*

niche *noun* microhabitat *m or* niche *f*; **ecological niche** = niche écologique

nickel *noun* nickel *m*
NOTE: chemical symbol is **Ni;** atomic number is **28**

nicotine *noun* nicotine *f*

◇ **nicotinic acid** *noun* = NIACIN acide *m* nicotinique

nid- *prefix (meaning nest)* nid-

◇ **nidicolous** *adjective* nidicole

◇ **nidifugous** *adjective* nidifuge

◇ **nidify** *verb* nidifier

night soil *noun* fumier *m* (humain)

NIH = NOT INVENTED HERE fabrication non locale (dénomination critique, sous-entendue, que le produit n'est peut-être pas approprié)

nimbostratus *noun* nimbostratus *m*

NIMBY = NOT IN MY BACKYARD pas dans mon jardin (expression désignant l'attitude des gens prônant la construction de maisons d'habitation ou d'usines sur des terres agricoles, à condition que ce ne soit pas près de leurs propres terres)

Niño *see* EL NINO

nitrate *noun* nitrate *m*

◇ **nitrification** *noun* nitrification *f*

◇ **nitrify** *verb* nitrifier; **nitrifying bacteria** = bactéries *fpl* nitrifiantes

◇ **nitrite** *noun* nitrite *m*

COMMENT: nitrates are a source of nitrogen for plants; they are used as fertilizers but can poison babies if they get into drinking water. Nitrites are formed by bacteria from nitrogen as an intermediate stage in the formation of nitrates

nitrogen *noun* azote *m*; **nitrogen cycle** = cycle *m* de l'azote; **nitrogen dioxide (NH_2)** = bioxyde *m* d'azote; **nitrogen fixation** = fixation *f* de l'azote; **nitrogen gas** = gaz azote; **nitrogen monoxide** = (i) protoxyde *m* d'azote *or* (ii) oxyde *m* nitrique; **nitrogen-fixing bacteria** = bactéries *fpl* fixatrices d'azote
NOTE: chemical symbol is **N;** atomic number is **7**

COMMENT: nitrogen is taken into the body by digesting protein-rich foods; excess nitrogen is excreted in urine. When the intake of nitrogen and the excretion rate are equal, the body is in nitrogen balance or protein balance. The nitrogen cycle is the series of processes by which nitrogen is converted into nitrates which are absorbed into green plants. The plants are then eaten by animals, which themselves are eaten by other animals. The nitrates are returned to the ecosystem in excreta or when animals or plants die

nitrogen oxides (NO_x) *noun plural* oxydes *mpl* d'azote

COMMENT: in general nitrogen oxides form the major part of air pollution, though nitric oxide (produced by burning fossil fuel) is not directly dangerous to humans. Nitrogen dioxide is produced by car engines and is toxic. Nitrogen oxides are also produced when farmland is sprayed with fertilizers; the bacteria in the soil feed on the fertilizer and produce the gas

QUOTE NO_x and hydrocarbons can react in sunlight to form ozone
Environment Now

nitrous oxide *noun* hémioxyde *m* d'azote

noble gas *noun* gaz *m* rare

COMMENT: noble gases are inert gases (radon, helium, neon, argon, krypton and xenon) which do not react chemically with other substances

noble metal *noun* métal *m* noble

COMMENT: noble metals are metals such as gold or silver which resist corrosion and do not form compounds with non-metals (as opposed to base metals)

node *noun (botany)* noeud *m*

noise *noun* bruit *m*; **background noise** = bruit de fond; **neighbourhood noise** = nuisance *f* acoustique de voisinage; **Noise Abatement Society** = association pour la lutte contre le bruit; **noise charge** = redevance *f* sur le bruit; **noise criteria** = critères *mpl* de bruit; **noise environment** = environnement *m* sonore; **noise exposure forecast (NEF)** = prévision *f* de l'exposition au bruit; **noise level** = niveau *m* sonore; **the factory has announced plans to keep noise levels down to a minimum** = l'usine a annoncé que le niveau sonore serait réduit au minimum; **noise pollution** = pollution *f* acoustique *or* pollution par le bruit; **noise pollution level (NPL)** = niveau de pollution acoustique; **noise wall** = mur antibruit; **noise zones** = zones *fpl* de bruit

◊ **noisy** *adjective* bruyant, -e

nomad *noun* nomade *m*

◊ **nomadic** *adjective* nomade; **the herdsmen in the area lead a nomadic existence** = les bergers de la région mènent une vie nomade; **nomadic pastoralists move their livestock around to feed on available grazing** = les pasteurs nomades déplacent leurs bêtes au gré des pâturages disponibles

◊ **nomadism** *noun* nomadisme *m*

non- *prefix (meaning not)* non-

◊ **Non-Attainment Area** *noun US* région *f* ne répondant pas aux normes du Clean Air Act de 1970

◊ **non-degradable** *adjective* non biodégradable

◊ **non-degradation** *noun* non-dégradation *f*

◊ **non-disposable** *adjective* non jetable

◊ **non-ferrous** *adjective* non ferreux, -euse

◊ **Non-Governmental Organization (NGO)** *noun* organisation *f* non gouvernementale (ONG)

◊ **non-indigenous** *adjective* allogène

◊ **non-nucleated cell** *noun* cellule *f* dépourvue de noyau

◊ **non-organic** *adjective* inorganique

◊ **non-persistent** *adjective* non persistant, -e

◊ **non-renewable resources** *plural noun* ressources *fpl* non renouvelables

◊ **non-smoker** *noun* non-fumeur *m*

◊ **non-smoking** *adjective (area of restaurant, aircraft)* (section) non-fumeur

◊ **non-toxic** *adjective* non toxique

north *adjective & noun* nord *(m)*; **the wind is blowing from the north** = le vent vient du nord; **the river flows north into the ocean** = le fleuve coule vers le nord et se jette dans l'océan; **North Pole** = pôle *m* Nord; **north wind** = vent du nord

◊ **North Sea** *noun* mer *f* du Nord; **North Sea gas** = gaz *m* naturel de la mer du Nord; **North Sea oil** = pétrole *m* de la mer du Nord; **effluent is discharged directly into the North Sea** = les effluents sont directement rejetés dans la mer du Nord

◊ **northerly** *adjective (from the north)* du nord; *(to the north)* en direction du nord *or* vers les nord; **the cyclone moved in a northerly direction towards the coast** = le cyclone se déplaçait vers le nord, en direction de la côte

◊ **northern** *adjective* nord *or* du nord; **Northern Lights** = aurore *f* boréale

notify *verb* déclarer *or* notifier; **the local doctor notified the Health Service of the case of cholera** = le médecin de quartier a signalé le cas de choléra à la Sécurité sociale

NOTE: you notify someone **of** something

◇ **notifiable disease** *noun GB* maladie *f* à déclaration obligatoire

> COMMENT: a serious infectious disease which in Great Britain has to be reported by a doctor to the Department of Health and Social Security so that steps can be taken to stop it spreading. The following are notifiable diseases: cholera, diphtheria, dysentery, encephalitis, food poisoning, jaundice, meningitis, ophthalmia neonatorum, paratyphoid, plague, poliomyelitis, relapsing fever, scarlet fever, smallpox, tuberculosis, typhoid and typhus

NO_x = NITROGEN OXIDES

noxious *adjective* nocif, -ive *or* nuisible

◇ **noxiousness** *noun* nocivité *f*

noy *noun (unit of measurement of perceived noise)* noy *m*

Np *chemical symbol for* NEPTUNIUM

NPK = NITROGEN PHOSPHORUS POTASSIUM

NPL = NOISE POLLUTION LEVEL

NRC = NUCLEAR REGULATORY COMMISSION

nuclear *adjective* **(a)** *(energy)* nucléaire; **nuclear energy** = énergie *f* nucléaire; **nuclear fission** = fission *f* nucléaire; **nuclear fuel** = combustible *m* nucléaire; **nuclear fuel cycle** = cycle *m* du combustible nucléaire; **nuclear fusion** = fusion *f* nucléaire; **nuclear plant** *or* **nuclear power station** = centrale *f* nucléaire; **nuclear power** = énergie *f* nucléaire; **nuclear reaction** = réaction *f* nucléaire; **nuclear reactor** = réacteur *m* nucléaire; *US* **Nuclear Regulatory Commission (NRC)** = Commission de contrôle des installations nucléaires aux Etats-Unis; **nuclear reprocessing plant** = usine *f* de retraitement des déchets nucléaires; **nuclear test** = essai *m* nucléaire; **nuclear waste** = déchets *mpl* nucléaires; **nuclear winter** = hiver *m* nucléaire; **nuclear worker** = employé travaillant dans une centrale nucléaire **(b)** *(meaning a central group)* nucléaire; **nuclear family** = famille *f* nucléaire; *compare* EXTENDED FAMILY

◇ **nuclear-free** *adjective* (i) sans réacteur nucléaire *or* (ii) dénucléarisé, -e; **nuclear-free zone** = zone *f* exempte d'armes nucléaires et à l'abri d'une menace nucléaire *or* zone dénucléarisée; **while some countries remain nuclear-free, nuclear reactors supply about 15% of all electricity generated in the world** = bien que certains pays ne possèdent pas d'installations nucléaires, 15% de l'électricité produite dans le monde est d'origine nucléaire

nucleating agent *noun* agent *m* de nucléation

nucleic acid *noun* acide *m* nucléique

nucleus *noun* noyau *m*

NOTE: plural is **nuclei**

◇ **condensation nucleus** *noun* noyau *m* de condensation; **moisture readily condenses on an existing surface, and sulphate particles are ideal condensation nuclei** = l'humidité se condense facilement sur une surface existante, et les particules de sulfate constituent de parfaits noyaux de condensation

nuée ardente *noun* nuée *f* ardente

nuisance *noun* gêne *f* *or* nuisance *f*; **noise nuisance** = nuisance acoustique; **nuisance threshold** = seuil *m* de nuisance; **odour nuisance** = nuisance olfactive *or* nuisance par l'odeur

nuke *adjective (informal)* = NUCLEAR, NUCLEAR BOMB **nuke waste** = déchets *mpl* nucléaires

nursery *noun (for plants)* pépinière *f*

nut *noun* noix *m*; **coconut** = noix de coco; **hazel nut** = noisette *f*; **walnut** = noix

nutrient *noun* nutriment *m* *or* substance *f* nutritive; **nutrient cycle** = cycle *m* des substances nutritives; **nutrient requirement** = besoin *m* en substances nutritives; **nutrient stripping** = extraction *f* des nutriments

QUOTE in the rainforest, despite the profusion of plants and trees, the underlying soils are poor, almost all the nutrients being bound up in the vegetation. Once the forests have been cut down, those few nutrients that remain in the soil are quickly washed away, transforming the land into a barren wasteland

Ecologist

QUOTE poor farmers burn patches of rainforest to release some of the nutrients locked in the biomass back into the soil, but those nutrients that are released are often exhausted after only one year of intensive agriculture

New Scientist

nutrition *noun* nutrition *f*

◇ **nutritional** *adjective* nutritif, -ive *or* nutritionnel, -elle; **the nutritional quality of meat** = les qualités nutritives de la viande; **nutritional disorder** = trouble *m* de la nutrition; **nutritional requirements** = besoins *mpl* nutritifs

◇ **nutritionist** *noun* nutritionniste *m&f*

◇ **nutritive** *adjective* nutritif, -ive

nyct- *prefix (meaning night)* nyct-

◇ **nycthemeral** *adjective* nycthéméral, -e, -aux

◇ **nyctinasty** *noun* nyctinastie *f*

nymph *noun* nymphe *f*

◇ **nymphal** *adjective* nymphal, -e, -aux

Oo

O *chemical symbol for* OXYGEN

oak *noun* **(a)** *(tree)* chêne *m*; **cork oak** = chêne-liège *m* **(b)** *(wood)* bois *m* de chêne

◇ **oak-apple** *noun* noix *f* de galle *or* pomme *f* de chêne

◇ **oakwood** *noun* chênaie *f or* forêt de chênes

oasis *noun* oasis *f*
NOTE: plural is **oases**

oats *noun* avoine *f*

objective 1 *adjective* objectif, -ive **2** *noun* objectif *m*; **quality objective** = objectif de qualité

obliterative coloration *noun* homochromie *f*

OC = ORGANIC CARBON

occidental *adjective* occidental, -e, -aux

occluded front *or* **occlusion** *noun* front *m* occlus *or* occlusion *f*

occupation *noun* profession *f*

◇ **occupational** *adjective* du travail *or* professionnel, -elle; **occupational disease** = maladie *f* du travail *or* maladie professionnelle

ocean *noun* océan *m*; **ocean circulation** = circulation *f* océanique; **ocean current** = courant *m* océanique; **ocean dumping** = rejet *m* de déchets en mer; **ocean floor** *or* **ocean bottom** = fond *m* sous-marin; **Ocean Thermal Energy Conversion (OTEC)** = conversion *f* de l'énergie thermique océanique (CETO)

◇ **oceanarium** *noun* aquarium *m* pour animaux marins

◇ **oceanic** *adjective* océanique; **oceanic crust** = croûte *f* océanique; **oceanic organisms** = organismes *mpl* pélagiques; **oceanic farm** = ferme *f* marine; **oceanic trench** = fosse *f* océanique; **oceanic zooplankton** = zooplancton *m* océanique

◇ **oceanography** *noun* océanographie *f*

◇ **oceanology** *noun* océanologie *f*

octane *noun* octane *m*; **a car which runs on low octane petrol** = une voiture qui roule à l'essence ordinaire (à faible indice d'octane); **octane rating** *or* **octane number** = indice *m* d'octane

COMMENT: octane is a hydrocarbon with the formula C_8H_{18}. Petrol without the addition of hydrocarbons will make the engine knock. Hydrocarbons, such as octane or aromatic hydrocarbons, or lead tetraethyl, can be added to the petrol to give better performance, while increasing the octane rating. Unleaded petrol has a relatively low octane rating and leaded petrol (which contains an antiknock additive) has a high rating. Leaded petrol produces more atmospheric pollution than unleaded

Odontoceti *plural noun (toothed whales)* Odontocètes *mpl*

odour *or US* **odor** *noun* odeur *f*; **odour nuisance** = nuisance *f* par l'odeur *or* nuisance olfactive

ODP = OZONE-DEPLETING POTENTIAL

oe-
NOTE: words beginning with **oe-** are written **e-** in American English

OECD = ORGANIZATION FOR ECONOMIC COOPERATION AND DEVELOPMENT

oestrogen *noun* oestrogène *m*

COMMENT: a hormone produced in the ovaries of animals which stimulates the reproductive system. Synthetic oestrogens are used in most oral contraceptives and are also used in animal feeds and in the treatment of menstrual and menopausal disorders

offend *verb* offenser *or* commettre une infraction

◇ **offensive** *adjective* désagréable; **offensive industry** *or* **offensive trade** = activité industrielle *or* activité commerciale dégageant des odeurs nauséabondes

offpeak *adjective* aux heures creuses; **offpeak electricity costs less** = l'électricité coûte moins cher pendant les heures creuses; **by using thermal storage we can move 50% of electricity demand into offpeak hours** = l'utilisation de systèmes d'accumulation thermique permet de transférer 50% de la demande d'électricité pendant les heures creuses

offshore *adjective* **(a)** offshore *or* marin, -e *or* en mer; **offshore island** = île proche du littoral; **offshore oil platform** = plate-forme *f* (pétrolière) offshore **(b)** **offshore breeze** = brise *f* de terre

oil *noun* **(a)** huile *f*; **cod liver oil** = huile de foie de morue; **essential oils** = huiles essentielles; **fixed oil** = huile fixe; **mineral oils** = huiles minérales **(b)** *(petroleum)* pétrole *m*; **oil industry** = industrie *f* pétrolière; **oil platform** *or* **oil rig** = plate-forme *f* pétrolière *or* derrick *m*; **oil pollution** = pollution *f* aux hydrocarbures; **oil pool** = nappe *f* de pétrole (souterraine); **oil regeneration plant** = usine *f* de régénération des huiles usées; **oil removal** = déshuilage *m*; **oil sands** = sable *m* bitumineux; **oil shale** = schiste *m* bitumineux; **oil slick** = nappe *f* de pétrole; **oil spill** = déversement *m* de pétrole; **oil tanker** = pétrolier *m*; **oil well** = puits *m* de pétrole

◇ **oil-bearing** *adjective* pétrolifère

◇ **oil-eating bacteria** *plural noun* bactéries *fpl* mangeuses de pétrole

◇ **oil-importing country** *noun* pays *m* importateur de pétrole

◇ **oilfield** *noun* gisement *m* de pétrole; **the search is on for new oilfields to replace fields which have been exhausted** = on a commencé la prospection de nouveaux gisements de pétrole pour remplacer ceux qui ont été épuisés

◇ **oily** *adjective* huileux, -euse

okta *noun (unit of measurement of cloud cover)* octant *m*

COMMENT: to measure cloud cover, the sky is divided into imaginary sections, each covering one eighth of the total. A cloudless sky is 'zero oktas', and sky which is completely covered with clouds is 'eight oktas' or 'eight eighths'

olig- *or* **oligo-** *prefix (meaning oil)* oilgo-

◇ **oligohaline** *adjective* oligohalin, -e

◇ **oligosaprobic** *adjective* oligosaprobe

◇ **oligotrophic** *adjective* oligotrophe; **oligotrophic lake** = lac oligotrophe; *compare* EUTROPHIC

QUOTE input of phosphates and other nutrients has been restricted for some time, with the aim of keeping the lake oligotrophic
Nature

olive *noun* **(a)** *(tree)* olivier *m* **(b)** *(fruit)* olive *f*

ombrogenous *adjective* ombrotrophique

ombudsman *noun* médiateur *m or* ombudsman *m*

COMMENT: the Parliamentary Commissioner, an official who investigates complaints by the public against government departments or other large organizations. There are in fact several ombudsmen: the Parliamentary Commissioner himself, and others, such as the Health Service Commissioner, who investigates complaints against the Health Service, and the Local Ombudsman who investigates complaints against local authorities. Although an ombudsman will make his recommendations to the department concerned, and may make his recommendations public, he has no power to enforce them. The Ombudsman may only investigate complaints which are addressed to him through an MP; the member of the public first brings his complaint to his MP, and if the MP cannot get satisfaction from the department against which the complaint is made, then the matter is passed to the Ombudsman

omnivore *or* **omnivorous animal** *noun* omnivore *m; compare* CARNIVORE, HERBIVORE

onshore *adjective* **(a)** *(on land)* sur terre *or* terrestre; **onshore oil installations** = installations *fpl* pétrolières terrestres **(b)** *(towards the land)* du large; **onshore current** = courant *m* du large; **onshore wind** = vent *m* du large

ooze 1 *noun* boue *f or* vase *f*; **diatom ooze** = boues à diatomées *or* vase diatoméenne; **ooze mud** = boue de vase **2** *verb (of liquid)* suinter

opacity *noun* opacité *f*

◇ **opaque** *adjective* opaque; **radio-opaque dye** = colorant *m* opaque aux rayons *or* substance *f* opaque aux radiations

OPEC = ORGANIZATION OF PETROLEUM EXPORTING COUNTRIES

open *adjective* ouvert, -e; **open country** *or* **open land** = zone *f* non construite; **open countryside** = paysages *mpl* dégagés; **open space** = espace *m* vert

◇ **open-air** *adjective* de plein air *or* en plein air

◇ **open burning** *noun* combustion *f* à l'air libre

◇ **open-cast mine** *noun* mine *f* à ciel ouvert

◇ **open-cast mining** *noun* exploitation *f* minière à ciel ouvert

COMMENT: also called open-cut mining or strip mining. Open-cast mining damages the environment. The top layer of soil and rock is pushed away from the surface of the ground to expose the coal seam without digging underground, destroying the natural vegetation of the mined area and its surroundings. Unless the site is filled in and replanted when mining is completed the whole area remains devastated

◇ **open dump** *noun* décharge brute

operate *verb* fonctionner; **this machine is operated by electricity** = cette machine fonctionne à l'électricité

◇ **operating costs** *plural noun* coûts *mpl* de fonctionnement

◇ **operator** *noun (of business)* dirigeant *m or* exploitant *m; (of machine)* opérateur, -trice

opportunity *noun* occasion *f or* opportunité *f*

◇ **opportunist** *or* **opportunistic** *adjective* opportuniste

orbit 1 *noun (of a planet)* orbite *f* **2** *verb* être en orbite

◇ **orbital** *adjective* orbital, -e, -aux; **orbital road** = rocade *f or* route *f* périphérique *or* périphérique *m*

order *noun (classification of animals or plants)* ordre *m*
NOTE: orders of animals have names ending in **-a**; orders of plants have names ending in **-ales**

ore *noun* minerai *m*; **iron ore deposits were found in the mountains** = on a trouvé des gisements de minerai de fer dans les montagnes; **the ore is heated to a high temperature to extract the metal** = on chauffe le minerai à forte température pour en extraire le métal; **high-grade ore** = minerai riche *or* minerai de forte teneur; **low-grade ore** = minerai de faible teneur *or* minerai pauvre; **ore body** = masse *f* minérale; **ore-bearing** = métallifère

organ *noun* organe *m; (sensitive to radiation)* **critical organ** = organe critique; **organ transplant** = transplantation *f* d'organe

organic *adjective* **(a)** *(in the body)* organique; **organic disorder** = trouble *m* organique **(b)** *(related to carbon)* organique; **organic chemistry** = chimie *f* organique; **organic halogen compounds** = composés *mpl* organo-halogénés **(c)** *(cultivated naturally, without chemical* *fertilizers)* biologique; **organic farming** = agriculture *f* biologique; **organic farming may become more economic than conventional farming** = il est possible que l'agriculture biologique devienne plus rentable que l'agriculture traditionnelle

◇ **organically** *adverb* **(a)** *(in an organ)* organiquement **(b)** *(grown using natural fertilizers)* par la culture organique

COMMENT: organic farming uses natural fertilizers and rotates stock farming (i.e. raising of animals) with crop farming. Organic farming may produce lower yields than traditional or intensive farming, but the lower yields may be offset by the high cost of the chemical fertilizers used in intensive farming. In areas of overproduction, organic farming has the advantage of reducing crop production without loss of quality and without taking land out of agricultural use

organism *noun* organisme *m*; **living organism** = organisme vivant

Organization for Economic Co-operation and Development (OECD) *noun* Organisation *f* de coopération et de développement économique (OCDE)

Organization of Petroleum Exporting Countries (OPEC) *noun* Organisation *f* des pays exportateurs de pétrole (OPEC)

organochlorine *or* **chlorinated hydrocarbon** *noun* composé *m* organochloré

COMMENT: any of several chemical compounds containing chlorine (such as aldrin, dieldrin, etc.), used as an insecticide. Organochlorine insecticides are very persistent, with a long half-life of up to 15 years, while organophosphorous insecticides have a much shorter life. Chlorinated hydrocarbon insecticides not only kill insects, but also enter the food chain and kill small animals and birds which feed on the insects

organophosphate *or* **organophosphorous insecticide** *noun* phosphate *m* organique *or* insecticide *m* organophosphoré

COMMENT: any of several synthetic chemical insecticides (such as malathion), based on chemical compounds including phosphate, which attack the nervous system but are not as persistent as the organochlorines, and so do not enter the food chain. They are, however, very toxic and need to be handled carefully, as breathing in their vapour may be fatal

organotherapy *noun* organothérapie *f or* opothérapie *f*

organo-tin paint *noun* peinture *f* anti-salissures *or* peinture anti-fouling

oriental *adjective* oriental, -e, -aux; **Oriental Region** = région orientale

origin *noun* origine *f*

◇ **original** *adjective* original, -e, -aux *or* primitif, -ive *or* primordial, -e, -aux

ornithology *noun* ornithologie *f*

◇ **ornithological** *adjective* ornithologique

◇ **ornithologist** *noun* ornithologiste *m&f or* ornithologue *m&f*

oscillation *noun* oscillation *f*; **Southern Oscillation** = oscillation australe

-osis *suffix (meaning disease)* -ose; **anthracosis** = anthracose *f*

osmoreceptor *noun* osmorécepteur *m*

osmoregulation *noun* osmorégulation *f or* régulation *f* osmotique

osmosis *noun* osmose *f*

◇ **osmotic pressure** *noun* pression *f* osmotique

osteophony *noun* conduction *f* osseuse

OTEC = OCEAN THERMAL ENERGY CONVERSION

outback *noun (in Australia)* grande étendue de terre non cultivée à l'intérieur du continent; **many wild animals which used to live in the outback are becoming rare as the outback is reclaimed for farming** = de nombreux animaux sauvages vivant dans l'intérieur du pays sont en voie de disparition, ces terres étant maintenant défrichées et cultivées

outbreak *noun* début *m or* déclenchement *m* (d'une épidémie); **there is an outbreak of typhoid fever** *or* **a typhoid outbreak in the town** = on note l'apparition de cas de fièvre typhoïde dans la ville

outbreeding *noun* élevage *m* non consanguin
NOTE: opposite is **inbreeding**

outcrop 1 *noun (of rock)* affleurement *m* **2** *verb (of rock)* affleurer

outer *adjective* extérieur, -e; **the outer coating of the seed is very hard** = l'enveloppe extérieure de la graine est très dure; **outer continental shelf** = plateau continental extérieur; **outer space** = espace *m* extra-atmosphérique; **the outer suburbs** = la grande banlieue

outfall (sewer) *noun* déversoir *m* d'égout; **27% of outfalls discharge totally untreated sewage** = 27% des déversoirs rejettent des eaux usées non traitées; **sewage should be discharged through outfall pipes which are situated far enough from the shore** = les déversoirs d'égout devraient rejeter les eaux usées suffisamment loin du rivage

> QUOTE objectors claim a sea outfall pipe into the bay would spoil local shellfish, harm tourism and would be liable to damage by strong tidal action
>
> *Environment Now*

outlet *noun* bouche *f or* embouchure *f or* sortie *f*

output *noun* production *f or* rendement *m*; **output power** = puissance *f* de sortie

outwash *noun* écoulement *m* proglaciaire; **outwash fans** *or* **outwash deposits** = cône *m* de déjection

ova *see* OVUM

over- *prefix (meaning too much)* sur-

◇ **overburden** *noun* morts-terrains *mpl*; **overburden pressure** = pression *f* géostatique

◇ **overcome** *verb* **(a)** *(to fight something and win)* surmonter *or* vaincre; **they failed to overcome public opposition to the construction of a nuclear power station** = ils n'ont pas réussi à vaincre les opposants à la construction d'une centrale nucléaire **(b)** *(lose consciousness)* succomber à; **two people were overcome by smoke in the fire** = deux personnes ont succombé à la fumée de l'incendie

◇ **overcultivated** *adjective (land)* surexploité, -e

◇ **overexploit** *verb* surexploiter; **we overexploit land in the same way as we overexploit the sea** = la terre, tout comme la mer, est surexploitée; **irrigated land given to cash crops can be overexploited** = les terres irriguées destinées aux cultures de rapport risquent d'être surexploitées

◇ **overexploitation** *noun* surexploitation *f*; **overexploitation has reduced herring stocks by half** = la surexploitation a réduit de moitié les réserves de hareng

◇ **over-fertilization** *noun* superfertilisation *f*

◇ **overfish** *verb* pêcher en quantité excessive

◇ **overfishing** *noun* surpêche *f or* overfishing *m*; **herring stocks have been reduced by overfishing** = la surpêche a provoqué la diminution des réserves de harengs

◇ **overflow 1** *noun* déversoir *m or* trop-plein *m*; **overflow pipe** = conduite *f* d'évacuation de trop-plein **2** *verb* déborder; **the floods made the reservoir overflow** = les inondations ont fait déborder le réservoir; **the river overflowed its banks and flooded hundreds of hectares of farmland** = la rivière est sortie de son lit et a inondé des centaines d'hectares de terres agricoles

◇ **overgraze** *verb* pâturer en excès

◇ **overgrazing** *noun* surpâturage *m*; **overgrazing has led to soil erosion and**

desertification = le surpâturage provoque l'érosion des sols et la désertification

◇ **overland flow** *noun* ruissellement *m* de surface

◇ **overproduction** *noun* surproduction *f*; **beef mountains and wine lakes are caused by overproduction in the EC** = les montagnes de viande de boeuf et les énormes stocks de vin sont le résultat de la surproduction dans la Communauté européenne

◇ **overshot wheel** *noun* roue *f* à augets *or* roue par-dessus

◇ **overwintering** *noun* hivernage *m*

overstorey *or* **overwood** *noun* étage *m* dominant

overuse 1 *noun* utilisation *f* excessive; **the overuse of pesticides is contaminating the rivers** = l'utilisation excessive de pesticides pollue les rivières **2** *verb* utiliser de manière excessive; **farmers are warned against overusing chemical fertilizers** = les agriculteurs sont mis en garde contre l'utilisation excessive d'engrais chimiques

ovicide *noun* ovicide *m*

oviparous *adjective* ovipare; *compare* VIVIPAROUS

ovulate *verb* ovuler

◇ **ovulation** *noun* ovulation *f*

◇ **ovum** *noun* oeuf *m or* ovule *m*
NOTE: the plural is **ova**

ox-bow lake *noun* bras *m* mort

oxidant *noun* oxydant *m*

oxidase *noun* oxydase *f; see also* MONOAMINE

oxidation *noun* oxydation *f*; **oxidation ditches** = chenaux *mpl* d'oxydation; **oxidation pond** = étang *m* d'oxydation; **oxidation-reduction potential** = potentiel *m* d'oxydo-réduction *or* potentiel red-ox *or* rH

◇ **oxide** *noun* oxyde *m*; **oxide ores** = minerais *mpl* d'oxydes

◇ **oxidizability** *noun* oxydabilité *f*

◇ **oxidizable matter** *noun* matières *fpl* oxydables

◇ **oxidize** *verb* oxyder; **under oxidizing conditions which exist in the tropical atmosphere, methane is converted into carbon dioxide** = sous l'effet des conditions oxydantes de l'atmosphère tropicale, le méthane se transforme en dioxyde de carbone

◇ **oxidizing agent** *noun* oxydant *m*

> QUOTE decaying vegetable matter, like raw sewage, does break down in water through the natural process of oxidation
> *Environment Now*

oxychlorination *noun* oxychloration *f*

oxygen *noun* oxygène *m*; **dissolved oxygen (DO)** = oxygène dissous (OD)
NOTE: chemical symbol is **O;** atomic number is **8**

◇ **oxygenate** *verb* oxygéner

◇ **oxygenation** *noun* oxygénation *f*

> COMMENT: oxygen is an important constituent of living matter, as well as water and air. Oxygen is absorbed from the air into the bloodstream through the lungs and is carried to the tissues along the arteries; it is essential to normal metabolism. Oxygen is formed by plants from carbon dioxide in the atmosphere during photosynthesis and released back into the air

oxyhaemoglobin *noun* oxyhémoglobine *f; see also* HAEMOGLOBIN

oxyphobe *noun* plante *f* alcalinophile *or* plante oxyphobe

oxyphyte *noun* oxyphyte *f*

ozoflotation *noun* ozoflottation *f*

ozone (O_3) *noun* ozone *m*; **ozone hole** = trou *m* (dans la couche) d'ozone; **ozone layer** = couche *f* d'ozone; **ozone monitoring device** = appareil de mesure de l'ozone dans l'atmosphère

◇ **ozonation** *noun* ozonisation *f*

◊ **ozone-depleting potential (ODP)** *noun* potentiel *m* d'appauvrissement en ozone

◊ **ozone-friendly** *adjective* qui préserve la couche d'ozone

◊ **ozonosphere** *noun* ozonosphère *f*

COMMENT: ozone is created in the stratosphere by the effect of ultraviolet radiation from the sun on oxygen. Ozone also splits and becomes oxygen again as part of a continuous cycle of chemical change. It is destroyed by reaction with nitric oxide (created by burning fossil fuel) or water or chlorine compounds (from chlorofluorocarbons used in aerosols and packaging). The reduction of ozone in the stratosphere by any of these reactions creates a thin area or 'hole' in the ozone layer. The ozone layer in the stratosphere acts as a protection against the harmful effects of the sun's radiation, and the destruction or reduction of the layer has the effect of allowing more radiation to pass through the atmosphere with harmful effects (such as skin cancer) on humans. The first ozone hole was detected over Antarctica, but others may be developing in other parts of the stratosphere. In the lower atmosphere, ozone is created by the effect of sunlight on hydrocarbons and nitrogen oxides released from burning fossil fuels. It is a major constituent of smog. The maximum amount of ozone which is considered safe for humans to breathe is 80 parts per billion. Even in lower concentrations it irritates the throat, makes people cough and gives headaches and asthma attacks similar to hay fever. At these lower levels, ozone has a harmful effect on green plants and can kill trees such as conifers

QUOTE the ozone layer filters out ultraviolet radiation reaching Earth from the Sun. In the summer, the Sun's elevation is high and the amount of ultraviolet light that reaches the ground through the ozone hole will be much higher than in the early days of spring when the hole first forms

New Scientist

QUOTE while the natural layer of ozone in the upper atmosphere is critical to the preservation of earth-bound life, at ground level ozone forms when hydrocarbons and nitrogen oxides emitted by vehicles, factories, power plants and hundreds of other sources chemically react with sunlight

Environmental Action

Pp

P *chemical symbol for* PHOSPHORUS

pack *noun* **(a)** *(group of predatory animals)* meute *f* **(b)** *(ice floating at sea)* **pack ice** = banquise *f or* pack *m*

package *noun* emballage *m*

◇ **packaged** *adjective* emballé, -e *or* sous emballage

◇ **packaging** *noun* conditionnement *m or* emballage *m*

paddy (field) *or* **padi** *noun* rizière *f*; **paddies are breeding grounds for mosquitoes** = les rizières sont des lieux de reproduction des moustiques; **scientists believe that paddy fields contribute to the methane in the atmosphere** = selon les scientifiques, les rizières contribuent à la production de méthane dans l'atmosphère

PAH = POLYCYCLIC AROMATIC HYDROCARBON

paint *noun* peinture *f*; **antifouling (paint)** = peinture anti-fouling *or* peinture anti-salissures; **lead paint** = peinture contenant du plomb

palae- *or* **palaeo-** *prefix (meaning ancient)* palé- *or* paléo-

◇ **Palaearctic Region** *noun* région *f* paléarctique

◇ **palaeobiology** *noun* paléobiologie *f*

◇ **palaeobotany** *noun* paléobotanique *f*

◇ **palaeoclimatology** *noun* paléoclimatologie *f*

◇ **palaeoecology** *noun* paléoécologie *f*

◇ **palaeomagnetism** *noun* paléomagnétisme *m*

> COMMENT: rocks indicate the direction (and therefore the position) of the magnetic pole (which slowly changes its position over thousands of years) at the time the rocks were formed

palaeontology *noun* paléontologie *f*

◇ **palaeozoology** *noun* paléozoologie *f*

palm (tree) *noun* palmier *m*; **coconut palm** = cocotier *m*; **date palm** = dattier *m*; **palm oil** = huile *f* de palme

paludism *noun* paludisme *m*

◇ **paludal** *adjective* paludéen, -éenne

> COMMENT: a tropical disease caused by a parasite *Plasmodium* which enters the body after a bite from a mosquito. It is a recurrent disease which produces regular periods of shivering, vomiting, sweating and headaches; the patient also develops anaemia

palynology *noun* palynologie *f or* pollénographie *f*

pampas *plural noun* pampa *f*; **pampas grass** = herbe *f* des pampas

pan *verb* laver à la batée

PAN = PEROXYACETYL NITRATE

pan- *prefix (meaning generalized)* pan-

◇ **pandemic 1** *adjective* pandémique **2** *noun* pandémie *f; compare* ENDEMIC, EPIDEMIC

panemone *noun* panémone *f or* pananémone *f*

panicle *noun* panicule *f*

paper *noun* papier *m*; **paper chromatography** = chromatographie *f* sur papier; **paper industry** = industrie *f* du papier; **paper mill** = (usine de) papeterie *f*; **paper pulp** = pâte *f* à papier; **recycled paper** = papier recyclé; **waste paper** = vieux papiers

paraffin *noun* huile *f* de pétrole *or* paraffine *f*; **liquid paraffin** = huile de paraffine; **paraffin hydrocarbons** = hydrocarbures *mpl* saturés

parallel *noun* parallèle *m*

parameter *noun* paramètre *m*

paraquat *noun* paraquat *m*

parasite *noun* parasite *m*; **social parasite** = parasite social; *see also* ECTOPARASITE, ENDOPARASITE

◇ **parasitic** *adjective* parasite; **parasitic life** = vie parasitaire; **parasitic disease** = maladie *f* parasitaire; **parasitic plant** = plante *f* parasite

◇ **parasiticide** *noun* parasiticide *m*

◇ **parasitism** *noun* parasitisme *m*

◇ **parasitize** *verb* parasiter *or* vivre en parasite avec; **sheep are parasitized by flukes** = les moutons sont parasités par la douve

◇ **parasitoid** *noun* parasitoïde *m*

◇ **parasitology** *noun* parasitologie *f*

COMMENT: the commonest parasites affecting animals are lice on the skin and various types of worms in the intestines. Many diseases of humans (such as malaria and amoebic dysentery) are caused by infestation with parasites. Viruses are parasites on animals, plants and even on bacteria

QUOTE individual cuckoos specialize on particular hosts: some parasitize only reed warblers, others prefer pied wagtails
BBC Wildlife

parcel *noun* **(a)** *(quantity of wood)* parcelle *f* **(b)** *(large mass of air)* **parcel of air** = masse *f* d'air

parent *noun* parent *m*; **parent cell** *or* **mother cell** = cellule *f* mère; **parent rock** = roche *f* mère

park *noun* **(a)** *(open space)* parc *m*; **country park** = parc rural; **marine park** = parc sous-marin; **national park** = parc national **(b)** *(planned area of buildings)* **business park** = zone *f* d'affaires; **industrial park** = zone industrielle; **science park** = zone d'activités scientifiques

part *noun* partie *f*; **part per hundred million (pphm)** = partie pour cent millions; **part per million (ppm)** = partie par million (ppm); **part per billion (ppb)** *or* **part per thousand million** = partie par milliard; **the concentration of methane in the atmosphere is 1.56 ppm** = la concentration de méthane dans l'atmosphère est de 1,56 ppm

parthenogenesis *noun* parthénogenèse *f*

◇ **parthenogenetic** *adjective* parthénogénétique *or* parthénogénésique

partial *adjective* partiel, -ielle; **partial eclipse** = éclipse partielle

particle *noun* particule *f*; **alpha particle** *or* **beta particle** = particule alpha *or* particule bêta; **particles of volcanic ash were carried into the upper atmosphere** = des particules de cendres volcaniques ont été emportées dans la haute atmosphère; *see also* RADIATION

◇ **particle size analysis** *noun* granulométrie *f*

◇ **particulate 1** *adjective* particulaire; **particulate matter in the atmosphere forms the nuclei around which raindrops form** = les matières particulaires en suspension dans l'atmosphère constituent des noyaux à partir desquels se forment les gouttes de pluie **2** *noun* macroparticule *f*; **primary particulates** = macroparticules primaires; **secondary particulates** = macroparticules secondaires

COMMENT: the finest particulates are the most dangerous as they are easily inhaled into the bronchioles in the lungs. Fine particulates from volcanic eruptions can enter the stratosphere and have a cooling effect by preventing the heat from the sun reaching the earth's surface (i.e. the opposite of the greenhouse effect)

passage *noun* **(a)** *(moving from one place to another)* passage *m*; **bird of passage** = oiseau *m* de passage **(b)** *(long* *narrow channel)* **the air passages** = les voies *fpl* aériennes

Passeriformes *or* **Passerines** *plural noun* passereaux *mpl*

passive *adjective* passif, -ive; **passive margin** = marge passive; *compare* ACTIVE MARGIN **passive smoking** = tabagisme passif

COMMENT: even though a person may never have smoked a cigarette, it is possible for him to develop lung cancer through being continuously in the presence of other people who are smoking

> QUOTE from a scientific view there is now a consensus that passive smoking causes some cases of lung cancer
> *New Scientist*

Pasteurella *noun* pasteurella *f*

◇ **pasteurization** *noun* pasteurisation *f*

◇ **pasteurize** *verb* pasteuriser; **the government is telling people to drink only pasteurized milk** = le gouvernement recommande de ne boire que du lait pasteurisé

COMMENT: Pasteurization is carried out by heating food for a short time at a lower temperature than that used for sterilization: the two methods used are heating to 72°C for fifteen seconds (the high temperature short time method) or to 65° for half an hour, and then cooling rapidly. This has the effect of killing tuberculosis bacteria

pastoral *adjective (of land)* de pâture *or* pastoral, -e, -aux

◇ **pastoralist** *noun* pasteur *m*; **the people most affected by the drought in the Sahara are nomadic pastoralists** = ce sont les pasteurs nomades qui ont été le plus touchés par la sécheresse au Sahara

pasture 1 *noun* pâturages *mpl*; **the cows are in the pasture** *or* **the cows are put to pasture** = les vaches sont dans les pâturages; **alpine pastures** = pâturages alpins; **pasture agronomist** = agropastoraliste *m&f* **2** *verb* faire paître *or* pacager; **the cows are pastured in fields high in the mountains** = on fait pâturer les vaches dans des champs en altitude

◇ **pastureland** *noun* pâturage *m*

> QUOTE scarcity of pastureland which cattle need in abundant quantities often leads to deforestation and hill erosion
> *Environmental Action*

path- *or* **patho-** *prefix (referring to disease)* patho-

◇ **pathogen** *noun* agent *m* pathogène

◇ **pathogenesis** *noun* pathogenèse *f*

◇ **pathogenetic** *adjective* pathogénétique

◇ **pathogenic** *adjective* pathogène; **pathogenic bacteria** *or* **organisms** = bactéries *fpl or* organismes *mpl* pathogènes

◇ **pathogenicity** *noun* pathogénicité *f*

◇ **pathological** *adjective* pathologique; **pathological report** = rapport étiologique; **pathological waste** = déchets *mpl* pathogènes

◇ **pathologist** *noun* pathologiste *m&f*

◇ **pathology** *noun* pathologie *f*; **clinical pathology** = pathologie clinique; **pathology report** = bilan *m* étiologique

Pb *chemical symbol for* LEAD

PBB = POLYBROMINATED BIPHENYL

PCB = POLYCHLOROBIPHENYL

PE = POLYETHYLENE *or* POLYTHENE

peak *noun* **(a)** *(top of mountain)* cime *f or* sommet *m* **(b)** *(high point on a graph)* maximum *m*; **the annual rainfall has seasonal peaks and troughs** = les précipitations annuelles ont des maxima et des minima saisonniers; **concentration peak** = pic *m* de concentration; **peak average** = niveau *m* maximal moyen; **peak period** = heures *fpl* de pointe *or* période *f* de pointe; **peak traffic** = circulation *f* aux heures de pointe; *see also* OFFPEAK

pea-souper *noun (informal for thick fog)* purée *f* de pois

peat *noun* tourbe *f*

◇ **peatland** *noun* zone *f* tourbeuse

◇ **peaty** *adjective* tourbier, -ière *or* tourbeux, -euse

COMMENT: peat is wet, partly-decayed mosses and other plants which form the soil of a bog. It can be cut and dried in blocks, which can then be used as fuel. In some countries there are peat-fired power stations. It is in fact an early form of coal, as coal is peat which has been compressed by layers of sediment until it becomes rock

pebble *noun* caillou *m or* galet *m*

◇ **pebbly** *adjective* (plage) à galets

pelagic *adjective* pélagique; **pelagic organisms** = organismes *mpl* pélagiques; **pelagic sediment** = sédiment *m* pélagique; **pelagic zone** = zone *f* pélagique; *compare* DEMERSAL

penalty *noun* amende *f or* pénalité *f*; **the government has imposed penalties on industrial concerns which emit too much pollution** = le gouvernement a infligé des amendes aux complexes industriels trop polluants

peneplain *noun* pénéplaine *f*

Penicillium *noun* pénicillium *m*

◇ **penicillin** *noun* pénicilline *f*

peninsula *noun* péninsule *f*

◇ **peninsular** *adjective* péninsulaire

pentad *noun* période *f* de cinq jours

per capita *adjective & adverb* par personne; **per capita income** = revenu *m* par habitant

Perceived Noise in Decibels (PNdB) *noun* niveau *m* de bruit perçu en décibels (PNdB)

Perceived Noise Level (PNL) *noun* niveau *m* sonore perçu

percentage *noun* pourcentage *m*

◇ **per cent** *adjective & adverb* pour cent; **a five per cent increase** = une augmentation de cinq pour cent

percolate *verb* s'infiltrer *or* filtrer; **percolating filter** *or* **trickling filter** = filtre *m* bactérien; **percolating water** = eau *f* d'infiltration

QUOTE rainfall is limited in this part of Florida, and what rain does fall percolates rapidly through the white sand to a depth beyond the roots of the plants

Natural History

perennial 1 *adjective* **(a)** *(which lasts for many years)* continuel, -elle *or* permanent, e; **perennial agriculture** = culture permanente **(b)** *(plant)* vivace **2** *noun* plante *f* vivace; *compare* ANNUAL, BIENNIAL

period *noun* période *f*

◇ **periodic** *adjective* périodique; **periodic table of the elements** = table *f* périodique des éléments

peripheral *adjective* périphérique; **peripheral nerves** = nerfs *mpl* périphériques; **peripheral nervous system (PNS)** = système *m* nerveux périphérique

permafrost *noun* pergélisol *m or* permafrost *m*

permanent *adjective* permanent, -e; **permanent crop** = culture permanente; **permanent grassland** = herbages permanents; **permanent hardness** = dureté permanente

permeability *noun (of a rock)* perméabilité *f*

◇ **permeable** *adjective* perméable

NOTE: US English is **pervious**

peroxyacetyl nitrate (PAN) *noun* nitrate *m* de peroxyacétyle

persist *verb* persister; **some substances persist in toxic forms in the air for weeks** = certaines substances persistent sous forme toxique dans l'atmosphère pendant des semaines

◇ **persistence** *noun* persistance *f or* rémanence *f*

◇ **persistent** *adjective* persistant, -e; **persistent insecticide** = insecticide persistant
NOTE: the opposite is **non-persistent**

> QUOTE the persistence of very low ozone levels into the southern hemisphere's summer could have serious ecological effects
>
> *New Scientist*

perturbation *noun* perturbation *f*

pervious *adjective US* perméable
NOTE: GB English is **permeable**

pest *noun* insecte *m* nuisible; **a spray to remove insect pests** = une bombe (aérosol) insecticide; **pest control** = lutte *f* contre les insectes *or* lutte contre les parasites

> COMMENT: the word is a relative term: a pest to one person may not be a pest to another, so foxes are pests to chicken farmers, but not to naturalists

pesticide *noun* pesticide *m*; **persistent pesticides** = pesticides persistants; **pesticide residues** = résidus de pesticides

> COMMENT: there are three basic types of pesticide. 1. organochlorides, which have a high persistence in the environment of up to about 15 years (DDT, dieldrin and aldrin); 2. organophosphates, which have an intermediate persistence of several months (parathion, carbaryl and malathion); 3. carbamates, which have a low persistence of around two weeks (Tenik, Zectran and Zineb). Most pesticides are broad-spectrum, that is they kill all insects in a certain area and may kill other animals like birds and small mammals

PET = POLYETHYLENE TEREPHTHALATE

petal *noun* pétale *m*

petrify *verb* pétrifier *or* se pétrifier; **petrified forest** = forêt pétrifiée

◇ **petrifaction** *noun* pétrifaction *f*

petrochemicals *plural noun* produits *mpl* pétrochimiques; **the petrochemical industry** = l'industrie *f* pétrochimique

◇ **petrochemistry** *noun* pétrochimie *f*

petrol *noun* essence *f*; **the car is very economic on petrol** = cette voiture consomme peu d'essence; **we are looking for a car with a low petrol consumption** = nous cherchons une voiture qui consomme peu d'essence; **petrol engine** = moteur *m* à essence
NOTE: US English is **gasoline**

> COMMENT: in a petrol engine the petrol is mixed with air making it more combustible. It is then sprayed or injected into the cylinders, where it is ignited by an electric spark. Petrol is made of a mixture of several hydrocarbons, such as butane and benzene. It also contains additives, in particular lead tetraethyl, which prevent an engine from knocking. The use of petrol in vehicle engines is responsible for a high level of pollutants in the atmosphere, as the engines emit carbon monoxide and various lead compounds

petroleum *noun* pétrole *m*; **crude petroleum** = pétrole brut *or* brut *m*; **petroleum chemical** = dérivé *m* du pétrole; **petroleum exporting countries** = pays *mpl* exportateurs de pétrole; **petroleum gas** = gaz *m* de pétrole; **petroleum industry** = industrie *f* du pétrole; **petroleum products** = produits *mpl* (dérivés) du pétrole; **petroleum revenues** = revenus *mpl* du pétrole; **petroleum tar** = goudron *m* de pétrole

> COMMENT: petroleum occurs usually in combination with natural gas or water, and when these are removed it is called crude oil. Refined crude oil gives various products such as petrol, LPG, diesel oil, paraffin wax, tar, etc.

petrology *noun* pétrographie *f or* pétrologie *f*
NOTE: not connected with **petrol**

PFBC = PRESSURIZED FLUIDIZED-BED COMBUSTION

pH *noun* pH *m*; **there was a sudden increase in pH** = le pH s'est brutalement accru; **polluted water with a low pH value is more acid and corrosive** = une eau polluée avec un pH peu élevé est plus acide et plus corrosive; **pH control** = régulation *f* du pH; **pH factor** = valeur *f* pH; **pH meter** = pH-mètre *m*; **pH test** = test *m* du pH

COMMENT: the pH factor is shown as a number. A value of 7 is neutral. Lower values indicate increasing acidity and higher values indicate increasing alkalinity. So 0 is most acid and 14 is most alkaline. Acid rain has been known to have a pH of 2 or less, making it as acid as lemon juice. Most freshwater fish cannot survive even slightly acid conditions. Salmon and trout cannot stand a pH value of 6, and only pike can survive in water at less than pH4

QUOTE the sulphuric and nitric acids in cloud droplets can give them an extremely low pH. Water collected near the base of clouds in the eastern US during the summer typically has a pH of about 3.6 but values as low as 2.6 have been recorded. In the greater Los Angeles area the pH of fog has fallen as low as 2

Scientific American

Phaeophyta *plural noun* phéophycées *fpl*

phag- *or* **phago-** *prefix (meaning eating)* phago-

◇ **-phage** *suffix (which eats)* -phage; **macrophage** = macrophage

◇ **phagocyte** *noun* phagocyte *m*

◇ **phagocytic** *adjective* phagocytaire

phase *noun* phase *f*; **the larval phase of an insect** = la phase larvaire d'un insecte; **the phases of the moon** = les phases de la lune

phenology *noun* phénologie *f*

phenomenon *noun* phénomène *m*
NOTE: plural is **phenomena**

phenotype *noun* phénotype *m; compare* GENOTYPE

-philia *suffix (meaning liking for something)* -philie; **haemophilia** = hémophilie *f*

philoprogenitive *adjective* génitophile

phosphate *noun* phosphate *m*; **phosphate removal** = déphosphatation *f*

◇ **phosphating** *noun* phosphatation *f*

COMMENT: phosphates are salts of phosphoric acid, which are essential plant nutrients and which are formed naturally by weathering of rocks. Phosphates escape into water from sewage, especially in waste water containing detergents, and encourage the growth of algae by eutrophication. Artificially produced phosphates are used in agriculture and known as superphosphates because they are highly concentrated

phosphorescence *noun* phosphorescence *f*

◇ **phosphorescent** *adjective* lumineux, -euse *or* phosphorescent, -e

phosphoric acid *noun* acide *m* phosphorique

◇ **phosphorus** *noun* phosphore *m*; **phosphorus cycle** = cycle *m* du phosphore
NOTE: the chemical symbol is **P**; atomic number is **15**

COMMENT: phosphorus is an essential part of DNA and RNA, and when an organism dies, the phosphorus contained in its tissues returns to the soil and is taken up by plants in the phosphorus cycle

phot- *or* **photo-** *prefix (referring to light)* photo-

◇ **photic zone** *or* **euphotic zone** *noun* zone *f* photique; *compare* APHOTIC

photochemical *adjective* photochimique; **gases rise into the upper atmosphere and undergo photochemical changes** = les gaz s'élèvent dans la haute atmosphère où ils subissent des transformations photochimiques; **photochemical oxidants** = oxydants *mpl* photochimiques; **photochemical pollution**

= pollution *f* photochimique; **photochemical polymerization** = photopolymérisation *f*; **photochemical smog** = smog *m* photochimique

COMMENT: smog which is caused by the action of sunlight on polluting gases; when the atmosphere near ground level is polluted with nitrogen oxides from burning fossil fuels together with hydrocarbons, ultraviolet light from the sun sets off a series of reactions that result in photochemical smog, containing among other substances, ozone

photochemistry *noun* photochimie *f*

photoconverter *noun* convertisseur *m* photothermique

photodegradation *noun* photodégradation *f*

photoelectric cell *noun* cellule *f* photoélectrique

photogenic *adjective* photogénique

photograph *noun* photographie *f*; **aerial photographs of the area showed changes in land use** = des photographies aériennes de la région ont montré des changements dans l'utilisation des sols

◇ **photography** *noun* photographie *f*

photonasty *noun* photonastie *f*

◇ **photonastic** *adjective* photonastique

photo-oxidant *noun* photo-oxydant *m*

◇ **photo-oxidation** *noun* photo-oxydation *f*

photoperiod *noun* photopériode *f*

◇ **photoperiodism** *noun* photopériodisme *m*

photophile *or* **photophilic** *adjective* photophile

photorespiration *noun* photorespiration *f*

photosensitive *adjective* photosensible

◇ **photosensitivity** *noun* photosensibilité *f*

photosynthesis *noun* photosynthèse *f*

◇ **photosynthesize** *verb* photosynthétiser; **acid rain falling on trees reduces their ability to photosynthesize** = les pluies acides diminuent la capacité de photosynthèse des arbres

> QUOTE light powers photosynthesis, the process by which a plant converts carbon dioxide and water into sugars, starch and oxygen
>
> *Scientific American*

phototrophic *adjective* phototrophe

phototropism *noun* phototropisme *m*

◇ **phototropic** *adjective* phototropique

photovoltaic cell *noun* cellule *f* photovoltaïque; **photovoltaic panel** = panneau *m* photovoltaïque

phreatic *adjective* phréatique; **phreatic gas** = gaz *m* phréatique; **phreatic water** = eaux *fpl* souterraines *or* nappe *f* phréatique

◇ **phreatophyte** *noun* phréatophyte *f*

phycology *noun* phycologie *f*

phylogenesis *or* **phylogeny** *noun* phylogenèse *f* *or* phylogénie *f*

◇ **phylum** *noun* phylum *m*

NOTE: plural is **phyla**

physi- *or* **physio-** *prefix (meaning physiology or physical)* physi- *or* physio-

◇ **physiological** *adjective* physiologique; **physiological specialization** = spécialisation *f* physiologique

◇ **physiologist** *noun* physiologiste *m&f*

◇ **physiology** *noun* physiologie *f*; **human physiology** = physiologie humaine; **plant physiology** = physiologie végétale

physics *noun* physique *f*

◇ **physical** *adjective* physique; **physical geography** = géographie *f* physique;

physical medicine = médecine physique et rééducation

◊ **physically** *adverb* physiquement; **an organism adapts physically to changes in temperature** = un organisme s'adapte physiologiquement aux changements de température

phyt- *or* **phyto-** *prefix (meaning plants)* phyt- *or* phyto-

◊ **phytobenthos** *noun* phytobenthos *m*

◊ **phytobiology** *noun* phytobiologie *f*

◊ **phytochemistry** *noun* phytochimie *f*

◊ **phytoecology** *noun* phytoécologie *f*

◊ **phytogeography** *noun* phytogéographie *f*

◊ **phytome** *noun* phytome *m*

◊ **phytophagous** *adjective* phytophage *or* herbivore

◊ **phytoplankter** *noun* plante *f* planctonique

◊ **phytoplankton** *noun* phytoplancton *m* *or* flore *f* planctonique; **phytoplankton blooms** = proliférations *fpl* de plancton

◊ **phytoplanktonic** *adjective* phytoplanctonique

> COMMENT: phytoplankton are formed mainly of diatoms and carry out photosynthesis as other plants do under the influence of the sunlight which penetrates the surface of the sea. Phytoplankton are the basis of the food chain of all animals living in the sea

> QUOTE excess ultraviolet light is killing off phytoplankton, which is the primary source of the oceans' ecosystem
> *Guardian*

phytotoxic *adjective* phytotoxique

◊ **phytotoxicant** *or* **phytotoxin** *noun* phytotoxine *f*

PIC = PRODUCT OF INCOMPLETE COMBUSTION

piezometric *adjective* piézométrique

◊ **piezometer** *noun* piézomètre *m*

pig iron *noun* saumon *m* de fonte

pigment *noun* pigment *m*; **blood pigment** = HAEMOGLOBIN; **pigment cell** = cellule *f* pigmentaire

◊ **pigmentary** *adjective* pigmentaire

◊ **pigmentation** *noun* pigmentation *f*

pilot project *noun* projet *m* pilote; **they are running a pilot project in the area for three months before deciding on the next stage** = ils ont lancé un projet pilote de trois mois dans la région avant de prendre une décision sur l'étape suivante

pine *or* **pine tree** *noun* **(a)** *(tree)* pin *m*; **the north of the country is covered with pine forests** = le nord du pays est couvert de pinèdes; **pine cone** = pomme *f* de pin; **pine needle** = aiguille *f* de pin; **pine oil** = huile *f* de pin **(b)** *(wood)* (bois de) pin

◊ **pinewood** *noun* bois *m* de pin *or* pinède *f*

pipeline *noun* conduite *f* *or* pipeline *m*; **oil pipeline** = oléoduc *m*; **natural gas pipeline** = gazoduc *m*

pisciculture *noun* pisciculture *f*

pit *noun* **(a)** *(hole in ground)* trou *m*; **chalk pit** = carrière de craie **(b)** *(coal mine)* (puits de) mine de charbon

pitch *noun* **(a)** *(of sound)* fréquence *f* d'un son **(b)** *(from tar)* poix *f*; **mineral pitch** = bitume *m*

pituitary body *or* **pituitary gland** *noun* hypophyse *f* *or* glande *f* pituitaire

> COMMENT: the pituitary gland is about the size of a pea, and hangs down from the base of the brain. The front lobe of the gland secretes several hormones which stimulate the adrenal and thyroid glands, and stimulate the production of sex hormones, melanin and milk. The posterior lobe of the gland secretes the antidiuretic hormone and oxytocin. The pituitary gland is the most important gland in the body because the hormones it secretes control the functioning of the other glands

PJ = PICAJOULE

placenta *noun* placenta *m*

◇ **placental** *adjective* placentaire

COMMENT: The placenta allows an exchange of oxygen and nutrients to be passed from the mother to the embryo. It does not exist in marsupials

plagioclimax *noun* plésioclimax *m*

plague *noun* **(a)** *(disease)* peste *f*; **bubonic plague** = peste bubonique **(b)** *(infestation by pests)* infestation *f or* invasion *f*; **a plague of locusts has invaded the region and is destroying crops** = la région est infestée de criquets qui détruisent les cultures

plain *noun* plaine *f*

plan 1 *noun* **(a)** *(project)* plan *m or* projet *m*; **contingency plan** = plan d'urgence; **development plan** = plan d'aménagement; **land-use plan** = plan d'occupation des sols (POS) **(b)** *(map)* plan *m*; **street plan** *or* **town plan** = plan de ville **2** *verb* planifier *or* projeter; *see also* PLANNED, PLANNING

plane tree *noun* platane *m*

planet *noun* planète *f*

◇ **planetary** *adjective* planétaire

plankton *noun* plancton *m*
NOTE: the word is plural, and a single organism is a **plankter**

◇ **planktivorous** *adjective* planctophage

◇ **planktonic** *adjective* planctonique; **blooms are population explosions of planktonic plants** = les proliférations sont dues à un développement très rapide des plantes planctoniques

COMMENT: plankton are divided into two groups: zooplankton, which are microscopic animals and phytoplankton which are microscopic plants capable of photosynthesis. Plankton float near the surface of the water and provide food for many fish and other marine animals

planned *adjective* planifié, -e; **planned economy** = économie planifiée *or* système *m* de planification économique

planner *noun* planificateur *m*; **the government's economic planners** = les planificateurs économiques du gouvernement; **town planner** = urbaniste *m&f*

planning *noun* **(a)** planification *f*; **economic planning** = planification économique; **family planning** = planning *m* familial; **manpower planning** = planification de l'emploi **(b)** *(of land and buildings)* aménagement *m*; **planning authority** = service *m* de l'urbanisme; **planning controls** = législation *f* de l'aménagement du territoire; **planning department** = service départemental de l'urbanisme; **planning inquiry** = enquête *f* publique; **planning permission** = permis *m* de construire; **outline planning permission** = avant-projet *m*; **they have been refused planning permission** = le permis de construire leur a été refusé; **we are waiting for planning permission before we can start building** = nous attendons le permis de construire avant de commencer la construction; **the land is to be sold without planning permission** = le terrain sera vendu sans permis de construire; **town planning** *or US* **city planning** = urbanisme *m*; **country planning** *or* **rural planning** = aménagement rural; **national planning and development** = aménagement du territoire; **regional planning and development** = aménagement *m* régional

QUOTE buildings are closely regulated by planning restrictions
Investors Chronicle

plant *noun* **(a)** plante *f or* végétal *m*; **botanists discovered several new species of plant in the jungle** = les botanistes ont découvert de nouvelles espèces végétales dans la jungle; **herbaceous plant** = plante herbacée; **host plant** = plante hôte; **indicator plant** = plante indicatrice; **plant biology** = biologie *f* végétale; **plant breeder** = phytogénéticien, -ienne; **plant climatology** = phytoclimatologie *f*; **plant community** = groupement *m* végétal; **plant cover** = couverture *f* végétale; **plant eater** = phytophage *m*; **plant ecology** = écologie *f* végétale *or* phytoécologie *f*; **plant physiology** = physiologie *f* végétale; **plant plankton** = phytoplancton *m or* plancton végétal; **the plant kingdom** = le règne végétal **(b)** *(factory)* fabrique *f* *or* usine *f*; **chemical plant** = usine (de fabrication) de produits chimiques; **the area was sealed off after leaks from the chemical plant** = la zone a été interdite à la suite de fuites à l'usine de produits chimiques; **power plant** = centrale *f* électrique; **nuclear power plant** = centrale nucléaire; **a nuclear power plant is to be built near the town** = il est prévu de construire une centrale nucléaire près de la ville; **purification plant** = station *f* d'épuration

plantation *noun* plantation *f*; **coffee plantation** = plantation de café; **young forest plantations** = réserves *fpl* boisées
NOTE: plantations of conifers are often mistakenly called **forests**

> QUOTE extensive cash crop plantation schemes such as rubber and oil palm estates form a vital part of the economy
> *Ecologist*

plasma *noun* plasma *m*; **plasma cell** = plasmocyte *m*

plasmodium *noun* plasmodium *m*

plastic 1 *adjective (made of plastic)* en matière plastique; *(which can be moulded easily)* malléable; **plastic foam** = mousse *f* de plastique **2** *noun* matière *f* plastique; **the plastics industry** = l'industrie *f* des plastiques

> COMMENT: plastics are shaped under pressure. Thermoplastics are heated while being shaped. All plastics retain their shape after being formed. Waste plastics containing chlorine can produce hydrogen chloride when incinerated. Those formed from ethylene or propylene (i.e. polyethylene and polypropylene) are not degradable and must be incinerated

plate *noun* plaque *f*; **plate tectonics** = tectonique *f* des plaques

> COMMENT: the theory that the earth's crust is made of a series of large plates of solid rock which float on the mantle and move very slowly, the places where they meet being subject to earthquakes and volcanic eruptions

plateau *noun* plateau *m*
NOTE: plural is **plateaux**

platinum *noun* platine *m*
NOTE: chemical symbol is **Pt;** atomic number is **78**

Pleistocene *noun* pléistocène *m*

plough *or US* **plow 1** *noun* charrue *f* **2** *verb* labourer; **deep ploughing** = labourage *m* en profondeur

plow *US* = PLOUGH

plug *noun (block of igneous rock forming the central vent of an old volcanic opening)* culot *m*

◇ **plugging agent** *noun (chemistry)* agent *m* colmatant

plumbic poisoning *or* **plumbism** *noun* empoisonnement *m* par le plomb *or* intoxication *f* saturnine *or* saturnisme *m*

plume *noun* **(a)** *(smoke)* panache *m* de fumée; **build a tall chimney stack so that the gas plume will be carried further by the wind** = construisez une cheminée d'usine haute afin que le panache de gaz soit emporté par le vent; **plumes from power stations can increase the level of acid in clouds** = les panaches des centrales électriques risquent d'accroître le taux d'acidité des nuages; **the plume of radioactive material covered most of the country** = le panache de matières radioactives recouvrait presque tout le pays **(b)** *(feather)* plume *f* d'oiseau

plutonium *noun* plutonium *m*; **plutonium-239** = plutonium 239; **enriched plutonium** = plutonium enrichi
NOTE: the chemical symbol is **Pu;** atomic number is **94**

PNA = POLYNUCLEAR AROMATICS

PNdB = PERCEIVED NOISE LEVEL IN DECIBELS

pneum- *or* **pneumo-** *prefix (meaning air)* pneumo-

◇ **pneumoconiosis** *noun* pneumoconiose *f*

PNL = PERCEIVED NOISE LEVEL

PNS = PERIPHERAL NERVOUS SYSTEM

Po *chemical symbol for* POLONIUM

poach *verb (steal game)* braconner

◇ **poacher** *noun* braconnier *m*

◇ **poaching** *noun* braconnage *m*

pod *noun* cosse *f or* gousse *f*

podocarpus *noun* podocarpus *m*

podsol *or* **podzol** *noun* podzol *m*; **podzol ground** = sol *m* podzolique; *compare* CHERNOZEM

◇ **podzolization** *noun* podzolisation *f*

poikilo- *prefix (meaning irregular or varied)* poïkilo-

◇ **poikilosmosis** *noun* régulation *f* osmotique (des invertébrés)

◇ **poikilotherm** *noun* poïkilotherme *m; compare* HOMOIOTHERM

point *noun* **(a)** *(headland)* cap *m or* pointe *f* **(b)** *(maths)* virgule *f*; **5.7 (say "five point seven")** = 5,7 ("cinq virgule sept") **(c)** *(mark in a series)* degré *m or* point *m*; **critical point** = point critique; **dew point** = point de rosée; **freezing point** = point de congélation; **melting point** = point de fusion; **what's the freezing point of water?** = quel est le point de congélation de l'eau?; **the melting point of ice is O°C** = le point de fusion de la glace est O°C **(d) point quadrat** = quadrilleur ponctuel

> COMMENT: a device for measuring the leaf cover of ground, where a piece of wood with many holes in it is placed over a quadrat and rods passed through the holes, counting the number of leaves which they touch

poison 1 *noun* poison *m or* produit *m* toxique; *US* **poison ivy** *or* **poison oak** = sumac *m* vénéneux **2** *verb* empoisonner; **the workers were poisoned by toxic fumes** = les employés ont été intoxiqués par les fumées toxiques; **the wound was poisoned by bacterial infection** = la blessure a été infectée par des bactéries; **hundreds of fish were poisoned by the runoff** = des centaines de poissons ont été empoisonnées par les eaux de ruissellement

◇ **poisoning** *noun* empoisonnement *m*; **blood poisoning** = empoisonnement du sang; **lead poisoning** = empoisonnement *m* par le plomb *or* intoxication *f* saturnine *or* saturnisme *m*; **methylmercury poisoning** = intoxication méthylmercurielle; **Salmonella poisoning** = salmonellose *f*; **staphylococcal poisoning** = staphylococcie *f*

◇ **poisonous** *adjective (plant or mushroom)* vénéneux, -euse; *(plant or gaz or chemical)* toxique; **poisonous gas** = gaz toxique; **some mushrooms are good to eat and some are poisonous** = certains champignons sont comestibles, d'autres vénéneux

> COMMENT: the commonest poisons, of which even a small amount can kill, are arsenic, cyanide and strychnine. Many common foods and drugs can be poisonous if taken in large doses. Common household materials such as bleach, glue and insecticides can also be poisonous. Some types of poisoning, such as Salmonella, can be passed to other people through lack of hygiene

polar *adjective* polaire; **polar vortex** = vortex *m* polaire; **circumpolar vortex** = vortex circumpolaire

polder *noun* polder *m*

pole *noun* pôle *m*; **geomagnetic pole** = pôle géomagnétique; **magnetic pole** = pôle magnétique

policy *noun* politique *f or* programme *m*; **agricultural policy** = politique agricole; **Common Agricultural Policy (CAP)** = Politique agricole commune (PAC); **environmental policy** = politique de l'environnement; **foreign policy** = politique étrangère

politics *noun* politique *f*

◇ **political** *adjective* politique

◇ **politician** *noun* homme *m* politique *or* politicien, -ienne

pollard 1 *noun* têtard *m* **2** *verb* tailler en têtard *or* étêter (un arbre pour le maintenir à une hauteur de deux mètres); *compare* COPPICE

> COMMENT: pollarding allows new shoots to grow as in coppicing, but high enough above the ground to prevent them being eaten by animals. Willow trees are often pollarded

pollen *noun* pollen *m*; **pollen analysis** = analyse *f* pollinique; **pollen count** = taux *m* de pollen; *see also* PALYNOLOGY

◇ **pollinate** *verb* polliniser; **insect-pollinated palnt** = plante pollinisée par les insectes *or* plante entomophile; **wind-pollinated plant** = plante pollinisée par le vent *or* plante anémophile

◇ **pollination** *noun* pollinisation *f*; **insect pollination** = pollinisation par l'insecte *or* entomophilie *f*; **self-pollination** = pollinisation *f* directe; **cross-pollination** = pollinisation indirecte *or* croisée; **wind pollination** = pollinisation par le vent *or* anémophilie *f*

◇ **pollinator** *noun* pollinisateur *m*; **some apple trees need to be planted with pollinators as they are not self-fertile** = certains pommiers doivent être plantés près de pollinisateurs car ils sont autostériles *or* car l'autofécondation est impossible; **birds are pollinators for many types of tropical plants** = les oiseaux sont les pollinisateurs de nombreuses plantes tropicales

◇ **pollinosis** *noun* pollinose *f*

> COMMENT: grains of pollen are released by trees in spring and by flowers and grasses during the summer. The pollen is released by the stamens of a flower and floats in the air until it finds a female flower. Pollen in the air is a major cause of hay fever. It enters the eyes and nose and releases chemicals which force histamines to be released by the sufferer, causing the symptoms of hay fever to appear

pollutant *noun* polluant *m*; **discharge pipes take pollutants away from the coastal area into the sea** = des conduites d'évacuation rejettent les polluants dans la mer loin des côtes; **air pollutant** *or* **atmospheric pollutant** = polluant atmosphérique

pollute *verb* polluer; **polluting gases react with the sun's rays** = les gaz polluants se transforment sous l'effet du rayonnement solaire; **polluted soil must be removed and buried** = la terre polluée doit être enlevée et enfouie dans le sol

polluter *noun* pollueur *m*; **certain industries are major polluters of the environment** = certaines industries sont de grands pollueurs de l'environnement; **polluter pays principle (PPP)** = principe *m* pollueur-payeur

pollution *noun* pollution *f*; **in terms of pollution, gas is by far the cleanest fuel** = en termes de pollution, le gaz est de loin le combustible le plus propre; **pollution of the atmosphere has increased over the last 50 years** = la pollution atmosphérique s'est accrue ces 50 dernières années; **soil pollution round mines poses a problem for land reclamation** = la pollution des sols situés autour des mines rend problématique la remise en valeur des terres; **air pollution** = pollution de l'air; **atmospheric pollution** = pollution atmosphérique; **environmental pollution** = pollution de l'environnement; **pollution charges** = redevances *fpl* de pollution; **pollution control** = lutte *f* contre la pollution; **water pollution** = pollution de l'eau

> COMMENT: pollution is caused by natural sources or by human action. Pollution can be caused by a volcanic eruption or by a nuclear power station. Pollutants are not only chemical substances, but can be a noise or an unpleasant smell (as from a grinding works or from a sewage farm)

> QUOTE the principal culprits of the area's serious pollution are the more than 2.5 million automobiles that discharge an estimated 80% of the 5 million tons of air pollutants that enter the city's skies every year
>
> *Environment*

polonium *noun* polonium *m*
NOTE: chemical symbol is **Po**; atomic number is **84**

polybrominated biphenyl (PBB) *noun* diphényle *m* polybromé

polychlorinated biphenyls *or* **polychlorobiphenyls (PCBs)** *plural noun* diphényles *mpl* polychlorés

COMMENT: PCBs are stable compounds and were extensively used in electrical fittings and paints. Although they are no longer manufactured they are extremely persistent, and remain in huge quantities in the atmosphere and in landfill sites. They are not water soluble, and float on the surface of water where they are eaten by aquatic animals and so enter the food chain. PCBs are fat-soluble, and are therefore easy to take into the system, but difficult to excrete

polycondensed plastic *noun* polyamide *m*

polycyclic aromatic hydrocarbons (PAHs) *plural noun* hydrocarbures *mpl* polycycliques et aromatiques

polyethylene *or* **polythene (PE)** *noun* polyéthylène *m*

◇ **polyethylene terephthalate (PET)** *noun* téréphtalate *m* de polyéthylène

polygamy *noun* polygamie *f; compare* MONOGAMY

polymer *noun* polymère *m*

◇ **polymerization** *noun* polymérisation *f*

polymorphism *noun* polymorphisme *m*

◇ **polymorphic** *or* **polymorphous** *adjective* polymorphe

COMMENT: either (i) the existence of different forms during the life cycle of an organism (such as a butterfly, which exists as a caterpillar, then a pupa, before becoming a butterfly); or (ii) the existence of several forms of an organism (such as bees, which exist as workers, queens and drones)

polynuclear aromatics (PNA) *plural noun* aromatiques *mpl* polycycliques

polyp *noun* polype *m*

polyphagous *adjective* polyphage

polysaprobe *noun* polysaprobie *f*

◇ **polysaprobic** *adjective* polysaprobe

polystyrene *noun* polystyrène *m*

polythene *noun* polyéthylène *m; see also* POLYETHYLENE

polyunsaturated fat *noun* graisses *fpl* polyinsaturées

polyvinylchloride (PVC) *noun* chlorure *m* de polyvinyle (CPV)

pome *noun (apples and pears)* fruit *m* à pépins

◇ **pomology** *noun* pomologie *f*

COMMENT: common fruit like apples and pears are pomes, in which the fleshy part develops from the receptacle of a flower and not from the ovary as in other fruit

pond *noun* bassin *m or* étang *m or* mare *f*; **maturation pond** = bassin de maturation; **settling pond** = bassin de décantation; *see also* DEW POND

◇ **ponding** *noun* lagunage *m*

◇ **pondweed** *noun* épi *m* d'eau *or* potamot *m*

pool *noun* **(a)** *(of water)* bassin *m or* étang *m or* mare *f* **(b)** *(collection)* réserve *f or* stock *m*; **genetic pool** = capital *m* génétique *or* stock génétique **(c)** *(in porous sedimentary rocks)* nappe *f* souterraine (de pétrole, etc.)

poor *adjective* pauvre; **poor soil** = sol *m* pauvre

population *noun* population *f*; **population statistics show that the birth rate is slowing down** = les statistiques démographiques indiquent que la natalité est en baisse; **the government has decided to screen the whole population of the area** = le gouvernement a décidé de faire passer un test de dépistage à l'ensemble de la population de la région; **population growth is a major threat to conservation efforts** = la croissance démographique met en péril les efforts concernant la protection de la nature; **over-population** = surpopulation *f*; **population cycle** = mouvement *m* naturel de la population; **population decrease** = dépeuplement *m*; **population density** = densité *f* de population; **population dispersion** = répartition *f* de la population; **population dynamics** = dynamique *f* des populations; **population ecology** = écologie *f* des populations; **population equilibrium** = équilibre *m* démographique; **population equivalent** = équivalent *m* habitant; **population explosion** = explosion *f* démographique; **population growth** = croissance *f* démographique; **population pyramid** = pyramide *f* des âges; **zero population growth** = accroissement *m* naturel nul

◇ **populate** *verb* peupler; **starlings introduced into the USA in the 19th century soon populated the whole eastern seaboard** = les étourneaux, introduits aux Etats-Unis au XIXe siècle, ont rapidement peuplé toute la côte est

pore *noun* pore *m*

◇ **porosity** *noun* porosité *f*; **clay has a lower porosity than lighter soils** = l'argile a une porosité moindre que des sols plus légers

◇ **porous** *adjective* poreux, -euse; **porous rock is not necessarily permeable** = une roche poreuse n'est pas forcément perméable

positive *adjective* positif, -ive; **positive feedback** = rétroaction positive

◇ **positively** *adverb* positivement

post- *prefix (meaning after or later)* post-

◇ **postclimax** *noun* postclimax *m*

potamology *noun* potamologie *f*

◇ **potamoplankton** *noun* potamoplancton *m*

◇ **potamous** *adjective* (animal) qui vit dans l'eau

potassium *noun* potassium *m*; **potassium permanganate** = permanganate *m* de potassium
NOTE: chemical symbol is **K;** atomic number is **19**

potential 1 *adjective* potentiel, -elle 2 *noun* potentiel *m*; **biotic potential** = potentiel biotique; **energy potential** = potentiel énergétique; **redox potential (rH)** = potentiel d'oxydoréduction *or* potentiel redox (rH)

◇ **potentiate** *verb (of two substances)* potentialiser

◇ **potentiation** *noun* potentialisation *f*

poverty *noun* pauvreté *f*

powder *noun* poudre *f*; **granulated powder** = poudre granulée

◇ **powdered** *adjective* en poudre

◇ **powdery** *adjective* poudreux, -euse; **mildew forms as a powdery layer on leaves** = le mildiou forme une sorte de pellicule poudreuse sur les feuilles

power *noun* électricité *f or* énergie *f*; **the storm cut off power supplies to the town** = l'orage a privé la ville d'électricité; **power cables** *or* **power lines** = lignes *fpl* à hautes tension; **power plant** = centrale *f* électrique; **coal-fired** *or* **oil-fired power station** = centrale au charbon *or* au pétrole; **fossil-fuel power station** = centrale *f* à combustible fossile; **power raising** = mise *f* en service d'une centrale électrique; **nuclear power** = énergie *f* nucléaire; **tidal power** = énergie marémotrice; **wave power** = énergie des vagues *or* de la houle; **wind power** = énergie éolienne

◇ **-powered** *suffix* **a wind-powered pump** = une pompe (fonctionnant à l'énergie) éolienne; **a nuclear-powered submarine** = un sous-marin (fonctionnant à l'énergie) nucléaire

> COMMENT: a power station makes electricity by using steam to turn turbines, which themselves drive generators. High-pressure steam is heated by burning oil or coal, or by energy from a nuclear reactor. The steam passes over the turbines as a high-pressure jet, making the turbines rotate. The steam is produced from fresh water which is heated in a boiler, then passed through the furnace again to be superheated. Superheated steam drives the first turbine, and then is returned to the boiler again for

reheating, and then passing over the second and third turbines. The steam is then condensed into water, which then passes back through the system again. Although the steam used in power stations is heated several times and is condensed into reusable water at the end of the cycle, much of the energy generated to heat the water and create steam is not translated into electric power and is therefore wasted

ppb = PART PER BILLION

ppm = PART PER MILLION

PPP = POLLUTER-PAYS PRINCIPLE

prairie *noun* plaine *f* herbeuse; *US* **the prairie(s)** = la Prairie *or* les Prairies; **short-grass prairie** = steppe *f*; **tall-grass prairie** = prairie *f*

> QUOTE within a lifetime, most of Canada's wild prairies have been lost or damaged by extensive ranching of cattle and urban or industrial development
> *Guardian*

precipitate 1 *noun* précipité *m* **2** *verb* précipiter *or* se précipiter

◇ **precipitant** *noun* précipitant *m*

◇ **precipitation** *noun* **(a)** *(in a solution)* précipitation *f*; **precipitation tank** = cuve *f* de précipitation **(b)** *(rain, snow, etc.)* précipitations *fpl*; **precipitation in the mountain areas is higher than in the plains** = les précipitations sont plus importantes en montagne qu'en plaine; **acid precipitation** = précipitations *fpl* acides

◇ **precipitator** *noun* précipitateur *m*; **electrostatic precipitator** = précipitateur électrostatique

precise *adjective* précis, -e; **the instrument can give precise measurements of changes in atmospheric pressure** = cet instrument permet de mesurer avec précision les variations de la pression atmosphérique

precursor *noun* précurseur *m*; **the biggest share of ozone precursors comes from emissions from vehicles** = la plus grande partie des précurseurs d'ozone provient des gaz émis par les véhicules

> QUOTE methane is a precursor to reactions that destroy ozone in the stratosphere
> *New Scientist*

predator *noun* prédateur *m*; **the larvae are predators of aphids** = les larves sont les prédateurs des pucerons; *see also* PREY

◇ **predation** *noun* prédation *f*

◇ **predatory** *adjective* prédateur, -trice; **predatory animals, such as lions and tigers** = des animaux prédateurs, tels les lions et les tigres

predominate *verb* prédominer; **a cold northerly airstream predominates during the winter** = un vent du nord froid prédomine en hiver; **dark forms of the moths predominate in industrial areas** = les phalènes foncées prédominent dans les régions industrielles

◇ **predominance** *noun* prédominance *f*

◇ **predominant** *adjective* prédominant, -e; **the predominant airstream is from the west** = le vent d'ouest est prédominant

preferendum *noun (area where a species flourishes best)* préférendum *m*

prescribed fires *plural noun US* feux *mpl* provoqués *or* préventifs

preserve *verb* conserver *or* préserver

◇ **preservation** *noun* conservation *f or* préservation *f*; **food preservation allows some types of perishable food to be eaten during the winter months when fresh food is not available** = les conserves alimentaires permettent de consommer en hiver certaines denrées périssables lorsqu'il n'y a pas de produits frais; **tree preservation order (TPO)** = arrêté municipal sur le classement d'un arbre; **they have put a preservation order on this building** = ce bâtiment a été classé

◇ **preservative (agent)** *noun* agent *m* de conservation

pressure *noun* **(a)** *(natural force)* pression *f*; **atmospheric pressure** = pression atmosphérique; **atmospheric**

pressure zones = zones *fpl* de pression atmosphérique; **osmotic pressure** = pression osmotique; **pressure gradient** = gradient *m* barométrique; **pressure vessel** = cuve *f* (du réacteur nucléaire) **(b)** *(influence on someone)* contrainte *f* *or* pression *f*; **pressure group** = groupe *m* de pression; **the environmental association set up a pressure group to lobby parliament** = l'association pour la défense de l'environnement a mis sur pied un groupe de pression pour agir auprès des parlementaires

◇ **pressurize** *verb* pressuriser; **pressurized water reactor (PWR)** = réacteur *m* à eau sous pression; **pressurized fluidized-bed combustion (PFBC)** = combustion *f* sous pression en lit fluidisé

prevailing wind *noun* vent *m* dominant

prevalence *noun* fréquence *f*; **the prevalence of malaria in some tropical countries** = la fréquence du paludisme dans certains pays tropicaux; **the prevalence of cases of malnutrition in large towns** = la fréquence des cas de malnutrition dans les grandes villes

◇ **prevalent** *adjective* courant, -e *or* fréquent, -e *or* répandu, -e; **the disease is prevalent in some African countries** = c'est une maladie généralisée dans certains pays d'Afrique; **a fungus which is more prevalent in deciduous forests** = un champignon plus répandu dans les forêts de feuillus

prevent *verb* empêcher; **the pressure group tried to prevent the construction of the new airport** = le groupe de pression a essayé d'empêcher la construction du nouvel aéroport

◇ **prevention** *noun* prévention *f*; **accident prevention** = prévention des accidents

◇ **preventive** *or* **preventative** *adjective* préventif, -ive; **preventive measure** = mesure préventive; **preventive medicine** = médecine préventive

prey 1 *noun* proie *f*; **bird of prey** = oiseau *m* de proie; **small mammals are the prey of owls** = les petits mammifères sont la proie des hiboux (NOTE: no plural) **2** *verb* **to prey on** = s'attaquer à; **water snakes prey on frogs and small fish** = les serpents d'eau s'attaquent aux grenouilles et aux petits poissons

primary *adjective* primaire; **primary colour** = couleur *f* primaire; **primary commodities** = produits *mpl* de première nécessité; **primary coolant** = liquide *m* de refroidissement primaire; **primary energy** = énergie *f* primaire; **primary forest** = forêt *f* primaire; **primary industry** = industrie *f* primaire; **primary particulates** = macroparticules *fpl* primaires; **primary products** = produits *mpl* de base; **primary production** = production *f* primaire; **primary productivity** = productivité *f* primaire; **primary sere** = première série *f* (de succession écologique); **primary succession** = succession *f* primaire; **primary treatment** = traitement *m* primaire (des eaux usées); *compare* SECONDARY

> QUOTE farmers are convinced that primary industry no longer has the capacity to meet new taxes
> *Australian Financial Times*

> QUOTE because it needs such large trees, the woodpecker is confined to primary forest - the evergreen broadleaved forest that once covered all the hills
> *New Scientist*

primates *plural noun* primates *mpl*

primitive *adjective* originel, -elle *or* primitif, -ive; **primitive rocks** = roches primitives

◇ **primitive area** *noun* réserve *f* intégrale

primordial *adjective* primitif, -ive; *(biological)* primordial, -e, -aux; **primordial cell** = cellule primordiale

probe 1 *noun* sonde *f*; **spatial probe** = sonde spatiale **2** *verb* sonder

process 1 *noun* procédé *m* *or* processus *m* *or* méthode *f*; **a new process for extracting oil from shale** = un nouveau procédé qui permet d'extraire l'huile du schiste; **breakdown process** = processus de décomposition; **chemical process** = procédé chimique; **process chemicals** =

produits *mpl* chimiques industriels; **the Bessemer process** = le procédé Bessemer **2** *verb (to treat)* traiter *or* transformer; *(to examine or study)* examiner; **the core samples are being processed by the laboratory** = le laboratoire procède à l'examen des échantillons du noyau terrestre; *see also* REPROCESSING

◇ **processing** *noun* traitement *m or* transformation *f*; **fish processing plant** = usine *f* de transformation du poisson; **food processing industry** = industries *fpl* alimentaires; **processing industry** = industrie *f* de transformation; **refuse processing plant** = usine de traitement des ordures; **sludge processing** = traitement des boues; **waste processing** = traitement des déchets

produce 1 *noun* produits *mpl*; **farm produce** = produits fermiers **2** *verb* produire; **a factory producing agricultural machinery** = une usine de fabrication de matériel agricole; **a drug which increases the amount of milk produced by cows** = un médicament qui accroît la production des vaches laitières

◇ **producer** *noun* producteur, -trice; **producer prices** = prix *m* à la production

◇ **product** *noun (thing which is produced)* produit *m; (result)* résultat *m*; **product of incomplete combustion (PIC)** = résidus *mpl* de combustion

◇ **production** *noun* **(a)** *(act of manufacturing)* fabrication *f or* production *f*; **production line** = chaîne *f* de fabrication *or* de montage; **production platform** = plateforme *f* de production; **production residues** = résidus *mpl* de fabrication **(b)** *(production by organisms)* production; **gross production rate** = taux *m* brut de production; **primary production** = production primaire; **gross primary production** = production primaire brute; **production ecology** = étude *f* du rendement écologique; **production ration** = ration *f* de production

◇ **productive** *adjective* fertile *or* productif, -ive; **productive soils** = terres *fpl* fertiles

◇ **productivity** *noun* productivité *f or* rendement *m*; **primary productivity** = productivité primaire; **net productivity** = rendement net; **with new strains of rice, productivity per hectare can be increased** = l'utilisation de nouvelles variétés de riz permettra d'accroître le rendement à l'hectare

> QUOTE rising global temperatures could completely alter the face of the earth. Many of the world's most fertile regions are likely to become drier and less productive, whilst regions like India and the Middle East are expected to become wetter and more fertile
> *Ecologist*

profession *noun* spécialisation *f*

> COMMENT: it is all the characters (chemical, physical, biological) that determine the position of an organism or species in an ecosystem (such as an aquatic predator, a terrestrial herbivore)

profundal zone *noun* hypolimnion *m or* zone *f* profonde

programme *noun* programme *m*

prohibit *verb* interdire

project 1 *noun* entreprise *f or* opération *f or* programme *m or* projet *m*; **the land reclamation project will cost several million dollars** = l'opération de remise en valeur des terres coûtera plusieurs millions de dollars; **development project** = programme de développement; **housing project** = grand ensemble *m or* lotissement *m*; **pilot project** = projet pilote; **planning project** = projet d'aménagement **2** *verb* projeter *or* être en saillie

> QUOTE rural health projects enable vaccines and other essential health technologies to reach more of the population. Most rural electrification projects involve the government providing electricity supplies at little or no cost
> *Appropriate Technology*

promontory *noun* promontoire *m*

promote *verb* promouvoir; **growth-promoting hormones are used to increase the weight of beef cattle** = on utilise des hormones de croissance pour accroître le poids du bétail

◊ **promoter** *noun* activateur *m or* promoteur *m*; **growth promoter** = activateur de croissance

◊ **promotion** *noun* activation *f*; **growth promotion may alter the nutritional quality of wheat** = l'utilisation d'activateurs de croissance peut nuire à la qualité nutritive du blé

propagate *verb* multiplier *or* propager *or* se multiplier *or* se propager

◊ **propagation** *noun* multiplication *f or* propagation *f*

◊ **propagator** *noun* propagateur *m*

COMMENT: the commonest of the various forms of plant propagation are: growing from seed or from tubers (such as potatoes) and growing clones (as by taking cuttings, grafting, budding roses, layering)

propane *noun* propane *m*

propellant *noun* propulseur *m*

QUOTE many companies have announced that they will stop using CFCs as propellants
Environment Now

property *noun* **(a)** *(characteristic)* caractéristique *f or* propriété *f*; **we use the energy-producing properties of uranium isotopes in nuclear reactors** = dans les réacteurs nucléaires, on utilise les propriétés énergétiques des isotopes d'uranium **(b)** *(land, etc. which belongs to someone)* propriété *f*; **the farmland is the property of a large corporation and they have applied to use it for industrial construction** = cette terre agricole appartient à une grande entreprise qui a déposé une demande pour y faire de la construction industrielle

prophylaxis *noun* prophylaxie *f*

◊ **prophylactic** *adjective & noun* prophylactique *(m)*

protease *noun* protéase *f*

protect *verb* protéger; **the population must be protected against the spread of the virus** = la population doit être protégée contre la propagation du virus

◊ **protection** *noun* protection *f*; **environmental protection** = protection de l'environnement; **children are vaccinated as a protection against disease** = on vaccine les enfants pour les protéger contre une maladie

◊ **protective** *adjective* protecteur, -trice *or* de protection; **protective coloration** = homochromie *f or* mimétisme *m* des couleurs

protein *noun* protéine *f*; **protein balance** = taux *m* normal d'urée sanguine; **protein deficiency** = carence *f* en protéines

◊ **proteolysis** *noun* protéolyse *f*

◊ **proteolytic** *adjective* protéolytique; **proteolytic enzyme** *or* **protease** = enzyme *f* protéolytique *or* protéase *f*

COMMENT: proteins are necessary for growth and repair of the body's tissue; they are mainly formed of carbon, nitrogen and oxygen in various combinations as amino acids. Certain foods (such as beans, meat, eggs, fish and milk) are rich in protein

protest 1 *noun* protestation *f*; **they refused to buy from the supermarket in protest against the company's policy of not stocking organic food** = ils ont refusé de faire leurs achats au supermarché pour protester contre la politique de la société, qui ne s'approvisionne pas en denrées alimentaires biologiques **2** *verb* protester; **to protest against something** = protester contre quelque chose; **crowds protested against the killing of seals** = des foules de gens ont protesté contre le massacre des phoques
NOTE: in US English, you **protest something** but in British English you protest **against** something

protium *noun* protium *m*

protocol *noun* protocole *m*

proton *noun* proton *m*

protoplasm *noun* protoplasme *m*

◊ **protoplasmic** *adjective* protoplasmique

◊ **protoplast** *noun* protoplaste *m*

Protozoa *plural noun* protozoaires *mpl*
NOTE: the singular is **Protozoon**

◇ **protozoan 1** *adjective* protozoaire **2** *noun* = PROTOZOON

pseudo- *prefix (meaning similar, but not the same)* pseudo-

◇ **pseudoclimax** *noun* pseudoclimax *m*

psych- *or* **psycho-** *prefix (meaning the mind)* psycho-

◇ **psychological** *adjective* psychologique

◇ **psychology** *noun* psychologie *f*

Pt *chemical symbol for* PLATINUM

Pu *chemical symbol for* PLUTONIUM

public *adjective* public, publique; **public transport** = transports *mpl* en commun; **public utilities** = équipements *mpl* collectifs *or* entreprises de service public; **public utility** = service public; **public health** = hygiène *or* santé publique

puddingstone *noun* poudingue *m*

pulp *noun* pulpe *f*; **paper pulp** = pâte *f* à papier; **pulp and paper industry** = industrie *f* des pâtes et papiers; **pulpwood** = bois *m* à pâte; **wood pulp** = pâte *f* de bois

pulse *noun* **(a)** *(vibration)* vibration *f; (in an artery)* pouls *m*; **to take someone's pulse** = prendre le pouls de quelqu'un **(b)** *(sudden increase)* accroissement *m* brutal; **acid pulses** = poussées *fpl* acides **(c)** *(seeds of leguminous plants, such as lentils, beans and peas)* **pulses** = légumes *mpl* à gousse *or* légumes secs; **pulses provide a large amount of protein** = les légumes secs sont une importante source de protéines

pulverize *verb* pulvériser

◇ **pulverization** *noun* pulvérisation *f*

pumice stone *noun* pierre *f* ponce

pump 1 *noun* pompe *f*; **heat pump** = pompe à chaleur; **solar pump** = pompe solaire; **wind pump** = éolienne *f* *or* pompe éolienne **2** *verb* pomper

◇ **pumped-storage system** *noun* accumulation *f* d'énergie par pompage

◇ **pumping station** *noun* station *f* de pompage

> COMMENT: a pumped-storage turbine acts as an electricity generator when water pressure is high, and becomes a water pump when water pressure is low, pumping water back up to the reservoir

pupa *noun* chrysalide *f* *or* nymphe *f*
NOTE: the plural is **pupae**

◇ **pupal** *adjective* de chrysalide *or* de nymphe *or* nymphal, -e, -aux

◇ **pupate** *verb (of insect)* se métamorphoser en nymphe *or* chrysalider

purchase 1 *noun* achat *m* **2** *verb* acheter

◇ **purchasing power** *noun* pouvoir *m* d'achat

pure *adjective* pur, -e; **pure alcohol** *or* **alcohol BP** = alcool *m* absolu; **a pure strain of plants** = une variété de plante autofertile; **pure tone** = son pur

◇ **purification** *noun* épuration *f*; **purification plant** = station *f* d'épuration; **water purification** = épuration des eaux; **activated sludge speeds up the purification process** = l'activation des boues accélère le processus d'épuration

◇ **purifier** *noun* épurateur *m*

◇ **purify** *verb* épurer *or* purifier

◇ **purity** *noun* pureté *f*

putrefaction *noun* putréfaction *f*

◇ **putrefy** *verb* se putréfier

◇ **putrescibility** *noun* putrescibilité *f*

◇ **putrescible** *adjective* putrescible

PVC = POLYVINYLCHLORIDE

PWR = PRESSURIZED WATER REACTOR

pylon *noun* pylône *m*; **pylons are unsightly and can be avoided by putting the cables they carry underground** = les pylônes enlaidissent le paysage et cela peut être évité si l'on enterre les câbles électriques

pyr- *or* **pyro-** *prefix (meaning fire)* pyro-; **pyrolysis** = pyrolyse *f*

◇ **pyroclimax** *noun* pyroclimax *m*

pyramid *noun* pyramide *f*; **food pyramid** = pyramide alimentaire; **pyramid of biomass** = pyramide des biomasses; **pyramid of energy** = pyramide des flux d'énergie; **pyramid of numbers** *or* **biotic pyramid** *or* **ecological pyramid** = pyramide des nombres *or* pyramide écologique

pyrethrum *noun* pyréthrine *f*

pyridoxine *noun* pyridoxine *f*

pyrolysis *noun* pyrolyse *f*

Qq

Q *(unit of energy equal to 10^{18}BTu)* unité d'énergie égale à 10^{18}BTu

quad *(unit of energy equal to 10^{15}BTu)* unité d'énergie égale à 10^{15}BTu

quadrat *noun* quadrat *m*; **the vegetation of the area was sampled using the quadrat method** = on a recensé la flore de la région en utilisant la méthode des quadrats

quake = EARTHQUAKE

qualitative *adjective* qualitatif, -ive; **qualitative analysis** = analyse qualitative; **qualitative inheritance** = héritage qualitatif

quality *noun* qualité *f*; **good** *or* **bad quality** = (de) bonne *or* (de) mauvaise qualité; **high quality** *or* **top quality** = (de) qualité supérieure; **we sell only quality farm produce** = nous vendons exclusivement des produits fermiers de qualité; **environmental quality** = qualité de l'environnement; **quality control** = contrôle *m* de (la) qualité; **quality objective** = objectif *m* de qualité; **quality of life** = qualité de la vie; **the aim of the ban on emitting polluting gases is to improve the quality of life in the surrounding regions** = l'interdiction d'émission des gaz polluants vise à améliorer la qualité de la vie dans les régions environnantes

quango *noun* = QUASI AUTONOMOUS NON-GOVERNMENTAL ORGANIZATION organisation *f* non gouvernementale semi-autonome

quantify *verb* quantifier; **it is impossible to quantify the effect of the new legislation on pollution levels** = il est impossible d'évaluer quantitativement l'effet de la nouvelle législation sur les taux de pollution

◇ **quantifiable** *adjective* quantifiable; **the effect of the change in the waste disposal systems is not quantifiable** = il n'est pas possible de quantifier l'incidence du changement de système de traitement des déchets

quantity *noun* quantité *f*; **to carry out a quantity survey** = effectuer un métré

◇ **quantitative** *adjective* quantitatif, -ive; **quantitative analysis** = analyse quantitative *or* dosage *m*; **quantitative inheritance** = héritage quantitatif

quarantine 1 *noun* quarantaine *f*; **the animals were put in quarantine on arrival at the port** = dès leur arrivée au port, les animaux ont été placés en quarantaine; **a ship on quarantine shows a yellow flag called the quarantine flag** = un navire en quarantaine arbore un drapeau jaune appelé le pavillon de quarantaine **2** *verb* mettre en quarantaine

> COMMENT: animals coming into Britain are quarantined for six months because of the danger of rabies. People who are suspected of having an infectious disease can be kept in quarantine for a period which varies according to the incubation period of the disease. The main diseases concerned are cholera, yellow fever and typhus

quarry 1 *noun* carrière *f* **2** *verb* exploiter une carrière

quartile *noun* quartile *m*

quartz *noun* quartz *m or* cristal *m* de roche

> QUOTE quartz is resistant to weathering and lacks the metals needed for cation exchange, and so percolation through quartz does little to buffer acid
>
> *Scientific American*

quasi- *prefix (meaning like)* quasi(-); **a quasi-official body** = un organisme quasi officiel

quaternary era *noun* ère *f* quaternaire

quench layer *noun (deposit of unburnt hydrocarbons on the cylinders of an engine)* calamine *f*

quicklime *noun* chaux *f* vive

quiescent *adjective* **(a)** *(of volcano)* qui n'est pas en activité *or* qui est en sommeil **(b)** *(of seed)* quiescent, -e

quinine *noun* quinine *f*

◇ **quininism** *or* **quinism** *or* **quinine poisoning** *noun* quininisme *m or* quinisme *m*

COMMENT: quinine was formerly used to treat the fever symptoms of malaria, but is not often used now because of its side-effects. Symptoms of quinine poisoning are dizziness and noises in the head. Small amounts of quinine have a tonic effect and are used in tonic water

quota *noun* quota *m*; **the government has imposed a quota on the fishing of herring** = le gouvernement a imposé des quotas sur la pêche du hareng; **quota system** = système de quotas

quotient *noun* quotient *m*; **blood quotient** = valeur *f* globulaire; **intelligence quotient (IQ)** = quotient intellectuel (QI); **respiratory quotient (RQ)** = quotient respiratoire

Rr

R *symbol for* ROENTGEN

R-value *noun (unit of measurement of resistance to the flow of heat)* R (unité de mesure de la résistance thermique)

Ra *chemical symbol for* RADIUM

raceme *noun* racème *m*

rad *noun* rad *m; see also* BECQUEREL

COMMENT: rad was formerly the unit of radiation absorbed into the body; Gray is now used to mean one hundred rads

radiant *adjective* radiant, -e *or* rayonnant, -e; **radiant heat** = chaleur radiante

radiate *verb* irradier *or* rayonner; **heat radiates from the body** = le corps dégage de la chaleur; **beta rays are radiated from a radioactive isotope** = un isotope radioactif émet des rayons bêta

◇ **radiation** *noun* **(a)** *(evolution)* radiation *f*; **adaptive radiation** = radiation adaptative **(b)** *(of energy)* radiation *f or* rayonnement *m*; **background radiation** = radioactivité *f* naturelle *or* radioactivité de base; **high-level radiation** = rayonnement de grande énergie; **low-level radiation** = rayonnement de faible énergie; **ionizing radiation** = rayonnement ionisant; **non-ionizing radiation** = rayonnement non ionisant; **radiation burn** = radiodermite *f*; **radiation enteritis** = entérite *f* provoquée par les rayonnements ionisants; **radiation fog** = brume *f* de chaleur; **radiation injury** = radiolésion *f*; **radiation pollution** = pollution *f* par les rayonnements; **radiation sickness** = mal *m* des rayons; **radiation source** = source *f* de rayonnement; **radiation treatment** = RADIOTHERAPY; **radiation zone** = zone *f* irradiée *or* zone contaminée; **thermal radiation** = rayonnement thermique; **ultraviolet radiation** = radiations ultraviolettes

COMMENT: prolonged exposure to ionizing radiation from various sources can be harmful. Nuclear radiation from fallout from nuclear weapons, atomic radiation from power stations, background radiation from substances naturally present in the soil, exposure to X-rays (either as a patient being treated, or as a radiographer) can cause radiation sickness. First symptoms of the sickness are diarrhoea and vomiting, but radiation can also be followed by skin burns and loss of hair. Massive exposure to radiation can kill quickly, and any person exposed to radiation is more likely to develop certain types of cancer than other members of the population. The main radioactive pollutants are strontium-90, caesium-137, iodine-131 and plutonium-239

radioactive *adjective* radioactif, -ive; **radioactive decay** = désintégration radioactive *or* décroissance de la radioactivité; **radioactive isotope** = isotope radioactif *or* radio-isotope *m*; **radioactive waste** = déchets radioactifs

◇ **radioactivity** *noun* radioactivité *f*; **environmental radioactivity** = radioactivité ambiante

COMMENT: the commonest naturally radioactive substances are radium and uranium. Other substances can be made radioactive for industrial or medical purposes by making their nuclei unstable, so forming radioactive isotopes. Radioactive wastes are classified as low-level (which are not very dangerous), intermediate, and high-level (which emit dangerous levels of radiation and cause disposal problems)

radiobiologist *noun* radiobiologiste *m&f*

◇ **radiobiology** *noun* radiobiologie *f*

radiocarbon *noun* radiocarbone *m*; **radiocarbon dating** = datation *f* par radiocarbone

radiodermatitis *noun* radiodermite *f*

radiogenic heat *noun* chaleur *f* radiogénique

radiograph *noun* radiographie *f or* radio *f*

◇ **radiographer** *noun* technicien, -ienne radiologue

◇ **radiography** *noun* radiographie *f*

radioisotope *noun* radio-isotope *m or* isotope *m* radioactif

COMMENT: radioisotopes are used in medicine to provide radiation for radiation treatment. Radioisotopes of iodine are used to investigate thyroid activity

radiologist *noun* radiologue *m&f*

◇ **radiology** *noun* radiologie *f*

radioprotection *noun* radioprotection *f*

radioscopy *noun* radioscopie *f*

radiosensitive *adjective* radiosensible

◇ **radiosensitivity** *noun* radiosensibilité *f*

radiosonde *noun* radiosonde *f*

radiotherapy *noun* radiothérapie *f*

radium *noun* radium *m*
NOTE: chemical symbol is **Ra;** atomic number is **88**

radon *noun* radon *m*
NOTE: chemical symbol is **Rn;** atomic number is **86**

COMMENT: radon occurs naturally in soil, in construction materials and even in ground water. It can seep into houses and causes radiation sickness

rain *noun* pluie *f*; **acid rain** = pluies acides; **artificial rain** = pluie artificielle; **rain-bearing clouds** = nuages *mpl* de pluie; **rain shadow** = ombre *f* de la pluie

◇ **rainbow** *noun* arc-en-ciel *m*

◇ **raindrop** *noun* goutte *f* de pluie

◇ **rainfall** *noun* précipitations *fpl*

◇ **rainforest** *noun* forêt *f* vierge ombrophile *or* forêt tropicale; **poor farmers have cleared hectares of rainforest to grow cash crops** = des paysans pauvres ont défriché des hectares de forêt tropicale pour faire des cultures commerciales

◇ **rainmaking** *noun* création *f* de pluie artificielle

◇ **rainout** *noun* rainout *m; see also* WASHOUT

◇ **rains** *noun* saison *f* des pluies

◇ **rainwash** *or* **rain erosion** *noun* érosion *f* pluviale

◇ **rainwater** *noun* eau *f* de pluie

◇ **rainy** *adjective* pluvieux, -euse

raise *verb* accroître *or* augmenter; **raised beach** = terrasse *f* littorale; **raised bog** = tourbière *f* surélevée

ramet *noun* individu *m* faisant partie d'un clone

ranch *noun* ranch *m*; **cattle ranch** = ranch (d'élevage); **governments have encouraged the conversion of rainforest into livestock ranches** = sur incitation des gouvernements, certaines zones de la forêt tropicale ont été transformées en ranches d'élevage de bétail

◇ **ranching** *noun* élevage *m* de bétail dans des ranches

> QUOTE plantations and ranching have laid waste millions of hectares of forest. In Central America cattle ranching is responsible for the clearance of almost two-thirds of the forests
>
> *Ecologist*

random *adjective* aléatoire; **at random** = au hasard; **random sample** = échantillon *m* aléatoire

range *noun* **(a)** chaîne *f*; **mountain range** = chaîne de montagnes **(b)** *(difference between lowest and highest values)* intervalle *m; (area within two or more points)* aire *f or* domaine *m*; **distribution**

range = aire *f* de répartition; **the geographical range of the plant is from the Arctic Circle to Southern Europe** = l'aire géographique de cette plante s'étend du cercle polaire arctique à l'Europe méridionale; **the temperature range is over 50°C** = les variations de température sont supérieures à 50°C **(c)** *(large area of grass-covered farmland used for raising cattle)* prairie *f or* pâturages *mpl*

rape *noun* **oil-seed rape** = colza *m*; **rape-seed oil** = huile *f* de colza

rapid 1 *adjective* rapide; **the rapid growth of grasses after the rains came** = la croissance rapide de l'herbe après les pluies; **the rapid beating of the wings of a hummingbird** = le battement d'ailes rapide d'un oiseau mouche **2** *noun (fast-flowing river)* **rapids** = un rapide *or* des rapides

raptor *noun* oiseau *m* rapace

◊ **raptorial** *adjective* rapace *or* de proie

rare *adjective* rare; **rare earth elements** = métaux *mpl* des terres rares; **rare gases** = gaz *mpl* rares

◊ **rarity** *noun* rareté *f*

> COMMENT: species are classified internationally into several degrees of rarity: rare, means that a species is not numerous and is confined to small local populations, but is not necessarily likely to become extinct. Vulnerable means that a species has a small population and that population is declining. Endangered means that the species has such a small population that it is likely to become extinct

rate *noun* **(a)** *(amount of something compared to something else)* taux *m*; **birth rate** = (taux de) natalité *f*; **death rate** = (taux de) mortalité *f*; **fertility rate** = (taux de) fécondité *f*; **rate of natural increase** = taux d'accroissement naturel; **rate of population growth** = taux d'accroissement de la population **(b)** *(number of times something happens)* fréquence *f*; **heart rate** = rythme *m* cardiaque

rating *noun* classification *f or* estimation *f or* évaluation *f*; **antiknock rating** = indice *m* anti-détonant; **octane rating** = indice d'octane

ratio *noun* rapport *m or* ratio *m*; **an IQ is the ratio of the person's mental age to his chronological age** = le QI est le rapport entre l'âge mental et l'âge chronologique d'une personne; **efficiency ratio** = rendement *m*

ration *noun* ration *f*; **maintenance ration** = ration de subsistance; **production ration** = ration de production

raw *adjective* **(a)** *(uncooked)* cru, -e **(b)** *(untreated)* brut, -e; **raw sewage** = eaux *fpl* usées non traitées *or* eaux d'égout brutes; **raw water** = eau brute

ray *noun* rayon *m*; **infrared rays** = rayonnement *m* infrarouge; **ultraviolet rays (UV rays)** = rayons ultraviolets (UV); *see also* X-RAY

RBE = RELATIVE BIOLOGICAL EFFECTIVENESS

RDF = REFUSE-DERIVED FUEL

react *verb* **(a)** réagir; **to react to something** = réagir à quelque chose; **the government reacted slowly to the news of the disaster** = le gouvernement a réagi avec lenteur à la nouvelle du désastre **(b)** *(of a chemical substance)* réagir; **to react with something** = réagir en présence de *or* au contact de quelque chose

◊ **reaction** *noun* réaction *f*; **chain reaction** = réaction en chaîne; **nuclear reaction** = réaction nucléaire

◊ **reactive** *adjective* réactif, -ive

◊ **reactivity** *noun* réactivité *f*

> QUOTE if ozone gets into the lower atmosphere, its greater reactivity over oxygen makes it highly toxic to plants
> *New Scientist*

reactor *noun* réacteur *m*; **breeder reactor** = surgénérateur *m*; **fast breeder reactor (FBR)** *or* **fast neutron reactor** = réacteur *m* à neutrons rapides *or* surgénérateur *m*; **nuclear reactor** = réacteur nucléaire

COMMENT: nuclear reactors are used (a) to produce energy in power stations or motors; (b) to produce plutonium-239 for use in weapons; (c) for research purposes. A nuclear reactor needs fuel, and the most common fuel used is uranium dioxide, which contains both fissionable uranium-235 and fertile uranium-238 isotopes. The fuel in a reactor is in the form of hundreds of rods, each separated from the others by cladding. The fission of the fuel produces fast neutrons which have to be slowed down by a moderator such as water (H_2O), heavy water (D_2O) or graphite. All nuclear power stations produce electricity from steam-driven generators: the heat required to produce the steam is produced by nuclear fission and transferred the water in several ways. In boiling water reactors (BWRs), light water is heated to boiling point and the steam produced drives a turbine. In pressurized water reactors (PWRs), the water is heated under pressure to a very high temperature, and this pressurized hot water is passed through a water tank heating the water in the tank until it becomes steam to drive the turbines. In the advanced gas-cooled reactors (AGRs), carbon dioxide or helium is heated to a very high temperature and then passed through water to create steam. Pollution from nuclear reactors is possible due to the escape of radiation into the surrounding environment. This may take the form of discharge of the coolant, radiation from the disposal of spent fuel, or by accidental overheating which ruptures pipes

reading *noun* relevé *m or* valeur *f*; **readings were taken over an area of 60 square miles round the nuclear power station** = on a effectué des relevés dans un périmètre de 90 km^2 autour de la centrale nucléaire; **temperature readings over the last decade show a gradual rise in surface temperature** = les relevés de température de ces dix dernières années indiquent une hausse progressive de la température au sol

reafforestation *noun* reboisement *m*

QUOTE the first priority in any programme of ecological recovery must be a worldwide programme of reafforestation. Even the most degraded lands in the dry tropics can be restored to forest, successful reafforestation schemes having been implemented in Costa Rica and India
Ecologist

reagent *noun* réactif *m*

rear *verb (animals)* élever

receptor cell *noun* récepteur *m; see also* CHEMORECEPTOR, EXTEROCEPTOR, INTEROCEPTOR

recessive *adjective* récessif, -ive

◇ **recessiveness** *noun* récessivité *f*

reclaim *verb (land)* mettre en valeur *or* remettre en valeur

◇ **reclamation** *noun* **(a)** *(reclaiming land)* mise *f* en valeur *or* remise *f* en valeur; **the authority is studying the costs of the land reclamation scheme in the city centre** = la municipalité étudie le coût de remise en valeur des terres dans le centre ville **(b)** *(land reclaimed)* terre remise en valeur **(c)** *(recovering something which might be lost)* récupération *f*; **heat reclamation** = récupération de chaleur; **materials reclamation** = récupération des matériaux

recommend *verb* conseiller *or* recommander; **the government recommended choosing a different site for the disposal of radioactive waste** = le gouvernement a recommandé de choisir un autre site de stockage pour les déchets nucléaires

◇ **recommendation** *noun* conseil *m or* recommandation *f*; **the council accepted the committee's recommendations about disposal of waste** = le conseil a accepté les recommandations du comité concernant l'élimination des déchets

reconstitute *verb* reconstituer *or* restaurer; **the government has insisted the mining company should reconstitute the site after the open-cast mining operation has closed down** = le gouvernement a insisté pour que la compagnie minière restaure le site dès la fin de l'exploitation à ciel ouvert

record 1 *noun* enregistrement *m or* relevé *m*; **the winter was the wettest since records were started in 1866** = ce fut l'hiver le plus humide depuis 1866, date des premiers relevés **2** *verb* (i) décrire; (ii) enregistrer; **the chart records the variations in the rainfall pattern** = le graphique indique les variations pluviométriques

recover *verb* **(a)** *(to get back to a previous state)* se remettre *or* récupérer; **the fish populations may never recover from overfishing** = les populations de poissons ne se remettront peut-être jamais de la surpêche **(b)** *(to extract from waste)* récupérer

◇ **recoverable** *adjective* récupérable; **recoverable materials** = matières *fpl* récupérables

◇ **recovery** *noun (getting back to a previous state)* assainissement *m or* rétablissement *m or* récupération *f*; **ecological recovery** = assainissement écologique; **the area has been overfished to such an extent that the recovery of the fish population is impossible** = la surpêche a été telle dans la région que les populations de poissons ne pourront pas se reconstituer **(b)** *(extracting from waste)* récupération; **energy recovery** = récupération de l'énergie; **heat recovery** = récupération de la chaleur

recreation area *noun* espace *m* de loisir

recycle *verb* recycler; **the glass industry recycles tonnes of waste glass each year** = l'industrie du verre recycle des tonnes de verre usagé chaque année; **recycled paper** = papier *m* recyclé

◇ **recyclable** *adjective* recyclable

◇ **recycling** *noun* recyclage *m*; **the recycling of waste** = le recyclage des déchets

COMMENT: many waste items can be recycled. In particular, precious metals (lead, copper, silver, etc.) can be recovered from old batteries or computers; paper can be recycled from old newspapers and packaging materials (after deinking); glass can be manufactured from cullet from old bottles

red 1 *adjective* rouge; **red algae** = rhodophycées *fpl or* rhodophyta *or* algues *fpl* rouges; **red blood cell** = globule *m* rouge; **Red Data Book** = Livre *m* rouge (des espèces menacées de disparition); **red lead ore** = plomb *m* rouge; **red sea** *or* **red tide** *or* **red waters** = eaux *fpl* rouges; **red snow** = neige *f* rouge **2** *noun* rouge *m*

◇ **redness** *noun* rougeur *f*

◇ **redwood** *noun* séquoia *m*

redevelop *verb* réaménager; **the company has put forward a plan to redevelop the area round the railway station** = l'entreprise a proposé un plan de réaménagement de la zone de la gare ferroviaire

◇ **redevelopment** *noun* réaménagement *m*; **the council's planning committee has approved the redevelopment plan for the town centre** = la commission municipale chargée de l'urbanisme a donné son accord sur le projet de réaménagement du centre ville

redox potential (rH) *noun* potentiel *m* redox *or* potentiel d'oxydoréduction

reduce *verb* diminuer *or* réduire

◇ **reducer** *noun* réducteur *m or* bioréducteur *m*

◇ **reduction** *noun* diminution *f or* réduction *f*; **the key to controlling acid rain must be the reduction of emissions from fossil-fuelled power stations** = l'élimination des pluies acides passe nécessairement par la diminution des émissions des centrales à combustible fossile

redundant *adjective* superflu, -e; **redundant farmland** = terres *fpl* mises en friche *or* jachères *fpl* permanentes

reeds *plural noun* roseaux *mpl*

◇ **reedbed** *noun* roselière *f*

reef *noun* récif *m*; **barrier reef** = récif-barrière *m*; **coral reef** = récif corallien *or* récif de corail

refine *verb (metals)* épurer *or* affiner; *(oil)* raffiner

◇ **refinery** *noun* affinerie *f; (oil)* raffinerie *f*

◇ **refining** *noun* affinage *m; (oil)* raffinage *m*; **a by-product of refining oil** = un produit dérivé du raffinage du pétrole

reflect *verb* réfléchir; **some solar radiation is reflected back by clouds or by the earth's surface** = une partie du rayonnement solaire est réfléchie par les nuages ou par la surface de la Terre

◇ **reflected** *adjective* réfléchi, -e; **reflected light** = lumière réfléchie

◇ **reflection** *noun* réfléchissement *m or* réflexion *f*; **bats find their way by sending out high frequency sounds and listening to the reflection of the sound of objects in their way** = pour se diriger, les chauves-souris émettent des ultrasons puis écoutent le réfléchissement du son sur les objets qui se trouvent sur leur chemin; **reflection seismology** = séismologie *f* appliquée

reflex *noun* réflexe *m; (of the eye)* **accommodation reflex** = réflexe d'accommodation; **light reflex** = réflexe à la lumière; **reflex action** = action *f* réflexe

reflux *noun (of a liquid)* reflux *m*

reforest *verb* reboiser

◇ **reforestation** *noun* reboisement *m*

refract *verb* réfracter

◇ **refraction** *noun* réfraction *f*

refrigerate *verb* réfrigérer

◇ **refrigerant 1** *adjective* réfrigérant, -e **2** *noun* réfrigérant *m or* produit *m* de réfrigération

◇ **refrigeration** *noun* réfrigération *f*

◇ **refrigerator** *noun* réfrigérateur *m*

refuge *or* **refugium** *noun* refuge *m*
NOTE: plural of **refugium** is **refugia**

refuse *noun* ordures *fpl*; **domestic refuse** *or* **household refuse** = ordures ménagères; **refuse collection and disposal** = ramassage *m* et élimination des ordures ménagères; **refuse incineration** = incinération *f* des ordures; **refuse-derived fuel (RDF)** = combustible *m* résiduaire

regenerate *verb* régénérer; **a forest takes about ten years to regenerate after a fire** = il faut environ dix ans à une forêt pour se régénérer après un incendie

◇ **regeneration** *noun* régénération *f*; **grazing by herbivores prevents the regeneration of forests destroyed by fires** = en y pâturant, les herbivores empêchent la régénération des forêts détruites par le feu

◇ **regenerative** *adjective* régénératif, -ive; **regenerative properties** = capacités *fpl* de régénération

regime *noun (general pattern of work)* régime *m*; **the two rivers have very different flow regimes: one has very rapid flow from high mountains, the other is slower and mainly crosses fertile plains** = les deux fleuves ont des débits très différents: celui qui descend des hautes montagnes a un courant très rapide, l'autre est plus lent et traverse essentiellement des plaines fertiles

region *noun* région *f*; **climatic region** = région climatique

register *verb* enregistrer; **several lakes have registered a steady increase in acidity levels until their natural fish populations have started to decline** = après que plusieurs lacs eurent enregistré une élévation de leur taux d'acidité, les populations naturelles de poissons ont commencé à diminuer; **the earthquake registered 6.2 on the Richter scale** = il y a eu un tremblement de terre de magnitude 6,2 sur l'échelle de Richter

regress *verb* régresser

◇ **regression** *noun* régression *f*

◇ **regressive** *adjective* régressif, -ive

regrouping *noun* regroupement *m*; **regrouping of plots of agricultural land** = remembrement *m* des terres agricoles

regulate *verb* **(a)** *(a mechanism)* ajuster *or* régler **(b)** *(by law)* réglementer; **planning permission is regulated by local authorities** = les permis de construire sont réglementés par les autorités locales

◇ **regulation** *noun* régulation *f*; **osmotic regulation** *or* **osmoregulation** = régulation osmotique

◇ **regulations** *plural noun* règlement *m* *or* réglementation *f* *or* règles *fpl*; **the safety regulations have not been complied with** = les règles de sécurité n'ont pas été respectées; **the pamphlet lists the regulations concerning visits to natural reserves** = la brochure décrit les règles que les visiteurs de réserves naturelles doivent observer

◇ **regulatory** *adjective* réglementaire; *US* **Nuclear Regulatory Commission (NRC)** = Commission de contrôle des installations nucléaires

rehabilitation *noun (hygiene)* assainissement *m; (buildings)* réhabilitation *f* *or* restauration *f* *or* rénovation *f*

reheat *verb* réchauffer; **water which has been cooled and condensed after passing through the boilers is sent back to the boilers for reheating** = l'eau qui a été refroidie et condensée après son passage dans les chaudières y est renvoyée pour être réchauffée

◇ **reheater** *noun* réchauffeur *m*

relate *verb* apparenter *or* rattacher *or* relier

◇ **-related** *suffix* **health-related** = lié, -e à la santé

◇ **relationship** *noun* rapport *m* *or* relation *f*

◇ **relative** *adjective* relatif, -ive; **relative abundance** = abondance relative; **relative biological effectiveness (RBE)** = efficacité biologique relative; **relative humidity** = humidité relative *or* degré hygrométrique; **relative transpiration** = transpiration relative; **relative pressure** = pression relative

release **1** *noun* dégagement *m* *or* libération *f* *or* émission *f*; **the report points out the danger of radiation releases from nuclear power stations** = le rapport souligne le danger des émissions radioactives des centrales nucléaires **2** *verb* dégager *or* déposer *or* libérer; **acid rain leaches out nutrients from the soil and releases harmful substances such as lead into the soil** = les pluies acides entraînent les éléments nutritifs du sol et y déposent des substances nocives telles que le plomb; **using an aerosol spray releases CFCs into the atmosphere** = l'utilisation de bombes aérosols libère des CFC dans l'atmosphère

◇ **releaser** *noun* déclencheur *m*

relevé *noun* relevé *m* phytosociologique

reliability *noun* fiabilité *f*

◇ **reliable** *adjective* fiable

relict *noun* fossile *m* vivant *or* relique *f*

relief *noun* relief *m*; **relief map** = carte *f* en relief

rely on *verb* compter sur

REM = ROENTGEN EQUIVALENT MAN

remote sensing *noun* télédétection *f*

removal *noun* élimination *f*

renew *verb* renouveler

◇ **renewable** *adjective* renouvelable; **renewable sources of energy** = sources *fpl* d'énergie renouvelables

> QUOTE today's primary sources of energy are mainly non-renewable: natural gas, coal, peat and conventional nuclear power. There are also renewable sources, including wood, plants, dung, falling water, geothermal sources and solar, tidal, wind and wave energy. Nuclear reactors that produce their own fuel (breeders) and eventually fusion reactors, are also in this category
> *Brundtland report*

reoxidation *noun* réoxygénation *f*; **reoxidation capacity** = capacité *f* de réoxygénation

repel *verb* repousser

◇ **repellant** *or* **repellent** *noun* substance *f* répulsive; **the coating of wax on leaves acts as a repellant to pollutants** = la pellicule de cire qui recouvre les feuilles constitue une sorte de substance répulsive qui les protège des polluants; **insect repellant** = anti-insecte *m*

◇ **repellent** *adjective* répulsif, -ive

replant *verb* reboiser *or* replanter; **after the trees were felled, the land was cleared and replanted with mixed conifers and broadleaved species** = une fois les arbres abattus, la terre a été défrichée et on y a replanté un mélange de conifères et de feuillus

replication *noun* réplication *f*

report 1 *noun* rapport *m* **2** *verb* faire un rapport *or* déclarer; **reportable diseases** = maladies (du travail ou contagieuses) à déclarer auprès des services d'hygiène

COMMENT: diseases such as asbestosis, hepatitis and anthrax which may be caused by working conditions or may infect other workers and must be reported to the Local Health Authority

repository *noun US (for nuclear waste)* cimetière *m or* dépôt *m*; **radioactive waste repository** = cimetière de déchets radioactifs

repower *verb* moderniser une centrale électrique

reprocess *verb* retraiter

◇ **reprocessing** *noun* retraitement *m*

COMMENT: reprocessing plants are the cause of much controversy; some countries do not have facilities for reprocessing spent nuclear fuel, and therefore export it to those countries with suitable plants. Unfortunately, reprocessing plants are just as likely to cause radioactive waste as nuclear power stations; the transport of the spent material from the power station to the processing plant is also a potential radiation hazard

reproduce *verb* **(a)** *(of animal)* se multiplier *or* se reproduire **(b)** *(to do the same test again)* reproduire (une expérience)

◇ **reproduction** *noun* reproduction *f*; **organs of reproduction** = organes *mpl* de reproduction *or* organes reproducteurs; **asexual reproduction** = reproduction asexuée; **sexual reproduction** = reproduction sexuée

◇ **reproductive** *adjective* reproducteur, -trice; **reproductive organs** = organes *mpl* de reproduction *or* organes reproducteurs; **reproductive system** *or* **reproductive tract** = appareil *m* génital *or* appareil de reproduction

reptiles *plural noun* reptiles *mpl*

requirement *noun* besoin *m*; **energy requirements** = besoins énergétiques

research 1 *noun* recherche *f*; **a research borehole found water at a depth of 2,000 feet** = une prospection par un trou de sonde a permis de trouver de l'eau à une profondeur de 750 mètres environ; **field research** = prospection *f* sur le terrain; **research area** = domaine *m* de recherche **2** *verb* faire des recherches (sur); **he is researching the causes of the ozone hole** = il fait des recherches sur les causes du trou d'ozone

◇ **researcher** *noun* chercheur, -euse

reserve *noun* **(a)** *(supplies)* **energy reserves** = réserves énergétiques **(b)** *(area of unspoilt land)* réserve *f*; **game reserve** = réserve de gibier; **nature reserve** = réserve naturelle

◇ **reservation** *noun* **(a)** *(area of land where the wild life is protected)* réserve *f* **(b)** *(in North America)* réserve (indienne)

reservoir *noun* réservoir *m* (naturel ou artificiel); **the town's water supply comes from reservoirs in the mountains** = des réservoirs situés dans les montagnes approvisionnent la ville en eau; **after two months of drought, the reservoirs were beginning to dry** = au bout de deux mois de sécheresse, les réservoirs commencaient à se tarir

◇ **reservoir rock** *noun* roche-magasin *f* *or* roche-réservoir *f*

resident *adjective & noun* résident, -e; **the introduced species wiped out the resident population of flightless birds** = l'introduction de cette espèce a provoqué la disparition de la population résidente d'oiseaux coureurs

residual **1** *adjective* résiduel, -elle *or* rémanent, -e *or* résiduaire; **residual oil** = huiles résiduelles; **residual pollution** = pollution résiduelle **2** *noun* résidu *m*; **chemical residuals** = produits chimiques résiduaires; **residual spraying** = pulvérisation *f* d'insecticide rémanent

◇ **residue** *noun* résidu *m*; **chemical residues** = résidus chimiques; **combustion residues** = résidus de combustion; **consumption residues** = résidus de consommation; **pesticide residues** = résidus de pesticides

resilience *noun* résilience *f*

resin *noun* résine *f*

◇ **resinous** *adjective* résineux, -euse

resist *verb* résister

◇ **resistance** *noun* résistance *f*; **the bacteria have developed a resistance to certain antibiotics** = les bactéries sont devenues résistantes à certains antibiotiques; **after living in the tropics, his resistance to colds is low** = après son séjour sous les tropiques, il se défend moins bien contre les rhumes; **increasing insect resistance to chemical pesticides is a major problem** = la résistance croissante des insectes aux insecticides chimiques est un problème important; **environmental resistance** = (capacité de) résistance à l'environnement

◇ **resistant** *adjective* résistant, -e *or* tenace; *(to pesticides or antibiotics)* **resistant strain** = espèce (d'insecte) résistante *or* souche (de bactérie) résistante

◇ **-resistant** *suffix* résistant, -e (à); **a DDT-resistant strain of insects** = une espèce d'insectes résistante au DDT; **fungus-resistant genetic material was found in genetic stocks from Mexico** = on a découvert du matériau génétique résistant aux champignons dans des réserves de gènes du Mexique

> COMMENT: resistant strains develop quite rapidly after application of the treatment. Some strains of insect have developed which are resistant to DDT. The resistance develops as non-resistant strains dies off, leaving only individuals which possess a slightly different and resistant chemical makeup

resorption *noun* résorption *f*

resource *noun* ressource *f*; **muddy estuaries are among the most productive and important wildlife resources** = les estuaires envasés constituent une des plus importantes et productives ressources de faune et de flore; **finite resources** = ressources finies *or* ressources non renouvelables; **mineral resources** = ressources minières; **natural resources** = ressources naturelles; **resource management** = gestion *f* des ressources

respiration *noun* respiration *f*; **external respiration** = respiration externe; **internal respiration** = respiration interne

◇ **respiratory** *adjective* respiratoire; **respiratory disorder** = affection *f* des voies respiratoires; **respiratory pigment** = matières *fpl* colorantes de la respiration; **respiratory quotient (RQ)** = quotient *m* respiratoire; **respiratory system** = appareil *m* respiratoire

> COMMENT: respiration includes two stages: breathing in (inhalation) and breathing out (exhalation). Air is taken into the respiratory system through the nose or mouth, and goes down into the lungs through the pharynx, larynx, and windpipe. In the lungs, the bronchi take the air to the alveoli (air sacs) where oxygen in the air is passed to the bloodstream in exchange for waste carbon dioxide which is then breathed out

responsible *adjective* responsable; **they accused the power station of being responsible for deaths from cancer in the area** = on a accusé la centrale d'être à l'origine d'un certain nombre de cas de cancer mortel dans la région

◇ **responsibility** *noun* responsabilité *f*; **the general feeling is that large-scale industrial companies are only governed**

by commercial requirements and have no social responsibility = le sentiment général est que les grandes entreprises industrielles ne sont régies que par des impératifs commerciaux et ne tiennent aucun compte des intérêts de la collectivité

rest *verb* reposer *or* se reposer; **to rest land** = laisser reposer la terre *or* laisser la terre en jachère

restock *verb (with animals or plants)* repeupler

◇ **restocking** *noun* repeuplement *m*

restore *verb* reconstituer *or* régénérer *or* se reconstituer *or* se régénérer; **by letting the land lie fallow for a couple of years, farmers hope to restore some of the natural nutrients which have been removed from the soil** = en laissant la terre en jachère pendant quelques années, les agriculteurs espèrent qu'une partie des substances nutritives de la terre va se reconstituer

◇ **restoration** *noun* régénération *f or* remise *f* en état; **land restoration** = régénération des sols

result 1 *noun* résultat *m*; **what was the result of the test?** = quel a été le résultat de l'examen? **2** *verb* résulter de; **ozone results from the reaction of chemicals in the atmosphere to sunlight** = l'ozone est le produit de la réaction de substances chimiques exposées au rayonnement solaire; **the cancer resulted from exposure to radiation at work** = ce cancer a été provoqué par l'exposition aux radiations sur le lieu de travail

retinol *noun (vitamin A)* rétinol *m*

revegetation *noun* végétalisation *f*

reverse 1 *adjective* inverse *or* contraire; **reverse osmosis** = osmose *f* inverse **2** *verb* annuler *or* renverser; **the decision of the planning committee was reversed and the planning application went ahead** = la décision de la commission d'urbanisme a été annulée et la demande de permis a suivi son cours

rH = REDOX POTENTIAL

rhizome *noun* rhizome *m*

rhizosphere *noun* rhizosphère *f*

Rhodophyta *plural noun* rhodophycées *fpl*

ria *noun* ria *f*

riboflavine *noun* riboflavine *f*

ribonuclease *noun* ribonucléase *f*

ribonucleic acid (RNA) *noun* acide *m* ribonucléique (ARN); *see also* DNA

ribosomal *adjective* ribosomal, -e, -aux

◇ **ribosome** *noun* ribosome *m*

rice *noun* riz *m*

rich *adjective* riche; **green vegetables are rich in minerals** = les légumes verts sont riches en sels minéraux; **forests are rich in mosses and other moisture-loving plants** = les forêts sont riches en mousses et autres plantes qui poussent en terrain humide; **the doctor has prescribed a diet which is rich in protein** = le médecin a prescrit un régime riche en protéines

◇ **-rich** *suffix* riche en; **a nutrient-rich detergent** = détergent riche en substances nutritives; **a protein-rich diet** = régime *m* riche en protéines; **many wild plants have oil-rich seeds which can help in the manufacture of detergents** = de nombreuses plantes sauvages ont des graines riches en huile, ce qui facilite la fabrication de détergents

◇ **richness** *noun* abondance *f or* richesse *f*

> QUOTE the seas in the region are rich in krill, plankton and fish
> *New Scientist*

Richter scale *noun* échelle *f* de Richter; **there were no reports of injuries after the quake which hit 5.2 on the Richter scale** = il n'y a eu aucun blessé lors du tremblement de terre d'une magnitude de 5,2 sur l'échelle de Richter

COMMENT: the scale, devised by Charles Richter, has values from zero to ten, with the strongest earthquake ever recorded being 8.9. Earthquakes of 5 or more on the Richter scale cause damage. The Richter scale measures the force of an earthquake; the damage caused is measured on the Modified Mercalli scale

> QUOTE on 9 February 1971 there was an earthquake registering 6.4 points on the Richter scale. Its epicentre was situated 14 km from the dam
>
> *Ecologist*

ridge *noun* **(a)** *(of mountain)* crête *f*; **ridge top** = crête montagneuse **(b)** *(of high pressure)* ligne *f*; **a ridge of high pressure is lying across the country** = une ligne de hautes pressions s'étend sur tout le pays

rift valley *noun* fossé *m* d'effondrement

rig *noun* plate-forme *f* flottante; **oil rig** = derrick *m*

rill *noun* petit ruisseau *m*

rime *noun* givre *m*

ring 1 *noun* anneau *m*; **inner ring road** = rocade *f* intérieure; **ring road** = périphérique *m* **2** *verb (birds)* baguer

rip current *or* **rip tide** *noun* contre-courant *m*

riparian *adjective* ripicole; **riparian fauna** = faune *f* ripicole

ripple *noun* onde *f*; **ripple effect** = effet *m* de vague; **ripple marks can be seen in some sedimentary rocks where the sand was marked by water** = certaines roches sédimentaires présentent des rides de clapotis aux endroits où l'eau a laissé des traces sur le sable; *see also* NERITIC FACIES

risk *noun* danger *m or* risque *m*; **high-risk** = à haut risque; **high-risk patient** = patient à haut risque; **high-risk categories of workers** = secteurs d'activité à risque élevé

river *noun (general term)* cours *m* d'eau; *(flowing into sea)* fleuve *m; (smaller)* rivière *f*; **river authority** = agence *f* de bassin; **river basin** = bassin *m* fluvial *or* bassin hydrographique; **river system** = système *m* fluvial; **river terrace** = terrasse *f* fluviatile; **river water** = eaux *fpl* fluviales

◊ **riverine** *adjective* fluvial, -e, -aux; **the dam has destroyed the riverine fauna and flora for hundreds of kilometers** = le barrage a détruit la faune et la flore fluviales sur des centaines de kilomètres

Rn *chemical symbol for* RADON

RNA = RIBONUCLEIC ACID **messenger RNA** = ARN messager

rock *noun* roche *f*; **basaltic rock** = roche basaltique; **igneous rock** = roche ignée; **metamorphic rock** = roche métamorphique; **mother rock** *or* **parent rock** = roche mère; **rock crystal** = cristal *m* de roche; **sedimentary rock** = roche sédimentaire; **volcanic rock** = roche volcanique

rod *noun* barre *f; (in the eye)* bâtonnet *m; see also* CONE

rodent *noun* rongeur *m*

◊ **rodenticide** *noun* rodenticide *m*

roentgen *or* **röntgen** *noun* röntgen *m*; **roentgen equivalent man (rem)** = röntgen equivalent man (rem); **roentgen rays** = rayonnement *m* röntgen

◊ **roentgenology** *or* **radiology** *noun* radiologie *f*

role *noun* rôle *m*

root 1 *noun* racine *f*; **root cutting** = bouture *f* de racine; **root system** = système *m* racinaire **2** *verb* raciner *or* s'enraciner; **rooting compound** = poudre *f* d'enracinement

◊ **rootstalk** *or* **rootstock** *noun* **(a)** *(plant stem which lies under the ground)* rhizome *m* **(b)** *(stock on which a scion is grafted)* **dwarfing rootstock** = porte-greffe *m* à petit développement *or* souche *f* naine

rot *verb (of organic tissue)* se décomposer *or* pourrir

rotate *verb* **(a)** *(crops)* alterner les cultures **(b)** *(machine)* effectuer un mouvement rotatif *or* pivoter

◇ **rotation** *noun* rotation *f*; **rotation of crops** *or* **crop rotation** = assolement *m or* rotation des cultures

COMMENT: the advantages of rotating crops are firstly that pests particular to one crop are discouraged from spreading, and secondly that some crops actually benefit the soil. Legume (peas and beans) increase the nitrogen content of the soil if their roots are left in the soil after harvesting

rotor *noun* **(a)** *(central shaft of a generator)* rotor *m* **(b)** *(rapidly turning mass of air)* tourbillon *m* d'air

rough *adjective (land)* accidenté, -e *or* mauvais, -e; **rough fish** = poisson *m* sans valeur

◇ **roughage** *or* **dietary fibre** *noun* fibres *fpl or* cellulose *f* végétale

COMMENT: roughage is found in cereals, nuts, fruit and some green vegetables. It is believed to be necessary to help digestion and avoid developing constipation, obesity and appendicitis

roundworm *noun* nématode *m*

Royal Society for the Protection of Birds (RSPB) *noun GB* Société *f* royale pour la protection des oiseaux

RQ = RESPIRATORY QUOTIENT

rubber *noun* caoutchouc *m*

rubble *noun* déchets *mpl* de démolition *or* gravats *mpl*

ruderal *adjective* rudéral, -e, -aux

ruminant *noun* ruminant *m*

COMMENT: ruminants have stomachs with four sections. They take in foodstuffs into the upper chamber where it is acted upon by bacteria. The food is then regurgitated into their mouths where they chew it again before passing it to the last two sections where normal digestion takes place

runoff *noun* écoulement *m or* ruissellement *m*; **nitrate runoff causes pollution of lakes and rivers** = le ruissellement des nitrates pollue les lacs et les cours d'eau; **fish are extremely susceptible to runoff of organophosphates** = les poissons sont très sensibles aux phosphates organiques contenus dans les eaux de ruissellement; **fertilizer runoff, such as runoff of phosphates, can cause problems of eutrophication** = le ruissellement des engrais, par exemple des phosphates, peut provoquer des problèmes d'eutrophisation; **runoff waters** = eaux *fpl* de ruissellement; **runoff rate** = indice *m* d'écoulement

rural *adjective* rural, -e, -aux; **many rural areas have been cut off by floods** = de nombreuses zones rurales ont été isolées à la suite des inondations; **the government is planning an electrification project for rural areas** = le gouvernement prépare un projet d'électrification des zones rurales; **rural migration** = exode rural

rust 1 *noun* **(a)** *(iron oxyde)* rouille *f* **(b)** *(fungus disease)* rouille **2** *verb* rouiller *or* se rouiller

rye *noun* seigle *m*

Ss

S *chemical symbol for* SULPHUR

saccharin *noun* saccharine *f*

safe *adjective* sans danger *or* sûr, -e; **technicians are trying to make the damaged reactor safe** = les techniciens s'emploient à ce que le réacteur endommagé ne présente aucun danger; **it is not safe to drink the water here** = il est dangereux de boire cette eau; **safe dose** = dose *f* admissible *or* norme *f* de sécurité

◇ **safely** *adverb* en sécurité *or* sans danger *or* sans risque; **low-level waste can be safely disposed of by burying** = les déchets faiblement radioactifs peuvent être enfouis sans risque

◇ **safety** *noun* sécurité *f or* sûreté *f*; **to take safety precautions** = prendre des mesures de sécurité; **safety belt** = ceinture *f* de sécurité; **safety zone** = zone *f* de sûreté *or* périmètre *m* de sécurité

Sahara *noun* Sahara *m*

◇ **Saharan** *adjective* saharien, -ienne; **rural woodfuel supplies are falling in many countries of sub-saharan Africa** = en zone rurale, les réserves de bois à brûler sont en diminution dans de nombreux pays d'Afrique subsaharienne

Sahel *noun* Sahel *m*

◇ **Sahelian** *adjective* sahélien, -ienne; **a drought in the Sahelian regions** = une sécheresse dans les régions sahéliennes

saline *adjective* salin, -e; **saline lake** = lac *m* salé; **normal saline solution** = solution *f* physiologique; **salt marshes have a saline soil** = le sol des marais salants est salin

◇ **salination** *or* **salinization** *noun* salinisation *f*

◇ **salinification** *noun* salure *f*

◇ **salinity** *noun* salinité *f*; **rising salinity has now become a severe health hazard** = l'accroissement de la salinité représente désormais un grave danger pour la santé

◇ **salinized** *adjective* salinisé, -e

◇ **salinometer** *noun* salinomètre *m*

salmon *noun* saumon *m*; **salmon breeding** = salmoniculture *f*

◇ **salmonid** *noun* salmonidé *m*

Salmonella *noun* salmonelle *f*; **Salmonella poisoning** = salmonellose *f*

salt 1 *noun* sel *m*; **common salt** = sel de cuisine; **salt dome** = dôme *m* de sel; **salt lake** = lac *m* salé; **salt lick** = pierre *f* à lécher; **salt marsh** = marais *m* salant; **salt pan** = cuvette *f* à sel *or* puits *m* salant; **salt water** = eau *f* salée **2** *adjective* salé, -e; **sea water is salt** = l'eau de mer est salée; **sweat tastes salt** = la transpiration a un goût salé

◇ **salty** *adjective* salé, -e; **excess minerals in fertilizers combine with naturally saline ground to make the land so salty that it can no longer produce crops** = un apport d'engrais trop riche en sels minéraux à une terre naturellement salée la rend impropre à la culture

> COMMENT: salt forms a necessary part of diet, as it replaces salt lost in sweating and helps to control the water balance in the body. It also improves the working of the muscles and nerves. Salt is used on roads to clear ice and snow, and has a corrosive effect on metal, ruining car bodies

sample 1 *noun* échantillon *m or* prélèvement *m*; **soil samples were taken to test for alkalinity** = on a prélevé des échantillons de sol pour faire une recherche d'alcalinité; **control sample** = échantillon témoin; **sample survey** = enquête *f* par sondage **2** *verb* échantillonner

◇ **sampler** *noun (machine)* échantillonneur *m or* préleveur *m*

◇ **sampling** *noun* échantillonnage *m*; **ecologists used sampling techniques to determine the age of the vegetation in the ecosystem** = les écologistes ont utilisé la technique de l'échantillonnage pour déterminer l'âge de la végétation de l'écosystème

sanctuary *noun* réserve *f or* sanctuaire *m*

sand *noun* sable *m*; **bituminous sands** = sables bitumineux; **oil sands** = sables pétrolifères; **tar sands** = sables asphaltiques

◇ **sand dunes** *plural noun* dunes *fpl* de sable

◇ **sandflea** *or* **jigger** *noun* chique *f or* puce *f* de mer

◇ **sandfly fever** *noun* leishmaniose *f*

COMMENT: a virus infection like influenza, which is transmitted by the bite of the sandfly *Phlebotomus papatasii* and is common in the Middle East

◇ **sandpit** *noun* sablière *f*

◇ **sandstone** *noun* grès *m or* molasse *f*

◇ **sandstorm** *noun* tempête *f* de sable

sanitary *adjective* hygiénique *or* salubre *or* sanitaire; **sanitary conditions** = salubrité *f*; **sanitary landfill** *or* **landfilling** = décharge *f* contrôlée

◇ **sanitation** *noun* hygiène *f*; **poor sanitation in crowded conditions can result in the spread of disease** = de mauvaises conditions sanitaires dans un endroit surpeuplé peuvent se traduire par une propagation de maladies; **sanitation control** = mesures *fpl* sanitaires

sap *noun* sève *f or* suc *m; (rising sap)* **crude sap** = sève brute; *(falling sap)* **elaborated sap** = sève élaborée

◇ **sapling** *noun* gaule *m*

◇ **sappy** *adjective* plein, -e de sève

◇ **sapwood** *noun* aubier *m; see also* HEARTWOOD

sapele *noun* sapelli *m or* caoba *m* de Guinée

sapro- *prefix (meaning decay)* sapro-

◇ **saprobe** *noun* saprobionte *m*

◇ **saprobic** *adjective* saprobie; *see also* MESOSAPROBIC, OLIGOSAPROBIC, POLYSAPROBIC

◇ **saprogenic** *or* **saprogenous** *adjective* saprogène

◇ **saprophage** *noun* saprophage *m*

◇ **saprophagous** *adjective* saprophage

◇ **saprophilous** *adjective* saprophile

◇ **saprophyte** *noun* saprophyte *f*

◇ **saprophytic** *adjective* saprophyte

◇ **saproplankton** *noun* saproplancton *m*

Sargasso Sea *noun* mer *f* des Sargasses

satellite *noun* satellite *m*; **the Moon is the Earth's only satellite** = la Lune est le seul satellite de la Terre

saturate *verb* saturer; **nitrates leached from forest soils, showing that the soils are saturated with nitrogen** = les nitrates ont migré du sol forestier, ce qui indique qu'il est saturé d'azote; **saturated fat** = graisse *f* saturée

COMMENT: animal fats such as butter and fat meat are saturated fatty acids, and contain large amounts of hydrogen. It is known that increasing the amount of unsaturated and polyunsaturated fats (mainly vegetable fats and oils, and fish oil), and reducing saturated fats in the food intake helps reduce the level of cholesterol in the blood

saturation *noun* saturation *f*; **saturation point** = point *m* de saturation; **the moisture in the air reached saturation point and fell as rain** = arrivée au point de saturation, l'humidité de l'air s'est transformée en pluie; **degree of saturation** = degré *m* hygrométrique

COMMENT: air has different saturation levels at different temperatures. The hotter the air temperature, the more moisture the air can contain

saturnism *noun* intoxication *f* par le plomb *or* saturnisme *m*

savanna *or* **savannah** *noun* savane *f*; **cold savanna** = savane froide; **temperate savanna** = savane tempérée; **tropical savanna** = savane tropicale

scale *noun* **(a)** *(flake of tissue)* écaille *f*; **scale insect** = coccidé *m* **(b)** *(calcium deposit in pipes, etc.)* dépôt *m* calcaire *or* tartre *m* **(c)** *(degrees of measurement)* échelle *f*; **the Celsius temperature scale runs from 0° to 100°** = l'échelle Celsius de température va de 0° à 100°; **Modified Mercalli scale** = échelle de Mercalli; **Richter scale** = échelle de Richter

◇ **scaly** *adjective (covered in scales)* écailleux, -euse

scar 1 *noun* cicatrice *f*; **scar tissue** = tissu *m* cicatriciel **2** *verb* laisser une cicatrice; **the landscape was scarred by open-cast mines** = les mines à ciel ouvert avaient mutilé le paysage

scavenge *verb* se nourrir de cadavres, de charognes et de détritus

◇ **scavenger** *noun* animal *or* oiseau *or* insecte *or* poisson *or* organisme nécrophage

◇ **scavenging** *noun* **(a)** nécrophagie *f or* nutrition *f* à base de détritus **(b)** épuration *f*; **precipitation scavenging** = épuration des précipitations

> QUOTE a few species in the community are carnivores and scavengers, and eat the animals that live off the bacteria
> *New Scientist*

scenery *noun* paysage *m or* vue *f*

scent *noun* odeur *f or* parfum *m*; **the scent of flowers makes some people sneeze** = le parfum des fleurs fait éternuer certaines personnes

schist *noun* schiste *m*

Schistosoma *noun* schistosome *m*

◇ **schistosomiasis** *noun* schistosomiase *f*

> COMMENT: the larvae of the fluke enter the skin through the feet and lodge in the walls of the intestine or bladder. They are passed out of the body in excreta or urine and return to water, where they lodge and develop in the water snail, the secondary host, before going back into humans

school *noun (group of fish, etc.)* banc *m* (de poissons)

scion *noun* scion *m*

sclerophyll *or* **sclerophyllous** *adjective* sclérophylle; **sclerophyll forest** = forêt *f* sclérophylle

-scope *suffix (meaning instrument for examining by sight)* -scope; **microscope** = microscope *m*

scorbutus *or* **scurvy** *noun* scorbut *m*

◇ **scorbutic** *adjective* scorbutique

Scots pine *noun* pin *m* sylvestre

scrap 1 *noun (waste materials)* déchets *mpl; (waste metal)* ferraille *f*; **50% of steel is made from recycled scrap** = l'acier provient, à 50%, de ferraille recyclée; **the value of scrap metal is higher than you think** = la ferraille a plus de valeur que vous ne pensez; **municipal dumps have special containers for scrap paper** = dans les décharges municipales, il y a des conteneurs spéciaux pour les vieux papiers (NOTE: no plural in English) **2** *verb* jeter *or* mettre à la casse

scree *noun* éboulis *m*

screen 1 *noun* **(a)** *(to protect plants)* écran *m* **(b)** *(sieve)* tamis *m* **2** *verb* faire passer des tests de dépistage; **the population of the village was screened for meningitis** = on a fait passer un test de dépistage de la méningite à tous les habitants du village

◇ **screen analysis** *noun* granulométrie *f*

◇ **screening** *noun* dépistage *m*

scrub 1 *noun* broussailles *fpl* **2** *verb (of waste gas)* épurer *or* laver

> QUOTE the vegetation is dominated by stands of pine with a thick understorey of evergreen scrub oaks and densely branched shrubs. This is the true scrub
> *Natural History*

◇ **scrub typhus** *noun* typhus *m* des broussailles *or* rickettsiose *f*

> COMMENT: a severe form of typhus caused by Rickettsia bacteria, passed to humans by mites, found in South East Asia

scrubber *noun* dispositif *m* de lavage des gaz

scrubland *noun* terre *f* (couverte) de broussailles

scurvy *or* **scorbutus** *noun* scorbut *m*

> COMMENT: scurvy causes general weakness and anaemia, with bleeding from the gums, joints and under the skin. In severe cases the teeth drop out. Treatment consists of vitamin C tablets and a change of diet to include more fruit and vegetables

Se *chemical symbol for* SELENIUM

sea *noun* mer *f*; **sea breeze** = brise *f* de mer; **sea current** = courant *m* marin; **sea farming** = mariculture *f*; **sea fog** = brouillard *m* marin; **sea loch** = bras *m* de mer; **sea salt** = sel *m* de mer; **sea water** = eau *f* de mer

◇ **seabed** *noun* fond(s) *m(pl)* marin(s); **fish which feeds on minute debris on the seabed** = un poisson qui se nourrit de minuscules détritus se trouvant sur les fonds marins

◇ **seabird** *noun* oiseau *m* de mer

◇ **seaboard** *noun* côte *f* *or* littoral *m*; **the eastern seaboard of the USA** = la côte est des Etats-Unis

◇ **seagull** *noun* mouette *f*

◇ **sea level** *noun* niveau *m* de la mer

> COMMENT: taken as the base for references to altitude; a mountain 300m high is three hundred metres above sea-level; the Dead Sea is 395m below sea-level. Sea levels in general have risen over the past hundred years, and much more rapid rises are forecast if the greenhouse effect results in the melting of the polar ice caps

◇ **seashore** *noun* rivage *m* marin

◇ **seaweed** *noun* algue *f* *or* varech *m*

seam *noun* filon *m* *or* veine *f*; **the coal seams are two metres thick** = les veines de charbon ont une épaisseur de deux mètres; **the gold seam was worked out some years ago** = la veine d'or a été épuisée il y a quelques années

season 1 *noun* saison *f*; **breeding season** = saison des amours; **grazing season** = saison de pâturage; **growing season** = saison de végétation; **hunting season** = saison de la chasse; **rainy season** *or* **wet season** = saison des pluies *or* saison humide **2** *verb (wood)* sécher; **the construction industry needs large quantities of properly seasoned wood** = l'industrie du bâtiment a besoin de grandes quantités de bois bien séché

◇ **seasonal** *adjective* saisonnier, -ière; **tropical seasonal forest** = forêt tropicale à rythme saisonnier; **seasonal changes in temperature** = variations saisonnierès de température; **plants grow according to a seasonal pattern** = les végétaux croissent en suivant le rythme des saisons

> QUOTE during the breeding season, if weather conditions are favourable, the average territory provides enough food to sustain two adults and a brood of six young
> *Natural History*

second 1 *adjective* deuxième *or* second, -e **2** *noun* seconde *f*

◇ **secondary** *adjective* secondaire; **secondary consumers** = consommateurs *mpl* secondaires; **secondary industry** = industrie *f* secondaire; **secondary minerals** = minéraux *mpl* secondaires; **secondary particulates** = macroparticules *fpl* secondaires; **secondary substances** = corps *m* *or* substances *fpl* secondaires; **secondary succession** = succession *f* secondaire; **secondary treatment** = traitement *m* secondaire; *see also* PRIMARY

secrete *verb (of a gland)* sécréter

◇ **secretion** *noun* sécrétion *f*

security *noun* sécurité *f or* sûreté *f*

sediment *noun* sédiment *m*; **continental sediment** = sédiment continental; **marine sediment** = sédiment marin

◇ **sedimentary** *adjective* sédimentaire; **sedimentary cycle** = cycle *m* des sédiments; **sedimentary deposit** = formation *f* sédimentaire; **sedimentary rock** = roche *f* sédimentaire

◇ **sedimentation** *noun* sédimentation *f*; **sedimentation basin** *or* **sedimentation tank** = bassin *m* de décantation; **sedimentation rate** = vitesse *f or* taux *m* de sédimentation

seed 1 *noun* grain *m or* graine *f*; **seed bank** = banque *f* de graines; **seed case** = tégument *m*; **seed leaf** = cotylédon *m* **2** *verb (fields, clouds, etc.)* ensemencer; **the area of woodland was cut and then seeded with pines** = on a coupé les arbres de la zone boisée et on y a semé des graines de pins; **to seed itself** = se ressemer (naturellement); **the poppies seeded themselves all over the garden** = les coquelicots se sont ressemés dans tout le jardin; **several self-seeded poppies have come up in the vegetable garden** = plusieurs coquelicots se sont ressemés dans le potager

◇ **seed tree** *noun* semencier *m*

◇ **seedling** *noun* plant *m*

seep *verb (into a substance)* s'infiltrer; *(out of a substance)* suinter; **water seeped through the rock** = l'eau s'est infiltrée à travers la roche; **chemicals seeped out of the container** = des substances chimiques ont suinté du récipient

◇ **seepage** *noun (into a substance)* infiltration *f; (through a substance)* percolation *f*; **seepage tank** = puisard *m*

seiche *noun (of lake)* seiche *f*

seism *noun* séisme *m*

◇ **seismic** *adjective* séismique *or* sismique; **seismic wave** = onde *f* séismique *or* sismique

◇ **seismicity** *noun* sismicité *f or* séismicité *f*

◇ **seismograph** *noun* sismographe *m or* séismographe *m; see also* RICHTER

◇ **seismological** *adjective* sismologique *or* séismologique

◇ **seismologist** *noun* sismologue *or* séismologue *m&f*

◇ **seismology** *noun* sismologie *f or* séismologie *f*; **reflection seismology** = séismologie appliquée

◇ **seismometer** *noun* sismomètre *m or* séismomètre *m*

seismonasty *noun* sismonastie *f or* séismonastie *f*

◇ **seismonastic** *adjective* sismonastique *or* séismonastique

select *verb* choisir *or* sélectionner; **the strongest plants are selected for further breeding** = on sélectionne les plantes les plus résistantes pour améliorer la variété

◇ **selection** *noun* sélection *f*; **artificial selection** = sélection artificielle; **natural selection** = sélection naturelle

◇ **selective** *adjective* sélectif, -ive; **selective weedkiller** = herbicide sélectif

> QUOTE a species of small mammal has evolved selective resistance to venom
> *BBC Wildlife*

selenium *noun* sélénium *m*
NOTE: the chemical symbol is **Se;** atomic number is **34**

self- *prefix (referring to oneself)* auto-

◇ **self-fertile** *adjective* autofertile

◇ **self-fertility** *noun* autofertilité *f*

◇ **self-fertilization** *noun* autofécondation *f*

◇ **self-pollination** *noun* autopollinisation *f*

◇ **self-purification** *noun* autoépuration *f*

◇ **self-regulating** *adjective* autorégulateur, -trice; **most tropical rainforests are self-regulating environments** = la plupart des forêts tropicales humides constituent des environnements autorégulateurs

◇ **self-sterile** *adjective* autostérile

◇ **self-sterility** *noun* autostérilité *f*

◇ **selfing** = SELF-FERTILIZATION

semi- *prefix (meaning half)* semi-; **semi-arid** = semi-aride; **semi-social colony** = colonie *f* semi-sociale; **semi-parasite** = hémiparasite *m*; **semi-permeable** = semi-perméable

sensitive *adjective* sensible *or* sensitif, -ive; **the leaves of the plant are sensitive to frost** = les feuilles de cette plante sont sensibles au gel; **the earthquake was a small one and only registered on the most sensitive equipment** = ce tremblement de terre, de faible amplitude, n'a été enregistré que sur les appareils les plus sensibles

◇ **sensitivity** *noun* sensibilité *f or* sensitivité *f*; **sensitivity to pollution** = polluosensibilité *f*

◇ **sensitize** *verb* sensibiliser

◇ **sensory** *adjective* sensoriel, -ielle; **sensory adaptation** = adaptation sensorielle; **sensory organs** = organes *mpl* des sens

sepal *noun* sépale *m*

separate *adjective* distinct, -e *or* séparé, -e; **separate system** = réseau d'égouts séparatif

◇ **separator** *noun* séparateur *m*; **refinery separator** = séparateur de raffinerie

septic *adjective* septique; **septic sludge** = boues *fpl* (d'égout) septiques; **septic tank** = fosse *f* septique

> COMMENT: the sewage collects in the tank, the solids settle and are decomposed, and the liquid drains off into the soil or into a seepage tank

sere *noun* série *f*; **primary sere** = série primaire; **hydrosere** = hydrosérie *f*; *see also* CLISERE, LITHOSERE, XEROSERE

sessile *adjective* sessile

set aside *verb (arable land)* mettre (une terre) en friche

◇ **set-aside** *noun (of formerly arable land)* affectation *f* (d'une terre) à un autre usage

> QUOTE the scheme will offer subsidies to farmers if they set aside - i.e. leave fallow - 20 per cent of their land for five years
> *Sunday Times*

> QUOTE agriculture is changing, in the form of set-aside policies for the reduction of overproduction and conservation of important habitats and landscape. Set-aside land must either be managed with green cover crops like clover and kept in good agricultural condition, or put to forestry, or used for non-farming purposes
> *Environment Now*

> QUOTE he will be setting aside some whole fields on poorer-yielding chalk soils, but mainly 15m headland strips adjacent to woodland which suffer from shading
> *Farmers Weekly*

settle *verb* **(a)** s'installer *or* se fixer; **settled cultivators live in the south of the country** = les cultivateurs sédentaires vivent dans le sud du pays; **early nomadic herdsmen eventually settled as farmers** = les premiers pasteurs nomades ont fini par se fixer et devenir agriculteurs **(b)** *(of sediment)* se déposer

◇ **settlement** *noun (action)* établissement *m or* installation *f*; *(colony)* colonie *f*

Seveso *proper noun* Seveso (ville d'Italie)

> COMMENT: town in Italy, scene of a disaster in 1976 when tetrachlorodibenzoparadioxin gas escaped from a chemical factory during the manufacture of 2,4,5-t

sewage *noun* eaux *fpl* usées; **domestic sewage** = eaux usées domestiques *or* eaux-vannes *fpl*; **raw sewage** = eaux d'égout brutes *or* non traitées; **the municipality was accused of discharging raw sewage into the lake** = la municipalité était accusée de rejeter des eaux d'égout non traitées dans le lac; **sewage disposal** = évacuation *f* des eaux d'égout; **sewage effluent** = effluents des eaux d'égout; **sewage farm** = champ *m* d'épandage;

sewage farming = utilisation des eaux usées comme engrais; **sewage gas** = gaz *m* d'égout; **sewage sludge** = boues *fpl* d'égout; **sewage treatment plant** = station *f* d'épuration des eaux usées

◇ **sewer** *noun* canalisation *f* d'évacuation *or* égout *m*; **main sewer** = collecteur *m* principal; **storm sewer** = déversoir *m* d'orage

◇ **sewerage** *noun* assainissement *m or* évacuation *f*

COMMENT: modern sewage systems treat sewage in special plants. Some systems still remove sewage from houses and discharge it directly into the sea through outfall pipes. Apart from the health hazards to bathers and the possibility of contamination of shellfish, raw sewage helps the eutrophication of the sea, increasing the numbers of plankton and algae. Sewage can be safely treated by dilution in large bodies of water provided there is sufficient water available. Otherwise, a modern sewage treatment plant works by passing the sewage through a series of processes. It is first screened to remove large particles, then passed into sedimentation tanks where part of the solids remaining in the sewage settle. The sewage then continues into an aerator which adds air to activate the bacteria. The sewage then settles in a second sedimentation tank before being discharged into a river or the sea. Sludge which settles at the bottom of the sedimentation tanks is treated in digestion tanks where it is digested anaerobically by bacteria

QUOTE Britain's coastal waters are now some of the worst for sewage pollution in the whole of Europe. Industry tips vast quantities of waste fluids into the domestic sewerage system. In some areas the industrial content of sewage is as high as 20%

Environment Now

sex *noun* sexe *m*; **the relative numbers of the two sexes in the population are not equal, more males being born than females** = dans la population, les nombres relatifs des deux sexes ne sont pas égaux, car il naît plus de garçons que de filles; **sex chromatin** = chromatine sexuelle; **sex chromosome** = chromosome sexuel; **sex determination** = détermination *f* du sexe; **sex hormones** = hormones sexuelles; **sex organs** = organes sexuels

◇ **sex-linkage** *noun* hérédité *f* liée au chromosome sexuel

◇ **sex-linked** *adjective* sex-linked

◇ **sexology** *noun* sexologie *f*

◇ **sexual** *adjective* sexuel, -elle; **a study of the sexual behaviour of moths** = une étude du comportement sexuel des phalènes; **sexual organs** = organes sexuels; **sexual reproduction** = reproduction *f* sexuée

COMMENT: in mammals, individuals have either a pair of identical XX chromosomes (and so are female) or have one X and one Y chromosome and are male. Out of the twenty-three pairs of chromosomes in each human cell, only two are sex chromosomes. Females have a pair of X chromosomes and males have a pair consisting of one X and one Y chromosome. The sex of a baby is determined by the father's sperm. While the mother's ovum only carries X chromosomes, the father's sperm can carry either an X or a Y chromosome. If the ovum is fertilized by a sperm carrying an X chromosome, the embryo will contain the XX pair and so be female

shade *noun* **(a)** *(place sheltered from direct sunlight)* ombre *f*; **shade density** = intensité *f* d'ombre; **shade intolerant tree** = arbre *m* héliophile; **shade plant** = plante *f* d'ombre *or* sciaphyte *f*; **shade-tolerant tree** = arbre sciaphile **(b)** *(of colour)* nuance *f or* teinte *f*; **the new leaves are a light shade of green** = les nouvelles feuilles sont vert clair

◇ **shading** *noun* **(a)** *(cutting off the light of the sun)* ombre *f*; **parts of the field near tall trees suffer from shading** = certains endroits de ce champ souffrent de l'ombre portée des grands arbres **(b)** *(changing the strength of colours)* dégradé *m* de couleur

shale *noun* schiste *m*; **oil shale** = schiste bitumineux

shear waves *noun (slow seismic waves which alter direction as they pass through* *different types of rock)* ondes *fpl* de distortion

sheep *noun* mouton *m*; **sheep farming** = élevage *m* de moutons; *(in Australia)* **sheep station** = grand centre d'élevage de moutons

shelf *noun* plateau *m*; **continental shelf** = plateau continental *or* plate-forme *f* continentale

shell *noun (of tortoise, lobster)* carapace *f; (of mollusc, nut, egg)* coquille *f; (of oyster, mussel, tortoise)* écaille *f*

◇ **shellfish** *noun* coquillages *mpl or* crustacés *mpl*; **shellfish culture** = conchyliculture *f*

shelter 1 *noun* abri *m; (of trees)* **shelter belt** = rideau-abri *m* **2** *verb* abriter *or* s'abriter

◇ **shelterwood** *noun* **shelterwood cutting** = coupe *f* d'abri

shield 1 *noun* bouclier *m* **2** *verb* protéger; **the plants grow in crevices shielded from the wind** = les plantes poussent dans des anfractuosités, à l'abri du vent; **ozone in the stratosphere shields the earth from solar ultraviolet radiation** = l'ozone stratosphérique protège la terre du rayonnement solaire ultraviolet

shingle *noun* galets *mpl*; **shingle beach** = plage *f* de galets

shock *noun* choc *m*; **shock waves** = ondes de choc; *see also* AFTERSHOCK

shore *noun* rivage *m*

◇ **shore terrace** *noun* terrasse *f* littorale

◇ **shorebird** *noun* oiseau *m* marin

◇ **shoreline** *noun* ligne *f* de rivage

COMMENT: the shore is divided into different zones: the upper shore is the area which is only occasionally covered by seawater at the very highest tides; the middle shore is the main area of shore, which is covered and uncovered by sea at each tide; and the lower shore, which is very rarely uncovered and only at the lowest tides

short day plant *noun* plante *f* nyctipériodique

shortage *noun* manque *m or* pénurie *f* (d'eau, de nourriture)

shower *noun* averse *f*

shrivel *verb* se flétrir *or* se rider

shrub *noun* arbrisseau *m or* arbuste *m*

◇ **shrubby** *adjective* arbustif, -ive *or* buissonneux, -euse

shut down *verb* fermer

◇ **shutdown** *noun* arrêt *m or* fermeture *f*; **emergency shutdown** = arrêt d'urgence

Si *chemical symbol for* SILICON

SI = SYSTEME INTERNATIONAL (d'unités de mesure); **SI units** = unités *fpl* SI

sib *or* **sibling** *noun* l'un(e) des enfants de mêmes parents; **brothers and sisters are all siblings** = les frères et soeurs ont les mêmes parents; **sibling species** = espèces *fpl* jumelles

sick *adjective* malade; **half the forests in Germany are sick** = la moitié des forêts allemandes sont malades; **sick building syndrome** = syndrome *m* des bâtiments malades

-side *suffix (meaning the side of something)* **the eroded hillsides are scarred with gullies** = sous l'effet de l'érosion, les flancs de la colline sont ravinés; **waterside plants thrive in the shade** = les plantes du bord de l'eau se développent bien à l'ombre

side effect *noun* effet *m* secondaire *or* indésirable

sievert *noun* sievert *m*
NOTE: usually written **Sv** with figures

significant *adjective* considérable *or* significatif , -ive

◇ **significantly** *adverb* considérablement *or* de manière significative

silage *noun* fourrage *m* ensilé

silencer *noun* silencieux *m*
NOTE: US English is **muffler**

silica *noun* silice *f*

◇ **silicate** *noun* silicate *m*

◇ **silicon** *noun* silicium *m*
NOTE: chemical symbol is **Si;** atomic number is **14**

◇ **silicosis** *noun* silicose *f*

COMMENT: a type of pneumoconiosis, a disease of the lungs caused by inhaling silica dust from mining or stone-crushing operations. It is a serious disease which makes breathing difficult and can lead to emphysema and bronchitis

silk *noun* soie *f*; **silk culture** = sériciculture *f*

silo *noun* silo *m*

silt 1 *noun* **(a)** *(alluvial mineral particles)* limon *m* **(b)** *(in general)* vase *f* **2** *verb (of a harbour or river)* **to silt up** = s'envaser; **to be silted up** = être envasé

◇ **siltation** *or* **silting** *noun* envasement *m*; **increased sedimentation and siltation in backwaters** = sédimentation et envasement en augmentation dans les bras morts

◇ **silty** *adjective* limoneux, -euse

silver *noun* argent *m*
NOTE: chemical symbol is **Ag;** atomic number is **47**

silviculture *noun* sylviculture *f*

◇ **silvicide** *noun* substance *f* détruisant les arbres

◇ **silvicolous** *or* **silvicultural** *adjective* sylvicole

similarity *noun* similitude *f*; **similarity coefficient** = indice *m* de similitude

sink 1 *noun* **(a)** puits *m*; **carbon sink** = puits de carbone; **heat sink** = source *f* de froid; **the oceans may delay global warming by acting as a heat sink** = les océans, sources de froid, pourraient retarder le réchauffement de la planète; **oxygen sink** = réservoir *m* d'oxygène **(b)** *(low-lying piece of land where water collects)* **sink hole** = doline *f* **(c)** *(action which removes a pollutant)* mode *m* d'élimination; **the commonest ozone sink is the reaction with nitric oxide to form nitrogen dioxide and oxygen** = l'ozone, en réaction avec l'oxyde nitrique, se dissocie pour former du dioxyde d'azote et de l'oxygène: c'est la principale cause de destruction de l'ozone atmosphérique **2** *verb* couler *or* sombrer

QUOTE the main sink for CH_4 (methane) is reaction with atmospheric hydroxyl radicals
Nature

QUOTE if the oceans act as a huge sink for CO_2 estimates about how much the gas contributes to the greenhouse effect may have to be rethought
Farmers Weekly

Sirenians *plural noun (large marine animals, such as the manatee)* siréniens *mpl*

sirocco *noun* sirocco *m*

site 1 *noun* site *m*; **the area around the nuclear test site is closed to the public** = la zone située autour du site d'essais nucléaires est interdite au public; **hazardous chemicals found on the site include arsenic, lead, mercury and cyanide** = on a trouvé sur le site des susbtances chimiques dangereuses, parmi lesquelles de l'arsenic, du plomb, du mercure et du cyanure; **Site of Special Scientific Interest (SSSI)** = site d'intérêt scientifique; **nesting site** = site de nidification **2** *verb* placer; **the nesting area is sited on the west side of the cliff** = la zone de nidification est située sur la paroi ouest de la falaise

◇ **siting** *noun (of factory, etc.)* implantation *f*

Sitka spruce *noun* épinette *f* de Sitka

skeleton *noun* squelette *m or* ossature *f*

◇ **skeletal** *adjective* squelettique; **skeletal muscle** *or* **voluntary muscle** = muscle *m* strié

sky *noun* ciel *m*

◇ **skyline** *noun* ligne *f* d'horizon; **the need to protect mountain skylines from planting of conifers** = la nécessité de protéger les profils montagneux des plantations de conifères

> COMMENT: the sunlight that strikes the atmosphere is scattered by the particles which it hits. The scattering affects short light waves most, hence the short blue light waves colour the sky

slag *noun* scories *fpl*; **basic slag** = scories basiques

slaked lime *noun* chaux *f* éteinte

slash *verb* entailler; **slash and burn culture** = culture *f* sur brûlis

slate *noun* ardoise *f*

slaughter 1 *noun* abattage *m*; **protesters tried to stop the slaughter of seals** = les manifestants ont essayé d'arrêter le massacre des phoques **2** *verb* abattre *or* tuer

sleet 1 *noun* neige *f* fondue **2** *verb* **it is sleeting** = il tombe de la neige fondue

slick *noun* **oil slick** = nappe *f* de pétrole; **the slick contaminated over 40 miles of coast** = la nappe de pétrole a pollué plus de 60 km de côtes

> QUOTE as the slick moved down river, hundreds of thousands of residents were without water, schools and businesses closed
>
> *Environmental Action*

slime *noun* vase *f*

slope *noun* pente *f or* talus *m*; **continental slope** = talus continental

slough 1 *noun* dépouille *f or* mue *f* **2** *verb* *(of snake)* muer

sludge *noun* boue *f*; **activated sludge** = boues activées; **raw sludge** = boues brutes; **sewage sludge** = boues d'égout; **sludge digestion** = digestion des boues; **sludge gas** = gaz de digestion; **sludge gulper** = camion *m* de vidange des fosses septiques; **sludge processing** = traitement *m* des boues; **sewage sludge is dumped directly into the North Sea** = les boues d'égout sont directement rejetées dans la mer du Nord

> QUOTE sewage sludge dumping operations are conducted by the Thames Water Authority in the outer Thames estuary. Four purpose-built vessels dump up to 12,000 wet tonnes of treated sewage sludge daily
>
> *London Environmental Bulletin*

sluice *noun* écluse *f or* vanne *f*

slum *noun* bidonville *m*

slurry *noun* **(a)** *(liquid waste from cattle)* purin *m* **(b) lime slurry** = lait *m* de chaux

smelt *verb* extraire par fusion *or* fondre

◇ **smelter** *noun* four *m* de fusion

◇ **smelting** *noun* fusion *f*

smog *noun* smog *m*; **photochemical smog** = smog photochimique

> COMMENT: the pollution of the atmosphere in towns, caused by warm damp air combined with exhaust fumes from cars. Smog originally meant smoke and fog, and the London "pea-soupers" were caused by coal smoke in foggy weather in winter. Today's smog is usually caused by car exhaust fumes, and can occur in sunny weather. Temperature inversion (where the air temperature at ground level is colder than the air above) helps to form smog by making it impossible for the pollutants in the air to rise

smoke 1 *noun* fumée *f*; **smoke control area** = zone *f* d'interdiction d'émission de fumée; **the room was full of cigarette smoke** = la pièce était remplie de fumée de cigarette; **several people died from inhaling toxic smoke** = plusieurs personnes sont mortes par inhalation de fumées toxiques **2** *verb* **(a)** émettre de la fumée; **a smoking volcano** = volcan dégageant de la fumée **(b)** *(tobacco)* fumer; **she was smoking a cigarette** = elle fumait une cigarette; **he only smokes a pipe** = il ne fume que la pipe; **doctors are trying to persuade people to stop smoking** = les médecins s'efforcent de convaincre les gens d'arrêter de fumer; **smoking can injure your health** = le tabac est dangereux pour la santé

◇ **smokeless** *adjective* **(a)** *(where there is no smoke)* sans fumée; **smokeless fuel** = combustible *m* non fumigène; **smokeless zone** = zone où les foyers ouverts sont interdits **(b)** *(where no one smokes tobacco)* non-fumeur; *(in a restaurant)* **smokeless** *or* **smoke-free area** = section *f* non-fumeur

◇ **smoker** *noun* fumeur, -euse; **smoker's cough** = toux *f* du fumeur

◇ **smokestack** *noun* cheminée *f* d'usine

◇ **smoking** *noun* **smoking is not allowed in the restaurant** = il est interdit de fumer dans ce restaurant; **no smoking area** = section *f* non-fumeur; **passive smoking** = tabagisme *m* passif

◇ **smoky** *adjective* enfumé, -e *or* (cheminée) qui fume

COMMENT: the connection between smoking tobacco, especially cigarettes, and lung cancer has been proved to the satisfaction of the British government, which prints a health warning on all packets of cigarettes. Smoke from burning tobacco contains nicotine and other substances which stick in the lungs, and can in the long run cause cancer. By banning the use of fuels which create smoke, the air above towns has become much cleaner than it was some years ago. This has the disadvantage of allowing the sunlight to penetrate and cause photochemical reactions to take place, increasing the acidity of the atmosphere, with the result that apparently clean air can be as dangerous as smog

smut *noun* **(a)** suie *f*; **smuts from the oil depot fire covered the town** = la ville était recouverte de suie provenant de l'incendie de l'entrepôt de pétrole **(b)** *(disease of plants)* charbon *m or* nielle *f*

Sn *chemical symbol for* TIN

snow 1 *noun* neige *f*; **snow blindness** = cécité *f* des neiges; **snow flake** = flocon *m* de neige; **wet snow** = neige mouillée **2** *verb* neiger; **it snowed heavily during the night** = il a beaucoup neigé cette nuit

◇ **snowfall** *noun* chute *f* de neige; **heavy snowfalls blocked the main roads** = de fortes chutes de neige ont rendu les routes principales impraticables

◇ **snowline** *noun* limite *f* (orographique) des neiges

◇ **snowstorm** *noun* tempête *f* de neige

◇ **snowy** *adjective* couvert, -e de neige *or* neigeux, -euse

COMMENT: snow is formed when the atmospheric temperature is cold enough to make the moisture in clouds freeze into ice crystals

soak *verb* tremper

◇ **soak up** *verb* absorber

◇ **soakaway** *or* **soaking pit** *noun* puits *m* d'infiltration

soar *verb (of bird)* planer

social *adjective* social, -e, -aux; **social animals** = animaux sociaux; **social group** = groupe social; **social parasite** = parasite social; **social responsibility** = responsabilité *f* envers la collectivité

society *noun* société *f*

sociology *noun* sociologie *f*; **plant sociology** = phytosociologie *f*

soda lake *noun* lac *m* natronique; *see also* CAUSTIC SODA

sodium *noun* sodium *m*; **sodium balance** = équilibre *m* hydrominéral; **sodium chlorate** = chlorate *m* de sodium; **sodium chloride** = chlorure *m* de sodium; **sodium hydroxide** = hydrate *m* de soude; **sodium salt** = sel *m* sodique

NOTE: chemical symbol is **Na;** atomic number is **11**

soft *adjective (of water)* doux, douce; *(not stiff)* mou, molle; **soft water** = eau douce; **soft energy** = énergie douce

◇ **soften** *verb* adoucir *or* s'adoucir

◇ **softener** *noun* adoucisseur *m* (d'eau)

◊ **softwood** *noun* bois *m* de résineux *or* bois blanc; **softwoods** = forêts *fpl* de résineux
NOTE: the opposite is **hardwood**

soil *noun* sol *m or* terre *f*; **poor soil** = sol pauvre; **rich soil** = terre grasse; **soil cover** = sol de couverture; **soil conservation** = conservation *f* des sols; **soil creep** = reptation *f*; **soil depletion** = épuisement *m* des sols; **soil drainage** = drainage *m* des sols; **soil erosion** = érosion *f* des sols; **soil flora** = flore *f* du sol; **soil horizons** = horizons *mpl* pédologiques; **soil improvement** = amendement *m* des sols; **soil map** = carte *f* des sols; **soil sample** = échantillon *m* de sol; **soil science** = pédologie *f*; *see also* CHERNOZEM, LOESS, PODZOL, SUBSOIL, TOPSOIL

◊ **soilless gardening** *noun* culture *f* hydroponique

COMMENT: soil is a mixture of mineral particles, decayed organic matter and water. Topsoil contains chemical substances which are leached through into the subsoil where they are retained. Soils are classified either according to the areas of the world in which they are found, or according to the types of minerals and stage of development which a soil has reached

solar *adjective* **(a)** *(referring to the sun)* solaire; **solar cell** = pile *f* solaire *or* photopile *f*; *see also* PHOTOVOLTAIC CELL **solar collector** = capteur *m* solaire; **solar eclipse** = éclipse *f* de soleil; **solar energy** *or* **solar power** = énergie *f* solaire; **solar flare** = facule *f* solaire; **solar panel** = panneau *m* solaire; **solar radiation** = rayonnement *m* solaire; **solar system** = système *m* solaire **(b)** *(driven by power from the sun)* (fonctionnant à l'énergie) solaire; **solar cooker** = cuisinière *f* solaire; **solar drier** = séchoir *m* solaire; **solar-generated energy** = à énergie solaire; **a solar-generated steam pump** = une pompe à vapeur solaire

◊ **solarization** *noun* solarisation *f*

COMMENT: the sun emits radiation in the form of ultraviolet rays, visible light and infrared heating rays. Solar energy can be collected by various methods, most often by heating water which is then passed into storage tanks. Although solar power is easy to collect, the problem of storing it is important in order to make sure that the power is available for use during the night or when the sun does not shine

QUOTE solar power sources and heat pumps may supplement the main energy system, but they do not result in sufficient saving in fuel cost to cover the capital expenditure in this country
Environment Now

solid 1 *adjective* solide; **water turns solid when it freezes** = quand il gèle, l'eau se solidifie; **solid food** *or* **solids** = aliments *mpl* solides; **solid waste** = déchets *mpl* solides **2** *noun* matière *f* solide; **the first treatment of sewage involves removing the solids** = la première étape du traitement des eaux d'égout consiste à extraire les matières solides

◊ **solidification** *noun* solidification *f*

◊ **solidify** *verb* se solidifier; **carbon dioxide solidifies at low temperatures** = le gaz carbonique se solidifie à basse température

solstice *noun* solstice *m*; **summer solstice** = solstice d'été; **winter solstice** = solstice d'hiver

soluble *adjective* soluble; **soluble in alcohol** = soluble dans l'alcool

◊ **-soluble** *suffix (meaning which can be dissolved in)* (-)soluble; **fat-soluble** = liposoluble; **water-soluble** = soluble dans l'eau

◊ **solute** *noun* soluté *m*

◊ **solution** *noun* solution *f*

solum *noun* solum *m*

solvent *noun* solvant *m*; **carbonic acid can act as a solvent for limestone** = on peut utiliser l'acide carbonique pour dissoudre le calcaire

somatotropin *see* BOVINE SOMATOTROPIN

sonar *noun* sonar *m*

sonde *noun* sonde *f* (atmosphérique)

sonic *adjective* sonique; **sonic boom** = bang *m* supersonique

soot *noun* suie *f*; **legislation to control soot emission** = législation sur les émissions de suie

sorghum *noun* sorgho *m*

sound *noun* son *m*; **sound energy** = énergie *f* acoustique; **sound insulation** = isolation *f* phonique *or* insonorisation *f*; **sound source** = source *f* sonore; **sound wave** = onde *f* sonore

source *noun* **(a)** *(origin)* source *f*; **hot rocks are a potential energy source** = les roches chaudes constituent une source d'énergie potentielle; **plants tend to turn towards the source of light** = les végétaux ont tendance à se tourner vers la source lumineuse **(b)** *(of a river)* source *f* (d'une rivière); **the source of the Nile is in the mountains of Ethiopia** = le Nil prend sa source dans les montagnes d'Ethiopie

south *adjective & noun* sud *(m)*; **South Pole** = pôle *m* Sud

◇ **southerly** *adjective (towards the south)* en direction du sud; *(from the south)* (vent) du sud; **the typhoon is moving in a southerly direction at 25 knots** = le typhon se déplace vers le sud, à une vitesse de 25 noeuds; **the southerlies** = vents *mpl* du sud

◇ **southern** *adjective* du sud; **southern hemisphere** = hémisphère *m* sud *or* hémisphère austral; **southern lights** = aurore *f* australe; **southern oscillation** = oscillation *f* australe

sow *verb* semer

soya *noun* soja *m*

◇ **soybean** *or* **soyabean** *noun* graine *f* de soja

space *noun* espace *m*; **green space** *or* **open space** = espace vert; **outer space** = espace extra-atmosphérique

sparse *adjective* clairsemé, -e; **a few sparse bushes in the desert** = quelques buissons clairsemés dans le désert; **a sparse population of herdsmen** = une population clairsemée de bergers

◇ **sparsely** *adverb* peu; **a sparsely populated mountain region** = une région montagneuse peu peuplée

spath *noun* spath *m*

spawn **1** *noun* **(a)** *(eggs of a fish or reptile)* frai *m or* oeufs *mpl* (de poisson, etc.) **(b)** **mushroom spawn** = blanc *m* de champignon **2** *verb (of a fish or reptile)* frayer; **spawning grounds** = frayères *fpl*; **spawning season** = fraie *f or* saison *f* du frai

special *adjective* spécial, -e, -aux

◇ **specialist** *noun* **(a)** *(person who specializes in a certain branch of study)* spécialiste *m&f*; **they have called in a contamination specialist to study the problem** = ils ont fait appel à un spécialiste de la contamination pour étudier le problème **(b)** *(organism which lives on one type of food or in a very restricted area)* espèce *f* spécialiste

◇ **speciality** *noun* spécialité *f*

◇ **specialization** *noun (specializing in a certain branch of science)* spécialisation *f*; *(of a species)* adaptation *f*

◇ **specialize in** *verb* se spécialiser dans

species *noun* espèce *f*; **the human species** = l'espèce humaine; **the origin of species** = l'origine *f* des espèces

NOTE: plural is also **species**

◇ **speciation** *noun* spéciation *f*

> QUOTE there are about 35 species of sea-horses, all in the genus Hippocampus. Together with several hundred species of pipefish they form the family Syngnathidae
> *BBC Wildlife*

specific *adjective* **(a)** *(characteristic)* spécifique; **specific gravity** = densité *f*; **specific heat** = chaleur *f* spécifique; **specific humidity** = humidité *f* spécifique **(b)** *(referring to a species)* spécifique; **specific name** = nom *m* spécifique

◇ **specificity** *noun* spécificité *f*; **host specificity** = spécificité parasitaire; **parasites show specificity in that they**

live on only a certain limited number of hosts = les parasites ont pour spécificité de vivre aux dépens d'un nombre limité d'hôtes seulement

specimen *noun* échantillon *m or* spécimen *m; (sample taken)* prélèvement *m*; **five specimens of salmon can still be found in the mountain rivers** = on trouve encore cinq spécimens de saumon dans les rivières de montagne; **scientists have taken away soil specimens for analysis** = les scientifiques ont prélevé cinq échantillons de sol pour les analyser

spectrography *noun* spectrographie *f*

spectroscope *noun* spectroscope *m*

spectrum *noun* spectre *m*

spell *noun* période *f*; **there will be some fine spells over the east of the country** = il y aura quelques périodes ensoleillées sur l'est du pays; **the south has experienced the longest spell of rainy weather since records were first taken** = c'est la plus longue période de temps pluvieux que le sud du pays ait jamais connue depuis les premiers relevés

spent fuel *noun* combustible *m* irradié; **tonnes of spent nuclear fuel are sent for reprocessing** = on expédie des tonnes de combustible nucléaire irradié afin qu'il soit retraité

sperm *noun* sperme *m*; **sperm bank** = banque *f* de sperme; **sperm count** = numération *f* des spermatozoïdes

◇ **spermatic** *adjective* spermatique

◇ **spermatid** *noun* spermatide *f*

◇ **spermatocyte** *noun* spermatocyte *m*

◇ **spermatogenesis** *noun* spermatogenèse *f*

◇ **spermatogonium** *noun* spermatogonie *f*

◇ **spermatozoon** *or* **sperm** *noun* spermatozoïde *m*
NOTE: plural is **spermatozoa**

◇ **spermicide** *noun* spermicide *m*

sphagnum *noun* sphaigne *f*; **sphagnum peat** = tourbière *f* à sphaigne

spider *noun* araignée *f*

spike *noun (tall pointed inflorescence)* épi *m*

spill 1 *noun* déversement *m or* rejet *m*; **oil spill** = déversement de pétrole **2** *verb* déverser *or* rejeter *or* renverser; **he spilled the bottle of herbicide on the grass** = il a renversé la bouteille d'herbicide sur l'herbe; **about 200,000 barrels of oil spilled into the sea** = environ 200 000 barils de pétrole se sont déversés dans la mer

◇ **spillage** *noun* débordement *m or* déversement *m*; **spillage of the river into the nearby desert area** = le débordement du fleuve dans la zone désertique proche

◇ **spillway** *noun* déversoir *m*

spirochaete *noun* spirochète *m*

spoil *noun* déchets *mpl* miniers *or* déblais *mpl*; **spoil bank** = terril *m*

spore *noun* spore *f*

◇ **sporicidal** *adjective* destructeur, -trice de spores

◇ **sporicide** *noun* agent *m* destructeur de spores

◇ **Sporozoon** *noun* sporozoaire *m*
NOTE: plural is **Sporozoa**

> COMMENT: spores are produced by plants such as ferns or by algae and fungi. They are microscopic, and float in the air or water until they find a resting place where they can germinate

spot *noun* point *m or* tache *f*; **hot spot** = point chaud

sprawl *noun* étalement *m or* extension *f* désordonnée; **urban sprawl** = étalement *m* urbain *or* expansion *f* urbaine *or* développement *m* urbain anarchique

spray 1 *noun* **(a)** minuscules *fpl* gouttelettes **(b)** liquide *m* pulvérisé *or* vaporisé **2** *verb* pulvériser *or* vaporiser; **they sprayed the room with disinfectant** = ils ont pulvérisé du désinfectant dans la pièce; **apple trees must be sprayed twice a year to kill aphids** = il faut pulvériser les pommiers deux fois par an pour tuer les pucerons

spread *verb* proliférer *or* se propager; **locusts spread right across the country** = les criquets se sont propagés dans tout le pays

spring *noun* **(a)** *(water)* source *f*; **underground spring** = source souterraine; **the first settlers found springs of fresh water in the mountains** = les premiers colons ont trouvé des sources d'eau douce dans les montagnes **(b)** *(season)* printemps *m*; **spring equinox** = équinoxe *m* de printemps; **spring flowers** = fleurs printanières

◇ **spring tides** *plural noun* marée *f* de vives eaux; *compare* NEAP TIDES

sprout 1 *noun* germe *m or* bourgeon *m or* pousse *f* **2** *verb (of plants)* germer

◇ **sprouting** *noun (botany)* levée *f*

spruce *noun* épicéa *m*

squall *noun* grain *m or* rafale *f*

◇ **squally** *adjective* à rafales

Sr *chemical symbol for* STRONTIUM

SSSI = SITE OF SPECIAL SCIENTIFIC INTEREST

stable *adjective* stable; **in parts of South East Asia temperatures remain stable for most of the year** = dans certaines régions d'Asie du Sud-Est, les températures restent stables pendant la plus grande partie de l'année; **stable climax** = climax *m* stable; **stable compound** = composé *m* stable; **stable population** = population *f* stable

◇ **stability** *noun* stabilité *f*

◇ **stabilization lagoon** *noun* étang *m* de stabilisation

◇ **stabilize** *verb* stabiliser; **marram grass was planted on the sand dunes to stabilize them** = on a planté des oyats pour stabiliser les dunes; **stabilizing agent** = stabilisant *m*

◇ **stabilizer** *noun* stabilisateur *m*

stack *noun* **chimney stack** = tuyau *m* de cheminée (d'usine); **the use of high stacks in power stations means that pollution is now more widespread** = l'utilisation de hautes cheminées dans les centrales électriques entraîne une plus grande dissémination de la pollution

stain 1 *noun* **(a)** *(mark)* tache *f*; **stainless steel** = acier *m* inoxydable **(b)** *(dye)* colorant *m* **2** *verb* **(a)** tacher; **peaty water stains the rocks brown** = une eau tourbeuse laisse des traces brunes sur les roches **(b)** *(to dye)* colorer

◇ **staining** *noun (colouring tissue samples)* coloration *f*; **staining method** = méthode *f* de coloration

stalactite *noun* stalactite *f*

◇ **stalagmite** *noun* stalagmite *f*

> QUOTE the sediments that build up on cave floors and the accumulating layers of stalactites and stalagmites, record what is happening to the climate along similar lines to the annual rings in trees, but going back for many thousands of years
>
> *New Scientist*

stalk *noun* tige *f*

stamen *noun* étamine *f*

stamp out *verb* enrayer; **international organizations have succeeded in stamping out smallpox** = les organisations internationales ont réussi à enrayer la variole; **the government is trying to stamp out pollution from waste disposal units** = le gouvernement s'efforce d'enrayer la pollution provenant des installations de traitement de déchets

stand *noun (group of plants growing together)* peuplement *m* (d'arbres); **softwoods from the vast conifer stands in Scandinavia could be widely used in place of hardwood** = au lieu d'exploiter les feuillus, on pourrait utiliser les résineux des immenses peuplements de Scandinavie

standard 1 *adjective* normal, -e, -aux *or* ordinaire; **it is the standard practice to monitor the pollution levels twice a day** = il est courant de contrôler les taux de pollution deux fois par jour **2** *noun* norme *f* *or* référence *f*; **effluent standard** = norme de déversement (dans un fleuve *or* dans la mer); **emission standards** = normes d'émissions; **environmental quality standard** = norme de qualité de l'environnement; **standard of living** *or* **living standards** = niveau *m* de vie

◇ **standardization** *noun* **(a)** étalonnage *m* **(b)** standardisation *f* *or* uniformisation *f*

◇ **standardize** *verb* **(a)** étalonner **(b)** standardiser *or* uniformiser

standing *adjective (growing upright)* sur pied; **standing crop** = (i); *(crop growing upright in a field)* récolte *f* sur pied; (ii); *(numbers and weight of the living vegetation of an area)* biomasse *f* mesurable; **standing timber** = bois sur pied

staphylococcal *adjective* **staphylococcal poisoning** = staphylococcie *f*

◇ **Staphylococcus** *noun* staphylocoque *m*
NOTE: plural is **Staphylococci**

starch *noun* amidon *m*

◇ **starchy** *adjective* amylacé, -e *or* féculent, -e

COMMENT: starch is present in common foods and is broken down by the digestive process into forms of sugar

starfish *noun* étoile *f* de mer

starvation *noun* inanition *f* *or* sous-alimentation *f*; **to be on a starvation diet** = être sérieusement sous-alimenté

◇ **starve** *verb* être sévèrement sous-alimenté; **thousands of people were starving in the desert** = des millers de personnes mouraient de faim dans le désert

◇ **starved** *adjective* affamé, -e

stasis *noun* stase *f*

◇ **static** *adjective* statique; **static electricity** = électricité statique

state *noun* **(a)** *(condition)* état *m*; **state of emergency** = état d'urgence **(b)** *(government)* **under state control** = sous contrôle de l'Etat *or* étatisé, -e; **the United States (of America)** = les Etats-Unis (d'Amérique)

station *noun* poste *m* *or* station *f*; **field station** = station de recherches scientifiques sur le terrain

steam fog *or* **steam mist** *noun* brouillard *m* d'évaporation

steel *noun* acier *m*; **stainless steel** = acier inoxydable; **steel industry** = sidérurgie *f*; **steel works** = aciérie *f*

stem *noun* tige *f*

steno- *prefix (meaning narrow or constricted)* sténo-

◇ **stenohaline** *adjective* sténohalin, -ine

◇ **stenothermous** *adjective* sténotherme
NOTE: opposites are **euryhaline, eurythermous**

steppe *noun* steppe *f*

sterile *adjective* **(a)** *(with no infection)* aseptique **(b)** *(infertile)* infécond, -e *or* stérile

◇ **sterility** *noun* (i) infécondité *f* (ii) stérilité *f*

◇ **sterilization** *noun (making free from bacteria, making incapable of producing offspring)* stérilisation *f*

◇ **sterilize** *verb* stériliser; **the soil needs to be sterilized before being used for intensive greenhouse cultivation** = avant de faire de la culture intensive sous serre, il faut stériliser le sol

stimulate *verb* stimuler

◇ **stimulus** *noun* stimulus *m*
NOTE: the plural is **stimuli**

sting 1 *noun* **(a)** *(part of insect)* aiguillon *m* *or* dard *m* **(b)** *(made by an insect)* piqûre *f* (d'insecte) **2** *verb (of an insect)* piquer

COMMENT: stings by some insects, such as the tsetse fly, can transmit a bacterial infection. Other inests, such as bees, have toxic substances which they pass into the bloodstream of the victim, causing irritating swellings

stock *noun* **(a)** *(animals or plants derived from an ancestor)* famille *f or* race *f*; **stock farming** = élevage *m* (commercial) de bétail; *see also* LIVESTOCK, ROOTSTOCK **(b)** *(plant on which a graft is made)* porte-greffe *m* **(c)** *(stores held for future use)* réserve *f*; **stock inventory** = inventaire *m* des réserves; **stocks of herring are being decimated by overfishing** = la surpêche décime les réserves de harengs

◇ **stock culture** *noun* culture *f* mère

◇ **stockman** *noun* gardien *m* de bestiaux

stoma *noun* stomate *m*
NOTE: plural is **stomata**

COMMENT: the stomata are the holes through which a plant takes in carbon dioxide and sends out oxygen

stone *noun* pierre *f*; **the houses are built directly on stone and should withstand earthquakes** = les maisons, contruites à même le rocher, devraient résister aux tremblements de terre; **the glaciers left heaps of stones as they retreated** = en se retirant, les glaciers ont laissé des amas de pierre

◇ **stony** *adjective* pierreux, -euse; **stony beach** = plage à galets

store *verb* emmagasiner *or* stocker; **whales store energy in the blubber under the skin** = les baleines emmagasinent l'énergie sous la peau, dans le spermacéti (ou blanc de baleine)

◇ **storage** *noun* emmagasinement *m or* stockage *m*; **the problem of wind power is the question of storage of electricity for use when there is no wind** = le problème, avec l'énergie éolienne, est de savoir comment stocker l'électricité si on en a besoin quand il n'y a pas de vent; **thermal storage** = accumulation *f* thermique

storm *noun* tempête *f*; **storm centre** *or* **eye of a storm** = oeil *m* d'un cyclone; **storm drain** = déversoir *m* d'orage *or* égout *m* d'évacuation des eaux d'orage; **storm flow** = débit *m* d'orage; **storm sewage** = mélange *m* d'eaux pluviales et d'eaux usées; **storm surge** = marée *f* de tempête; **storm water** = eaux *fpl* pluviales

strain *noun (of a species)* variété *f*; **they have developed a new strain of virus-resistant rice** = une nouvelle variété de riz résistante aux virus a été élaborée

strait *noun* détroit *m*

strata *see* STRATUM

stratification *noun* stratification *f*

◇ **stratified** *adjective* stratifié, -e

◇ **stratigraphy** *noun* stratigraphie *f*; **glacial stratigraphy** = stratigraphie glaciaire

stratocumulus *noun* strato-cumulus *m*

stratopause *noun* stratopause *f*

stratosphere *noun* stratosphère *f*

◇ **stratospheric** *adjective* stratosphérique; **CFCs are responsible for the damage to the ozone in the earth's stratospheric zone** = les CFC sont responsables des dégâts causés à l'ozone de la couche stratosphérique de la Terre

COMMENT: the stratosphere rises from about 18km to 50km above the surface of the earth. It is formed of nitrogen (80%), oxygen (18%), ozone, argon and trace gases. The ozone in it forms the ozone layer

stratum *noun* couche *f or* strate *f*
NOTE: the plural is **strata**

stratus *noun* stratus *m*

straw *noun* paille *f*

COMMENT: straw can be ploughed back into the soil, or is in some cases burnt as stubble. It can be compressed into bundles to act as fuel and could be used for heating farms and small local industrial premises

stream *noun* **(a)** *(little river)* ruisseau *m*; **mountain streams have cut deep gullies in the hillside** = les torrents ont creusé de profonds ravins sur le flanc de la montagne; **stream erosion** = érosion *f* fluviale **(b)** *(of* *air or water)* courant *m or* flot *m or* jet *m*; **a stream of hot gas turns the turbine** = la turbine est actionnée par un jet de gaz chaud; **Gulf Stream** = le Gulf Stream; **jet stream** = courant jet *or* jet stream

◇ **streamflow** *or* **stream run-off** *noun* débit *m* (d'un cours d'eau)

streptococcus *noun* streptocoque *m*
NOTE: plural is **streptococci**

◇ **streptococcal** *adjective* streptococcique

stress 1 *noun* stress *m*; **acid stress** = stress acide; **human-induced stress** = stress anthropogène **2** *verb* stresser

> QUOTE a fatal sequence of stresses may begin with a predisposing stress such as shortage of nutrients. The tree may then be weakened by an inciting stress, such as a severe winter. It is then defenceless against a final contributing stress, such as disease or insect attack, which is the actual cause of death
> *Scientific American*

striation *noun* striation *f*; **glacial striations** = stries *fpl* glaciaires

strip 1 *noun* bande *f*; **strip cultivation** = culture *f* en bandes; **strip cropping** *or* **strip farming** = cultures alternées en bandes **2** *verb* dépouiller *or* enlever; **nutrient stripping** = extraction *f* des nutriments; **spraying with defoliant strips the leaves off all plants** = la pulvérisation de défoliant fait tomber les feuilles de tous les végétaux

◇ **strip mining** *noun* exploitation *f* (minière) par découverte; *see also* OPEN-CAST MINING

strontium *noun* strontium *m*; **strontium-90** *or* **radioactive strontium** = strontium radioactif
NOTE: the chemical symbol is **Sr**; atomic number is **38**

structure *noun* structure *f*; **ecological structure** = structure écologique; **population structure** = structure d'un peuplement; **soil structure** = structure du sol

◇ **structural** *adjective* structural, -e, -aux; **structural geology** = géologie structurale

stubble *noun* chaume *m*; **stubble burning** = brûlage *m* du chaume; **stubble field** = chaume; **the animals are driven into the stubble fields to graze after the harvest** = on mène les animaux paître dans les chaumes après la moisson

> COMMENT: stubble burning has the advantage of removing weed seeds and creating a certain amount of natural fertilizer which can be ploughed into the soil. The disadvantage is that it pollutes the atmosphere with smoke, releasing large amounts of carbon dioxide. This, together with the possible danger that the fire may get out of control, killing small animals and burning trees and crops, means that it is not recommended as a means of dealing with the stalks of harvested plants

stump *noun* souche *f* (d'arbre)

stunt *verb* retarder le développement; **the poor mountain soil supports a few stunted trees** = sur le sol montagneux pauvre poussent quelques arbres rabougris

sub- *prefix (meaning less important or underneath)* sub- *or* sous-; **subarctic regions** = régions *fpl* subarctiques; **subcloud layer** = couche *f* infra-nébuleuse

subclimax *noun* subclimax *m*

subcontinent *noun* sous-continent *m*; **the Indian subcontinent** = le sous-continent indien

subdivision *noun* sous-classe *f*

subdominant *adjective* subdominant, -e

subduct *verb* s'enfoncer; **the oceanic crust is being subducted under the continents which surround it** = la croûte océanique s'enfonce sous les continents qui l'entourent

subduction *noun* subduction *f*

sublimate 1 *noun* sublimé *m* **2** *verb (of a solid)* sublimer

◇ **sublimating** *or* **sublimation** *noun* sublimation *f*

sublittoral *adjective* infralittoral, -e, -aux; **sublittoral plants** = plantes infra-littorales

submarine *adjective* sous-marin, -e; **corals forming submarine reefs** = coraux *mpl* formant des récifs sous-marins; **shellfish collect round warm submarine vents** = les coquillages et crustacés se rassemblent autour des évents sous-marins chauds

submerge *verb* submerger; **the coast is dangerous, with submerged rocks near the harbour** = la côte est dangereuse car il y a des rochers submergés près du port

submicroscopic *adjective* ultramicroscopique

subside *verb (of earth)* s'affaisser; *(level of water, etc.)* baisser; **after the rainstorms passed, the flood waters gradually subsided** = une fois les pluies torrentielles passées, les eaux de crue ont baissé petit à petit

◇ **subsidence** *noun* effondrement *m or* subsidence *f*; **subsidence caused by the old mine shaft closed the main road** = la route principale a dû être fermée à cause de l'effondrement provoqué par le vieux puits de mine; **subsidence inversion** = inversion *f* de subsidence

subsidy *noun* subvention *f*

subsistence *noun* subsistance *f*; **subsistence farming** = cultures *fpl* vivrières de base; **subsistence food** = ration *f* de subsistance

> QUOTE pollution from suspended sediments and heavy metals exceeds US Environmental Protection Agency standards and threatens subsistence staples (such as fish and crustaceans)
>
> *Ecologist*

subsoil *noun* sous-sol *m*; **subsoil water** = eau *f* souterraine

subspecies *noun* sous-espèce *f*

substance *noun* corps *m or* substance *f* chimique; **stable substance** = corps stable; **toxic substances released in the atmosphere** = les substances toxiques rejetées dans l'atmosphère

substitute **1** *noun* produit *m* de remplacement *or* substitut *m*; **sugar substitute** = succédané *m* de sucre **2** *verb* remplacer *or* substituer; **farmers have been told to plough up pastureland and substitute woodlots** = on a demandé aux agriculteurs de labourer les pâturages et de les remplacer par des plantations forestières

◇ **substitution** *noun* remplacement *m or* substitution *f*; **substitution effect** = effet *m* de substitution

substrate *noun* substrat *m*

◇ **substratum** *noun* sous-couche *f*

subtropics *plural noun* régions *fpl* subtropicales

◇ **subtropical** *adjective* subtropical, -e, -aux; **the islands enjoy a subtropical climate** = les îles jouissent d'un climat subtropical; **subtropical plants grow in the sheltered parts of the coast** = les plantes subtropicales poussent dans les endroits abrités de la côte; **subtropical high** = anticyclone subtropical

suburb *noun* banlieue *f*

◇ **suburban** *adjective* de banlieue

succession *noun* succession *f*; **biotic succession** = succession biotique; **ecological succession** = succession écologique; **primary succession** = succession primaire; **secondary succession** = succession secondaire

◇ **successive** *adjective* successif, -ive

succulence *noun* succulence *f*

◇ **succulent** **1** *adjective* charnu, -e *or* succulent, -e **2** *noun* plante succulente *or* plante grasse

suffer *verb* souffrir; **the town suffers from pollution from the nearby chemical works** = la ville souffre de la pollution provenant de l'usine de produits chimiques voisine; **the whole region is suffering from**

drought = toute la région souffre de la sécheresse

sufficiency *noun* quantité *f* suffisante

◇ **self-sufficiency** *noun* autarcie *f*

suffruticose *or* **suffructescent** *adjective* suffrutescent, -e

sugar *noun* sucre *m*; **sugar-free** = sans sucre

sullage *noun (mud from mountain stream)* boue *f; (liquid waste from a house)* eaux *fpl* d'égout

sulphate *or US* **sulfate** *noun* sulfate *m*

◇ **sulphide** *or US* **sulfide** *noun* sulfure *m*; **hydrogen sulphide** = hydrogène *m* sulfuré *or* acide *m* sulphydrique

◇ **sulphite** *or US* **sulfite** *noun* sulfite *m*

◇ **sulphonation** *or US* **sulfonation** *noun* sulfonation *f*

◇ **sulphonator** *or US* **sulfonator** *noun* sulfonateur *m*

◇ **sulphur** *or US* **sulfur** *noun* soufre *m*; **sulphur cycle** = cycle *m* du soufre; **sulphur oxides** = oxydes *mpl* de soufre; **sulphur dioxide** = anhydride *m* sulfureux *or* dioxyde *m* de soufre; **sulphur trioxide** = anhydride sulfurique

NOTE: chemical symbol for sulphur is **S;** atomic number is **16.** Note also that words beginning with **sulph-** are spelt **sulf-** in US English

◇ **sulphuric acid** *or US* **sulfuric acid** *noun* acide *m* sulfurique

COMMENT: sulphur dioxide produced from burning coal or oil is an important cause of smog. Today the level of sulphur dioxide has fallen with the reduction in the use of coal, and this type of pollution has been replaced by nitrogen dioxide produced by car exhausts

summer *noun* été *m*; **summer solstice** = solstice *m* d'été; **summerwood** = bois *m* d'été

sun *noun* soleil *m*; **in the sun** = au soleil

◇ **sunburn** *noun* coup *m* de soleil

◇ **sunburnt** *adjective* bronzé, -e *or* brûlé, -e par le soleil

◇ **sunglasses** *plural noun* lunettes *fpl* de soleil

sunlight *noun* soleil *m*; **he is allergic to sunlight** = il est allergique au soleil

COMMENT: sunlight is essential to give the body vitamin D. Excessive exposure to sunlight will not simply turn white skin brown, but may also burn the surface of the skin so badly that the skin dies and pus forms beneath. There is evidence that constant exposure to the sun can cause cancer (or melanoma) of white skin. Depletion of the ozone layer in the atmosphere may increase the incidence of skin cancer

sun plant *noun* héliophyte *f*

◇ **sunrise** *noun* lever *m* du Soleil

◇ **sunset** *noun* coucher *m* du Soleil

◇ **sunshine** *noun* soleil *m*; **in the sunshine** = au soleil

◇ **sunspots** *plural noun* taches *fpl* solaires

◇ **sunstroke** *noun* insolation *f*

supercooling *adjective* surfusion *f*

COMMENT: supercooled fog contributes to the phenomenon known as freezing fog, where droplets of fog remain liquid in the air, even though the temperature is below 0°C, but freeze into hoar frost as soon as they touch a surface

superficial *adjective* superficiel, -ielle

superheated *adjective* surchauffé, -e

◇ **superheater** *noun* surchauffeur *m*

superinsulate *verb* hyperisoler

◇ **superinsulation** *noun* hyperisolation *f*

> QUOTE by investing from two to seven thousand dollars to superinsulate a house, it is possible to reduce annual heating costs to between $20 and $300. The low heating bills result because superinsulated houses store the free heat from people, lighting, electrical appliances and passive solar heat from windows
>
> *Scientific American*

superorder *noun* superordre *m*

superorganism *noun* superorganisme *m*

superphosphate *noun* superphosphate *m*

supersaturated *adjective* sursaturé, -e

supersonic *adjective* supersonique; **supersonic boom** = bang *m* supersonique

superstructure *noun* superstructure *f*

supply *noun* réserve *f* *or* stock *m*; **electricity supply** = alimentation *f* en électricité; **food supplies** = vivres *mpl*; **medical supplies** = médicaments *mpl*; **supply and demand** = l'offre *f* et la demande

supra- *prefix (meaning above or over)* supra-; **supraconductivity** = supraconductivité *f*

surface *noun* surface *f*; **surface drift** = dérive *f* superficielle; **surface evaporation** = évaporation *f* de surface; **surface runoff** = eau *f* de ruissellement; **surface soil** = couche *f* superficielle du sol; **surface water** = eaux de surface *or* eaux superficielles; **surface wind** = vent *m* de surface

surfactant *noun* agent *m* de surface

surge *noun* afflux *m* *or* montée *f*; **electricity companies try to reduce the huge surges in demand that occur at certain times of the day** = les compagnies d'électricité tentent de faire diminuer les énormes demandes qui surviennent brusquement à certaines heures de la journée; **surge arrester** = régulateur *m* de tension

survey *noun* enquête *f*; **public opinion survey** = sondage *m* d'opinion; **sample survey** = enquête par sondage

survive *verb* survivre; **they survived a night on the mountain without food** = ils ont survécu une nuit en montagne sans nourriture; **fish can survive for some time in frozen water** = les poissons peuvent survivre un certain temps dans l'eau glacée; **these plants survive even the hottest desert temperatures** = ces végétaux résistent même aux plus fortes températures du désert

◇ **survival** *noun* survie *f*; **survival rate** = taux *m* de survie; **survival table** = table *f* de survie; **the survival of the fittest** = la survie des plus aptes; **the survival rate of newborn babies has begun to fall** = le taux de survie des nouveau-nés a commencé à baisser

◇ **survivor** *noun* survivant, -e

◇ **survivorship** *noun* survie *f*; **survivorship curve** = courbe *f* de survie

suspend *verb* être en suspension (dans l'air); **suspended matter** = matières *fpl* en suspension; **an aerosol of suspended particles** = un aérosol de particules en suspension

◇ **suspension** *noun (liquid with solid particles in it)* suspension *f*

sustain *verb* maintenir *or* soutenir *or* nourrir; **the land is fertile enough to sustain a wide variety of fauna and flora** = cette terre est assez fertile pour qu'une grande variété de faune et de flore puisse s'y développer

◇ **sustainability** *noun* viabilité *f*

◇ **sustainable** *adj* viable

Sv *abbreviation for* SIEVERT

swallow hole *noun* dépression *f* fermée *or* doline *f*

swamp *or* **swampland** *noun* marécage *m*; **backswamps** = marais *m* isolés; **mangrove swamp** = mangrove *f* *or* marais *m* de palétuviers

◇ **swampy** *adjective* marécageux, -euse

swarm 1 *noun* essaim *m or* nuée *f* **2** *verb (of insects)* essaimer

sweetener *noun* édulcorant *m*

swell *noun* houle *f*

swidden *noun* culture *f* sur brûlis

sycamore *noun* sycomore *m*

symbiosis *noun* symbiose *f*

◇ **symbiont** *noun* symbiote *m; compare* COMMENSAL

◇ **symbiotic** *adjective* symbiotique; **symbiotic relationship** = relation *f* symbiotique

◇ **symbiotically** *adverb* en symbiose

> QUOTE the mussel filters bacteria from water and also derives nutrition from its symbiotic bacteria. Like other animals that gain energy from symbionts, the hairy snails can store elemental sulphur
> *New Scientist*

symphile *noun* symphile *m*

◇ **symphilism** *or* **symphily** *noun* symphilie *f*

symptom *noun* symptôme *m*

◇ **symptomatic** *adjective* symptomatique

◇ **symptomatology** *noun* symptomatologie *f*

syn- *prefix (meaning joint or fused)* syn-

syncline *noun (in rock formations)* syncline *m compare* ANTICLINE

◇ **synclinal** *adjective* synclinal, -e, -aux

syndet *noun* détergent *m* synthétique

syndrome *noun* syndrome *m*

synecology *noun* synécologie *f; compare* AUTECOLOGY

synergism *noun* synergie *f*

◇ **synergist** *noun* synergiste *m*

synroc *noun* roche *f* de synthèse

synthesis *noun* synthèse *f*
NOTE: plural is **syntheses**

◇ **synthesize** *verb* synthétiser; **essential amino acids cannot be synthesized** = on ne peut synthétiser des acides aminés essentiels; **the body cannot synthesize essential fatty acids and has to absorb them from food** = l'organisme ne peut faire la synthèse des acides gras essentiels, qui doivent donc lui être apportés dans l'alimentation

◇ **synthetic** *adjective* synthétique *or* artificiel, -elle

◇ **synthetically** *adverb* artificiellement

synusia *noun* synusie *f*

system *noun* **(a)** système *m*; **ecosystem** = écosystème *m*; **frontal system** = système de fronts; **the solar system** = le système solaire **(b)** *(in the body)* appareil *m*; **the alimentary system** = l'appareil digestif; **the cardiovascular system** = l'appareil cardio-vasculaire **(c)** *(of classification)* classification *f*; **the Linnaean system** = la classification linnéenne; *see also* LINNAEAN

◇ **systematic** *adjective* méthodique *or* systématique

◇ **systematics** *noun* systématique *f*

◇ **systemic** *adjective* systémique; **systemic fungicide** *or* **insecticide** = fongicide *m or* insecticide *m* systémique

Système International *see* SI

Tt

T *abbreviation for* TERA-

Ta *chemical symbol for* TANTALUM

table *noun (in South Africa)* **Table Mountain** = la montagne de la Table; **water table** = nappe *f* aquifère *or* surface *f* de la nappe phréatique

tableland *noun* plateau *m*

TACs = TOTAL ALLOWABLE CATCHES

taiga *noun* taïga *f*

tailings *plural noun* résidus *mpl* (d'extraction minière)

tailpipe *noun US* tuyau *m* d'échappement

tank *noun* bassin *m or* réservoir *m*; **he stopped at the garage to fill his tank with petrol** = il s'est arrêté au garage pour remplir son réservoir d'essence; **mobile water tanks have been bringing water to drought-stricken areas** = des camions-citernes ont apporté de l'eau aux régions frappées par la sécheresse; **sedimentation tank** = bassin de sédimentation; **septic tank** = fosse *f* septique

◇ **tanker** *noun* navire-citerne *m or* pétrolier *m*

tantalum *noun* tantale *m*
NOTE: chemical symbol is **Ta**; atomic number is **73**

tap 1 *noun* robinet *m* **2** *verb* exploiter (des ressources); **to tap oil resources** = exploiter les ressources pétrolières; *see also* UNTAPPED

◇ **tap root** *noun* racine *f* pivotante; **the taproot system has a main root with smaller roots branching off it, as opposed to a fibrous root system which has no main root** = le système racinaire pivotant est constitué d'une racine principale d'où partent de petites racines, par opposition au système radiculaire fibreux qui ne comporte pas de racine principale

◇ **tapwater** *noun* eau *f* courante *or* eau du robinet; **tapwater often smells of chlorine** = l'eau du robinet a souvent une odeur de chlore

tar *noun* bitume *m or* goudron *m*; **coal tar** = coaltar *m or* goudron de houille; **pine tar** = goudron de pin; **tar pit** = trou *m* de bitume; **tar sands** = sables *mpl* asphaltiques

tarn *noun (in the Lake District)* petit lac *m* de montagne

tartrazine *noun* tartrazine *f*

taungya *noun* taungya *m*

-taxis *suffix (meaning moving towards or away from a stimulus)* -taxie; **heliotaxis** = héliotaxie *f*

taxon *noun* taxon *m*
NOTE: plural is **taxa**

◇ **taxonomic** *or* **taxonomical** *adjective* taxinomique; **a taxonomical group** *or* **unit** = un groupe taxinomique

◇ **taxonomy** *noun* taxinomie *or* taxonomie *f*

TBT peinture *f* antifouling

TCDD = TETRACHLORODIBENZOPARADIOXIN

teak *noun* teck *m*

technique *noun* technique *f*; **a new technique for dating fossils** = une nouvelle technique de datation des fossiles

◇ **technician** *noun* technicien, -ienne; **he is a laboratory technician in a laboratory**

attached to the research institute = il est technicien dans un laboratoire attaché à l'institut de recherche

technology *noun* technologie *f or* techniques *fpl*; **the technology has to be related to user requirements** = les techniques doivent être adaptées aux besoins des utilisateurs; **alternative technology** = technologie douce; **appropriate technology** = technologie appropriée (à l'environnement); **clean technology** = technologie propre; **hard technology** = technologie dure; **intermediate technology** = technologie intermédiaire; **new technology** = nouvelle technologie; **soft technology** = technologie douce

◇ **technological** *adjective* technologique; **technological fix** = solution *f* technique (non satisfaisante); **technological revolution** = révolution *f* technologique

◇ **technosphere** *noun* sphère *f* technologique *or* technosphère *f*

> QUOTE technologies such as improved stoves, locally-designed water pumps and other applications that fall under the category of appropriate technology do not qualify for patents
>
> *Appropriate Technology*

tectonic *adjective* tectonique

tectonics *noun* tectonique *f*; **plate tectonics** = tectonique des plaques

TEL = TETRAETHYL LEAD

temperate *adjective* tempéré, -e; **temperate climate** = climat tempéré; **temperate region** = région tempérée; **temperate rainforest** = forêt ombrophile tempérée

temperature *noun* température *f*; **critical temperature** = température critique; **global temperature** = température de la terre; **mean temperature** = température moyenne; **temperature coefficient** = coefficient *m* de température; **temperature inversion** = inversion *f* de température; **temperature lapse rate** = gradient *m* vertical de température; **temperature regulation** = thermorégulation *f*; **the mean temperature for July is 25°C** = au mois de juillet, la température moyenne est de 25°C

temporary *adjective* temporaire; **temporary hardness** = dureté *f* temporaire; **temporary parasite** = parasite *m* provisoire; **temporary zooplankton** = zooplancton *m* saisonnier

tender *adjective (plant)* fragile *or* qui ne résiste pas au gel

tendon *noun* tendon *m*; **tendon sheath** = gaine *f* du tendon

tendril *noun (of a plant)* vrille *f*

tera- *prefix (meaning one billion)* téra-; **teragram** = téragramme *m*

teratogen *noun* substance *f* tératogène

◇ **teratogenesis** *noun* tératogenèse *f*

◇ **teratogenic** *adjective* tératogène

terawatt (TW) *noun* térawatt *m*

terminal *adjective* terminal, -e, -aux; **terminal moraine** = moraine terminale

termite *noun* termite *m*

◇ **termitarium** *or* **termite's nest** *noun* termitière *f*

tern *noun* sterne *f*

terrace 1 *noun* terrasse *f*; **alluvial terrace** = terrasse alluviale; **continental terrace** = terrasse continentale; **river terrace** = terrasse fluviatile **2** *verb* aménager en terrasses; **the hills are covered with terraced rice fields** = les collines sont couvertes de rizières en terrasses; **terraced houses** = rangée *f* de maisons attenantes

> COMMENT: terracing is widely used to create small flat fields on steeply sloping land, so as to bring more land into productive use, and also to prevent soil erosion

terrain *noun (land surface)* terrain *m*; **buffalo are useful for cultivating land on difficult terrains** = il est utile d'avoir des buffles pour labourer des terrains difficiles

terrestrial *adjective* terrestre; **terrestrial animals** = animaux *mpl* terrestres; **terrestrial equator** = équateur *m* terrestre; **terrestrial magnetism** = géomagnétisme *m* *or* magnétisme *m* terrestre; **terrestrial radiation** = rayonnement *m* terrestre

terricoline *or* **terricolous** *adjective* terricole

territory *noun* territoire *m*; **a robin will defend its territory by attacking other robins that enter it** = pour défendre son territoire, le rouge-gorge attaque les autres rouges-gorges qui y pénètrent

◇ **territorial** *adjective* territorial, -e, -aux; **territorial species** = espèce territoriale

◇ **territorialism** *or* **territoriality** *noun* territorialité *f*

> QUOTE in theory the size of a territory defended by a bird varies according to the abundance of food within the territory
> *Natural History*

tertiary *adjective* tertiaire; **tertiary consumer** = consommateur *m* tertiaire; **tertiary industry** = secteur *m* tertiaire; **the Tertiary Period** = le tertiaire; **tertiary treatment** = traitement *m* tertiaire

test 1 *noun* essai *m* *or* expérience *f*; **laboratory tests showed that the sample was positive** = des essais en laboratoire ont indiqué que le prélèvement était positif; **government officials have carried out tests on samples of drinking water** = l'Administration a procédé à l'analyse de prélèvements d'eau de boisson; **the committee has called for a ban on tests of nuclear weapons** = le comité a demandé l'interdiction des essais nucléaires; **blood test** = analyse *f* de sang; **nuclear test ban** = interdiction *f* des essais nucléaires **2** *verb* analyser *or* essayer *or* mettre à l'épreuve; **they sent the water sample for testing** = on a envoyé le prélèvement d'eau pour le faire analyser; **the government has resumed the programme of nuclear testing** = le gouvernement a repris le programme d'essais nucléaires; **nuclear testing site** = site *m* d'essais nucléaires

◇ **test tube** *noun* éprouvette *f*

tetanus *noun* tétanos *m*

> COMMENT: an infection caused by *Clostridium tetani* in the soil, which affects the spinal cord and causes spasms which occur first in the jaw (hence it is also called lockjaw). People who work on the land or with soil (such as farm workers or construction workers) should be immunized against tetanus

tetrachlorodibenzoparadioxin (TCDD) *noun* dioxine *f* *or* tétrachloro-dibenzoparadioxine *f*

> COMMENT: a dangerous gas made as a by-product of the manufacture of 2,4,5-t; this was the gas which escaped during the Seveso disaster in 1976

tetraethyl *noun* tétraéthyle *m*; **tetraethyl lead (TEL)** = plomb *m* tétraéthyle (PTE) *or* tétraéthylplomb *m*

◇ **tetramethyl** *noun* tétraméthyle *m*

texture *noun* texture *f*; **fine texture** = texture fine *or* texture lisse; **coarse texture** *or* **rough texture** = texture rugueuse *or* à gros grains; **soil texture** = texture du sol

Th *chemical symbol for* THORIUM

thallium *noun* thallium *m*
NOTE: chemical symbol is **Tl;** atomic number is **81**

thatch *verb* couvrir (un toit) de chaume; **reeds provide the best material for thatching** = pour couvrir un toit de chaume, les roseaux constituent le meilleur matériau

thaw 1 *noun* dégel *m* **2** *verb* fondre; **it is possible that rising atmospheric temperatures will make the polar ice caps thaw and raise the level of the sea** = il est possible que l'élévation de la température atmosphérique fasse fondre les calottes glaciaires des pôles et donc que le niveau de la mer monte

◇ **thaw water** *noun* eau *f* de fonte

theodolite *noun* théodolite *m*

thermal 1 *adjective* thermal, -e, -aux *or* thermique; **British thermal unit (BTU)** = unité de chaleur (252 kilocalories) (utilisée aux Etats-Unis); **thermal efficiency** =

rendement *m* thermique; **thermal energy** = énergie *f* thermique; **thermal pollution** = pollution *f* thermique; **thermal radiation** = rayonnement *m* thermique; **thermal reactor** = réacteur *m* thermique; **thermal spring** = source *f* thermale; **thermal stratification** = stratification *f* thermique **2** *noun* ascendance *f* thermique

thermo- *prefix (meaning heat or temperature)* thermo-

◇ **thermocline** *noun* thermocline *f*

◇ **thermograph** *noun* thermographe *m*

◇ **thermolysis** *noun* thermolyse *f*

◇ **thermometer** *noun* thermomètre *m*; **maximum-minimum thermometer** = thermomètre à maximum et minimum

◇ **thermometry** *noun* thermométrie *f*

◇ **thermonasty** *noun* thermonastie *f*

◇ **thermonuclear energy** *noun* énergie *f* thermonucléaire; **thermonuclear reaction** = réaction *f* thermonucléaire

◇ **thermoperiod** *noun* thermopériode *f*

◇ **thermoperiodism** *noun* thermopériodisme *m*

◇ **thermophilic** *adjective* thermophile

◇ **thermoplastic** *adjective* thermoplastique

◇ **thermoregulation** *noun* thermorégulation *f*

◇ **thermosetting** *adjective* thermodurcissable

◇ **thermosphere** *noun* thermosphère *f*

therophyte *noun* thérophyte *f*

thiamin(e) *noun (Vitamine B_1)* thiamine *f*

thickener *noun* épaississeur *m*

thicket *noun* fourré *m* (froid)

◇ **tropical thicket** *noun* fourré tropical

Third World *noun* tiers-monde *m*

30 per cent Club *noun* Club des 30%

thorax *or* **chest** *noun* thorax *m or* poitrine *f*

thorium *noun* thorium *m*
NOTE: chemical symbol is **Th;** atomic number is **90**

thorn *noun* épine *f*; **thorn scrub** = brousse *f* à épineux; **thorn woodland** = bois *m* à épineux

◇ **thornbush** *noun* buisson *m* épineux

threadworm *or* **pinworm** *noun* nématode *m*

threat *noun* menace *f*; **lead pollution is a threat to small babies** = la pollution par le plomb constitue un danger pour les petits bébés

◇ **threaten** *verb* menacer; **plant species growing in arid or semi-arid lands are threatened by the expansion of livestock herding** = les végétaux des régions arides ou semi-arides sont menacés par la multiplication des troupeaux; **the plan for the motorway threatens to damage the ecology of the wood** = le projet d'autoroute risque de porter atteinte à l'écologie du bois; **threatened species** = espèce menacée (de disparition)

Three Mile Island *(nuclear power station in Pennsylvania, USA, where an accident in 1979 almost caused the release of large quantities of radioactive substances)* Three Mile Island

threonine *noun* thréonine *f*

threshold *noun* seuil *m*; **audibility threshold** = seuil de perception acoustique; **critical threshold** = seuil critique; **the population will rapidly reach a critical threshold if steps are not taken to protect it from extinction** = la population va rapidement atteindre un seuil critique si on ne prend aucune mesure pour l'empêcher de disparaître; **hearing threshold** = seuil d'audition; **she has a low hearing threshold** = son seuil d'audition est bas; **pain threshold** = seuil de douleur; **toxic threshold** = seuil de toxicité

thrive *verb* bien se développer *or* réussir; **these plants thrive in very cold environments** = ces végétaux poussent très bien dans des milieux très froids

throw *noun (in a fault line)* rejet *m*

thrust *noun* poussée *f*; **thrust fault** = faille *f* chevauchante

thunder *noun* tonnerre *m*; **the storm was accompanied by thunder and lightning** = il y a eu un orage avec du tonnerre et des éclairs

◊ **thunderstorm** *noun* orage *m*

thyroid 1 *adjective* thyroïde *or* thyroïdien, -ienne; **thyroid hormone** = hormone *f* thyroïdienne **2** *noun* **thyroid (gland)** = (glande) thyroïde *f*

COMMENT: the thyroid gland is activated by the pituitary gland, and produces thyroxine, a hormone which regulates the body's metabolism. The thyroid gland needs a supply of iodine in order to produce thyroxine

◊ **thyroxine** *noun* thyroxine *f*

Ti *chemical symbol for* TITANIUM

tick *noun* tique *m*; **tick fever** = spirochétose *f or* leptospirose *f*

tide *noun* marée *f*; **high tide** = marée haute; **low tide** = marée basse; **neap tide** = marée de morte-eau; **spring tides** = marée de vives eaux; **red tide** = eaux *fpl* rouges; **tide range** = marnage *m*

◊ **tidal** *adjective* intertidal, -e, -aux; **tidal current** = courant *m* de marée; **tidal energy** *or* **tidal power** = énergie *f* marémotrice; **tidal marsh** = marais *m* maritime; **tidal power station** *or* **plant** = usine *f* marémotrice; **tidal river** = cours *m* d'eau à marées; **tidal wave** = raz *m* de marée *or* tsunami *m*; **tidal wind** = vent *m* de marée; **tidal zone** = zone *f* intertidale

COMMENT: the tides are caused by the gravitational pull of the moon, taken together with the centrifugal force of the earth as it rotates, which make the water on the surface of the earth move to high peaks at opposite sides of the earth and low troughs half way between. Twice each month, at the new and full moon, the sun, moon and the earth are directly aligned, giving the highest gravitational pull and causing the spring tides

tilapia *noun* tilapia *m*

till 1 *noun (found in glacial deposits)* till *m* **2** *verb* labourer

◊ **tillage** *noun* labour *m or* labourage *m*

tilth *noun (light soil)* couche *f* arable; *(tilled soil)* labourage *m*

timber *noun* bois *m* de menuiserie

◊ **timberline** *noun* limite *f* des arbres; **the slopes above the timberline were covered with boulders, rocks and pebbles** = au-dessus de la limite des arbres, les pentes étaient couvertes de blocs, de roches et de cailloux

tin *noun* étain *m*; **tin deposit** = gîte *m* stannifère

NOTE: chemical symbol is **Sn;** atomic number is **50**

◊ **tin-bearing** *adjective* stannifère

tip 1 *noun* décharge *f or* site *m* de décharge; **the siting of the refuse tip has caused a lot of controversy** = le choix du site de décharge a provoqué beaucoup de controverses **2** *verb* déposer des ordures; **controlled tipping** = décharge contrôlée; *see also* FLY-TIPPING

NOTE: US English is **sanitary landfill**

tissue *noun* tissu *m*; **most of an animal's body is made up of soft tissue, with the exception of the bones and cartilage** = le corps d'un animal est principalement constitué de tissus mous, à l'exception des os et des cartilages; **adipose tissue** = tissu adipeux; **connective tissue** = tissu conjonctif *or* connectif; **tissue culture** = culture *f* de tissus

titanium *noun* titane *m*

NOTE: chemical symbol is **Ti;** atomic number is **22**

titration *noun* titrage *m or* titration *f*

◊ **titre** *noun (strength of a solution)* titre *m* (d'une solution)

Tl *chemical symbol for* THALLIUM

toadstool *noun* champignon *m* vénéneux

tobacco *noun* tabac *m*

> COMMENT: tobacco contains nicotine, which is an addictive stimulant. This is why it is difficult for a person who smokes a lot of cigarettes to give up the habit. Nicotine can enter the bloodstream and cause poisoning; tobacco smoking also causes cancer, especially of the lungs and throat

toe = TON OF OIL EQUIVALENT

tolerance *noun* tolérance *f or* accoutumance *f*; **he has been taking the drug for so long that he has developed a tolerance to it** = il prend ce médicament depuis si longtemps qu'il ne lui fait plus d'effet; **drug tolerance** = accoutumance à un remède *or* tolérance d'un remède; **tolerance dose** = dose *f* tolérée

◇ **tolerant** *adjective* tolérant, -e

◇ **tolerate** *verb* tolérer

◇ **toleration** *noun* tolérance *f*; **toleration level** = limite *f* de tolérance; **waste hot water from power stations can kill freshwater fish by raising the water temperature above toleration levels** = l'eau chaude rejetée par les centrales peut tuer les poissons d'eau douce car la température de l'eau dépasse alors les limites de tolérance

ton *noun* tonne *f; GB* **long ton** = tonne forte (1016 kg); *US* **short ton** = tonne courte (907 kg); **metric ton** = tonne métrique (1000 kg); **ton of oil equivalent (toe)** = tonne d'équivalent pétrole

◇ **tonne** *noun (metric ton)* tonne *f*; **tonnes per annum (t/pa** *or* **t.p.a.)** = tonnes par an

> QUOTE at present there are millions of tonnes of fly-tipped material which local authorities cannot afford to have removed
> *London Environment Alert!*

tooth *noun* dent *f* NOTE: plural is **teeth**

◇ **toothed** *adjective* denté, -e; **toothed whales** = odontocètes *mpl or* cétacés *mpl* à dents

topical *adjective* localisé, -e *or* topique; **topical drug** = médicament *m* topique *or* topique *m*

◇ **topically** *adverb (of a drug)* localement; **the drug is applied topically** = le médicament est à utiliser en application locale

topography *noun* topographie *f*

◇ **topographical** *adjective* topographique

topology *noun* topologie *f*

◇ **topological** *adjective* topologique

topotaxis *noun* topotaxie *f*

topotype *noun* topotype *m*

topset bed *noun (in a delta)* couche *f* sommitale

topsoil *noun* couche *f* sommitale

tornado *noun* tornade *f*

> COMMENT: tornadoes are formed by rising air currents associated with large cumulonimbus clouds. They rotate anticlockwise in the Northern Hemisphere and clockwise in the Southern. A tornado is formed of a rapidly turning column of air. Passing over the sea they pick up water and become waterspouts

torrent *noun* torrent *m*

◇ **torrential** *adjective* torrentiel, -ielle

total *adjective* total, -e, -aux *or* global, -e, -aux; **the total world population of the animal is no more than four or five hundred pairs** = la population mondiale de cet animal n'est pas supérieure à quatre ou cinq cents couples; **total allowable catches (TACs)** = taux admissible de capture; **total deposit** = dépôt total; **total eclipse** = éclipse totale

town *noun* ville *f*; **dormitory town** = ville-dortoir *f; GB* **town and country planning** = aménagement *m* du territoire; **town hall** = hôtel *m* de ville *or* mairie *f*; **town planner** = urbaniste *m&f*; **town planning** = urbanisme *m*; **town planning regulations** = règlement *m* d'urbanisme; **town planning department** = service *m* d'urbanisme

◇ **boom-town** *noun* ville-champignon *f*

◇ **townscape** *noun* paysage *m* urbain

◇ **township** *noun US* administration *f* urbaine *or* commune *f*

tox- *or* **toxo-** *prefix (meaning poison)* toxi- *or* toxo-

◇ **toxic** *adjective* toxique; **toxic agent** = agent *m* toxique; **toxic substances** = substances *fpl* toxiques; **toxic waste** = déchets *mpl* toxiques

◇ **toxicity** *noun* toxicité *f*; **scientists are measuring the toxicity of car exhaust fumes** = les scientifiques mesurent la toxicité des gaz d'échappement des véhicules; **certain gases are dangerous because of their toxicity to humans** = certains gaz sont dangereux en raison de leur toxicité pour les êtres humains; **acute toxicity** = toxicité aiguë; **subacute toxicity** = toxicité subaiguë; **chronic toxicity** = toxicité chronique; **semi-chronic toxicity** = toxicité semi-chronique; **inhibitory toxicity** = toxicité inhibitrice; **toxicity threshold** = seuil *m* de toxicité

◇ **toxicological** *adjective* toxicologique; **irradiated food presents no toxicological hazard to humans** = les aliments irradiés ne présentent aucun danger toxicologique pour les êtres humains

◇ **toxicologist** *noun* toxicologue *m&f*

◇ **toxicology** *noun* toxicologie *f*

◇ **toxicosis** *noun* toxicose *f*

◇ **toxin** *noun* toxine *f*

◇ **toxoid** *noun* antitoxine *f*

t/pa *or* **t.p.a** = TONNES PER ANNUM

TPO = TREE PRESERVATION ORDER

trace *noun* trace *f*; **there are no traces of radioactivity in the blood sample** = il n'y a aucune trace de radioactivité dans le prélèvement sanguin; **trace element** = oligo-élément *m or* élément *m* trace; **trace gases** = gaz *mpl* rares; **trace metals** = métaux *mpl* en trace

◇ **tracer** *noun* traceur *m*

> COMMENT: plants require traces of iron, manganese, copper, zinc; human beings require the trace elements cobalt, chromium, copper, magnesium, manganese, molybdenum, selenium and zinc

tract *noun* **(a)** *(in the body)* **the digestive tract** = l'appareil *m* digestif **(b)** *(large area)* étendue *f*; **large tracts of forests have been destroyed by fire** = de grandes étendues forestières ont été détruites par le feu

trade *noun* commerce *m*

trade winds *noun* alizés *mpl*; **trade (wind) cumulus** = cumulus *mpl* d'alizé

traditional *adjective* traditionnel, -elle; **traditional technologies exist which meet basic subsistence needs** = il existe des techniques traditionnelles qui permettent de subvenir aux besoins essentiels; **the traditional system of agriculture has been revolutionized by the application of modern technology** = l'agriculture traditionnelle s'est trouvée révolutionnée par l'utilisation de techniques modernes

traffic *noun* circulation *f*; **traffic congestion** = embouteillages *mpl or* encombrements *mpl*

trail *noun* piste *f or* sentier *m*; **nature trail** = sentier de nature

trait *noun* caractère *m or* caractéristique *f*

transalpine *adjective* transalpin, -e

transboundary *adjective* transfrontalier, -ière; **transboundary air pollution** = pollution atmosphérique transfrontalière

transfer 1 *noun* transfert *m or* transmission *f*; **heat transfer** = transmission de la chaleur; **population transfer** = transfert de population; **technology transfer** = transfert de technologie **2** *verb* transférer

> QUOTE we have warned against making the assumption that technology can be transferred from one country to another without testing and adaptation
> *Appropriate Technology*

transformation *noun* transformation *f*; **energy transformation** = transformation de l'énergie

transition *noun* transition *f*; **demographic transition** = transition démographique; **transition phase** = phase *f* de transition

translocate *verb* véhiculer des substances (dans le tissu des plantes); **translocated herbicides** = herbicides *mpl* systémiques

◇ **translocation** *noun* translocation *f*

transpire *verb (of plants)* transpirer; **in tropical rainforests, up to 75% of rainfall will evaporate and transpire into the atmosphere** = dans la forêt tropicale humide, jusqu'à 75% des précipitations s'évaporent et transpirent dans l'atmosphère

◇ **transpiration** *noun* transpiration *f*

COMMENT: transpiration accounts for a large amount of water vapour in the atmosphere. A tropical rainforest will transpire more water per square kilometre than is evaporated from the same area of sea. Clearance of forest has the effect of reducing transpiration, with the accompanying change in climate: less rain, leading to eventual desertification

transplant *verb* **(a)** *(a plant)* transplanter **(b)** *(an organ)* greffer

transport *noun* transport *m*; **public transport** = transports en commun; **road transport** = transport routier

◇ **transportation** *noun* transport *m*; **transportation system** = réseau *m* de transport

transuranic element *noun* élément *m* transuranien

COMMENT: the transuranic elements have higher atomic numbers than uranium (atomic number 92), and apart from neptunium and plutonium, do not occur naturally but are formed from uranium in nuclear reactions (such as Americium, atomic number 95)

trash *noun US* déchets *mpl or* ordures *fpl*; **trash burning** = incinération *f* des déchets

◇ **trashcan** *noun US* poubelle *f*
NOTE: the British English is **dustbin**

treat *verb (of waste)* traiter

◇ **treatment** *noun* traitement *m*; **biological treatment** = traitement biologique; **chemical treatment** = traitement chimique; **mechanical treatment** = traitement mécanique; **sewage treatment plant** *or* **wastewater treatment plant** = station *f* d'épuration des eaux usées

tree *noun* arbre *m*; **ecologists are worried that the cutting of forest trees in many parts of the world will bring about desertification and change global climate patterns** = les écologistes craignent que l'abattage d'arbres forestiers dans de nombreux endroits dans le monde n'entraîne des phénomènes de désertification et de changements de climat de la planète; **tree ring records from high altitudes show sharply reduced annual growth** = l'étude des cercles de croissance d'arbres poussant en altitude fait apparaître une forte diminution de la croissance annuelle; **tree cover** = couvert *m* forestier; *(in Australia)* **tree ferns** = fougères *fpl* arborescentes; **tree species** = essence *f* (d'arbre); **tree savannah** = savane *f* arborée

◇ **treeline** *noun* limite *f* des arbres

tremor *noun* tremblement *m*; **earth tremor** = secousse *f* sismique

trench *noun* **(a)** fossé *m*; **drainage trench** = fossé de drainage **(b)** *(in the floor of the ocean)* fosse *f*; **oceanic trench** = fosse océanique

trend *noun* tendance *f*; **there is a trend towards organic farming and away from using chemical fertilizers** = aujourd'hui, on tend vers l'agriculture biologique, et on abandonne les engrais chimiques

QUOTE computers enable ecologists to study their recorded observations and indicate links between data showing trends which can be statistically explained
Environment Now

trichlorophenoxyacetic acid *noun* acide *m* trichlorophénoxyacétique

trickling filter *noun* filtre *m* bactérien *or* lit *m* bactérien

trigger *verb* déclencher; **it is not known what triggered the avalanche** = on ne sait pas ce qui a déclenché l'avalanche; **the plague of locusts was triggered by unusually warm weather** = le temps, inhabituellement doux, a déclenché une invasion de criquets

trioxide *noun* trioxyde *m*; **sulphur trioxide** = anhydride *m* sulfurique *or* trioxyde *m* de soufre

tritium *noun* tritium *m*

trivial *adjective* insignifiant, -e

> QUOTE the radioactivity in the waste will become trivial after hundreds of years
> *New Scientist*

troph(o)- *prefix (meaning food)* troph-

◇ **trophic** *adjective* trophique; **trophic chain** = chaîne *f* trophique; **trophic level** = niveau *f* trophique; **trophic structure** = réseau *m* trophique; **trophic unit** = unité *f* trophique; *see also* DYSTROPHIC, EUTROPHIC, MESOTROPHIC, OLIGOTROPHIC

COMMENT: the three trophic levels are: producers (organisms, such as plants, which take energy from the sun or the environment and convert it into matter); primary consumers (organisms, such as herbivores, which eat producers); secondary consumers (organisms, such as carnivores, which eat other consumers)

-trophy *suffix (meaning nourishment or development of an organ)* -trophie; **dystrophy** = dystrophie *f*

tropic *noun* **Tropic of Cancer** = tropique *m* du Cancer; **Tropic of Capricorn** = tropique du Capricorne; **tropics** = les tropiques; **he lives in the tropics** = il vit sous les tropiques; **disease which is endemic in the tropics** = maladie *f* endémique sous les tropiques

◇ **tropical** *adjective* tropical, -e, -aux; **tropical air** = air tropical; **tropical climate** = climat tropical; **tropical disease** = maladie tropicale; **tropical medicine** = médecine tropicale; **tropical rainforest** = forêt tropicale; **tropical storm** = orage tropical; **tropical zone** = zone tropicale; *see also* CYCLONE, HURRICANE, TYPHOON

-tropic *suffix (meaning turning towards or which influences)* -tropique; **heliotropic** = héliotropique

tropism *noun* tropisme *m*

◇ **tropic** *adjective* tropique

-tropism *suffix (meaning the action of turning towards a stimulus)* -tropisme; **phototropism** = phototropisme *m*

NOTE: opposed to **-nasty** which refers to a response without turning

tropopause *noun* tropopause *f*

troposphere *noun* troposphère *f*

◇ **tropospheric** *adjective* troposphérique

COMMENT: the lower layer of the atmosphere immediately above the ground, rising to about 18 km above the earth's surface at the equator and 8 km at the North and South Poles. The troposphere is formed largely of nitrogen (78%) and oxygen (21%), plus argon and some trace gases. The temperature in the troposphere falls about 6.5° per thousand metres of altitude; the temperature at 16 km being about minus 55°C. The troposphere contains almost all the atmosphere's water vapour

trough *noun* **(a)** *(low point)* creux *m*; **the graph shows the peaks and troughs of pollution over the seasons** = le graphique représente l'évolution de la pollution au cours des saisons **(b)** *(area of low pressure)* zone *f* dépressionnaire

NOTE: the opposite is **ridge**

true *adjective* correct, -e *or* véritable *or* vrai, -e; **to breed true** = se reproduire en gardant toutes les caractéristiques de l'espèce; **F_1 hybrids do not breed true** =

les hybrides de la première génération ne gardent pas toutes les caractéristiques parentales

trunk *noun* **(a)** *(of tree)* tronc *m* **(b) trunk road** = axe *m* routier; **trunk sewer** = collecteur *m* principal

trypanosome *noun* trypanosome *m*

tryptophan *noun* tryptophane *m*

tsetse fly *noun* mouche *f* tsé-tsé

tsunami *noun* tsunami *m or* raz *m* de marée
NOTE: although commonly called a tidal wave, in fact it has no connection with the tides

tsutsugamushi disease *noun* rickettsiose *f or* typhus *m* des broussailles

tuber *noun* racine *f* tubéreuse *or* tubercule *m*; **a potato is the tuber of a potato plant** = la pomme de terre est le tubercule d'un plant de pomme de terre

◇ **tuberous** *adjective* tubéreux, -euse

tufa *noun* tuf *m*

tundra *noun* toundra *f*

turbid *adjective* bourbeux, -euse *or* turbide

◇ **turbidity** *noun (of liquid)* turbidité *f*

turbine *noun* turbine *f*; **gas turbine** = turbine à gaz; **steam turbine** = turbine à vapeur; **wind turbine** = (turbine) éolienne *f*

COMMENT: water turbines create electricity from water power. Water is channelled from a reservoir through pipes which turn the vanes of the turbine, which then turns the rotor of the generator. The main types of water turbine are: axial-flow turbine, with blades like those on a ship's propeller, rotating horizontally; the impulse turbine, where jets of water are directed at bucket-shaped blades which catch the water; reaction turbine, where the blades on the turbine adjust to the angle at which the jets of water hit them. Pumped storage turbines act as generators when water pressure is high, but become water pumps when pressure is low, pumping water back into the reservoir

turbulence *noun* turbulence *f*

◇ **turbulent** *adjective* turbulent, -e

TVP = TEXTURED VEGETABLE PROTEIN

TW = TERAWATT

twin *noun* jumeau *m or* jumelle *f; see also* DIZYGOTIC, MONOZYGOTIC

twister *noun US (informal)* tornade *f*

twitcher *noun (informal)* passionné, -e, d'ornithologie

2,4,5-t *noun* 2,4,5 *or* acide *m* trichlorophénoxyacétique

typhoid fever *noun* (fièvre) typhoïde *f*

typhoon *noun* typhon *m*

typhus *noun* typhus *m; see also* SCRUB TYPHUS

tyramine *noun* tyramine *f*

tyrosine *noun* tyrosine *f*

Uu

U *chemical symbol for* URANIUM

UKAEA = UNITED KINGDOM ATOMIC ENERGY AUTHORITY

ultra- *prefix (meaning further than or extremely)* ultra-

◇ **ultrabasic** *adjective* ultrabasique

◇ **ultramicroscopic** *adjective* ultramicroscopique

◇ **ultrananoplankton** *noun* ultrananoplancton *m*

◇ **ultraplankton** *noun* ultraplancton *m*

◇ **ultrasonic** *adjective* ultrasonique *or* ultrasonore

◇ **ultrasonics** *noun* science *f* des ultrasons

◇ **ultrasound** *or* **ultrasonic waves** *noun* ultrason *m or* ondes *fpl* ultrasoniques; **the nature of the tissue can be made clear on ultrasound examination** = un examen par ultrasons permettra de déterminer la nature du tissu

COMMENT: the very high frequency waves of ultrasound can be used to detect objects. Bats and dolphins use ultrasonic waves to find their way, and ultrasound can be used in medicine to locate and record organs *or* growths inside the body (in a similar way to the use of X-rays), by recording the differences in echoes sent back from different tissues

ultraviolet 1 *adjective* ultraviolet, -ette; **ultraviolet lamp** = lampe *f* aux rayons ultraviolets; **ultraviolet rays (UV rays)** = rayons ultraviolets **2** *noun* ultraviolet *m*

COMMENT: UV rays form part of the high-energy radiation which the earth receives from the sun. UV rays are classified as UVA and UVB rays. UVB rays form only a small part of radiation from the sun, but they are dangerous and can cause skin cancer if a person is exposed to them for long periods. The effect of UVB rays is reduced by the ozone layer in the stratosphere

UN = UNITED NATIONS

unblock *verb* déboucher *or* dégager

unboiled *adjective* non bouilli, -e; **in some countries, it is dangerous to drink unboiled water** = dans certains pays, il est dangereux de boire de l'eau non bouillie

unconfined ground water *noun* eau *f* libre

uncontaminated *adjective* non contaminé, -e

uncontrollable *adjective* incontrôlable

uncontrolled *adjective* incontrôlé, -e *or* non maîtrisé, -e; **uncontrolled dump site** = décharge *f* sauvage; **uncontrolled fire** = feu non maîtrisé

uncoordinated *adjective* non coordonné, -e

uncultivated *adjective* inculte

under- *prefix (meaning less than or not as strong as)* sous-; **undernourished** = sous-alimenté, -e; **underproduction** = sous-production *f*

◇ **underdeveloped countries** *plural noun* pays *mpl* sous-développés *or* pays non industrialisés

underground 1 *adjective* souterrain, -e; **foxes live in underground holes** = les renards vivent dans des trous souterrains; **an underground nuclear test was carried out at the desert test site** = un essai nucléaire souterrain a été effectué sur le site d'essai situé dans le désert **2** *adverb* sous terre; **worms live all their life underground** = les vers de terre passent toute leur vie sous terre; **if power cables were placed underground, they would be less of an eyesore** = si les lignes électriques étaient enterrées, elles enlaidiraient moins le paysage

◊ **underground water** *noun* nappe *f* phréatique

undergrowth *noun* sous-bois *m*

undershot wheel *noun* roue *f* par-dessous

understorey *noun* sous-étage *m; compare* CANOPY

> QUOTE beech is mainly in the South Island. It is a fairly open forest, though its understorey is often a complex association of young beech, ferns, shrubs and smaller tree species
>
> *Ecologist*

underwood *noun* sous-bois *m*

UNEP = UNITED NATIONS ENVIRONMENT PROGRAM

Ungulata *or* **ungulates** *noun* ongulés *mpl*

uni- *prefix (meaning one)* uni-

◊ **unicellular** *adjective* unicellulaire

UNICEF = UNITED NATIONS CHILDREN'S FUND

unit *noun* unité *f*; **SI units** = unités du Système international de mesure

United Nations *plural noun* Nations *fpl* unies

◊ **United Nations Children's Fund (UNICEF)** *noun* UNICEF *m*

◊ **United Nations Environment Program (UNEP)** *noun* Programme *m* des Nations unies pour l'environnement

unleaded petrol *noun* essence *f* sans plomb

unlined *adjective (landfill site)* non doublé, -e *or* dont le fond n'est pas isolé

unneutralized *adjective* qui n'est pas neutralisé, -e

unpasteurized *adjective* non pasteurisé, -e; **unpasteurized milk can carry bacilli** = le lait non pasteurisé peut contenir des bacilles

unpolluted *adjective* non pollué, -e; **unpolluted atmosphere in the mountain areas** = l'atmosphère non polluée des régions montagneuses

unsaturated fat *noun* graisse *f* non saturée *or* insaturée; *see also* FAT, SATURATED

unsettled *adjective (weather)* instable

unsightly *adjective* horrible *or* laid, -e; **the company is proposing to run a line of unsightly pylons across the moors** = la compagnie propose de faire passer une rangée d'horribles pylônes à travers la lande

unspoilt *adjective* intact, -e; **the highland region is still unspoilt** = la région montagneuse est encore intacte; **the conservancy council is hoping to preserve the area of unspoilt woodland** = le conseil pour la défense de l'environnement espère préserver cette zone boisée intacte

unstable *adjective* instable; **unstable air mass** = masse *f* d'air instable

unsterilized *adjective* non stérilisé, -e; **the milk was sold in unsterilized bottles** = le lait était vendu dans des bouteilles non stérilisées

untapped *adjective* inexploité, -e; **untapped resources** = ressources inexploitées

untreated *adjective* brut, -e *or* non traité, -e; **untreated sludge** = boues brutes

updraught *noun* courant *m* ascendant

upfreezing *noun US* cryoturbation *f*

upland(s) *noun* régions *fpl* situées en altitude; **upland areas** *or* **uplands have different ecosystems from the lowlands** =

les régions situées en altitude et les plaines n'ont pas les mêmes écosystèmes
NOTE: opposite is **lowland**

> QUOTE fallout from the Chernobyl accident contaminated upland areas with radioactive caesium
> *New Scientist*

upstream **1** *adjective* d'amont **2** *adverb* en amont; **the river is contaminated for several miles upstream from the estuary** = le fleuve est pollué depuis l'estuaire sur plusieurs kilomètres en amont; **pollution has spread into the lake upstream of the waterfall** = la pollution a gagné le lac situé en amont de la cascade

upwelling *noun* remontée *f* des eaux profondes *or* résurgences *fpl* côtières *or* upwelling *m*

uranium *noun* uranium *m*
NOTE: chemical symbol is **U;** atomic number is **92**

> COMMENT: three uranium isotopes are found in ores: uranium-234, uranium-235 and uranium-238. Of these, U-235 is the only fissionable isotope occurring in nature, and so is an essential fuel for reactors

urban *adjective* urbain, -e; **urban decay** = dégradation *f* des villes; **urban erosion** = érosion urbaine; **urban fringe** = banlieue *f*; **urban landscape** = paysage urbain; **urban redevelopment** *or* **urban renewal** = assainissement urbain *or* rénovation urbaine; **urban sprawl** = développement urbain anarchique *or* étalement urbain *or* expansion urbaine

◇ **urbanization** *noun* urbanisation *f*; **urbanization process** = processus *m* d'urbanisation

◇ **urbanized** *adjective* urbanisé, -e

urea *noun* urée *f*

uric acid *noun* acide *m* urique

urine *noun* urine *f*

user *noun* utilisateur *m*; **end user** = utilisateur final

utility *noun* entreprise *f* de service public; **public utility company** = service *m* public

◇ **public utilities** *plural noun* services publics

UV = ULTRAVIOLET

Vv

vaccinate *verb* vacciner; **she was vaccinated against smallpox as a child** = elle a été vaccinée contre la variole quand elle était enfant
NOTE: you vaccinate someone **against** a disease

◇ **vaccination** *noun* vaccination *f*

◇ **vaccine** *noun* vaccin *m*; **the hospital is waiting for a new batch of vaccine to come from the laboratory** = l'hôpital attend que le laboratoire envoie un nouveau lot de vaccins; **new vaccines are being developed all the time** = on met constamment au point de nouveaux vaccins

◇ **vaccinia** *noun* vaccine *f*
NOTE: Originally the words **vaccine** and **vaccination** applied only to smallpox immunization, but they are now used for immunization against any disease

> COMMENT: a vaccine contains antigens (the germs of the disease) sometimes alive and sometimes dead, and this is injected into the patient so that his body will develop immunity to the disease. The antigens provoke the body to produce antibodies, some of which remain in the bloodstream for a very long time and react against the same antigens if they enter the body naturally at a later date when the patient is exposed to the disease. Vaccination is mainly given against cholera, diphtheria, rabies, smallpox, tuberculosis, and typhoid

vadose *adjective* vadose

vagrant *noun* oiseau *m* erratique

vale *noun* vallon *m*

valley *noun* vallée *f*; **fog forms in the valleys at night** = le brouillard se forme la nuit dans les vallées; **valley bog** = tourbière *f* de vallée; **valley glacier** = glacier *m* de vallée

value *noun* valeur *f*; **calorific value** = valeur calorifique; **energy value** = valeur énergétique

vapour *noun* vapeur *f*; **vapour concentration** = densité *f* de condensation; **vapour trail** = traînée *f* de condensation

◇ **vaporize** *verb* pulvériser *or* vaporiser

◇ **vaporizer** *noun* vaporisateur *m*

variable 1 *adjective* variable; **the weather forecast is for variable winds** = la météo annonce des vents variables **2** *noun* variable *f*

◇ **variability** *noun* variabilité *f*

◇ **variant** *noun* variant *m*

◇ **variation** *noun* variation *f*; **there is a noticeable variation in temperature in the desert regions** = il y a de notables variations de température dans le désert; **the chart shows the variations in atmospheric pressure over a period of six months** = le graphique indique les variations de la pression atmosphérique sur une période de six mois; **climatic variation** = variation climatique

variety *noun* variété *f*

vector *noun (which carries a disease)* vecteur *m*; **the tsetse fly is the vector of sleeping sickness** = la mouche tsé-tsé est le vecteur de la maladie du sommeil

veer *verb (of wind)* tourner dans le sens des aiguilles d'une montre
NOTE: the opposite is **back**

vegan *adjective & noun* végétalien, -ienne

vegetable *noun* légume *m*; **green vegetables are a source of dietary fibre** = les légumes verts contiennent des fibres; **the vegetable kingdom** = le règne végétal; **vegetable oils** = huiles *fpl* végétales

◇ **vegetarian** *adjective & noun* végétarien, -ienne

vegetation *noun* végétation *f*; **the vegetation was destroyed by fire** = la végétation a été détruite par le feu; **very little vegetation is found in the Arctic regions** = la végétation est très rare dans les régions arctiques; **he is studying the vegetation of the island** = il étudie la végétation de l'île

◇ **vegetative** *adjective* végétatif, -ive; **the loss of vegetative cover with the destruction of forest increases the accumulation of carbon dioxide in the atmosphere** = la disparition du couvert végétal suite à la destruction des forêts augmente l'accumulation de gaz carbonique dans l'atmosphère; **vegetative propagation** *or* **vegetative reproduction** = reproduction végétative

vehicle *noun* véhicule *m*; **goods vehicle** = véhicule utilitaire; **heavy goods vehicle (HGV)** = poids *m* lourd

veil *noun* voile *m*

vein *noun* **(a)** *(of mineral)* filon *m*; **they have struck a vein of gold** = ils ont découvert un filon d'or **(b)** *(blood vessel)* veine *f* **(c)** *(of leaf)* nervure *f or* veine *f*

vent *noun (general term)* orifice *m; (in hot spring)* évent *m; (at the bottom of the sea)* **hydrothermal vent** = évent hydrothermal

ventilate *verb* aérer *or* ventiler; **the mine is ventilated with air pumped down from the surface** = pour aérer la mine, on pompe l'air extérieur

◇ **ventilation** *noun* aération *f or* ventilation *f*

◇ **ventilator** *noun* ventilateur *m*

ventral *adjective* ventral, -e, -aux; **the fish has two ventral fins** = le poisson a deux nageoires ventrales
NOTE: the opposite is **dorsal**

Venturi effect *noun* effet *m* de Venturi

vermiculite *noun* vermiculite *f*

COMMENT: vermiculite occurs naturally as a form of silica and is capable of retaining moisture. It is processed into small pieces and used instead of soil in horticulture

vermin *noun* vermine *f; see also* PEST

vernacular *adjective* vernaculaire; **vernacular buildings** = constructions *fpl* typiques (d'une région); **vernacular materials** = matériaux *mpl* de construction locaux

vernal *adjective* printanier, -ière *or* vernal, -e, -aux; **vernal equinox** = équinoxe *m* de printemps

◇ **vernalization** *noun* printanisation *f or* vernalisation *f*

vertebra *noun* vertèbre *f*
NOTE: plural is **vertebrae**

◇ **vertebral** *adjective* vertébral, -e, -aux; **vertebral column** = colonne vertébrale

◇ **vertebrate 1** *adjective* vertébré, -e
2 *noun* vertébré *m*
NOTE: the opposite is **invertebrate**

vessel *noun* cuve *f*; **pressure vessel** = cuve (du réacteur nucléaire)

vestigial *adjective* atrophié, -e *or* rudimentaire; **some snakes still have vestigial legs** = certains serpents ont gardé des pattes rudimentaires

vibrate *verb* vibrer; **the passing traffic makes the foundations of the bridge vibrate** = la circulation fait vibrer les fondations du pont

◇ **vibration** *noun* vibration *f*; **vibrations caused by aircraft can shatter windows** = les avions provoquent des vibrations qui peuvent briser les fenêtres; **the vibrations from traffic have weakened the foundations of the house** = les vibrations dues à la circulation ont fragilisé les fondations de la maison

victim *noun* victime *f*

vigour *noun* vigueur *m or* vitalité *f*; **hybrid vigour** = vitalité hybride

◇ **vigorous** *adjective* vigoureux, -euse; **plants put out vigorous shoots in warm damp atmosphere** = en atmosphère chaude et humide, les plantes font des pousses vigoureuses

vinyl *noun* vinyle *m*; **vinyl chloride** = chlorure *m* de vinyle

virement *noun (administrative)* virement *m*

virgin *adjective* natif, -ive *or* vierge; **virgin rainforest is being cleared at the rate of 1,000 hectares per month** = la forêt vierge tropicale est déboisée au rythme de 1000 hectares par mois; **virgin ore** = minerai natif

virus *noun* virus *m*; **scientists have isolated a new flu virus** = les chercheurs ont isolé un nouveau virus de la grippe; **shingles is caused by the same virus as chicken pox** = le zona est provoqué par le même virus que la varicelle

◇ **viral** *adjective* viral, -e, -aux

COMMENT: many common diseases such as measles or the common cold are caused by viruses; viral diseases cannot be treated with antibiotics (which only destroy bacteria)

viscid *adjective* visqueux, -euse

◇ **viscosity** *noun* viscosité *f*

◇ **viscous** *adjective* mucilagineux, -euse *or* visqueux, -euse

visible *adjective* visible; **everywhere there were visible signs of the effects of acid rain** = il y avait partout des signes visibles des effets des pluies acides

◇ **visibility** *noun* visibilité *f*; **in fog, the visibility is less than 1,000 metres** = dans le brouillard la visibilité est inférieure à 1000 mètres

visitor *noun* oiseau *m* migrateur

vital *adjective* vital, -e, -aux; **vital nutrients are leached from the topsoil** = les substances nutritives vitales sont lessivées de la couche sommitale; **oxygen is vital to the human system** = l'oxygène est vital pour l'organisme humain; **vital organs** = organes *mpl* vitaux; **vital statistics** = statistiques *fpl* démographiques

vitamin *noun* vitamine *f*; **vitamin deficiency** = carence *f* vitaminique; **he is suffering from Vitamin A deficiency** = il souffre d'une carence en vitamine A; **Vitamin C deficiency causes scurvy** = une carence en vitamine C provoque le scorbut

◇ **Vitamin A** *or* **retinol** *noun* vitamine A *or* rétinol *m*

◇ **Vitamin B** *noun* vitamine B; **Vitamin B complex** = groupe *m* des vitamines B; **Vitamin B_1** = vitamine B_1; **Vitamin B_2** = vitamine B_2; **Vitamin B_6** = vitamine B_6; **Vitamin B_{12}** = vitamine B_{12}

◇ **Vitamin C** *noun* vitamine C

◇ **Vitamin D** *noun* vitamine D

◇ **Vitamin E** *noun* vitamine E

◇ **Vitamin K** *noun* vitamine K

viviparous *adjective* vivipare

vivisection *noun* vivisection *f*

volatile *adjective* volatil, -e; **volatile oils** = huiles *f* essentielles *or* huiles volatiles

volcano *noun* volcan *m*

◇ **volcanic** *adjective* volcanique; **volcanic activity** = activité *f* volcanique; **volcanic ash** *or* **volcanic dust** = cendre *f* volcanique; **volcanic rocks** = roches *f* volcaniques

◇ **volcanologist, volcanology** *see* VULCANOLOGIST, VULCANOLOGY

COMMENT: volcanoes occur along faults in the earth's surface, and exist in well-known chains. Some are extinct, but others erupt relatively frequently. Some are always active, in that they emit sulphurous gases and smoke, without actually erupting. Volcanic eruptions are a major source of atmospheric pollution, in particular of sulphur dioxide. Very large eruptions (such as that of Tambora in Indonesia in 1815) cause a mass of dust to enter the atmosphere, which has a noticeable effect on the world's climate (the Tambora eruption caused the "year without a summer" in 1816)

volume *noun* volume *m*

-vore *or* **-vorous** *suffix (meaning which eat)* -vore; **carnivore** = carnivore; **herbivorous** = herbivore

vortex *noun* vortex *m*; **the most destructive winds are in the vortex, where the rotation of the whirlwind produces very high wind speeds** = les vents les plus destructeurs sont dans le vortex, où le tourbillon de la tornade génère des vents très violents; **circumpolar vortex** *or* **polar vortex** = vortex circumpolaire

vulcanologist *noun* volcanologue *m*

◇ **vulcanology** *noun* volcanologie *f*

vulnerable *adjective* vulnérable

vulture *noun* vautour *m*

Ww

wader *noun* échassier *m*

wadi *noun* oued *m; see also* ARROYO

Waldsterben *noun (German word meaning "the dying of trees")*

COMMENT: there are many different theories about the cause of forest dieback: sulphur dioxide, nitrogen oxides, ozone are all possible causes, as are acid rain or acidification of the soil which makes the trees weak, and prevents them taking up nutrients from the soil

QUOTE since 1980, many forests in the eastern US and parts of Europe have suffered a loss of vitality - a loss that could not be linked to any of the familiar causes, such as insects, disease or direct poisoning by a specific air or water pollutant. The most dramatic reports have come from Germany, where scientists, stunned by the extent and speed of the decline, have called it Waldsterben

Scientific American

Wallace's line *noun* ligne *f* Wallace

warble fly *noun* hypoderme *m*

warfarin *noun* warfarine *f*

warm 1 *adjective* chaud, -e; **these plants grow fast in the warm season** = ces plantes poussent vite à la saison chaude; **warm front** = front chaud; **warm high** = anticyclone chaud; **warm low** = dépression chaude **2** *verb* réchauffer; **the greenhouse effect has the result of warming the general atmospheric temperature** = l'effet de serre provoque un réchauffement général de l'atmosphère; **at the poles, warming would be two or three times the global average if the greenhouse effect makes the earth's temperature rise** = au cas où la température de la planète augmenterait à cause l'effet de serre, le réchauffement serait en moyenne deux à trois fois plus important aux pôles; **global warming** = réchauffement *m* de la planète; **sudden warming** = réchauffement soudain

◇ **warm-blooded** *adjective* à sang chaud *or* homéotherme; *see also* HOMOIOTHERM

wash out *verb (of mineral)* entraîner *or* laver; **most minerals are washed out of the soil during heavy rainfall** = lors de fortes précipitations, le sol est lessivé de la plupart des minéraux

◇ **washout** *noun (of pollutants)* lavage *m* *or* washout *m; see* RAINOUT

waste 1 *adjective* **waste paper** = vieux papiers *mpl*; **waste product** = déchets *mpl* (industriels); **waste products are dumped in the sea** = les déchets sont rejetés à la mer **2** *noun* déchets *mpl* *or* effluents *mpl*; **high-level waste** = déchets de forte activité; **household waste** = ordures *fpl* ménagères; **indeterminate waste** = déchets de faible et moyenne activité; **industrial waste** = déchets *or* effluents industriels; **low-level waste** = déchets de faible activité; **nuclear waste** = déchets nucléaires; **pathological waste** = déchets pathogènes; **sewage waste** = eaux *fpl* d'égout; **waste disposal** = élimination *f* *or* évacuation *f* des déchets; **waste dump** = décharge *f* *or* dépôt *m* déchets; **waste management** = gestion *f* des déchets; **waste processing** = traitement *m* *or* transformation *f* des déchets; **waste sorting** = tri *m* des déchets; **waste treatment** = traitement des déchets; **waste treatment plant** = station *f* de traitement des déchets **3** *verb* gaspiller

◇ **wastage** *noun* gaspillage *m*; **there is an enormous wastage of mineral resources** = le gaspillage des ressources minières est énorme

◇ **wasteland** *noun* terre à l'abandon *or* terre en friche; **overgrazing has produced many wastelands in Central Africa** = le surpâturage a rendu de nombreuses terres incultes en Afrique centrale

◊ **wastewater** *noun* eaux *fpl* usées; **wastewater will add small but significant quantities of heavy metals to the aquatic environment** = les eaux usées apportent des quantités minimes mais significatives de métaux lourds dans le milieu aquatique; **industrial wastewaters** = eaux résiduaires industrielles; **there is considerable interest in the anaerobic treatment of industrial wastewasters** = le traitement anaérobie des effluents industriels est d'un intérêt considérable; **wastewater treatment** = traitement *m* des eaux usées

water 1 *noun* eau *f*; **drinking water** = eau de boisson; **heavy water** = eau lourde; **light water** = eau ordinaire; **rain water** = eaux pluviales; **runoff water** = eaux de ruissellement; **water balance** = (i) bilan *m* hydrologique *or* (ii) équilibre *m* hydrique; **water-salt balance** = équilibre *m* hydro-salin; **water closet** = toilettes *fpl or* W-C *mpl*; **water meadow** = prairie *f* inondable; **water pollution** = pollution *f* de l'eau; **water quality** = qualité *f* de l'eau **2** *verb* arroser

> COMMENT: water is essential to plant and animal life. Since the human body is formed of more than 50% water, a normal adult needs to drink about 2.5 litres (5 pints) of fluid each day. Water pollution can take many forms: the most common are discharges from industrial processes, household sewage and the runoff of chemicals used in agriculture

waterborne *adjective* transmis, -e par de l'eau; **after the floods, diarrhoea, dysentery and other waterborne diseases spread rapidly** = après les inondations, des cas de diarrhée, de dysenterie et d'autres maladies transmises par l'eau se sont rapidement multipliés

watercourse *noun* cours *m* d'eau

waterfowl *noun* sauvagine *f*

waterhole *noun* point *m* d'eau; **in the evening, the animals gather round the waterholes to drink** = le soir, les animaux se rassemblent autour des points d'eau pour boire

waterlogged *adjective* saturé, -e d'eau

waterproof *adjective* imperméable

watershed *noun* bassin *m* hydrographique

waterspout *noun* trombe *f*

> COMMENT: waterspouts form in summer weather as air rises rapidly from the warm surface of the sea. Waterspouts turn cyclonically (i.e. anticlockwise in the Northern Hemisphere). When the waterspout moves onto dry land, it loses momentum and falls as salt-water rain. The rain sometimes contains fish which have been sucked up into the spout

water table *noun* surface *f* de la nappe phréatique

waterway *noun* voie *f* navigable

waterwheel *noun* roue *f* hydraulique; *see also* OVERSHOT, UNDERSHOT

waterworks *noun* station *f* de traitement de l'eau

wave *noun* **(a)** *(pressure)* onde *f*; **sound wave** = onde sonore; **seismic wave** = onde sismique **(b)** *(water)* vague *f*; **wave power** *or* **wave energy** = énergie *f* des vagues *or* de la houle

◊ **wavelength** *noun* longueur *f* d'ondes

> COMMENT: in harnessing wave power, the movement of waves on the surface of the sea is used to make large floats move up and down. These acts as pumps which pump a continuous flow of water to turn a turbine

waymarking *noun* balisage *m or* marquage *m*

> QUOTE the Trust has improved and waymarked 24 kilometres of footpath
> *Environment Now*

WCED = WORLD COMMISSION ON ENVIRONMENT AND DEVELOPMENT

wealth *noun* richesse *f*

weather 1 *noun* temps *m*; *GB* **the Weather Centre** = l'Office national de la météorologie; **weather chart** *or* **weather**

map = carte *f* météorologique; **weather forecast** = prévisions *fpl* météorologiques; **weather forecasting** = météorologie *f*; **weather report** = bulletin *m* météo; **weather ship** = navire *m* météo; **weather station** = station*f* météorologique **2** *verb* désagréger *or* se désagréger *or* s'effriter

◇ **weathering** *noun (wearing of rock)* désagrégation *f or* dégradation *f*

web *noun* toile *f* (d'araignée)

◇ **food web** *noun* réseau *m* trophique

◇ **webbed** *adjective (feet of aquatic birds)* palmé, -e

weed *noun* mauvaise herbe *f*

◇ **weedkiller** *noun* herbicide *m*; **selective weedkiller** = herbicide sélectif

COMMENT: although weedkillers are widely used in farming and horticulture, they can have serious side-effects. They may blow away from the area where they are being sprayed; excess weedkiller enters the soil and is leached away by rain into watercourses, killing water plants

weight *noun* pesanteur *f or* poids *m*; **molecular weight** = poids moléculaire

well *noun* puits *m*; **artesian well** = puits artésien

◇ **wellhead** *noun* orifice *m* du puits

Wentworth-Udden scale *noun* échelle *f* de Wentworth-Udden

COMMENT: a scale for measuring and describing the size of grains of minerals. The scale runs from the largest size, the boulder, down to the finest grain, or clay. The approximate diameters of each grain are: boulder (up to 256mm); cobble (above 64mm); pebble (between 4 and 64mm); gravel (between 2 and 4mm); sand (.06 - 2mm); silt and clay are the finest sizes

west *adjective & noun* ouest *(m)*; **west wind** = vent d'ouest

◇ **westerly 1** *adjective (to the west)* à l'ouest *or* vers l'ouest; *(from the west)* de l'ouest; **the ship was proceeding in a westerly direction** = le bateau se dirigeait vers l'ouest; **a westerly airstream is flowing across the country** = un vent d'ouest souffle sur le pays **2** *noun* vent *m* d'ouest

◇ **western** *adjective* occidental, -e, -aux *or* de l'ouest

wet *adjective* humide; **wet bulb hygrometer** *or* **thermometer** = thermomètre *m* à boule mouillée; **wet season** = saison *f* des pluies

◇ **wetlands** *plural noun* zones *fpl* humides; **there are two important wetland sites in the area** = il y a deux zones humides importantes dans la région

whale *noun* baleine *f*

◇ **whaler** *or* **whaling boat** *noun* baleinier *m*

◇ **whaling** *noun* chasse *f* à la baleine; **whaling fleet** = flotte *f* de baleiniers

COMMENT: whales are the largest mammals still in existence. They form two groups: the toothed and the baleen whales. Baleen whales have no teeth, and feed by sucking in large quantities of water which they then force out again through their baleen, which is a series of fine plates like a comb hanging down from the upper jaw. The baleen acts like a sieve and traps any plankton and krill which was in the water. The toothed whales have teeth and eat fish; they include the sperm whale, the killer whale and porpoises and dolphins. Whales are caught mainly for their oils, though also in some cases for food. Some species of whales have become extinct because of overexploitation, and the population of many of the existing species is dangerously low. Commercial whaling is severely restricted

wheat *noun* blé *m*

◇ **wheatgerm** *noun* germe *m* de blé

whirlpool *noun* tourbillon *m*

whirlwind *noun* tornade *f*

wholefood *noun* aliments *mpl* complets; **a wholefood diet is healthier than eating**

processed foods = les aliments complets sont meilleurs pour la santé que les aliments traités ou préparés

◇ **wholegrain** *adjective* complet, -ète; **wholegrain rice** = riz complet

◇ **wholemeal bread** *noun* pain *m* complet

wild *adjective* sauvage; **wildfowl** = oiseaux *mpl* sauvages *or* gibier *m* à plumes; **wild rice** = riz *m* sauvage

◇ **wildlife** *noun* la faune et la flore; **plantations of conifers are poorer for wildlife than mixed or deciduous woodlands** = les plantations de conifères constituent, pour la faune et la flore, un milieu plus pauvre que les forêts mixtes ou feuillues; **the effects of the open-cast mining scheme would be disastrous on wildlife, particularly on moorland birds** = le projet de mine à ciel ouvert aurait des conséquences désastreuses pour la faune et la flore, et en particulier pour les oiseaux de la lande

wilderness *noun* région *f* sauvage

> QUOTE the recent successes of Berlin's conservationists in preserving some of the city's valuable wilderness areas have shown that it may be possible to maintain a park-like environment despite the pressures of urban growth
>
> *Environment*

willow *noun* saule *m*

wind *noun* vent *m*; **the weather station has instruments to measure the speed of the wind** = la station météo dispose d'instruments pour mesurer la vitesse du vent; **wind-driven** *or* **wind-powered** = éolien, -ienne; **wind erosion** = érosion éolienne; **wind farm** *or* **wind park** = installation *f* d'aérogénérateurs; **wind pollination** = pollinisation *f* par le vent; **wind power** = énergie éolienne; **wind pump** = éolienne *f* *or* pompe éolienne; **wind rose** = rose *f* des vents

◇ **wind chill factor** *noun* facteur *m* d'hypothermie due au vent

> QUOTE with wind farms popping up all over the world, wind power's future looks bright. The only problem could be environmental impact - locating hundreds of machines in windy areas can lead to conflict. Even though wind turbines do not generate waste or pollutants, care must be taken to avoid noise pollution
>
> *Environment Now*

> QUOTE a proposal to site one of Britain's first wind parks on an exposed area of high fell has angered the government's advisers on environmental protection
>
> *New Scientist*

windmill *noun* moulin *m* à vent; *see also* PANEMONE

windrow *noun* andain *m*

windward *adjective* exposé, -e au vent; **the trees provide shelter on the windward side of the house** = les arbres protègent le côté de la maison exposé au vent

winter 1 *noun* hiver *m*; **nuclear winter** = hiver nucléaire; **winter solstice** = solstice *m* d'hiver **2** *verb* hiverner

> QUOTE the birds wintered in the tall grass prairies of Southern Louisiana
>
> *Birder's World*

wood *noun* **(a)** *(material)* bois *m*; **wood alcohol** = alcool *m* méthylique; *see also* HARDWOOD, SOFTWOOD **(b)** *(small forest)* bois *m*; **a pine wood** = une forêt de pins

◇ **-wood** *or* **-woods** *suffix (meaning planted with trees)* **beechwood** = bois de hêtre *or* hêtraie *f*; **pinewood** = pinède *f*; *(wood grown for use as fuel)* **fuelwood** = bois utilisé comme combustible; *(wood grown for making paper)* **pulpwood** = bois à pâte

◇ **woodfuel** *noun* bois *m* de chauffage *or* bois de chauffe *or* bois de feu

woodlands *or* **woods** *noun* zones *fpl* boisées *or* bois *mpl*; **ancient woodland** = forêt primévale; **tropical woodland** = parc *m* tropical; **temperate woodland** = parc tempéré

> QUOTE three-quarters of our breeding land birds, half of our butterflies and one sixth of our flowers need woodland habitats
> *Sunday Times*

woodlot *noun* parcelle *f* boisée

◇ **woodpulp** *noun* pâte *f* à papier *or* pulpe *f*

◇ **woodstove** *or* **wood-burning stove** *noun* poêle *m* à bois

> COMMENT: although woodstoves are apparently contributing to a better environment by not burning fossil fuels, by using renewable resources and by not releasing dangerous pollutants into the atmosphere, they do in fact burn vast quantities of wood, and can contribute to deforestation unless the wood is coppiced

work *noun* travail *m*

◇ **work out** *verb* épuiser; **the coal mine was worked out years ago** = la mine de charbon a été épuisée il y a des années

◇ **worker** *noun* ouvrier, -ière; *(bee)* ouvrière *f*

◇ **workings** *noun* chantier *m* d'exploitation (d'une mine)

world *noun* monde *m*

◇ **World Commission on Environment and Development (WCED)** *noun* Commission *f* mondiale sur l'environnement et le développement (CMED)

◇ **World Wide Fund for Nature (WWF)** *noun* Fonds *m* mondial pour la nature

◇ **worldwide** *adjective* mondial, -e, -aux

worm *noun* ver *m*

> COMMENT: worms provide a useful service in aerating the soil. It is also believed that they encourage root development in plants by a substance which they secrete

WWF = WORLD WIDE FUND FOR NATURE

Xx Yy Zz

X chromosome *noun* chromosome *m* X

COMMENT: every person has a series of pairs of chromosomes, one of which is always an X chromosome; a normal female has one pair of XX chromosomes, while a male has one XY pair. Haemophilia is a disorder linked to the X chromosome

Xe *chemical symbol for* XENON

xeno- *prefix (meaning different)* xéno-

◇ **xenobiotic** *adjective* xénobiotique

xenon *noun* xénon *m*

NOTE: chemical symbol is **Xe;** atomic number is **54**

xero- *prefix (meaning dry) xéro-*

◇ **xeromorphic** *adjective* xéromorphe

◇ **xerophilous** *adjective* xérophile

◇ **xerophyte** *noun* xérophyte *f*

◇ **xerophytic** *adjective* xérophyte

◇ **xerosere** *noun* xérosérie *f*

◇ **xerotherm** *noun* xérotherme *m*

X-ray 1 *noun* **(a)** rayon *m* X **(b)** radiographie *f or* radio *f* **2** *verb* radiographier

COMMENT: because X-rays go through soft tissue, it is sometimes necessary to make internal organs opaque so that they will show up on the film. In the case of stomach X-rays, patients take a barium meal before being photographed (contrast radiography); in other cases, such as kidney X-rays, radioactive substances are injected into the bloodstream or into the organ itself. X-rays are used not only in radiography for diagnosis but as a treatment in radiotherapy. Exposure to X-rays, either as a patient being treated, or as a radiographer, can cause radiation sickness

xylem *noun* xylème *m*

yaws *plural noun* pian *m*

COMMENT: a tropical disease caused by the spirochaete *Treponema pertenue.* The symptoms include fever with raspberry-like swellings on the skin, followed in later stages by bone deformation

Y chromosome *noun* chromosome *m* Y

COMMENT: the Y chromosome has male characteristics and does not form part of the female genetic structure. A normal male has an XY pair of chromosomes. See also the note at X CHROMOSOME

yeast *noun* levure *f*

yellowing *noun* jaunissement *m*; **lethal yellowing (LY)** = jaunissement mortel

yield 1 *noun* rendement *m*; **the normal yield is two tonnes per hectare** = le rendement normal est de deux tonnes à l'hectare; **the green revolution increased rice yields in parts of Asia** = dans certaines régions d'Asie, la révolution verte a accru le rendement des rizières **2** *verb* produire *or* rapporter; **the rice can yield up to 2 tonnes per hectare** = on peut produire jusqu'à 2 tonnes de riz à l'hectare; **the oil deposits may yield 100,000 barrels a month** = les gisements pétrolifères peuvent produire jusqu'à 100 000 barils par mois

> QUOTE research has shown what must have been known to stockmen for years, that kindness to cows increases their milk yield, yet the pharmaceutical industry is determined to increase milk production by injecting cows with the hormone bovine somatotropin (BST)
>
> *Ecologist*

yolk *noun* jaune *m* (d'oeuf); **yolk sac** = sac *m* vitellin

zero population growth *noun* accroissement *m* naturel nul

zinc *noun* zinc *m*
NOTE: chemical symbol is **Zn;** atomic number is **30**

Zn *chemical symbol for* ZINC

zone *noun* zone *f*; **equatorial zone** = zone équatoriale; **pedestrian zone** = zone piétonne

◇ **zonal** *adjective* zonal, -e, -aux; **zonal air stream** = courant (aérien) zonal

◇ **zoning** *noun* zonage *m* **zoning map** = plan *m* d'occupation des sols

zoo- *prefix (meaning animals)* zoo-

◇ **zoobenthos** *noun* zoobenthos *m*

◇ **zoogeographical** *adjective* zoogéographique; **zoogeographical region** = région *f* zoogéographique; *see also* BIOGEOGRAPHICAL REGION

◇ **zoology** *noun* zoologie *f*

◇ **zoophyte** *noun* zoophyte *m*

◇ **zooplankton** *noun* zooplancton *m* **some zooplankton eat algae** = certains zooplanctons mangent des algues
NOTE: the word is plural

zygote *noun* zygote *m*

DICTIONNAIRE FRANÇAIS–ANGLAIS
FRENCH–ENGLISH DICTIONARY

Aa

abandon *nm (d'une terre ou d'un bâtiment)* dereliction

◇ **abandonné, -e** *adj* derelict; **terre abandonnée** = derelict land

abattage *nm* **(a)** *(d'arbres)* felling *ou* logging **(b)** *(animal)* slaughter *ou* slaughtering

◇ **abattre** *vtr* **(a)** *(un arbre)* to fell **(b)** *(un animal)* to slaughter

abiotique *adj* abiotic

ablation *nf* ablation; **ablation** *ou* **zone d'ablation** = ablation zone

ABO *voir* CLASSIFICATION

aboiement *nm* bark

abondance *nf* abundance *ou* richness; **abondance relative** = relative abundance

◇ **abondant, -e** *adj* abundant; **ressources naturelles peu abondantes** = scarce natural resources

abrégé *nm (résumé)* abstract

abri *nm* shelter; **les plantes poussent dans des anfractuosités, à l'abri du vent** = the plants grow in crevices shielded from the wind; **abri anti-atomique** = fallout shelter; **rideau-abri** = shelter belt

◇ **abriter** *vtr* to shelter

abscission *nf* abscission

absolu, -e *adj* absolute; **alcool absolu** = pure alcohol *ou* alcohol BP; **humidité absolue** = absolute humidity

absorber *vtr* to absorb *ou* to soak up

◇ **absorbant** *nm* absorbent

◇ **absorbant, -e** *adj* absorbent

◇ **absorption** *nf* absorption; **capacité d'absorption** = infiltration capacity; **facteur d'absorption phonique** = sound absorption factor; **pompe à chaleur à absorption** = absorption heat pump; **système à absorption** = absorption plant

◇ **absorptivité** *nf* absorptive capacity

abysse *nm* abyss

◇ **abyssal, -e, -aux** *adj* abyssal; **faune abyssale** = deep-sea fauna; **plaine abyssale** = abyssal plain; **zone abyssale** = abyssal zone

◇ **abyssobenthique** *adj* abyssalbenthic

◇ **abyssopélagique** *adj* abyssopelagic

Ac *symbole chimique* = ACTINIUM

acajou *nm* mahogany

acanthaster *nm* crown of thorns starfish

acarien *nm* acarid *ou* mite

◇ **acaricide** *nm* acaricide *ou* acaridicide *ou* miticide

◇ **acariens** *nmpl* Acarida *ou* Acarina

accélération *nf* acceleration; **essai en accélération au point mort** = free acceleration test

accepter *vtr* to accept

◇ **acceptable** *adj* acceptable; **dose journalière acceptable (DJA)** = acceptable daily intake (adi)

accès *nm* access; **autorisation d'accès** = access order; **voie d'accès** = access road

accident *nm* accident; **accident mortel** = fatal accident; **prévention des accidents** = accident prevention

acclimatation *nf* acclimatization *ou* acclimation

◇ **acclimatement** *nm* = ACCLIMATATION

◇ **s'acclimater** *vpr* to acclimatize; *(à un écosystème)* to naturalize

accroissement *nm* growth; **accroissement brutal** = pulse; **accroissement démographique** = population growth; **accroissement naturel** = natural increase; **accroissement naturel nul** = zero population growth; **pointe d'accroissement** = growing point; **taux d'accroissement de la population** = rate of population growth

> le taux annuel d'accroissement de la population mondiale, qui dépassait 3% vers 1950, et 2% en 1970, n'est plus aujourd'hui que de 1,65%, et l'on estime qu'il passera au-dessous de 1% vers les années 2030
>
> *Géo*

accumulateur *nm* (i) battery; (ii) accumulator; **accumulateur de chaleur** = heat accumulator; **accumulateur thermique** = thermal accumulator

◇ **accumulation** *nf* accumulation *ou* build-up; **risque d'accumulation dans la chaîne alimentaire** = risk of accumulation in the food chain; **une accumulation de DDT dans la chaîne alimentaire** = a build-up of DDT in the food chain; **accumulation thermique** = thermal storage; *(glacier)* **zone d'accumulation** = accumulation zone

◇ **accumuler** *vtr* to accumulate *ou* to build up

◇ **s'accumuler** *vpr* to accumulate *ou* to build up; **sédiments et débris s'accumulent au fond des lacs** = sediments and debris accumulate at the bottom of a lake; **des pesticides en traces se sont progressivement accumulés dans la chaîne alimentaire** = traces of pesticide gradually built up in the food chain

acer *nm* acer

achat *nm* purchase; **pouvoir d'achat** = purchasing power

◇ **acheter** *vtr* to buy *ou* to purchase

acide 1 *adj* **(a)** acid; **dépôts acides** = acid deposition; **eaux de mine acides** = acid mine water; **exhaure acide** = acid mine drainage; **précipitations acides** = acid precipitation; **suie acide** = acid soot **(b)** acidic; **le sol et la végétation des forêts d'altitude sont en contact direct avec la base extrêmement acide de la couche nuageuse** = soil and vegetation in high altitude forests are directly exposed to an extremely acidic cloud base; **eau acide** = acidic water; **propriétés acides** = acidic properties; **roches acides** = acidic rocks **2** *nm* acid; **acide aminé** = amino acid; **acides aminés essentiels** = essential amino acids; **les protéines sont d'abord dégradées en acides aminés** = proteins are first broken down into amino acids; **acide arachidonique** = arachidonic acid; **acide ascorbique** = ascorbic acid *ou* vitamin C; **acide carbonique** = carbonic acid; **acide chlorhydrique** = hydrochloric acid (HCl) *ou* hydrogen chloride; **l'acide chlorhydrique, secrété dans l'estomac, est l'un des sucs gastriques** = hydrochloric acid is secreted in the stomach and forms part of the gastric juices; **acide citrique** = citric acid; **cycle de l'acide citrique** = citric acid cycle *ou* Krebs cycle; **acide désoxyribonucléique (ADN)** = deoxyribonucleic acid (DNA); **acide gastrique** = gastric acid; **acide gras essentiel** = essential fatty acid; **acide linoléique** = linoleic acid; **acide linolénique** = linolenic acid; **acides minéraux** = inorganic acids; **acide nitrique** = nitric acid; **acide nucléique** = nucleic acid; **acides organiques** = organic acids; **acide phosphorique** = phosphoric acid; **acide ribonucléique (ARN)** = ribonucleic acid (RNA); **acide sulfhydrique** = hydrogen sulphide; *US* hydrogen sulfide; **acide trichlorophénoxyacétique** = trichlorophenoxyacetic acid; **acide urique** = uric acid; **potentiel de neutralisation de l'acide (PNA)** = acid-neutralizing capacity (ANC); **résistant aux acides** = acid-proof

◇ **acidification** *nf* acidification; **l'acidification des sols provoque la destruction de certains organismes vivants** = acidification of the soil leads to the destruction of some living organisms

◇ **acidifier** *vtr* to acidify

◇ **s'acidifier** *vpr* to acidify; **sous l'effet des retombées atmosphériques, les lacs s'acidifient et les poissons disparaissent** = fallout causes acidified lakes with no fish population

> la monoculture des résineux pratiquée dans le massif vosgien a tendance à acidifier les sols
>
> *l'Express*

◇ **acidité** *nf* acidity; **la solution alcaline peut contribuer à la diminution de l'acidité** = the alcaline solution may help to reduce acidity

acier *nm* steel; **acier inoxydable** = stainless steel; **acier trempé** = case hardened steel

◇ **aciérie** *nf* steel works

acoustique 1 *adj* **écran acoustique** = noise barrier; **énergie acoustique** = sound energy **2** *nf* acoustics

◇ **acousticien, -ienne** *n* acoustician

acquérir *vtr* to appropriate; **le conseil municipal a acquis le site pour en faire un parking** = the town council has appropriated the site for a car park

◇ **acquis, -e** *adj* acquired; **immunité acquise** = acquired immunity

acre *nm (superficie)* acre

âcre *adj* acrid

acroléine *nf* acrolein

acte *nm* **(a)** *(action)* act **(b)** *(document)* certificate; **acte de naissance** *ou* **extrait de naissance** = birth certificate; **acte de décès** = death certificate

actif, -ive *adj* active; **charbon actif** = activated carbon *ou* activated charcoal; **ingrédient actif** *ou* **principe actif** = active ingredient (AI); **marge continentale active** = active margin; **matière organique active** = active organic matter (AOM); **volcan actif** = active volcano

actinide *nm* actinide

◇ **actinium** *nm* actinium

action *nf* action; **action de tampon** = buffer action

activateur *nm* promoter; **activateur de croissance** = growth promoter; **l'utilisation d'activateurs de croissance peut nuire à la qualité nutritive du blé** = growth promotion may alter the nutritional quality of wheat

◇ **activation** *nf* activation; **activation des boues** = activation of sludge

◇ **activé, -e** activated; **procédé des boues activées** = activated sludge process

◇ **activer** *vtr* to activate

activité *nf* activity; **activité enzymatique** = enzymic activity *ou* enzyme activity; **activité volcanique** = volcanic activity; **un volcan qui n'est pas en activité** = a quiescent volcano

adaptabilité *nf* adaptability; **adaptabilité des écosystèmes** = adaptability in ecosystems; **degré d'adaptabilité** = degree of adaptability

adaptation *nf* **(a)** adaptation *ou* adjustment **(b)** *(d'une espèce)* specialization

◇ **adaptatif, -ive** *adj* adaptive; **radiation adaptative** = adaptive radiation

◇ **adapter** *vtr* to adapt *ou* to adjust

◇ **s'adapter** *vpr* to adapt *ou* to adjust; **les plantes mettent un certain temps à s'adapter à un nouveau type de climat** = plants take some time to adjust to a new climatic system; **petit à petit, les animaux se sont adaptés au changement de climat** the animals have gradually adapted to the change in climate; **les gens s'adaptent à la diminution de l'oxygène en altitude** people adapt to the reduced amounts of oxygen available at high altitudes

additif *nm* additive; **ce jus d'orange contient un certain nombre d'additifs** = the orange juice contains a number of additives; **le personnel de l'industrie alimentaire est fréquemment sujet à des réactions allergiques aux additifs** = allergic reactions to additives are frequently found in workers in food processing factories; **additifs dans les aliments pour animaux** = additives in animal foodstuff; **additif alimentaire** = food additive; **additif antidétonant** = antiknock additive; **additif pour carburant** = fuel additive; **additif à base de plomb** = lead-based additive

adiabatique *adj* adiabatic; **gradient adiabatique** *ou* **vitesse de refroidissement/réchauffement adiabatique** = adiabatic lapse rate

◇ **adiabatiquement** *adv* adiabatically; **la masse d'air s'élève adiabatiquement dans l'atmosphère** = the air mass rises adiabatically through the atmosphere

adipeux, -euse *adj* adipose; **tissu adipeux** = adipose tissue *ou* body fat

adjuvant *nm* additive

administration *nf* administration *ou* government; **administration locale** = local administration; *US* government

admissible *adj* allowable; **concentration maximale admissible (CMA)** = maximum allowable concentration (MAC); **dose journalière admissible (DJA)** = maximum daily intake; **dose maximale admissible (DMA)** = maximum allowable dose (MAD); **taux admissibles de capture (TAC)** = total allowable catches (TACs)

ADN = ACIDE DESOXYRIBONUCLEIQUE

adobe *nm* adobe

adoucir *vtr* to soften

◇ **s'adoucir** *vpr* to soften

◇ **adoucisseur d'eau** *nm* (water) softener

adsorber *vtr* to adsorb

◇ **adsorbable** *adj* adsorbable

◇ **adsorbant** *nm* adsorbent

◇ **adsorption** *nf* adsorption; **l'adsorption est la pénétration superficielle d'un gaz dans une surface solide** = adsorption is the bonding of a gas to a solid surface

advection *nf* advection; **brouillard d'advection** = advection fog

adventice *adj* adventitious

aérateur *nm* aerator *ou* ventilator

◇ **aération** *nf* aeration *ou* ventilation; **bassin d'aération** = aeration tank

◇ **aérer** *vtr* to aerate *ou* to ventilate; **pour aérer la mine, on pompe l'air extérieur** = the mine is ventilated with air pumped down from the surface; **les vers sont utiles, ils aèrent la terre** = worms are useful because they aerate the soil

aérien, -ienne *adj* **(a) courant aérien** = air current; **le livre contient un schéma de la circulation des courants aériens** = the book gives a diagram of the movement of air currents **(b)** aerial; **racines aériennes** = aerial roots; **plante à racines aériennes** = nest epiphyte

aérobie *adj* aerobic; **digestion aérobie** = aerobic digestion
NOTE: antonyme **anaérobie**

◇ **aérobiose** *nf* aerobiosis

aérogénérateur *nm* aerogenerator; **installation d'aérogénérateurs** = wind farm *ou* wind park

aérosol *nm* aerosol; **aérosol de condensation** = condensation aerosol; **aérosol de dispersion** = dispersion aerosol; **agent dispersant d'aérosol** *ou* **générateur d'aérosol** = aerosol dispenser; **agent propulseur d'aérosols** = aerosol propellant; **bombe aérosol** = spray can

s'affaisser *vpr* to subside

◇ **affaissement** *nm (géologie)* subsidence; **zone d'affaissement** = subsidence area

affamé, -e *adj* starved

affecter *vtr* to affect; **la croissance des végétaux a été affectée par le changement climatique** = plant growth has been affected by the change in climate; **les pluies acides affectent tous les lacs d'eau douce de la région** = acid rain affects all freshwater lakes in the area

affection *nf* disorder; **affection des voies respiratoires** = respiratory disorder

affinage *nf* refining

◇ **affinerie** *nf (métaux)* refinery

affleurement *nm* outcrop

◊ **affleurer** *vi (roche)* to outcrop

affluent *nm* affluent *ou* feeder stream *ou* tributary; **affluent du cours supérieur** = headstream

afflux *nm* **(a)** *(d'un liquide)* inflow; **un afflux d'effluents dans le fleuve** = an inflow of effluents into the river **(b)** *(augmentation brutale)* surge; **les compagnies d'électricité tentent de réduire l'afflux des demandes en électricité qui surviennent à certaines heures de la journée** = electricity companies try to reduce the huge surges in demand that occur at certain times of the day

aflatoxine *nf* aflatoxin

afrormosia *nm* afrormosia

aftershock *nm (séisme)* aftershock

Ag *symbole chimique* = ARGENT

agar-agar *nm* agar *ou* agar agar

âge *nm* age; **âge biologique** = biological age; **l'âge glaciaire** = the Ice Age; **classe d'âge** = age group

agence *nf* agency; **agence d'aide** = aid agency; **agence de bassin** = basin agency; **agence de lutte contre la famine** = famine relief agency; **Agence internationale de l'énergie nucléaire** = International Atomic Energy Agency (IAEA); **Agence pour le développement international** = *US* Agency for International Development; **Agence pour la protection de l'environnement** = *US* Environmental Protection Agency (EPA)

agencement *nm (disposition)* layout

agent *nm (personne ou substance)* agent; **agent de blanchiment** = bleaching agent; **agent cancérigène** = carcinogenic agent; **agent colmatant** = plugging agent; **agent de conservation** = preservative (agent); **agent de contamination** = contaminant; **agent de dispersion** = dispersing agent; **agent de nucléation** = nucleating agent; **agent orange** = agent orange; **agent de sapidité** = flavouring agent *ou* enhancer; **agent de surface** = surfactant

agglomérant *nm* binding agent *ou* agglomerant

agglomération *nf (ville)* urban area

agglutination *nf (de particules)* clump

◊ **s'agglutiner** *vpr* to clump

aggraver *vtr* to aggravate; **l'effet nocif des pluies acides a été aggravé par le ruissellement des produits chimiques** = the effects of acid rain have been aggravated by the chemical runoff

agir *vi* to act; **les pesticides agissent sur le système nerveux des animaux** = pesticides act on the animals' nervous system

agraire *adj* **réforme agraire** = land reform

agrégat *nm* aggregate

◊ **agrégation** *nf* aggregation

agri- *ou* **agro-** *préf* agri- *ou* agro-; **industrie agroalimentaire** = agrifood industry

agricole *adj* agricultural; **déchets agricoles** = agricultural waste; **écologie agricole** = agro-ecology; **produits agricoles** = farm produce

agriculteur, -trice *n* agricultur(al)ist *ou* farmer; **être agriculteur** = to farm

agriculture *nf* agriculture *ou* farming; **agriculture biologique** = organic farming; **agriculture mixte** = mixed farming

agrobusiness *nm* agribusiness

agroéconomiste *nm* agricultural economist

agroforesterie *nf* agroforestry

> les possibilités de l'agroforesterie - cultures associées aux plantations d'arbres - sont prometteuses pour accroître les rendements agricoles tout en fournissant du bois de feu et d'autres produits utiles
> *le Courrier de l'Unesco*

> les spécialistes essaient maintenant de promouvoir l'agroforesterie: on plante des arbres au milieu des cultures pour apporter de l'ombre et de l'humus; on élève des haies coupe-vent pour protéger les récoltes; les haies empêchent également les animaux de manger les jeunes pousses, donnent des paillis et du fourrage
> *l'Express*

agro-industries *nfpl* agribusiness

agronome *nm* agricultur(al)ist *ou* agronomist; **ingénieur agronome** *ou* **expert agronome** = agricultural engineer

◇ **agronomie** *nf* agronomy

agropastoraliste *nm* pasture agronomist

aide 1 *nf (assistance)* aid; **le pays dépense 7% de son produit national brut pour l'aide au tiers-monde** = the country spends 7% of its gross national product on aid to Third World countries; **la pulvérisation des cultures constitue une aide utile dans la lutte contre les maladies transmises par les insectes** = crop sprayers are useful aids in combating insect-borne disease; **agence d'aide** = aid agency; **aide alimentaire** = famine relief; **aide alimentaire au tiers-monde** = food aid to the Third World; **aides fiscales** = tax incentives; **aide médicale** = medical aid **2** *nm&f (personne)* aider *ou* aid worker

◇ **aider** *vtr* to aid *ou* to help

aigu, -ë *adj* acute

aiguille *nf (de pin, etc.)* needle

aiguillon *nm (d'insecte)* sting

aimant *nm* magnet

air *nm* air; **les enfants qui jouent dans la rue respirent de l'air pollué** = children playing in the streets are breathing polluted air; **va faire une promenade dans la montagne pour respirer le bon air** = go for a walk in the mountain and get some fresh air; **ils sortirent de la mine et se retrouvèrent au grand air** = they came out of the mine into the fresh air; **air frais** = fresh air; **(en) plein air** = open-air; **en suspension dans l'air** = airborne; **filtre à air** = air cleaner *ou* air screen; **gazéification à l'air** = air gasification; **gel de l'air** = air frost; **masse d'air** = air mass; **murs avec vide d'air** = cavity walls; **purification de l'air** = air purification; **qualité de l'air** = air quality; **refroidissement par air** = air-cooling; **à refroidissement par air** = air-cooled

> pour connaître la composition de l'air au cours des siècles, on analyse les bulles d'air contenu dans des carottes de glace prélevées aux pôles
> *Science et Avenir*

aire *nf* **(a)** *(zone)* area; **l'aire géographique de cette plante s'étend du cercle polaire arctique à l'Europe méridionale** = the geographical range of the plant is from the Arctic Circle to Southern Europe; **aire de drainage** = drainage area; **aire de répartition** = distribution range **(b)** *(superficie)* acreage

> en Amérique du Nord, la limite méridionale de l'aire de répartition du beluga se situe au Québec dans l'estuaire du Saint-Laurent
> *Science et Vie*

Al *symbole chimique* = ALUMINIUM

Alaska *npr (zone géographique)* Alaska

◇ **alaska** *nm (unité de mesure)* Alaska; **la consommation d'énergie dans les locaux commerciaux a baissé de presque 0,5 alaska** = energy use in commercial buildings has fallen by almost 0.5 Alaska; **les mesures de conservation de la chaleur ont fait baisser les besoins en combustible de 2 alaskas** = heat conservation has eliminated fuel needs equivalent to 2 Alaskas

albedo *nm* albedo

> les nuages sont de bons réflecteurs du rayonnement solaire, avec un albedo (c'est-à-dire la fraction du rayonnement solaire réfléchi) supérieur à celui des surfaces sous-jacentes, à l'exception de la neige
>
> *le Courrier du CNRS*

alcali *nm* alkali

◇ **alcalin, -e** *adj* alkaline *ou* antacid

◇ **alcalinité** *nf* alkalinity

alcaloïde *adj&nm* alkaloid

alcool *nm* alcohol; **alcool à brûler** *ou* **alcool dénaturé** = methylated spirits; **alcool méthylique** = methyl alcohol *ou* methanol *ou* wood alcohol

aldéhyde *nm* aldehyde

aldicarbe *nm* aldicarb

aldrine *nf* aldrin

aléatoire *adj* random; **échantillon aléatoire** = random sample

alerte *nf* alert; **alerte à la pollution** = pollution alert

aleurone *nf* aleurone

algicide *nm* algaecide *ou* algicide

algoculture *nf* algoculture

algues *nfpl* **(a)** algae; **algues bleues** = blue-green algae; **algues brunes** = brown algae; **algues d'eau douce** = freshwater algae; **algues marines** = marine algae; **algues rouges** = red algae; **algues vertes** = green algae; **culture d'algues** = algal culture; **installation de culture d'algues** = algal culture installation; **lutte contre les algues** = algal control; **prolifération d'algues** = algal bloom; *(dans un lac)* lake bloom **(b)** seaweed

> les algues sont des végétaux marins qui présentent une grande variabilité... Algues bleues, rouges, brunes ou vertes se distinguent par leur pigment, mais aussi par la structure de leur cellule (avec ou sans vrai noyau) et leur mode de reproduction
>
> *Réseau*

aliment *nm* food; **aliments** = foodstuffs; **il vous faut manger un certain type d'aliments qui vous donneront des forces** = you need to eat certain types of food to give you energy; **aliments complets** = wholefood; **les aliments complets sont meilleurs pour la santé que les aliments traités ou préparés** = a wholefood diet is healthier than eating processed foods

◇ **alimentaire** *adj* **additif alimentaire** = food additive; **aide alimentaire** = food aid; **allergies alimentaires** = food allergies; **approvisionnement en denrées alimentaires** = food supply; **céréales alimentaires** = food grains; **chaîne alimentaire** = food chain; **colorant alimentaire** = food dye; **industrie alimentaire** = food (processing) industry; **intoxication alimentaire** = food poisoning; **tous les invités ont été victimes d'une intoxication alimentaire** = all the people at the party went down with food poisoning; **Office du contrôle alimentaire et pharmaceutique** = *US* Food and Drug Administration (FDA); **réseau alimentaire** = food web

alimentation *nf* **(a)** *(régime)* diet; **alimentation équilibrée** = balanced diet; **dans les pays occidentaux, l'alimentation est trop riche en hydrates de carbone** = the normal western diet is too full of carbohydrates **(b)** *(aliments)* feed *ou* food; **Organisation des Nations unies pour l'alimentation et l'agriculture** = Food and Agriculture Organization (FAO); **étude de l'alimentation des animaux des prairies** = a study of food intake among grassland animals **(c)** *(approvisionnement)* supply; **alimentation en électricité** = electricity supply

alimenter *vtr* **(a)** *(personne, animal, moteur)* to feed **(b)** *(en électricité)* to energize **(c)** *(en combustible)* to fuel

aliphatique *adj* aliphatic

alizés *nmpl* trade winds; **cumulus d'alizés** = trade cumulus

allèle *nm* allele

◇ **allélopathie** *nf* allelopathy

allergène 1 *adj* allergenic; **propriétés allergènes des spores de champignon** = the allergenic properties of fungal spores **2** *nm* allergen

◇ **allergie** *nf* allergy; **allergie alimentaire** = food allergy; **allergie à la poussière de maison** = allergy to household dust; **personne souffrant d'allergie** = allergic person; **réaction d'allergie aux produits chimiques** = allergic reaction to chemicals

◇ **allergique** *adj* allergic; **il a montré une réaction allergique au foin en décomposition** = he showed an allergic reaction to rotting hay; **elle est allergique au pollen** = she is allergic to pollen

alliage *nm* alloy

allo- *préf* allo-

◇ **allogamie** *nf* allogamy

◇ **allogène** *adj* non-indigenous

◇ **allopatrique** *adj* allopatric

alluvial, -e, -aux *adj* alluvial; **boues alluviales** = alluvial silt; **extraction minière alluviale** = alluvial mining; **plaine alluviale** = alluvial plain; *US* bottom lands; **terre alluviale** = bottom land

◇ **alluvion** *nf* alluvium; **alluvions** = alluvial deposits

alpha *nm* alpha; **déchets alpha** = alpha waste; **particule alpha** = alpha particle; **radiation alpha** = alpha radiation; **rayons alpha** = alpha rays

alpin, -e *adj* alpine; **la végétation alpine pousse au-delà de la limite des arbres** = alpine vegetation grows above the treeline; **plantes alpines** = alpine plants

altération *nf* alteration *ou* impairment; **altération de l'environnement** = deterioration of the environment

◇ **altérer** *vtr* to impair

alti- *ou* **alto-** *préf* alti- *ou* alto-

◇ **altimètre** *nm* altimeter

◇ **altitude** *nf* altitude; **mal de l'altitude** = altitude sickness

◇ **altocumulus** *nm inv* altocumulus

◇ **altostratus** *nm inv* altostratus

alumine *nf* alumina

◇ **alumineux, -euse** *adj* **ciment alumineux** = high alumina cement

aluminium *nm* aluminium; *US* aluminum
NOTE: symbole chimique **Al;** nombre atomique **13**

Am *symbole chimique* = AMERICIUM

ambiant, -e *adj* ambient; **le nombre de décès dus au monoxyde de carbone ambiant est en augmentation** = deaths from ambient monoxide poisoning are increasing; **bruit ambiant** = ambient noise; **normes de qualité de l'air ambiant** = ambient quality standards; **température ambiante** = ambient temperature

amélioration *nf* amelioration *ou* improvement; **on constate une amélioration des taux de pollution** = there has been an amelioration in pollution levels; **amélioration des terres** = land improvement; **plan d'amélioration des sols** = land improvement scheme; **politique d'amélioration des terres** = land improvement policy

◇ **améliorer** *vtr* to improve

aménagement *nm* development *ou* management *ou* planning; **aménagement foncier** = land development; **aménagement régional** = regional planning and development; **aménagement rural** = country planning *ou* rural planning; **aménagement du territoire** = national planning and development; **aménagement des villes** = urban design; **législation de l'aménagement du territoire** = planning controls; **plan d'aménagement** = development plan

◇ **aménagé, -e** *adj* developed; **zone aménagée** = developed area

◇ **aménager** *vtr* to develop; **aménager en terrasses** = to terrace

amende *nf* penalty; **le gouvernement a infligé des amendes aux complexes industriels trop polluants** = the government has imposed penalties on industrial concerns which emit too much pollution

amendement *nm (amélioration)* improvement; **amendement des sols** = soil improvement

américium *nm* americium
NOTE: symbole chimique **Am;** nombre atomique **95**

amiante *nm* asbestos; **amiante-ciment** = asbestos cement; **fibre d'amiante** = asbestos fiber

amibe *nf* amoeba; **substance détruisant les amibes** = amoebicide

◇ **amibiase** *nf* amoebiasis

◇ **amibien, -ienne** *adj* amoebic; **dysenterie amibienne** = amoebic dysentery

amidon *nm* starch

aminé *voir* ACIDE

aminoacide *nm* amino acid

Amis de la Terre *nmpl* Friends of the Earth (FoE)

ammoniac *nm* ammonia
NOTE: symbole chimique NH_3

◇ **eau ammoniacale** *nf* ammonia water

ammonification *nf* ammonification

ammonium *nm* ammonium

amont *nm* upstream; **le fleuve est pollué depuis l'estuaire sur plusieurs kilomètres en amont** = the river is contaminated for several miles upstream from the estuary; **la pollution a gagné le lac situé en amont de la cascade** = pollution has spread into the lake upstream of the waterfall; **eau d'amont** = head water

amorphe *adj (sans forme définie)* amorphous

ampère *nm* ampere

amphibie 1 *adj* **(a)** *(animal ou véhicule)* amphibious **(b)** *(organisme)* amphibian **2** *nm* amphibian

◇ **amphibiens** *nmpl* Amphibia

amplification *nf* magnification; **amplification biologique** = biological magnification

amylacé, -e *adj* starchy

anabatique *adj* anabatic
NOTE: antonyme **catabatique**

anabolisme *nm* anabolism *ou* synthetic metabolism

anadrome *adj* anadromous

◇ **anadromie** *nf* anadromy

anaérobie 1 *adj* anaerobic; **décomposition anaérobie** = anaerobic decomposition; **digestion anaérobie** = anaerobic digestion **2** *nm* anaerobe
NOTE: antonyme **aérobie**

◇ **anaérobiose** *nf* anaerobiosis

analyse *nf* analysis *ou* test; **le laboratoire procède à l'analyse des prélèvements de terre** = the laboratory is analysing the soil samples; **l'analyse du prélèvement d'eau a révélé la présence de quelques bactéries** = when the water sample was analysed it was found to contain traces of bacteria; **l'Administration a procédé à l'analyse de prélèvements d'eau de boisson** = government officials have carried out tests on samples of drinking water; **ils ont procédé à l'analyse du problème** = they carried out an examination of the problem; **analyse de sang** = blood test

◇ **analyser** *vtr* to analyse *ou* to examine *ou* to test; **les prélèvements d'eau ont été analysés en laboratoire** = the water samples were examined in the laboratory; **on a envoyé le prélèvement d'eau pour le faire analyser** = they sent the water sample for testing

◇ **analyste** *nm&f* analyst

anamnèse *nf* case history

andain *nm* windrow

anémomètre *nm* anemometer

anémophilie *nf* wind pollination

angledozer *nm* angledozer

anhydride sulfureux *nm* sulphur dioxide

anhydride sulfurique *nm* sulphur trioxide

animal, -e, -aux 1 *adj* animal; **milieu animal** = animal environment **2** *nm* animal; **les animaux sauvages ont naturellement peur des gens** = it's natural for wild animals to be frightened by people; **animaux de boucherie** = fatstock; **animal carnivore** = carnivorous animal *ou* carnivore; **animaux de trait** = draught animals; **animal retourné à l'état sauvage** = escape

anion *nm* anion

anneau *nm* ring; **anneaux de croissance (d'un arbre)** = annual rings (of a tree)

> les pluies en hiver sont importantes parce qu'elles fournissent l'eau souterraine du printemps et donc la sève qui irriguera l'arbre et lui permettra de former un nouvel anneau
>
> *Sciences et Nature*

> de nombreuses espèces d'arbre forment chaque année dans leur tronc un anneau, ou cerne, de bois. La largeur de cet anneau est déterminée en partie par des facteurs intrinsèques, génétiques, mais elle résulte aussi de facteurs extrinsèques tenant à la nature du sol et, surtout, aux conditions climatiques
>
> *le Courrier de l'Unesco*

annuel, -elle *adj* annual

annuler *vtr* to annul *ou* to reverse; **la décision de la commission d'urbanisme a été annulée et la demande de permis a suivi son cours** = the decision of the planning committee was reversed and the planning application went ahead

anomalie *nf* anomaly; **anomalie magnétique** = magnetic anomaly

anophèle *nm* anopheles

anoxie *nf* anoxia

◇ **anoxique** *adj* anoxic

anoxybiose *nf* anoxybiosis

anse *nf (baie)* bight

antarctique *adj* Antarctic; **air antarctique** = Antarctic air; **le cercle antarctique** = the Antarctic Circle

◇ **l'Antarctique** *npr* the Antarctic *ou* Antarctica

anthère *nf* anther

anthracite *nm* anthracite

◇ **anthracosis** *nf* anthracose

anthropique *adj* man-caused

anthropogène *adj* man-induced; **stress anthropogène** = man-induced stress

anti- *préf* anti-

antiacide *adj* antacid

antiagglomérant *nm* anticaking additive

antibactérien, -ienne *adj* antibacterial

antibiotique *adj&nm* antibiotic; **on lui a donné un traitement d'antibiotiques** = he was given a course of antibiotics; **les antibiotiques sont inutiles en cas de maladie virale** = antibiotics are no use against viral diseases; **antibiotiques à large spectre** = broad spectrum antibiotics

anticlinal, -aux *nm* anticline

anticondensation *adj* anticondensation; **peinture anticondensation** = anticondensation paint

anticorps *nm* antibody *ou* immune body

anticyclonal, -e, -aux *adj* anticyclonic

◇ **anticyclone** *nm* anticyclone; **autour d'un anticyclone, la circulation du vent s'effectue dans le sens des aiguilles d'une**

montre dans l'hémisphère Nord, dans le sens inverse dans l'hémisphère Sud = winds circulate round an anticyclone clockwise in the Northern Hemisphere and anticlockwise in the Southern; **anticyclone subtropical** = subtropical high

◇ **anticyclonique** *adj* anticyclonic; **obscurité anticyclonique** = anticyclonic gloom; **de mode anticyclonique** = anticyclonically

antidote *nm* antidote; **il n'existe pas de véritable antidote au cyanure** = there is no satisfactory antidote to cyanide

antifongique *adj* antifungal

antihistaminique *nm* antihistamine drug

antimousse *nm* antifoam; **agent antimousse** = anti-foaming agent

antioxydant *nm* antioxidant

antipaludique *adj* antimalarial

antipodes *nmpl* antipodes

antipollution *adj* anti-pollution; **législation antipollution** = anti-pollution legislation

antiprédateur, -trice *adj&nm* antipredator; **filets antiprédateurs** = antipredator nets

antiseptique *adj&nm* antiseptic; **elle s'est fait un gargarisme avec un produit antiseptique** = she gargled with an antiseptic mouthwash; **l'infirmière a badigeonné la plaie avec un antiseptique** = the nurse painted the wound with antiseptic

antisérum *nm* antiserum

antitoxine *nf* toxoid

API = AMERICAN PETROLEUM INSTITUTE **échelle API** = API scale

aplanir *vtr* to level

aposématique *adj* aposematic

appareil *nm* **(a)** *(de laboratoire)* (piece of) apparatus **(b)** *(instrument)* device; **la société vient de lancer un appareil qui permet de prélever des échantillons de roche** = the company has brought in a device for taking rock samples **(c) appareil de mesure** = meter; **des centaines de travailleurs des centrales vont devoir porter un appareil de mesure des radiations** = hundreds of power workers will be asked to carry radiation meters **(d)** *(électrique)* appliance; **appareils électroménagers** = domestic *ou* household appliances **(e)** *(anatomie)* system; **appareil cardio-vasculaire** = the cardiovascular system; **appareil digestif** = alimentary system *ou* digestive tract *ou* alimentary canal

appauvrir *vtr* to impoverish; **la culture intensive a appauvri la terre** = overfarming has impoverished the soil; **laisser quelques années en friches une terre appauvrie lui permet de reconstituer ses éléments nutritifs** = if impoverished soil is left fallow for some years, nutrients may build up in the soil again

◇ **appauvrissement** *nm* (i) impoverishment; (ii) depletion; **appauvrissement en ozone** = ozone depletion

application *nf* application; **deux applications de ce pesticide devraient suffire pour éloigner la plupart des insectes nuisibles** = two applications of the pesticide should be sufficient to keep most pests off

◇ **appliquer** *vtr (une substance)* to apply; **le fongicide doit être appliqué au début du printemps** = the fungicide should be applied in early spring

◇ **s'appliquer (à)** *vpr* to apply (to)

apport *nm* input; **apports énergétiques** = energy inputs

apprivoisé, -e *adj* domesticated

approche *nf* approach; **face au problème de la désertification, le gouvernement a adopté une approche radicale** = the government has adopted a radical approach to the problem of desertification

◇ **approcher** *vtr* to approach

◇ **s'approcher (de)** *vpr* to approach; **il ne faut pas s'approcher des cerfs pendant la saison des amours** = do not approach the deer during the mating season

approprié, -e *adj* appropriate; **technologie appropriée (à l'environnement)** = appropriate technology

◇ **s'approprier** *vpr* to appropriate

approvisionnement *nm* supply; **approvisionnement en denrées alimentaires** = food supply

◇ **approvisionner (en)** *vtr* to supply (with)

aptitude *nf* fitness; **aptitude darwinienne** = Darwinian fitness; **aptitude globale** = inclusive fitness

aqua-, aqui- *préf* aqua-, aqui-

◇ **aquaculture** *nf* aquaculture *ou* aquiculture *ou* aquafarming

◇ **aquarium** *nm* aquarium; *(contenant de l'eau salée)* **aquarium pour animaux marins** = oceanarium; **aquarium pour dauphins** = dolphinarium

◇ **aquatique** *adj* aquatic; **animaux aquatiques** = aquatic animals

aquiclude *nm* aquiclude

◇ **aquifère** *nm* aquifer; **aquifère captif** = confined aquifer; **aquifère libre** = unconfined aquifer

Ar *symbole chimique* = ARGON

arable *adj* arable; **couche arable** = topsoil; **terres arables** = farm land

> aux Etats-Unis, dans les années 30, la sécheresse, associée à des vents violents et à des pratiques culturales inadaptées, vit des millions d'hectares de terre arable dévastés par l'érosion
>
> *Science et Avenir*

arachnides *nmpl* Arachnida

araignée *nf* spider

arbor- *préf* arbor-

◇ **arboré, -e** *adj* **savane arborée** = tree savannah

◇ **arborescent, -e** *adj* **fougères arborescentes** = tree ferns

◇ **arboretum** *nm* arboretum

◇ **arboricide** *nm* arboricide

◇ **arboricole** *adj* arboreal; **animaux arboricoles** = arboreal animals

◇ **arboriculteur, -trice** *n* arborist

◇ **arboriculture** *nf* arboriculture

arbovirus *nm* arbovirus

arbre *nm* tree; **les écologistes craignent que l'abattage d'arbres forestiers dans de nombreux endroits du monde n'entraîne des phénomènes de désertification et de changements de climat de la planète** = ecologists are worried that the cutting of forest trees in many parts of the world will bring about desertification and change global climate patterns; **l'étude des cercles de croissance d'arbres poussant en altitude fait apparaître une forte diminution de la croissance annuelle** = tree rings records from high altitudes show sharply reduced annual growth; **arrêté municipal sur le classement d'un arbre** = tree preservation order (TPO); **arbre à feuilles persistantes** = evergreen; **essence d'arbre** = tree species; **limite des arbres** = treeline; **substance détruisant les arbres** = silvicide

◇ **arbrisseau** *nm* shrub

arbuste *nm* bush *ou* shrub

◇ **arbustif, -ive** *adj* shrubby

arc-en-ciel *nm* rainbow

archipel *nm* archipelago

architecture *nf* architecture; **architecture associative** *ou* **architecture de proximité** *ou* **architecture de quartier** *ou* **architecture participative** = community architecture; **architecture paysagère** *ou* **du paysage** = landscape design

arctique *adj* Arctic; **air arctique** = Arctic air; **le cercle arctique** = the Arctic Circle

◊ **l'Arctique** *npr* the Arctic

ardoise *nf* slate

arête *nf (d'une montagne)* arete

argent *nm* silver
NOTE: symbole chimique **Ag;** nombre atomique **47**

argile *nm* clay; **argile à blocaux** = boulder clay

◊ **argileux, -euse** *adj* clayey; **dépression argileuse** = claypan; **ces plantes poussent mieux dans un sol argileux** = these plants do best in clayey soil

argon *nm* argon
NOTE: symbole chimique **Ar;** nombre atomique **18**

aride *adj* arid *ou* dry; **zone aride** = arid zone

◊ **aridité** *nf* aridity

-arium *suf* -arium; **aquarium pour animaux marins** = oceanarium; **aquarium pour dauphins** = dolphinarium

ARN = ACIDE RIBONUCLEIQUE

aromatique *adj* aromatic; **composé aromatique** = aromatic compound; **carbures aromatiques** = aromatics

◊ **aromatiques polycycliques** *nmpl* polynuclear aromatics (PNA)

◊ **arôme** *nm* flavour; **arôme artificiel** = enhancer

arracher *vtr (plantes ou arbres)* to dig up *ou* to pull up *ou* to grub up; **pour agrandir les champs, on a arraché des kilomètres de haies** = miles of hedgerows have been grubbed up to make larger fields

arrêt *nm* shutdown; **arrêt d'urgence** = emergency shutdown

arrière-pays *nm* hinterland

arrivée *nf (d'eau)* inlet

arroser *vtr* to water

arroyo *nm* arroyo

arsenic *nm* arsenic
NOTE: symbole chimique **As;** nombre atomique **33**

◊ **arsenical, -e, -aux** *adj* arsenical

artificiel, -ielle *adj* artificial; **communauté artificielle** = artificial community; **insémination artificielle** = artificial insemination (AI); **pluie artificielle** = artificial rain

As *symbole chimique* = ARSENIC

asbestose *nf* asbestosis

ascendance thermique *nf (dans l'atmosphère)* thermal

ascorbique *adj* ascorbic; **acide ascorbique** = ascorbic acid

asepsie *nf* asepsis; **il est important d'utiliser des techniques d'asepsie en microbiologie** = it is important that aseptic techniques should be used in microbiological experiments

◊ **aseptique** *adj* aseptic *ou* sterile; **chirurgie aseptique** = aseptic surgery

asexué, -e *adj* asexual; **reproduction asexuée** = asexual reproduction

asphalte *nm* asphalt

◊ **asphaltique** *adj* **sables asphaltiques** = tar sands

assainir *vtr* to clean (up) *ou* to drain

◊ **assainissement** *nm* cleaning up *ou* drainage; **ces maisons n'ont pas de réseau d'assainissement** = the houses have no drainage system; **assainissement écologique** = ecological recovery; **réseau d'assainissement** = drainage system *ou* sewerage

assèchement *nm* draining *ou* drying; **l'assèchement des zones humides** = the drying out of wetlands; **assèchement des marais** = draining of marshes

◊ **assécher** *vtr* to drain

assimilation *nf* assimilation

◇ **assimilable** *adj* digestible; **le glucose est un sucre facilement assimilable par l'organisme** = glucose is an easily digestible form of sugar

◇ **assimiler** *vtr* to assimilate

association *nf* association *ou* interest group; **association pour la défense de l'environnement** = environmental protection association; **association pour la sauvegarde de l'environnement** = amenity society

> les associations écologistes souhaitent un reclassement du délit de pollution pour qu'il relève de la correctionnelle
>
> *l'Express*

◇ **associer** *vtr* to associate; **le gouvernement est étroitement associé au projet** = the government is closely associated with the project

assolement *nm* crop rotation *ou* rotation of crops

astate *nm* astatine
NOTE: symbole chimique **At;** nombre atomique **85**

aster *nm* aster

asthénosphère *nf* asthenosphere

asthme *nm* asthma

asticot *nm* grub

asulame *n* asulam

At *symbole chimique* = ASTATE

atlantique *adj* Atlantic; **océan Atlantique** = Atlantic ocean; **dérive nord atlantique** = North Atlantic Drift

◇ **l'Atlantique** *npr* the Atlantic ocean

atmosphère *nf* **(a)** atmosphere **(b)** *(unité de mesure)* atmosphere

◇ **atmosphérique** *adj* atmospheric; **le risque de pollution atmosphérique est important à proximité de l'usine** = there is a high risk of airborne pollution near the factory; **polluant atmosphérique** = air pollutant *ou* airborne pollutant; **pression atmosphérique** = air pressure *ou* atmospheric pressure; **zones de pression atmosphérique** = atmospheric pressure zones

atoll *nm* atoll

atome *nm* atom

◇ **atomique** *adj* atomic; *(fonctionnant à l'énergie atomique)* atomic-powered; **bombe atomique** = atom bomb; **centrale atomique** = atomic power station; **Commissariat à l'Energie atomique** = *UK* Atomic Energy Authority (UKAEA); *US* Atomic Energy Commission; **énergie atomique** = atomic energy; **guerre atomique** = atomic warfare; **nombre atomique** = atomic number; **pile atomique** = atomic pile

atomiser *vtr* to atomize

◇ **atomiseur** *nm* atomizer

s'attaquer (à) *vpr (animal)* to prey (on); **les serpents d'eau s'attaquent aux grenouilles et aux petits poissons** = water snakes prey on frogs and small fish

atteinte *nf* damage; **atteinte à l'environnement** = environmental damage; **le projet d'autoroute risque de porter atteinte à l'écologie du bois** = the plan for the motorway threatens to damage the ecology of the wood

atténuer *vtr* to reduce *ou* to alleviate; **on essaie d'atténuer les conséquences de la pénurie d'eau dans le sud du pays** = they are trying to alleviate the water shortage in the south of the country

attestation *nf* certificate

attirer *vtr* to attract

attractif *nm* attractant; **attractif sexuel** = sexual attractant

◇ **attraction** *nf* attraction

attraper *vtr* to catch; **attraper une maladie** = to catch *ou* to develop an illness

Au *symbole chimique* = OR

aubier *nm* sapwood

au-dessous de *prép* below; **au-dessous de zéro** = below freezing point; **au-dessous du niveau de la mer** = below sea-level

au-dessus de *prép* above; **au-dessus du niveau de la mer** = above sea-level

audio- *préf* audio-; **audiogramme** = audiogram; **audiomètre** = audiometer

audition *nf* hearing; **seuil d'audition** = hearing threshold

augmentation *nf* increase *ou* rise; **on peut s'attendre à une augmentation vertigineuse de la pollution dans les prochaines années** = we can expect pollution to increase exponentially over the next years

◇ **augmenter 1** *vtr* to increase *ou* to raise **2** *vi* to increase *ou* to rise; **l'inflation a augmenté de 5%** = the inflation rate has increased by 5%; **la température de la Terre va augmenter au cours des cinquantes prochaines années** = global temperature will rise over the next fifty years

aune *ou* **aulne** *nm (arbre)* alder

auréole *nf* aureole

aurifère *adj* auriferous

aurore *nf* dawn; **aurore australe** = Aurora Australis; **aurore boréale** = Aurora Borealis *ou* Northern Lights

austral, -e *adj* southern; **aurore australe** = Aurora Australis; **hémisphère austral** = southern hemisphere; **oscillation australe** = southern oscillation

autarcie *nf* self-sufficiency

autécologie *nf* autecology

auto- *préf* auto- *ou* self-

◇ **autodétection** *nf* echolocation

◇ **autoépuration** *nf* self-purification

> comme l'oxygène n'atteint pas les eaux souterraines, leur capacité d'autoépuration est très faible: les micro-organismes qui décomposent normalement les polluants organiques ont besoin d'oxygène
>
> *Pour la science*

◇ **autofécondation** *nf* self-fertilization *ou* selfing

◇ **autofertile** *adj* self-fertile; **une variété de plantes autofertile** = a pure strain of plants

◇ **autofertilité** *nf* self-fertility

◇ **autogamie** *nf* autogamy

◇ **autolyse** *nf* autolysis

◇ **autonome** *adj* (i) autonomous; (ii) autonomic; **système nerveux autonome** = autonomic nervous system

◇ **autopollinisation** *nf* self-pollination

◇ **autorégulateur, -trice** *adj* self-regulating; **la plupart des forêts tropicales humides constituent des environnements autorégulateurs** = most tropical rainforests are self-regulating environments

◇ **autostérile** *adj* self-sterile

◇ **autostérilité** *nf* self-sterility

◇ **autotrophe 1** *adj* autotrophic **2** *nm* autotroph

automne *nm* autumn; *US* fall; **équinoxe d'automne** = autumnal equinox

◇ **automnal, -e, -aux** *adj* autumnal

automobile *nf* car; **le lobby automobile** = the car lobby

autoriser *vtr* to allow *ou* to permit

◇ **autorisé, -e** *adj* allowed *ou* permissible; **dose maximale autorisée** = maximum permissible dose; **rayonnement maximal autorisé** = maximum permissible level

autorités *nfpl* authorities; **autorités locales** = local authorities; **autorités régionales** = district authorities; **autorités publiques** = public authorities

autoroute *nf* motorway

auxine *nf* auxin

aval *adv* **en aval de** = below *ou* downstream; **la Tamise en aval de Londres** = the Thames below London

avalanche *nf* avalanche; **vent d'avalanche** = avalanche wind

averse *nf* shower *ou* cloudburst; **averse de grêle** = hailstorm

aviaire *adj* **peste aviaire** = fowl pest

avicide *nm* avicide

avifaune *nf* avifauna

avoine *nf* oats

axe *nm* axis; **axe routier** = trunk road

azote *nm* nitrogen; **bactéries fixatrices d'azote** = nitrogen-fixing bacteria; **cycle de l'azote** = nitrogen cycle; **dioxyde d'azote** = nitrogen dioxide; **fixation de l'azote** = nitrogen fixation; **gaz azote** = nitrogen gas; **hémioxyde d'azote** = nitrous oxide; **oxydes d'azote** = nitrogen oxides; **protoxyde d'azote** = nitrogen monoxide
NOTE: symbole chimique **N;** nombre atomique **7**

> l'azote est un élément chimique indispensable au développement et à l'entretien de la vie. Il entre dans la composition des acides aminés, c'est-à-dire des molécules organiques qui constituent les protéines des plantes et des animaux
> *Science et Vie*

> le dioxyde d'azote joue un rôle essentiel de 'pivot' dans la chimie de tous les oxydes d'azote. La haute atmosphère 'normale' contient 20 parties par milliard (ppb) d'oxydes d'azote. S'il y a déficit des oxydes d'azote, le chlore atomique et moléculaire ainsi que plusieurs oxydes de chlore deviennent actifs et détruisent l'ozone. S'il y a excès d'oxydes d'azote, tous les chlores sont consommés pour former des nitrates de chlore qui ne s'attaquent pas à l'ozone
> *le Monde*

◇ **azoté, -e** *adj* **composé azoté** = nitrogen compound; **engrais azoté** = nitrogen fertilizer

Bb

B *symbole chimique* = BORE

Ba *symbole chimique* = BARYUM

bacille *nm* bacillus *ou* germ

◇ **bacillaire** *adj* bacillary; **dysenterie bacillaire** = bacillary dysentery

bactéries *nfpl* bacteria; **bactéries mangeuses de pétrole** = oil-eating bacteria

> comme les eaux usées contiennent des bactéries pathogènes, on a interdit la baignade sur des kilomètres de côtes américaines et l'on a sévèrement réglementé le ramassage des coquillages, dont les tissus concentrent les bactéries
>
> *Pour la science*

◇ **bactéricide 1** *adj* bactericidal **2** *nm* bactericide

◇ **bactérien, -ienne** *adj* bacterial; **infection bactérienne** = bacterial contamination; **lits bactériens** = bacteria beds; **souche bactérienne** = bacterial strain

◇ **bactériologique** *adj* bacteriological; **guerre bactériologique** = germ warfare

◇ **bactériophage** *nm* bacteriophage

bad-lands *nfpl (en Amérique du Nord et du Sud)* badlands

baguer *vtr (un animal)* to ring

baie *nf* **(a)** *(anse)* bay *ou* bight **(b)** *(fruit)* berry

baisse *nf* drop *ou* fall; **être en baisse** = to be falling; **la pression barométrique est en baisse et il y a un risque d'orage dans la région au cours des prochaines vingt-quatre heures** = barometric pressure is falling, and a storm is likely to pass over the area during the next twenty-four hours; **les taux de rayonnement sont en baisse** = the radiation levels are falling

◇ **baisser** *vi* (i) to drop *ou* to fall; (ii) to subside; **une fois les pluies torrentielles passées, les eaux de crue ont baissé petit à petit** = after the rainstorms passed, the flood waters gradually subsided; **la pression commença à baisser à l'approche de l'orage** = pressure began to drop as the storm approached; **il est rare que la température baisse de plus de 50°C en une matinée** = a drop of temperature of over 50°C in one morning is uncommon

baleine *nf* whale; **la baleine est le plus gros des animaux vivants** = the largest species in the animal kingdom is the whale; **baleine bleue** = blue whale; **chasse à la baleine** = whaling

◇ **baleinier** *nm* whaler *ou* whaling boat; **flotte de baleiniers** = whaling fleet

balisage *nm (d'un chemin)* waymarking

◇ **balise** *nf* blaze

◇ **baliser** *vtr* to blaze; **baliser un sentier** = to blaze a trail

ballast *nm* ballast

balsa *nm* balsa wood

banc *nm* **(a)** *(de sable ou de neige)* bank; **banc de nuages** = cloudbank **(b)** *(de poissons)* school

> il est statistiquement vrai, quand on analyse les pêches, que la quantité des bancs de poisson diminue de manière très significative
>
> *Géo*

bande *nf* **(a)** band *ou* strip; **culture en bandes** = strip cultivation; **cultures alternées en bandes** = strip cropping *ou* strip farming **(b)** *(de fréquence)* band; **bande de fréquence** = frequency band; **la bande de fréquence vocale des téléphones se situe entre 300 et 3400 Hz** =

the telephone voice band is between 300 and 3400 Hz

banlieue *nf* suburb *ou* urban fringe; **banlieue résidentielle des nouveaux riches** = exurbia; **développement de la banlieue** = suburban growth; **la grande banlieue** = the outer suburbs; **train de banlieue** = commuter train

◇ **banlieusard** *nm* commuter

banque *nf* bank; **banque de gènes** = gene bank; **banque de graines** = seed bank; **banque du sang** = blood bank; **banque de sperme** = sperm bank; **banque des yeux** = eye bank

banquise *nf* pack ice

bar *nm (mesure de la pression atmosphérique)* bar

baril *nm* barrel; **un baril de pétrole représente 42 gallons US** = a barrel of petrol represents 42 US gallons

baro- *préf* baro-

◇ **barographe** *nm* barograph

◇ **baromètre** *nm* barometer; **baromètre anéroïde** = aneroid barometer; **baromètre à mercure** = mercury barometer

◇ **barométrique** *adj* barometric; **corrections barométriques** = barometric corrections; **pression barométrique** = barometric pressure; **variations barométriques** = pressure changes

◇ **barométriquement** *adv* barometrically

barrage *nm* barrage *ou* dam; **barrages flottants** = floating barriers

> à l'origine, les barrages-réservoirs ont été construits moins pour la fourniture de l'eau domestique que pour éviter les inondations. C'est après la crue de 1924, moins forte que celle de 1910 mais s'y ajoutant dans la mémoire, que la construction du premier ouvrage, à Pannecière sur l'Yonne, a commencé
>
> *le Monde*

barre *nf* **(a)** *(de sable)* bar; **barre côtière** = barrier beach *ou* barrier island; **barre de sable** = sandbar; **barre de vase** = mudflat **(b)** *(réacteur nucléaire)* rod; **barre de combustible** = fuel rod; **barre de contrôle** = control rod

barrière *nf* barrier; **barrière biotique** = biotic barrier

baryum *nm* barium
NOTE: symbole chimique **Ba;** nombre atomique **56**

bas 1 *nm* bottom *ou* foot *ou* lower part; **bas de plage** = foreshore **2** *adv* **mettre bas** = to litter; **les ours mettent bas au début du printemps** = bears litter in early spring

◇ **bas, basse** *adj* low; **basses eaux** = low water; **basses terres** = lowlands; **zone de basses pressions** = area of low pressure

basal, -e, -aux *adj* basal; **recouvrement basal** = basal area; **métabolisme basal** = basal metabolism *ou* basal metabolic rate (BMR)

basalte *nm* basalt

◇ **basaltique** *adj* basaltic; **la lave volcanique est en grande partie basaltique** = most volcanic lava is basaltic

base *nf* **(a)** *(fondement)* base; **la glande pituitaire (l'hypophyse) se trouve à la base du cerveau** = the pituitary gland hangs down from the base of the brain; **base d'un banc de nuage** = cloudbase; **il faut avoir des connaissances de base en maths si on veut travailler dans un magasin** = you should know basic maths if you want to work in a shop; **cultures vivrières de base** = subsistence farming; **niveau de base** = base level; **produits de base** = primary products; **unité de base** = base unit **(b)** *(chimie)* base *ou* base chemical

◇ **baser (sur)** *vtr* to base (on)

◇ **basique** *adj (chimie)* basic; **scories basiques** = basic slag

bassin *nm* **(a)** *(géog)* basin; **des milliers d'affluents se jettent dans le bassin amazonien** = thousands of tributaries drain into the Amazon basin; **un arc volcanique qui borde le bassin du Pacifique** = a ring of volcanoes around the edge of the Pacific basin; **agence de bassin** = river authority;

bassin fluvial = river basin; **bassin houiller** = coal basin; **bassin hydrogéologique** = ground water basin; **bassin hydrographique** = catchment area *ou* watershed; **bassin versant** = catchment area *ou* catchment basin **(b)** lagoon *ou* pond *ou* pool; **bassin de décantation** = sedimentation *ou* settling basin; **bassin de maturation** = maturation lagoon *ou* maturation pond

> quand la densité de population dans le bassin est faible, les déchets contenus dans l'eau sont naturellement dégradés par les micro-organismes, par auto-épuration
> *Pour la science*

bathy- *préf* bathy-

◇ **bathyal, -e, -aux** *adj* bathyal

bâti, -e *adj* built *ou* developed; **zone bâtie** = developed area

◇ **bâtiment** *nm* building; **industrie du bâtiment** = building industry; **ouvriers du bâtiment** = construction workers

◇ **bâtir** *vtr* to build; **terrain à bâtir** = building ground; **zone à bâtir** = building area

bâtonnet *nm (cellule de l'oeil)* rod

batraciens *nmpl* Amphibia

batterie *nf* **(a)** *(pile)* battery **(b)** *(élevage intensif)* battery; **élevage en batterie** = battery farming; **poule de batterie** = battery hen

bauxite *nf* bauxite

Be *symbole chimique* = BERYLLIUM

beau, belle *adj* fine; **il fait beau** = the weather is fine

Beaufort *npr* Beaufort; **échelle de Beaufort** = Beaufort scale
NOTE: échelle utilisée en météorologie et qui indique la force du vent: **'vent de force 8, de secteur nord'**

becquerel *nm* becquerel
NOTE: unité de mesure de radiation qui a remplacé le **curie** . Voir aussi **rad**. Accompagné d'un chiffre, s'écrit **bq** : **200 bq**

bed-rock *nm* bed-rock

behaviorisme *nm* behaviourism

◇ **behavioriste** *adj* behaviourist

benthique *adj* demersal *ou* benthic; **faune benthique** = benthic fauna; **organisme benthique** = benthon *ou* benthic organism

◇ **benthos** *nm* benthos

> dans certaines régions, une désertification du fond marin est en train de se produire, avec la disparition du benthos, cette faune qui peuple le lit sous-marin
> *l'Express*

benzène *nm* benzene

◇ **benzoïque** *adj* **pyrène benzoïque** = benzpyrene

◇ **benzopyrène** *nm* benzpyrene

berge *nf* embankment

béribéri *nm* beriberi

béryllium *nm* beryllium
NOTE: symbole chimique **Be;** nombre atomique **4**

◇ **bérylliose** *nf* berylliosis

besoin *nm* need *ou* requirement; **besoins énergétiques** = energy requirements; **avoir besoin de** = to need; **les plantes ont besoin d'eau et de lumière** = plants need water and light

Bessemer *npr* Bessemer; **convertisseur Bessemer** = Bessemer converter; **procédé Bessemer** = Bessemer process

◇ **bessemérisation** *nf* Bessemer process

bêta *nm* beta; **désintégration bêta** = beta decay; **particule bêta** = beta particle; **rayons bêta** = beta radiation

bétail *nm* **(a)** *(en général)* (domestic) livestock; **la production du bétail a augmenté de 5%** = livestock production has increased by 5%; **les pasteurs mènent le bétail de lieu en lieu pour trouver de nouveaux pâturages** = pastoralists move their livestock from place to place to find new grazing **(b)** *(bovins)* cattle; **la sécheresse a causé la mort de milliers de têtes de bétail** = thousands of cattle have died in the draught; **on a trouvé des traces de pesticides dans les aliments pour le bétail** = traces of pesticides were found in the cattle feed

béton *nm* concrete; **béton armé** = reinforced concrete; *(protection contre les rayonnements)* **béton à granulats lourds** = barium concrete; **bouclier en béton** = concrete shield

bicarbonate *nm* bicarbonate

bidonville *nm* slum

biens *nmpl* goods; **biens de consommation** = consumer goods; **biens durables** = consumer durables; **biens d'équipement** = capital goods; **industrie de biens de consommation** = consumer goods industry

bilan *nm* **(a)** *(équilibre)* balance; **bilan écologique** = the balance of the biotope; **bilan énergétique** = energy balance; **bilan hydrologique** = water balance; **bilan thermique** = heat balance = **(b)** *(rapport)* report; **bilan étiologique** = pathology report

bilharzie *nf* Bilharzia *ou* Schistosoma

◇ **bilharziose** *nf* bilharziasis *ou* schistosomiasis

billion *nm* billion

biner *vtr* to hoe

◇ **binette** *nf* hoe

bioaccumulation *nf* bioaccumulation

> bioaccumulation et toxicité provoquent chez la faune marine des transferts à travers les chaînes alimentaires, des lésions somatiques, des anomalies physiologiques ou des mortalités
>
> *le Courrier du CNRS*

bioaération *nf* bioaeration

biocénose *nf* biocenosis *ou* biocoenosis; **biocénose benthique** = benthic biocenosis; **biocénose marine** = marine biocenosis

◇ **biocénotique** *nf* biocenotics

biochimie *nf* biochemistry

◇ **biochimique** *adj* biochemical; **demande biochimique en oxygène (DBO)** = biochemical oxygen demand (BOD); **le but principal du traitement des eaux usées est de réduire la DBO du liquide** = the main aim of the sewage treatment is to reduce the BOD of the liquid

◇ **biochimiste** *nm&f* biochemist

biocide *nm* biocide; **pollution par les biocides** = biocide pollution; **effets biologiques des biocides sur les eaux de surface** = biological effects of biocides in surface waters; **les biocides utilisés en agriculture ruissellent dans les lacs et les rivières** = biocides used in agriculture run off into lakes and rivers

bioclimatologie *nf* bioclimatology

biocombustible *nm* biofuel

bioconcentration *nf* bioconcentration

bioconversion *nf* bioconversion *ou* biological energy conversion

biodégradabilité *nf* biodegradibility

◇ **biodégradable** *adj* biodegradable; **les composés organochlorés ne sont pas biodégradables et pénètrent facilement dans la chaîne alimentaire** = organochlorines are not biodegradable and enter the food chain easily; **emballage biodégradable** = biodegradable packaging; **non biodégradable** = non-degradable

> bien que le pétrole soit presque totalement biodégradable, sa décomposition est très lente, car l'activité des micro-organismes est limitée par les faibles concentrations en éléments nutritifs présents dans l'eau de mer; avant d'être dégradé, il tue de nombreuses espèces de plancton, de larves, de poissons, de coquillages, d'oiseaux et de mammifères marins
>
> *Pour la science*

◇ **biodégradation** *nf* biodegradation

biodiversité *nf* biodiversity

> la biodiversité, nouvelle branche de la science, a aidé à prendre conscience depuis peu de la fragilité de la forêt tropicale, de la localisation très restreinte de certaines espèces, des liens étroits qui unissent des plantes entre elles ou à certains animaux
>
> *l'Express*

biodynamique *nf* biodynamics

bioénergétique *nf* bioenergetics

bioessai *nm* bioassay

biogaz *nm* biogas; **les systèmes biogaz des fermes peuvent ne pas être rentables si la demande en chaleur n'est pas constante** = farm biogas systems may be uneconomic unless there is a constant demand for heat; **on note un accroissement de l'utilisation de systèmes biogaz dans les zones rurales des pays en voie de développement** = the use of biogas systems in rural areas of developing countries is increasing

biogéochimique *adj* biogeochemical

◇ **biogéochimie** *nf* biogeochemistry

biogéographe *nm&f* biogeographer

◇ **biogéographie** *nf* biogeography

◇ **biogéographique** *adj* biogeographical; **région biogéographique** = biogeographical region

biogéosphère *nf* biogeosphere

bioindicateur *nm* biological indicator

bioinsecticide *nm* bioinsecticide

biologie *nf* biology; **biologie du milieu** = environmental biology; **biologie végétale** = plant biology

> la biologie moléculaire et l'étude des chromosomes ont établi de manière absolument précise que les grands singes africains étaient beaucoup plus proches des hommes que ne l'étaient les orangs-outangs d'origine asiatique
>
> *Géo*

biologique *adj* **(a)** biological; **âge biologique** = biological age; **cycle biologique** = life history; **détergent biologique** = biological detergent *ou* biological soap powder; **horloge biologique** = biological clock *ou* circadian rhythm; **indicateur biologique** = biological indicator; **lutte biologique** *ou* **contrôle biologique** = biological control *ou* biocontrol; **magnification biologique** = biological magnification; **période biologique** = biological half-life; **productivité biologique** = biological productivity **(b)** *(non synthétique)* organic; **agriculture biologique** = organic farming; **il est possible que l'agriculture biologique devienne plus rentable que l'agriculture traditionnelle** = organic farming may become more economical than conventional farming; **lutte biologique contre les insectes nuisibles** = integrated pest control

> les algues offrent des activités biologiques diverses: stimulation de croissance, propriétés antifongiques, stabilisation de sols, richesse en oligo-éléments
>
> *Réseau*

◇ **biologiste** *nm&f* biologist

biomasse *nf* biomass

> parmi les divers types de formations végétales, c'est la forêt de la zone intertropicale qui a la biomasse la plus importante: de 500 à 1500 tonnes à l'hectare contre 100 à 400 tonnes pour les forêts boréales, ou 12 à 20 tonnes pour les savanes, les prairies ou les steppes
>
> *Science et Avenir*

biome *nm* biome *ou* life zone

biométéorologie *nf* biometeorology

biométhanisation *nf* biomethanation

bioréducteur *nm* reducer

biosphère *nf* biosphere

biosynthèse *nf* biosynthesis

biote *nm* biota

◇ **biotique** *adj* biotic; **barrière biotique** = barrier biotic; **capacité biotique** = biotic capacity *ou* potential; **climax biotique** = biotic climax; **communauté biotique** = biotic community; **facteurs biotiques** = biotic factors; **indicateur biotique** = biotic index; **pyramide biotique** = biotic pyramid; **succession biotique** = biotic succession

biotechnologie *nf* biotechnology

biotope *nm* biotope *ou* habitat

bioturbation *nf* bioturbation

biotype *nm* biotype

bisannuel, -elle *adj* biennial

bison *nm* buffalo

bitume *nm* bitumen *ou* mineral pitch; **trou de bitume** = tar pit

◇ **bitumineux, -euse** *adj* bituminous; **schiste bitumineux** = bituminous shale

blanc de baleine *nm* blubber

blanchiment *nm* bleaching; **agent de blanchiment** = bleaching agent; **blanchiment à l'oxygène** = oxygen bleaching

blé *nm* **(a)** wheat; **germe de blé** = wheatgerm **(b)** *(céréales en général)* corn

◇ **blé dur** *nm* durum

bleu *nm* blue

◇ **bleu, -e** *adj* blue; **baleine bleue** = blue whale; **algues bleues** = blue algae

blizzard *nm* blizzard

bloc *nm (géologie)* boulder

bloom *nm (prolifération)* algal bloom

boire *vtr* to drink

bois *nm* **(a)** *(matériau)* wood; **le bois est traité contre le pourrissement** = wood is treated againt decay; **bois de chauffage** = fuelwood *ou* firewood (timber); **bois de construction** *ou* **bois d'oeuvre** = timber; *US* lumber; **bois de corde** = cordwood; **bois à pâte** = pulpwood; **bois de menuiserie** = timber; **bois de pin** = pine **(b)** *(plantation d'arbres)* wood; **un bois de pin** = a pinewood; **des bois de hêtre** = beechwoods **(c)** *nmpl* woodlands *ou* woods

> les progrès réalisés pour satisfaire la future demande de bois de feu restent insuffisants. En effet, plus des deux tiers des habitants des pays en développement utilisent du bois pour cuire leurs aliments et se chauffer
>
> *le Courrier de l'Unesco*

◇ **boisé, -e** *adj* **parcelle boisée** = woodlot; **zone boisée ancienne** = ancient woodland

◇ **boisement** *nm* afforestation

> les Douze se sont engagés pour un programme de défense de la forêt reposant sur trois axes: encouragement au boisement des terres agricoles, soutien aux régions méditerranéennes, qui perdent chaque année 500,000 hectares détruits par le feu, et financement du programme de protection contre la pollution
>
> *le Monde*

◇ **boiser** *vtr* to afforest

boisson *nf* drink *ou* beverage; **eau de boisson** = drinking water; **emballage de boisson** = beverage container

boîte *nf* **(a)** box **(b) boîte de conserve** = tin *ou* can; **ce lac envahi de vieilles bouteilles et de boîtes de conserve est un triste spectacle; il devrait être nettoyé** = the lake full of old bottles and cans is an eye sore and should be cleaned up; **conteneur de boîtes de conserve usagées** = can bank **(c) boîte à ordures** = *nf* bin; *US* ash-bin

bombe *nf* bomb; **bombe aérosol** = spray can

bord *nm* margin

bore *nm* boron

NOTE: symbole chimique **B;** nombre atomique **5**

boréal, -e, -aux *adj* boreal; *voir* AURORE BOREALE

botanique 1 *adj* botanical *ou* botanic; **jardin botanique** = botanical garden;

spécimens botaniques = botanical specimens **2** *nf* botany

◇ **botaniste** *nm&f* botanist; **les botanistes ont découvert de nouvelles espèces végétales dans la jungle** = botanists discovered several new species of plant in the jungle

botulisme *nm* botulism

> le botulisme est une maladie aiguë parfois mortelle parce qu'elle détend tellement les muscles du corps qu'ils en sont paralysés
> *Science illustrée*

bouche *nf* mouth; **bouche d'égout** = manhole

bouclier *nm* shield; **bouclier en béton** = concrete shield

boue *nf* **(a)** mud *ou* sullage; **boues à diatomées** = diatom ooze; **boues de dragage** = dredgings; **boue de forage** = drilling mud; **boues rouges** = red mud; **boue de vase** = ooze mud; **volcan de boue** = mud volcano **(b)** *(traitement des déchets)* sludge; **boues activées** = activated sludge; **boues brutes** = raw sludge; **boues d'égout** = sewage sludge; **digestion des boues** = sludge digestion; **gonflement des boues** = bulking of sludge; **traitement des boues** = sludge processing; **les boues d'égout sont directement rejetées dans la mer du Nord** = sewage sludge is dumped directly into the North Sea

◇ **boueux, -euse** *adj* muddy; **masses boueuses charriées** = alluvial deposits *ou* alluvial soils

bouilli, -e *adj* boiled; **dans certains pays, il est dangereux de boire de l'eau non bouillie** = in some countries, it is dangerous to drink unboiled water

bouillie bordelaise *nf* Bordeaux mixture

bouillir *vi* to boil; **on fait bouillir l'eau pour la transformer en vapeur** = water is boiled to form steam; **il est conseillé aux touristes de faire bouillir l'eau du robinet avant de la boire** = tourists are advised that ordinary tap water should be boiled before drinking it

bouleau *nm* birch

bourbeux, -euse *adj* turbid

bourbier *nm* mire

bourgeon *nm* bud

bourrasque *nf* gust (of wind)

bouteur biais *nm* angledozer

bouture *nf* cutting; **bouture de feuille** = leaf cutting; **bouture de racine** = root cutting; **bouture de tige** = stem cutting

bovidés *nmpl* Bovidae

◇ **bovin, -e** *adj* bovine; **hormone somatotrope bovine** = bovine somatotropin (BST)

◇ **bovins** *nmpl* cattle

bq = BECQUEREL

Br *symbole chimique* = BROME

braconner *vi* to poach

braconnage *nm* poaching

◇ **braconnier** *nm* poacher

bractée *nf* bract

branche *nf (d'arbre)* branch

branchies *nfpl* gills

bras *nm* arm; **bras de mer** = inlet; **bras mort** = backwater *ou* ox-bow lake; **bras secondaire** = distributary

brèche *nf (géologie)* breccia

brin *nm (d'herbe)* blade (of grass)

brise *nf* breeze; **brise de mer** = sea breeze; **brise de terre** = land breeze *ou* offshore breeze

brise-lames *nm* breakwater *ou* groyne

brome *nm* bromine
NOTE: symbole chimique **Br;** nombre atomique **35**

◇ **bromure** *nm* bromide

bronchi- *ou* **broncho-** *préf* bronch-; **broncho-pneumonie** = bronchial pneumonia

bronche *nf* bronchus

◇ **bronches** *nfpl* bronchi *ou* bronchial tubes

◇ **bronchiole** *nf* bronchiole

◇ **bronchique** *adj* bronchial; **asthme bronchique** = bronchial asthma

◇ **bronchite** *nf* bronchitis; **bronchite aiguë** = acute bronchitis; **bronchite chronique** = chronic bronchitis

brouillard *nm* fog; **il y a souvent du brouillard en novembre** = foggy days are common in November; **l'aéroport était noyé dans un épais brouillard** = thick fog blanketed the airport; **brouillard d'évaporation** = steam fog *ou* steam mist; **brouillard givrant** = freezing fog; **brouillard marin** = sea fog

broussailles *nfpl* scrub

brousse *nf* bush; **brousse à épineux** = thorn scrub; **la brousse** = the bush

brouter 1 *vtr* to graze (on) **2** *vi* to graze

broyage *nm* comminution *ou* grinding *ou* crushing; **broyage du charbon** = coal grinding; **station de broyage** = crusher unit

◇ **broyeur** *nm* comminutor *ou* crusher *ou* grinder; **broyeur d'ordures** = disposal unit *ou* garbage grinder

brucella *nf* Brucella

◇ **brucellose** *nf* brucellosis

bruine *nf* drizzle

bruit *nm* noise; **association de lutte contre le bruit** = noise abatement society; **bruit de fond** = background noise; **critères de bruit** = noise criteria; **mur antibruit** = noise wall; **prévision de l'exposition au bruit** = noise exposure forecast (NEF); **redevance sur le bruit** = noise charge; **zones de bruit** = noise zones

> en France, dans le milieu professionnel, le bruit est responsable de 1000 surdités professionnelles par an
>
> *Lettre de l'Entente européenne pour l'environnement*

brûlage *nm* burning; **brûlage du chaume** = stubble burning

◇ **brûlé, -e** *adj* burnt; **brûlé par le soleil** = sunburnt

◇ **brûler** *vtr* to burn *ou* to combust; **au Danemark, on brûle 75% des déchets pour produire de la chaleur** = Denmark combusts 75% of its refuse for heat reclamation

◇ **brûleur** *nm* burner

◇ **brûlis** *nm* **culture sur brûlis** = slash and burn culture

> actuellement, 200 millions de ruraux vivent de la culture itinérante sur brûlis sur une surface estimée à 300 millions d'hectares de terres forestières
>
> *l'Express*

◇ **brûlure** *nf* burn

brume *nf* fog *ou* haze *ou* mist; **brume de chaleur** = heat haze *ou* radiation fog; **brume côtière** = coastal fog; **brume de mer** = sea fog; **brume de mer au nord des îles Britanniques** = haar

◇ **brumeux, -euse** *adj* foggy *ou* misty; **un matin d'automne brumeux** = a misty autumn morning

brun, -e *adj* brown; **graisses brunes** = brown fat tissue; **sol brun** = brown earth *ou* brown forest soil; **sol podzolique brun** = brown podzolic soil

brut, -e *adj* **(a)** gross; **production brute** = gross output; **productivité brute** = gross productivity; **produit intérieur brut (PIB)** = gross domestic product (GDP); **produit national brut (PNB)** = gross national product (GNP); **revenu intérieur brut (RIB)** = gross domestic income (GDI) **(b)** *(non traité)* raw *ou* untreated; **boues brutes** = untreated sludge; **décharge brute** = open dump; **eau brute** = raw sewage *ou* raw water; **pétrole brut** = crude oil

bruyant, -e *adj* noisy

bruyère *nf* heath

bubonique *adj* bubonic; **peste bubonique** = bubonic plague

bûche *nf* log

◇ **bûcheron** *nm* logger; *US and Canada* lumberjack

buffle *nm* buffalo

buisson *nm* bush; **buisson épineux** = thorn bush

◇ **buissonneux, -euse** *adj* shrubby

bulbe *nm (d'une plante)* bulb *ou* corm

bulldozer *nm* bulldozer

bureaucratie *nf* bureaucracy; **la distribution de l'aide humanitaire est ralentie par la bureaucratie** = the distribution of aid is held up by bureaucracy

◇ **bureaucratique** *adj* bureaucratic; **les organisations humanitaires se battent constamment contre les complications bureaucratiques** = relief workers are continually fighting against bureaucratic muddle; **le groupe s'est plaint des difficultés bureaucratiques rencontrées pour l'obtention du permis de construire** = the group has complained about the bureaucracy involved in getting planning permission

butane *nm* butane

butylhydroxytoluène *nm* butylated hydroxytoluene (BHT)

byssinose *nf* byssinosis

Cc

C = CELSIUS

Ca *symbole chimique* = CALCIUM

cactus *nm inv* cactus

cadmium *nm* cadmium; **sulfure de cadmium** = cadmium sulphide
NOTE: symbole chimique **Cd;** nombre atomique **48**

cadre *nm (contexte)* context *ou* setting; **cadre naturel** = natural amenities; **cadre de vie** = living environment

caduc, caduque *adj* caducous

◇ **caduque** *nf* caducous

caesium *nm* caesium
NOTE: symbole chimique **Cs;** nombre atomique **55**

café *nm* coffee; **plantation de café** = coffee plantation

◇ **caféier** *nm* coffee bush

◇ **caféine** *nf* caffeine

caillou *nm* pebble

Cal *ou* **cal** = KILOCALORIE

calamine *nf* quench layer

calcaire 1 *adj* calcareous *ou* chalky; **eau calcaire** = chalky water *ou* hard water **2** *nm* limestone; **calcaire crayeux** = chalk

calcicole *adj* calcicolous; **plante calcicole** = calcicole *ou* calciphile

calcification *nf* calcification

◇ **calcifié, -e** *adj* calcified

calcifuge *adj* calcifugous *ou* calciphobous

calcin *nm* cullet

calcination *nf* calcination; **calcination de déchets liquides** = calcination of liquid waste

calciphile = CALCICOLE

calciphobe = CALCIFUGE

calcium *nm* calcium; **carbonate de calcium** = calcium carbonate; **cycle du calcium** = calcium cycle; **hydroxyde de calcium** = calcium hydroxide; **oxyde de calcium** = calcium oxide
NOTE: symbole chimique **Ca;** nombre atomique **20**

calibrage *nm* calibration

◇ **calibrer** *vtr* to calibrate

calice *nm* calyx

calme *nm (dans l'échelle de Beaufort)* calm

◇ **calmes** *nmpl (zone climatique)* doldrums

◇ **se calmer** *vpr (vent)* to die down; **les vents forts se sont calmés** = the strong winds have died down

calomel *nm* calomel

calorie *nf* calorie *ou* gram calorie; **grande calorie** = Calorie *ou* large calorie; *voir aussi* KILOCALORIE
NOTE: on utilise maintenant plutôt le **joule**

◇ **calorifique** *adj* calorific; **cette boîte de haricots a une valeur calorifique de 250 calories** = this tin of beans has a calorific value of 250 calories; **capacité calorifique** = heat capacity; **pouvoir calorifique** = calorific power; **puissance calorifique** = calorific power; **rendement calorifique** = heat efficiency; **valeur calorifique** = calorific value *ou* heat value

◇ **calorique** *adj* caloric; **ration calorique** = caloric requirement

calorifuger *vtr* to lag; **il faudrait soigneusement calorifuger les tuyaux et les chaudières pour éviter toute perte de chaleur** = boilers and pipes should be carefully lagged to prevent heat loss

◊ **calorifuge** *nm* lagging

calotte *nf* **calotte glaciaire** = ice cap

> les calottes polaires de Mars recèlent sous forme de glace une quantité d'eau qui, si elle était répartie sur toute la planète, représenterait une dizaine de mètres d'épaisseur
> *la Recherche*

> il y a 20 000 ans seulement, le Canada et le nord de l'Europe étaient recouverts de gigantesques calottes glaciaires hautes de 4 000 mètres environ
> *le Courrier du CNRS*

camouflage *nm* camouflage; **les rayures du zèbre constituent une sorte de camouflage qui le rend plus difficilement repérable dans les hautes herbes** = the stripes on the zebra are a form of camouflage which makes the animal less easy to see in long grass

◊ **camoufler** *vtr* to camouflage

campagne *nf* country *ou* countryside; **nous habitons à la campagne** = we live in the country; **la campagne est moins polluée que la ville** = country areas are less polluted than urban areas

canal, -aux *nm* **(a)** *(artificiel)* canal **(b)** *(fossé)* channel; **canal de drainage** = drainage channel **(c)** *(canalisation)* pipe; **canal d'évacuation** *ou* **canal de déversement** = discharge pipe

canalisation *nf* **(a)** conduit *ou* main; **des canalisations évacuent les effluents liquides dans la mer** = discharge pipes take the liquid waste into the sea; **canalisation sous chaussée** = culvert; **canalisation d'eau** = water main; **canalisation d'évacuation** = sewer **(b)** *(aménagement d'un cours d'eau)* channelization

◊ **canaliser** *vtr* to channel *ou* to channelize

cancer *nm* cancer; **le diagnostic indique qu'il a un cancer du poumon** = he has been diagnosed as having lung cancer *ou* as having cancer of the lungs

> les malades du cancer vivent à présent plus longtemps qu'il y a trente ans. Aux Etats-Unis, le National Cancer Institute vient de révéler que 51% des personnes dont le cancer a été diagnostiqué en 1981 étaient en vie 5 ans après. En 1960, cette survie à cinq ans était seulement de 38%
> *Science illustrée*

◊ **cancéreux, -euse** *adj* cancerous; **la radio a révélé l'existence d'une tumeur cancéreuse au sein** = the X-ray revealed a cancerous growth in the breast

◊ **cancérigène** *ou* **cancérogène** *adj* carcinogenic; **agent** *ou* **substance cancérigène** = carcinogenic agent *ou* substance

◊ **cancérogenèse** *nf* carcinogenesis; **radiocancérogenèse** = radiation carcinogenesis

cancrelat *nm* black beetle

candela *nf* candela

candidature *nf* application; **si vous vous présentez à ce poste, il vous faut remplir une fiche de candidature** = if you are applying for the job, you must fill in an application form; **elle a posé sa candidature pour un poste dans un département d'hygiène du milieu** = she applied for a job in an environmental health departement

caniveau *nm* gully; **curage des caniveaux** = gully cleaning

cannabis *nm* cannabis *ou* hemp

canopée *nf* canopy

> la canopée tropicale représente la plus grande réserve de vie de la planète et elle reste la plus vaste richesse biologique encore inconnue de l'homme
> *Science et Avenir*

canyon *nm* canyon

caoba de Guinée *nm* sapele

caoutchouc *nm* rubber

cap *nm* headland *ou* point

capacité *nf* capacity; **capacité d'absorption** = absorptive capacity; **capacité d'acceptation** = acceptance capacity; **capacité d'accueil de l'environnement** = carrying capacity; **capacité biotique** = biotic capacity; **capacité de rétention en eau** = water holding capacity; **capacité de tolérance** = acceptance capacity

capillaire *nm* capillary

◇ **capillarité** *nf* capillarity *ou* capillary flow

capsule *nf* capsule

◇ **capsulaire** *adj* capsular

captage *nm* **(a)** capture; **captage des eaux souterraines** = ground water capture **(b)** abstraction *ou* catchment; **captage d'eau** = water catchment (area) **(c)** collection; **captage de l'énergie solaire** = collection of solar energy

> en Bretagne, on cherche à mieux protéger les points de captage d'eau et à agrandir le périmètre interdit aux cultures à tout le bassin environnant
>
> *l'Express*

◇ **capter** *vtr (des émissions polluantes)* to entrap; **il est possible de capter 90% des émissions de soufre** = 90% of sulphur emissions can be entrapped

◇ **capteur** *nm* (i) arrester; (ii) collector; **capteur plan** = collector panel; **capteur à concentration** = concentrating collector; **capteur solaire** = solar collector; **capteur solaire à concentration** = concentrating solar collector

◇ **captif, -ive** *adj (géologie)* confined; **aquifère captif** = confined aquifer

◇ **capture** *nf* capture *ou* catch; **taux admissible de capture (TAC)** = total allowable catches (TACs)

caractère *nm* character *ou* trait; **caractère acquis** = acquired character; **caractère héréditaire** = hereditary character; **caractère infectieux** = infectivity

◇ **caractériser** *vtr* to characterize; **précipitations réduites, sol aride et végétation rare caractérisent le désert** = deserts are characterized by little rainfall, arid soil and very little vegetation

caractéristique 1 *adj* characteristic; **espèce caractéristique** = characteristic species **2** *nf* characteristic; **une des caractéristiques du calmar est d'envoyer un jet d'encre en cas d'attaque** = one of the characteristics of the squid is that it can send out a cloud of ink when attacked

caramel *nm* caramel

carapace *nf* **(a)** *(du sol)* hardpan **(b)** *(d'un animal ou d'un végétal)* shell

carbamate *nm* carbamate

carbonate *nm* carbonate; **carbonate de calcium** = calcium carbonate

◇ **carbonater** *vtr* to carbonate

◇ **carbonation** *nf* carbonation

carbone *nm* carbon; **bilan du carbone** = carbon balance; **carbone-suie** = black carbon *ou* soot carbon; **cycle du carbone** = carbon cycle *ou* circulation of carbon; **datation au carbone 14** *ou* **datation par la méthode du carbone 14 marqué** = carbon dating *ou* carbon-14 dating; **dioxyde de carbone** = carbon dioxide (CO_2); **fibre de carbone** = carbon fibre; **oxyde de carbone** = carbon monoxide (CO); **puits de carbone** = carbon sink; **tétrachlorure de carbone** = carbon tetrachloride

NOTE: symbole chimique **C;** nombre atomique **6**

> une intoxication aiguë au monoxyde de carbone peut entraîner la mort. En cas d'exposition chronique, le monoxyde de carbone peut être responsable de nombreux troubles tels que céphalées, vertiges, asthénies ou troubles sensoriels
>
> *Lettre de l'Entente européenne pour l'environnement*

> quand on aura dit que les sédiments du plancher océanique renferment quelque cent millions de milliards de tonnes de carbone, on comprendra mieux pourquoi on dit que l'océan est une vaste poubelle à carbone
>
> *Libération*

◇ **carboné, -e** *adj* carbonaceous

◇ **carbonifère** *adj* carbonaceous

◇ **carbonique** *adj* **gaz carbonique** = carbon dioxide; **neige carbonique** = dry ice

carbonisation *nf* carbonization

carboxyhémoglobine *nf* carboxyhaemoglobin; **concentration normale de carboxyhémoglobine dans le sang** = background carboxyhaemoglobin level

carburant *nm* fuel; **réservoir à carburant** = fuel tank

> la Banque mondiale a calculé qu'en utilisant des carburants de substitution ainsi que des fours et des foyers plus efficaces il serait possible de réduire les besoins en bois de feu d'environ un quart en l'an 2000
>
> *le Courrier de l'Unesco*

carbures aromatiques *nmpl* aromatics

carcinogène *adj* = CANCERIGENE

carcinogenèse *nf* carcinogenesis

cardiaque *adj* cardiac; **crise cardiaque** = heart attack; **moniteur cardiaque** = cardiac monitor

◇ **cardio-vasculaire** *adj* cardiovascular; **l'appareil cardio-vasculaire** = the cardiovascular system

carence *nf* deficiency; **le sol présente une carence en éléments nutritifs importants** = the soil is deficient in important nutrients; **une carence en éléments nutritifs peut retarder la croissance des végétaux** = lack of nutrients may inhibit plant growth; **carence en fer** = iron deficiency; **maladie de carence** = deficiency disease

carnassiers *nmpl* Carnivora

carnivore 1 *adj* carnivorous; **plantes carnivores** = carnivorous plants **2** *nm* carnivore *ou* carnivorous animal *ou* meat-eating animal; **carnivores sociaux** = social carnivores

carpelle *nm* carpel

◇ **carpellaire** *adj* carpellary

carr *nm* carr

carragénane *nm* carrageenan

carrière *nf (de pierres)* quarry; **carrière de craie** = chalk pit

carte *nf* **(a)** chart; **cette carte indique l'étendue des zones forestières touchées par les pluies acides** = this chart shows the extent of forest areas affected by acid rain; **carte météorologique** = weather chart **(b)** *(géographique)* map; **carte topographique** = contour map *ou* topographic map; **carte en relief** = relief map

◇ **cartographie** *nf* mapping; **cartographie écologique** = ecological mapping

caryotype *nm* karyotype

cas *nm* case; **il y a eu deux cents cas de choléra lors de la dernière épidémie** = there were two hundred cases of cholera in the recent outbreak; **six cents cas de pollution par le pétrole ont été signalés l'an dernier** = last year six hundred incidents of oil pollution were reported; **il n'y a plus un seul cas de variole dans le pays** = they have eliminated smallpox in the country

cascade *nf* cascade *ou* chute

caste *nf* caste; **système de castes** = caste system

catabatique *adj* katabatic
NOTE: antonyme **anabatique**

catabolisme *nm* catabolism *ou* degradative metabolism

◇ **catabolique** *adj* catabolic

catadrome *adj* catadromous

◇ **catadromie** *nf* catadromy

catalyse *nf* catalysis

◇ **catalyser** *vtr* to catalyze

◇ **catalyseur** *nm* catalyst; **dans la formation de l'ozone, le soleil joue le rôle de catalyseur** = the sun acts as a catalyst in forming ozone; **une enzyme qui joue le rôle de catalyseur dans la digestion** = an enzyme which acts as a catalyst in the digestive process

◇ **catalytique** *adj* catalytic; **pot catalytique** = catalytic converter; *US* catalytic muffler; **réaction catalytique** = catalytic reaction

catanospermum austral *nm* black bean

catastrophe *nf* catastrophe *ou* disaster; **catastrophe écologique** = ecological disaster; **catastrophe naturelle** = natural disaster

cation *nm* cation; **échange de cations** = cation exchange

◇ **cationique** *adj* **échange cationique** = cation exchange

caustique *adj* caustic; **soude caustique** = caustic soda

caverne *nf* cavern

◇ **cavernicole** *nm&f* cavernicole

cavité *nf* cavity

Cd 1 *symbole chimique* = CADMIUM **2** = CANDELA

cécité *nf* blindness; **cécité des neiges** = snow blindness

cèdre *nm* cedar

ceinture *nf* belt; **ceinture verte périphérique** = (outer) green belt

céleste *adj* celestial; **équateur céleste** = celestial equator

celi- *ou* **coeli-** *préf* celi- *ou* coeli-

◇ **coeliaque** *adj* coeliac

cellulaire *adj* cellular; **division cellulaire** = cell division; **membrane cellulaire** = cell membrane; **paroi cellulaire** = cell wall; **plante cellulaire** = cellular plant; **tissu cellulaire** = connective tissue

cellule *nf* **(a)** *(biologie)* cell *ou* germ cell; **cellule fille** = daughter cell; **cellule mère** = mother cell *ou* parent cell; **cellule dépourvue de noyau** = non-nucleated cell **(b)** *(physique)* cell; **cellule photoélectrique** = photoelectric cell; **cellule photovoltaïque** = photovoltaic cell

cellulose *nf* cellulose; **cellulose végétale** = dietary fibre *ou* roughage

Celsius *npr* Celsius

NOTE: unité de mesure de la température utilisée dans de nombreux pays, à l'exception des Etats-Unis, où l'on préfère s'exprimer en degrés Fahrenheit. S'écrit ainsi: **52°C.** Dire 'cinquante-deux degrés Celsius'. Autrefois appelé **centigrade**

cendre *nf* ash; **cendres volantes** = fly ash; **cendre volcanique** = volcanic ash; **résidu en cendre d'un combustible** = ash content of a fuel

cendres *nfpl* **(a)** *(de charbon)* breeze **(b)** *nfpl (d'un volcan)* cinders

cent *nm* hundred; **pour cent** = per cent; **une augmentation de cinq pour cent** = a five per cent increase

centigrade *nm* centigrade

centimètre *nm* centimetre; *US* centimeter

NOTE: accompagné d'un chiffre, s'écrit **cm** : **25 cm**

central, -e, -aux *adj* central; **système nerveux central** = central nervous system (CNS); **usine centrale de traitement des déchets** = central refuse treatment

centrale *nf* power plant *ou* power station; **on a accusé la centrale d'être à l'origine d'un certain nombre de cas de cancer mortel dans la région** = they accused the power station of being responsible for deaths from cancers in the area; **les**

centrales au charbon devraient être équipées de systèmes permettant de filtrer les émissions de soufre = coal-fired power stations should be equipped with the means of entrapping sulphur; **centrale à combustible fossile** = fossil-fuel power station; **centrale électrique** = power plant *ou* generating plant; **centrale électrique fonctionnant au charbon** *ou* **au pétrole** = coal-fired power station *ou* oil-fired power station; **mise en service d'une centrale électrique** = power raising; **centrale nucléaire** = nuclear power plant; **il est prévu de construire une centrale nucléaire près de la ville** = a nuclear power plant is to be built near the town

centre *nm* centre; *US* center; **le centre du cyclone est passé au-dessus de la ville** = the centre of the hurricane passed over the city; **il est prévu d'aménager un parc au centre de la ville** = a park is to be built in the centre of the town; **centre de recherche** = research centre

centrifugation *nf* centrifugation *ou* centrifuging

◇ **centrifuge** *adj* centrifugal; **force centrifuge** = centrifugal force

◇ **centrifugeuse** *nf* centrifuge

centriole *nm* centriole

centripète *adj* centripetal; **force centripète** = centripetal force

centrosome *nm* centrosome

céphal- *ou* **céphalo** *préf* cephal-

◇ **céphalique** *adj* cephalic; **indice céphalique** = cephalic index

◇ **céphalopodes** *nmpl* Cephalopoda *ou* cephalopods

cercle *nm* circle; **le cercle antarctique** = the Antarctic Circle; **le cercle arctique** = the Arctic Circle; **cercles de croissance des arbres** = tree rings

céréales *nfpl* cereals *ou* grains; **il a mangé un bol de céréales** = he ate a bowl of cereal; **ajoutez du lait et du sucre dans les céréales** = put milk and sugar in your cereal; **le Marché commun est un grand producteur de céréales** = the Common Market grows large quantities of cereals; **céréales alimentaires** = food grains; **céréales fourragères** = feed grains

cérébr- *ou* **cérébro-** *préf* cerebr- *ou* cerebro-

◇ **cérébral, -e, -aux** *adj* cerebral; **hémisphère cérébral** = cerebral hemisphere

◇ **cérébrospinal, -e, -aux** *adj* cerebrospinal; **fluide cérébrospinal** = cerebrospinal fluid (CSF)

certifier *vtr* to certify

cerveau *nm* cerebrum

cervelet *nm* cerebellum

césium *nm* caesium

cétacés *nmpl* Cetacea *ou* cetaceans *ou* baleen whales

CETO = CONVERSION DE L'ENERGIE THERMIQUE OCEANIQUE

cétose *nf* ketose

CFC = CHLOROFLUOROCARBURE

◇ **CFC 11** CFC-11 = FREON 11

◇ **CFC 12** CFC-12 = FREON 12

CFM = CHLOROFLUOROMETHANE

chaîne *nf* **(a)** chain; **chaîne alimentaire** = food chain; **chaîne alimentaire des herbivores** = grazing food chain; **chaîne de sols** *ou* **chaîne de végétation** = catena; **particule à structure en chaîne** = chain-like particle; **réaction en chaîne** = chain reaction **(b) chaîne de broyage** = crushing system **(c)** *(géogr)* range; **chaîne de montagnes** = mountain range

chaleur *nf* (i) calor; (ii) heat; **chaleur radiogénique** = radiogenic heat; **accumulateur de chaleur** = heat accumulator; **brume de chaleur** = heat haze; **conduction de chaleur** = heat conduction; **conservation de la chaleur** = heat conservation; **déperdition de chaleur** = heat loss; **échangeur de chaleur** = heat exchanger; **flux de chaleur** = heat flow; **pompe à chaleur** = heat pump; **pompe à chaleur à absorption** = absorption heat pump; **production de chaleur** = heat generation; **récupération de chaleur** = heat recovery; **rejet de chaleur** = heat discharge; **résistant à la chaleur** = heat-proof; **stockage de la chaleur** = heat storage

chambre *nf* chamber; **chambre d'ionisation** = cloud chamber

champ *nm* field; **de plein champ** = field-grown; **champ magnétique** = magnetic field; **champ de vision** = field of vision

champignon *nm* fungus *ou* mushroom; **un champignon plus répandu dans les forêts de feuillus** = a fungus which is more prevalent in deciduous forests; **blanc de champignon** = mushroom spawn; **empoisonnement par les champignons** = fungus poisoning; **champignons comestibles** = edible fungi; **champignon vénéneux** = toadstool

> en période de sécheresse, deux champignons parasites des racines (l'armillaire et la collybie) paraissent contribuer à affaiblir les chênes qui commencent à péricliter dès que l'eau vient à manquer
>
> *l'Express*

◇ **champignonnière** *nf* mushroom bed

chancre *nm* canker; **atteint par le chancre** = cankered

changement *nm* change *ou* fluctuation

chantier *nm* **chantier de construction** = building site; **chantier naval** = naval yard

chanvre *nm* hemp; **chanvre indien** = cannabis *ou* hemp

charbon *nm* **(a)** coal; **l'usine est grande consommatrice de charbon** = the factory has a heavy consumption of coal; **centrale thermique au charbon** = coal-fired power station; **charbon bitumineux** = bituminous coal; **charbon de bois** = charcoal; **charbon de bois activé** = activated charcoal; **charbon à faible teneur en soufre** = low-sulfur coal; **charbon à haute teneur en soufre** = high-sulfur coal; **charbon pulvérisé** = dust coal; **couche** *ou* **veine de charbon** = coal seam; **mine de charbon** = coal mine; **nettoyage du charbon** = coal cleaning **(b)** carbon **(c)** *(botanique)* **charbon du blé** = smut

charge *nf (proportion)* load; **charge critique** = critical load; **charge polluante** = pollution load

chargement *nm* load *ou* loading; **chargement par le haut** = load on top

charnu, -e *adjectif (botanique)* succulent

charrue *nf* plough; *US* plow

chasmin *nm* khamsin

chasse *nf* hunt *ou* hunting; **saison de la chasse** = hunting season

châtaignier *nm* (sweet) chestnut tree

chaton *nm (botanique)* catkin

chaud, -e *adj* **(a)** warm; **ces plantes poussent vite à la saison chaude** = these plants grow fast in the warm season; **anticyclone chaud** = warm high; **dépression chaude** = warm low; **front chaud** = warm front **(b)** *(très chaud)* hot; **il ne fait vraiment très chaud qu'en été** = really hot weather only occurs in summer; **le coeur est la partie la plus chaude du réacteur** = the hottest part of the reactor is the core; **point chaud** = hot spot; **roches chaudes** = hot rocks

chaudière *nf* boiler *ou* furnace; **chaudière nucléaire** = burner reactor; **chaudière de récupération** = waste heat boiler

chauffage *nm* heating; **appareils de chauffage** = heating appliances; **chauffage central** = central heating; **chauffage central au gaz** = gas-fired central heating; **chauffage au charbon** *ou* **chauffage à combustibles solides** = solid fuel heating; **chauffage urbain** = community heating *ou* district heating *ou* urban heating

◇ **chauffer** *vtr* to heat

chaulage *nm* liming

chaume *nm* stubble; **on mène les animaux paître dans les chaumes après la moisson** = the animals are driven into the stubble fields to graze after the harvest; **brûlage du chaume** = stubble burning; **chaumes** = stubble fields

chaux *nf* lime; **chaux éteinte** = slaked lime; **chaux vive** = calcium oxide *ou* caustic lime; **eau de chaux** = lime water; **lait de chaux** = lime slurry; **phosphate de chaux** = calcium phosphate; **traitement à la chaux** = lime treatment

cheminée *nf* chimney; **des nuages de fumée s'échappaient des cheminées de l'usine** = smoke poured out of the factory chimneys; **on construisait de très hautes cheminées pour que le vent emporte au loin les fumées polluantes** = chimneys were built very tall, so that the polluting smoke would be carried a long way by the wind; **l'utilisation de hautes cheminées dans les centrales électriques entraîne une plus grande dissémination de la pollution** = the use of high stacks in power stations means that pollution is now more widespread; **cheminée corallienne** = blowhole; **(tuyau de) cheminée d'usine** = chimney stack *ou* smokestack

chémocepteur *nm* chemoreceptor

chenal, -aux *nm* channel

chêne *nm* oak; **pomme de chêne** = oak-apple

◇ **chênaie** *nf* oakwood

◇ **chêne-liège** *nm* cork oak

cheptel *nm* domestic livestock

chercheur, -euse *n* researcher

chimie *nf* chemistry; **chimie minérale** = mineral chemistry; **chimie organique** = organic chemistry

◇ **chimiste** *nm&f* chemist

chimio- *préf* chemo-

◇ **chimio-autotrophe** *adj* chemoautotrophic *ou* chemolithotrophic *ou* chemotrophic

◇ **chimio-organotrophique** *adj* chemo-organotrophic

◇ **chimiosphère** *nf* chemosphere

◇ **chimiostérilisant** *nm* chemosterilant

◇ **chimiosynthèse** *nf* chemosynthesis

◇ **chimiotaxie** *nf* chemotaxis *ou* chemotaxy

◇ **chimiotropisme** *nm* chemotropism

chimique *adj* chemical; **agent chimique** = chemical agent; **armes chimiques** = chemical weapons; **composé chimique** = chemical compound; **demande chimique en oxygène (DCO)** = chemical oxygen demand (COD); **élément chimique** = chemical element; **génie chimique** = chemical engineering; **guerre chimique** = chemical warfare; **mutagène chimique** = chemical mutagen; **nom chimique** = chemical name; **produit chimique** = chemical; **l'utilisation intensive de produits chimiques dans l'agriculture** = the widespread use of chemicals in agriculture; **produits chimiques industriels** = process chemicals; **usine de produits chimiques** = chemical factory; **symbole chimique** = chemical symbol; **WC chimique** = chemical closet *ou* chemical toilet

chinook *nm* chinook

chique *nf* jigger *ou* sandflea

chlordane *nm* chlordane

chlore *nm* chlorine; **demande en chlore** = chlorine demand; **dioxyde de chlore** = chlorine dioxide; **eau de chlore** = chlorine water; **oxyde de chlore** = chlorine monoxide
NOTE: symbole chimique **Cl;** nombre atomique **17**

◇ **chlorateur** *nm* chlorinator

◇ **chloration** *nf (de l'eau)* chlorination

◇ **chloré, -e** *adj* chlorinated; **composé chloré** = chlorine-containing compound

◇ **chlorer** *vtr* to chlorinate

> en Meuse et Meurthe-et-Moselle, les communes qui chlorent régulièrement leur eau pour qu'elle soit conforme aux normes bactériologiques enregistrent des records de consommation d'eau embouteillée: 59% contre 28% dans les autres communes
> *Science et Vie*

chlorofluorocarbure (CFC) *nm* chlorofluorocarbon (CFC)

> un consensus s'établit actuellement chez les scientifiques sur la responsabilité de composés chlorés, (les cholorofluorocarbures ou CFC) ou bromés (les halons) dans la diminution globale de la couche d'ozone stratosphérique et dans l'apparition d'un 'trou' saisonnier de l'ozone antarctique
> *le Courrier du CNRS*

chlorofluorométhane (CFM) *nm* chlorofluoromethane (CFM)

chlorométhane *nm* chloromethane

chlorophycées *nfpl* Chlorophyta

chlorophylle *nf* chlorophyll

chloroplaste *nm* chromatophore

chlorose *nf* chlorosis *ou* etiolation

chlorure *nm* chloride; **chlorure de sodium** = sodium chloride; **chlorure de polyvinyle (CPV)** = polyvinylchloride (PVC)

◊ **chloruration** *nf* (i) chloridation; (ii) chlorination

◊ **chlorurer** *vtr* to chlorinate

choc *nm* shock; **ondes de choc** = shock waves

choléra *nm* cholera; **une épidémie de choléra s'est déclarée juste après l'inondation** = a cholera epidemic broke out after the flood

cholestérol *nm* cholesterol

chromatide *nf* chromatid

◊ **chromatine** *nf* chromatin; **chromatine sexuelle** = sex chromatin

chromatographie *nf* chromatography

chromatophore *nm* chromatophore

chrome *nm* chromium
NOTE: symbole chimique **Cr;** nombre atomique **24**

chromosome *nm* chromosome; **chromosome X** = X chromosome; **chromosome Y** = Y chromosome

◊ **chromosomique** *adj* chromosomal *ou* chromosomic

chronique *adj* chronic; **le sol de la forêt souffrait d'acidification chronique** = the forest was suffering from chronic soil acidification

chrysalide *nf* chrysalis *ou* pupa

◊ **chrysalider** *vi* to pupate

chrysophycées *nfpl* Chrysophyta

chute *nf* **(a)** *(baisse)* drop; **chute de pression** = drop in pressure **(b)** *(précipitations)* fall; **chute de neige** = snowfall *ou* fall of snow; **il y a eu une forte chute de neige cette nuit** = there was a heavy snowfall during the night; **il n'y a eu aucune chute de pluie dans la région depuis plus de six mois** = no rain has fallen in the area for over six months **(c)** *(botanique)* **chute physiologique** = June drop

◊ **chuter** *vi* to drop

◊ **chutes** *nfpl* falls; **les chutes du Niagara** = Niagara Falls; **les chutes Victoria** = Victoria Falls

Ci = CURIE

cicatrice *nf* scar

◊ **cicatriciel, -ielle** *adj* **tissu cicatriciel** = scar tissue

-cide *suf* -cide; **herbicide** = herbicide

ciel *nm* sky

cil *nm* cilium

◊ **ciliaire** *adj* ciliary

◊ **cilié, -e** *adj* ciliated; **épithélium cilié** = ciliated epithelium; **mollusques ciliés** = ciliary feeders

cime *nf* **(a)** *(d'un arbre)* crown **(b)** *(d'une montagne)* summit

ciment *nm* cement; **ciment alumineux** = high alumina cement; **ciment fondu** = alumina cement

cimetière *nm* **(a)** graveyard **(b)** *(de déchets nucléaires)* repository; **cimetière de déchets radioactifs** = radioactive waste repository

cinétique 1 *adj* kinetic; **énergie cinétique** = kinetic energy **2** *nf* kinetics

circulation *nf* **(a)** *(de l'air ou d'un liquide)* flow **(b)** *(de véhicules)* traffic; **le centre de la ville est paralysé par la circulation** = the centre of the town is choked with traffic

◊ **circulatoire** *adj* circulatory; **appareil circulatoire** = circulatory system

◊ **circuler** *vi (air ou liquide)* to circulate

circum- *préf* circum-

◊ **circumpolaire** *adj* circumpolar; **vortex circumpolaire** = circumpolar vortex

cirrocumulus *nm inv* cirrocumulus

◊ **cirrostratus** *nm inv* cirrostratus

◊ **cirrus** *nm inv* cirrus

> le cirrus - 'filament' en latin - se présente sous forme de flocons... ou de filaments qui laissent passer le soleil. On le trouve à l'avant des perturbations
>
> *Science illustrée*

cité *nf* city *ou* town; **cité (lotissement)** = housing estate; **cité d'habitation** = housing development; **cité-jardin** = garden city

citrique *adj* citric; **acide citrique** = citric acid

citron *nm* lemon; **citron vert** = lime

Cl *symbole chimique* = CHLORE

clair, -e *adj* **(a)** *(transparent)* clear **(b)** *(non ambigu)* clear; **on ne peut pas expliquer ce problème de façon claire** = there's no clear way of explaining the problem **(c)** *(sans nuage)* clear *ou* cloudless; **ciel clair** = clear sky

clairière *nf* clearcut *ou* clearing

clairsemé, -e *adj* sparse; **quelques buissons clairsemés dans le désert** = a few sparse bushes in the desert; **une population clairsemée de bergers** = a sparse population of herdsmen

clarificateur *nm* clarification basin

◊ **clarification** *nf* clarification; **bassin de clarification** = clarification basin

classe *nf* class *ou* group; **classe d'âge** = age group; **classe sociale** = social class

classement *nm (mesure de protection)* **arrêté municipal sur le classement d'un arbre** = tree preservation order (TPO)

classer *vtr* to classify; **une zone boisée classée pour son intérêt scientifique** = an area of woodland which has been designated a Site of Special Scientific Interest; **la ville a été classée zone non nucléaire** = the city has been designated a nuclear-free zone; **les rapports sur l'accident sont classés top secret et ne peuvent être consultés par le public** = the reports on the accident are classified and may not be consulted by the public; **les relevés concernant la pollution sont classés par site pollué** = the pollution records are classified under the name of the site which has been polluted; **la zone a été classée "site naturel"** = the area has been classified as an Area of Outstanding Beauty; **ce bâtiment a été classé** = they have put a preservation order on this building

classification *nf* classification; **la classification des groupes sanguins se fait selon le système ABO** = blood groups are classified according to the ABO system; **classification ABO** = the ABO classification of blood; **classification binomiale** = binomial classification; **classification par groupes sanguins** = blood grouping; **classification de Linné**

(des plantes et des animaux) *ou* **classification linnéenne** = the Linnaean classification (of plants and animals) *ou* Linnaean system

classique *adj* conventional; **centrale classique** = conventional power station

climacique *adj* **communauté climacique** = climax community

climat *nm* climate; **climat continental** = continental climate; **climat tempéré** = temperate climate; **climat tropical** = tropical climate

◇ **climatique** *adj* climatic; **facteurs climatiques** = climatic factors; **formation climatique finale** *ou* **climax climatique** = climatic climax; **zone climatique** = climatic zone

climatisation *nf* air conditioning

◇ **climatiseur** *nm* air conditioner

climatologie *nf* climatology; **climatologie agricole** = agroclimatology

◇ **climatologique** *adj* climatological; **les météorologistes ont rassemblé des statistiques climatologiques provenant de stations météorologiques du monde entier** = scientists have gathered climatological statistics from weather stations all round the world; **données climatologiques** = climatological data; **station climatologique** = climatological station

◇ **climatologiste** *ou* **climatologue** *nm&f* climatologist

climax *nm* climax; **climax biotique** = biotic climax; **climax édaphique** = edaphic climax

cline *nm* cline

clinique *adj* clinical; **pathologie clinique** = clinical pathology

clinker *nm* clinker

clisère *nf* clisere

clonage *nm* cloning

◇ **clone** *nm* clone; **individu faisant partie d'un clone** = ramet

> la peupleraie française est à 80% issue de deux clones: Robusta et I 214. Mais, par prudence, on préfère désormais s'orienter vers les plantations multiclonales
>
> *l'Express*

◇ **cloner** *vtr* to clone

clostridium *nm* clostridium

Club des 30% *npr* 30 per cent Club
NOTE: les pays membres de ce club ont signé un accord aux Nations unies en vue de diminuer leurs émissions de soufre de 30% d'ici à 1993 (base 1980).

CMA = CONCENTRATION MAXIMALE ADMISSIBLE

CMED = COMMISSION MONDIALE SUR L'ENVIRONNEMENT ET LE DEVELOPPEMENT

Co *symbole chimique* = COBALT

coagulant *nm* coagulant

◇ **coagulation** *nf* coagulation; **coagulation sanguine** = blood coagulation

◇ **coaguler** *vi* to coagulate; **le sang coagule au contact de l'air** = blood coagulates in contact with air

◇ **se coaguler** *vpr* to coagulate

coaltar *nm* coal tar

cobalt *nm* cobalt
NOTE: symbole chimique **Co;** nombre atomique **27**

◇ **cobalt radioactif** *ou* **cobalt 60** *nm* cobalt-60

coccidé *nm* scale insect

coccidioïdomycose *nf* coccidioidomycosis

coccus *nm* coccus

cocotier *nm* coconut palm

code *nm* code; **code génétique** = genetic code

◇ **coder** *vtr&i* to code; **les gènes sont des séquences d'ADN qui codent pour des protéines spécifiques** = genes are sequences of DNA that code for specific proteins

codistillation *nf* codistillation

codominant *nm* codominant

◇ **codominant, -e** *adj* codominant

coel(o)- *ou* **coelio-** *préf* coeli-; *US* celi-

◇ **coeliaque** *adj* coeliac

coelom *nm* coelom

coeur *nm* **(a)** *(d'un être vivant)* heart **(b)** *(d'un réacteur nucléaire)* core; **enveloppe du coeur** = core basket; **pompe de refroidissement du coeur du réacteur** = core cooling-pump

cogénération *nf* cogeneration; **cogénération de chaleur et d'électricité** = combined heat and power (CHP)

coir *nm* coir

coke *nm* coke; **coke de pétrole** = oil coke

◇ **cokeur** *nm* coke burner

col *nm (d'une montagne)* col

coléoptère *nm* beetle

coliforme *adj* coliform

collagène 1 *adj* collagenous **2** *nm* collagen

◇ **collagénose** *nf* collagen disease

collecte *nf* collection; **collecte par conteneur** = collection from container; **collecte des déchets encombrants** = bulk collection *ou* collection of bulky waste; **collecte sélective** = separate collection *ou* selective collection; **collecte du verre** = glass collection

collecteur *nm* **(a)** collector; **collecteur d'eau pluviale** = catch-water drain; **collecteur principal** = main sewer *ou* trunk sewer **(b) collecteur d'huîtres** = cultch

collectif, -ive *adj* collective *ou* public; **équipements collectifs** = public amenities; **habitation collective** = multifamily unit

collectivité locale *ou* **collectivité régionale** *nf* local authority *ou* regional authority

colline *nf* hill; **flanc de la colline** = hillside; **sous l'effet de l'érosion, les flancs de la colline sont ravinés** = the eroded hillsides are scarred with gullies

colloïde *nm* colloid

◇ **colloïdal, -e, -aux** *adj* colloidal

colonie *nf* **(a)** *(d'animaux ou de plantes)* colony; **animaux vivant en colonie** = colonial animals; **colonie communautaire** = communal colony **(b)** *(d'êtres humains)* settlement

◇ **colonial, -e, -aux** *adj* colonial

◇ **colonisateur, -trice** *adj* **espèce colonisatrice** = colonizer

◇ **colonisation** *nf* colonization; **les îles sont tout particulièrement exposées à la colonisation par les plantes ou les animaux introduits par l'homme** = islands are particularly subject to colonization by species of plants or animals introduced by man

◇ **coloniser** *vtr* to colonize; **les rats ont colonisé les rives du fleuve** = rats have colonized the river banks

colonne *nf* column; **dans certaines régions du monde, les roches basaltiques sont en forme de colonne** = basalt rocks form columns in certain parts of the world; **la structure des roches ignées est parfois en forme de colonne** = igneous rocks may have a columnar structure; **colonne vertébrale** = vertebral column

colorant *nm* colouring matter *ou* dye *ou* stain; **colorants azoïques** = azo dyes

◇ **coloration** *nf* coloration *ou* staining; **coloration cryptique** = cryptic coloration; *(chimie)* **méthode de coloration** = staining method

◇ **colorer** *vtr* to colour; *US* to color *ou* to stain; **le produit chimique a coloré l'eau**

de la rivière en bleu = the chemical coloured the river blue

colostrum *nm* colostrum

colza *nm* oil-seed rape; **huile de colza** = rape-seed oil

combustible *nm* fuel; **barre de combustible** = fuel rod; **combustible fossile** = fossil fuel; **combustible irradié** = spent fuel; **combustible nucléaire** = nuclear fuel; **on expédie des tonnes de combustible nucléaire irradié afin qu'il soit retraité** = tonnes of spent nuclear fuel are sent for reprocessing; **combustible organique** = biofuel; **combustible solide** = solid fuel; **chauffage à combustibles solides** = solid fuel heating; **élément de combustible** = fuel element; **rendement du combustible** = fuel efficiency

> en RFA, le nucléaire représentait, en 1989, 39% (14% en 1980) de la production publique d'électricité, contre plus de 50% pour les combustibles fossiles (80% en 1980)
> *Que choisir?*

combustion *nf* burning *ou* combustion; **les gaz de combustion passent directement dans l'atmosphère** = flue gas are passed directly into the atmosphere; **combustion à l'air libre** = open burning; **combustion sur lit fluidisé** = fluidized-bed combustion (FBC); *(dans un réacteur nucléaire)* **combustion massique** = burn-up; **moteur à combustion interne** = internal combustion engine; **résidus de combustion** = product of incomplete combustion (PIC) *ou* incineration ash

comestible *adj* edible; **champignons comestibles** = edible fungi

comité *nm* board *ou* body *ou* committee; **comité consultatif** = advisory committee *ou* advisory board *ou* consultative body; **comité d'éthique** = ethical committee; **comité des problèmes de l'eau** = committee on water problems

commensal, -e, -aux 1 *adj* commensal **2** *nm* commensal
NOTE: le **parasite** vit aux dépens d'un autre organisme en lui portant préjudice; le commensal vit en **symbiose** avec son hôte

◇ **commensalisme** *nm* commensalism

commerce *nm* trade

◇ **commercial, -e, -aux** *adj* commercial; **le sentiment général est que les grandes entreprises industrielles ne sont régies que par des impératifs commerciaux et ne tiennent aucun compte des intérêts de la collectivité** = the general feeling is that large-scale industrial companies are only governed by commercial requirements and have no social responsibility

commission *nf* board *ou* committee; **Commission de contrôle des installations nucléaires** = *US* Nuclear Regulatory Commission (NRC); **commission d'enquête** = board of inquiry; **commission mixte** *ou* **commission paritaire** = joint committee; **Commission mondiale sur l'environnement et le développement (CMED)** = World Commission on Environment and Development (WCED)

commun, -e *adj* common; *(dans la CEE)* **Politique agricole commune (PAC)** = Common Agricultural Policy (CAP)

communal, -e, -aux *adj* **terrain communal** = common land *ou* common

communauté *nf* community; **communauté climacique** = climax community; **communauté de jouissance** = right of common

◇ **communautaire** *adj* **transports communautaires** = community transport

commune *nf* local authority; *US* township

compacter *vtr* to compact

◇ **compactage** *nm* compacting

◇ **compacteur** *nm* compactor; **compacteur de déchets** = waste compactor

compagne *nf* companion; **espèces végétales compagnes** = companion plants

◇ **compagnie** *nf* company; **compagnie forestière** = forest company; **compagnie minière** = mining company

◇ **compagnon** *nm* companion

compensation *nf* compensation; **niveau de compensation** = compensation depth; **point de compensation** = compensation point

complet, -ète *adj* **(a)** absolute **(b)** *(non raffiné)* **pain complet** = brown bread *ou* wholemeal bread; **pour votre santé, il est préférable de manger du pain complet plutôt que du pain blanc** = brown bread is better for you than white; **riz complet** = wholegrain rice

complexe industriel *nm* industrial estate; **il est prévu d'implanter ici un complexe industriel** = they are planning to develop the site as an industrial estate

comportement *nm* behaviour

◇ **comportemental, -e, -aux** *adj* behavioural

composant *nm* constituent

composé *nm* compound; **composé aromatique** = aromatic; **composé azoté** = nitrogen compound; **composé organochloré** = organochlorine *ou* chlorinated hydrocarbon; **composés phénoliques** = phenolic compounds; **composé stable** = stable compound

composées *nfpl* Compositae

composer *vtr* to compose; **l'air est composé de plusieurs gaz: 75% d'azote, 23% d'oxygène, 1% d'argon et d'infimes quantités de plusieurs autres gaz** = air is composed of a mixture of gases: 75% nitrogen, 23% oxygen, 1% argon and very small quantities of several other gases

composition *nf* composition; **composition chimique** = chemical composition *ou* chemistry; **l'activité humaine a radicalement changé la composition chimique de l'atmosphère** = human action has radically altered the chemistry of the atmosphere; **composition du sang** = blood chemistry

> l'air emprisonné dans les carottes de glace prélevées dans l'Antarctique est un fantastique témoin de la composition gazeuse de l'atmosphère à une époque donnée
>
> *Libération*

compost *nm* compost; **tas de compost** = compost heap

◇ **compostage** *nm* composting; **compostage des boues** = sludge composting; **fût de compostage** = composting drum

> le compostage des fumiers ainsi que l'abandon du maïs pour la luzerne semblent nécessaires afin de limiter le lessivage des nitrates
>
> *Ouest-France*

compression *nf (des déchets)* compaction

compteur *nm* **(a)** counter; **compteur Geiger** = Geiger counter **(b)** meter; **le compteur mesure le débit de l'eau qui passe dans le tuyau** = the meter measures the flow of water through the pipe; **compteur d'eau** = water meter; **compteur d'électricité** = electric meter; **compteur à gaz** = gas meter

concentration *nf* (i) concentration (level); (ii) concentrate; **la concentration en mercure des poissons était supérieure aux limites autorisées** = the fish contained higher than permitted levels of mercury; **concentration au niveau du sol** = ground-level concentration; **concentration dans l'environnement** = environmental concentration; **concentration de fond** = background concentration; **concentration maximale admissible** = maximum allowable concentration (MAC); **facteur de concentration** = concentration factor; **pic de concentration** = concentration peak

> dans le Finistère, la teneur en nitrates de l'eau distribuée dans 30% du réseau collectif du département excède 50 mg, qui est la concentration maximale admissible selon les normes de la CEE
>
> *l'Express*

◇ **concentré** *nm* concentrate

◇ **concentrer** *vtr* to concentrate

◇ **se concentrer** *vpr* **se concentrer sur** = to concentrate on

conception *nf (d'un projet)* design

concerner *vtr* to apply (to); **la consigne concerne tous les fabricants de ce pesticide** = this order applies to all producers of the pesticide

concertation *nf* concert; **en concertation avec** = in concert with

concevoir *vtr (créer un projet)* to design

conchyliculture *nf* shellfish culture

concrétion *nf* concretion

◇ **concrétionné, -e** *adj* concretionary

condensat *nm* condensate; **réservoir à condensat** = condensate storage tank

◇ **condensation** *nf* condensation; **aérosol de condensation** = condensation aerosol; **densité de condensation** = vapour concentration; **noyau de condensation** = condensation nucleus; **traînée de condensation** = vapour trail

◇ **condensé, -e** *adj* condensed

◇ **condenser** *vtr* to condense

◇ **se condenser** *vpr* to condense

> au cours de son ascension, l'air humide se refroidit puis se condense partiellement sous forme de nuages et l'atmosphère renferme en définitive de l'eau sous forme de vapeur, de liquide ou de cristaux de glace
>
> *la Recherche*

◇ **condenseur** *nm* condenser

condition *nf* condition; **les conditions de vie en zone urbaine sont très mauvaises** = conditions in the urban areas are very bad

◇ **conditionné, -e** *adj* conditioned; **réflexe conditionné** = conditioned reflex

◇ **conditionnement** *nm* conditioning *ou* packaging; **le conditionnement des déchets radioactifs** = radioactive waste conditioning

conduction *nf* conduction; **conduction aérienne** = air conduction; **conduction osseuse** = bone conduction *ou* osteophony

◇ **conductibilité** *ou* **conductivité** *nf* conductivity; **de haute conductibilité** = highly conductive

◇ **conductible** *adj* conductive

conduit *nm* duct; **les conduits d'air conditionné doivent être régulièrement nettoyés** = air-conditioning ducts need regular cleaning

conduite *nf* **(a)** *(principale)* main; **conduite d'eau** = water main; **conduite d'évacuation de trop-plein** = overflow pipe **(b)** *(de pétrole)* pipeline **(c)** *(pour les gaz de combustion)* flue

cône *nm* cone

confinement *nm* isolation; **confinement des déchets radioactifs** = radioactive waste isolation; *(d'un réacteur nucléaire)* **enceinte de confinement** = containment building

confluence *nf (courants aériens)* confluence

◇ **confluent** *nm (cours d'eau)* confluence

conformément *adv* **conformément aux méthodes** = in conformity with the methods

se conformer à *vpr* to comply with; **l'usine a été contrainte de se conformer au nouveau règlement sur l'émission de gaz toxiques** = the factory was forced to comply with the new regulations on emission of toxic gases

conformité *nf* compliance *ou* conformity; **coût de mise en conformité** = cost of compliance

congélation *nf* deep-freezing; **pluie en cours de congélation** = freezing rain; **point de congélation** = freezing point *ou* frost point; **le point de congélation de l'eau est 0°C** = the freezing point of water is 0°C

◇ **congeler** *vtr* to deep-freeze *ou* to freeze

congénital, -e, -aux *adj* congenital; **malformation congénitale** = congenital defect; **elle est sourde de naissance, à cause d'une malformation congénitale** = she was born congenitally deaf

conglomérat *nm* conglomerate

conifère 1 *nm* conifer; **forêt de conifères** = coniferous forest; **la plantation de conifères a notablement changé la physionomie du paysage des plateaux** = afforestation with conifers has had a noticeable effect on the landscape of the upland region **2** *adj* coniferous

conjonctif, -ive *adj* connective; **tissu conjonctif** = connective tissue

connexion *nf* connection

consanguinité *nf* inbreeding; **dépression de consanguinité** = inbreeding depression

◇ **consanguin, -e** *adj* inbred

conseil *nm* **(a)** *(avis)* advice *ou* recommendation **(b)** *(institution)* board *ou* council; **le conseil a accepté les recommandations du comité concernant le stockage des déchets** = the council accepted the committee's recommendations about disposal of waste; **conseil consultatif** = advisory board; **Conseil pour la protection de l'environnement** = Nature Conservancy Council

◇ **conseiller** *vtr* to advise *ou* to recommend

conservation *nf* conservation *ou* preservation; **conservation d'énergie** = conservation of energy *ou* energy conservation; **conservation forestière** = forest conservation; **conservation des ressources** = conservation of resources; **conservation des ressources naturelles** = economic conservation; **conservation des sols** = soil conservation *ou* conservation of soil

◇ **conserve** *nf* preserve; **les conserves alimentaires permettent de consommer en hiver certaines denrées périssables lorsqu'il n'y a pas de produits frais** = food preservation allows some types of perishable food to be eaten during the winter months when fresh food is not available

◇ **conserver** *vtr* to conserve *ou* to preserve

considérable *adj* significant

◇ **considérablement** *adv* significantly

consommateur *nm* **(a)** consumer; **jury de consommateurs** = consumer panel; **organisme représentant les consommateurs** = consumer council; **protection du consommateur** = consumer protection; **recherche sur les motivations des consommateurs** = consumer research **(b)** *(biologie)* consumer; **consommateur primaire** = primary consumer; **consommateur secondaire** = secondary consumer; **consommateur tertiaire** = tertiary consumer

◇ **consommateur, -trice** *adj* **l'usine est grande consommatrice de charbon** = the factory has a heavy consumption of coal

consommation *nf* consumption; **la consommation nationale de bois a diminué d'un quart** = the country's consumption of wood has fallen by a quarter; **3% des prélèvements de nourriture se sont révélés impropres à la consommation humaine car ils contenaient du plomb** = 3% of all food samples were found to be unfit for human consumption through contamination by lead; **biens de consommation** = consumables *ou* consumable goods; **consommation domestique** = domestic consumption *ou* home consumption; *(d'une voiture)* **consommation d'essence** = petrol consumption; *US* gas mileage; **consommation intérieure** = domestic consumption; **consommation nationale** = home consumption; **industrie de biens de consommation** = consumer goods industry; **résidus de consommation** = consumption residues; **société de consommation** = consumer society

consommer *vtr* to consume; **la population consomme dix tonnes de produits alimentaires par semaine** = the population consumes ten tonnes of foodstuffs per week; **cet oiseau consomme quotidiennement l'équivalent de la moitié de son poids en insectes** = the bird's daily intake of insects is more than half its own weight; **par rapport à une pompe ordinaire, cette nouvelle pompe consomme deux fois moins de combustible** = the new pump consumes half the fuel which a normal pump would use; **l'usine consomme de grandes quantités d'eau** = the factory is a heavy consumer of water; **une voiture qui consomme peu de carburant** = a car with low petrol consumption

constant, -e *adj* constant; **carte à niveau constant** = constant level chart; **carte à pression constante** = constant pressure chart

constituer *vtr* to compose

◇ **constitutif, -ive** *adj* constituent; **les éléments constitutifs de l'air** = the constituent elements of air

◇ **constitution** *nf* composition

construction *nf* building *ou* construction; **la construction de l'autoroute fera disparaître plusieurs zones de marais sauvages** = the building of the motorway will destroy several areas of wild fen; **chantier de construction** = building site; **densité de construction** = building density; **zone de construction** = building zone

◇ **construire** *vtr* to build; **le promoteur a l'intention de construire 2500 maisons sur cet espace vert** = the developer is planning to build 2,500 new houses on the greenfield site; **permis de construire** = building permit *ou* building license *ou* construction certificate

◇ **construit, -e** *adj* built; **zone construite** = built-up area; **zone non construite** = open country *ou* open land

consultatif, -ive *adj* advisory; **comité consultatif** = advisory board *ou* consultative board *ou* advisory committee *ou* consultative committee

consumérisme *nm* consumerism; **consumérisme vert** = green consumerism

contact *nm* contact; **être en contact direct avec quelqu'un** *ou* **quelque chose** = to have contact with someone *ou* something; **être en contact avec quelqu'un** = to be in contact with someone; **herbicide de contact** = contact herbicide *ou* contact weedkiller; **insecticide de contact** = contact insecticide

◇ **contacter** *vtr* to contact; **contactez votre bureau régional pour connaître les conditions d'adhésion** = contact your local office to find out details of membership to the group

contagieux, -euse *adj* contagious *ou* infectious; **cette souche de grippe est extrêmement contagieuse** = this strain of flu is highly infectious; **service des contagieux** = isolation ward

◇ **contagion** *nf* contagion

contamination *nf* contamination *ou* infection; **la contamination a été causée par l'absorption d'eau polluée** = contamination resulted from drinking polluted water; **contamination atmosphérique** = atmospheric contamination

◇ **contaminer** *vtr* to contaminate *ou* to infect; **toute la région a été contaminée par les déchets de la centrale électrique** = the whole area has been contaminated by waste from the power station; **l'excès de nitrates s'est infiltré dans les nappes aquifères et a contaminé les réserves d'eau** = excess nitrates have leached into ground water and contaminated the water supply; **les réserves d'eau potable ont été contaminées par les rejets d'usine** = supplies of drinking water were contaminated by refuse from the factories; **tout un groupe de touristes est tombé malade après avoir mangé de la nourriture contaminée** = a whole group of tourists fell ill after eating contaminated food; **il était porteur de la maladie et contaminait donc les autres personnes du bureau** = as a carrier he was spreading infection to other people in the office; **non contaminé** = uncontaminated

conteneur *nm* container; **collecte par conteneur** = collection from container; **conteneur de collecte** = bank; **conteneur de collecte de verre usagé** = bottle bank; **conteneur de boîtes de conserve à recycler** = can bank

◇ **contenir** *vtr* to contain; **ces aliments contiennent une forte proportion d'amidon** = these foods have a high starch content; **les fruits secs contiennent plus de sucre que les fruits frais** = dried fruit has a higher sugar content than fresh fruit

contexte *nm* background

continent *nm* continent; **dérive des continents** = continental drift

◇ **continental, -e, -aux** *adj* continental; **climat continental** = continental climate; **croûte continentale** *ou* **écorce continentale** = continental crust; **marge continentale** = continental margin; **plateau continental** *ou* **plate-forme continentale** = continental shelf; **talus continental** = continental slope

continu, -e *adj* constant

contourner *vtr* to by-pass; **il est prévu de construire une nouvelle grande voie de circulation qui contourne la ville** = the plans are to build a new main road, by-passing the town

contraire *adj* reverse

contre-courant *nm* rip current *ou* rip tide

contrôle *nm* **(a)** control; **barre de contrôle** = (nuclear) control rod; **contrôle biologique** = biological control; **contrôle strict des déchets dangereux** = strict controls over dangerous waste **(b)** *(examen)* examination **(c)** *(surveillance)* monitoring; **les scientifiques ont installé un système de contrôle destiné à observer les modifications du rayonnement solaire** = scientists have set up a monitoring programme to check the changes in the sun's radiation; **selon un rapport de l'équipe de contrôle, du pétrole s'est échappé du pétrolier** = the monitoring team reported the leakage of oil from the tanker

◇ **contrôlé, -e** *adj* controlled; **décharge contrôlée** = controlled dumping; *US* sanitary landfill; **décharge non contrôlée** = *(action)* indiscriminate dumping; *(lieu)* open dump

conurbation *nf* conurbation *ou* megalopolis

convection *nf* convection

convention *nf* convention; **Convention internationale sur les baleines** = International Whaling Convention

conversion *nf* conversion; **conversion de l'énergie thermique océanique (CETO)** = Ocean Thermal Energy Conversion (OTEC)

◇ **convertir** *vtr* to convert

> une centrale électrique thermique ou nucléaire ne peut convertir que 40% de la chaleur de ses chaudières en électricité
>
> *Libération*

◇ **convertisseur** *nm* converter; **convertisseur Bessemer** = Bessemer converter; **l'air insufflé dans un convertisseur Bessemer** = the blow of air through a Bessemer converter; **convertisseur de méthane** = methane converter; **convertisseur photothermique** = photoconverter

convexion *nf* convection

coopération *nf* cooperation

coordonné, -e *adj* coordinated; **non coordonné** = uncoordinated

copra *ou* **coprah** *nm* copra

coquillages *nmpl* shellfish

◇ **coquille** *nf* shell

corail *nm* coral; **récif de corail** = coral reef

◇ **corallien, -ienne** *adj* **récif corallien** = coral reef; **sable corallien** = coral sand

cordon littoral *nm* longshore bar

corolle *nf* corolla

corps *nm* **(a)** body; **corps législatif** = legislative body **(b)** substance; **corps stable** = stable substance

corrasion *nf* corrasion

correction *nf* correction; **corrections barométriques** = barometric corrections

corroder *vtr* to corrode

◇ **se corroder** *vpr* to corrode; **le fer se corrode et rouille** = iron corrodes and forms rust

◇ **corrosif, -ive** *adj* corrosive; **les matériaux de construction peuvent être attaqués par les dépôts secs corrosifs** = corrosive dry deposition may corrode building materials; **pouvoir corrosif** = corrosive power

◇ **corrosion** *nf* corrosion

cosmos *nm* cosmos

◇ **cosmique** *adj* cosmic; **rayons cosmiques** *ou* **rayonnement cosmique** = cosmic rays *ou* cosmic radiation

cosse *nf* pod

côte *nf* coast *ou* coastline *ou* littoral *ou* seaboard; **la côte est des Etats-Unis** = the eastern seaboard of the USA

> en Méditerranée, au-delà de vingt kilomètres des côtes, la concentration des polluants reste acceptable grâce au renouvellement des eaux, tous les 15 à 20 ans, par l'Atlantique, via le détroit de Gibraltar
>
> *Libération*

◇ **côtier, -ière** *adj* coastal *ou* inshore *ou* littoral; **barre côtière** = barrier beach; **brume côtière** = coastal fog; **courants côtiers** = littoral currents; **pêche côtière** = inshore fishing; **plante des eaux côtières** = a plant found in coastal waters; **protection côtière** = coastal protection

coteau *nm* hillside

cotylédon *nm* cotyledon *ou* seed leaf

couche *nf* **(a)** *(général)* layer; **couche aquifère** = waterbearing layer; **couche arable** = tilth; **couche de couverture** = covering layer; **couche euphotique** = euphotic zone; **couche d'ozone** = ozone layer **(b)** *(couverture épaisse)* blanket; **les champs étaient recouverts d'une épaisse couche de neige** = a blanket of snow covered the fields; **couche marécageuse** = blanket bog **(c)** *(roches sédimentaires)* bed; **on voit clairement plusieurs couches de grès sur les falaises** = the cliffs show clearly several beds of sandstone; **couche imperméable** = aquiclude; **couche sommitale** = topset bed *ou* topsoil

coulée *nf* **coulée de boue** = mudslide; **coulée de lave** = lava flow

couler *vi* **(a)** *(liquide)* to flow **(b)** *(se noyer ou s'engloutir)* to sink

couleur *nf* colour; *US* color; **c'est grâce à leur couleur que les fleurs attirent les insectes** = flowers use colour to attract insects

coup de vent *nm* gale *ou* gust; **avis de coup de vent sur la région** = gales are forecast for the area; **avis de coup de vent** = gale warning

coupe *nf (d'arbres)* coupe *ou* cut; **coupe rase** = clearcutting; **coupe partielle** = partial cut; **rémanents de coupe** = lying logs; **système de coupe progressive** = shelterwood; **les coupes de rajeunissement constituent une méthode traditionnelle d'exploitation des forêts** = coppicing is a traditional method of wood management

◇ **coupe-feu** *nm* firebreak

◇ **couper** *vtr* to cut

◇ **coupure** *nf (zone intermédiaire)* **coupure verte** = buffer zone

cour *nf* **(a) cour de ferme** = farmyard **(b)** *(de justice)* court; **cour fédérale** = *US* district court

courant *nm (atmosphère)* current *ou* draught *ou* stream; *(mer)* current *ou* stream; **de dangereux courants rendent la pêche côtière difficile** = dangerous currents make fishing difficult near the coast; **courant aérien** = air current; **courant ascendant** = updraught; **courant atmosphérique** = air flow *ou* airstream; **courant descendant** = down draught *ou* down draft; **courant-jet** = jetstream; **courant sanguin** = blood stream; **vent-courant** = drift current

courbe *nf* **(a)** curve; **courbe d'étalonnage** = calibration curve **(b)** graph; **courbe de température** =

temperature graph; **courbes d'égale vitesse (du vent)** = isotaches

◇ **courbe de niveau** *nf* contour *ou* contour line; **intervalle des courbes de niveau** = contour interval; **labour suivant les courbes de niveau** = contour tillage *ou* contour farming

◇ **courbure** *nf* curvature; **la courbure de la Terre** = curvature of the earth

couronne *nf (du Soleil ou de la Lune)* corona

cours d'eau *nm* river *ou* stream *ou* watercourse; **cours d'eau à marée** = tidal river; **débit d'un cours d'eau** = stream run-off

coût *nm* cost; **analyse coût-bénéfice** = cost-benefit analysis; **analyse coût-efficacité** = cost effectiveness analysis; **coût énergétique** = energy cost; **coût privé** = private cost; **coûts salariaux** = labour cost; **coût social** = social cost; **coût de la vie** = cost of living

◇ **coûter** *vtr* to cost; **les mesures de lutte contre la pollution coûtent cher à la collectivité** = pollution control measures are costly to the community

◇ **coûteux, -euse** *adj* costly

couvaison *nf* brooding time *ou* hatching

◇ **couvée** *nf* brood; **il y a suffisamment de nourriture sur ce territoire pour deux adultes et une couvée de six ou huit jeunes** = the territory provides enough food for two adults and a brood of six or eight young

◇ **couver** *vtr* to brood *ou* to hatch *ou* to sit on eggs

couvert *nm* **couvert forestier** = canopy cover; **couvert végétal** = ground cover *ou* plant cover *ou* tree cover

◇ **couverture** *nf* blanket *ou* cover; **couche de couverture** = covering layer; **couverture végétale** = ground cover *ou* plant cover *ou* tree cover; **matériau de couverture** = covering material

> la couverture forestière de l'Inde est passée de 16,9% au début des années 70 à 14,1% au début des années 80, soit une perte moyenne de 1,3 million d'hectares par an
> *le Courrier de l'Unesco*

◇ **couvrir** *vtr* to cover; **couvrir un haut-fourneau** = to bank; **couvrir de chaume** = to thatch; **pour couvrir un toit de chaume, les roseaux constituent le meilleur matériau** = reeds provide the best material for thatching

CPV = CHLORURE DE POLYVINYLE

Cr *symbole chimique* = CHROME

cracking *nm* cracking

craie *nf* chalk

craquage *nm* cracking

cratère *nm* crater; **lac de cratère** = crater lake

crayeux, -euse *adj* chalky; **terrain crayeux** = chalky soil

créosote *nf* creosote

crétacé, -e *adj* Cretaceous

crête *nf* crest *ou* ridge; **crête montagneuse** = ridge top

creux *nm* **(a)** *(général)* hollow *ou* trough **(b)** *(météo)* col

◇ **creux, -euse** *adj* **(a)** hollow; **l'eau s'accumule dans la tige creuse des végétaux** = water collects in the hollow stem of plants **(b)** *(de faible consommation)* **heures creuses** = offpeak hours

crevasse *nf* crevasse *ou* fissure

crique *nf* inlet

criquet *nm* locust

crise *nf* **(a)** crisis; **situations de crise écologique** = situations of ecological crisis; **une crise provoquée par la sécheresse** = a crisis caused by draught; **cellule de crise** = crisis center **(b)** attack; **crise cardiaque** =

heart attack; **de plus en plus de gens meurent d'une crise cardiaque chaque année** = heart attacks kill more people every year

cristal, -aux *nm* crystal; **cristal de roche** = quartz; **cristaux de glace** = ice crystals

◇ **cristallin, -e** *adj* crystalline; **roches cristallines** = cristalline rocks

critère *nm* criterion; **critères de bruit** = noise criteria

critique **1** *adj* critical; **liaison critique (dans la chaîne alimentaire)** = critical link; **charge critique** = critical load; **masse critique** = critical mass; **organe critique** = critical organ; **pH critique** = critical pH; **point critique** = critical point; **température critique** = critical temperature **2** *nf* criticism; **le projet a soulevé de nombreuses critiques** = the scheme raised much criticism; **le rapport émet des critiques sur les mesures prises pour lutter contre la pollution** = the raport was critical of the steps taken to cut down pollution

◇ **critiquer** *vtr* to criticize; **le rapport a critiqué l'attitude du gouvernement à propos de la construction de bâtiments en zone verte** = the report criticized the government's attitude to building on green belt areas

croisé, -e *adj* **fécondation croisée** = cross-fertilization; **pollinisation croisée** = cross-pollination

◇ **croisement** *nm* cross *ou* cross-breeding; **par croisement de deux variétés de riz, on a obtenu une nouvelle variété très résistante à la maladie** = they crossed two strains of rice to produce a new strain which is highly resistant to disease; **les fermiers ont obtenu, par croisement, de nouvelles espèces de moutons plus robustes** = farmers have bred new hardy forms of sheep

◇ **croiser** *vtr* to cross; *(des espèces de races différentes)* to interbreed

◇ **croissance** *nf* growth; **la croissance démographique depuis 1960** = the growth in the population since 1960; **la croissance annuelle des arbres est indiquée par ses anneaux** = the rings show the annual growth of a tree; **chaque année, l'arbre a un nouvel anneau de croissance** = the tree grows a new ring every year; **activateur de croissance** = growth promoter; **croissance démographique** = population growth; **hormone de croissance** = growth hormone; **inhibiteur de croissance** = growth inhibitor *ou* growth retardant; **régulateur de croissance** = growth regulator; **stimulant de croissance** = growth promoter *ou* growth stimulant; **taux de croissance** = growth rate

◇ **croître** *vi* to grow; **manière de croître** = habit

croix *nf* cross; **la Croix-Rouge** = the Red Cross

croûte *nf* crust; **croûte continentale** = continental crust; **croûte océanique** = oceanic crust

cru, -e *adj* raw

cruciféracées *ou* **crucifères** *nfpl* Cruciferae

crue *nf* flood *ou* floodwater *ou* highwater; **après la crue, le centre de la ville était recouvert de boue** = after the flood water receded the center of the town was buried in mud; **annonce des crues** = flood warning; **crue subite** = flash flood; **lutte contre les crues** = flood control; **niveau de crue** = flood level; **rivière en crue** = river in flood

crustacé, -e **1** *adj* crustaceous **2** *nm* crustacean *ou* shellfish

◇ **crustacés** *nmpl* Crustacea

cryophyte *nm* cryophyte

cryoturbation *nf* upfreezing

crypto- *préf* crypto-

◇ **cryptogamique** *adj* fungoid; **maladie cryptogamique** = fungus disease

◇ **cryptozoïque** *adj* cryptozoic

Cs *symbole chimique* = CESIUM

Cu *symbole chimique* = CUIVRE

cubique *adj* cubic

cuivre *nm* **(a)** *(jaune)* brass **(b)** *(rouge)* copper; **minerai de cuivre** = copper ore; **oxyde de cuivre** = copper oxide; **sulfure de cuivre** = copper sulphide
NOTE: symbole chimique **Cu;** nombre atomique **29**

culicide *nm* mosquitocide

culot *nm (d'un volcan)* plug

cultiver *vtr* to cultivate *ou* to grow; **si on cultive la lisière des champs, on risque de déclencher un processus d'érosion** = cultivation of marginal areas can lead to erosion; **on encourage les agriculteurs à cultiver de nouvelles variétés de maïs** = farmers are encouraged to grow mew varieties of maize

◊ **cultivable** *adj* arable *ou* cultivable; **surface cultivable** = cultivable acreage; **terres cultivables** = arable soil

◊ **cultivar** *nm* cultivar

◊ **cultivateur, -trice** *n* cultivator

culture *nf* **(a)** *(biologie)* culture; **faire une culture microbienne** = culture; **bouillon de culture** *ou* **milieu de culture** = culture medium *ou* agar; **culture mère** = stock culture **(b)** *(agriculture)* arable farming *ou* crop *ou* cultivation; **la superficie des terres consacrées à la culture du riz croît régulièrement depuis 40-50 ans** = the area under rice cultivation has grown steadily in the past 40-50 years; **culture de base** = basic crop; **culture biologique** = organic farming; **culture sur brûlis** = slash and burn culture *ou* swidden; **culture commerciale** *ou* **culture de rapport** = cash crop; **culture fruitière** = fruit farming; **culture hydroponique** = soilless gardening; **culture marine** = mariculture; **culture maraîchère** = market gardening; **culture de protection** = crop cover; **culture sèche** = dry farming; **culture en terrasses** = contour farming; **culture vivrière** = food crop; **pulvérisation des cultures** = crop dusting *ou* crop spraying; **terre de culture** = cropland

◊ **cultural, -e, -aux** *adj* farming

cumulatif, -ive *adj* accumulative; **effet cumulatif** = accumulative effect

cumulonimbus *nm inv* cumulonimbus

> dans un cumulo-nimbus, l'ascendance est si forte que les gouttes de pluie ne tombent que lorsqu'elles sont très grosses
> *Science illustrée*

cumulus *nm inv* cumulus

> le cumulus, du mot latin signifiant 'amas', est un nuage de beau temps dont la base est plate et le sommet, en dôme, dessine des protubérances arrondies
> *Science illustrée*

curie *nm* curie; **les émissions supérieures à 20 curies par an sont interdites** = discharges of more than 20 curies per year are not permitted
NOTE: avec un chiffre, s'écrit **Ci: 25 Ci**

cuve *nf* vessel; **cuve de précipitation** = precipitator; **cuve de précipitation électrostatique** = electrostatic precipitator; **cuve du réacteur nucléaire** = pressure vessel

cuvette à sel *nf* salt pan

cyan *nm* cyan

cyano- *préf* cyano-

◊ **cyanocobalamine** *nf* cyanocobalamin

◊ **cyanophycées** *nfpl* Cyanophyta

◊ **cyanose** *nf* cyanosis

cyanure *nm* cyanide

cyclamate *nm* cyclamate

cycle *nm* cycle; **les déchets industriels perturbent le cycle naturel des substances nutritives** = industrial waste upsets the natural nutrient cycle; **cycle de l'azote** = nitrogen cycle; **cycle biologique** = life history; **cycle du carbone** = carbon cycle *ou* circulation of carbon; **cycle de l'eau** *ou* **cycle hydrologique** = hydrological cycle; **cycle d'évolution** *ou* **cycle vital** = life cycle; **cycle de Krebs** *ou* **cycle de l'acide citrique** = Krebs cycle *ou* citric acid cycle;

cycle menstruel = menstrual cycle; **cycle d'utilisation des matériaux** = utilization cycle of materials

> les arbres et les sols jouent un rôle capital dans le cycle planétaire du carbone dont l'importance a été soulignée par l'apparition de changements climatiques dus au gaz carbonique, changements qui, selon certains, représenteraient pour l'environnement la plus grave menace des temps modernes
>
> *le Courrier de l'Unesco*

◇ **cyclique** *adj* cyclical

cyclo- *préf* cyclo-; **cyclothymie** = cyclothymia

cyclone *nm* **(a)** *(basses pressions)* cyclone; **cyclone tropical** = tropical cyclone; **oeil d'un cyclone** = storm centre *ou* storm eye **(b)** *(appareil)* cyclone; **dépoussiéreur à cyclone** = cyclone dust separator

> les cyclones tropicaux ont un diamètre de 300 à 800 kilomètres. Leurs parcours s'étirent sur des centaines ou des milliers de kilomètres et leur durée de vie est de l'ordre de la semaine
>
> *le Monde*

◇ **cyclonage** *nm* cyclone separation

◇ **cyclonique** *adj* cyclonic; **dans une direction cyclonique** = cyclonically

cylindrée *nf* cylinder capacity

cyto- *préf* cyt- *ou* cyto-

◇ **cytochimie** *nf* cytochemistry

◇ **cytodiérèse** *nf* cytokinesis

◇ **cytogénétique** *nf* cytogenetics

◇ **cytologie** *nf* cytology

◇ **cytolyse** *nf* cytolysis

◇ **cytoplasme** *nm* cytoplasm

◇ **cytoplasmique** *adj* cytoplasmic

◇ **cytosine** *nf* cytosine

◇ **cytosome** *nm* cytosome

◇ **cytotoxine** *nf* cytotoxin *ou* cytotoxine

Dd

D *symbole chimique* = DEUTERIUM

danger *nm* danger *ou* hazard; **les techniciens s'emploient à ce que le réacteur endommagé ne présente aucun danger** = technicians are trying to make the damaged reactor safe; **en danger** = at hazard *ou* at risk; **mettre ne danger** = to endanger; **les déversements polluants de cette usine mettent en danger la faune et la flore des lacs** = pollution from the factory is endangering the aquatic life in the lakes

◇ **dangereux, -euse** *adj* dangerous *ou* hazardous; **il est dangereux de boire cette eau** = it is not safe to drink the water here; **dangereux pour la santé** = hazardous to health; **déchets dangereux** = hazardous waste

dard *nm* sting

darwinisme *nm* Darwinian theory *ou* Darwinism

◇ **darwinien, -ienne** *adj* Darwinian; **aptitude darwinienne** = Darwinian fitness

datation *nf* dating; **datation au carbone 14** = carbon-14 dating; **datation par radiocarbone** = radiocarbon dating

dattier *nm* date palm

dauphin *nm* dolphin; **aquarium pour dauphins** = dolphinarium

dB = DECIBEL

dBA = DECIBEL A PONDERATION

DBCP = DIBROMOCHLOROPROPANE

DBO = DEMANDE BIOCHIMIQUE EN OXYGENE

DCO = DEMANDE CHIMIQUE EN OXYGENE

DDT = DICHLORO-DIPHENYL-TRICHLORETANE

débâcle *nf (de la glace)* debacle

se débarrasser (de) *vpr* to dispose (of); **le problème, avec les réacteurs nucléaires, c'est de savoir comment se débarrasser des déchets radioactifs** = the problem with nuclear reactors is how to dispose of radioactive waste

débit *nm* flow *ou* discharge; **le compteur mesure le débit de l'eau qui passe dans le tuyau** = the meter measures the flow of water through the pipe

> plus la température du corps s'abaisse, plus le coeur se ralentit: vers 30°C, le débit sanguin cardiaque peut chuter de moitié
> *Sciences et Nature*

◇ **débitmètre** *nm* flowmeter

déblaiement *nm* clearance

◇ **déblais** *nmpl* spoil

déboisement *nm* deforestation; **l'industrie du bois a contribué au déboisement des régions tropicales** = timber industry have helped to deforest the tropical regions

◇ **déboiser** *vtr* to clear (forest) *ou* to clearcut *ou* to clearfell *ou* to deforest; **on déboise la forêt tropicale plus rapidement qu'auparavant** = we are clearing rainforest at a faster rate than before

débordement *nm* spillage; **le débordement du fleuve dans la zone désertique proche** = spillage of the river into the nearby desert area

◇ **déborder** *vi* to overflow; **les inondations ont fait déborder le réservoir** = the floods made the reservoir overflow

déboucher *vtr* to unblock

débris *nmpl* debris; **débris volcaniques d'un volcan en éruption** = volcanic debris from a volcano in eruption

débroussaillage *ou* **débroussaillement** *nm* clearing *ou* ground clearance

◇ **débroussaillant** *nm* brush killer

décharge *nf* **(a)** dump *ou* refuse dump *ou* waste dump; **site de décharge** = dump site *ou* dumping ground; **décharge brute** = open dump; **décharge pour déchets encombrants (monstres)** = dump for bulky waste; **décharge municipale** = municipal dump; **décharge sauvage** = uncontrolled dump site **(b)** landfill *ou* tip; **site de décharge** = landfill site; **le renforcement de la réglementation sur la protection de l'environnement s'est traduit par la fermeture de plus de 2000 décharges** = more than 2,000 landfills have been closed due to tighter environmental laws; **le conseil a décidé d'utiliser les anciennes carrières de gravier comme décharge** = the council has decided to use the old gravel pits as a landfill site; **les produits polluants d'une décharge peuvent, en cas de fuite, atteindre la nappe phréatique** = landfill sites can leak pollutants into the ground water; **une décharge bien conçue peut être une source de gaz combustible** = landfill sites, if properly constructed, can be used to provide gas for fuel; **décharge contrôlée** = *US* sanitary landfill; **le choix du site de décharge a provoqué beaucoup de controverses** = the siting of the refuse tip has caused a lot of controversy **(c)** *(action)* dumping *ou* tipping; **décharge d'huile usée** = dumping of used oil; **décharge contrôlée** = controlled dumping *ou* controlled tipping *ou* landfilling; **décharge non contrôlée** = indiscriminate dumping; **décharge illégale** = fly-tipping; **décharge interdite** = no dumping

décharge pilote *nf (éclair)* leader stroke

déchets *nmpl* **(a)** refuse *ou* rubbish; *US* garbage *ou* trash; **incinération des déchets** = trash burning **(b)** waste; **les déchets sont rejetés à la mer** = waste products are dumped in the sea; **déchets contaminés (des hôpitaux)** *ou* **déchets pathogènes** = pathological waste; **déchets de démolition** = rubble; **déchets de faible activité**= low-level waste; **déchets de faible et moyenne activité** = indeterminate waste; **déchets de forte activité** = high-level waste; **déchets (industriels)** = waste product; **déchets miniers** = spoil; **déchets nucléaires** = nuclear waste; **dépôt de déchets** = waste dump; **élimination** *ou* **évacuation des déchets** = waste disposal; **gestion des déchets** = waste management; **procédé d'enfouissement des déchets** = landfilling; **traitement des déchets** = waste treatment; **traitement** *ou* **transformation des déchets** = waste processing; **tri des déchets** = waste sorting; **usine de traitement des déchets** = waste treatment plant

déchiquetage *nm (des déchets)* crushing

décibel *nm* decibel (dB); **décibel à pondération (dBA)** = decibel A scale *ou* dBA scale

décideur *nm* decision-maker

décidu, -e *adj* deciduous; **forêt décidue tempérée** = temperate deciduous forest; **forêt décidue tropicale** = semi-deciduous forest

décimer *vtr* to decimate; **la surpêche a décimé les populations de harengs de la mer du Nord** = overfishing has decimated the herring population in the North Sea

déclarer *vtr* to notify *ou* to report; **maladies (du travail ou contagieuses) à déclarer auprès des services d'hygiène** = reportable diseases

◇ **déclaration** *nf* notification; **maladie à déclaration obligatoire** = notifiable disease

déclasser *vtr (une centrale nucléaire)* to decommission

◇ **déclassement** *nm* decommissioning; **déchets provenant du déclassement des centrales nucléaires** = decommissioning waste

> une installation réputée dangereuse est dite "déclassée" si elle ne présente plus aucun danger pour l'environnement; la démolition correspond alors au dernier niveau de déclassement
>
> *Science illustrée*

déclenchement *nm* outbreak

◇ **déclencher** *vtr* to trigger; **on ne sait pas ce qui a déclenché l'avalanche** = it is not known what triggered the avalanche; **le temps, inhabituellement doux, a déclenché une invasion de criquets** = the plague of locusts was triggered by unusually warm weather

◇ **déclencheur** *nm (stimulus)* releaser

déclin *nm* decline; **déclin démographique** = decline in population; **en déclin** = on the decrease

◇ **déclinaison** *nf (astronomie)* declination; **déclinaison magnétique** = magnetic declination

◇ **décliner** *vi* to decline; **l'eau devenant de plus en plus acide, la population de poissons a brutalement décliné** = the fish population declined sharply as the water became more acid

décokage *nm* de-coking

décoloration *nf* discoloration

◇ **décoloré, -e** *adj* discoloured; *US* discolored

◇ **décolorer** *vtr* to discolour; *US* to discolor

décomposer *vtr* to decay *ou* to decompose *ou* to rot

◇ **se décomposer** *vpr* to decay *ou* to decompose *ou* to rot

◇ **décomposable** *adj* decomposable

◇ **décomposeur** *nm* decomposer

◇ **décomposition** *nf* decay *ou* decomposition; **décomposition anaérobie** = anaerobic decomposition; **décomposition bactérienne** = bacterial decay; **décomposition des matières organiques** = decay of organic matter; **processus de décomposition** = breakdown process

décontamination *nf* decontamination; **indice de décontamination** = decontamination index

◇ **décontaminer** *vtr* to decontaminate

décroissance *nf* decrease; **décroissance de la radioactivité** = radioactive decay

◇ **décroître** *vi* to decrease

décyanuration *nf* cyanide removal

défense *nf (protection)* protection; **défense de l'environnement** = conservation measures; **groupe de défense de l'environnement** = environmentalist group

déferrisation *nf* iron removal

déficience *nf* deficiency

◇ **déficient, -e** *adj* deficient; **déficient en éléments nutritifs** = deficient in nutrients

déficit *nm* deficit

défloculant *nm* deflocculant

◇ **défloculation** *nf* deflocculation

défoliant *nm* defoliant; **la pulvérisation de défoliant fait tomber les feuilles de tous les végétaux** = spraying with defoliant strips the leaves off all plants

◇ **défoliation** *nf* defoliation

◇ **défolier** *vtr* to defoliate

déforestation *nf* deforestation

> la déforestation inconsidérée est également la cause première des catastrophes réputées "naturelles" comme les avalanches, les glissements de terrain ou les inondations
>
> *le Courrier du CNRS*

défrichement *nm* (land) clearing

◇ **défricher** *vtr* to clear (land); **des hectares de jungle ont été défrichés en vue de la construction d'une nouvelle route vers la capitale** = they cleared hectares of jungle to make a new road to the capital; **on défriche la forêt tropicale plus rapidement que par le passé** = we are clearing rainforest at a faster rate than before

dégagé, -e *adj (ciel)* cloudless

dégagement *nm* **(a)** *(nettoiement)* clearance **(b)** *(émission)* release *ou* emission

dégager *vtr* **(a)** *(nettoyer)* to clear **(b)** *(débloquer)* to unblock **(c)** *(émettre)* to emit *ou* to release; **le corps dégage de la chaleur** = heat radiates from the body

dégâts *nmpl* damage; **les associations de protection de l'environnement étaient opposées à l'introduction de cerfs car cette espèce provoque de gros dégâts sur la végétation locale** = conservation groups have criticized the introduction of red deer, a species which is highly detrimental to local flora; **dégâts des eaux** = flood damage

dégazer *vtr* to degas

◇ **dégazage** *nm* degasification *ou* degassing

dégel *nm* thaw

dégradable *adj* degradable

dégradation *nf* **(a)** *(biologie)* breakdown **(b)** blight *ou* degradation; **dégradation des sols** = weathering; **la dégradation chimique des sols peut être due à l'usage excessif d'engrais et aux émissions polluantes des industries** = chemical degradation of the soil can be caused by overuse of fertilizers and of pollutants from industrial processes; **le surpâturage a provoqué la dégradation du sol** = the land has been degraded through overgrazing; **dégradation écologique** = ecological damage; **dégradation de l'environnement** = environmental degradation; **dégradation de l'environnement urbain** = urban blight; **dégradation des villes** = urban decay; **non-dégradation** = non degradation

> l'huile minérale, d'origine organique, mélange d'hydrocarbures, est le résultat de la lente dégradation bactériologique de dépôts sédimentaires où se sont accumulés les restes de micro-organismes animaux et végétaux il y a des dizaines sinon des centaines de millions d'années
>
> *Science et Vie*

dégrader *vtr* to degrade *ou* to blight

> les pesticides, substances toxiques et très stables, ne sont facilement dégradées ni dans la nature ni dans les stations d'épuration traditionnelles
>
> *Pour la science*

◇ **se dégrader** *vpr* to degrade

degré *nm* **(a)** *(général)* degree **(b)** *(mesure)* degree; **degré Celsius** = degree Celsius; **degré Fahrenheit** = degree Fahrenheit; **l'eau gèle à 32°F (trente deux degrés Fahrenheit), à 0°C (zéro degré Celsius)** = water freezes at 32°F (thirty-two degrees Fahrenheit) or 0° Celsius (zero degree Celsius); **la température n'est que de 20 degrés Celsius** = the temperature is only 20° Celsius; **dix degrés au-dessous de zéro** = ten degrees of frost *ou* ten degrees below zero; **degré hydrotimétrique** = hardness (of water); **un cercle a 360°** = a circle has 360°

déhiscence *nf* dehiscence

◇ **déhiscent, -e** *adj* dehiscent

delta *nm* delta; **le delta du Nil** = the Nile delta

◇ **deltaïque** *adj* deltaic; **dépôts deltaïques** = deltaic deposits

demande *nf* demand; **on construit davantage de centrales afin de répondre à la demande en électricité** = they are building more power stations to satisfy the demand for electricity; **on estime que, d'ici dix ans, la demande sera supérieure à la capacité de production** = they calculate that demand will exceed supply within ten years; **demande chimique en oxygène (DCO)** = chemical oxygen demand (COD); **l'offre et la demande** = supply and demand

démantèlement *nm (centrale nucléaire)* dismantling

◇ **démanteler** *vtr* to dismantle

dème *nm* deme

déméthanisation *nf* extraction of methane

déminéralisation *nf* demineralization

◇ **déminéralisé, -e** *adj (eau)* distilled

demi-vie *nf* half-life

démographie *nf* demography

◇ **démographique** *adj* demographic; **l'accroissement démographique met en péril les efforts concernant la protection de la nature** = population growth is a major threat to conservation efforts; **accroissement démographique** = population growth; **équilibre démographique** = population equilibrium; **explosion démographique** = population explosion; **statistiques démographiques** = vital statistics; **transition démographique** = demographic transition

démoustication *nf* mosquito control

dénatalité *nf* decline *ou* decrease in the birth rate

dénaturation *nf* denaturation

◇ **dénaturé, -e** *adj* denatured; **alcool dénaturé** = denatured alcohol

◇ **dénaturer** *vtr* to denature

dendritique *adj* dendritic; **réseau (hydrographique) dendritique** = dendritic drainage

dendrochronologie *nf* dendrochronology

dendroclimatologie *nf* dendroclimatology

dengue *nf* breakbone fever *ou* dengue

dénitrification *nf* denitrification

dense *adj* dense

◇ **densité** *nf* **(a)** density; **densité dépendance** = density dependence; **densité dépendant** = density dependent; **indépendant de la densité** *ou* **non densité dépendant** = density independent; **densité de la circulation** = traffic concentration; **densité de la population** = population concentration *ou* population density; **à forte densité de population** = densely populated; **de haute densité** = high-density **(b)** *(physique)* specific gravity

dent *nf* tooth; **cétacés à dents** = toothed whales

◇ **denté, -e** *adj* toothed

◇ **dentition** *nf* dentition; **dentition caduque** *ou* **temporaire** = deciduous dentition

dénucléarisé, -e *adj* nuclear-free; **zone dénucléarisée** = nuclear-free zone

dénudation *nf* denudation

◇ **dénuder** *vtr* to denude; **les exploitants de bois ont dénudé la montagne** = the timber companies have denuded the mountain

département *nm* department

dépasser *vtr* to exceed; **il est dangereux de dépasser la dose prescrite** = it is dangerous to exceed the stated dose; **qui dépasse** = in excess of

dépendance *nf* dependence; **densité dépendance** = density dependence

◇ **dépendant, -e** *adj* dependent; **densité dépendant** = density dependent; **non densité dépendant** = density independent

◇ **dépendre de** *vtr* to depend on; **l'économie du pays dépend, dans sa totalité, de ses ressources naturelles** = the country's whole economy is dependent on its natural resources

dépense *nf* expenditure; **dépenses d'investissement** = capital expenditure; **dépenses publiques** = government *ou* public expenditure

déperdition *nf* loss; **déperdition d'énergie** = energy loss; **déperdition thermique** = heat loss

dépérissement *nm (des rameaux)* dieback; **la moitié des arbres de cette forêt montre des signes de dépérissement** = half the trees in the forest are showing signs of dieback; **les écologistes tentent de diagnostiquer les premiers signes de dépérissement des forêts** = ecologists are working to diagnose forest decline in its early stages; **dépérissement de la végétation** = vegetation loss

> en Europe occidentale et centrale, le phénomène de dépérissement des forêts dû aux pluies acides s'étend de façon inexorable: plus de la moitié des surfaces forestières de l'Allemagne sont déjà atteintes
> *l'Express*

◇ **dépérir** *vi (branche d'arbre)* to die back; **on sait que, par périodes, les sapins argentés dépérissent** = silver firs are known to die back from time to time

dépeuplement *nm* population decrease

déphosphatation *nf* phosphate removal

dépistage *nm* screening; **on a fait passer un test de dépistage de la méningite à tous les habitants du village** = the population of the village was screened for meningitis; **opération de dépistage généralisé** = mass screening

se déployer *vpr (fumée)* to fan out

dépollution *nf* pollution abatement; **dépollution des eaux** = water pollution abatement

dépopulation *nf* natural decrease in population

déposer *vtr* **(a)** to deposit; **l'éruption volcanique a déposé une fine couche de cendres sur une très grande superficie** = the volcanic eruption deposited a thin layer of ash over a wide area **(b) déposer des ordures** = to tip (refuse)

◇ **se déposer** *vpr (sédiments)* to settle

dépôt *nm* **(a)** *(sédiments)* deposition *ou* deposited matter; **le dépôt de sédiments au fond d'un lac** = the deposition of sediment at the bottom of a lake; **lors du processus dit de "dépôt sec", une partie des particules de sulfate se dépose sur le sol** = some of the sulphate particles settle to the ground in the process called dry deposition; **dépôt calcaire** = scale; **dépôts secs** = dry deposition **(b)** *(décharge)* dump; **dépôt de déchets** = waste dump; **dépôt de résidus** = refuse dump

> les dépôts acides endommagent de nombreux écosystèmes. On comprend encore mal leurs interactions avec la faune lacustre, les sols et les divers types de végétation, mais on sait qu'ils sont responsables de l'acidification des lacs de Scandinavie, du Nord-Est des Etats-Unis et du Sud-Est du Canada
> *Pour la science*

dépoussiéreur *nm* deduster

dépression *nf* **(a)** *(géographie)* hollow; **dépression fermée** = swallow hole **(b)** *(météo)* low; **dépression chaude** = warm low

déraciner *vtr* to dig up *ou* to uproot *ou* to grub up

dérive *nf* drift; **dérive des continents** = continental drift; **dérive littorale** = littoral drift; **dérive nord-atlantique** = North Atlantic Drift

dérivé *nm* by-product *ou* derivative; **dérivé du pétrole** = petroleum derivative

derrick *nm* drilling-platform *ou* drilling rig *ou* oil-rig

désableur *nm* detritor

désactiver *vtr* to deactivate

désaffectation *nf* closing down; **désaffectation d'usines** = industrial dereliction

désagrégation *nf* disintegration *ou* weathering

◇ **désagréger** *vtr* to disintegrate *ou* to weather

◇ **se désagréger** *vpr* to disintegrate

désagrément *nm* annoyance

désencrage *nm* de-inking; **unité de désencrage** = de-inking unit

déséquilibre *nm* imbalance; **une carence en vitamines A et E a provoqué un déséquilibre hormonal chez les animaux de ferme** = lack of Vitamins A and E created hormonal imbalances in farm animals

> il est apparu que la résolution des questions liées aux déséquilibres écologiques faisait appel à toutes les compétences scientifiques disponibles
>
> *le Monde*

désert *nm* desert; **le désert s'étend sur 3500 kilomètres carrés** = the desert covers an area of 2,500 square miles; **désert biologique** = biological desert; **désert chaud** = warm desert; **désert froid** = cold desert *ou* rock desert; **désert de poussière** = dust bowl; **le désert du Sahara** = the Sahara Desert

◇ **désertification** *nf* desertification *ou* desert formation; **il est possible qu'une modification de la quantité de rayons solaires réfléchis par divers végétaux contribue à la désertification** = changes in the amount of sunlight reflected by different vegetation may contribute to desertification; **des labourages de plus en plus fréquents et de grandes périodes de sécheresse ont provoqué la désertification de cette zone** = increased tilling of the soil together with long periods of drought have brought about the desertification of the area; **on prévoit que la désertification affectera la moitié du pays d'ici à la fin du siècle** = it is predicted that half the country will be desertified by the end of the century

> la lutte pour l'environnement et contre la désertification devrait aussi commencer par l'alphabétisation généralisée des petites filles en zone rurale
>
> *Géo*

◇ **désertifier** *vtr* to desertify

◇ **désertique** *adj* **sol désertique** = desert soil

désétamage *nm* detinning

déshuilage *nm* de-oiling *ou* oil removal

déshumidificateur *nm* dehumidifier

déshydratation *nf* dehydration

◇ **déshydrater** *vtr* to dehydrate; **au bout de deux jours sans boisson ni nourriture, il était gravement déshydraté** = after two days without food or drink, he became severely dehydrated

◇ **se déshydrater** *vpr* to dehydrate

désinfectant *nm* disinfectant

◇ **désinfecter** *vtr* to disinfect; **tous les ustensiles doivent être parfaitement désinfectés** = all utensils must be thoroughly disinfected; **désinfecter par fumigation** = to fumigate

◇ **désinfection** *nf* disinfection

désinsectisation *nf* disinfesting

désintégration *nf* decay *ou* disintegration; **chaleur de désintégration** = decay heat

◇ **se désintégrer** *vpr* to decay *ou* to disintegrate; **le bois a été mangé par les termites et s'est tout simplement désintégré** = the wood has been eaten by termites and simply disintegrated

désintensification *nf* extensification; **désintensification des cultures** = deintensified farming

désoxygénation *nf* deoxigenation

dessalement *nm* desalination; **usine de dessalement** = desalination plant

◇ **dessaler** *vtr* to desalinate

dessécher *vtr* to dry out *ou* to desiccate; **le bétail erre dans les pâturages desséchés à la recherche de nourriture** = cattle wander across the desiccated pastures in search of fodder

◇ **se dessécher** *vpr* to dry out *ou* to desiccate

◇ **dessèchement** *nm (des rameaux)* dieback

dessiccatif *nm* desiccant

◇ **dessiccation** *nf* desiccation *ou* dehydration; **il est possible que l'effet de**

serre provoque des changements climatiques, par exemple la dessiccation massive des sols en Afrique = the greenhouse effect may lead to climatic changes such as the vast desiccation of Adrica; **dégâts causés par la dessiccation** = desiccation damage

destruction *nf* destruction; **la destruction de son habitat a provoqué la quasi-disparition de l'espèce** = the destruction of the habitat has led to the almost complete extinction of the species; **l'ozone, en réaction avec l'oxyde nitrique, se dissocie pour former du dioxyde d'azote et de l'oxygène: c'est la principale cause de destruction de l'ozone atmosphérique** = the commonest ozone sink is the reaction with nitric oxide to form nitrogen dioxide and oxygen

désulfuration *nf* desulphurization; **désulfuration des gaz de combustion** = flue gas desulphurization (FGD)

> dans l'ex-RFA, toutes les centrales au charbon et au lignite sont équipées de systèmes performants de désulfuration alors que EDF a investi dans les centrales nucléaires sans se préoccuper de la pollution induite par les centrales classiques
> *Que choisir?*

détecter *vtr* to detect; **instrument permettant de détecter les changements microscopiques de la structure cellulaire** = an instrument to detect microscopic changes in cell structure; **certaines substances toxiques sont invisibles et seule une analyse en laboratoire permet de les détecter** = some toxic substances are invisible and only detectable by analysis in a laboratory

◇ **détectable** *adj* detectable

◇ **détection** *nf* detection; **la détection des sons par des nerfs situés dans l'oreille** = the detection of sound by nerves in the ears; **la détection de minuscules quantités de plomb dans l'atmosphère** = the detection of minute levels of lead in the atmosphere

détergent *nm* (i) detergent; (ii) cleanser; **détergent biologique** = biodetergent; **détergent dur** = hard detergent; **détergent mou** *ou* **détergent biodégradable** = soft detergent; **détergent non biodégradable** = non-biodegradable detergent; **détergent synthétique** = syndet; **mousses de détergent** = detergent foam

détérioration *nf* degradation *ou* deterioration *ou* impairment; **détérioration du couvert végétal naturel** = deterioration of natural vegetation

◇ **détériorer** *vtr* to degrade *ou* to deteriorate *ou* to impair; **en détériorant la pellicule imperméable des aiguilles de pin, il est possible que l'ozone aggrave le lessivage des éléments nutritifs** = ozone may worsen nutrient leaching by degrading the water-resistant coating on pine needles

◇ **se détériorer** *vpr* to degrade *ou* to deteriorate; **la qualité de l'eau du fleuve s'est détériorée depuis qu'on a construit des usines sur ses rives** = the quality of the water in the river has deteriorated since the construction of factories on its banks

détermination *nf* determination; **détermination du sexe** = sex determination

déterminer *vtr* to determine *ou* to establish; **les inspecteurs ont tenté de déterminer la cause de la catastrophe** = the inspectors have tried to establish the cause of the disaster

détoner *vi* to knock; **additif antidétonant** = antiknock additive *ou* antiknocking additive

détoxication *nf* detoxication *ou* detoxification

détritique *adj (roche)* detrital

détritophage *ou* **détritovore** *adj* detritivorous; **animal détritivore** = detritivore

détritus *nmpl* (i) detritus; (ii) garbage *ou* litter

détroit *nm* strait

détruire *vtr* to destroy *ou* to scrap; *(tuer)* to kill; **l'organisme engendre des**

anticorps pour détruire les bactéries = antibodies are formed to kill bacteria

deutérium *nm* deuterium *ou* heavy hydrogen; **oxyde de deutérium** = deuterium oxide
NOTE: symbole chimique **D;** le symbole de l'eau lourde est **D_2O**

deuxième *adj* second

développement *nm* development; **développement économique** = economic development; **pays en voie de développement** = developing countries; **développement urbain anarchique** = urban sprawl; **programme de développement** = development project

◇ **développer** *vtr* to develop

◇ **se développer** *vpr* to develop

déversement *nm* spill *ou* spillage *ou* discharge; **déversement de pétrole** = oil spill; **canal de déversement** = discharge pipe; **taxe de déversement** = effluent charge

> la France devra réduire ses déversements salins dans l'eau du Rhin dès lors que la concentration de sel dans l'eau atteindra 200 mg par litre à la frontière germano-néerlandaise
> *Décision environnement*

◇ **déverser** *vtr* to spill *ou* to discharge

◇ **se déverser** to spill *ou* to discharge; **environ 200 000 barils de pétrole se sont déversés dans la mer** = about 200,000 barrels of oil spilled into the sea

déversoir *nm* **(a)** *(trop-plein)* overflow **(b)** *(d'un barrage)* spillway **(c) déversoir d'égout** outfall sewer **(d) déversoir d'orage** = storm sewer *ou* storm channel *ou* storm drain

diagramme *nm* chart *ou* diagram; **ce diagramme indique la fréquence des cancers dans la région de la centrale nucléaire** = the diagram shows the occurrence of cancer in the region of the nuclear power station

dialyse *nf* dialysis; **membrane de dialyse** = dialyzing membrane

diamètre *nm* diameter

diatomée *nf* diatom; **spécialiste des diatomées** = diatomist; **selon les spécialistes des diatomées, le lac est dix fois plus acide qu'il y a dix ans** = diatomists have found that the lake is ten times more acid than it was ten years ago

◇ **diatomite** *nf* diatomaceous earth *ou* diatomite

dibromochloropropane (DBCP) *nm* dibromochlorpropane (DBCP)

dichloro-diphényl-trichloréthane (DDT) *nm* dichlorodiphenyltrichloroethane (DDT)

> la bioamplification des molécules organochlorées dans les biocénoses terrestres a posé d'importants problèmes d'hygiène alimentaire. Au début des années 80, dans de nombreux pays, les lipides contenus dans le lait maternel renfermaient des concentrations en DDT ou en PCB supérieures à la concentration maximale admissible par l'OMS dans l'alimentation humaine
> *le Courrier du CNRS*

dicotylédone *nf* dicotyledon; **les dicotylédones constituent la classe de plantes la plus importante** = dicotyledons form the largest group of plants

dieldrine *nf* dieldrin

diététique 1 *adj* **(a)** *(de régime)* dietary **(b)** dietetic **2** *nf* dietetics

différence *nf* difference

◇ **différent, -e** *adj* different; **la vie à la campagne est très différente de la vie en ville** = living in the country is very different from living in town; **d'origine différente** = heterogenous

◇ **différentiel, -ielle** *adj* differential; **échauffement différentiel** = differential heating

difficile *adj* difficult *ou* hard; **il est difficile de savoir pour quelles raisons la température de la terre augmente** = it is hard to know the reasons why the earth's temperature is rising

diffus, -e *adj* diffuse; **rayonnement solaire diffus** = diffuse solar radiation

◇ **diffuser** *vtr* to diffuse; **certaines substances diffusent facilement à travers les parois des capillaires** = certain substances easily diffuse through the walls of capillaries

◇ **diffusion** *nf* diffusion

digérer *vtr* to digest

◇ **digesteur** *nm (de boues)* digester; **digesteur aérobie** = anaerobic digester; **pour transformer le fumier en gaz, on peut utiliser des digesteurs anaérobies** = anaerobic digesters can be used to convert cattle manure into gas

◇ **digestible** *adj* digestible; **matière organique digestible (MOD)** = digestible organic matter (DOM)

◇ **digestif, -ive** *adj* digestive; **appareil digestif** = digestive system; **enzymes digestives** = digestive enzymes

◇ **digestion** *nf* digestion; **gaz de digestion** = digester gas *ou* sludge gas; **au Royaume-Uni, la digestion des boues d'égout atteint 55%** = 55% of UK sewage sludge is digested; **les déchets de l'industrie alimentaire peuvent être éliminés par digestion anaérobie** = wastes from food processing plants can be anaerobically digested

digue *nf* **(a)** *(barrage)* dam **(b)** *(en terre)* dyke **(c)** *(le long d'un fleuve) US* levee **(d)** mole

diluant *nm* diluent

◇ **dilué, -e** *adj* dilute

◇ **diluer** *vtr* to dilute

◇ **dilution** *nf* dilution

diminuer 1 *vtr* to decrease *ou* to lower *ou* to reduce **2** *vi* to decline; **l'eau devenant de plus en plus acide, la population de poissons a brutalement diminué** = the fish population declined sharply as the water became more acid; **diminuer en importance** = to decline in importance

◇ **diminution** *nf* decrease *ou* fall *ou* reduction; **une diminution de 20%** = a 20% decrease *ou* a decrease of 20%; **après l'installation des filtres, on a noté une diminution des émissions de particules de cendres** = after installing filters, there was a fall in the emission of particles of ash; **la diminution des cas de pollution est due à une amélioration du contrôle des rejets industriels** = the decline in the number of cases of pollution is due to the better policing of factory emissions; **la population d'oiseaux semble maintenant être en diminution** = the population of the birds now seems to be on the decline; **l'élimination des pluies acides passe nécessairement par la diminution des émissions des centrales à combustible fossile** = the key to controlling acid rain must be the reduction of emissions from fossil-fuelled power stations

dioxine *nf* dioxin *ou* tetrachlorodibenzoparadioxin (TCDD)

dioxyde *nm* dioxide; *voir aussi* AZOTE, CARBONE

diphényle *nm* biphenyl; **diphényle chloré** = chlorobiphenyl; **diphényle polybromé** = polybrominated biphenyl (PBB); **diphényles polychlorés** = polychlorinated biphenyls *ou* polychlorobiphenyls (PCBs)

directeur, -trice *n* manager

◇ **direction** *nf* management

◇ **directive** *nf* directive *ou* guideline; **le ministre a publié des directives pour l'aménagement des vieux quartiers pauvres** = the minister has issued guidelines for the planning of inner cities

disclimax *nm* disclimax; **communauté (biologique) de disclimax** = disclimax community

discontinuité *nf* discontinuity; **discontinuité de Gutenberg** = Gutenberg discontinuity; **discontinuité de Mohorovičić** = Mohorovičić discontinuity

disparaître *vi* (i) to disappear; (ii) to become extinct; **une espèce animale ou végétale disparaît chaque jour** = one species of animal or plant becomes extinct every day; **depuis que des marins, au XIXe siècle, ont introduit des chiens sur l'île,**

plusieurs espèces indigènes ont disparu = several native species have become extinct since sailors in the nineteenth century introduced dogs to the island; **si la déforestation continue à ce rythme, toutes les forêts vierges auront complètement disparu d'ici à l'an 2020** = at this rate, all virgin rainforests will have been destroyed by the year 2020; **la construction de l'autoroute fera disparaître plusieurs zones de marais sauvages** = the building of the motorway will destroy several areas of wild fen

◇ **disparition** *nf* **(a)** *(suppression)* eradication **(b)** extinction; **pour sauver l'espèce en voie de disparition, on a placé les derniers oryx vivants dans des zoos pour qu'ils s'y reproduisent** = the last remaining examples of oryx were taken to zoos for breeding purposes, so as to save the species from extinction; **l'introduction d'espèces européennes a provoqué la disparition des espèces indigènes** = the introduction of European species caused the extinction of the native species

◇ **disparu, -e** *adj (espèce)* extinct

dispersant *nm* **dispersant d'aérosol** = aerosol dispenser

◇ **dispersé, -e** *adj* dispersed; **particules dispersées** = dispersed particles

◇ **disperser** *vtr* to disperse; **les centrales électriques ont de grandes cheminées pour que les polluants soient dispersés dans l'atmosphère** = power stations have tall chimneys to disperse the emissions of pollutants

◇ **se disperser** *vpr* to disperse

dispersion *nf* **(a)** *(dissémination)* dispersal **(b)** *(répartition)* dispersion; **aérosol de dispersion** = dispersion aerosol; **agent de dispersion** = dispersing agent

disponibilité *nf* availability

◇ **disponible** *adj* available

dissémination *nf* dissemination; **dissémination par l'eau** = water dispersal; **dissémination par le vent** = wind dispersal

dissoudre *vtr* to dissolve; **on peut utiliser l'acide carbonique pour dissoudre le calcaire** = carbonic acid can act as a solvent for limestone

◇ **se dissoudre** *vpr* to dissolve; **l'acide nitrique se dissout facilement dans les gouttelettes de nuage** = nitric acid readily dissolves in cloud droplets

◇ **dissoluble** *adj* dissolvable

distance *nf* distance; **distance parcourue (en miles)** = mileage

distillat *nm* distillate

◇ **distillation** *nf* distillation; **distillation fractionnée** = fractional distillation

◇ **distiller** *vtr* to distil

distributeur *nm (appareil)* dispenser

◇ **distribution** *nf* distribution; **les ouvriers de la région nous tiennent informés de la distribution des secours** = we are getting some feedback from workers in the area about the distribution of relief supplies

district *nm* district

diurèse *nf* diuresis

◇ **diurétique** *adj&nm* diuretic

diurne *adj* diurnal; **cycle diurne** = diurnal cycle; **rythme diurne** = diurnal rhythm

diversifier *vtr* to diversify; **on encourage les agriculteurs à diversifier l'occupation des sols en créant des zones boisées ou à vocation touristique** = farmers are encouraged to diversify land use by using it for woodlands or for recreational purposes

◇ **diversification** *nf* diversification

◇ **diversité** *nf* diversity; **diversité alpha** = alpha diversity; **diversité bêta** = beta diversity

> l'espèce humaine apparut lorsque la diversité biologique était maximale
> *Pour la science*

diviser *vtr* to divide *ou* to split (up); **pour l'échantillonnage, on a divisé le terrain en quadrats** = the area was divided into quadrats for sampling purposes

◊ **division** *nf* division; **division cellulaire** = cell division

DJA = DOSE JOURNALIERE ACCEPTABLE

DLM = DOSE LETALE MINIMALE

DMA = DOSE MAXIMALE ADMISSIBLE

doline *nf* doline *ou* sink hole *ou* swallow hole

domaine *nm* field; **il se spécialise dans le domaine de l'hygiène du milieu** = he specializes in the field of environmental health

domestique *adj* domestic; **animal domestique** = domestic animal; **pompe à chaleur pour le chauffage domestique** = domestic heat pump; **fuel domestique** = domestic heating oil; **eaux usées domestiques** = domestic sewage

◊ **domestiqué, -e** *adj* domesticated

domicile *nm* home

dominance *nf* dominance

◊ **dominant, -e** *adj* dominant; **espèce dominante** = dominant species

◊ **dominante** *nf* dominant

dommage *nm* damage; **dommage à autrui** = common nuisance; **dommages causés par la dessiccation** = desiccation damage

données *nfpl* data; **ces données sont très intéressantes** = this data is very interesting

dormance *nf* dormancy

◊ **dormant, -e** *adj* dormant; **plante dormante** = dormant plant

dorsal, -e, -aux *adj* dorsal
NOTE: antonyme **ventral**

dorsale océanique *nf* mid-ocean ridge

doryphore *nm* Colorado beetle

dose *nf* dose; **les patients ont étéexposés à une dose de radiation supérieure aux limites autorisées** = the patients received more than the allowed dose of radiation; **dose d'exposition** = exposure dose; **dose d'irradiation** = irradiation dose; **dose létale minimale (DLM)** = miminum lethal dose; **dose maximale admissible (DMA)** = maximum allowable dose (MAD)

◊ **dosimètre** *nm* dosimeter

doubler *vtr* to double

◊ **doublement** *nm* doubling; **temps de doublement** = doubling time

douglas taxifolié *ou* **douglas vert** *nm* Douglas fir

douleur *nf* pain; **accouchement sans douleur** = natural childbirth

douve *nf (parasite)* fluke

doux, douce *adj* **(a) eau douce** = *(non calcaire)* soft water; *(non salée)* fresh water; **certains poissons d'eau douce, tel le brochet, tolèrent un certain taux d'acidité** = some freshwater fish such as pike can withstand certain levels of acidity **(b)** *(naturel ou non polluant)* alternative; **énergie douce** = soft energy; **médecine douce** = alternative medicine; **technologie douce** = alternative technology

drainage *nm* drainage; **aire de drainage** = drainage area; **canal de drainage** = drainage channel; **fossé de drainage** = drainage ditch; **réseau de drainage** = drainage basin *ou* drainage network

◊ **drainer** *vtr* to drain

droit *nm* **(a)** *(législation)* law; **droit foncier** = land laws **(b)** *(autorisation)* right; **droit de passage** = right of access; **droits de pêche** = fishing rights; **droit de servitude** = right of common

drosophile *nf* drosophila *ou* fruit fly

drupe *nf* drupe

dunes *nfpl* dunes; **le village était menacé par l'avancée des dunes** = the village was threatened by encroaching sand dunes; **les dunes gagnent du terrain sur les**

pâturages = the dunes are encroaching on the pasture land; **les dunes progressent vers la forêt** = the sand dunes are approaching the forest area

dur, -e *adj* **(a)** hard; **le diamant est un des minéraux les plus durs** = a diamond is one of the hardest minerals; **le granite est une roche très dure** = granite is a very hard stone **(b)** *(non biodégradable)* hard; **détergent dur** = hard detergent

duramen *nm* duramen *ou* heartwood

durcir *vtr* to harden

◇ **durcissement** *nm* hardening; **agent de durcissement** = hardener

◇ **dureté** *nf (d'un matériau ou de l'eau)* hardness; *voir* DEGRE

dynamique 1 *adj* dynamic; **électricité dynamique** = dynamic electricity **2** *nf* dynamics; **dynamique des populations** = population dynamics

dynamomètre *nm* dynamometer

dysenterie *nf* dysentery; **dysentérie amibienne** = amoebic dysentery; **dysentérie bacillaire** = bacillary dysentery

◇ **dysentérique** *adj* dysenteric

dysphotique *adj* dysphotic

dystrophie *nf* distrophy

Ee

E

NOTE: dans la CEE, la classification des additifs alimentaires s'établit comme suit: colorants: E100 - E180; agents de conservation E200 - E297; antioxydants E300 - E321; émulsifiants et stabilisants E322 - E495; acides et bases E500 - E529; antiagglomérants E530 - E578; arômes et édulcorants E620 - E637

eau *nf* water; **eau d'appoint** = make up water; **eau de boisson** = drinking water; **eau brute** *ou* **non traitée** = raw water; **eau courante** = running water *ou* tapwater; **eau douce** = fresh water; **eaux d'égout** *ou* **eaux usées** = sewage *ou* sullage; **eaux d'égout brutes** = raw sewage; **eaux fluviales** = river water; **eau du robinet** = tapwater; **l'eau du robinet a souvent une odeur de chlore** = tapwater often smells of chlorine; **eau de fonte** = thaw water; **les Eaux et Forêts** = The Forestry Commission; **eau libre** = unconfined ground water; **eau lourde** = heavy water; **eau ordinaire** = light water; **eaux peu peuplées** = barren waters; **eau potable** = drinking water; **eaux pluviales** = rain water; **eaux rouges** = red tide; **eaux de ruissellement** = run-off water; **eaux souterraines** = ground water; **eaux usées** = liquid waste; **eaux usées domestiques** = domestic sewage; **eaux usées non traitées** = raw sewage; **eaux-vannes** = domestic sewage; **pollution de l'eau** = water pollution; **qualité de l'eau** = water quality; **station d'épuration des eaux usées** = sewage treatment plant; **utilisation des eaux usées comme engrais** = sewage farming; **qui vit dans l'eau (de rivière** *ou* **ruisseau)** = potamous

> les pays arabes, qui compteront 320 millions d'habitants à la fin du siècle, manqueront alors de 127 milliards de mètres cubes d'eau, selon les Nations unies. Si un Bédouin du désert ne consomme que 5 litres d'eau par jour, il en faut 125 litres pour un Arabe citadin, 275 litres pour un Israélien et 350 litres pour un Européen
>
> *Ouest France*

ébène *nm* ebony

éboueur *nm GB* dustman; *US* ash-man

éboulement *nm* landslide *ou* landslip; *(de déchets)* debris flow

◇ **éboulis** *nm* scree

ébullition *nf* boiling; **le point d'ébullition de l'eau est 100°C** = the boiling point of water is 100°C

écaille *nf* scale

◇ **écailleux, -euse** *adj* scaly

échange *nm* exchange; **échange cationique** *ou* **de cations** = cation exchange; **échange de chaleur** = heat exchange; **échange gazeux** = gas exchange; **échange génétique** = genetic exchange; **échange d'ions** = ion exchange

◇ **échangeur** *nm* exchanger; **échangeur de chaleur** = heat exchanger

échantillon *nm* sample; **les scientifiques ont prélevé cinq échantillons de sol pour les analyser** = scientists have taken away soil specimens for analysis; **échantillon aléatoire** = random sample; **échantillon témoin** = control sample

◇ **échantillonnage** *nm* sampling; **les écologistes ont utilisé la technique de l'échantillonnage pour déterminer l'âge de la végétation de l'écosystème** = ecologists used sampling to determine the age of the vegetation in the ecosystem

◇ **échantillonner** *vtr* to sample

◇ **échantillonneur** *nm* sampler

échappement *nm* exhaust; **gaz d'échappement** = exhaust fumes *ou* gases; **pot** *ou* **tuyau d'échappement** = exhaust pipe; *US* tailpipe; **système d'échappement** = exhaust system; **système de purification des gaz d'échappement** = exhaust gas filter system

échassier *nm* wader

échelle *nf* **(a)** *(de mesure)* scale; **il n'y a eu aucun blessé lors du tremblement de terre d'une magnitude de 5,2 sur l'échelle de Richter** = there were no reports of injuries after the quake which hit 5.2 on the Richter scale; **échelle API** = API scale; **l'échelle Celsius de température va de 0° à 100°** = the Celsius temperature scale runs from 0° to 100°; **échelle de Beaufort** = Beaufort scale; **échelle Fahrenheit** = Fahrenheit scale; **échelle de Kelvin** = Kelvin scale; **échelle de Mercalli** *ou* **échelle Mercalli modifiée (MM)** = Modified Mercalli Scale; **échelle des nuisances** = annoyance scale; **échelle de Richter** = Richter scale; **échelle de Wentworth-Udden** = Wentworth-Udden scale **(b)** ladder; **échelle à poissons** = fish ladder

écho *nm* echo

◇ **écholocation** *nf* echolocation

éclair *nm* (flash of) lightning; **point d'éclair** = flash point; **éclair en nappe** = sheet lightning

éclipse *nf* eclipse; **éclipse de Lune** = lunar eclipse; **éclipse partielle** = partial eclipse; **éclipse de Soleil** = solar eclipse; **éclipse totale** = total eclipse

éclore *vi (oeuf)* to hatch

◇ **écloserie** *nf* hatchery

◇ **éclosion** *nf* hatching

écluse *nf* sluice

écocline *nf* ecocline

écoespèce *nf* ecospecies

écogéologie *nf* ecogeology *ou* environmental geology

écologie *nf* ecology; **écologie agricole** = agro-ecology; **écologie animale** = animal ecology; **écologie humaine** = human ecology; **écologie marine** = marine ecology; **écologie du paysage** = landscape ecology; **écologie végétale** = plant ecology

◇ **écologique** *adj* ecological *ou* environmental; **assainissement écologique** = ecological recovery; **cartographie écologique** = ecological mapping; **catastrophe écologique** = ecological disaster; **contrôle écologique** = biological monitoring; **dégradation écologique** = ecological damage; **efficacité écologique** = ecological efficiency; **équilibre écologique** = ecological balance *ou* balance of nature; **facteurs écologiques** = ecological factors; **indicateur écologique** = ecological indicator; **niche écologique** = ecological niche; **perturbation écologique** = ecological disruption; **pyramide écologique** = ecological pyramid; **structure écologique** = ecological structure; **succession écologique** = ecological succession

◇ **écologisme radical** *nm* deep ecology

◇ **écologiste** *nm&f* conservationist *ou* ecologist

◇ **écologue** *nm&f* ecologist

économie *nf* **(a)** *(épargne)* economy; **une mesure d'économie** = an economy measure; **introduire des mesures d'économie dans le système** = to introduce economies *ou* economy measures into the system; **économie d'énergie** = conservation of energy *ou* energy conservation **(b)** *(politique)* economy; **économie capitaliste** = capitalist economy; **économie dirigée** = controlled economy; **économie de marché** = free market economy; **économie mixte** = mixed economy; **l'économie d'un pays** = the economic system of a country; **économie planifiée** = planned economy; **économie politique** = economics

économique *adj* **(a)** *(qui a trait à l'économie)* economic; **le développement économique de cette région a été complètement bouleversé depuis qu'on y a découvert du pétrole** = the economic development of the region has totally changed since they discovered oil there; **le développement économique a pour effet d'accroitre la pollution de l'environnement** = economic development results in increased pollution of the environment; **le pays a connu une période de croissance économique dans les**

années 60 = the country enjoyed a period of economic growth in the 1960s; **crise économique** = economic crisis *ou* depression; **croissance économique** = economic growth; **développement économique** = economic development; **géologie économique** = economic geology; **objectifs économiques** = economic ends; **rendement économique** = economic efficiency; **système économique mixte** = mixed economy; **système de planification économique** = planned economy **(b)** *(bon marché)* economical; **voiture économique** = economical car *ou* economy car

économiser *vtr* to economize; **économiser l'essence** = to economize on petrol

◇ **économiseur** *nm (appareil)* economizer

économiste *nm&f* economist

écoparasite *nm* ecoparasite

écophysiologie *nf* ecophysiology

écoproduit *nm* ecoproduct

écorce *nf* **(a)** *(d'arbre)* bark **(b)** *(croûte)* crust; **écorce continentale** = continental crust

écosphère *nf* ecosphere

écosystème *nm* ecosystem; **les zones humides d'Europe constituent un exemple classique d'écosystème créé par l'homme. Depuis des milliers d'années, elles sont le lieu de pâturage du bétail, leur paille est utilisée à la fois pour les toits de chaume, comme combustible ainsi que comme fourrage et litière pour le bétail** = European wetlands are classic examples of ecosystems that have been shaped by humans. For thousands of years they have provided pasture for livestock, reeds for thatching and fuel, silage and bedding for livestock; **écosystème agricole** = agroecosystem; **sous-écosystème** = life system

> l'écosystème artificiel constitué par la ville et ses activités modifie fortement les conditions naturelles. A cet égard, les stations météo situées, selon les normes internationales, dans le parc Montsouris et au sommet de la tour Saint-Jacques à Paris, ne peuvent rendre compte du climat réel régnant dans l'épaisseur des quartiers
>
> *le Monde*

écotaxe *nf* ecotax

> vers un accord minimal sur l'écotaxe: Bruxelles a élaboré un projet de taxe progressive dont l'assiette porterait pour moitié sur l'énergie consommée et pour moitié sur les émissions de CO_2
>
> *les Echos*

écotone *nm* ecotone

écotoxicité *nf* ecotoxicity

◇ **écotoxicologie** *nf* ecotoxicology

> l'augmentation croissante de molécules organiques de synthèse pose d'énormes problèmes écotoxicologiques. La disparition d'espèces vivantes ou l'apparition de déséquilibres au niveau des chaînes trophiques en sont les conséquences immédiates
>
> *le Courrier du CNRS*

écotype *nm* ecotype

écoulement *nm* runoff; **écoulement proglaciaire** = outwash; **écoulement souterrain** = ground water runoff; **indice d'écoulement** = runoff rate; **vitesse d'écoulement** = leak rate

écran *nm* screen; **écran acoustique** = sound barrier

ecto- *préf* ecto-

◇ **ectoparasite** *nm* ectoparasite

◇ **ectoplasme** *nm* ectoplasme

édaphique *adj* edaphic; **climax édaphique** = edaphic climax; **facteurs édaphiques** = edaphic factors

◇ **édaphon** *nm* edaphon

édulcorant *nm* sweetener

effectif, -ive *adj* effective; **hauteur effective** = effective height

effet *nm* effect; **les effets des pluies acides sur l'environnement** = the effects of acid rain on the environment; **les rayonnements ont un effet notable sur la vie animale de la région** = radiation has a noticeable effect on animal life in the area; **effet cumulatif** = accumulative effect; **effet secondaire** = side effect; **effet de serre** = greenhouse effect; **effet de Venturi** = Venturi effect

> une intensification de l'effet de serre est probablement à l'origine du mésozoïque, l'ère des dinosaures, qui s'acheva il y a 65 millions d'années; l'étude des fossiles indique que la température était supérieure de 10 à 15°C
>
> *Pour la science*

efficace *adj* efficient *ou* effective; **le nouveau système de lutte contre la fumée est très efficace** = the new system of smoke control is extremely efficient; **existe-t-il un moyen sûr et efficace pour supprimer les émissions polluantes des cheminées d'usine?** = is there a safe and effective way of stopping pollution from factory chimneys?

◇ **efficacité** *nf* (i) effectiveness; (ii) efficiency

effluent *nm* effluent *ou* waste; **le traitement anaérobie des effluents industriels est d'un intérêt considérable** = there is considerable interest in the anaerobic treatment of industrial waste waters; **effluents industriels** = industrial sewage *ou* industrial waste; **norme de rejet d'effluents** = effluent standard; **procédé d'épuration des effluents** = effluent purification process; **système de contrôle de la radioactivité des effluents** = effluent monitor

effondrement *nm* *(géologie)* subsidence; **la route principale a dû être fermée à cause de l'effondrement provoqué par le vieux puits de mine** = subsidence caused by the old mine shaft closed the main road

égout *nm* drain *ou* sewer; **égout d'évacuation des eaux pluviales** = storm drain

éjecta *nmpl (d'un volcan)* ejecta

El Niño *npr* El Niño

élaboration *nf* development; **l'élaboration de nouveaux composés chimiques** = the development of new compounds

électricité *nf* electricity *ou* power; **la pompe fonctionne à l'électricité** = the pump is run by electricity; **l'orage a privé la ville d'électricité** = the storm cut off power supplies to the town; **électricité statique** = static electricity; **Office régional de l'électricité** = Electricity Board; **production d'électricité** = electrical power generation; **réseau de distribution d'électricité** = electricity mains; **électricité dynamique** = dynamic electricity

◇ **électrique** *adj* electric *ou* electrical; **le séchage est effectué par un appareil de chauffage électrique** = the drying system is heated by an electric heater; **les câbles électriques sont enterrés pour ne pas enlaidir le paysage** = the electric cables are buried underground to avoid spoiling the landscape; **on utilise une pompe électrique pour alimenter les canaux d'irrigation** = electricity is used to pump water into the irrigation channels; **appareils électriques** = electrical appliances; **centrale électrique** = power plant; **générateur électrique** = electric generator; **pile électrique** = electric battery; **une voiture électrique** = a battery-powered car

électroaimant *nm* electromagnet

électrodialyse *nf* electrodialysis

électromagnétique *adj* electromagnetic; **pollution électromagnétique** = electromagnetic pollution

électron *nm* electron

électronique 1 *adj* electronic; **microscope électronique** = electron microscope (EM) **2** *nf* electronics

électrostatique 1 *adj* electrostatic; **précipitateur électrostatique** = electrostatic precipitator **2** *nf* electrostatics

élément *nm* element; **élément essentiel** = essential element; **élément trace** = trace element; **élément transuranien** = transuranic element; **élément natif** = native element

◊ **élémentaire** *adj* (i) basic; (ii) elemental

élevage *nm* animal husbandry *ou* breeding; **élevage d'animaux pour leur fourrure** = fur-farming; **élevage de bétail dans de grands parcs** = ranching; **élevage non consanguin** = outbreeding; **élevage industriel** = factory farming; **élevage intensif** = intensive animal breeding; **élevage de moutons** = sheep farming; **élevage de poissons** = fish farming; **poisson d'élevage** = farmed fish

◊ **élever** *vtr* to rear *ou* to breed; **animal (de ferme) élevé en liberté** = free-range animal

◊ **éleveur, -euse** *n* breeder; **éleveur de bétail** = cattle breeder

s'élever (à) *vpr* to amount (to); **dans certaines régions, les précipitations ne s'élèvent qu'à quelques millimètres par an** = rainfall in some areas only amounts to a few millimeters per annum

élimination *nf* **(a)** elimination *ou* eradication *ou* removal; **une série de pulvérisation de pétrole sur les lieux de reproduction a permis l'élimination totale des moustiques** = mosquitoes were eliminated by a programme of spraying breeding grounds with oil; **élimination par épandage** = land disposal **(b)** *nf* control; **élimination totale** = residual control **(c)** *(pour améliorer l'espèce)* **élimination sélective** = cull; **élimination sélective des cerfs** = deer cull

> en France, une nouvelle réglementation oblige tout producteur de déchets dangereux à suivre sa production jusqu'à leur élimination complète
>
> *Actualité Environnement*

◊ **éliminer** *vtr* to eliminate *ou* to destroy; *(pour contrôler le développement d'une race)* = to cull

éluviation *nf* eluviation

◊ **éluvion** *nf* eluvium

◊ **éluvium** *nm* eluvium

émanations *nfpl (toxiques)* fumes; **émanations toxiques** = toxic fumes; **les employés ont été intoxiqués par des émanations toxiques** = the workers were poisoned by toxic fumes

emballage *nm* package *ou* packaging *ou* container; **sous emballage** = packaged; **emballage de boisson** = beverage container; **emballage consigné** = returnable container; **emballage à jeter** = disposable container

◊ **emballé, -e** *adj* packaged

embouchure *nf (d'un fleuve)* mouth

embouteillage *nm (encombrement)* jam

embryon *nm* embryo

◊ **embryonnaire** *adj* embryonic; **à l'état embryonnaire** = in embryo

émergement *nm* emergence

émetteur *nm* emitter

◊ **émettre** *vtr* to emit; **émettre de la chaleur** = to radiate heat; **un isotope radioactif émet des rayons bêta** = beta rays are radiated from a radioactive isotope; **émettre de la fumée** = to smoke

émigration *nf* emigration

émission *nf* emission; **les émissions de gaz peuvent provoquer des pluies acides** = gas emissions can cause acid rain; **le rapport souligne le danger des émissions radioactives des centrales nucléaires** = the report points out the danger of radiation releases from nuclear power stations; **norme d'émissions** = emission standard; **normes d'émission des véhicules** = emission standard for vehicles; **redevances sur les émissions** = emission charges

emmagasiner *vtr* to store; **les baleines emmagasinent l'énergie sous la peau, dans le spermatéci** = whales store energy in the blubber under the skin

empêcher (de) *vtr* to prevent (from); **le groupe de pression a essayé d'empêcher la construction du nouvel aéroport** = the pressure group tried to prevent the construction of the new airport

empiéter (sur) *vi* to encroach (on); **la ville, qui se développe maintenant au-delà de la rocade, empiète sur les bonnes terres agricoles** = the town is spreading beyond the by-pass, encroaching on good quality farming land; **la forêt s'étend maintenant jusqu'au pied de la montagne et empiète sur les terres fertiles des vallées** = trees are spreading down the mountain and encroaching on the lower more fertile land in the valleys

empoisonnement *nm* poisoning; **empoisonnement par les champignons** = fungus poisoning; **empoisonnement par le mercure** = mercury poisoning; **empoisonnement par le plomb** = lead poisoning *ou* saturnism; **empoisonnement du sang** = blood poisoning

◇ **empoisonner** *vtr* to poison; **des centaines de poissons ont été empoisonnées par les eaux de ruissellement** = hundreds of fish were poisoned by the runoff

emporter *vtr (vent)* to blow; **la couche arable a été emportée par les vents violents** = topsoil was blown away by the strong wind; **emporté par l'air** = airborne

émulsifiant *ou* **émulsifieur** *nm* emulsifier *ou* emulsifying agent

◇ **émulsifier** *ou* **émulsionner** *vtr* to emulsify

enceinte de confinement *nf (d'un réacteur nucléaire)* containment building

enclume *nf (nuage)* anvil (top)

encombré, -e *adj* congested; **on espère que la construction de la rocade va décongestionner les rues encombrées du centre ville** = it is hoped that building the by-pass will relieve the congested inner city streets

◇ **encombrement** *nm (dans la circulation)* congestion *ou* jam

endémique *adj* endemic; **l'isolement de ces îles a favorisé le développement de formes endémiques** = the isolation of the islands has led to the evolution of endemic forms; **population endémique** = endemic population; **la population endémique du nord de l'île est composée de mammifères et d'oiseaux** = the northern part of the island is inhabited by many endemic mammals and birds; **c'est une maladie endémique dans les pays méditerranéens** = this disease is endemic to Mediterranean countries; **l'introduction d'animaux domestiques non indigènes a provoqué la disparition d'espèces endémiques** = alien species, introduced by settlers as domestic animals, have brought about the extinction of some endemic species

endo- *préf* endo-

◇ **endocrine** *adj* endocrine; **glande endocrine** = endocrine gland

◇ **endoparasite** *nm* endoparasite

◇ **endothélium** *nm* endothelium

endommager *vtr* to damage

endrine *nf* endrin

énergétique *adj* **(a)** *(aliment)* energy-giving; **aliments énergétiques** = high energy foods; **valeur énergétique** = energy value *ou* calorific value **(b)** *(ressources)* **analyse énergétique** = energy analysis; **besoins énergétiques** = energy requirements; **bilan énergétique** = energy balance *ou* budget; **coût énergétique** = energy cost; **ferme énergétique** = energy farm; **plante énergétique** = energy crop; **d'un bon rendement énergétique** = energy efficient; **réserves énergétiques** = energy reserves; **ressources énergétiques** = energy resources; **taux de rendement énergétique** = energy efficiency ratio (EER)

énergie *nf* energy *ou* power; **agri-énergie** = energy cropping; **apport d'énergie** =

energy input; **approvisionnement en énergie** = energy supply; **consommation d'énergie** = energy consumption; **économie d'énergie** = energy conservation; **énergie cinétique** = kinetic energy;**énergie éolienne** = wind power *ou* energy; **une pompe fonctionnant à l'énergie éolienne** = a wind-powered pump; **énergie fournie** = energy input; **énergie géothermique** = geothermal energy *ou* power; **énergie marémotrice** = tidal energy *ou* power; **énergie nucléaire** = nuclear energy *ou* power; **un sous-marin fonctionnant à l'énergie nucléaire** = a nuclear-powered submarine; **énergie primaire** = primary energy; **énergie produite** = energy output; **énergie solaire** = solar energy *ou* power; **énergie des vagues** = wave energy *ou* power; **flux d'énergie** = energy flow; **stockage de l'énergie** = energy storage

enfant *nm* child; **enfants de mêmes parents** = sibs *ou* siblings

s'enfoncer *vpr* to subduct; **la croûte océanique s'enfonce sous les continents qui l'entourent** = the oceanic crust is being subducted under the continents which surround it

enfouissement *nm* burial; **l'association s'oppose à l'enfouissement de déchets nucléaires sur ce site** = the group is opposed to the burial of nuclear waste on the site; **enfouissement dans des décharges** = burial in landfill sites; **enfouissement dans le sol** = land burial; **site d'enfouissement** = burial site; **site d'enfouissement profond** = deep depository

enfumage *nm* fumigation

enfumé, -e *adj* smoky

engrais *nm* fertilizer *ou* manure; **engrais artificiels** = artificial fertilizers; **engrais azotés** = nitrogen fertilizers; **engrais chimique** = artificial*ou*chemical manure *ou* chemical fertilizer; **engrais vert** = green manure; **mettre de l'engrais** = to fertilize

engraisser *vtr* to fatten; **il achète des agneaux pour les engraisser puis les revend comme viande de boucherie** = he buys lamb for fattening then sells them for meat

enneigé, -e *adj* covered with snow

enquête *nf* **(a)** *(sondage)* survey; **enquête par sondage** = sample survey **(b)** *(investigation)* inquiry; **le gouvernement a ordonné une enquête sur les fuites radioactives** = there has been a government inquiry into the radiation leaks; **enquête publique** = planning inquiry

enracinement *nm* rooting; **poudre d'enracinement** = hormone rooting powder

enrayer *vtr* to stamp out; **les organisations internationales ont réussi à enrayer la variole** = international organizations have succeeded in stamping out smallpox; **le gouvernement s'efforce d'enrayer la pollution provenant des installations de traitement de déchets** = the government is trying to stamp out pollution from waste disposal units

enregistrer *vtr* (i) to register; (ii) to record; **après que plusieurs lacs eurent enregistré une élévation de leur taux d'acidité, les populations naturelles de poissons ont commencé à diminuer** = several lakes have registered a steady increase in acidity levels until their natural fish populations have started to decline

enrichir *vtr* to enrich; **le combustible est enrichi à 15% de matière fissile** = fuel is enriched to 15% with fissile material

◇ **enrichissement** *nm* enrichment

ensemencer *vtr (le sol, les nuages)* to seed

ensilage *nm* ensilage *ou* ensiling

ensoleillement *nm* **(a)** insolation **(b)** hours of sunshine

entailler *vtr* to slash

entartré, -e *adj* scaly

entomologie *nf* entomology

◇ **entomologique** *adj* entomological

◊ **entomologiste** *nm&f* entomologist; **médecin patho-entomologiste** = medical entomologist

◊ **entomophile** *adj* **pollinisation entomophile** = insect pollination

entreprise de service public *nf* utility

entretenir *vtr* to maintain

◊ **entretien** *nm* maintenance

envasement *nm* siltation *ou* silting; **sédimentation et envasement en augmentation dans les bras morts** = increased sedimentation and siltation in backwaters

◊ **s'envaser** *vpr* to silt; **être envasé**= to silt up

environnement *nm* environment; **atteinte à l'environnement** = environmental damage; **l'environnement bâti** = the built environment; **environnement sonore** = noise environment; **étude de l'environnement** = environmentalism; **groupe de défense de l'environnement** = environmentalist group; **inertie de l'environnement** = environmental resistance; **inspecteur de la santé et de l'environnement** = Environmental Health Officer (EHO); **normes d'environnement** = environmental quality standards; **organisme pour la défense de l'environnement** = conservation body; **protection de l'environnement** = environment protection; **science de l'environnement** = environmental science

◊ **environnemental, -e, -aux** *adj* environmental

> il faudra peut-être apprendre à considérer systématiquement le coût environnemental des entreprises humaines, tout comme l'époque moderne a vu la nécessité de se préoccuper de rentabilité
>
> *Science et Avenir*

◊ **environnementaliste** *nm&f* conservationist *ou* environmentalist

enzyme *nf* enzyme; **enzymes digestives** = digestive enzymes; **enzyme protéolytique** = proteolytic enzyme *ou* protease

◊ **enzymatique** *adj* enzymatic *ou* enzymic; **activité enzymatique** = enzyme *ou* enzymic activity

éolien, -ienne *adj* aeolian *ou* wind-driven *ou* wind-powered; **dépôt éolien** = aeolian deposit; **énergie éolienne** = wind power; **érosion éolienne** = wind erosion; **pompe éolienne** = wind pump

> aujourd'hui, trois fermes à vent fournissent l'essentiel des 1500 MW éoliens produits en Californie
>
> *Pour la science*

◊ **éolienne** *nf* wind pump

épaississant *nm* thickening agent

◊ **épaississeur** *nm* thickener

épandage *nm* landfill; **bassin d'épandage** = infiltration basin; **champ d'épandage** = leaching field; **élimination par épandage** = land disposal

> certaines techniques de transformation industrielle des stocks de lisiers, permettant de réduire les épandages, pourraient ralentir la dégradation des nappes phréatiques
>
> *Sciences et Nature*

éphémère *adj* ephemeral

épi *nm* spike; **épi d'eau** = pondweed

épibiose *nf* epibiosis

◊ **épibionte** *nm* epibiont

épicéa *nm* spruce

épicentre *nm* epicentre

épidémie *nf* epidemic; **les autorités sanitaires prennent des mesures pour empêcher une épidémie de choléra** = the health authorities are taking steps to prevent an epidemic of cholera *ou* a cholera epidemic; **l'équipe médicale lutte pour enrayer l'épidémie de diphtérie** = the medical team is combating an outbreak of diphteria; **la maladie a rapidement atteint les proportions d'une épidémie** = the disease rapidly reached epidemic proportions

◇ **épidémiologie** *nf* community medicine *ou* epidemiology

◇ **épidémiologique** *adj* epidemiological

◇ **épidémique** *adj* epidemic

épigé, -e *adj* epigeal *ou* epigeous

épigène *adj* epigenous

épilimnion *nm* epilimnion

épine *nf* thorn

◇ **épineux** *nmpl* **bois à épineux** = thorn woodland; **brousse à épineux** = thorn scrub

épinette de Sitka *nf* Sitka spruce

épiphyte *nm* epiphyte

épisode *nm* episode; **il y a eu trois épisodes graves de pluies acides au cours des quatre derniers mois** = there have been three serious acid rain episodes in the last four months; **des épisodes de dioxyde à haute teneur en soufre ont provoqué d'un coup la mort de plusieurs centaines d'oiseaux** = high sulphur dioxide episodes have killed several hundred birds at one time

épithélium *nm* epithelium

◇ **épithélial, -e, -aux** *adj* epithelial

épizoïte *nf* epizoite

éprouvette *nf* test tube

épuisement *nm* depletion *ou* exhaustion; **épuisement des sols** = soil depletion; **l'épuisement des ressources naturelles de la terre** = the exhaustion of the earth's natural resources

◇ **épuiser** *vtr* to deplete *ou* to exhaust

épuration *nf* cleaning *ou* cleaning up *ou* purification; **les boues activées accélèrent le processus d'épuration** = activated sludge speeds up the purification process; **épuration des eaux** = water purification; **épuration des gaz** = gas cleaning; **épuration des précipitations** = precipitation scavenging; **installation d'épuration** = cleaning plant; **station d'épuration** = purification plant; **système d'épuration des gaz** = exhaust purification device

> quand la capacité d'épuration de la zone de captation des eaux est dépassée, les déchets s'accumulent dans les océans où ils nuisent à la vie aquatique
>
> *Pour la science*

◇ **épurateur** *nm* purifier

◇ **épurer** *vtr* to clean *ou* to purify

eqh *ou* **éq-hab** = EQUIVALENT-HABITANT

équateur *nm* equator; **équateur céleste** = celestial equator

◇ **équatorial, -e, -aux** *adj* equatorial; **courants équatoriaux** = equatorial currents; **zones équatoriales** = equatorial regions; **les forêts tropicales se trouvent dans la zone équatoriale** = the area of rainforests lies around the Equator

équilibre *nm* **(a)** balance; **équilibre écologique** = the balance of nature *ou* ecological balance; **perturber l'équilibre écologique** = to disturb the balance of nature; **équilibre hydrosalin** = water balance; **équilibre hydrominéral** = sodium balance **(b)** equilibrium; **équilibre démographique** = population equilibrium; **équilibre pédologique** = soil equilibrium

équinoxe *nm* equinox; **équinoxe d'automne** = autumnal equinox; **équinoxe de printemps** = vernal equinox

équipements *nmpl* equipment *ou* amenities *ou* facilities; **équipements collectifs** = public amenities; **équipements d'intérêt général** = public facilities; **équipements de loisir** = leisure *ou* recreational facilities; **niveau d'équipement** = standard of facilities

◇ **équiper** *vtr* to equip; **la salle d'opération est équipée des plus récents échographes** = the operating theater is equipped with the latest scanning devices

équivalent, -e **1** *adj* equivalent **2** *nm* equivalent; **équivalent-pétrole** = oil-equivalent; **tonne d'équivalent-pétrole (tep)** = tons of oil-equivalent (toe);

équivalent-habitant (Eqh *ou* **éq-hab)** = population equivalent (inh-eq)

érable *nm* maple

éradication *nf* eradication; **action mondiale pour l'éradication du glaucome** = international action to eradicate glaucoma

> autrefois, le paludisme sévissait sous nos latitudes, et ce sont les travaux d'assèchement des marais qui ont mené à l'éradication du moustique
> *Science et Avenir*

◇ **éradiquer** *vtr* to eradicate

ère *nf* era; **ère quaternaire** = quaternary era

ergot *nm* ergot

◇ **ergotisme** *nm* ergotism

éroder *vtr* to denude *ou* to erode

◇ **érosion** *nf* erosion; **l'herbe protège le sol de l'érosion** = grass cover provides some protection against soil erosion; **les falaises ont subi l'érosion de la mer** = the cliffs have been eroded by the sea; **lutte contre l'érosion des sols** = land erosion control; **érosion éolienne** = wind erosion; **érosion fluviale** = stream erosion; **érosion pluviale** = rainwash *ou* rain erosion;**érosion des sols** = soil erosion

> en freinant l'eau sur les pentes, les haies et les talus réduisent l'érosion des sols et assurent le drainage et l'infiltration de l'eau
> *le Rennais*

éruption *nf* blowout *ou* eruption; **plusieurs villages ont été détruits lors de l'éruption volcanique de 1978** = several villages were destroyed in the volcanic eruption of 1978

◇ **éruptif, -ive** *adj* eruptive

Escherichia coli *nmpl* Escherichia coli

espace *nm* **(a)** space; **espace de loisir** = recreation area; **espace vert** = open space *ou* green open space **(b) espace extra-atmosphérique** = outer space

espèce *nf* species; **deux nouvelles espèces de riz ont été élaborées** = two new breeds of rice have been developed; **espèce en voie d'extinction** *ou* **espèce menacée de disparition** = endangered species; **espèce généraliste** = generalist; **l'espèce humaine** = the human species; **espèce indicatrice** = indicator species; **espèce indigène** = landrace; **espèces jumelles** = sibling species; **l'origine des espèces** = the origin of species

espérance *nf* expectancy; **espérance de vie** = life expectancy

essai *nm* test; **des essais en laboratoire ont indiqué que le prélèvement était positif** = laboratory tests showed that the sample was positive; **le gouvernement a repris le programme d'essais nucléaires** = the government has resumed the programme of nuclear testing; **le comité a demandé l'interdiction des essais nucléaires** = the committee has called for a ban on tests of nuclear weapons; **interdiction des essais nucléaires** = nuclear test ban; **site d'essais nucléaires** = nuclear testing site; **essai biologique** = bioassay

essaim *nm* swarm

◇ **essaimer** *vi* to swarm

essence *nf* **(a)** essence; **essence minérale** = mineral oil **(b)** *(carburant)* petrol; *US* gas *ou* gasoline; **cette voiture consomme peu d'essence** = the car is very economic on petrol; **nous cherchons une voiture qui consomme peu d'essence** = we are looking for a car with a low petrol consumption; **essence sans plomb** = lead-free petrol *ou* unleaded petrol; **sa voiture est maintenant équipée pour rouler à l'essence sans plomb** = he has converted his car to take unleaded petrol; **le passage à l'essence sans plomb contribuera à la lutte contre la pollution de l'air** = changing to lead-free petrol will aid the fight against air pollution; **moteur à essence** = petrol engine

essentiel, -elle *adj* essential; **acides aminés essentiels** = essential amino acids; **acide gras essentiel** = essential fatty acid (EFA); **éléments essentiels** = essential elements; **huiles essentielles** = essential oils

est *nm* east; **vent d'est** = east wind; **l'ouragan se déplaçait vers l'est** = the hurricane was moving in an easterly direction; **la plupart des forêts tropicales se trouvent à l'est du pays** = the main rain forests lie in the eastern part of the country

estimation *nf* estimate *ou* rating

◇ **estimer** *vtr* to estimate

estivation *nf* aestivation

estran *nm* foreshore

estuaire *nm* estuary

◇ **estuarien, -ienne** *adj* estuarine; **plantes estuariennes** = estuarine plants

établir *vtr* to determine *ou* to establish; **établir une carte** = to chart

◇ **s'établir** *vpr* to establish; **les étourneaux se sont établis partout aux Etats-Unis** = the starling has become established in all parts of the USA

◇ **établissement** *nm* institution; **établissements publics** = public institutions

étage dominant *nm (végétation)* overstorey *ou* overwood

étain *nm* tin
NOTE: symbole chimique **Sn;** nombre atomique **50**

étalonnage *nm* calibration; **courbe d'étalonnage** = calibration curve

◇ **étalonner** *vtr* to calibrate

étamine *nf* stamen

étang *nm* pool *ou* pond; **étang d'oxydation** = oxidation pond; **étang à poissons** = fish pond; **étang de stabilisation** = stabilization pond

état *nm* **(a)** condition; **état d'urgence** = state of emergency; **le réseau routier est en très bon état** = the road system is in very good condition; **la moitié de la population souffre de malnutrition et l'état de santé général se détériore** = half the population is suffering from malnutrition and their condition is getting worse **(b)** *(gouvernement)* state; **sous contrôle de l'Etat** = under state control; **les Etats-Unis (d'Amérique)** = the United States (of America) *ou* the USA

◇ **étatisé, -e** *adj* state-controlled

été *nm* summer; **bois d'été** = summerwood; **solstice d'été** = summer solstice

éteint, -e *adj (volcan)* extinct *ou* inactive

étendue *nf* tract *ou* (wide) open space; **de grandes étendues forestières ont été détruites par le feu** = large tracts of forests have been destroyed by fire

étêter *vtr (tailler un arbre en têtard)* to pollard

éthanol *nm* ethanol

éthique 1 *adj* ethical **2** *nf* ethics; **comité d'éthique** = ethical committee

ethno- *préf* ethno-; **ethnobotanique** = ethnobotany

éthologie *nf* ethology

éthylène *nm* ethylene

étiage *nm* low water

> le barrage de Puylaurent, situé sur le Chassezac, outre la production d'électricité et la lutte contre les crues, aura pour mission de soutenir le débit d'étiage. Ainsi favorisera-t-il l'irrigation et la navigation sur l'Ardèche
>
> *Canoë-Kayak Magazine*

étiolement *nm* etiolation

étiologie *nf* aetiology; *US* etiology

◇ **étiologique** *adj* aetiological; **agent étiologique** = aetiological agent; **bilan étiologique** = aetiological report *ou* pathology report

étoile *nf* star

◇ **étoile de mer** *nf* starfish; **étoile de mer épineuse** = crown of thorns starfish

étouffer *vi* to choke

étranger, -ère 1 *adj (d'un autre pays)* alien *ou* foreign; **aide étrangère** = foreign aid; **politique étrangère** = foreign policy **2** *n* alien *ou* foreigner

être humain *nm* human being *ou* man

étude *nf* study; **étude d'impact** = impact study; **étude du rendement écologique** = production ecology; **étude sur le terrain** = field study

eucalyptus *nm* eucalyptus

euglénophycées *nfpl* Euglenophyta

euryhalin, -e *adj* euryhaline

eurytherme *adj* eurythermous

eutrophie *nf* eutrophy

◇ **eutrophe** *adj* eutrophic; **lac eutrophe** = eutrophic lake

◇ **eutrophisation** *nf* eutrophication; **présenter un phénomène d'eutrophisation** = to eutrophy

> quand une eau claire - exempte de matières en suspension - est riche en nitrates et en phosphates dissous, les algues prolifèrent: c'est le phénomène d'eutrophisation
>
> *Science et Vie*

évacuation *nf* **(a)** *nf (système)* sewerage; **évacuation des eaux d'égout** = sewage disposal; **système d'évacuation des eaux usées** = drainage system *ou* sewerage **(b)** *(élimination)* disposal; **évacuation dans la mer** = marine disposal

évaluer *vtr* to assess *ou* to estimate

◇ **évaluation** *nf* assessment *ou* estimate; **évaluation de l'impact** = impact assessment; **évaluation des risques** = risk assessment

évaporatif, -ive *adj* evaporative

◇ **évaporation** *nf* evaporation; **évaporation de l'eau à la surface d'un lac** = evaporation of water from the surface of a lake; **évaporation naturelle** = natural evaporation; **évaporation de surface** = surface evaporation

> en France, l'évaporation peut atteindre 5 à 8 litres d'eau par mètre carré et par jour, voire plus sur des champs de maïs en pleine croissance
>
> *Science illustrée*

◇ **s'évaporer** *vpr* to evaporate; **les eaux de surface s'évaporent rapidement au soleil** = surface waters quickly evaporate in the sun; **sous les tropiques, 75% des précipitations s'évaporent** = in tropical areas, up to 75% of rainfall will evaporate

◇ **évapotranspiration** *nf* evapotranspiration; **perdre de l'eau par évapotranspiration** = to evapotranspire

événement *nm* event; **événement El Niño** = El Niño event; **trois années exceptionnellement chaudes - 1980, 1983 et 1987 - au cours desquelles les événements d'El Niño furent particulièrement violents** = three exceptionally warm years - 1980, 1983 and 1987 - years in which El Niño events were at their height

évent *nm* **(a)** blowhole **(b)** *(volcan)* vent; **évent hydrothermal** = hydrothermal vent

éventualité *nf* event

évolution *nf* evolution; **cycle d'évolution** = life cycle; **évolutions qui se sont produites au cours de milliers d'années** = evolutionary changes which have taken place over thousands of years

◇ **évolutionnaire** *ou* **évolutif, -ive** *adj* evolutionary

examen *nm* examination *ou* test; **les services officiels ont procédé à l'examen des déchets de l'usine afin de déterminer s'il était possible de les incinérer sans risque** = the officials have carried out an inspection of the factory waste to see if it can be safely incinerated; **l'examen de la maison a permis de détecter des traces de radon** = examination of the house revealed traces of radon

◇ **examiner** *vtr* to examine; **examiner au microscope** = to examine under the microscope

excédent *nm* excess

◇ **excéder** *vtr* to exceed

◇ **excès** *nm* excess; **l'excès de phosphates ruisselle dans les bassins fluviaux** = excess phosphates run off into the river system

excision *nf* abscission

excréments *nmpl* **(a)** *(humains)* excrements **(b)** *nmpl (de gros animaux)* dung; *(oiseaux, lapins, moutons, etc.)* droppings; **ils ont ramassé dans les champs les excréments séchés pour les utiliser comme combustible** = they collected the dried dung in the fields and used it as fuel; **l'herbe était couverte d'excréments de lapin et de mouton** = the grass was covered with rabbit and sheep droppings

> les excréments humains contiennent des contaminants particulièrement toxiques, comme certains micro-organismes pathogènes véhiculés par l'eau et vecteurs du choléra, de la fièvre typhoïde, de la dysenterie
>
> *Pour la science*

excréter *vtr* to excrete; **l'appareil urinaire filtre les toxines sanguines qui sont ensuite excrétées dans les urines** = the urinary system separates waste liquids from the blood and excretes them as urine

◇ **excreta** *nmpl* excreta

◇ **excrétion** *nf* excretion

◇ **excrétions** *nfpl* = EXCRETA

exode *nm* migration; **exode rural** = rural migration

exosphère *nf* exosphere

expansé, -e *adj* expanded; **polystyrène expansé** = expanded polystyrene

expansion *nf* expansion; **expansion urbaine anarchique** = urban sprawl

expérience *nf* experiment *ou* test;**à titre d'expérience** = as an experiment; **faire une expérience** *ou* **procéder à une expérience** = to carry out an experiment *ou* a test

expérimenter *vtr* to experiment (with)

◇ **expérimental, -e, -aux** *adj* experimental; **au stade expérimental** = at the experimental stage; **à titre expérimental** = experimentally

◇ **expérimentation** *nf* test; **un nouveau médicament est en cours d'expérimentation** = they are now experimenting with a new medicine

exploitant *nm* operator

exploitation *nf* exploitation; **exploitation agricole** = farm; **il n'est pas rentable de poursuivre l'exploitation de ces gisements de charbon** = further exploitation of the coal deposits is not economic; **chantier d'exploitation d'une mine** = workings; **exploitation minière à ciel ouvert** = open-cast mining *ou* surface mining; **exploitation minière par découverte** = strip mining

◇ **exploiter** *vtr* to exploit; **de grandes compagnies ont détruit l'environnement en exploitant les richesses naturelles de la forêt** = large companies ruined the environment by exploiting the natural wealth of the forest; **une usine marémotrice exploite la force motrice des marées** = a tidal power station harnesses the power of the tides; **exploiter une carrière** = to quarry; **exploiter une forêt** = to forest; **exploiter un gisement** = to mine; **exploiter des ressources** = to tap resources; **exploiter les ressources pétrolières** = to tap oil resources; **région boisée qui est exploitée** = managed woodland

explosif *nm* explosive

◇ **explosif, -ive 1** *adj* **(a)** *(substance)* explosive **(b)** *(situation)* explosive; **les privations constantes créent une situation potentiellement explosive dans les zones urbaines** = continuing deprivation is causing a potentially explosive situation in urban areas

◇ **exploser** *vi* to explode

◇ **explosion** *nf* **(a)** blast *ou* explosion; **des milliers de gens mourraient dans l'explosion** = thousands of people would be killed by the blast **(b) explosion démographique** = population explosion

exponentiel, -ielle *adj* exponential; **croissance exponentielle** = exponential growth

exposé, -e *adj* exposed; **exposé au vent** = windward; **les arbres protègent le côté de la maison exposé au vent** = the trees provide shelter on the windward side of the house

exposer *vtr* to expose; **elle a été exposée à une dose mortelle de radiations** = she was exposed to a lethal dose of radiation

◇ **exposition** *nf* exposure; **dose d'exposition** = exposure dose; **exposition à des radiations nocives** = exposure to harmful radiation

extensif, -ive *adj* extensive; **élevage porcin extensif** = an extensive system of pig farming

◇ **extension** *nf* extension; **extension urbaine** = urban growth

extérieur, -e *adj* external *ou* outer; **l'enveloppe extérieure de la graine est très dure** = the outer coating of the seed is very hard; **plateau continental extérieur** = outer continental shelf

exterminer *vtr* to kill off; **les dodos ont été exterminés par les marins au XVIIIe siècle** = dodos were killed off by eighteenth century sailors

externe *adj* external; **effets externes** = external effects *ou* externalities

extérocepteur *nm* exteroceptor

extinction *nf* extinction

extracteur *nm* extractor; **extracteur de poussière** = dust extractor

◇ **extraction** *nf* extraction *ou* abstraction; **extraction des nutriments** = nutrient stripping; **monticules de déchets résultant de l'extraction minière à ciel ouvert** = mounds of debris left by open-cast mining; **extraction du gaz** = gas extraction

extraire *vtr* **(a)** to extract; **extraire par fusion** = to smelt; **la première étape du traitement des eaux d'égout consiste à extraire les matières solides** = the first treatment of sewage involves removing the solids **(b)** *(des minéraux)* to mine

extrait *nm* **(a)** extract **(b)** *(acte)* certificate; **extrait de naissance** = birth certificate

extrusif, -ive *adj* extrusive

Ff

F **1** = FAHRENHEIT **2** *symbole chimique* = FLUORINE

◇ **F_1** *(symbole de la première génération filiale)* F_1; **hybride F_1** = F_1 hybrid

f.é.m. = FORCE ELECTROMOTRICE

fabricant *nm* manufacturer; **cette entreprise est un grand fabricant de machines agricoles** = the company is a large manufacturer of farm machinery

◇ **fabrication** *nf* manufacturing *ou* production; **une usine de fabrication de matériel agricole** = a factory producing agricultural machinery; **chaîne de fabrication** = production line; **fabrication de compost** = composting; **fabrication en série** = mass production; **résidus de fabrication** = production residues

fabrique *nf* mill *ou* plant; **fabrique de papier** = paper mill

◇ **fabriquer** *vtr* to manufacture

faciès *nm* facies; **faciès néritique** = neritic facies

facteur *nm* factor; **facteur de croissance** = growth factor; **facteurs écologiques** = ecological factors; **facteurs d'hérédité** = hereditary factors

facule solaire *nf* solar flare

Fahrenheit *npr* Fahrenheit; **échelle Fahrenheit** = Fahrenheit scale
NOTE: Echelle de mesure de la température surtout utilisée aux Etats-Unis, beaucoup moins au Royaume-Uni. S'écrit **32°F**. Dire "trente deux degrés Fahrenheit". Pour convertir en degrés Celsius, soustraire 32, multiplier par 5 et diviser par 9: ainsi, 68°F = 20°C. Pour faire une estimation rapide, soustraire 30 et diviser par 2.

faible *adj* **(a)** *(sans forces)* weak; **le manque de nourriture la rendait de plus en plus faible** = she grew weak with hunger **(b)** *(pauvre)* **à faible indice d'octane** = low-grade; **minerai de faible teneur** = low-grade ore

faille *nf (géologie)* fault; **la faille de San Andreas** = San Andreas Fault; **faille chevauchante** = thrust fault; **plan de faille** = fault-plane

faim *nf* hunger; **des milliers de gens mouraient de faim dans le désert** = thousands of people were starving in the desert

faines *nfpl* mast *ou* beechmast

faîte *nm (d'un arbre)* crown

falaise *nf* cliff; **de nombreuses espèces d'oiseaux nichent sur les vires des falaises** = many types of birds nest on ledges in the cliffs

famille *nf* family; **les tigres et les léopards font partie de la famille des félins** = tigers and leopards are members of the cat family; **famille étendue** = extended family; **famille nucléaire** = nuclear family

◇ **familial, -e, -aux** *adj* **planning familial** = family planning

famine *nf* famine; **après deux mauvaises saisons de mousson, le risque de famine allait grandissant** = when the monsoon failed for the second year, the threat of famine became more likely

> la famine, rupture brutale des apports alimentaires, est dans l'immense majorité des cas, une conséquence directe de crises politiques graves
>
> *Géo*

fanon *nm* baleen

farine de poisson *nf* fishmeal; **fabrique de farine de poisson** = fishmeal factory

fatal, -e, -als *adj (mortel)* fatal; **un accident fatal** = a fatal accident

faune *nf* fauna; **les plantations de conifères constituent, pour la faune et la flore, un milieu plus pauvre que les forêts mixtes ou feuillues** = plantations of conifers are poorer for wildlife than mixed or deciduous woodlands; **le projet de mine à ciel ouvert aurait des conséquences désastreuses pour la faune et la flore, et en particulier pour les oiseaux de la lande** = the effect of the open-cast mining scheme would be disastrous on wildlife, particularly on moorland birds; **faune abyssale** = deep-sea fauna; **la faune et la flore** = fauna and flora *ou* wildlife; **faune marine** = marine fauna; **faune du sol** = soil fauna

Fe *symbole chimique* = FER

fèces *nfpl* faeces *ou* excreta

◇ **fécal, -e, -aux** *adj* faecal; **matières fécales** = faecal matter

fécondation *nf* fertilization

◇ **féconder** *vtr* to fertilize

◇ **fécondité** *nf* fertility; **taux de fécondité** = fertility rate

féculent, -e *adj* starchy

feedback *nm* feedback

feldspath *nm* feldspar *ou* feldspath

femelle *adj&nf* female

fenaison *nf* haymaking

fente *nf* crevice

fer *nm* iron; **minerai de fer** = iron ore; **oxyde de fer** = iron oxide; **pyrite de fer** = iron pyrite
NOTE: symbole chimique **Fe;** nombre atomique **26**

féral, -e, -aux *adj* feral; **les chats féraux sont des chats domestiques qui se sont enfuis et sont retournés à l'état sauvage** = feral cats are cats which have escaped from households and become wild; **les lapins indigènes ont été exterminés par les chats féraux** = the native population of rabbits was exterminated by feral cats

ferme *nf* (i) farm; (ii) farmhouse; **ferme énergétique** = energy farm; **ferme marine** = oceanic farm; **oeufs de ferme** = free-range eggs

◇ **fermier, -ière 1** *n* farmer **2** *adj* **produits fermiers** = farm produce

fermentation *nf* fermentation; **fermentation méthanique** = methane fermentation; **fermentation microbienne** = microbial fermentation

fermer *vtr (arrêter le fonctionnement)* to shut down

◇ **fermeture** *nf* shutdown

ferraille *nf* scrap; **l'acier provient, à 50%, de ferraille recyclée** = 50% of steel is made from recycled scrap; **la ferraille a plus de valeur que vous ne pensez** = the value of scrap metal is higher than you think

ferreux, -euse *adj* ferrous; **métaux ferreux** = ferrous metals; **non ferreux** = non-ferrous

ferrugineux, -euse *adj* ferruginous

fertile *adj* fertile *ou* productive; **cette terre est assez fertile pour qu'une grande variété de faune et de flore puisse s'y développer** = the land is fertile enough to sustain a wide variety of fauna and flora; **terres fertiles** = productive soils; **non fertile** = infertile
NOTE: antonyme **stérile**

◇ **fertilisant** *nm* fertilizer

◇ **fertilisation** *nf* fertilization

◇ **fertiliser** *vtr* to fertilize

◇ **fertilité** *nf* fertility

feu *nm* fire; **plusieurs centaines d'hectares de forêt ont été détruits par le feu** = several hundred hectares of forest were burnt in the fire; **feu de cheminée** = coal fire; **feux préventifs** = prescribed fires

feuillage *nm* foliage; **le feuillage** = the leaves; **arbre à feuillage caduc** = deciduous tree

◇ **feuille** *nf* leaf; **en forêt, une grande partie de l'eau de pluie s'évapore à la surface des feuilles** = in a forest, much of the rainfall is lost through evaporation from foliage surfaces; **(arbre) à feuilles persistantes** = evergreen (tree); **la pulvérisation de défoliant fait tomber les feuilles de tous les végétaux** = spraying with defoliant strips the leaves off all plants

◇ **feuillu** *nm* broadleaf *ou* broad-leaved (tree) *ou* hardwood; **les forêts de feuillus sont apparues après le dernier âge glaciaire** = deciduous woodlands grew up after the last ice age; **il est prévu de boiser chaque année 12000 hectares de terres agricoles, un tiers des arbres seront des feuillus** the plan is to plant 12,000 hectares of agricultural land a year, one third of which will be broadleaves; **feuillus persistants** = broadleaved evergreens; **forêts de feuillus** = hardwoods

> les feuillus ont un bois constitué de cellules plus longues que les conifères, ce qui facilite le passage de la sève
>
> *Sciences et Nature*

◇ **feuillu, -e** *adj* **(a)** *(qui a beaucoup de feuilles)* leafy **(b)** *(qui porte des feuilles)* deciduous; **forêt feuillue** = deciduous forest

fiabilité *nf* reliability

◇ **fiable** *adj* reliable

fibre *nf (tissu végétal ou animal)* fibre; *US* fiber; **fibre d'amiante** = asbestos fibre; **fibre de carbone** = carbon fibre; **fibre de verre** = glass fibre

◇ **fibres** *nfpl (diététique)* roughage *ou* dietary fibre; **régime alimentaire riche en fibres** = high fibre diet

◇ **fibreux, -euse** *adj (plante)* fibrous; **plantes aux racines fibreuses** = fibrous rooted plants

◇ **Fibrociment®** *nm* fibre-concrete (FC)

fidélité *nf* fidelity

fientes *nfpl (d'oiseaux)* droppings

fièvre *nf* fever; **fièvre typhoïde** = *nf* typhoid fever; **on note l'apparition de cas de fièvre typhoïde dans la ville** = there is an outbreak of typhoid fever *ou* a typhoid outbreak in the town

filet *nm* net; **filet dérivant** = drift net

> les pêcheurs italiens utilisent des filets dérivants pour la capture des espadons et tuent en même temps les dauphins de la Méditerranée
>
> *le Courrier de la baleine*

filon *nm* lode *ou* seam *ou* vein; **ils ont découvert un filon d'or** = they have struck a vein of gold

filtrage *nm* filtration; **bassin de filtrage** = filter basin

◇ **filtrat** *nm* filtrate

◇ **filtration** *nf* filtration; **lit de filtration** = filter bed

> les usines d'Ivry sur la Seine, et de Saint-Maur sur la Marne, traitent l'eau par 'filtration lente', de manière biologique (série de filtres constitués de sable où prolifèrent des bactéries et des micro-organismes)
>
> *Science et Avenir*

filtre *nm* filter; **filtre bactérien** = percolating filter *ou* trickling filter; **filtre échangeur d'ions** = ion-exchange filter

◇ **filtrer** *vtr* to filter; **le liquide passe à travers plusieurs couches de charbon qui filtrent les impuretés** = impurities are filtered from the liquid by passing it through layers of charcoal

◇ **filtreur** *nm* **organisme filtreur** = filter-feeder

fin *nf* end

◇ **fin, -e** *adj* fine; **de fines particules de cendres sont emportées dans la haute atmosphère** = particles of fine ash are carried into the upper atmosphere

◇ **final, -e, -aux** *adj* final; **consommateur final** *ou* **utilisateur final** = end user; **rendement final** = end-use efficiency

◇ **fini, -e** *adj* **produit fini** = end product

fissible *ou* **fissile** *adj* fissile *ou* fissionable

fission *nf* fission; **la fission du plutonium libère des neutrons rapides** = when the plutonium is fissioned, fast neutrons are produced; **fission atomique** = atomic fission; **fission rapide** = fast(-neutron) fission

> dans une réaction de fission, les noyaux lourds des atomes d'uranium et de plutonium se brisent en plusieurs morceaux sous l'impact des neutrons et libèrent ainsi de grandes quantités d'énergie
> *le Monde*

◇ **fissionner** *vtr* to fission

fissural, -ale, -aux *adj* **volcan fissural** = fissure volcano

fixation *nf* fixation; **fixation de l'azote** = nitrogen fixation

se fixer *vpr* to settle; **les premiers pasteurs nomades ont fini par se fixer et devenir agriculteurs** = early nomadic herdsmen eventually settled as farmers

fjord *nm* fjord

flache *nf* blaze

se flétrir *vpr* to shrivel

fleur *nf* bloom *ou* flower; **en fleur(s)** = in bloom *ou* in flower; **les orchidées en fleur ont été complètement abîmées par le gel** = the blooms on the orchids have been ruined by frost

◇ **fleurir** *vi* to bloom *ou* to flower; **cette plante fleurit la nuit** = the plant blooms at night; **certains cactus ne fleurissent que tous les sept ans** = some cacti bloom every seven years

fleuron *nm* floret

fleuve *nm* river; **les deux fleuves ont des débits très différents: celui qui descend des hautes montagnes a un courant très rapide, l'autre est plus lent et traverse essentiellement des plaines fertiles** = the two rivers have very different flow regimes: one has very rapid flow down from high mountains, the other is slower and mainly crosses fertile plains

flocon *nm* flake; **flocon de neige** = snowflake

floculant *nm* bulking agent *ou* flocculant *ou* flocking agent

◇ **floculation** *nf* flocculation

floe *nm* floe

floraison *nf* bloom

flore *nf* flora

◇ **floral, -e, -aux** *adj* floral

flotte *nf* fleet; **flotte de baleiniers** = whaling fleet

fluctuation *nf* fluctuation

fluide *nm* fluid; **fluide cérébrospinal** = cerebrospinal fluid (CSF)

fluor *nm* fluorine; **traitement au fluor** = fluoridation
NOTE: symbole chimique **F**; nombre atomique **9**

◇ **fluoration** *nf* fluoridation

◇ **fluoré, -e** *adj* **composés fluorés** = fluorine compounds; **dentifrice fluoré** = fluoride toothpaste; **eau fluorée à 1 ppm** = water fluoridated at 1 ppm; **hydrocarbure fluoré** = fluorocarbon

◇ **fluorer** *vtr* to fluoridate

◇ **fluorocarbures** *nmpl* fluorocarbons

◇ **fluorose** *nf* fluorosis

◇ **fluoruration** *nf* fluoridation

◇ **fluorure** *nm* fluoride; **fluorure d'hydrogène** = hydrogen fluoride

fluvial, -e, -aux fluvial *ou* fluviatile *ou* riverine; **le barrage a détruit la faune et la flore fluviales sur des centaines de kilomètres** = the dam has destroyed the riverine fauna and flora for hundreds of kilometers; **bassin fluvial** = river basin; **eaux fluviales** = river water; **sédiments fluviaux** = fluvial *ou* fluviatile deposits; **système fluvial** = river system; **terrasse fluviale** = river terrace

◇ **fluviatile** *adj* = FLUVIAL

flux *nm* **(a)** flow *ou* flux; **flux de chaleur** *ou* **flux thermique** = heat flux; **flux d'énergie** = energy flow **(b)** *(mer)* flood tide; **le flux et le reflux** = the ebb and flow

foehn *nm* foehn

foin *nm* hay; **rhume des foins** = hay fever; **la saison du rhume des foins commence en mai** = the hay fever season starts in May; **quand il a le rhume des foins, il ne faut pas qu'il sorte** = when he has hay fever, he has to stay indoors

foliaire *adj* foliar; **engrais foliaire** = foliar feed

foncier, -ière *adj* **aménagement foncier** = land development; **droit foncier** = land law; **propriété foncière** = real estate

fonctionnement *nm* operation; **coûts de fonctionnement** = operating costs

◇ **fonctionner** *vi* to operate; **cette machine fonctionne à l'électricité** = this machine is operated by electricity; **centrale (fonctionnant) au charbon** = coal-fired power station

fond *nm* **(a)** bed *ou* bottom *ou* floor; **fonds marins** = seabed; **un poisson qui se nourrit sur les fonds marins** = a fish which feeds on the seabed; **eaux de fond** = bottom water; **moraine de fond** = ground moraine **(b)** background; **bruit de fond** = background noise; **concentration de fond** = background concentration; **niveau de fond** = background level; **pollution de fond** = background pollution

fondamental, -e, -aux *adj* basic *ou* essential *ou* fundamental; **recherche fondamentale** = basic research

fonder *vtr* to base

fondre *vi* **(a)** *(devenir liquide)* to melt *ou* to thaw; **la hausse progressive de la température de l'air a fait fondre le glacier** = the gradual rise in air temperature made the glacier melt *ou* melted the glacier; **il est possible que l'élévation de la température atmosphérique fasse fondre les calottes glaciaires des pôles et donc que le niveau de la mer monte** = it is possible that rising atmospheric temperatures will make the polar ice caps thaw and raise the level of the sea; **le soleil était si fort qu'il a fait fondre le revêtement de la route** = the heat of the sun made the surface of the road melt **(b)** *(pour extraire le minerai)* to smelt **(c)** *(semis)* to damp off

fonds *nm* fund; **Fonds mondial pour la nature** = World Wide Fund for Nature (WWF)

fondu, -e *adj* molten

fongicide 1 *adj* fungicidal **2** *nm* fungicide

> lors des travaux d'élagage, il est indispensable de badigeonner les plaies de coupes avec un mastic contenant un fongicide afin de protéger l'arbre
> *Sciences et Nature*

fongique *adj* fungal; **il a une dermite fongique** = he has a fungal skin infection

fongoïde *adj* fungoid

fonte *nf* **(a)** melting *ou* thawing; **eau de fonte** = meltwater **(b)** *(extraction de minerai)* smelting **(c)** *(métal)* cast-iron **(d)** *(semis)* damping off

forage *nm* drilling; **boue de forage** = drilling mud; **forage pétrolier** = drilling for oil; **navire de forage** = drilling ship; **plate-forme de forage** = drilling platform *ou* drilling rig

> un forage horizontal coûte une fois et demie plus cher qu'un forage vertical mais son potentiel de production est trente fois supérieur, car on arrive par cette technique à extraire une part beaucoup plus grande des réserves contenues dans un gisement
> *Science et Vie*

force *nf* **(a)** energy; **il vous faut manger un certain type d'aliments qui vous donneront des forces** = you need to eat certain types of food to give you energy **(b)** *(physique)* **force électromotrice (f.é.m.)** = electromotive force (EMF); **force de Coriolis** = Coriolis force

forer *vtr* to bore *ou* to drill; **forer un puits de pétrole** = to drill an oil well; **ils ont foré le sol en six endroits pour essayer de trouver de l'eau** = they have bored six test holes to try to find water

foresterie *nf* forestry

◊ **forestier, -ière** *adj* **couvert forestier** = forest cover; **conservation forestière** = forest conservation; **jachère forestière** = bush-fallow; **déchets forestiers** = logging residues; **garde forestier** = forest ranger; **sol forestier** = forest floor

forêt *nf* forest; **les forêts allemandes sont atteintes par le Waldsterben** = the forests of Germany are affected with Waldsterben; **la forêt tropicale couvre tout le bassin fluvial** = the whole river basin is covered with tropical forest; **l'écosystème de la forêt vierge est très différent de celui de la forêt européenne exploitée** = a virgin tropical forest is a very different ecosystem from the managed forests of Europe; **les incendies de forêt sont fréquents pendant la saison sèche et ils peuvent parfois être déclenchés par la foudre** = forest fires are widespread in the dry season and can sometimes be started by lightning; **les forêts vont dépérir si les taux de pollution restent inchangés** = forests will gradually die if pollution levels remain constant; **les Eaux et Forêts** = The Forestry Commission; **les forêts de feuillus sont apparues après le dernier âge glaciaire** = deciduous woodlands grew up after the last ice age; **forêt mixte** = mixed forest *ou* woodland; **forêt nuageuse** *ou* **forêt ombrophile tempérée** = cloud-forest; **forêts de résineux** = softwoods; **forêt sclérophylle** = sclerophyll forest; **forêt tropicale** *ou* **forêt vierge ombrophile** = rainforest

formation *nf* formation; **des millions d'années de climat chaud et humide ont abouti à la formation de veines de charbon** = millions of years of warm damp climate led to the formation of coal seams; **formation nuageuse** = cloud formation

forme *nf* shape; **forme d'un organisme** = morph

formulation *nf* formulation; **formulation traditionnelle** = traditional formulation

fosse *nf* **(a)** *(naturelle)* trench; **fosse océanique** = oceanic trench **(b)** *(artificielle)* **fosse d'aisance** = earth closet; **fosse septique** = cesspool *ou* cesspit *ou* septic tank; **camion de vidange des fosses septiques** = sludge gulper

fossé *nm* **(a)** *(naturel)* dyke; **fossé d'effondrement** = rift valley **(b)** ditch; **fossé de drainage** = drainage ditch

fossile *adj&nm* fossil; **combustibles fossiles** = fossil fuels; **fossile vivant** = relict

◊ **fossilisé, -e** *adj* fossilized

foudre *nf* lightning; **prise antifoudre** = lightning arrester

fougère *nf* bracken *ou* fern; *(en Australie)* **fougères arborescentes** = tree ferns

four *nm (industriel)* kiln; **la fumée des fours à briques était emportée par les vents dominants** = the smoke from the brick kilns was taken away by the prevailing winds; **four à ciment** = cement kiln; **four de fusion** = smelter; **four rotatif** = rotating kiln

fourneau *nm* furnace; **haut-fourneau** = blast furnace

fourrage *nm* fodder *ou* forage; **fourrage ensilé** = silage

fourrager *vi* to forage; **le pic-vert fourrage dans la canopée en cherchant des insectes** = the woodpecker forages in the forest canopy while searching for insects

fourré *ou* **fourré froid** *nm* thicket; **fourré tropical** = tropical thicket

fourrure *nf* fur; **elle portait un manteau de fourrure et des gants de fourrure** = she wore a fur coat and fur gloves; **en hiver, les lapins ont une fourrure plus épaisse** = the rabbit has a thick coat of winter fur

foyer *nm* **(a)** *(familial)* home *ou* household **(b)** *(sismologie)* focus

> le déclenchement d'un tremblement de terre est précédé par des variations des contraintes auxquelles sont soumises les roches dans la zone du foyer (le point le plus profond où se déclenche un séisme) du tremblement de terre en préparation
>
> *le Monde*

Fr *symbole chimique* = FRANCIUM

fraction *nf* fraction; **la fraction gazeuse du pétrole est du gaz naturel** = the fraction of petroleum which is a gas is natural gas

◇ **fractionnel, -elle** *adj* fractional

fracture *nf* fracture

fragile *adj* fragile *ou* tender

frai *nm* spawn; **zone de frai** = spawning ground

◇ **fraie** *nf* spawning season

frais, fraîche *adj* **(a)** *(froid)* cool; **on prévoit un temps frais pour le reste de la semaine** = cool weather is forecast for the rest of the week; **frais et venté** = breezy **(b)** fresh; **les conserves alimentaires permettent de consommer en hiver certaines denrées périssables lorsqu'il n'y a pas de produits frais** = food preservation allows some types of perishable food to be eaten during the winter months when fresh food is not available; **le poisson frais est moins gras que le poisson en conserve** = fresh fish is less fatty than tinned fish; **les légumes frais sont chers en hiver** = fresh vegetables are expensive in winter

francium *nm* francium
NOTE: symbole chimique **Fr;** nombre atomique **8**

frayer *vi (poisson)* to spawn

◇ **frayères** *nfpl* spawning grounds

frêne *nm* ash

Fréon® *nm* freon; *voir* CFC

fréquence *nf* **(a)** frequency *ou* incidence *ou* rate; **la fréquence des fuites radioactives a augmenté au cours des quatre dernières années** = the incidence of radiation leaks has increased over the past four years; **la fréquence des cas de malnutrition dans les grandes villes** = the prevalence of cases of malnutrition in large towns; **fréquence des pulsations** = heart rate; **taux de fréquence** = incidence rate **(b)** **fréquence d'un son** = pitch

◇ **fréquent, -e** *adj* common *ou* frequent; **la pollution par le bruit est un problème fréquent dans les grandes villes** = noise pollution is a common problem in large cities

friable *adj* friable

friche *nf* fallow land; **en friche** = out of cultivation; **mise en friche** = set-aside; **cette terre a été mise en friche** = this land has been set aside

froid *nm* cold; **les moutons résistent bien au froid** = sheep can withstand the cold

◇ **froid, -e** *adjective* cold; **les nuits sont de plus en plus froides maintenant** = it's growing colder at night now; **il fait plus froid que la semaine dernière et il paraît qu'il fera encore plus froid demain** = the weather is colder than last week and they say it will be even colder tomorrow; **beaucoup de personnes âgées souffrent d'hypothermie quand il fait très froid** = many old people suffer from hypothermia in very cold weather; **front froid** = cold front; **zone dépressionnaire froide** = cold trough

frondaison *nf* foliage

front *nm* front; **front chaud** = warm front; **front froid** = cold front; **front occlus** = occluded front *ou* occlusion; **système de fronts** = frontal system

◇ **frontal, -e, -aux** *adj* frontal; **vague frontale** = frontal wave

fruit *nm* fruit; **un régime alimentaire à base de fruits et de légumes** = a diet of fresh fruit and vegetables; **la sécheresse a endommagé les arbres portant des fruits** = the drought has damaged fruiting trees; **fruit baccien** = berry; **fruit à pépins** = pome; **produire des fruits** = to fruit

◇ **fructification** *nf* **période de fructification** = fruiting season

◇ **fruitier** *nm (bois)* fruitwood

◇ **fruitier, -ière** *adj* **arbre fruitier** = fruit tree; **culture fruitière** = fruit farming

fuel *nm* fuel oil; **fuel domestique** = domestic heating oil

fuir *vi* to leak

◇ **fuite** *nf* escape *ou* leak *ou* leakage; **à la suite d'une fuite à l'usine de produits chimiques, des dizaines de litres d'un acide mortel se sont déversées dans la rivière** = gallons of lethal acid leaked into the river from the chemical plant; **la zone entourant l'usine de retraitement a été évacuée à la suite d'une fuite de liquide réfrigérant radioactif** = the area around the reprocessing plant was evacuated because of an escape of radioactive coolant; **le gouvernement est préoccupé par les fuites de gaz radioactifs dans l'atmosphère** = the government is worried about the leaks of radioactive gas into the atmosphere

fumée *nf (de feu ou de cigarette)* smoke; *(toxique)* fume *ou* (toxic) smoke; **plusieurs personnes sont mortes par inhalation de fumées toxiques** = several people died from inhaling toxic smoke; **la pièce était remplie de fumée de cigarette** = the room was full of cigarette smoke; **le taux de fumée en ville ne représente plus que 10% de ce qu'il était il y a vingt ans** = smoke levels in the city are only 10% of what they were twenty years ago; **deux personnes ont succombé à la fumée de l'incendie** = two people were overcome by smoke in the fire; **zone d'interdiction d'émission de fumée** = smoke control area; **fumées rousses** = brown fumes; **fumées d'usine** = factory fumes

fumées *nfpl (excréments d'animaux sauvages)* dung; **ils ont ramassé dans les champs les fumées sèches pour les utiliser comme combustible** = they collected the dried dung in the fields and used it as fuel

fumer *vtr* **(a)** *(du tabac)* to smoke; **elle fumait une cigarette** = she was smoking a cigarette; **il ne fume que la pipe** = he only smokes a pipe; **les médecins s'efforcent de convaincre les gens d'arrêter de fumer** = doctors are trying to persuade people to stop smoking **(b)** *(un champ)* to manure

◇ **fumerolle** *nf* fumarole

◇ **fumeur, -euse** *n* smoker; **non fumeur** = non smoker; **toux du fumeur** = smoker's cough; **zone non fumeur** = smoke-free *ou* smokeless area

fumier *nm* manure; **fumier humain** = night soil

fumigant *nm* fumigant

◇ **fumigateur** *nm* fumigant

◇ **fumigation** *nf* fumigation

◇ **fumigène** *adj* **appareil fumigène** = smoke apparatus; **combustible non fumigène** = smokeless fuel

◇ **fumiger** *vtr* to fumigate

fusion *nf* **(a)** fusion; **fusion nucléaire** = nuclear fusion; **mettre en fusion** = to fuse **(b)** *(du coeur du réacteur nucléaire)* meltdown; **point de fusion** = melting point; **le point de fusion de la glace est à 0°C** = the melting point of ice is 0°C **(c)** *(extraction de minerai)* smelting; **four de fusion** = smelter **(d)** *(fondu)* **lave en fusion** = molten lava

> la fusion d'un réacteur nucléaire peut conduire à deux types d'événements, soit une explosion ou un éclatement de l'enceinte de confinement: une partie des produits de fission s'échappe alors dans l'environnement et un nuage radioactif se répand dans l'atmosphère
> *Science illustrée*

fût *nm* **(a)** *(d'un arbre)* bole **(b)** *(en métal)* canister

futaie *nf* high forest

Gg

g **1** = GRAMME **2** = GRAVITE

G = GIGA

Gaïa *npr* Gaia; **théorie de Gaïa** = Gaia theory

> Gaïa est faite de matière vivante avec un rendement prodigieux, en suivant des mécanismes extrêmement complexes, et pour une grande part encore incompris malgré toutes les découvertes de la génétique
>
> *Actuel*

gain *nm* gain; **gain énergétique** = energy gain; **gain gratuit de chaleur** = heat gain

gainage *nm* cladding; **dans un réacteur nucléaire, les barres de combustible sont isolées du liquide de refroidissement par un gainage** = cladding is used in nuclear reactors to separate the nuclear fuel rods from the coolant

◇ **gaine** *nf* cladding; **il faut prévoir, autour du ballon d'eau chaude, une gaine d'isolation d'au moins 10 cm d'épaisseur** = the hot water tank needs to be insulated with at least 10 cm of cladding

galène *nf* galena

galet *nm* cobble *ou* pebble *ou* shingle; **plage de galets** = pebble *ou* shingle beach

galle *nf* gall

gallon *nm (GB = 4,546 litres ou US = 3,765 litres)* gallon

gamète *nm* gamete

◇ **gamétocide** *nm* gametocide

◇ **gamétocyte** *nm* gametocyte

gamma *nm* gamma; **particule gamma** = gamma particle; **rayons gamma** = gamma rays; **rayonnement gamma** = gamma radiation

garder *vtr (un troupeau)* to herd

◇ **garde-chasse** *nm* gamekeeper

◇ **garde forestier** *nm* forest ranger

◇ **gardien** *nm* **gardien de troupeau** = herdsman; **les gens du pays sont gardiens de troupeaux: c'est leur principale source de revenu** = livestock herding is the main source of revenue for the people of the area; **gardien de bestiaux** = stockman

gas-oil *nm* diesel (oil)

gasohol *nm* green petrol *ou* gasohol

gaspillage *nm* wastage; **le gaspillage des ressources minières est énorme** = there is an enormous wastage of mineral resources

◇ **gaspiller** *vtr* to waste

gastr- *préf* gastr-

◇ **gastrique** *adj* gastric; **acide gastrique** = gastric acid; **sucs gastriques** = gastric juices

◇ **gastro-entérite** *nf* gastroenteritis

gaule *nm (arbre)* sapling

gaz *nm* **(a)** *(émanations toxiques)* fumes; **gaz d'échappement** = exhaust fumes **(b)** gas; **sous l'effet de la chaleur, le liquide s'est transformé en gaz** = heating turned the liquid into a gas; **sous l'effet du refroidissement, un gaz devient liquide** = if a gas is cooled it will become liquid; **notre maison est équipée d'un chauffage au gaz** = we heat our house by gas; **chauffé au gaz** = gas-fired; **conduite de gaz** = gas supply line; **une cuisinière à gaz** = a gas cooker; **épuration des gaz** = gas cleaning; **gaz en bouteille** = bottled gas; **gaz d'égout** = sewage gas; **gaz des marais** = marsh gas; **gaz naturel** = natural gas; **les chaudières fonctionnent au gaz naturel** = the boilers are fuelled by natural gas; **gaz non brûlé** = blow-by; **gaz de pétrole liquéfié (GPL)** = liquefied petroleum gas (LPG); **gaz porteur**

= carrier gas; **gaz propulseur** = propellant; **gaz rare** = noble gas; **gaz de ville** = town gas; **intoxication due aux gaz** = gas poisoning; **masque à gaz** = gas mask; **moteur à gaz** = gas engine; **réacteur à refroidissement à gaz** = gas-cooled reactor; **tuyau à gaz** = gas pipe; **turbine à gaz** = gas turbine

◇ **gazéification** *nf* gasification; **gazéification à l'air** = air gasification; **gazéification au charbon** = coal gasification

◇ **gazeux, -euse** *adj* gaseous; **eau à l'état gazeux** = water in the gaseous state; **polluant sous forme gazeuse** = gaseous pollutant; **échange gazeux** = gas exchange

◇ **gazoduc** *nm* natural gas pipeline

◇ **gazogène** *nm* gasifier

◇ **gazomètre** *nm* gasometer

gel *nm* frost *ou* black frost; **une plante qui ne résiste pas au gel** = a tender plant; **gel de l'air** = air frost

◇ **gelé, -e** *adj* frozen; *(nez, oreille, etc.)* frostbitten

◇ **gelée** *nf* frost; **forte gelée** = a hard frost; **gelée blanche** = ground frost *ou* hoar frost; **trou de gelée** = frost hollow *ou* frost pocket

◇ **geler** *vi* to freeze; **il a gelé cette nuit** = there was a frost last night; **dehors, il gèle** = it's freezing outside; **il paraît qu'il va geler demain** = they say it will freeze *ou* it will be frosty tomorrow

◇ **gelure** *nf* frostbite

gélose *nf* agar *ou* agar agar

gène *nm* gene *ou* genetic factor; **banque de gènes** = gene bank; **gène dominant** = dominant gene; **gène récessif** = recessive gene; **mutation de gènes** = gene mutation; **réservoir de gènes** = gene pool

gêne *nf* annoyance; **indice de gêne** = annoyance index; **degré de gêne** = annoyance score; **niveau acoustique de gêne** = annoyance sound level

généralisation *nf* prevalence; **la généralisation du paludisme dans certains pays tropicaux** = the prevalence of malaria in some tropical countries; **la généralisation des cas de malnutrition dans les grandes villes** = the prevalence of cases of malnutrition in large towns

◇ **généralisé, -e** *adj* prevalent; **c'est une maladie généralisée dans certains pays d'Afrique** = the disease is prevalent in some African countries

généraliste **1** *adj* **espèce généraliste** = generalist **2** *nm&f (non spécialiste)* generalist

générateur *nm* generator; **générateur électrique** = electric generator; **générateur photovoltaïque** = solar array

◇ **génération** *nf* generation

◇ **générer** *vtr* to generate; **la réaction nucléaire génère une immense quantité de chaleur** = the nuclear reaction generates a huge amount of heat

générique *adj* generic; **nom générique** = generic name

génétique **1** *adj* genetic; **pour créer de nouvelles variétés, les phytogénéticiens doivent travailler à partir du matériel génétique des variétés sauvages de maïs et de blé** = breeders of new crop plants are dependent on genetic materials from wild forms of maize and wheat; **capital génétique** = genetic pool; **code génétique** = genetic code; **dommage génétique** = genetic damage; **échange génétique** = genetic exchange; **génie génétique** = genetic engineering **2** *nf* genetics; **génétique des populations** = populations genetics

génie *nm* engineering; **génie biologique** = bioengineering; **génie civil** = civil engineering; **génie génétique** = genetic engineering; **génie rural** = agricultural engineering

genièvre *nm* juniper

-génique *suf* -genic; **photogénique** = photogenic

génitophile *adj* philoprogenitive

génome *nm* genome

génotoxicité *nf* genotoxicity

◇ **génotoxique** *adj* genotoxic

génotype *nm* genotype

genre *nm (classification des espèces)* genus; **le genre humain** = mankind

géochimie *nf* geochemistry; **géochimie des eaux** = geohydrochemistry

◇ **géochimique** *adj* geochemichal

◇ **géochimiste** *nm&f* geochemist

géocline *nm* geocline

géodésie *nf* geodesy

◇ **géodésique** *adj* geodetic *ou* geodesic; **dans une étude géodésique, on s'appuie sur des relevés précis d'angles et de distances pour déterminer l'emplacement de points spécifiques sur la surface de la Terre** = geodetic surveys employ precise observations of angles to determine the exact location of points on the earth's surface

géographie *nf* geography; **géographie humaine** = human geography

◇ **géographe** *nm&f* geographer

◇ **géographique** *adj* geographical

géologie *nf* geology; **ce trou de sonde permettra de connaître la géologie du terrain et ainsi de savoir s'il est possible d'y enfouir des déchets nucléaires** = the borehole is intended to test the geology of the site to see if it is suitable for burying nuclear waste; **géologie économique** = economic geology

◇ **géologique** *adj* geological; **Bureau de recherches géologiques et minières** = *US* Geological Survey; **ère géologique** = geological era; **période géologique** = geological period; **prospection géologique** = geological exploration

◇ **géologue** *nm&f* geologist

géomagnétique *adj* geomagnetic; **pôles géomagnétiques** = geomagnetic poles

◇ **géomagnétisme** *nm* geomagnetism *ou* terrestrial magnetism

géomorphologie *nf* geomorphology

géonomie *nf* geonomy

géophone *nm* geophone

géophysique *nf* geophysics

◇ **géophysicien, -ienne** *n* geophysicist

géophyte *nm* geophyte

géopolitique *nf* geopolitics

géosphère *nf* geosphere

géosynclinal, -aux *nm* geosyncline

géothermal, -e, -aux *ou* **géothermique** *adj* geothermal; **les eaux chaudes d'origine géothermale peuvent servir au chauffage domestique** = geothermally-heated water can be used for domestic heating; **centrale électrique géothermique** = geothermal power plant; **chaleur géothermique** = geothermal heat; **champ géothermique** = geothermal field; **degré géothermique** = geothermic degree; **énergie géothermique** = geothermal energy *ou* power; **gisement géothermique** = geothermal deposit; **station géothermique** = geothermal installation; **système géothermique** = geothermal system; **zone géothermique** = geothermal area

◇ **géothermie** *nf* (i) geothermal energy *ou* power; (ii) geothermics; **géothermie humide** = wet-steam geothermal energy; **géothermie sèche** = dry-steam geothermal energy

gérer *vtr* to manage; **gérer une forêt** = to forest *ou* to manage a forest

germe *nm* **(a)** *(microbe)* germ; **les germes ne sont pas visibles à l'oeil nu** = germs are not visible to the naked eye; **porteur de germes** = germ carrier **(b)** *(botanique)* sprout

◇ **germer** *vi* to germinate *ou* to sprout

◇ **germicide** *nm* germicide

◇ **germinal, -e, -aux** *adj* germinal

◇ **germinatif, -ive** *adj* **capacité germinative** = germination capacity

◇ **germination** *nf* germination

gestation *nf* gestation; **période de gestation** = gestation period

gestion *nf* management; **le département est chargé de la gestion des ressources du sol** = the department is in charge of managing land resources; **bonne gestion des ressources naturelles peu abondantes** = a policy of husbanding scarce natural resources; **gestion des forêts** = woodland management; **gestion des ressources** = resources management; **gestion des terrains** = land management

geyser *nm* geyser

gibier *nm* game; **garde chargé de la protection du gibier** = game warden; **gibier à plume** = game birds; **gros gibier** = big game; **réserve de gibier** = game reserve

giga- *préf* giga-

◇ **gigawatt** *nm* gigawatt (GW); **aux Etats-Unis, les systèmes de climatisation utilisent un tiers des 500 GW consommés aux heures de pointe** = air conditioning accounts for one third of the 500 GW peak demand in the USA

◇ **gigawatt-heure** *nm* gigawatt-hour (GWh)

gisement *nm* deposit; **on a commencé la prospection de nouveaux gisements de pétrole pour remplacer ceux qui ont été épuisés** = the search is on for new oilfields to replace fields which have been exhausted; **on a découvert des gisements houillers dans le nord du pays** = deposits of coal have been found in the north of the country; **gisements houillers** = coal deposits; **gisements miniers** = mineral deposits; **gisement de pétrole** = oilfield; **gisements pétrolifères** = oil deposits

givre *nm* hoar (frost) *ou* rime

◇ **givrant, -e** *adj* freezing; **brouillard givrant** = freezing fog

glace *nf* ice; **cristaux de glace** = ice crystals; **glace flottante** = ice floe

◇ **glaciaire** *adj* glacial; **les roches portent la marque de l'action glaciaire** = the rocks are marked by glacial action; **âge glaciaire** = Ice Age; **calotte glaciaire** = ice cap; **climatologue spécialiste du glaciaire** = glacial climatologist; **dépôts glaciaires** = glacial deposits *ou* glacial drift; **période glaciaire** = Ice Age; **striations glaciaires** = glacial striations

> les chercheurs ont constaté que, durant la période glaciaire, la teneur en gaz carbonique de l'atmosphère était plus faible et, inversement, qu'elle avait augmenté au cours de l'interglaciaire actuel
>
> *Libération*

◇ **glacial, -e, -aux** *ou* **als** *adj* icy *ou* frosty

◇ **glaciation** *nf* glaciation

◇ **glacier** *nm* glacier; **glacier continental** = continental ice sheet

◇ **glaciologie** *nf* glaciology

◇ **glaciologiste** *ou* **glaciologue** *nm&f* glaciologist

glaise *nf* clay

◇ **glaiseux, -euse** *adj* clayey

gland *nm* acorn

glande *nf* gland; **glande endocrine** = endocrine gland; **glande pituitaire** = pituitary body *ou* gland

glapissement *nm* bark

glaucome *nm* glaucoma

gley *nm* gley; **sol à gley** = gleyed soil

glissement de terrain *nm* earth flow *ou* earth slide *ou* landslide *ou* landslip

global, -e, -aux *adj* global; **rayonnement solaire global (RSG)** = global solar radiation (GSR)

globe *nm* globe

globule *nm* blood cell; **globule blanc** = white blood cell; **globule rouge** = red blood cell

◇ **globulaire** *adj* **numération globulaire** = blood count; **valeur globulaire** = blood quotient

glucose *nm* glucose; **le glucose est un sucre facilement assimilable par l'organisme** = glucose is an easily digestible form of sugar

glutamate de sodium *nm* monosodium glutamate (MSG)

glycémie *nf* blood sugar level

glycogène *nm* glycogen

GMT = GREENWICH MEAN TIME **à 22 heures GMT** = at 22 hours GMT

gneiss *nm* gneiss

goéland *nm* seagull

> si les goélands, et particulièrement le goéland argenté, se sont multipliés du fait des décharges d'ordures ménagères, macareux et pingouins ont payé un très lourd tribu aux pollutions des mers
>
> *Géo*

goémon *nm* seaweed

golfe *nm* gulf

gomme *nf (botanique)* gum

gorge *nf (ravin)* **(a)** gorge **(b)** *(en Ecosse)* glen

goudron *nm* tar; **goudron de houille** = coal tar; **goudron de pin** = pine tar

gousse *nf (d'un légume)* pod

goutte *nf* drop; **une goutte d'acide a fait un trou dans le tissu** = a drop of acid burned through the material; **des gouttes de pluie se mirent bientôt à tomber** = drops of rain soon began to fall

> l'acidité des pluies triple ou quadruple entre le moment où les gouttes quittent leur nuage et celui où elles atteignent le sol après avoir lessivé les arbres
>
> *l'Express*

◇ **gouttelette** *nf* **(a)** droplet **(b)** *(de graisse)* globule

gouvernement *nm* government; **le gouvernement a recommandé de choisir un autre site de stockage pour les déchets nucléaires** = the government recommended choosing a different site for the disposal of radioactive waste; **l'attitude du gouvernement revient à nier le problème des pluies acides** = the government's attitude amounts to a dismissal of the acid rain problem

GPL = GAZ DE PETROLE LIQUEFIE

graben *nm* graben

gradient *nm* gradient; **gradient barométrique** = pressure gradient; **gradient géothermique** = geothermal gradient; **gradient de température** = temperature gradient; **gradient vertical de température** = lapse rate *ou* normal environmental lapse rate *ou* temperature lapse rate

grain *nm* **(a)** *(particule)* grain; **grains de poussière dans l'air** = grit **(b)** *(orage)* squall

graine *nf* seed; **banque de graines** = seed bank

> grâce aux incendies de l'été 1988 apparaissent des espèces végétales qui avaient disparu depuis longtemps au profit de plantes exogènes dont les graines sont apportées involontairement par les milliers de visiteurs de Yellowstone
>
> *Sciences et Nature*

graisse *nf* fat; **graisses brunes** = brown fat tissue; **graisse polyinsaturée** = polyunsaturated fat; **graisse saturée** = saturated fat; **graisse insaturée** *ou* **non saturée** = unsaturated fat

graminées *nfpl* Graminales

gramme *nm* gram; **il y a mille grammes dans un kilogramme** = a thousand grams make one kilogram; **il faut 5g de morphine** = 5g of morphine are needed
NOTE: avec un chiffre, s'écrit **g: 50g**

◇ **-gramme** *suf* -gram; **électrocardiogramme** = electrocardiogram

grand, -e *adj* large; **grand air** = fresh air; **ils sortirent de la mine et se retrouvèrent au grand air** = they came out of the mine into the fresh air; **grande calorie** = Calorie *ou* large calorie; **grand ensemble** = housing project; **grande quantité** = mass

◇ **grandir** *vi* to grow; **il a grandi de trois centimètres en un an** = he grew three centimeters in one year

granit *nm* granite

granulaire *adj* granular

◇ **granule** *nm* granule

granulométrie *nf* screen analysis *ou* grain size distribution *ou* particle size analysis

graphique *nm (courbe)* graph; **le graphique représente les variations de la pollution au cours des saisons** = the graph shows the peaks and troughs of pollution over the seasons

graphite *nm* graphite

gras, grasse *adj* fat *ou* fatty; **le prix des vaches grasses a augmenté** = the price of fat cows has increased; **acide gras** = fatty acid; **acide gras essentiel** = essential fatty acid (EFA)

gratuit, -e *adj* free; **chaleur gratuite** = free heat

gravats *nmpl* rubble

grave *adj* acute; **cette région souffre d'une grave pénurie de produits pharmaceutiques** = the region is suffering from an acute shortage of medical supplies; **une fois passé le stade grave de la maladie, il se sentit très faible** = after the acute stage of the illness had passed, he felt very weak

◇ **gravement** *adv* acutely *ou* seriously; **gravement malade** = critically ill

gravier *nm* gravel *ou* grit

gravitation *nf* gravitation *ou* gravitational pull; **champ de gravitation** = gravitational field; **force de gravitation** = gravitational force

◇ **gravité** *nf* gravity

gray (Gy) *nm* gray

Greenpeace *npr* Greenpeace

greffe *nf* graft; **greffe végétale** = budding

◇ **greffer** *vtr* to graft *ou* to transplant

◇ **greffon** *nm* graft

grêle *nf* hail

◇ **grêler** *vi* to hail

◇ **grêlon** *nm* hailstone

grès *nm* sandstone; **on voit clairement plusieurs couches de grès sur les falaises** = the cliffs show clearly several beds of sandstone

grève *nf (plage)* beach

grille *nf* grid

grisou *nm* firedamp

grondement *nm* boom

grotte *nf* cave

groupe *nm* group; **groupe de défense de l'environnement** = environmentalist group; **groupe de défense des intérêts du public** = public interest group; **groupe de pression** = lobby *ou* pressure group; **membre d'un groupe de pression** = lobbyist; **groupe sanguin** = blood group; **groupe social** = social group; **groupe taxonomique** = taxonomic group

◇ **groupement** *nm* community

◇ **grouper** *vtr* to group

guano *nm* guano

guide *nm* guide; **ce guide vous permettra de connaître les services de l'administration locale** = read this guide to services offered by the local authority

◇ **guider** *vtr* to guide

guilde *nf* guild

Gulf Stream *npr* Gulf stream

GW = GIGAWATT

◇ **GWh** = GIGAWATTHEURE

Gy = GRAY

Hh

H *symbole chimique* = HYDROGENE

ha = HECTARE

habitant, -e *nm&f* inhabitant; **équivalent habitant (éq-hab)** = population equivalent

◇ **habitat** *nm* (i) habitat; (ii) residential environment; (iii) home range; **cet habitat peu humide convient bien aux broussailles** = scrub plants are well adapted to this moisture-deficient habitat; **habitat naturel** = natural habitat

◇ **habitation** *nf* dwelling; **cité d'habitation** = housing development; **habitation collective** = multifamily unit; **habitation individuelle** = single family dwelling; **habitation à loyer modéré (HLM)** = *GB* council house; **quartier d'habitation** = community area; **unité d'habitation** = dwelling unit

◇ **habiter** *vtr* to inhabit

haie *nf* hedge *ou* hedgerow; **culture des haies** = hedging

> la haie est aussi le lieu de rendez-vous de tout le monde méconnu des petits viveurs de la campagne. Elle accueille abeilles et bourdons, si nécessaires à la pollinisation des cultures, elle abrite les prédateurs des campagnols et insectes qui ravagent ces cultures
>
> *Environnement actualité*

halo *nm* halo

halobiotique *adj* halobiotic

halocline *nf* halocline

halogène *nm* halogen

◇ **halogéné, -e** *adj* halogenated *ou* halogenous; **fluorocarbures halogénés** = halogenated fluorocarbons

halométhane *nm* halomethane

halon *nm* halon

halophile *adj* **plante** *ou* **espèce halophile** halophile

halophyte *nf* halophyte

harmattan *nm* harmattan

hasard *nm* chance; **au hasard** = at random

hausse *nf* rise; **hausse de température naturelle** = free temperature rise

haut, -e *adj* high; **plus haut** = higher; **les altocumulus se forment plus haut que les cumulus** = altocumulus clouds form at higher levels than cumulus; **une zone de haute de haute pression se déplace vers le sud du pays** = an area of high pressure is moving south across the country; **les rayons UV font partie du rayonnement hautes énergies du soleil** = UV rays are part of the high energy radiation from the sun; **haute atmosphère** = upper atmosphere; **hautes eaux** = highwater; **haute mer** = high seas; **en haute mer** = on the high seas; **haute montagne** = high mountain; **haute plage** = backshore; **haute pression** = high pressure; **haute température** = high temperature (HT); **haute tension** = high-tension; **marée haute** = high tide

◇ **hautement** *adv* highly; **il est apparu que l'échantillon était hautement radioactif** = the sample gave a high reading of radioactivity

◇ **hauteur** *nf* height; **hauteur pluviométrique** = depth of rainfall

haut-fourneau *nm* blast furnace; **mise en veilleuse d'un haut-fourneau** = damping

hauturier, -ière *adj* deep-sea; **pêche hauturière** = deep-sea fishing; **pêcheur hauturier** = deep-sea fisherman

He *symbole chimique* = HELIUM

hectare *nm* hectare; **rendement à l'hectare** = productivity per hectare
NOTE: avec un chiffre, s'écrit **ha: 2500ha**

hélio- *préf* helio-

◇ **héliophile** *adj* heliophilous; **arbre héliophile** = shade intolerant tree

◇ **héliophyte** *nf* heliophyte *ou* sun plant

◇ **héliothermique** *nf* heliothermics

hélium *nm* helium
NOTE: symbole chimique **He;** nombre atomique **2**

hématie *nf* red blood cell *ou* corpuscle; **dénombrement des hématies** = blood count

◇ **hématite** *nf* haematite

hémiparasite *nm* semi-parasite

hémisphère *nm* hemisphere; **hémisphère austral** *ou* **sud** = southern hemisphere; **hémisphère boréal** *ou* **nord** = northern hemisphere

hémoglobine *nf* haemoglobin (Hb)

herbe *nf* **(a)** grass; **mauvaise herbe** = weed **(b)** *(médicinale)* herb

◇ **herbacé, -e** *adj* herbaceous; **bordure herbacée** = herbaceous border; **plante herbacée** = herbaceous plant

◇ **herbages** *nmpl* grassland

◇ **herbicide** *nm* herbicide *ou* weedkiller; **herbicide de contact** = contact herbicide; **herbicide sélectif** = selective herbicide; **herbicide systémique** = systemic herbicide

◇ **herbier** *nm* herbarium

herbivore 1 *adj* phytophagous **2** *nm* herbivore *ou* herbivorous animal

héréditaire *adj* hereditary

◇ **hérédité** *nf* heredity; **hérédité liée au chromosome sexuel** = sex-linkage

héritage *nm* inheritance; **héritage qualitatif** = qualitative inheritance; **héritage quantitative** = quantitative inheritance

herse *nf* harrow

◇ **herser** *vtr* to harrow

hétéro- *préf* hetero-

hétérogène *adj* heterogeneous

hétérosis *nf* heterosis

hétérotrophe *adj* heterotrophic; **organisme hétérotrophe** = heterotrophic organism *ou* heterotroph

hêtre *nm* beech

heure *nf* **(a)** *(= 60 minutes)* hour **(b)** time; **il commençait tout juste à faire jour à six heures du matin** = at six o'clock in the morning it was just getting light; **heures creuses** = offpeak period; **l'électricité coûte moins cher pendant les heures creuses** = offpeak electricity costs less; **l'utilisation de systèmes d'accumulation thermique permet de transférer 50% de la demande en électricité pendant les heures creuses** = by using thermal storage we can move 50% of electricity demand into offpeak hours; **heure d'été** = daylight-saving time (DST); **heure de Greenwich** = Greenwich Mean Time (GMT); **heures de pointe** = peak period

hexachlorocyclohexane *nm* benzene hexachloride (BHC)

Hg *symbole chimique* = MERCURE

hibernation *nf* hibernation

◇ **hibernacle** *nm* hibernaculum; **aux premières gelées, les petits animaux rentrent dans leur hibernacle** = as the first frosts occur, small animals go into their winter hibernacula

◇ **hiberner** *vi* to hibernate *ou* to winter

hickory *nm* hickory

histamine *nf* histamine; **la présence de substances auxquelles une personne est allergique libère de grandes quantités d'histamine dans le sang** = the presence of substances to which someone is allergic releases large amounts of histamine into the blood

◇ **histaminique** *adj* histaminic

histo- *préf* histo-

◇ **histochimie** *nf* histochemistry

◇ **histologie** *nf* histology

histoire *nf* history

hiver *nm* winter; **hiver nucléaire** = nuclear winter; **solstice d'hiver** = winter solstice

◇ **hivernage** *nm* wintering *ou* overwintering; **lieux d'hivernage** = wintering grounds

◇ **hiverner** *vi* to hibernate *ou* to winter

holistique *adj* holistic

holoplancton *nm* holoplankton

homéo- *préf* homeo- *ou* homoeo-

homéostasie *nf* homeostasis

homéotherme 1 *adj* warm-blooded **2** *nm* homeotherm *ou* homoiotherm

homme *nm* (i) human being; (ii) man; **stress provoqué par l'homme** = human-induced stress; **homme politique** = politician

homo- *préf* homo-

◇ **homochromie** *nf* obliterative coloration *ou* protective coloration

◇ **homogreffe** *nf* allograft *ou* homograft

◇ **homosphère** *nf* homosphere

hôpital *nm* hospital; **hôpital d'isolement** = isolation hospital

horizon *nm* horizon; **quand on est en bateau, l'horizon semble incurvé en raison de la courbure de la Terre** = because of the curvature of the earth, the horizon looks curved when seen from a ship; **horizons pédologiques** = soil horizons; **horizon repère** = horizon

hormone *nf* hormone; **hormone de croissance** = growth hormone *ou* growth-promoting hormone; **on utilise des hormones de croissance pour accroître le poids du bétail** = growth-promoting hormones are used to increase the weight of cattle; **hormone d'enracinement** = hormone rooting powder; **hormone juvénile** = juvenile hormone; **hormones sexuelles** = sex hormones; **hormone somatotrope bovine** = bovine somatotropin (BST); **hormone végétale** = plant hormone

◇ **hormonal, -e, -aux** *adj* hormonal; **carence hormonale** = hormonal deficiency

horticulture *nf* gardening *ou* horticulture

◇ **horticulteur, -trice** *n* horticulturist

hôte *nm* host; **hôte définitif** = definitive host; **hôte intermédiaire** = intermediate host

houille *nf* coal; **gaz de houille** = coal gas; **goudron de houille** = coal tar; **houille grasse** = bituminous coal *ou* soft coal

◇ **houiller, -ère** *adj* **bassin houiller** = coal basin; **gisement houiller** = coal deposit

◇ **houillification** *nf* carbonization

houle *nf* swell; **houle déferlante** = beach comber

houppier *nm* crown

huile *nf* oil; **huile de colza** = rape-seed oil; **huiles essentielles** = essential oils; **huile fixe** = fixed oil; **huile de foie de morue** = cod liver oil; **huile de graissage** = lubricating oil; **huile lourde** = heavy oil; **huiles minérales** = mineral oils; **huile de palme** = palm oil; **huile de paraffine** = liquid paraffin; **huile de pétrole** = paraffin; **huile de pin** = pine oil; **huiles végétales** = vegetable oils

◇ **huileux, -euse** *adj* oily

humain, -e 1 *adj* human; **écologie humaine** = human ecology; **un être humain** = a human being; **la plupart des animaux ont peur des êtres humains** = most animals are afraid of humans; **la race humaine** = the human race **2** *nm* human

humanité *nf (genre humain)* mankind

humecter *vtr* to dampen

humide *adj* damp *ou* humid *ou* moist *ou* wet; **forêt tropicale humide** = moist tropical forest; **zones humides** = wetlands; **il y a deux zones humides importantes dans la région** = there are two important wetland sites in the area; **dans des conditions humides et chaudes, les matières organiques se décomposent rapidement** = decomposition of organic matter is rapid in hot and humid conditions

◇ **humidificateur** *nm* humidifier

◇ **humidifier** *vtr* to dampen *ou* to humidify

◇ **humidité** *nf* damp *ou* humidity; **humidité absolue** = absolute humidity; **humidité relative** = relative humidity; **humidité spécifique** = specific humidity; **teneur en humidité** = moisture content

◇ **humidostat** *nm* humidity control

humifier *vtr* to humify

◇ **humification** *nf* humification

humine *nf* humate

humus *nm* humus

> en disparaissant, les arbres font perdre au sol leur couche d'humus et le transforment peu à peu en terre aride
>
> *Libération*

hybride 1 *adj* crossbred *ou* hybrid; **un troupeau de moutons hybrides** = a herd of crossbred sheep; **vitalité hybride** = heterosis *ou* hybrid vigour **2** *nm* hybrid; **les hybrides de la première génération ne gardent pas toutes les caractéristiques parentales** = F1 hybrids do not breed true

◇ **hybridation** *nf* cross *ou* hybridization

hydrate *nm* hydroxide; **hydrates de carbone** = carbohydrates

hydrocarbure *nm* hydrocarbon; **hydrocarbure aliphatique** = aliphatic hydrocarbon; **hydrocarbure chloré** = chlorinated hydrocarbon; **hydrocarbures polycycliques et aromatiques** = polycyclic aromatic hydrocarbons (PAHs); **hydrocarbures saturés** = paraffin hydrocarbons; **hydrocarbure volatil** = liquid hydrocarbon; **pollution aux hydrocarbures** = oil pollution; **rejet d'hydrocarbures** = oil spill

> les pétroliers sont responsables, chaque année, du rejet en mer de 100 000 tonnes d'hydrocarbures à l'occasion d'opérations volontaires et totalement illicites de nettoyage de leurs cuves
>
> *le Courrier de la baleine*

hydroélectricité *nf* hydroelectricity

◇ **hydroélectrique** *adj* hydroelectric; **centrale hydroélectrique** = hydroelectric power station; **la vallée a été inondée en vue de la réalisation du projet de centrale hydroélectrique** = the valley was flooded to construct the hydroelectric scheme; **énergie hydroélectrique** = hydroelectric energy *ou* hydro-power

hydrogène *nm* hydrogen; **combustible à base d'hydrogène** = hydrogen fuel; **fluorure d'hydrogène** = hydrogen fluoride; **hydrogène lourd** = heavy hydrogen; **hydrogène sulfuré** = hydrogen sulphide (H_2S)
NOTE: symbole chimique **H;** nombre atomique **1**

◇ **hydrogénation** *nf* hydrogenation

hydrogenèse *nf* ground-water hydrology

hydrogéologie *nf* hydrogeology

◇ **hydrogéologique** *adj* hydrogeological; **bassin hydrogéologique** = ground water basin

hydrogramme *nm* hydrograph

hydrographie *nf* hydrography

◇ **hydrographique** *adj* hydrographic(al); **bassin hydrographique** = river basin

> si les fleuves et les grandes rivières retrouvent peu à peu une certaine santé, le petit réseau hydrographique, quant à lui, se détériore inéluctablement
>
> *Sciences et Nature*

hydrologie *nf* hydrology

◇ **hydrologique** *adj* hydrological; **bilan hydrologique** = water balance; **cycle hydrologique** = hydrologic(al) cycle

> un front hydrologique est une barrière, un véritable mur mouvant, limitant les échanges entre les eaux qu'il sépare
> *Sciences et Nature*

◇ **hydrologue** *nm&f* hydrologist

> dans les stations d'épuration de Paris, des spécialistes comme les hydrologues, goûtent l'eau toutes les deux heures, le jour comme la nuit. Par comparaison, ils peuvent déterminer l'apparition d'une trace de goût anormal à tous les stades de l'épuration
> *Info 15*

hydromètre *nm* hydrometer

hydrophyte *nf* hydrophyte

hydroponique *nf* hydroponics

hydrosérie *nf* hydrosere

hydrosphère *nf* hydrosphere

> sur terre, l'eau est présente sous toutes ses formes: liquide, glace ou vapeur. Elle est répartie dans cinq réservoirs interconnectés dont l'ensemble constitue l'hydrosphère
> *la Recherche*

hydrostatique *adj* hydrostatic; **pression hydrostatique** = hydrostatic pressure

hydrothermal, -e, -aux *adj* hydrothermal; **évent hydrothermal** = hydrothermal vent; **formations hydrothermales** = hydrothermal formations

hydroxyde *nm* hydroxide

hygiène *nf* **(a)** health *ou* health education; **hygiène du milieu** = environmental health **(b)** hygiene *ou* sanitation; **les infirmières doivent avoir une hygiène individuelle parfaite** = nurses have to maintain strict personal hygiene; **hygiène publique** = sanitation; **hygiène de l'environnement** = environmental hygiene; **hygiène tropicale** = tropical hygiene

◇ **hygiénique** *adj* hygienic; **ne touche pas à la nourriture avec les mains sales, ce n'est pas hygiénique** = don't touch the food with dirty hands - it isn't hygienic

hygro- *préf* hygro-

◇ **hygromètre** *nm* hygrometer *ou* moisture meter

◇ **hygrométrie** *nf* hygrometry

◇ **hygrométrique** *adj* **degré hygrométrique** = degree of saturation

◇ **hygroscope** *nm* hygroscope

◇ **hygroscopique** *adj* hygroscopic

hyper- *préf* hyper-
NOTE: antonyme **hypo-**

◇ **hyperactif, -ive** *adj* hyperactive

◇ **hyperisolation** *nf* superinsulation

◇ **hyperparasite** *nm* hyperparasite

◇ **hypersensibilité** *nf* hypersensitivity; **l'hypersensibilité aux produits lactés est assez courante chez les enfants** = hypersensitivity to dairy products is quite common in children

◇ **hypersensible** *adj* hypersensitive

hypo- *préf* hyp- *ou* hypo-; **seringue hypodermique** = hypodermic syringe
NOTE: antonyme **hyper-**

◇ **hypoalgésie** *nf* hypalgesia

◇ **hypoderme** *nm* warble fly

◇ **hypolimnion** *nm* hypolimnion

◇ **hypophyse** *nf* pituitary body *ou* pituitary gland

◇ **hypoplancton** *nm* hypoplankton

◇ **hypotension** *nf* low blood pressure *ou* hypotension

◇ **hypothermie** *nf* hypothermia; **tous ceux qui avaient survécu à l'accident souffraient d'hypothermie après avoir passé une nuit dans la neige** = the survivors of the crash were all suffering from exposure after spending a night in the snow; **facteur d'hypothermie due au vent** = wind chill factor

> c'est lorsque la température du corps passe en dessous de 35°C que les premiers troubles d'hypothermie apparaissent: la vitesse des échanges biochimiques à l'intérieur des cellules et entre elles se ralentit
>
> *Sciences et Nature*

◊ **hypothèse** *nf* hypothesis

Ii

I *symbole chimique* = IODE

-iase *suf* -iasis; **amibiase** = amoebiasis

iceberg *nm* drift ice *ou* iceberg

-icide *suf* -icide; **pesticide** = pesticide

identique *adj* identical

igné, -e *adj* igneous; **intrusion ignée** = igneous intrusion; **roche ignée** = igneous rock

ignifuge *adj* fireproof

île *nf* island

illégal, -e, -aux *adj* illegal; **l'entreprise a été accusée d'abattage illégal d'arbres dans une forêt protégée** = the company was accused of illegally felling protected forest; **le massacre illégal d'une espèce protégée** = the illegal killing of a protected species

◇ **illégalement** *adv* illegally

illuviation *nf* illuviation

imiter *vtr* to mimic; **l'étourneau a imité le cri de la grive** = the starling mimicked the call of the thrush

immature *adj* immature; **une cellule immature** = an immature cell

immeuble *nm* building *ou* house; **immeuble collectif** = block of flats; *US* apartment house; **immeuble locatif** = *(en Ecosse)* tenement house

immigration *nf* immigration

immunisation *nf* immunization

◇ **immuniser** *vtr* to give immunity to *ou* to immunize; **ce vaccin immunise contre la tuberculose** = the vaccine gives immunity to tuberculosis; **cette variété n'est pas immunisée contre les virus** = this strain is not immune to virus

◇ **immunitaire** *adj* immune; **système immunitaire** = immune system

◇ **immunité** *nf* immunity; **immunité acquise** = acquired immunity; **immunité naturelle** = natural immunity

impact *nm* impact; **étude d'impact** = impact study; **étude d'impact sur l'environnement** = environmental impact assessment; **impact sur l'environnement** = environmental impact; **prévision d'impact sur l'environnement** = environmental forecasting

imperméable *adj* (i) impermeable *ou* impervious; (ii) waterproof; **des roches imperméables à l'eau** = rocks which are impermeable to water

implantation *nf* **(a)** establishment **(b)** *(lieu)* location *ou* siting

◇ **implanté, -e** *adj (végétal)* established; **même les arbres implantés depuis longtemps ont été atteints par la maladie** = even established trees have been attacked by the disease

importation *nf* import; **droits d'importation** = import duties; **importation de marchandises en provenance d'Europe** = import of goods from Europe

◇ **importer** *vtr* to import

imprégnation *nf (de connaissances)* imprinting; **apprendre par imprégnation** = to imprint

imprégner (de) *vtr* to impregnate (with); **même s'ils ont été lavés, beaucoup de fruits vendus dans le commerce restent imprégnés de pesticides** = many fruits on sale are impregnated with pesticides even if they have been washed; **les poteaux en bois sont imprégnés de**

créosote = wooden posts are impregnated with creosote

impuretés *nfpl* impurities; **filtre destiné à retenir les impuretés de l'eau de boisson** = a filtre which removes impurities from drinking water

◇ **impur, -e** *adj* impure

inactif, -ive *adj (volcan)* inactive

inanition *nf* starvation

incendie *nm* fire *ou* blaze; **incendie de forêt** = forest fire

> la valorisation de la forêt est une base essentielle de la prévention à long terme des incendies
>
> *la Recherche*

incessant, -e *adj* constant; **les gardiens de la réserve se sont plaints du flot incessant de visiteurs** = the wardens complained about the constant stream of visitors to the reservation

incident *nm* incident

incinérateur *nm* incinerator; **incinérateur thermique** = thermal incinerator

◇ **incinération** *nf* incineration; **l'incinération est une des méthodes d'élimination des déchets les plus efficaces** = controlled incineration of waste is one of the most effective methods of disposal; **l'incinération sauvage** *ou* **non réglementaire peut contribuer à la pollution atmosphérique** = uncontrolled incineration can contribute to atmospheric pollution; **incinération en mer** = ocean incineration; **incinération des ordures** = refuse incineration; **usine d'incinération** = combustion *ou* incineration plant

◇ **incinérer** *vtr* to incinerate

inclinaison *nf* gradient

incolore *adj* colourless; **l'eau est un liquide incolore** = water is a colourless liquid

incompatibilité *nf* incompatibility

◇ **incompatible** *adj* incompatible

incontrôlable *adj* uncontrollable

◇ **incontrôlé, -e** *adj* uncontrolled

inculte *adj (terre)* uncultivated

indésirable *adj* adverse; **effet indésirable** = adverse effect

indicateur *nm* indicator; **le lichen est un indicateur de la pollution atmosphérique** = lichens act as indicators for atmospheric pollution; **indicateur biologique** = biological indicator; **indicateur biotique** = biotic indicator; **indicateur écologique** = ecological indicator

> les papillons de jour sont d'excellents indicateurs biologiques. Leur déclin indique en effet indéniablement une dégradation du milieu où ils évoluaient traditionnellement
>
> *Panda, la revue du WWF France*

indice *nm* **(a)** sign **(b)** index; **indice des prix à la consommation** = consumer price index; **indice de gêne** = annoyance index **(c)** *(taux)* grade *ou* rating; **à faible indice** = low-grade; **essence à faible indice d'octane** = low-grade petrol; **indice d'octane** = octane rating

indigène *adj* indigenous *ou* native; **le chêne est indigène des îles Britanniques** = oaks are indigenous to the British Isles; **espèce indigène** = native species; **l'île compte six espèces de singes indigènes** = there are six indigenous species of monkey on the island; **eau phréatique indigène** = native ground water

indiquer *vtr (sur graphique)* to record; **le graphique indique les variations pluviométriques** = the chart records the variations in the rainfall pattern

individu *nm* individual; **bien qu'elle soit originaire d'Amérique du Nord, on a trouvé des individus de cette espèce jusqu'au Brésil** = it is a native of North America, but individuals have been found as far as Brazil; **individu faisant partie d'un clone** = ramet

◇ **individuel, -uelle** *adj* individual

inducteur *nm* inducer

◇ **induction** *nf* induction

industrie *nf* industry; **industrie agroalimentaire** = agri-food industry; **industries alimentaires** = food processing industry; **industrie du bâtiment** = building *ou* construction industry; **industrie des biens de consommation** = consumer goods industry; **industrie du chlore et de la soude** = chloralkali industry; **industries d'équipement** = engineering industries; **industrie laitière** = dairy farming; **industrie lourde** = heavy industry; **industries de transformation** = manufacturing *ou* processing industries

◇ **industrialisation** *nf* industrialization

◇ **industrialiser** *vtr* to industrialize; **les pays industrialisés tentent de lutter contre les émissions de suie** = developed countries are trying to control soot emissions; **pays industrialisés** = developed *ou* industrialized countries

◇ **industriel** *nm* industrialist

◇ **industriel, -ielle** *adj* industrial; **déchets industriels** = industrial waste; **mélanisme industriel** = industrial melanism; **produits chimiques industriels** = process chemicals; **zone industrielle** = industrial park *ou* industrial estate

inépuisable *adj* infinite; **ressources inépuisables** = infinite resources

inerte *adj* inert

inexploité, -e *adj* untapped; **ressources inexploitées** = untapped resources

infecter *vtr* to infect; **la blessure a été infectée par des bactéries** = the wound was poisoned by bacterial infection

◇ **infectieux, -ieuse** *adj* infectious *ou* infective

◇ **infection** *nf* (i) contamination *ou* infection; (ii) infectivity

infestation *nf* infestation; **une infestation grave de pucerons s'était déclarée dans les cultures** = the crop showed serious infestation with greenfly; **son mauvais état est dû à une infestation de poux dans les cheveux** = the condition is caused by infestation of the hair with lice

◇ **infester** *vtr (de parasites)* to infest; **les forêts de résineux ont été infestées de coléoptères** = pine forests have been infested with beetles; **les végétaux infestés devraient être arrachés et brûlés** = infested plants should be dug up and burnt; **les cheveux de l'enfant étaient infestés de poux** = the child's hair was infested with lice; **la région est infestée de criquets qui détruisent les cultures** = a plague of locusts has invaded the region and is destroying crops

infiltration *nf* infiltration *ou* percolation *ou* seepage; **l'apport excessif d'engrais chimiques pollue les rivières par infiltration** = excess chemical fertilizers on the surface of the soil leach into rivers and cause pollution; **bassin d'infiltration** = infiltration basin; **eaux d'infiltration** = infiltration water *ou* percolating water

◇ **s'infiltrer** *vpr* to leach *ou* to percolate *ou* to seep; **l'eau s'est infiltrée à travers la roche** = water seeped through the rock; **l'excès de nitrates s'est infiltré dans les nappes aquifères et a contaminé les réserves d'eau** = excess nitrates have leached into ground water and contaminated the water supply

> il pleut. L'eau prend alors deux directions: soit elle s'infiltre dans le sous-sol pour alimenter des nappes phréatiques, soit elle ruisselle vers une rivière
>
> *Science et Avenir*

inflammabilité *nf* flammability

◇ **inflammable** *adj* flammable

inflation *nf* inflation; **l'inflation a augmenté de 5%** = the inflation rate has increased by 5%

inflorescence *nf* inflorescence

information *nf* information; **information génétique** = genetic information

◇ **informer** *vtr* to inform

◇ **s'informer (de)** *vpr* to inquire (about); **il s'est informé des conséquences du projet sur l'environnement** = he inquired about the environmental effects of the proposed scheme

infraction *nf* offense; **commettre une infraction** = to offend

infralittoral, -e, -aux *adj* sublittoral; **plantes infralittorales** = sublittoral plants

infrarouge 1 *adj* infrared; **photographie infrarouge** = infrared photography; **radiations infrarouges** *ou* **rayonnement infrarouge** = infrared radiation *ou* infrared rays **2** *nm* infrared radiation

> les spécialistes de l'atmosphère craignent que celle-ci se réchauffe par 'effet de serre', car certains gaz atmosphériques absorbent le rayonnement infrarouge émis par la surface du Globe, après que celle-ci a reçu la lumière solaire
>
> *Pour la science*

infrastructure *nf* infrastructure; **infrastructure routière** = road transport infrastructure

ingestion *nf* ingestion

inhaler *vtr* to inhale

inhiber *vtr* to inhibit

◇ **inhibiteur, -trice 1** *adj* inhibitor; **facteur inhibiteur de croissance** = limiting factor **2** *nm* inhibitor; **inhibiteur de croissance** = growth inhibitor

inondable *adj* **prairie inondable** = water meadow

◇ **inondation** *nf* flood *ou* flooding; **on annonce qu'il y a eu de graves inondations dans le nord du pays** = severe flooding has been reported in the north of the country; **les inondations ont fait déborder le réservoir** = the floods made the reservoir overflow; **il y a eu des inondations dans les vallées à la suite de l'orage** = after the rainstorm there were floods in the valleys; **la couche arable a été presque entièrement emportée par les inondations du printemps** = the spring floods have washed away most of the topsoil; **prévention des inondations** = flood control

◇ **inonder** *vtr* to flood; **deux fois par an, à la saison des pluies, le fleuve déborde et inonde toute la vallée** = the river bursts its banks and floods the whole valley twice a year in the rainy season; **la rivière est sortie de son lit et a inondé des centaines d'hectares de terres agricoles** = the river overflowed its banks and flooded hundreds of hectares of farmland

inorganique *adj* inorganic *ou* non-organic

insalubre *adj* insanitary; **les conditions de vie insalubres ont favorisé la propagation du choléra** = cholera spread rapidly because of the insanitary conditions in the town

◇ **insalubrité** *nf* insalubrity; **l'insalubrité favorise le développement de la maladie** = insanitary conditions help to breed disease

insaturé, -e *adj* unsaturated; **graisse insaturée** = unsaturated fat

insecte *nm* **(a)** *(terme commun)* bug **(b)** insect; **des insectes volaient autour de la lampe** = insects were flying round the lamp; **anti-insecte** = insect repellant; **insecte nuisible** = pest; **insecte vecteur** = carrier; **lutte contre les insectes** = pest control; **morsures** *ou* **piqûres d'insecte** = insect bites

◇ **insecticide** *nm* insecticide; **insecticide à base de plantes** = botanical insecticide; **insecticide biologique** = bioinsecticide; **insecticides organochlorés** = organochlorine insecticides; **insecticide organophosphoré** = organophosphorous insecticide; **insecticides persistants** = persistent insecticides; **insecticides de synthèse** = synthetic insecticides; **une bombe (aérosol) insecticide** = a spray to remove insect pests

insectivore 1 *adj* insectivorous; **plante insectivore** = insectivorous plant **2** *nm* insectivore

insignifiant, -e *adj* trivial

insolation *nf* heat exhaustion *ou* sunstroke

insoluble *adj* insoluble; **l'or est insoluble dans l'eau** = gold is insoluble in water

insonorisation *nf* sound insulation

inspecter *vtr* to inspect; **les cuisines sont inspectées par les services d'hygiène** = the kitchens are inspected by health inspectors

◇ **inspecteur, -trice** *n* inspector; **inspecteur de la santé publique** = Environmental Health Officer (EHO) *ou* Public Health Inspector

◇ **inspection** *nf* inspection; **fosse d'inspection** = inspection chamber

instable *adj (temps)* unsettled *ou* unstable; **masse d'air instable** = unstable air mass

installation *nf* **(a)** establishment *ou* settlement; **installation d'une forêt** = establishment of a forest **(b)** *(équipements)* **installations et services collectifs** = community facilities and services; **installation d'épuration** = cleaning plant

◇ **s'installer** *vpr* to settle

institution *nf* institution

insuffisant, -e *adj* deficient; **insuffisant en éléments nutritifs** = deficient in nutrient

intact, -e *adj* unspoilt; **la région montagneuse est encore intacte** = the highland region is still unspoilt; **le conseil pour la défense de l'environnement espère préserver cette zone boisée intacte** = the conservancy council is hoping to preserve the area of unspoilt woodland

intense *adj* intense

◇ **intensif, -ive** *adj* intensive; **agriculture intensive** = intensive cultivation *ou* intensive farming; **élevage intensif** = battery farming; **l'agriculture intensive a contribué à l'érosion des sols** = intensification of farming has contributed to soil erosion; **terre de culture non intensive** = low-intensity land
NOTE: antonyme **extensif**

◇ **intensification** *nf* intensification
NOTE: antonyme **extensification**

◇ **intensifier** *vtr* to intensify

◇ **s'intensifier** *vpr* to intensify

◇ **intensité** *nf* intensity

◇ **intensivement** *adv* intensively

intention *nf* intention; **le gouvernement a l'intention d'introduire des mesures plus strictes pour lutter contre la pollution** = the government aims to bring in stricter pollution controls

inter- *préf* inter-

◇ **interaction** *nf* interaction; **interaction hôte-parasite** = host-parasite interaction

◇ **interdépendance** *nf* interdependence

◇ **interdépendant, -e** *adj* interdependent

interdiction *nf* ban; **interdiction des essais nucléaires** = nuclear test ban

◇ **interdire** *vtr* to ban *ou* to prohibit; **les Etats-Unis ont interdit l'utilisation des CFC dans les aérosols** = the US have banned the use of CFCs in aerosols; **il est interdit de fumer dans la plupart des restaurants** = smoking is banned in most restaurants; **il est interdit de prendre dans leur nid les oeufs d'une espèce d'oiseau rare** = it is illegal to take eggs from the nests of rare birds

interfluve *nm* interfluve

interglaciaire *adj* interglacial; **période interglaciaire** = interglacial period

intermédiaire *adj* intermediate; **hôte intermédiaire** = intermediate host; **technologie intermédiaire** = intermediate technology

international, -e, -aux *adj* international; **Agence internationale de l'énergie nucléaire** = International Atomic Energy Agency (IAEA); **Commission internationale de protection radiologique** = International Commission of Radiological Protection; **Convention internationale sur les baleines** = International Whaling Convention; **Union internationale pour la protection de la nature et des ressources naturelles (IUCN)** = International Union for the

Conservation of Nature and the Protection of Natural Resources

interne *adj* inner; **noyau interne (de la Terre)** = inner core

intérocepteur *nm* interoceptor

interspécifique *adj* interspecific

intertidal, -e, -aux *adj* tidal; **zone intertidale** = tidal zone

intervention *nf* intervention; **stocks d'intervention** = intervention stocks

intoxication *nf* poisoning; **intoxication alimentaire** = food poisoning; **intoxication méthylmercurielle** = methylmercury poisoning; **intoxication saturnine** = lead poisoning *ou* plumbism

◇ **intoxiquer** *vtr* to poison; **les employés ont été intoxiqués par les fumées toxiques** = the workers were poisoned by toxic fumes

intra- *préf* intra-

◇ **intraspécifique** *adj* intraspecific

introduction *nf* introduction; **les écureuils roux étaient très nombreux avant l'introduction des écureuils gris** = before the introduction of grey squirrels, the red squirrel was widepread; **le taux de décès dus au paludisme était très élevé avant l'introduction des nouvelles thérapeutiques antipaludiques** = the death-rate from malaria was very high before the introduction of new anti-malarial techniques; **les associations de protection de l'environnement étaient opposées à l'introduction de cerfs car cette espèce provoque de gros dégâts sur la végétation locale** = conservation groups have criticized the introduction of red deer, a species which is highly detrimental to local flora

◇ **introduire** *vtr* to introduce; **plusieurs espèces de végétaux aujourd'hui communes en Grande-Bretagne ont été introduites par les Romains** = several of the species of plant now common in Britain were introduced by the Romans; **les colons ont introduit le chien sur l'île, ce qui a eu pour effet de faire disparaître tous les oiseaux coureurs** = settlers introduced dogs to the island, with the result that all flightless birds became extinct; **les étourneaux furent introduits aux Etats-Unis en 1891** = starlings were introduced to the USA in 1891; **cette espèce n'est pas indigène, elle a été introduite au XIXe siècle** = it is not an indigenous species but a 19th century introduction; **un cinquième de la surface du parc national est planté de conifères introduits** = a fifth of the area of the national park is under alien conifers

intrusion *nf* **(a)** *(géologie)* intrusion; **intrusion ignée** = igneous intrusion **(b)** *(réseau d'assainissement)* breakthrough

invasion *nf* invasion

inventaire *nm* inventory

inverse *adj* reverse; **osmose inverse** = reverse osmosis

◇ **inversion** *nf* inversion; **couche d'inversion** = inversion layer; **inversion de subsidence** = subsidence inversion; **inversion supérieure** = high level inversion; **inversion de température** = thermal inversion

> à Strasbourg, l'hiver, un phénomène d'inversion de la température dans les couches basses de l'atmoshère maintient la pollution près du sol et l'empêche de se disperser
>
> *l'Express*

invertébré, -e *adj&nm* invertebrate
NOTE: antonyme **vertébré**

iode *nf* iodine; **teinture d'iode** = tincture of iodine
NOTE: symbole chimique **I**; nombre atomique **53**

◇ **iodation** *nf* iodization

ion *nm* ion; **échange d'ions** = ion exchange

◇ **ionisateur** *nm* ionizer *ou* negative ion generator

◇ **ionisation** *nf* ionization; **ionisation par rayonnement** = radiation ionization

◇ **ioniser** *vtr* to ionize; **particule ionisante** = ionizing particle

◇ **ionosphère** *nf* ionosphere

◇ **ionosphérique** *adj* ionospheric; **couche ionosphérique** = ionospheric layer

iroko *nm* iroko

irradiation *nf* exposure *ou* irradiation; **dose d'irradiation** = exposure dose *ou* irradiation dose; **irradiation totale** = total body irradiation; **l'irradiation des matériaux de construction de la centrale a causé de graves dommages** = the irradiation of materials used in the construction of the power station caused severe damage

irradier (a) *vtr* to irradiate; **zone irradiée** = radiation zone **(b)** *vi* to radiate

irréversible *adj* irreversible

irrigation *nf* irrigation; **irrigation par aspersion** = sprinkler irrigation

◇ **irriguer** *vtr* to irrigate; **il est indispensable d'accroître la superficie des terres irriguées pour faire face à la demande alimentaire croissante** = new areas of land must be brought under irrigation to meet the rising demand for food

iso- *préf* iso-

◇ **isobare** *nf* isobar

◇ **isobarique** *adj* isobaric; **carte isobarique** = isobaric chart

◇ **isohaline** *nf* isohaline

◇ **isohyète** *adj* **courbe isohyète** = isohyet

◇ **isoleucine** *nf* isoleucine

◇ **isotherme** *nf* isotherm

isolation *nf* **(a)** isolation **(b)** insulation; **isolation phonique** = sound insulation; **isolation des murs creux** = cavity insulation; **isolation thermique** = heat insulation

isolement *nm* isolation; **hôpital d'isolement** = isolation hospital

isoler *vtr* **(a)** to isolate; **chez les adultes en bonne santé, on isole facilement le candida, champignon responsable de la candidose** = candida is easily isolated from the mouths of healthy adults; **les chercheurs ont réussi à isoler le virus responsable de la maladie du légionnaire** = scientists have been able to isolate the virus which causes legionnaires' disease; **on a découvert des spécimens de végétaux en des points isolés des falaises de la mer du Nord** = specimen plants have been found in isolated points on cliffs above the North Sea **(b)** *(du bruit ou du froid ou de la chaleur)* to insulate; **on a moins besoin de chauffer une maison bien isolée** = a well-insulated house needs less heating; **matériaux isolants** = insulation materials

isotope *nm* isotope; **un isotope radioactif émet des rayons bêta** = beta rays are radiated from a radioactive isotope; **isotope radioactif** = radioactive isotope *ou* radioisotope

isthme *nm* isthmus

itaï-itaï *nm* itai-itai

itinérant, -e *adj* **agriculture itinérante** = shifting cultivation

IUCN = UNION INTERNATIONALE POUR LA PROTECTION DE LA NATURE ET DES RESSOURCES NATURELLES

Jj

J = JOULE

jabot *nm (d'oiseau)* crop

jachère *nf* fallow; **laisser la terre en jachère** = to let land lie fallow; **jachères permanentes** = redundant farmland

> aux Etats-Unis, la surface des terres mises en jachère dans le cadre du programme annuel atteint, en 1991, les 25 millions d'hectares, soit 16% de la surface cultivable
> *Ouest-France*

jardin *nm* garden; **cité-jardin** = garden city *ou* garden suburb; **jardin d'agrément** = flower garden; **jardin botanique** = botanical garden; **jardin maraîcher** = market garden; **jardin potager** = kitchen garden

◇ **jardinage** *nm* gardening

◇ **jardinier** *nm* gardener

jaunissement *nm* yellowing; **jaunissement mortel** = lethal yellowing (LY)

jet *nm* jet *ou* stream; **la turbine est actionnée par un jet de gaz chaud** = a stream of hot gas turns the turbine

jetable *adj* disposable; **non jetable** = non-disposable

jetée *nf* breakwater

jeter *vtr* to throw away *ou* to dump

◇ **se jeter** *vpr* to discharge *ou* to drain (into); **le Rhin se jette dans la mer du Nord** = the river Rhine discharges into the North Sea; **cette rivière se jette dans le fleuve** = the stream drains into the main river

jet-stream *nm* jetstream

joncher (de) *vtr* to litter (with); **la vallée est jonchée d'énormes blocs de pierre** = the valley is littered with huge boulders

joule *nm* joule
NOTE: accompagné d'un chiffre, s'écrit **J: 25 J**

jour *nm* **il commençait tout juste à faire jour à six heures du matin** = at six o'clock in the morning it was just getting light

journalier, -ière *adj* daily; **dose journalière admissible (DJA)** = maximum daily intake

jumeau, jumelle *n* twin; **jumeaux univitellins** *ou* **vrais jumeaux** = identical twins; **jumeaux dizygotes** = dizygotic twins *ou* fraternal twins

jungle *nf* jungle

juvénile *adj* juvenile; **eaux juvéniles** = juvenile water; **hormone juvénile** = juvenile hormone; **phase juvénile** = juvenile phase

Kk

K 1 = KELVIN **2** *symbole chimique* = POTASSIUM

k = KILO

kala-azar *nm* kala-azar

kaolin *nm* china clay *ou* kaolin

karst *nm* karst

kelvin *nm* kelvin; **échelle de Kelvin** = Kelvin scale
NOTE: 0°C correspond à 273,15°K

kérosène *nm* kerosene *ou* jet fuel

kg = KILOGRAMME

khamsin *nm* khamsin

kieselguhr *nm* kieselguhr

kilo- *préf* kilo-

◇ **kilo** *nm (kilogramme)* kilo; **deux kilos de sucre** = two kilos of sugar; **il pèse 62 kilos (62 kg)** = he weighs 62 kilos (62 kg)

◇ **kilocalorie** *nf (1000 calories)* Calorie *ou* large calorie *ou* kilocalorie
NOTE: accompagné d'un chiffre, s'écrit **Cal;** le **joule** est plus couramment utilisé

◇ **kilogramme** *nm* kilogram

◇ **kilogray** *nm* kilogray

◇ **kilojoule** *nm* kilojoule
NOTE: accompagné d'un chiffre, s'écrit **kJ: 25 kJ**

◇ **kilomètre** *nm* kilometer

◇ **kilowatt** *nm* kilowatt; **kilowatt-heure** = kilowatt-hour; **la consommation d'électricité est de 250 kWh** = the electricity consumption is 250 kWh
NOTE: accompagné d'un chiffre, s'écrit **kWh: 25 kWh**

kJ = KILOJOULE

Kr *symbole chimique* = KRYPTON

krill *nm* krill

> dans l'océan austral, le krill (petite crevette de haute mer) est l'un des éléments essentiels du réseau trophique
> *Sciences et Nature*

krypton *nm* krypton
NOTE: symbole chimique **Kr;** nombre atomique **36**

kW = KILOWATT

kwashiorkor *nm* kwashiorkor

kWh = KILOWATT-HEURE

Ll

labo *nm (familier)* lab; **nous allons expédier les prélèvements au labo pour les faire analyser** = we'll send the specimens away for a lab test; **le labo a renvoyé les prélèvements** = the specimens have been returned by the lab

laborantin, -e *n* laboratory technician

laboratoire *nm* laboratory; **les échantillons d'eau prélevés dans le réservoir ont été envoyés au laboratoire pour analyse** = the samples of water from the reservoir have been sent to the laboratory for testing; **responsable de laboratoire** = laboratory officer; **technicien de laboratoire** = laboratory technician; **techniques de laboratoire** = laboratory techniques

labour *nm* tillage; **labour de niveau** = contour ridging

◇ **labourage** *nm* tillage *ou* tilth; **labourage en profondeur** = deep ploughing

◇ **labourer** *vtr* to cultivate *ou* to plough *ou* to till; **on a demandé aux agriculteurs de labourer les pâturages et de les remplacer par des plantations forestières** = farmers have been told to plough up pastureland and substitute woodlots; **on laboure les champs au printemps avant de semer le blé** = the fields are cultivated in the spring, ready for sowing corn

lac *nm* **(a)** lake; **sous l'effet des pluies acides, l'eau des lacs devient complètement transparente** = acid rain turns lakes crystal clear; **lac dystrophe** = dystrophic lake; **lac eutrophe** = eutrophic lake; **lac mésotrophe** = mesotrophic lake; **lac natronique** = soda lake; **lac oligotrophe** = oligotrophic lake; **lac salé** = salt lake **(b)** *(en Ecosse)* loch; **le monstre du loch Ness** = Loch Ness monster **(c)** *(en Irlande)* lough **(d)** *(lac de montagne dans le Lake District)* tarn

◇ **lacustre** *adj* lacustrine

lagune *nf* lagoon

◇ **lagunage** *nm* lagooning *ou* ponding

laid, -e *adj* unsightly

laisse de vase *nf* mudflat

lait *nm* milk

◇ **lait de chaux** *nm* lime slurry

◇ **laitier, -ière** *adj* dairy; **produits laitiers** = dairy products

laiton *nm* brass

lame *nf* blade

lamelles *nfpl (d'un champignon)* gills

lampe *nf* lamp; **lampe résistance à semi-conducteur** = solid state ballast lamp

lande *nf* heath *ou* heathland *ou* moor *ou* moorland

large 1 *adj* broad *ou* wide; **antibiotiques à large spectre** = broad spectrum antibiotics; **les plantations forestières sont traversées de larges chemins jouant le rôle de coupe-feu** = broad paths are left through the forest plantations to act as firebreaks **2** *nm* **courant du large** = onshore current; **vent du large** = onshore wind

larve *nf* grub *ou* larva

◇ **larvaire** *adj* larval; **développement larvaire** = larval development; **stade larvaire** = larval stage

laser *nm* laser; **rayon laser** = laser beam

latent, -e *adj* latent; **chaleur latente** = latent heat; **accumulation de chaleur latente** = latent heat storage; **chaleur latente de fusion** = latent heat of fusion;

matériau à chaleur latente = latent heat material

latéral, -e, -aux *adj* lateral; **moraine latérale** = lateral moraine

latérite *nf* laterite; **dans certains pays, on construit les maisons en latérite** = in some countries houses are built of laterite; **se transformer en latérites** = to laterize

◇ **latérisation** *nf* laterization

◇ **latéritique** *adj* lateritic

latex *nm* latex

latitude *nf* latitude; **à 46° de latitude nord** = at a latitude of 46° North; **sous les latitudes moyennes, le réchauffement de la planète se traduirait par des étés chauds et secs, et des hivers doux** = in the mid-latitudes, global warming would produce dry hot summers and mild winters; **basses latitudes** = low latitudes; **hautes latitudes** = high latitudes; **latitudes moyennes** = mid-latitudes

latosol *nm* latosol

lavage *nm* **(a)** *(des polluants dans l'atmosphère)* washout **(b)** *(filtrage)* **dispositif de lavage des gaz** = scrubber; **dispositif de lavage des gaz de combustion** = flue gas scrubber

lave *nf* lava; **la lave du volcan a détruit les plantations de sucre** = lava flowing from the volcano destroyed sugar plantations; **coulée de lave** = lava flow; **lave torrentielle** = debris flow

lawrencium *ou* **lawrentium** *nm* lawrencium
NOTE: symbole chimique **Lr;** nombre atomique **103**

léger, -ère *adj* light; **réacteur à eau légère** = light water reactor (LWR)

législation *nf* legislation; **il est impossible d'évaluer quantitativement l'effet de la nouvelle législation sur les taux de pollution** = it is impossible to quantify the effect of the new legislation on pollution levels; **législation sur l'aménagement du territoire** = planning legislation; **législation sur la construction** = building legislation; **selon la législation française** = under French law

légume *nm* vegetable; **les légumes verts contiennent des fibres** = green vegetables are a source of dietary fibre; **légume à gousse** *ou* **légume sec** = pulse; **les légumes secs sont une importante source de protéines** = pulses provide a large amount of protein

◇ **légumineuse** *nf* legume; **l'herbe et les légumineuses sont courantes dans les pâturages d'Europe** = grass and legume are common in European pastureland

◇ **légumineuses** *nfpl* Leguminosae

◇ **légumineux, -euse** *adj* leguminous

leishmaniose *nf* sandfly fever

lentique *adj* lentic

lépidoptères *nmpl* Lepidoptera

> la nuit protège les lépidoptères nocturnes. Le jour, leur survie dépend de leur aptitude à se fondre dans le décor. La plupart arborent une tenue de camouflage qui les transforme en feuille morte ou en morceau d'écorce
>
> *Ouest-France*

leptospirose *nf* tick fever

lésion *nf* damage; **lésion génétique** = genetic damage

lessivage *nm* leaching; **l'apport excessif d'engrais chimiques pollue les rivières par lessivage** = excess chemical fertilizers on the surface of the soil leach into rivers and cause pollution

> dans les villes, le lessivage par la pluie des toits et des chaussées tranfère aux rivières des hydrocarbures et des métaux toxiques comme le cadmium ou le plomb
>
> *Science et Avenir*

lessive *nf* lye

lessiver *vtr* **(a)** *(par infiltration)* to leach **(b)** *(les nutriments du sol)* to wash out; **lors de fortes précipitations, le sol est lessivé de la plupart des minéraux** = most minerals are washed out of the soil during heavy rainfall

létal, -e, -aux *adj* lethal; **dose létale 50%** = lethal dose 50% *ou* mean lethal dose; **gène létal** = lethal gene

leucine *nf* leucine

leucocyte basophile *nm* mast

levée *nf (botanique)* sprouting

levure *nf* yeast

liaison *nf* bond *ou* link; **liaison chimique** = chemical bond; **liaison critique** = critical link

liane *nf* liana

liant *nm* binding agent

lias *nm* lias

libérer *vtr (dégager)* to release; **l'utilisation de bombes aérosols libère des CFC dans l'atmosphère** = using an aerosol spray releases CFCs into the atmosphere

libre *adj* free; **aquifère libre** = unconfined aquifer

lichen *nm* lichen

lié, -e *adj* related (to); **lié à la santé** = health-related

liège *nm* cork

lien *nm* bond *ou* link

◇ **lier** *vtr* to link; *(deux substances)* to bond

ligne *nf* **(a)** line; **ligne d'horizon** = skyline; **ligne de grains** = line squall; **ligne Wallace** = Wallace's line **(b)** *(météo)* ridge; **une ligne de hautes pressions s'étend sur tout le pays** = a ridge of high pressure is lying across the country **(c)** *(électrique)* cable; **lignes à haute tension** = power cables *ou* power lines; **si les lignes électriques étaient enterrées, elles enlaidiraient moins le paysage** = if power cables were placed underground, they would be less of an eyesore

lignification *nf* cold hardening

lignite *nm* brown coal *ou* lignite

limbe *nm* blade

lime *nf (fruit)* lime

limite *nf* limit; **le gouvernement a fixé une limite à la production journalière de barils de pétrole** = the government has limited the number of barrels of oil to be extracted each day; **au-dessus de la limite des arbres, les pentes étaient couvertes de blocs, roches et cailloux** = the slopes above the timberline were covered with boulders, rocks and pebbles; **limite des arbres** = timberline; **limite des eaux douces** = fresh-water limit; **limite de tolérance** = toleration level

◇ **limitation** *nf* control; **limitation des effets** = alleviation; **limitation des naissances** = birth control

◇ **limité, -e** *adj* finite; **les réserves de charbon sont limitées et elles seront probablement épuisées en 1995** = coal supplies are finite and are forecast to run out in 1995

◇ **limiter** *vtr* to limit; **le volume de pêche des bateaux étrangers est strictement limité** = they have set strict limits on the amount of fish which foreign fishing boats are allowed to catch; **on essaie de limiter les conséquences de la pénurie d'eau dans le sud du pays** = they are trying to alleviate the water shortage in the south of the country

limivore *nm* bottom feeder

limn- *préf* limn-

◇ **limnétique** *adj* limnetic; **zone limnétique** = limnetic zone

◇ **limnion** *nm* limnion

◇ **limnique** *adj* limnic; **sédiments limniques** = lake deposits

◇ **limnologie** *nf* limnology

limon *nm* silt

◊ **limoneux, -euse** *adj* silty

limpide *adj* clear; **air limpide** = clear air

lindane *nm* lindane

linoléique *adj* linoleic; **acide linoléique** = linoleic acid

linolénique *adj* linolenic; **acide linolénique** = linolenic acid

lipide *nm* lipid; **métabolisme des lipides** = lipid metabolism

◊ **liposoluble** *adj* fat-soluble *ou* liposoluble; **la vitamine D est liposoluble** = vitamin D is fat-soluble; **les PCBs sont liposolubles et s'accumulent donc dans la graisse des phoques** = PCBs are fat-soluble and so collect in the blubber of seals

liquéfaction *nf* liquefaction

◊ **liquéfié, -e** *adj* liquefied; **gaz naturel liquéfié** = liquefied natural gas (LNG); **gaz de pétrole liquéfié (GPL)** = liquefied petroleum gas (LPG) *ou* liquid petroleum gas

◊ **liquéfier** *vtr* to liquefy

◊ **se liquéfier** *vpr* to liquefy

liquide 1 *adj* liquid; **eau liquide** = liquid water; **hydrocarbures liquides** = liquid hydrocarbons; **hydrogène liquide** = liquid hydrogen **2** *nm* fluid *ou* liquid; **liquide condensé** = condensation; **liquide pulvérisé** *ou* **liquide vaporisé** = spray

lisier *nm* manure

> certains chercheurs vont jusqu'à préconiser l'administration de l'hormone de croissance porcine, sous prétexte que, plus un porc grandit vite, moins il rejette de lisier
> *Science et Vie*

lisière *nf* margin

lit *nm* bed; **lit bactérien** = bacteria bed; **lit de filtration** = filter bed; **lit de la rivière** = channel *ou* river bed; **le lit de la rivière est encombré d'algues** = the river bed is choked with weeds; **lit de séchage** = drying bed

lithium *nm* lithium; **batterie au lithium** = lithium battery

litho- *préf* litho-

◊ **lithosol** *nm* lithosol

◊ **lithosphère** *nf* lithosphere; **plaques de la lithosphère** = lithospheric plates

litière *nf (du sol)* litter

litre *nm* litre; *US* liter
NOTE: accompagné d'un chiffre, s'écrit **l: 15,8 l**

littoral, -e, -aux 1 *adj* inshore *ou* littoral *ou* longshore; **cordon littoral** = longshore bar; **dérive littorale** = littoral drift *ou* longshore drift; **eaux littorales** = inshore waters; **zone littorale** = littoral zone **2** *nm* coastline *ou* littoral *ou* seaboard

> si les eaux littorales françaises ne sont pas, globalement, de plus mauvaise qualité que leurs voisines européennes, les grands estuaires sont mal en point
> *Sciences et Nature*

lixiviation *nf* leaching; **produit de lixiviation** = leachate

lobby *nm* lobby *ou* pressure group; **le lobby automobile** = the car lobby; **le lobby écologiste** = the environmentalist lobby

local, -e, -aux *adj* local; **administration locale** = local government; **autorités locales** = local authorities; **matériaux de construction locaux** = vernacular materials

> les programmes de reconstitution des forêts doivent compter avec la participation des populations locales qui doivent y trouver leur intérêt. En effet, là où le fourrage fait cruellement défaut, la plantation d'espèces non fourragères, comme l'eucalyptus, a peu de chance d'emporter l'adhésion populaire
> *le Courrier de l'Unesco*

locuste *nf* locust

> le plus grand vol de locustes jamais mesuré (en mer Rouge), faisait 6000 kilomètres cubes, l'équivalent de 10 kilomètres d'épaisseur de locustes sur toute la région parisienne!
> *Actuel*

loess *nm* loess

logement *nm* housing; **allocation logement** = housing benefit

loi *nf* law; **loi de Buys Ballot** = Buys Ballot's Law; **loi-cadre** = basic law; **loi de la conservation de l'énergie** = energy conservation law; **lois de Mendel** = Mendel's laws; **la loi de l'offre et de la demande** = the law of supply and demand; **la loi de la pesanteur** = the law of gravity; **loi sur la sécurité et l'hygiène sur le lieu de travail** = *GB* Health and Safety at Work Act; **selon la loi** = by law

lointain, -e *adj* far

loisir *nm* leisure; **équipements de loisir** = leisure *ou* recreational facilities

long, longue *adj* long; **on ne connaît pas encore les effets à long terme de l'exposition aux radiations des lignes à haute tension** = the long-term effects of exposure to radiation from power lines are not yet known; **conséquences à long terme** = long-term consequences; **à longue portée** = long-range; **à longue durée de vie** = long-lived

◇ **longitude** *nf* longitude; **par 46° de longitude** = at a longitude of 46°

◇ **longueur** *nf* length; **longueur d'onde** = wave length

lotissement *nm* housing estate

lourd, -e *adj* heavy; **eau lourde** = heavy water; **huile lourde** = heavy oil; **hydrogène lourd** = heavy hydrogen; **industrie lourde** = heavy industry; **métal lourd** = heavy metal; **poids lourd** = heavy goods vehicle

Lr *symbole chimique* = LAWRENCIUM

lubrifiant *nm* lubricant; **lubrifiants usagés** = waste lubricants

lumière *nf* light; **il n'y a pas assez de lumière pour prendre une photo** = there is not enough light to take a photo; **la lumière du Soleil donne leur couleur verte aux plantes** = the light of the sun makes plants green; **adaptation à la lumière** = light adaptation; **lumière du jour** = daylight; **réflexe à la lumière** = light reflex

◇ **lumineux, -euse** *adj* light; **onde lumineuse** = light wave

lune *nf* moon; **éclipse de Lune** = lunar eclipse; **nouvelle lune** = new moon; **phases de la Lune** = lunar phases; **pleine lune** = full moon

◇ **lunaire** *adj* lunar

lutte *nf* control; **lutte biologique** = biocontrol *ou* biological control; **association pour la lutte contre le bruit** = noise abatement society; **lutte contre les crues** = flood control; **lutte contre les inondations** = flood alleviation; **lutte contre la pollution** = pollution control; **lutte contre la pollution atmosphérique** = control of air pollution

luxuriant, -e *adj* lush; **la végétation tropicale luxuriante a rapidement envahi la clairière** = the lush tropical vegetation rapidly covered the clearing

luzerne *nf* alfalfa *ou* lucerne

lyophilisation *nf* freeze drying

lysine *nf* lysine

Mm

M = MILLION

m = METRE

macro- *préf* macro-

◇ **macrobiotique 1** *adj* macrobiotic; **aliments macrobiotiques** = macrobiotic food **2** *nf* macrobiotics

◇ **macroclimat** *nm* macroclimate

◇ **macroconsommateur** *nm* macroconsumer

◇ **macrocystis** *nf* giant kelp *ou* macrocystis

◇ **macroéconomie** *nf* macro-economics

◇ **macroéconomique** *adj* macroeconomic; **analyse macroéconomique** = macroeconomic analysis

◇ **macroélément** *nm* macronutrient

◇ **macroparticule** *nf* particulate; **macroparticules primaires** = primary particulates; **macroparticules secondaires** = secondary particulates

◇ **macrophage** *nm* macrophage

◇ **macrophyte** *nf* macrophyte

◇ **macroplancton** *nm* macroplankton

magma *nm* magma

◇ **magmatique** *adj* magmatic; **eaux magmatiques** = magmatic waters

magnésium *nm* magnesium
NOTE: symbole chimique **Mg;** nombre atomique **12**

◇ **magnésie** *nf* magnesium oxide

magnétique *adj* magnetic; **anomalie magnétique** = magnetic anomaly; **champ magnétique** = magnetic field; **déclinaison magnétique** = magnetic declination; **le nord magnétique** = the magnetic north; **orage magnétique** = electric storm *ou* magnetic storm; **pôle magnétique** = magnetic pole

◇ **magnétohydrodynamique (MHD)** *nf* magnetohydrodynamics (MHD)

magnification *nf* magnification; **magnification biologique** = biological magnification

maigre *adj* lean; **régime maigre** = low-fat diet

maïs *nm* maize; *US* corn

maison *nf* house; **maison jumelée** = semi-detached house; **maison séparée** = detached house; **rangée de maisons attenantes** = terraced houses

maîtrise *nf* control

◇ **maîtriser** *vtr* to control; **ils furent incapables de maîtriser la propagation des insectes nuisibles** = they were unable to control the spread of the pest; **les spécialistes ont réussi à maîtriser l'épidémie** = the specialists brought the epidemic under control; **feu non maîtrisé** = uncontrolled fire

malade *adj* diseased *ou* sick; **pour traiter les arbres atteints de dépérissement des rameaux, il faut couper les branches malades jusqu'à la partie saine** = to treat dieback, diseased branches should be cut back to healthy wood; **la moitié des forêts allemandes sont malades** = half the forests in Germany are sick; **syndrome des bâtiments malades** = sick building syndrome; **gravement malade** = critically ill

◇ **maladie** *nf* disease *ou* illness; **il a attrapé une maladie sous les tropiques** = he caught a disease in the tropics; **les cultures de riz ont été atteintes par une maladie virale** = the rice crop has been affected by a virus disease; **c'est un spécialiste des maladies du travail** = he is a specialist in occupational diseases *ou* in diseases which affect workers; **une fois passé le stade grave de la maladie, il se sentit très faible** = after the acute stage of the illness had passed, he felt very weak; **évolution d'une maladie** = case history; **maladie à déclaration obligatoire** = notifiable disease; **maladie hollandaise de l'orme** = Dutch Elm Disease (DED); **maladie de Minamata** = Minamata disease; **maladie mortelle** = life-threatening disease; **maladie du travail** = industrial disease *ou* occupational disease

> la maladie de Minamata a atteint des pêcheurs se nourrissant de poissons contaminés par le mercure, et la maladie itaï-itaï a atteint des Japonais consommateurs de riz contaminé par le cadmium
> *le Courrier du CNRS*

malaria *nf* malaria *ou* paludism; *voir aussi* PALUDISME

malathion *nm* malathion

mâle *adj&nm* male

malformation *nf* malformation; **malformation congénitale** = congenital defect

malnutrition *nf* malnutrition

> la malnutrition chronique, qui n'engendre pas de sensation de faim, est une fragilisation de l'organisme provoquée par une alimentation déséquilibrée ou insuffisante
> *Géo*

mammifère *nm* mammal

manager *nm* manager

la Manche *npr* the Channel

manganèse *nm* manganese
NOTE: symbole chimique **Mn;** nombre atomique **25**

mangeur *nm (animal)* feeder

mangrove *nf* mangrove swamp

> les 240 000 kilomètres carrés de mangroves côtières constituent des habitats essentiels, où beaucoup d'espèces de poissons ayant une valeur économique séjournent pendant une partie de leur vie; elles fournissent également du bois de construction et du bois de chauffage
> *Pour la science*

manque *nm (d'eau ou de nourriture)* shortage

manteau *nm (géologie)* mantle

marais *nm* bog *ou* bogland *ou* marsh *ou* marshland *ou* swamp; **les mousses des marais se développent grâce aux nutriments apportés par la pluie** = bog mosses live on nutrients which fall in rain; **gaz des marais** = marsh gas; **marais isolé** = backswamps; **marais maritime** = tidal marsh; **marais de palétuviers** = mangrove swamp; **marais salant** = salt marsh

marbre *nm* marble

marché *nm* market; **Marché commun** = Common Market

marcotte *nf* layer

◇ **marcotter** *vtr* to layer

mare *nf* pond *ou* dew pond

marécage *nm* bog *ou* bogland *ou* marsh *ou* marshland *ou* swamp *ou* swampland

> les poissons qui se développent dans les marécages avant de gagner le large représentent les deux tiers des poissons pêchés dans le monde
> *Environnement actualité*

◇ **marécageux, -euse** *adj* boggy *ou* swampy; **couche marécageuse** = blanket bog

marée *nf* **(a)** tide; **on projette de construire un barrage de 7 GW de puissance installée qui produira de l'électricité à marée descendante** = the plan is to build a barrage with 7 GW of installed capacity, generating electricity on the ebb tide; **courant de marée** = tidal current; **cours d'eau à marées** = tidal river; **marée basse** = low tide; **marée descendante** = ebb tide; **marée haute** =

flood tide *ou* high tide; **marée de morte-eau** = neap tide; **marée de vives eaux** = spring tide; **vent de marée** = tidal wind **(b) marée noire** = black tide; **ils s'emploient à nettoyer la plage après la marée noire** = they are working to clean up the beaches after the oil spill

> la part relative des accidents de pétroliers dans les causes de marées noires n'était plus en 1991 que de 8%
> *le Courrier de la baleine*

◊ **marémoteur, -trice** *adj* tidal; **énergie marémotrice** = tidal energy *ou* power; **usine marémotrice** = tidal (power) plant

> la véritable particularité de l'usine marémotrice de la Rance reste que, après 25 ans de fonctionnement, elle demeure encore unique quant à la capacité installée
> *Réseau*

margarine *nf* margarine

marge *nf* margin; **marge continentale** = continental margin

◊ **marginal, -e, -aux** *adj* marginal

mariculture *nf* sea farming

marin, -e *adj* marine; **les phoques et autres mammifères marins** = seals and other marine mammals; **animaux marins** = marine animals; **courant marin** = sea current; **faune marine** = marine fauna; **ferme marine** = oceanic farm; **flore marine** = marine flora; **organismes marins** = marine life; **parc sous-marin** = marine park

marnage *nm* tidal range *ou* tide range

marne *nf* marl

marquer *vtr (un sentier)* to blaze

◊ **marquage** *nm (d'un sentier)* waymarking

marron *adj inv* brown

marronnier *nm* chestnut

marsupial, -aux *nm* marsupial

mascaret *nm* bore

masse *nf* mass; **masse critique** = critical mass; **masse d'eau naturelle** = body of water; **mouvement de masse** = mass wasting (landslide); **nombre de masse** = mass number; **production de masse** = mass production; **spectromètre de masse** = mass spectrometer

◊ **massif, -ive** *adj* massive; **certains ouvriers ont reçu des doses massives de radiation lors de l'accident** = in the accident, workers received massive doses of radiation

matériau *nm* material; **matériaux de construction** = building materials

matériel *nm* equipment; **le centre a un besoin urgent de matériel sismologique** = the center urgently needs seismological equipment

matière *nf* (i) matter; (ii) material; **matière brute** *ou* **matière première** = raw material; **matières fécales** = faeces *ou* excreta; **matière inorganique** = inorganic matter; **matière organique** = organic matter; **matières organiques digestibles (MOD)** = digestible organic matter (DOM); **matières organiques sèches** = dry organic matter (DOM); **matière plastique** = plastic material *ou* plastic; **matière solide** = solid

> un kilomètre de haie équivaut à un hectare de forêt et produit autant de matière organique nécessaire à la qualité du sol
> *le Rennais*

maturité *nf* maturity; **arrivant à maturité** = maturing

◊ **maturation** *nf* maturation; **bassin de maturation** = maturation lagoon *ou* pond

maximum *adj&nm* maximum; **dose maximum autorisée** = maximum permissible dose; **rayonnement maximum autorisé** = maximum permissible level; **thermomètre à maximum-minimum** = maximum-minimum thermometer

◊ **maximal, -e, -aux** *adj* **concentration maximale admissible (CMA)** = maximum allowable concentration (MAC); **niveau maximal moyen** = peak average

méandre *nm* meander; **zone de méandre** = meander belt

médecin *nm* physician *ou* doctor; **médecin épidémiologiste** = community physician; **médecin patho-entomologiste** = medical entomologist; **médecin du travail** = medical officer

◇ **médecine** *nf* medicine; **médecine douce** = alternative medicine; **médecine physique et rééducation** = physical medicine; **médecine préventive** = preventive medicine; **médecine traditionnelle** = conventional medicine; **médecine tropicale** = tropical medicine

médiateur *nm* ombudsman

médical, -e, -aux *adj* medical; **aide médicale** = medical aid; **assistance médicale** = medical assistance

◇ **médicament** *nm* drug *ou* medicine; **un médicament qui accroît la production des vaches laitières** = a drug which increases the amount of milk produced by cows; **il prend ce médicament depuis tellement longtemps qu'il ne lui fait plus d'effet** = he has been taking the drug for so long that he has developed a tolerance to it; **médicaments dangereux** = controlled drugs *ou* dangerous drugs

◇ **médication** *nf* medication

◇ **médicinal, -e, -aux** *adj* medicinal; **cette herbe peut avoir un usage médicinal** = the herb can be used medicinally; **à usage médicinal** = medicinally; **herbe médicinale** = medicinal herb

méga- *préf* mega-; **mégawatt** = megawatt
NOTE: placé devant une unité SI, il signifie "un million de"

mégalo- *préf* megalo-

◇ **mégalopole** *nf* megalopolis

méiose *nf* meiosis; *US* miosis

mélanine *nf* melanin

◇ **mélanisme** *nm* melanism; **mélanisme industriel** = industrial melanism

◇ **mélanome** *nm* melanoma; **pour chaque diminution de 1% de l'ozone atmosphérique, on peut craindre une augmentation de 5 à 7% des cas de mélanome** = cases of melanoma could rise by between 5 and 7 per cent for each percentage decrease in ozone in the atmosphere

mélèze *nm* larch

membrane *nf* membrane; **membrane cellulaire** = cell membrane; **membrane de dialyse** = dialyzing membrane

menace *nf* threat

◇ **menacer** *vtr* to threaten; **les végétaux des régions arides ou semi-arides sont menacés par la multiplication des troupeaux** = plant species growing in arid or semi-arid lands are threatened by the expansion of livestock herding; **espèce menacée (de disparition)** = threatened species

menstruation *nf* menstruation

◇ **menstruel, -uelle** *adj* menstrual; **cycle menstruel** = menstrual cycle

mer *nf* sea; **bras de mer** = arm of the sea; *Ecosse* sea loch; **brise de mer** = sea breeze; **brume de mer** = sea fog *ou* mist; **eau de mer** = sea water; **niveau de la mer** = sea level; **sciences de la mer** = marine sciences; **sel de mer** = sea salt; **mer des Sargasses** = Sargasso Sea

Mercalli *voir* ECHELLE MERCALLI MODIFIEE

mercure *nm* mercury; **baromètre à mercure** = mercury barometer
NOTE: symbole chimique **Hg;** nombre atomique **80**

◇ **mercurialisme** *nm* mercury poisoning

méridien *nm* meridian

méridien, -ienne *adj* meridional; **circulation méridienne** = meridional airstream *ou* meridionality

mesa *nf* mesa

méso- *préf* mes- *ou* meso-

◇ **mésobenthos** *nm* mesobenthos

◇ **mésoclimat** *nm* mesoclimate

◇ **mésohalin, -e** *adj* mesohaline

◊ **mésopause** *nf* mesopause

◊ **mésophylle** *nm* mesophyll

◊ **mésophyte** *nf* mesophyte

◊ **mésoplancton** *nm* mesoplankton

◊ **mésosaprobe** *adj* mesosaprobic

◊ **mésosphère** *nf* mesosphere

◊ **mésothélium** *nm* mesothelium

◊ **mésotherme** *nf* mesotherm

◊ **mésotrophe** *adj* mesotrophic; **lac mésotrophe** = mesotrophic lake

mesure *nf* action; **le gouvernement prend des mesures pour limiter la pollution** = the government is taking action to stop the spread of pollution; **les services d'urgence ont pris des mesures rapides pour contenir la marée noire** = the emergency services acted quickly to contain the oil spill; **prendre des mesures contre** = to take action against something *ou* to stop something; **mesure d'incitation** = incentive; **mesures d'incitation à l'investissement** = investment incentives; **dans une certaine mesure** = to some degree

mesurer *vtr* to measure *ou* to meter

méta- *préf* meta-

◊ **métabolique** *adj* metabolic; **cycle métabolique** = metabolic cycle

◊ **métaboliser** *vtr* to metabolize; **le foie métabolise les protéines et les hydrates de carbone** = the liver metabolizes proteins and carbohydrates

◊ **métabolisme** *nm* metabolism; **métabolisme basal** = basal metabolic rate (BMR)

> le ralentissement des métabolismes cellulaires en milieu froid est un facteur déterminant de la bonne conservation des tissus
>
> *Sciences et Nature*

◊ **métabolite** *nm* metabolic waste

métal, -aux *nm* metal; **métal noble** = noble metal; **métaux ferreux** = ferrous metals; **métaux non ferreux** = non-ferrous metals; **métaux lourds** = heavy metals; **teneur en métaux** = metal content

◊ **métallifère** *adj* ore-bearing

◊ **métallique** *adj* metallic; **corps simple métallique** = metallic element

métaldéhyde *nm* metaldehyde

métalimnion *nm* metalimnion

métamorphique *adj* metamorphic

◊ **métamorphisme** *nm* metamorphism

métamorphose *nf* metamorphosis

> les papillons sont des insectes à métamorphose complète, c'est-à-dire qu'ils passent successivement par l'état d'oeuf, de chenille, de chrysalide et d'insecte parfait
>
> *Panda, la revue du WWF France*

◊ **se métamorphoser** *vpr (en nymphe)* to pupate

météo *(familier)* = METEOROLOGIE, METEOROLOGIQUE

météore *nm* meteor

◊ **météorique** *adj (pluie)* meteoric

◊ **météorite** *nm* meteorite

météorologie *ou* **météo** *nf* **(a)** *(science)* meteorology *ou* weather forecasting **(b)** *(organisme)* **la Météo(rologie) nationale** = the Met(eorological) Office; **la météo a lancé un avis de tempête force 12** = the Meteorological Office has issued a warning of force 12 winds

◊ **météorologique** *ou* **météo** *adj* meteorological; **bulletin météorologique** *ou* **bulletin météo** = weather report; **carte météorologique** = weather chart *ou* weather map; **navire météo** = weather ship; **prévisions météorologiques** = weather forecast; **station météorologique** = weather station

◊ **météorologiste** *ou* **météorologue** *nm&f* meteorologist

méthane *nm* **(a)** *(grisou)* firedamp **(b)** methane (CH_4); **convertisseur de méthane** = methane converter

> le méthane est un très bon combustible et il produit deux fois moins de CO_2 que le charbon. Il est aussi très peu polluant. Cependant, il est 28 fois plus actif que le CO_2 dans le phénomène de l'effet de serre
> *le Courrier de la baleine*

◇ **méthanier** *nm* gas carrier

◇ **méthanique** *adj* **fermentation méthanique** = methane fermentation

◇ **méthanisation** *nf* methanation *ou* methanisation

◇ **méthanogenèse** *nf* methanogenesis

◇ **méthanol** *nm* methanol

méthémoglobine *nf* methaemoglobin

◇ **méthémoglobinémie** *nf* methaemoglobinaemia

méthyle *nm* methyl; **isocyanate de méthyle** = methyl isocyanate (MIC)

◇ **bleu de méthylène** *nm* methylene blue; **test au bleu de méthylène** = methylene blue test

◇ **méthylique** *adj* **alcool méthylique** = methyl alcohol

mètre *nm* metre; *US* meter; **le puits a deux mètres de diamètre** = the well has a two-meter bore
NOTE: avec un chiffre, s'écrit **m: 2,5 m**

◇ **métré** *nm* quantity survey; **effectuer un métré** = to carry out a quantity survey

◇ **métrique** *adj* metric; **système métrique** = metric system

métropole *nf* metropolis

◇ **métropolitain, -e** *adj* metropolitan; **le smog recouvrait toute la zone métropolitaine** = smog covered the whole metropolitan area

meute *nf* pack

Mg *symbole chimique* = MAGNESIUM

mg = MILLIGRAMME

MHD = MAGNETOHYDRODYNAMIQUE

mica *nm* mica

micro- *préf* micro-
NOTE: devant une unité SI, signifie "un millionième de"; antonymes **macro-** *ou* **méga-** *ou* **mégalo-**

◇ **microélément nutritif** *nm* micronutrient

microbe *nm* microbe

◇ **microbien, -ienne** *adj* microbial *ou* microbian; **maladie (d'origine) microbienne** = microbial disease; **écologie microbienne** = microbial ecology; **fermentation microbienne** = microbial fermentation

◇ **microbiologie** *nf* microbiology

◇ **microbiologique** *adj* microbiological

◇ **microbiologiste** *nm&f* microbiologist

microclimat *nm* microclimate

microconsommateur *nm* decomposer *ou* microconsumer

microéconomique *adj* microeconomic

microfaune *nf* microfauna

microhabitat *nm* microhabitat *ou* niche

micromètre *nm* **(a)** *(instrument)* micrometer **(b)** *(un millionième de mètre)* micrometre
NOTE: s'écrit μ avec un chiffre: **25μ**

micromilieu *nm* microenvironment

micron *nm (unité de mesure)* = MICROMETRE (b) micrometre *ou* micron

micro-organisme *nm* microorganism

microplancton *nm* microplankton

micropolluant *nm* micropollutant

microscope *nm* microscope; **le tissu a été examiné au microscope** = the tissue was examined under the microscope; **au microscope, on pouvait voir les particules de pollen** = under the microscope it was possible to see the particles of pollen; **microscope électronique** = electron microscope (EM)

◇ **microscopie** *nf* microscopy

◇ **microscopique** *adj* microscopic

microtherme *nf* microtherm

migrer *vtr* **(a)** *(animaux, oiseaux)* to migrate; **à l'approche de l'hiver, les troupeaux de cerfs migrent vers le sud** = as winter approaches, the herds of deer migrate south **(b)** *(produits toxiques)* to migrate *or* to leach; **on laisse les déchets des décharges migrer dans le sol environnant** = waste materials are allowed to leach from landfill sites into the surrounding soil

◇ **migrateur** *nm (oiseau)* migrant

◇ **migrateur, -trice** *adj* migratory; **les estuaires jouent un rôle important de nutrition des oiseaux migrateurs et lieux de passage des poissons migrateurs comme le saumon** = estuaries are important feeding grounds for migratory birds, and are also important for the passage of migratory fish like salmon

◇ **migration** *nf* migration; **les îles se trouvent sur un des principaux itinéraires de migration de la Sibérie vers l'Australie** = the islands lie along one of the main migration routes from Siberia to Australia

mildiou *nm* blight *ou* mildew; **on prend des mesures pour éradiquer l'épidémie de mildiou de pomme de terre** = they are taking steps to eradicate the epidemic of potato blight

mile *ou* **mille** *nm (mesure de longueur anglo-saxonne)* mile; **mille marin** = international nautical mile
NOTE: le mile vaut 1609,33 m

milieu *nm* **(a)** background; **milieu social** = social background **(b)** environment; **hygiène du milieu** = environmental health; **milieu naturel** = natural environment; **milieu rural** = rural environment **(c)** *(hydrologie)* **milieu récepteur** = receiving body of water

mille *nm* = MILE

millet *nm* millet

milli- *préf* milli-

◇ **millibar** *nm* millibar

◇ **milligauss** *nm* milligauss; **une personne habitant sous une ligne à basse tension est exposée à une radiation de 20 milligauss** = a person living under a low-voltage power line is exposed to 20 milligauss of radiation

◇ **milligramme (mg)** *nm* milligram (mg)

◇ **millilitre (ml)** *nm* millilitre (ml)

◇ **millimètre (mm)** *nm* millimetre (mm)

◇ **millisievert (mSv)** *nm* millisievert (mSv); **millisievert/an** = millisievert/year (mSv/year)

> en Grande-Bretagne, la commission qui, en 1988, avait recommandé que la dose cumulée maximale des employés de l'industrie nucléaire soit abaissée à 20 millisieverts (la dose légale maximale étant de 50 millisieverts) a dû, en 1990, encore réviser à la baisse cette dose limite
> *Science et Vie*

milliard *nm* billion

million *nm* million; **d'ici à 1995, la population sera de plus de 20 millions** = by 1995, the population will have risen to over 20 million; **million de tonnes d'équivalent charbon** = million tonnes of coal equivalent (MTCE); **les sources d'énergie renouvelables peuvent fournir jusqu'à 5 millions de tonnes d'équivalent charbon par an** = renewable energy can provide up to 5 MTCE per annum

mimétisme *nm* mimicry; **mimétisme batésien** = Batesian mimicry; **mimétisme mullérien** = Mullerian mimicry; **mimétisme des couleurs** = protective coloration

Minamata *npr voir* MALADIE

mine *nf* mine; **la mine est entourée de monceaux de déchets d'excavation** = the mine is surrounded with dumps of excavated waste; **les mines à ciel ouvert défiguraient le site** = the landscape was blighted by open-cast mining; **mine de charbon** = coal mine; **mine d'or** = gold mine; **mine à ciel ouvert** = open-cast mine *ou* open pit mine

◇ **minerai** *nm* ore; **on chauffe le minerai à forte température pour en extraire le métal** = the ore is heated to a high temperature to extract the metal; **on a trouvé des gisements de minerai de fer dans les montagnes** = iron ore deposits were found in the mountains; **minerai de faible teneur** *ou* **minerai pauvre** = low-grade ore; **minerai natif** = virgin ore; **minerai riche** *ou* **minerai de haute teneur** = high-grade ore

minéral, -aux *nm* mineral

minéral, -e, -aux *adj* **(a)** inorganic; **chimie minérale** = inorganic chemistry **(b)** mineral; **eau minérale** = mineral water; **huile minérale** = mineral oil; **masse minérale** = ore body; **nutriments minéraux** = mineral nutrients; **le règne minéral** = the mineral kingdom

◇ **minéralisation** *nf* mineralization

minier, -ière *adj* mineral; **gisements miniers** = mineral deposits; **ressources minières** = mineral resources

minimum *nm* minimum; **la loi ne donne qu'un minimum de protection aux travailleurs** = the law provides only minimum protection for the workers

◇ **minima** *npl&adjf* minimum; **dose minima mortelle** = minimum lethal dose

◇ **minimal, -e, -aux** *adj* minimal; **surface minimale** = minimal area

ministère *nm* department; **ministère de l'Energie** = *US* Department of Energy (DOE); **ministère de l'Environnement** = *GB* Department of the Environment (DoE)

minoterie *nf* mill

minuscule *adj* minute; **minuscules gouttelettes** = spray

mite *nf* mite

mitochondrie *nf* mitochondrion

mitose *nf* mitosis

mixte *adj* mixed; **agriculture mixte** = mixed farming; **économie mixte** *ou* **système d'économie mixte** = mixed economy; **forêt mixte** = mixed woodland

ml = MILLILITRE

MM = ECHELLE MERCALLI MODIFIEE

mm = MILLIMETRE

Mn *symbole chimique* = MANGANESE

Mo *symbole chimique* = MOLYBDENE

MOD = MATIERE ORGANIQUE DIGESTIBLE

modèle *nm* model

moder *nm* moder

modérer *vtr* to moderate

◇ **modérateur** *nm* moderator

moisissure *nf* mould; *US* mold

mol *symbole* = MOLE

molasse *nf* sandstone

mole *nf* mole

môle *nf* mole

molécule *nf* molecule

◇ **moléculaire** *adj* molecular; **biologie moléculaire** = molecular biology; **poids moléculaire** = molecular weight

mollusque *nm* mollusc; **les limaces et les escargots sont des mollusques, tout comme les huîtres et autres crustacés** = slugs and snails are molluscs, as are oysters and other shellfish; **mollusques ciliés** = ciliary feeders

◇ **molluscicide** *nm* molluscicide

molybdène *nm* molybdenum
NOTE: symbole chimique **Mo;** nombre atomique **42**

monde *nm* world

◇ **mondial, -e, -aux** *adj* worldwide; **Commission mondiale sur l'environnement et le développement (CMED)** = World Commission on Environment and Development (WCED); **Fonds mondial pour la nature** = World Wide Fund for Nature (WWF)

moniteur *nm (appareil)* monitor; **moniteur cardiaque** = cardiac monitor

mono- *préf* mono-

◇ **monocotylédone** *nf* monocotyledon

◇ **monoculture** *nf* monoculture *ou* single crop; **monoculture de conifères** = conifer monoculture

◇ **monogamie** *nf* monogamy

◇ **monophage** *adj* monophagous

◇ **monoxyde** *nm* monoxide

mont *nm* **(a)** *(colline)* hill **(b)** *(dans le nord de l'Angleterre)* fell

montagne *nf* **(a)** mountain; **les montagnes cèdent la place à d'immenses prairies plates** = mountains give way to miles of level grassy plain; **les montagnes de l'ouest reçoivent les plus fortes précipitations** = the regions with highest rainfall are those of the western mountains; **mal des montagnes** = mountain sickness *ou* altitude sickness; **mouton de montagne** = mountain sheep; *(en Afrique du Sud)* **la montagne de la Table** = Table Mountain **(b)** *(grande quantité)* **montagne de beurre** = butter mountain

◇ **montagneux, -euse** *adj* mountainous; **sur le sol montagneux pauvre poussent quelques arbres rabougris** = the poor mountain soil supports a few stunted trees; **la nécessité de protéger les profils montagneux des plantations de conifères** = the need to protect mountain skylines from planting conifers

montée *nf (géologie)* surge

monticole *adj* **plante monticole** = mountain plant

mor *nm* mor

moraine *nf* moraine; **moraine de fond** = ground moraine; **moraine latérale** = lateral moraine; **moraine terminale** = terminal moraine

moratoire *ou* **moratorium** *nm* moratorium; **le gouvernement a décrété un moratoire sur les essais nucléaires** = the government has called for a moratorium on nuclear testing; **ils ont voté un moratoire de dix ans sur la pêche à la baleine** = they voted to impose a ten-year moratorium on whale catching; **la conférence a rejeté une motion demandant un moratoire sur le retraitement nucléaire** = the conference rejected a motion calling for a moratorium on nuclear reprocessing

morbidité *nf* morbidity rate

morphologie *nf* morphology

> de part leur morphologie, les blaireaux sont tout à fait adaptés à la vie souterraine. Leur corps, taillé en forme de coin, comme il convient pour creuser des tunnels, est supporté par des pattes courtes, mais extrêmement puissantes
>
> *Panda, revue du WWF*

mort *nf* death; **la présence de produits polluants rejetés dans les fleuves constitue une des causes principales de la mort des poissons** = pollutants in water are one of the main causes of fish kill; **les scientifiques tentent de découvrir la cause de la mort des arbres** = scientists are trying to find out what makes the trees die

◇ **mortalité** *nf* mortality; **au printemps, les chiffres concernant la population sont toujours moins élevés qu'en automne en raison de la mortalité en hiver** = the population count in spring is always lower than that in the autumn because of winter mortality; **taux de mortalité** = death rate *ou* mortality rate

◇ **mortel, -elle** *adj* fatal *ou* lethal; **un accident mortel** = a fatal accident; **l'inhalation de ces fumées est mortelle** = these fumes are lethal if inhaled; **dose mortelle 50%** = lethal dose 50% *ou* mean lethal dose

◇ **morts-terrains** *nmpl* overburden

mortier *nm* mortar

mosaïque *nf* mosaic

moteur *nm* engine; **moteur à combustion interne** = internal combustion engine; **moteur à essence** = petrol engine; **moteur à faible consommation de carburant** = lean-burn engine; **moteur à gaz** = gas engine; **moteur à injection** = injection engine; **moteur à réaction** = jet engine

motoculteur *nm* cultivator

mouche *nf* fly; **les mouches peuvent marcher au plafond** = flies can walk on the ceiling; **les mouches peuvent contaminer les aliments sur lesquels elles se posent** = flies can carry infection onto food; **mouche tsé-tsé** = tsetse fly

mouette *nf* seagull

moulin *nm* mill; **bief de moulin** = mill race; **moulin à eau** = watermill; **moulin à vent** = windmill; **roue de moulin** = mill wheel

mourir *vi* to die; **les poissons du lac sont morts empoisonnés par les rejets chimiques de l'usine** = the fish in the lake died poisoned by chemical discharge from the factory

mousse *nf* **(a)** *(végétal)* moss **(b)** foam; **de la mousse de détergent flotte sur le fleuve** = detergent foam drifted along the river; **fabricant de mousse plastique** = foam manufacturer; **mousse plastique** = foam plastic *ou* plastic foam; **mousse de polyester** = polyester foam

mousson *nf* monsoon; **après deux mauvaises saisons de mousson, le risque de famine allait grandissant** = when the monsoon failed for the second year, the threat of famine became more likely; **forêt de mousson** = monsoon forest

> les régions tropicales subissent des pluies de mousson très abondantes: plus de 10 000 litres au mètre carré en certains endroits, notamment en Inde et à Hawaii
>
> *Science illustrée*

moustique *nm* mosquito

mouton *nm* sheep; **élevage de moutons** = sheep farming; *(en Australie)* **grand centre d'élevage de moutons** = sheep station

mouvement *nm* **(a)** movement; **mouvement écologique** = ecomovement **(b)** *(géog)* **mouvement de masse** = mass wasting (landslide)

moyen *nm* means; **moyen de transport** = means of transport

moyen, -enne *adj (obtenu en calculant une moyenne)* average *ou* mean; **densité moyenne** = average *ou* mean density; **dose létale moyenne** = mean lethal dose; **températures moyennes** = mean temperatures

◇ **moyenne** *nf* average *ou* mean; **les températures ont été supérieures à la moyenne saisonnière** = the temperature has been above the mean for the time of year; **en moyenne, les récoltes sont moins abondantes que l'an dernier** = mean crop yields are down compared to last year

mucilagineux, -euse *adj* viscous

mue *nf* **(a)** *(poil ou plume)* moult; **plumage de période de la mue** = moult plumage; **(saison de la) mue** = moulting season **(b)** *(serpent)* slough

◇ **muer** *vi* **(a)** *(poil ou plume)* to moult; **la plupart des animaux muent au début de l'été** = most animals moult at the beginning of summer **(b)** *(serpent)* to slough

mull *nm* mull

multiplication *nf* propagation

◇ **multiplier** *vtr (des plantes)* to propagate

◇ **se multiplier** *vpr* to reproduce

municipal, -e, -aux *adj* municipal; **décharge municipale** = municipal dump

◇ **municipalité** *nf* municipality

mur *nm* **(a)** wall; **murs avec vide d'air** = cavity walls; **mur de pierres sèches** = drystone wall **(b) mur du son** = sound barrier

mûr, -e *adj* mature

◇ **mûrissant, -e** *adj* maturing

muscinées *nfpl* mosses

muscle *nm* muscle; **muscle strié** = skeletal muscle *ou* voluntary muscle

mutagène *adj* mutagen; **agent mutagène** = mutagen

◇ **mutagénicité** *nf* mutagenicity

mutant, -e *adj&nm* mutant

◇ **mutation** *nf* mutation; **les bactéries peuvent subir de brusques mutations et provoquer des infections plus virulentes** = bacteria can mutate suddenly and become increasingly able to infect; **subir une mutation** = mutate

◇ **muter** *vi* to mutate

myc- *ou* **myco-** *préf* myc- *ou* myco-

◇ **mycélium** *nm* mycelium

◇ **mycète** *nm* fungus *ou* mushroom

◇ **mycobactérie** *nf* mycobacterium

◇ **mycologie** *nf* mycology

myiase *nf* myiasis

myrtacées *nfpl* Myrtaceae

mysticètes *nmpl* Mysticeti *ou* baleen whales

myxomatose *nf* myxomatosis

Nn

N 1 *symbole chimique* = AZOTE **2** = NEWTON

Na *symbole chimique* = SODIUM

naissance *nf* birth; **contrôle des naissances** = birth control

nanoplancton *nm* nanoplankton

nappe *nf* **(a)** sheet *ou* layer; **nappe aquifère** = water table; **nappe pétrolifère** = oil layer *ou* oil pool; **nappe phréatique** = ground water *ou* underground water; **nappe souterraine (de pétrole, etc.)** = pool **(b)** *(à la surface de l'eau, après déversement accidentel)* **nappe de pétrole** = oil slick; **la nappe de pétrole a pollué plus de 60 kilomètres de côte** = the slick contaminated over 40 miles of coast

nastie *nf* nastic response

◇ **-nastie** *suf* -nasty; **photonastie** = photonasty; **thermonastie** = thermonasty
NOTE: **nastie** s'oppose à **tropisme** et **taxie**, réactions d'orientation des végétaux à un stimulus

natalité *nf* natality; **les statistiques démographiques indiquent que la natalité est en baisse** = population statistics show that the birth rate is slowing down; **(taux de) natalité** = birth rate *ou* natality rate; **un taux de natalité de 15 pour mille** = a birth rate of 15 per thousand

> le vieillissement de la population, c'est-à-dire l'accroissement de la proportion de vieux, résulte bien plus de la baisse de la natalité, donc de la jeunesse, que de l'allongement de la vie aux grands âges
> *Géo*

natif, -ive *adj* native; **élément natif** = native element; **minerai natif** = virgin ore

national, -e, -aux *adj* national; **parc national** = national park; **produit national brut (PNB)** = gross national product (GNP); **revenu national** = national income *ou* national revenue

Nations unies *npr* United Nations; **Programme des Nations unies pour l'Environnement** = United Nations Environment Program (UNEP)

naturaliser *vtr* to naturalize

naturaliste *nm&f* naturalist *ou* natural historian

nature *nf* **(a)** *(la faune et la flore)* nature; **Direction de la protection de la nature et de l'environnement** = Nature Conservancy Council; **protection de la nature** = nature conservation; **sentier de nature** = nature trail **(b) la nature humaine** = human nature

naturel, -elle *adj* natural; **l'animal avait un comportement tout à fait naturel** = the animal's behaviour was quite natural; **accroissement naturel** = natural increase; **cadre naturel** = natural amenities; **évaporation naturelle** = natural evaporation; **gaz naturel** = natural gas; **habitat naturel** = natural habitat; **histoire naturelle** = natural history; **immunité naturelle** = natural immunity; **polluant naturel** = natural pollutant; **population naturelle** = endemic population; **radioactivité naturelle** = background radiation; **réserve naturelle** = nature preserve *ou* nature reserve; **ressources naturelles** = natural resources; **sciences naturelles** = natural science; **sélection naturelle** = natural selection; **végétation naturelle** = natural vegetation

◇ **naturellement** *adv* naturally; **les animaux sauvages ont naturellement peur des gens** = it's natural for wild animals to be frightened by people

nauplius *nm* nauplius

nauséabond, -e *adj* offensive; **activité industrielle** *ou* **commerciale dégageant des odeurs nauséabondes** = offensive industry *ou* trade

naval, -e, -als *adj* naval; **chantier naval** = naval yard

navire-citerne *nm* tanker

nécrophagie *nf* scavenging

◇ **nécrophage** *adj* **organisme nécrophage** = scavenger

nécrose *nf* canker

necton *nm* necton *ou* nekton

neige *nf* snow; **cécité des neiges** = snow blindness; **chute de neige** = snowfall; **une forte chute de neige a rendu la route principale impraticable** = a heavy snowfall blocked the main road; **flocon de neige** = snow flake; **limite (orographique) des neiges** = snowline; **neige carbonique** = dry ice; **neige fondue** = sleet; **il tombe de la neige fondue** = it is sleeting; **tempête de neige** = snowstorm

> les avalanches de neige fraîche, celles qui résultent de chutes de neige récentes, et constituent près de 80% des coulées se produisant dans les massifs montagneux, font l'objet des études les plus complexes
> *Figaro*

◇ **neiger** *vi* to snow; **il a beaucoup neigé cette nuit** = it snowed heavily during the night; **il a neigé toute la nuit** = snow fell all night

◇ **neigeux, -euse** *adj* snowy

nématode *nm* nematode

◇ **nématicide** *nm* nematicide

néo- *préf* neo-

◇ **néo-darwinisme** *nm* neo-darwinism

neptunium *nm* neptunium
NOTE: symbole chimique **Np;** nombre atomique **93**

néritique *adj* neritic; **faciès néritique** = neritic facies; **zone néritique** = neritic zone

nervure *nf (d'une feuille)* vein

nettoyage *nm* clean-up *ou* cleaning *ou* cleaning up *ou* cleansing; **les autorités locales ont organisé un nettoyage à grande échelle des plages polluées** = the local authorities have organized a large-scale clean-up of polluted beaches; **nettoyage du charbon** = coal cleaning

◇ **nettoyer** *vtr* to clean *ou* to clean up; **ce lac envahi de vieilles bouteilles et de boîtes de conserve est un triste spectacle; il devrait être nettoyé** = the lake full of old bottles and cans is an eyesore and should be cleaned up; **nettoyer en faisant circuler de l'eau** = to flush

neurone *nm* neuron(e) *ou* nerve cell; **neurone sensoriel** = sensory neurone

neurotoxine *nf* neurotoxin

neuston *nm* neuston

neutre *adj* neutral; **un pH de 7 est neutre** = a pH factor of 7 is neutral

◇ **neutralisant, -e** *adj* neutralizing

◇ **neutraliser** *vtr* to inactivate *ou* to neutralize; **le calcaire permet de neutraliser l'acide des eaux de ruissellement** = acid in drainage water can be neutralized by limestone; **l'ammoniac produit par le nez permet de neutraliser les effets de l'acide de l'air** = ammonia is produced in the nose to neutralize the effect of acid in the air; **un empoisonnement dû à une substance alcaline peut être neutralisé par l'application d'une solution acide** = alkali poisoning can be neutralized by applying acid solution; **le soleil neutralise rapidement les pesticides biologiques** = biopesticides are easily inactivated in the sunlight; **qui n'est pas neutralisé** = unneutralized

> la Suède traite ses lacs à la chaux, celle-ci neutralise instantanément l'acidité. La vie se redéveloppe alors très rapidement
> *l'Express*

neutron *nm* neutron

névé *nm* firn *ou* névé

newton *nm* newton; **le muscle a exercé une force de 5N** = the muscle exerted a force of 5N
NOTE: s'écrit **N** avec un chiffre: **5N**

Ni *symbole chimique* = NICKEL

niacine *nf* niacin

niche *nf* niche; **niche écologique** = ecological niche

nicher *vtr* to nest

nickel *nm* nickel
NOTE: symbole chimique **Ni;** nombre atomique **28**

nicotine *nf* nicotine

◊ **nicotinique** *adj* nicotinic; **acide nicotinique** = nicotinic acid

nid *nm* nest; **les oiseaux ont fait un nid dans la cheminée** = the birds have built a nest *ou* have nested in the chimney; **quand les jeunes oiseaux ont plusieurs semaines, ils quittent le nid** = when the little birds are several weeks old, they leave the nest

nidi- *préf* nid-

◊ **nidicole** *adj* nidicolous

◊ **nidificateur** *nm* nest builder; **oiseaux nidificateurs** = nesting birds

◊ **nidification** *nf* nesting; **site de nidification** = nesting site

◊ **nidifier** *vi* to nidify

◊ **nidifuge** *adj* nidifugous

nielle *nf* smut

nimbostratus *nm inv* nimbostratus

nitrate *nm* nitrate; **nitrate de péroxyacétyle** = peroxyacetyl nitrate (PAN)

◊ **nitrification** *nf* nitrification

◊ **nitrifier** *vtr* to nitrify; **bactéries nitrifiantes** = nitrifying bacteria

◊ **se nitrifier** *vpr* to nitrify

◊ **nitrique** *adj* nitric; **acide nitrique** = nitric acid; **oxyde nitrique** = nitrogen monoxide

◊ **nitrite** *nm* nitrite

niveau *nm* **(a)** level; **l'usine a annoncé que le niveau sonore serait réduit au minimum** = the factory has announced plans to keep noise levels down to a minimum; **au niveau du sol** = (at) ground level; **niveau acoustique** = sound level; **niveau d'alerte** = warning level; **niveau de bruit perçu (en décibels) (PNdB)** = Perceived Noise in Decibels (PNdB); **niveau de fond** = background level; **niveau de gêne** = annoyance level; **niveau maximal moyen** = peak average; **niveau de la mer** = sea level; **niveau de la nappe phréatique** = ground water level; **niveau sonore** = noise level; **niveau sonore perçu** = Perceived Noise Level (PNL); **niveau trophique** = trophic level; **niveau de vie** = living standards *ou* standard of living **(b)** *(relief)* contour; **courbe de niveau** = contour line; **culture de niveau en bande** = contour strip cropping; **intervalle des courbes de niveau** = contour interval; **labour de niveau** = contour ridging

◊ **niveler** *vtr* to level

nocif, -ive *adj* harmful *ou* noxious; **exposition à des radiations nocives** = exposure to harmful radiations

◊ **nocivité** *nf* noxiousness

noeud *nm* **(a)** knot **(b)** *(botanique)* node

noir, -e *adj* black; **fumée noire** = black smoke; **marée noire** = black tide; **Peste noire** = Black Death; **sols noirs** = black earth; **tache noire (sur un champignon)** = black spot

noisette *nf* hazelnut

noix *nf* nut; **noix de coco** = coconut; **noix de galle** = oak-apple

nom *nm* name; **nom chimique** = chemical name; **nom générique** = generic name; **nom spécifique** = specific name

nomade 1 *adj* nomadic; **les bergers de la région menaient une vie nomade** = the herdsmen in the area lead a nomadic existence; **les pasteurs nomades déplacent leurs bêtes au gré des pâturages disponibles** = nomadic pastoralists move their livestock around to feed on available grazing; **les premiers pasteurs nomades ont fini par se fixer et devenir agriculteurs** = early nomadic herdsmen eventually settled as farmers **2** *nm&f* nomad

◇ **nomadisme** *nm* nomadism

nombre *nm* number; **nombre atomique** = atomic number; **nombre massique** = massic number

non- *préf* non-

◇ **non biodégradable** *adj* non-degradable

◇ **non-dégradation** *nf* non-degradation

◇ **non ferreux, -euse** *adj* non-ferrous

◇ **non fumeur** *nm* non-smoker

◇ **non jetable** *adj* non-disposable

◇ **non persistant, -e** *adj* non-persistent

◇ **non renouvelable** *adj* non-renewable

◇ **non toxique** *adj* non-toxic

nord 1 *nm inv* north; **le vent vient du nord** = the wind is blowing from the north; **le fleuve coule vers le nord et se jette dans l'océan** = the river flows north into the ocean; **le cyclone se déplaçait vers le nord, en direction de la côte** = the cyclone moved in a northerly direction towards the coast; **le Grand Nord** = the Far-North; **mer du Nord** = North Sea; **vent du nord** = north wind **2** *adj inv* northerly *ou* northern; **hémisphère nord** = northern hemisphere; **pôle Nord** = North Pole

normal, -e, -aux *adj* normal *ou* standard

◇ **norme** *nf* standard; **normes de déversement** = effluent standards; **normes d'émissions** = emission standards; **normes d'émissions des véhicules** = emission standards for vehicles; **normes d'environnement** = environmental quality standards

nourrir *vtr* to feed

◇ **se nourrir (de)** *vpr* **(a)** to live (on); **il se nourrit d'insectes et de racines** = it lives on a diet of insects and roots; **la plupart des singes se nourrissent de baies et de racines** = most apes live on berries and roots **(b)** to live (off); **ces poissons se nourrissent des débris qui tombent au fond du lac** = these fish live off the debris which sinks to the bottom of the lake; **se nourrir de cadavres** = to scavenge

◇ **nourriture** *nf* food; **pénurie de nourriture** = food shortage; **pyramide de nourriture** = food pyramid

noy *nm* noy

noyau *nm* **(a)** core; **on pense que le noyau de la Terre est composé de nickel et de fer** = the earth's core is believed to be formed of nickel and iron; **noyau interne** = inner core **(b)** nucleus; **noyau de condensation** = condensation nucleus; **l'humidité se condense facilement sur une surface existante, et les particules de sulfate constituent de parfaits noyaux de condensation** = moisture readily condenses on an existing surface, and sulphate particles are ideal condensation nuclei

Np *symbole chimique* = NEPTUNIUM

NPK = AZOTE POTASSIUM PHOSPHORE

nuage *nm* **(a)** cloud; **banc de nuages** = cloudbank; **base d'un nuage** = cloudbase; **couche de nuages** = cloudlayer; **nuages nacrés** = nacreous clouds; **nuage de pluie** = rain-bearing cloud **(b)** *(de fumée, de cendres, etc)* cloud (of smoke *ou* of ash); **nuage de poussière** = dust cloud; **des nuages de fumée s'échappaient de la cheminée d'usine** = clouds of smoke poured out of the factory chimney; **l'éruption a projeté un nuage de cendres très haut dans l'atmosphère** = the eruption sent a cloud of ash high into the atmosphere; **les plaines étaient balayées par des nuages de poussière** = dust clouds swept across the plains

◇ **nuageux, -euse** *adj* cloudy; **couche nuageuse** = cloud cover; **couche infra-nuageuse** = subcloud layer; **formation nuageuse** = cloud formation

nuance *nf (teinte)* shade

nucléaire *adj* **(a)** *(énergie)* atomic *ou* nuclear; **le gouvernement a repris le programme d'essais nucléaires** = the government has resumed the programme of nuclear testing; **bien que certains pays ne possèdent pas d'installations nucléaires, 15% de l'électricité produite dans le monde est d'origine nucléaire** = while some countries remain nuclear-free, nuclear reactors supply about 15% of all electricity generated in the world; **centrale nucléaire** = nuclear plant *ou* nuclear station; **Commission de contrôle des installations nucléaires** = *US* Nuclear Regulatory Commission (NRC); **combustible nucléaire** = nuclear fuel; **cycle du combustible nucléaire** = nuclear fuel cycle; **déchets nucléaires** = nuclear waste; **énergie nucléaire** = atomic energy *ou* nuclear energy *ou* nuclear power; **essai nucléaire** = nuclear test; **site d'essais nucléaires** = nuclear testing site; **fission nucléaire** = nuclear fission; **fusion nucléaire** = nuclear fusion; **hiver nucléaire** = nuclear winter; **guerre nucléaire** = atomic warfare; **réacteur (fonctionnant à l'énergie) nucléaire** = nuclear reactor; **réaction nucléaire** = nuclear reaction; **usine de retraitement des déchets nucléaires** = nuclear reprocessing plant; **zone sans installation nucléaire** = nuclear-free zone **(b)** *(sociologie)* nuclear; **famille nucléaire** = nuclear family

nuée *nf (d'insectes)* swarm

nuée ardente *nf (lors d'une éruption volcanique)* nuée ardente

nuire (à) *vtr* to damage

nuisance *nf* nuisance *ou* environmental annoyance; **échelle des nuisances** = annoyance scale; **nuisance acoustique** = noise nuisance; **nuisance acoustique de voisinage** = neighbourhood noise; **nuisances olfactives** = odour nuisance; **seuil de nuisance** = nuisance threshold

nuisible *adj voir* INSECTE

numération *nf* count; **numération globulaire** = blood count; **numération des spermatozoïdes** = sperm count

nutriment *nm* nutrient; **extraction des nutriments** = nutrient stripping; **nutriments minéraux** = mineral nutrients

nutrition *nf* nutrition; **en hiver, les estuaires sont les aires de nutrition des oiseaux migrateurs** = estuaries are winter feeding grounds of migratory birds; **aire de nutrition** = feeding grounds; **nutrition à base de détritus** = scavenging; **trouble de la nutrition** = nutritional disorder

◊ **nutritif, -ive** *adj* nutritional; **les pluies acides entraînent les éléments nutritifs du sol et y déposent des substances nocives telles que le plomb** = acid rain leaches out nutrients from the soil and releases harmful substances such as lead into the soil; **besoins nutritifs** = nutritional requirements; **élément nutritif** = nutrient; **matière nutritive** = food material; **les qualités nutritives de la viande** = the nutritional quality of meat; **racines nutritives** = feeder roots; **valeur nutritive** = food value

◊ **nutritionnel, -elle** *adj* nutritional

◊ **nutritionniste** *nm&f* nutritionist

nyct- *préf* nyct-

◊ **nycthéméral, -e, -aux** *adj* nycthemeral

◊ **nyctinastie** *nf* nyctinasty

nymphe *nf* nymph *ou* pupa

◊ **nymphal, -e, -aux** *adj* nymphal *ou* pupal

Oo

O *symbole chimique* = OXYGENE

oasis *nf* oasis

objectif *nm* objective; **objectif de qualité** = quality objective
◇ **objectif, -ive** *adj* objective

objet fabriqué *nm* artefact; *US* artifact

obscurité *nf* gloom; **obscurité anticyclonique** = anticyclonic gloom

obstacle *nm* barrier

occasion *nf* opportunity

occidental, -e, -aux *adj* occidental

occlusion *nf* occluded front *ou* occlusion

occupation *nf* **on a entrepris une étude sur l'occupation des sols dans les régions du nord** = they are carrying out a study of land use in northern areas; **occupation des sols** = land use; **plan d'occupation des sols** = zoning map

OCDE = ORGANISATION DE COOPERATION ET DE DEVELOPPEMENT ECONOMIQUE

océan *nm* ocean

> il ne faut pas négliger l'action du retardement (environ 20 ans) de l'inertie thermique de l'océan profond sur le phénomène de réchauffement de la planète
> *le Courrier de la baleine*

◇ **océanique** *adj* oceanic; **circulation océanique** = ocean circulation; **conversion de l'énergie thermique océanique (CETO)** = Ocean Thermal Energy Conversion (OTEC); **courant océanique** = ocean current; **croûte océanique** = oceanic crust; **fosse océanique** = oceanic trench; **zooplancton océanique** = oceanic zooplancton

◇ **océanographie** *nf* oceanography
◇ **océanologie** *nf* oceanology

octane *nm* octane; **essence à faible indice d'octane** = low-grade petrol; **indice d'octane** = octane rating *ou* octane number

octant *nm (météo)* okta

OD = OXYGENE DISSOUS

odeur *nf* odour; *US* odor; **qui dégage des odeurs nauséabondes** = offensive; **nuisance par l'odeur** = odour nuisance

odontocètes *nmpl* Odontoceti

oeil, yeux *nm* eye; **banque des yeux** = eye bank

oestrogène *nm* oestrogen

oeuf *nm* (i) ovum; (ii) egg; **oeufs de poisson** = spawn; **oeufs de ferme** = free-range eggs

off shore *adj* offshore; **plate-forme (pétrolière) off shore** = offshore oil platform

office *nm (institution)* service; **Office du contrôle alimentaire et pharmaceutique** = *US* Food and Drug Administration (FDA); **Office des forêts** = *US* the Forest Service; **Office nationale de la météorologie** = *UK* Weather Centre

offre *nf* offer; **l'offre et la demande** = supply and demand

oiseau *nm* bird; **cri** *ou* **chant d'oiseau** = bird song; **oiseau coureur** = flightless bird; **oiseau erratique** = vagrant; **oiseau marin** = shorebird; **oiseau de mer** = seabird; **oiseau migrateur** = visitor; **oiseau de proie** = bird of prey *ou* raptorial bird; **oiseau rapace** = raptor; **oiseaux sauvages** = wild fowl; **réserve d'oiseaux** = bird sanctuary

◇ **oiseaux** *nmpl (classe)* Aves

◇ **oisillon** *nm* nestling

oléagineux, -euse *adj* fatty

oléoduc *nm* (oil) pipeline

olfactif, -ive *adj* **nuisance olfactive** = odour nuisance

olig- *ou* **oligo-** *préf* oligo-

◇ **oligo-élément** *nm* trace element

◇ **oligohalin, -e** *adj* oligohaline

◇ **oligosaprobe** *adj* oligosaprobic

◇ **oligotrophe** *adj* oligotrophic; **lac oligotrophe** = oligotrophic lake

olive *nf* olive

◇ **olivier** *nm* olive (tree)

ombre *nf* shade *ou* shading; **les plantes du bord de l'eau se développent bien à l'ombre** = waterside plants thrive in the shade; **certains endroits de ce champ souffrent de l'ombre portée par les grands arbres** = parts of the field near tall trees suffer from shading; **intensité d'ombre** = shade density; **plante d'ombre** = shade plant

◇ **ombrotrophique** *adj* ombrogenous

ombudsman *nm* ombudsman

omnivore *adj&nm* omnivorous animal *ou* omnivore

onde *nf* wave; **longueur d'onde** = wave length; **ondes de distorsion** = shear waves; **onde lumineuse** = light wave; **onde précurseur** = foreshock; **onde sismique** = seismic wave; **onde sonore** = sound wave; **ondes ultrasoniques** = ultrasound *ou* ultrasonic waves

onéreux, -euse *adj* costly

ONG = ORGANISATION NON GOUVERNEMENTALE

ongulés *nmpl* Ungulata *ou* Ungulates

opacité *nf* opacity

◇ **opaque** *adj* opaque; **colorant opaque aux radiations** = radio-opaque dye

OPEC = ORGANISATION DES PAYS EXPORTATEURS DE PETROLE

opération *nf* project; **l'opération de remise en valeur des terres coûtera plusieurs millions de dollars** = the land reclamation project will cost several million dollars

opothérapie *nf* organotherapy

opportunité *nf* opportunity

◇ **opportuniste** *adj* opportunist *ou* opportunistic

or *nm* gold; **mine d'or** = gold mine
NOTE: symbole chimique **Au;** nombre atomique **79**

orage *nm* storm *ou* thunderstorm; **débit d'orage** = storm flow; **déversoir d'orage** *ou* **égout d'évacuation des eaux d'orage** = storm drain; **orage magnétique** = electric *ou* magnetic storm; **orage tropical** = tropical storm

> les orages sont de deux sortes. Les moins fréquents sont les orages frontaux: noyés au sein d'une perturbation, ils suivent les fronts froids. Les seconds, les orages de chaleur, se produisent l'été
>
> *Science illustrée*

orbite *nf (d'une planète)* orbit; **être en orbite** = to orbit

◇ **orbital, -e, -aux** *adj* orbital

ordinaire *adj* ordinary *ou* plain; **eau ordinaire** = light water; **essence ordinaire** = low octane petrol; *US* ordinary gasoline; **une voiture qui roule à l'essence ordinaire (à faible indice d'octane)** = a car which runs on low octane petrol

ordre *nm* order

ordures *nfpl* refuse *ou* waste; *US* garbage *ou* trash; **benne à ordures** = refuse collection vehicle; *US* collection truck; **incinération des ordures** = refuse incineration; *US* trash burning; **ordures ménagères** = domestic refuse *ou* domestic waste *ou* household refuse; **ramassage et élimination des ordures ménagères** = refuse collection and disposal; **ordures urbaines** = municipal refuse *ou* waste; **récipient à ordures** = dustbin; *US* garbage can; **broyeur d'ordures** = *US* garbage grinder

> en 1989, 800 000 tonnes d'ordures ménagères ont été importées en France le plus légalement du monde, en provenance essentiellement d'Allemagne, de Suisse, et du Benelux
>
> *le Monde*

organe *nm* organ; **organe critique** = critical organ; **organes de reproduction** = reproductive organs; **organes des sens** = sensory organs; **organes sexuels** = sex organs; **organes vitaux** = vital organs; **transplantation d'organe** = organ transplant

organique *adj* **(a)** *(du corps)* organic; **trouble organique** = organic disorder **(b)** *(non minéral)* organic; **chimie organique** = organic chemistry; **matière organique active** = active organic matter (AOM); **matières organiques sèches** = dry organic matter (DOM)

organisation *nf* organization; **Organisation de coopération et de développement économique (OCDE)** = Organization for Economic Co-operation and Development (OECD); **Organisation des pays exportateurs de pétrole (OPEP)** = Organization of Petroleum Exporting Countries (OPEC); **organisation non gouvernementale (ONG)** = Non-Governmental Organization (NGO); **organisation non gouvernementale semi-autonome** = quango

organisme *nm (être vivant)* organism *ou* bion; **organisme filtreur** = filter feeder; **organisme présentant une aberration génétique** = genet; **organisme pélagique** = oceanic *ou* pelagic organism; **organisme vivant** = living organism

> les animaux et végétaux, organismes vivants, sont une source immense de ressources inexploitées, de nourriture et de médicaments, par exemple
>
> *Pour la science*

organochloré, -e *adj* **composés organochlorés** = organochlorines; **insecticides organochlorés** = chlorinated hydrocarbon insecticides *ou* organochlorine insecticides

> les chercheurs signalent chez le béluga, outre des métaux lourds, la présence en grandes quantités d'organochlorés, molécules organiques synthétiques difficilement biodégradables qui s'accumulent le long de la chaîne alimentaire
>
> *Science et Vie*

organo-halogéné, -e *adj* **composés organo-halogénés** = organic halogen compounds

organophosphoré, -e *adj* organophosphorous; **insecticide organophosphoré** = organophosphorous insecticide

organothérapie *nf* organotherapy

orge *nf* barley

oriental, -e, -aux *adj* eastern *ou* oriental; **région orientale** = oriental region

orifice *nm (d'un volcan)* vent

origine *nf* origin; **origine d'écoulement (d'un fleuve)** = head (of river); **l'origine des espèces** = the origin of species

◇ **originaire** *adj* native; **l'éléphant est originaire d'Asie** = the elephant is native of Asia; **bien qu'elle soit originaire d'Amérique du nord, on a trouvé des spécimens de cette espèce jusque dans le sud, au Brésil** = it is a native of North America, but individuals have been found as far south as Brazil

◇ **original, -e, -aux** *adj* original

◇ **originel, -elle** *adj* primitive

orme *nm* elm

> les ormes français sont aujourd'hui atteints à 90% par un champignon virulent qui prolifère depuis les années 70. Installé dans les vaisseaux, le parasite y libère des toxines mortelles
>
> *l'Express*

ornithologie *nf* birdwatching *ou* ornithology; **passionné d'ornithologie** = *(familier)* twitcher

◇ **ornithologique** *adj* ornithological

◇ **ornithologiste** *ou* **ornithologue** *nm&f* birdwatcher *ou* ornithologist

os *nm* bone; **l'oreille humaine contient plusieurs petits os** = there are several small bones in the human ear; **cendre d'os** = bonemeal; **structure de l'os** = bone structure

◇ **osseux, -euse** *adj* **conduction osseuse** = bone conduction

oscillation *nf* oscillation; **oscillation australe** = Southern Oscillation

-ose *suf* -osis; **anthracose** = anthracosis

osmorécepteur *nm* osmoreceptor

osmorégulation *nf* osmoregulation

osmose *nf* osmosis; **osmose inverse** = reverse osmosis

◇ **osmotique** *adj* osmotic; **pression osmotique** = osmotic pressure; **régulation osmotique** = osmotic regulation *ou* osmoregulation

ossature *nf* bone structure *ou* skeleton

oued *nm* wadi

ouest *nm* west; **un vent d'ouest souffle sur le pays** = a westerly airstream is flowing across the country; **le bateau se dirigeait vers l'ouest** = the ship was proceeding in a westerly direction; **à l'ouest** = westerly; **l'ouest américain** = the Far-West; **vent d'ouest** = westerly *ou* west wind

ouïes *nfpl* gills

ouragan *nm* hurricane; **l'ouragan se déplaçait vers l'est** = the hurricane was moving in an easterly direction

ouvert, -e *adj* open; **exploitation minière à ciel ouvert** = open-cast *ou* surface mining; **foyer ouvert** = open burner; **mine à ciel ouvert** = open-cast mine

ouvrière *nf (abeille)* worker

ouvrir *vtr* to open

◇ **s'ouvrir** *vpr (gousse ou fruit)* to dehisce

overfishing *nm* overfishing

ovicide *nm* ovicide

ovipare *adj* oviparous

ovulation *nf* ovulation

◇ **ovule** *nm* ovum

◇ **ovuler** *vi* to ovulate

oxychloration *nf* oxychlorination

oxydation *nf* oxidation; **chenaux d'oxydation** = oxidation ditches; **étang d'oxydation** = oxidation pond

◇ **oxydabilité** *nf* oxidizability

◇ **oxydable** *adj* oxidizable; **matières oxydables** = oxidizable matter

◇ **oxydant** *nm* oxidant *ou* oxidizing agent

> la France, elle aussi, lance le nouveau sac "BIO-D". Ce sac plastique biodégradable est composé de polyéthylène, d'agent oxydant, d'un catalyseur et d'amidon de maïs
> *Lettre de l'Entente européenne pour l'environnement*

◇ **oxydase** *nf* oxidase

◇ **oxyde** *nm* monoxide *ou* oxide; **les moteurs de voiture rejettent de l'oxyde de carbone** = carbon monoxide is generated by car engines; **minerais d'oxydes** = oxide ores; **oxydes d'azote** = nitrogen oxides; **oxyde de calcium** = calcium oxide; **oxyde de chlore** = chlorine monoxide; **oxyde de cuivre** = copper oxide; **oxyde de fer** = iron oxide; **oxyde de magnésium** = magnesium oxide; **oxyde nitrique** = nitrogen monoxide; **oxydes de soufre** = sulphur oxides

> dans la chambre de combustion d'un réacteur d'avion performant, les températures à pleine charge dépassent 2000°, ce qui entraîne une forte émission d'oxyde d'azote
>
> *la Tribune de Genève*

◇ **oxyder** *vtr* to oxidize

◇ **s'oxyder** *vpr* to become oxidized

◇ **oxydoréduction** *nf* oxidation-reduction; **potentiel d'oxydoréduction** = oxidation-reduction potential

oxygène *nm* oxygen; **oxygène dissous (OD)** = dissolved oxygen (DO); **l'oxygène se transforme en ozone par réaction photochimique** = photochemical reactions convert oxygen to ozone
NOTE: symbole chimique **O;** nombre atomique **8**

◇ **oxygénable** *adj* **produit oxygénable** = oxygen absorbent

◇ **oxygénation** *nf* oxygenation

> la communauté internationale en son entier est concernée par la forêt, qui influe sur le climat, contribue à maintenir l'équilibre thermique de la Terre et joue un rôle important dans l'oxygénation de l'atmosphère
>
> *le Courrier de l'Unesco*

◇ **oxygéner** *vtr* to oxygenate

oxyhémoglobine *nf* oxyhaemoglobin

oxyphyte *nf* oxyphyte

oyats *nmpl* marram grass

ozoflottation *nf* ozoflotation

ozone *nm* ozone (O_3); **dans l'atmosphère, il y a un cycle naturel constant de formation et de destruction de l'ozone** = ozone is constantly being manufactured and constantly being destroyed by natural processes in the atmosphere; **potentiel d'appauvrissement en ozone** = ozone-depleting potential (ODP); **système de mesure de l'ozone dans l'atmosphère** = ozone monitoring device; **couche d'ozone** = ozone layer; **trou (dans la couche) d'ozone** = ozone hole

◇ **ozonisation** *nf* ozonation

◇ **ozonosphère** *nf* ozonosphere

Pp

P *symbole chimique* = PHOSPHORE

PAC = POLITIQUE AGRICOLE COMMUNE

pacager *vtr* to pasture; **on fait pacager les vaches dans des champs en altitude** = the cows are pastured in fields high in the mountains

paille *nf* straw

◇ **pailler** *vtr* to mulch

◇ **paillis** *nm* mulch

paître *vtr* to graze; **on a mené le bétail paître l'herbe grasse au bord du fleuve** = the cattle were put to graze on the lush grass by the river

paléarctique *adj* palaearctic; **région paléarctique** = palaearctic region

paléo- *préf* palae- *ou* palaeo-

◇ **paléobiologie** *nf* palaeobiology

◇ **paléobotanique** *nf* palaeobotany

◇ **paléoclimatologie** *nf* palaeoclimatology

> les études de paléoclimatologie marine ont permis de montrer que le climat dont nous bénéficions aujourd'hui est tout à fait exceptionnel à l'échelle du dernier million d'années: dans l'ensemble, ce sont les climats glaciaires qui sont les plus fréquents, tandis que des conditions interglaciaires comme celles de maintenant ne se produisent que pendant moins de 10% du temps
>
> *le Courrier du CNRS*

◇ **paléoécologie** *nf* palaeoecology

◇ **paléomagnétisme** *nm* palaeomagnetism

◇ **paléontologie** *nf* palaeontology

◇ **paléozoologie** *nf* palaeozoology

palétuvier *nm* mangrove; **les forêts de palétuviers couvrent les marais à marée, les lagunes et les estuaires** = mangrove forests cover muddy tidal marshes, lagoons and estuaries; **marais de palétuviers** = mangrove swamp

palmé, -e *adj* webbed

palmier *nm* palm (tree)

paludéen, -éenne *adj* paludal; **plante paludéenne** = marsh plant

paludique *adj* malarial

◇ **paludisme** *nm* malaria *ou* paludism; **la généralisation du paludisme dans certains pays tropicaux** = the prevalence of malaria in some tropical countries; **parasite transmetteur du paludisme** = malarial parasite; **région où le paludisme est endémique** = malarious area

palynologie *nf* palynology

pampa *nf* pampas *pl*; **herbe des pampas** = pampas grass

pan- *préf* pan-

◇ **pandémie** *nf* pandemic

◇ **pandémique** *adj* pandemic

panache *nm (de fumée)* plume; **construisez une cheminée d'usine haute afin que le panache de gaz soit emporté par le vent** = build a tall chimney stack so that the gas plume will be carried further by the wind; **les panaches de fumée des centrales électriques risquent d'accroître le taux d'acidité des nuages** = plumes from power stations can increase the level of acid in clouds; **le panache de matières radioactives recouvrait presque tout le pays** = the plume of radioactive material covered most of the country; **panache en boucle** = looping; **panache conique** = coning; **panache horizontal** = fanning

pananémone *ou* **panémone** *nf* panemone

panicule *nf* panicle

papeterie *nf (usine)* paper mill

◇ **papier** *nm* paper; **chromatographie sur papier** = paper chromatography; **industrie du papier** = paper industry; **papier recyclé** = recycled paper; **pâte à papier** = paper pulp; **vieux papiers** = waste paper

papillon *nm* butterfly; **papillon de nuit** = moth

paraffine *nf* paraffin; **huile de paraffine** = liquid paraffin

parallèle *nm* parallel

paramètre *nm* parameter

paraquat *nm* paraquat

parasite 1 *nm* parasite; **parasite provisoire** = temporary parasite; **parasite social** = social parasite **2** *adj* parasitic; **plante parasite** = parasitic plant

> la froidure de l'hiver limite la reproduction et le développement de certains parasites susceptibles de nuire à la productivité agricole
>
> *Science et Avenir*

◇ **parasitaire** *adj* parasitic; **maladie parasitaire** = parasitic disease; **vie parasitaire** = parasitic life

◇ **parasiter** *vtr* to parasitize; **les moutons sont parasités par la douve** = sheep are parasitized by flukes

◇ **parasiticide** *nm* parasiticide

◇ **parasitisme** *nm* parasitism

◇ **parasitoïde** *nm* parasitoid

◇ **parasitologie** *nf* parasitology

paratonnerre *nm* lightning conductor *ou* lightning rod

parc *nm* park; **parc d'engraissement** = feedlot; **parc national** = national park; **parc rural** = country park; **parc sous-marin** = marine park; **parc tempéré** = temperate woodland; **parc tropical** = tropical woodland

parcelle *nf (section d'une plantation)* compartment; *(quantité de bois debout ou coupé)* parcel; **parcelle boisée** = woodlot

pare-feu *nm (dans une forêt)* firebreak

parent *nm* parent

parfum *nm* scent; **le parfum des fleurs fait éternuer certaines personnes** = the scent of flowers make some people sneeze

parpaing *nm* breeze block

parthénogenèse *nf* parthenogenesis

◇ **parthénogénésique** *ou* **parthénogénétique** *adj* parthenogenetic

particule *nf* particle; **des particules de cendres volcaniques ont été emportées dans la haute atmosphère** = particles of volcanic ash were carried into the upper atmosphere; **particule alpha** = alpha particle; **particule bêta** = beta particle; **particule ionisante** = ionizing particle

◇ **particulaire** *adj* particulate; **les matières particulaires en suspension dans l'atmosphère constituent des noyaux à partir desquels se forment les gouttes de pluie** = particulate matter in the atmosphere forms the nuclei around which raindrops form

partie *nf* part; **partie pour cent millions** = part per hundred million (pphm); **partie par million (ppm)** = part per million (ppm); **la concentration de méthane dans l'atmosphère est de 1,56 ppm** = the concentration of methane in the atmosphere is 1.56 ppm; **partie par milliard** = part per billion *ou* part per thousand million

◇ **partiel, -ielle** *adj* partial; **coupe partielle** = partial cut; **éclipse partielle** = partial eclipse

passage *nm* **(a)** access; **droit de passage** = right of access **(b)** *(migration)* **oiseau de passage** = bird of passage

◇ **passe à poissons** *nf* fish pass

passereaux *nmpl* Passeriformes *ou* passerines

passif, -ive *adj* passive; **marge passive** = passive margin; **tabagisme passif** = passive smoking

pasteur *nm* (i) grazier *ou* herdsman; (ii) pastoralist; **ce sont les pasteurs nomades qui ont été le plus touchés par la sécheresse au Sahara** = the people most affected by the drought are nomadic pastoralists in the Sahara

pasteurisation *nf* pasteurization

◊ **pasteurella** *nf* Pasteurella

◊ **pasteurisé, -e** *adj* pasteurized; **le gouvernement recommande de ne boire que du lait pasteurisé** = the government is telling people to drink only pasteurized milk; **non pasteurisé** = unpasteurized; **le lait non pasteurisé peut contenir des bacilles** = unpasteurized milk can carry bacilli

◊ **pasteuriser** *vtr* to pasteurize

pastoral, -e, -aux *adj (terre)* pastoral

pâte *nf (à papier)* pulp; **bois à pâte** = pulpwood; **industrie des pâtes et papiers** = pulp and paper industry; **pâte de bois** = wood pulp; **pâte à papier** = paper pulp

patho- *préf* path- *ou* patho-

◊ **pathogène** *adj* pathogenic; **agent pathogène** = pathogen; **bactéries pathogènes** = pathogenic bacteria; **déchets pathogènes** = pathological waste; **organismes pathogènes** = pathogenic organisms

> la stérilisation de l'eau consiste à diluer du chlore gazeux, du bioxyde de chlore ou de l'ozone pour débarrasser l'eau de ses germes pathogènes
>
> *Science et Avenir*

◊ **pathogenèse** *nf* pathogenesis

◊ **pathogénétique** *adj* pathogenetic

◊ **pathogénicité** *nf* pathogenicity

◊ **pathologie** *nf* pathology; **pathologie clinique** = clinical pathology

◊ **pathologique** *adj* pathological

◊ **pathologiste** *nm&f* pathologist

patrimoine *nm* inheritance; **le patrimoine national** = the national inheritance

> le directeur général de la FAO a souligné que "si la communauté internationale veut véritablement conserver son patrimoine forestier, elle doit consentir des mises de fonds à hauteur de son ambition"
>
> *le Monde*

pâturage *nm* grazing *ou* pasture *ou* pastureland *ou* range; **les pâturages de montagne constituent de bons pacages** = there is good grazing in the mountain pastures; **les pasteurs mènent leurs troupeaux de lieu en lieu pour trouver de nouveaux pâturages** = pastoralists move their livestock from place to place to find new grazing; **les vaches sont dans les pâturages** = the cows are in the pasture *ou* the cows are put to pasture; **pâturages alpins** = alpine pastures

> la destruction mécanique des grands massifs forestiers d'Amazonie, d'Asie et d'Afrique pour en faire de pauvres pâturages nous donne à craindre que le recul des zones boisées dans le monde ne s'amplifie dangereusement et n'entraîne une altération des climats
>
> *Géo*

◊ **pâturer** *vtr* to graze; **pâturer en excès** = to overgraze

pauvre *adj* **(a)** poor; **sol pauvre** = poor soil **(b)** lean; **mélange pauvre** = *US* lean gas

◊ **pauvreté** *nf* poverty

pays *nm* country; **pays en voie de développement** *ou* **pays non industrialisés** = developing countries; **pays importateur de pétrole** = oil-importing country; **pays industrialisés** = developed *ou* industrialized countries

paysage *nm* landscape *ou* scenery; **le paysage a beaucoup changé depuis l'ouverture de la mine** = the landscape looks quite different since they opened the mine; **les mines à ciel ouvert avaient mutilé le paysage** = the landscape was scarred by open-cast mines; **aménagement**

du paysage = landscape planning *ou* landscaping; **architecture du paysage** = landscape design; **écologie du paysage** = landscape ecology; **paysages dégagés** = open countryside; **paysage urbain** = townscape *ou* urban landscape

Pb *symbole chimique* = PLOMB

PCS = POUVOIR CALORIFIQUE SUPERIEUR

pêche *nf* fishing *ou* fishery; **chaque année, les bateaux se rendent sur les riches zones de pêche au large de la côte nord** = the boats go each year to the rich fisheries off the north coast; **la zone de pêche protégée s'étend à 200 miles autour des îles** = a 200-mile fishery protection zone has been established round the islands; **lois limitant le volume de pêche de harengs** = regulations to limit the herring catch; **droits de pêche** = fishing rights; **lieux de pêche** = fishing grounds; **pêche côtière** = inshore fishing; **pêche hauturière** = deep-sea fishing; **zone de pêche** = fishing area *ou* fishing zone; **zone de pêche protégée** = fishery protection zone

◇ **pêcher** *vtr* to fish; **pêcher en quantité excessive** = to overfish

◇ **pêcherie** *nf* fishery; **pêcherie côtière** = coastal fishery

◇ **pêcheur** *nm* fisherman

pédologie *nf* pedology *ou* soil science

◇ **pédologique** *adj* pedological; **horizons pédologiques** = soil horizons

peinture *nf* paint; **peinture anti-fouling** *ou* **anti-salissures** = antifouling *ou* organo-tin paint; **peinture contenant du plomb** = lead paint

pélagique *adj* pelagic; **organismes pélagiques** = oceanic *ou* pelagic organisms; **sédiment pélagique** = pelagic sediment; **zone pélagique** = pelagic zone

pellicule *nf* film; **une fine pellicule de pétrole sur la surface de l'eau** = a film of oil on the surface of water

pélophage *nm* bottom feeder

pénéplaine *nf* peneplain

pénicilline *nf* penicillin

◇ **pénicillium** *nm* Penicillium

péninsule *nf* peninsula

◇ **péninsulaire** *adj* peninsular

pente *nf* gradient *ou* slope; **sur des pentes très raides, les racines des plantes ne peuvent pas retenir la terre** = plant roots cannot retain the soil on very steep gradients

pénurie *nf* shortage; **cette région souffre d'une grave pénurie de produits pharmaceutiques** = the region is suffering from an acute shortage of medical supplies; **pénurie de nourriture** = food shortage

pépin *nm* pip; **fruit à pépins** = pome

pépinière *nf* nursery

percolation *nf* seepage

pergélisol *nm* permafrost

période *nf* **(a)** period; **période de cinq jours** = pentad; **période géologique** = geological period; **période de gestation** = gestation period; **période glaciaire** = Ice Age; **période de pointe** = peak period **(b)** *(radioactivité)* half-life; **période de demi-valeur** = half-life period *ou* half-value period **(c)** *(météorologie)* spell; **il y aura quelques périodes ensoleillées sur l'est du pays** = there will be some fine spells over the east of the country; **c'est la plus longue période de temps pluvieux que le sud du pays ait jamais connue depuis les premiers relevés** = the south has experienced the longest spell of rainy weather since records were first taken

◇ **périodique** *adj* periodic; **table périodique des éléments** = periodic table

périphérique *adj* **(a)** *(biologie)* peripheral; **nerfs périphériques** = peripheral nerves; **système nerveux périphérique** = peripheral nervous system (PNS) **(b)** *(voie)* **route périphérique** = orbital road *ou* ring road

permafrost *nm* permafrost

> les scientifiques pensent que, sur Mars, une bonne quantité de l'eau est gelée dans le sol sur quelques kilomètres d'épaisseur pour former ce que l'on nomme un permafrost
> *la Recherche*

permanent, -e *adj* permanent *ou* perennial; **culture permanente** = permanent *ou* perennial crop; **dureté permanente** = permanent hardness; **herbages permanents** = permanent grassland

perméabilité *nf* permeability

◇ **perméable** *adj* permeable; *US* pervious

permis *nm* permit *ou* certificate *ou* licence; *US* license; **permis de construire** = building licence *ou* building permit *ou* construction certificate; **nous attendons le permis de construire avant de commencer la construction** = we are waiting for planning permission before we can start building; **le terrain sera vendu sans permis de construire** = the land is to be sold without planning permission; **la décision de la commission d'urbanisme a été annulée et la demande de permis a suivi son cours** = the decision of the planning committee was reversed and the planning application went ahead; **le permis de construire leur a été refusé** = they have been refused planning permission

persistant, -e *adj* **(a)** persistent; **insecticide persistant** = persistent insecticide; **non persistant** = non-persistent **(b)** *(végétaux)* **feuillus persistants** = broad-leaved evergreens

persister *vi* to persist; **certaines substances persistent sous forme toxique dans l'atmosphère pendant des semaines** = some substances persist in toxic forms in the air for weeks

◇ **persistance** *nf* persistence

perturber *vtr* to disturb *ou* to disrupt; **la construction de la route a perturbé l'équilibre de l'écosystème** = the building of the road has disturbed the balance of the ecosystem

◇ **perturbation** *nf* disturbance *ou* disorder *ou* perturbation; **perturbation de l'environnement** = environmental disorder; **perturbation écologique** = ecological disruption; **seuil de perturbation** = disturbance threshold; **source de perturbation de l'atmosphère** = a source of disturbance to the equilibrium of the atmosphere

pesanteur *nf* gravity; **la loi de la pesanteur** = the law of gravity; **la pesanteur terrestre** = the earth's gravity

peste *nf* plague; **peste aviaire** = fowl pest; **peste bubonique** *ou* **noire** = bubonic plague *ou* Black Death

pesticide *nm* pesticide; **pesticide biologique** = biopesticide; **pesticides persistants** = persistent pesticides; **résidus de pesticide** = pesticide residues

> Avec environ 100 000 tonnes par an, la France occupe le troisième rang mondial des consommateurs de produits phytosanitaires, plus connus sous le nom de pesticides: 9000 marques sont homologuées, composées de 450 substances actives. Ces produits, utilisés principalement en agriculture pour lutter contre les mauvaises herbes, passent de la terre dans l'eau
> *Ouest-France*

pétale *nm* petal

pétrifier *vtr* to petrify

◇ **pétrifaction** *nf* petrifaction

◇ **pétrifié, -e** *adj* calcified; **forêts pétrifiées** = petrified forest

pétrochimie *nf* petrochemistry

◇ **pétrochimique** *adj* petrochemical; **l'industrie pétrochimique** = the petrochemical industry

pétrographie *nf* petrology

pétrole *nm* oil *ou* petroleum; **coke de pétrole** = oil coke; **dérivé du pétrole** = petroleum chemical; **déversement accidentel de pétrole** = oil spill; **gaz de pétrole** = petroleum gas; **gaz de pétrole liquéfié (GPL)** = liquefied petroleum gas (LPG); **goudron de pétrole** = petroleum tar; **industrie du pétrole** = petroleum industry; **nappe de pétrole (souterraine)** =

oil pool; **nappe de pétrole (marée moire)** = oil slick; **pays exportateurs de pétrole** = petroleum exporting countries; **pétrole brut** = crude petroleum; **produits (dérivés) du pétrole** = petroleum products; **revenus du pétrole** = petroleum revenues

◇ **pétrolier** *nm* oil tanker *ou* tanker

◇ **pétrolier, -ière** *adj* **forage pétrolier** = drilling for oil; **industrie pétrolière** = oil industry; **plate-forme pétrolière** = oil platform *ou* oil rig; **ressources pétrolières** = oil resources

◇ **pétrolifère** *adj* oil-bearing; **nappe pétrolifère** = oil layer; **sables pétrolifères** = oil sands

pétrologie *nf* petrology

peuplement *nm (d'arbres)* stand; **au lieu d'exploiter les feuillus, on pourrait utiliser les résineux des immenses peuplements de conifères de Scandinavie** = softwoods from the vast conifer stands in Scandinavia could be widely used in place of hardwood

peupler *vtr* to populate; **les étourneaux, introduits aux Etats-Unis au dix-neuvième siècle, ont rapidement peuplé toute la côte est** = starlings introduced into the USA in the 19th century soon populated the whole eastern seaboard; **une région montagneuse peu peuplée** = a sparsely-populated mountain region

peuplier *nm* poplar; **peuplier de Virginie** = cottonwood

pH *nm* pH; **le pH s'est brutalement accru** = there was a sudden increase in pH; **une eau polluée avec un pH peu élevé est plus acide et plus corrosive** = polluted water with a low pH value is more acid and corrosive; **pH critique** = critical pH; **pH-mètre** = pH meter; **régulation du pH** = pH control; **test du pH** = pH test; **valeur pH** = pH factor

phago- *préf* phag- *ou* phago-

◇ **-phage** *suf* -phage; **macrophage** = macrophage

◇ **phagocytaire** *adj* phagocytic

◇ **phagocyte** *nm* phagocyte

phalène *nf* moth

pharmacie *nf* chemist's (shop)

◇ **pharmacien, -ienne d'officine** *n* dispensing chemist

phase *nf* phase; **la phase larvaire d'un insecte** = the larval phase of an insect; **les phases de la Lune** = the phases of the moon; **phase de transition** = transition phase

phénologie *nf* phenology

phénomène *nm* phenomenon

phénotype *nm* phenotype

phéophycées *nfpl* Phaeophyta

-philie *suf* -philia; **hémophilie** = haemophilia

phonique *adj* **facteur d'absorption phonique** = sound absorption factor; **isolation phonique** = sound insulation

phoque *nm* seal; **massacre des bébés phoques** = seal cull

phosphate *nm* phosphate; **phosphate organique** = organophosphate

> les deux facteurs principaux de la pollution d'origine agricole au Québec sont les épandages de lisier et l'érosion des sols à la fonte des neiges. Ce dernier phénomène entraîne la présence de teneurs en phosphate des eaux superficielles trop élevées
>
> *l'Echo des nitrates*

◇ **phosphatation** *nf* phosphating

phosphore *nm* phosphorus; **cycle du phosphore** = phosphorus cycle
NOTE: symbole chimique **P**; nombre atomique **15**

◇ **phosphorescence** *nf* phosphorescence

◇ **phosphorescent, -e** *adj* phosphorescent

phot- *ou* **photo-** *préf* phot- *ou* photo-

◇ **photo-oxydant** *nm* photo-oxidant

◇ **photo-oxydation** *nf* photo-oxidation

photochimie *nf* photochemistry

◇ **photochimique** *adj* photochemical; **les gaz s'élèvent dans la haute atmosphère où ils subissent des transformations photochimiques** = gases rise into the upper atmosphere and undergo photochemical changes; **oxydants photochimiques** = photochemical oxidants; **pollution photochimique** = photochemical pollution; **smog photochimique** = photochemical smog

photodégradation *nf* photodegradation

photogénique *adj* photogenic

photographie *nf* photograph *ou* photography; **des photographies aériennes de la région ont montré des changements dans l'utilisation des sols** = aerial photographs of the area showed changes in land use; **photographie infrarouge** = infrared photography

photonastie *nf* photonasty

◇ **photonastique** *adj* photonastic

photopériode *nf* photoperiod

◇ **photopériodisme** *nm* photoperiodism

photophile *adj* photophile *ou* photophilic

photopile *nf* solar cell

photopolymérisation *nf* photochemical polymerization

photorespiration *nf* photorespiration

photosensibilité *nf* photosensitivity

◇ **photosensible** *adj* photosensitive

photosynthèse *nf* photosynthesis; **les pluies acides diminuent la capacité de photosynthèse des arbres** = acid rain falling on trees reduces their ability to photosynthesize

◇ **photosynthétiser** *vtr* to photosynthesize

phototrophe *adj* phototrophic

phototropisme *nm* phototropism

◇ **phototropique** *adj* phototropic

photovoltaïque *adj* photovoltaic; **cellule photovoltaïque** = photovoltaic cell; **panneau photovoltaïque** = photovoltaic panel

phréatique *adj* phreatic; **eau phréatique indigène** = native ground water; **gaz phréatique** = phreatic gas; **nappe phréatique** = ground water *ou* phreatic water; **niveau de la nappe phréatique** = ground water level

◇ **phréatophyte** *nf* phreatophyte

phycologie *nf* phycology

phylogenèse *ou* **phylogénie** *nf* phylogenesis *ou* phylogeny

◇ **phylum** *nm* phylum

physi- *ou* **physio-** *préf* physio-

◇ **physiologie** *nf* physiology; **physiologie humaine** = human physiology; **physiologie végétale** = plant physiology

◇ **physiologique (a)** *adj (organique)* physiological; **spécialisation physiologique** = physiological specialization **(b) solution physiologique** = normal saline solution

◇ **physiologiquement** *adv* physically; **un organisme s'adapte physiologiquement aux changements de température** = an organism adapts physically to changes in temperature

◇ **physiologiste** *nm&f* physiologist

◇ **physiothérapie** *nf* physiotherapy

physique 1 *adj* **(a)** physical; **géographie physique** = physical geography **(b) médecine physique et rééducation** = physical medicine **2** *nf* physics; **physique du globe** = geophysics

◇ **physicien, -ienne** *n* physicist

phyt- *ou* **phyto-** *préf* phyto-

◇ **phytobenthos** *nm* phytobenthos

◇ **phytobiologie** *nf* phytobiology

◇ **phytochimie** *nf* phytochemistry

◇ **phytoclimatologie** *nf* plant climatology

◇ **phytoécologie** *nf* phytoecology *ou* plant ecology

◇ **phytogénéticien, -ienne** *n* crop *ou* plant breeder

◇ **phytogéographie** *nf* phytogeography

◇ **phytohormone herbicide** *nf* hormone weedkiller

◇ **phytome** *nm* phytome

◇ **phytophage** *nm* phytophagous organism *ou* plant eater *ou* feeder

◇ **phytoplancton** *nm* phytoplankton *ou* plant plankton; **proliférations de phytoplancton** = phytoplankton blooms

◇ **phytoplanctonique** *adj* phytoplanktonic

> la prairie phytoplanctonique qui occupe la partie supérieure de l'océan, joue le rôle de pompe à CO_2
>
> *le Courrier du CNRS*

◇ **phytosociologie** *nf* plant sociology

◇ **phytothérapeute** *nm&f* herbalist

◇ **phytothérapie** *nf* herbalism

◇ **phytotoxine** *nf* phytotoxicant *ou* phytotoxin

◇ **phytotoxique** *adj* phytotoxic

pian *nm* yaws *pl*

PIB = PRODUIT INTERIEUR BRUT

pied *nm* **(a)** foot **(b) bois sur pied** = standing timber; **récolte sur pied** = standing crop

pierre *nf* stone; **en se retirant, les glaciers ont laissé des amas de pierres** = the glaciers left heaps of stones as they retreated; **pierre à lécher** = salt lick; **pierre ponce** = pumice stone

◇ **pierreux, -euse** *adj* stony

piéton *nm* pedestrian

◇ **piéton, -onne** *adj* pedestrian; **zone piétonne** = pedestrian area *ou* zone

piézomètre *nm* piezometer

◇ **piézométrique** *adj* piezometrical

pigment *nm* pigment

◇ **pigmentaire** *adj* pigmentary; **cellule pigmentaire** = pigment cell

◇ **pigmentation** *nf* pigmentation

pile *nf* battery; **la calculette fonctionne avec des piles** = the calculator runs on batteries; **fonctionnant à piles** = battery-operated; **pile électrique** = electric battery

pin *nm* pine *ou* pine tree; **goudron de pin** = pine tar; **huile de pin** = pine oil; **pomme de pin** = fircone *ou* pine cone; **pin sylvestre** = Scots pine

◇ **pinède** *nf* pinewood; **le nord du pays est couvert de pinèdes** = the north of the country is covered with pine forests

pipeline *nm* pipeline

piquer *vtr (insecte)* to sting

◇ **piqûre** *nf (d'insecte)* sting

pisciculture *nf* fish farming *ou* pisciculture

piste *nf* trail

pivoter *vi* to rotate

placenta *nm* placenta

◇ **placentaire** *adj* placental

plafond *nm* ceiling; **plafond nuageux** = cloud ceiling

plage *nf* beach; **plage de galets** = pebble *ou* stony beach; **plage de sable** = sand *ou* sandy beach

plaine *nf* lowlands *ou* plain; **en plaine, la végétation est clairsemée** = vegetation in the lowlands *ou* in the low land areas is sparse; **plaine abyssale** = abyssal plain; **plaine alluviale** = alluvial plain; **plaine d'inondation** = floodplain

plan *nm* **(a)** *(étendue)* **plan d'eau** = body of water **(b)** *(projet)* plan; **plan d'aménagement** = development plan; **plan d'occupation des sols (POS)** = land-use plan *ou* zoning map; **plan d'urgence** = contingency plan **(c)** *(carte)* plan; **plan de ville** = street plan *ou* town plan

plancton *nm* plankton

◇ **planctonique** *adj* planktonic; **les proliférations sont dues à un développement très rapide des plantes planctoniques** = blooms are population explosions of planktonic plants

◇ **planctonophage** *adj* planktivorous

planer *vi (oiseau)* to soar

planète *nf* planet; **le réchauffement de la planète** = global warming

◇ **planétaire** *adj* planetary

planificateur *nm* planner; **les planificateurs économiques du gouvernement** = the government's economic planners

◇ **planification** *nf* planning; **planification économique** = economic planning; **planification de l'emploi** = manpower planning; **système de planification économique** = planned economy

> dans les pays en développement, les responsables de la planification énergétique devront faire face, au cours des prochaines décennies, à une série de problèmes très différents de ceux auxquels seront confrontés leurs homologues des pays industriels
>
> *le Courrier de l'Unesco*

◇ **planifié, -e** *adj* planned; **économie planifiée** = planned economy

◇ **planifier** *vtr* to plan

plant *nm* seedling

◇ **plantation** *nf* plantation; **le gouvernement encourage la plantation de feuillus là où elle est possible** = the government encourages the planting of hardwood where possible; **plantation de café** = coffee plantation

> l'amélioration des espèces et la sélection des plus résistantes aux parasites et aux accidents climatiques sont un défi lancé à la nature, car, en réduisant la diversité génétique d'une plantation, on la rend plus vulnérable
>
> *l'Express*

◇ **plante** *nf* plant; **plante alcalinophile** = oxyphobe; **plante annuelle** = annual; **plante aquatique** = hydrophyte; **plante bisannuelle** = biennial; **plante calcicole** = calcicole *ou* calciphile *ou* calcicolous plant; **plante calcifuge** = calcifuge; **plante calciphile** = calcicole *ou* calciphile *ou* calcicolous plant; **plante calciphobe** = calciphobe; **plante carnivore** = biophyte; **plante dormante** = dormant plant; **plante énergétique** = energy crop; **plante grasse** = succulent; **plante halophile** = halophyte; **plante herbacée** = herbaceous plant; **plante hôte** = host plant; **plante indicatrice** = indicator plant; **plante monticole** = mountain plant; **plante nyctipériodique** = short day plant; **plante d'ombre** = shade plant; **plante oxyphobe** = oxyphobe; **plante paludéenne** = marsh plant; **plante planctonique** = phytoplankter; **plante terrestre** = ground plant; **plantes vertes** = evergreens; **plante vivace** = perennial; **remèdes à base de plantes** = herbal remedies; **succession de plantes d'origine rocheuse** = lithosere

plaque *nf* plate; **plaque continentale** = landmass; **tectonique des plaques** = plate tectonics

plaquette *nf (sang)* blood platelet

plasma *nm* plasma

◇ **plasmocyte** *nm* plasma cell

plasmodium *nm* plasmodium

plastique *adj&nm* plastic; **industrie des plastiques** = plastics industry; **matière plastique** = plastic material; **mousse de plastique** = plastic foam

> les matières plastiques recyclées dans les collectes locales sont transformées en blocs pour digues ou murs anti bruit, panneaux de signalisation, meubles de jardin, piquets de vigne
>
> *Réseau*

plat, -e *adj* level; **les montagnes cèdent la place à d'immenses prairies plates** = mountains give way to miles of level grassy plain

platane *nm* plane tree

plateau *nm* plateau *ou* shelf *ou* table *ou* tableland; **plateau continental** = continental shelf; **plateau continental extérieur** = outer continental shelf

plate-forme *nf* **(a)** platform; **plate-forme flottante** = rig; **plate-forme de production** = production platform **(b)** *(géologie)* shelf; **plate-forme continentale** = continental shelf

plathelminthe *nm* flatworm

platine *nm* platinum
NOTE: symbole chimique **Pt;** nombre atomique **78**

pléistocène *nm* Pleistocene

plésioclimax *nm* plagioclimax

plomb *nm* lead; **additif à base de plomb** = lead-based additive; **empoisonnement par le plomb** = lead poisoning; **oxyde de plomb** = lead oxide; **plomb en suspension dans l'air** = airborne lead; **plomb rouge** = red lead ore; **plomb tétraéthyle (PTE)** = lead tetraethyl; **sans plomb** = lead-free *ou* unleaded; **essence sans plomb** = lead-free *ou* unleaded petrol
NOTE: symbole chimique **Pb;** nombre atomique **82**

◇ **plombé, -e** *adj (contenant du plomb)* **essence plombée** = leaded petrol

pluie *nf* rain; **si la composition chimique d'un lac est bien équilibrée, son pH ne sera pas affecté par les pluies acides** = if a lake is well buffered, it will not have a low pH factor, even if acid rain falls into it; **eau de pluie** = rainwater; **goutte de pluie** = raindrop; **nuages de pluie** = rain-bearing clouds; **ombre de la pluie** = rain shadow; **pluies acides** = acid rain; **pluie artificielle** *ou* **provoquée** = artificial rain; **création de pluie artificielle** = rainmaking; **pluie d'orage** = cloudburst; **saison des pluies** = rains *ou* wet season *ou* rainy season; **pluie verglaçante** *ou* **pluie en cours de congélation** = freezing rain

plume *nf (d'oiseau)* feather

pluricellulaire *adj* multicellular

plutonium *nm* plutonium; **plutonium 239** = plutonium-239; **plutonium enrichi** = enriched plutonium
NOTE: symbole chimique **Pu;** nombre atomique **94**

pluvial, -e, -aux *adj* **eaux pluviales** = rain water

pluvieux, -euse *adj* rainy

◇ **pluviométrique** *adj* **le graphique indique les variations pluviométriques** = the chart records the variations in the rainfall pattern

PNA = POTENTIEL DE NEUTRALISATION DE L'ACIDE

PNB = PRODUIT NATIONAL BRUT

PNdB = NIVEAU DE BRUIT PERCU (EN DECIBELS)

pneum- *ou* **pneumo-** *préf* pneum- *ou* pneumo-

◇ **pneumoconiose** *nf* pneumoconiosis

Po *symbole chimique* = POLONIUM

podocarpus *nm* podocarpus

podzol *nm* podsol *ou* podzol

◇ **podzolique** *adj* podzolic; **sol podzolique** = podzol *ou* podzolic ground; **sol podzolique brun** = brown podzolic ground

◇ **podzolisation** *nf* podzolization

poids *nm* weight; **poids moléculaire** = molecular weight

◇ **poids lourd** *nm (véhicule)* heavy goods vehicle

poïkilo- *préf* poikilo-

◇ **poïkilotherme** *nm* poikilotherm

point *nm* **(a)** *(lieu)* spot; **point chaud** = hot spot; **point d'eau** = waterhole; **le soir, les animaux se rassemblent autour des points d'eau pour boire** = in the evening, the animals gather round the waterholes to drink **(b)** point; **point de congélation** = freezing point; **quel est le point de congélation de l'eau?** = what's the freezing point of water?; **point critique** = critical point; **point d'ébullition** = boiling point; **point d'éclair** = flash point; **point de fusion** = melting point; **le point de fusion de la glace est 0°C** = the melting point of ice is 0°C; **point de rosée** = dew point; **point de saturation** = saturation point **(c) points cardinaux** = cardinal points **(d) au plus haut point** = to a high degree; **jusqu'à un certain point** = to some degree

pointe *nf* **(a)** *(maximum)* peak; **heures de pointe** *ou* **période de pointe** = peak period; **circulation aux heures de pointe** = peak traffic **(b)** *(botanique)* point; **pointe d'accroissement** = growing point

poison *nm* poison

poisson *nm* fish; **les poissons sont très sensibles aux phosphates organiques contenus dans les eaux de ruissellement** = fish are extremely susceptible to runoff of organophosphates; **les poissons qui vivent sur les fonds marins** = fish which live on the floor of the ocean; **centre d'élevage de poissons** = fish farm; **destruction des poissons** = fish kill; **échelle à poissons** = fish ladder; **élevage de poissons** = fish farming; **passe à poissons** = fish pass; **peuplement de poissons** = fish stock; **poissons blancs (d'eau douce)** = (i) white fish; (ii) coarse fish; **poisson plat** = flatfish; **poisson sans valeur** = rough fish; **ressources en poisson** = fish population; **étang à poissons** = fish pond

> les expériences réalisées en Ecosse, aux Etats-Unis et au Québec démontrent que le système de passes à poisson est techniquement au point et peut être utilement mis en place en France
> *Actualité environnement*

poitrine *nf* thorax *ou* chest

poix *nf* pitch

polaire *adj* polar; **vortex polaire** = polar vortex

polder *nm* polder

> les dunes protègent les polders, en les séparant de la mer et fournissent, grâce au filtrage naturel, de l'eau potable, aspirée par des stations de pompage
> *Libération*

pôle *nm* pole; **pôle géomagnétique** = geomagnetic pole

◇ **pôle magnétique** = magnetic pole; **pôle Nord** = North Pole; **pôle Sud** = South Pole

politicien *nm* politician

politique 1 *adj* political **2** *nf* **(a)** *(ligne de conduite)* policy; **politique agricole** = agricultural policy; **Politique agricole commune (PAC)** = Common Agricultural Policy (CAP); **politique de l'environnement** = environmental policy; **politique étrangère** = foreign policy **(b)** *(science)* politics

pollen *nm* pollen; **taux de pollen** = pollen count

> aujourd'hui, les connaissances acquises de la physiologie et de la biologie du pollen permettent de penser que la lyophilisation est la technique de conservation qui préserve le mieux les fonctions du pollen, notamment le système de reconnaissance, indispensable pour que la germination puisse se faire normalement
> *Sciences et Nature*

◇ **pollénographie** *nf* palynology

◇ **pollinique** *adj* **analyse pollinique** = pollen analysis

◇ **pollinisateur** *nm* pollinator; **certains pommiers doivent être plantés près de pollinisateurs car ils sont autostériles** = some apple trees need to be planted with pollinators as they are not self-fertile; **les oiseaux sont les pollinisateurs de nombreuses plantes tropicales** = birds are pollinators for many types of tropical plants

◇ **pollinisation** *nf* pollination; **pollinisation directe** *ou* **autopollinisation** = self-pollination; **pollinisation indirecte** *ou* **croisée** = cross-pollination; **pollinisation entomophile** = insect pollination; **pollinisation par le vent** = wind pollination

◇ **polliniser** *vtr* to pollinate

◇ **pollinose** *nf* pollinosis *ou* hay fever

polluant *nm* pollutant *ou* polluting agent; **des conduites d'évacuation rejettent les polluants dans la mer loin des côtes** = discharge pipes take pollutants away from the coastal area into the sea; **polluant atmosphérique** = air pollutant *ou* atmospheric pollutant; **polluant sous forme gazeuse** = gaseous pollutant; **polluant naturel** = natural pollutant

◇ **polluant, -e** *adj* **les produits polluants rejetés dans le milieu aquatique constituent une des causes principales de la destruction des poissons** = pollutants in water are one of the main causes of fish kill; **fumées polluantes** = polluting smoke; **gaz polluants** = polluting gases; **les gaz polluants se transforment sous l'effet du rayonnement solaire** = polluting gases react with the sun's rays; **techniques peu polluantes** = low-waste technology

◇ **pollué, -e** *adj* polluted; **la terre polluée doit être enlevée et enfouie dans le sol** = polluted soil must be removed and buried; **l'atmosphère non polluée des régions montagneuses** = unpolluted atmosphere in the mountain areas

◇ **polluer** *vtr* to pollute; **7% du sol est pollué par les métaux lourds** = 7% of the soil is contaminated by heavy metals

◇ **pollueur** *nm* polluter; **certaines industries sont de grands pollueurs de l'environnement** = certain industries are major polluters of the environment; **principe pollueur-payeur** = polluter pays principle (PPP)

◇ **polluosensibilité** *nf* sensitivity to pollution

◇ **pollution** *nf* pollution; **en termes de pollution, le gaz est le combustible le plus propre** = in terms of pollution, gas is by far the cleanest fuel; **la pollution atmosphérique s'est accrue au cours de ces 50 dernières années** = pollution of the atmosphere has increased over the last 50 years; **la pollution des sols situés autour des mines rend problématique la remise en valeur des terres** = soil pollution round mines poses a problem for land reclamation; **pollution acoustique** = noise pollution; **niveau de pollution acoustique** = noise pollution level (NPL); **pollution de l'air** = air pollution; **pollution atmosphérique** = atmospheric pollution; **pollution de l'eau** = water pollution; **pollution de l'environnement** = environmental pollution; **pollution de fond** = background pollution; **pollution photochimique** = photochemical pollution; **pollution des sols** = ground pollution; **pollution thermique** = thermal pollution; **alerte à la pollution** = pollution alert; **lutte contre la pollution** = pollution control; **redevances de pollution** = pollution charges

polonium *nm* polonium
NOTE: symbole chimique **Po;** nombre atomique **84**

poly- *préf* poly-

polyamide *nm* polycondensed plastic

polyculture *nf* mixed crop *ou* farming

polyéthylène *nm* polyethylene *ou* polythene (PE); **téréphtalate de polyéthylène** = polyethylene terephthalate (PET)

polygamie *nf* polygamy

polymère *nm* polymer

◇ **polymérisation** *nf* polymerization

polymorphisme *nm* polymorphism

◇ **polymorphe** *adj* polymorphic *ou* polymorphous

polype *nm* polyp

polyphage *adj* polyphagous

polysaprobie *nf* polysaprobe

◇ **polysaprobe** *adj* polysaprobic

polystyrène *nm* polystyrene

pomologie *nf* pomology

pompe *nf* pump; **pompe à chaleur** = heat pump; **pompe à chaleur pour le chauffage domestique** = domestic heat pump; **pompe éolienne** = wind pump; **pompe solaire** = solar pump; **pompe à vapeur solaire** = solar-generated steam pump

◇ **pompage** *nm* pumping; **station de pompage** = pumping station; **accumulation d'énergie par pompage** = pumped-storage system

◇ **pomper** *vtr* to pump

ponceau *nm* culvert

population *nf* population; **le gouvernement a décidé de faire passer un test de dépistage à l'ensemble de la population de la région** = the government has decided to screen the whole population of the area; **accroissement de la population** = population growth; **densité de population** = population density; **dynamique des populations** = population dynamics; **écologie des populations** = population ecology; **mouvement naturel de la population** = population cycle; **population endémique** = endemic population; **population stable** = stable population; **répartition de la population** = population dispersion

pore *nm* pore

◇ **poreux, -euse** *adj* porous; **une roche poreuse n'est pas forcément perméable** = porous rock is not necessarily permeable

◇ **porosité** *nf* porosity; **l'argile a une porosité moindre que des sols plus légers** = clay has a lower porosity than lighter soils

porte-greffe *nm* stock

portée *nf* brood *ou* litter; **il y a suffisamment de nourriture sur ce territoire pour deux adultes et une portée de six ou huit jeunes** = the territory provides enough food for two adults and a brood of six or eight young

porteur *nm (sain ou de germes)* carrier

POS = PLAN D'OCCUPATION DES SOLS

positif, -ive *adj* positive; **rétroaction positive** = positive feedback

◇ **positivement** *adv* positively

post- *préf* post-

◇ **postclimax** *nm* postclimax

pot *nm (tuyau)* pipe; **pot catalytique** = catalytic converter; *US* catalytic muffler; **pot d'échappement** = exhaust pipe

potable *adj* drinkable; **eau potable** = drinking water

potamologie *nf* potamology

◇ **potamoplancton** *nm* potamoplankton

potamot *nm* pondweed

potassium *nm* potassium; **permanganate de potassium** = potassium permanganate
NOTE: symbole chimique **K;** nombre atomique **19**

potentialisation *nf* potentiation

◇ **potentialiser** *vtr* to potentiate

◇ **potentiel** *nm* potential; **potentiel biotique** = biotic potential; **potentiel énergétique** = energy potential; **potentiel d'oxydoréduction** *ou* **potentiel rédox (rH)** = redox potential (rH)

◇ **potentiel, -ielle** *adj* potential

poubelle *nf* dustbin; *US* garbage can *ou* trash can *ou* ash-bin *ou* ash can

pouce *nm (= 2,54 cm)* inch

poudingue *nm* puddingstone

poudre *nf* powder; **poudre d'enracinement** = rooting powder; **poudre granulée** = granulated powder; **en poudre** = powdered

◇ **poudreux, -euse** *adj* powdery; **le mildiou forme une sorte de pellicule poudreuse sur les feuilles** = mildew forms as a powdery layer on leaves

poulier *nm* bay bar *ou* bay barrier

pouls *nm* pulse; **prendre le pouls de quelqu'un** = to take someone's pulse

poumon *nm* lung; *(maladie)* **poumon du fermier** = farmer's lung

pourcentage *nm* percentage

pourrir *vi* to decay *ou* to rot

◇ **se pourrir** *vpr* to decay *ou* to rot

◇ **pourrissement** *nm* decay; **le bois est traité contre le pourrissement** = wood is treated against decay

◇ **pourriture** *nf* rot; **pourriture sèche** = dry rot

pousse *nf (sur une plante)* sprout

poussée *nf (géologie)* thrust

pousser *vi (croître)* to grow; **ces végétaux poussent très bien dans des milieux très froids** = these plants thrive in very cold environments; **un buisson qui pousse en hauteur** = a bush with an erect habit

poussière *nf* dust; **charge en poussière** = dust burden; **désert de poussière** = dust bowl; **extracteur de poussière** = dust extractor; **nuage de poussière** = dust cloud; **voile de poussière** = dust veil

pouvoir *nm* power; **pouvoir d'achat** = purchasing power; **pouvoir antidétonant** = antiknock rating; **pouvoir calorifique supérieur (PCS)** = gross calorific value (GCV); **pouvoir colmatant** = clogging index; **pouvoir corrosif** = corrosive power

ppm = PARTIE PAR MILLION

PPP = PRINCIPE POLLUEUR-PAYEUR

prairie *nf* grassland *ou* meadow *ou* tall-grass prairie; *(US et Canada)* **la Prairie** *ou* **les Prairies** = the prairie(s); **prairie inondable** = water meadow; **prairie temporaire** = ley

> un hectare de prairie contient, sur vingt centimètres d'épaisseur, cinq tonnes de bactéries et de champignons
>
> *Actuel*

préchauffeur *nm* economizer

précipitant *nm* precipitant

précipitateur *nm* precipitator; **précipitateur électrostatique** = electrostatic precipitator

précipitation *nf* precipitation

◇ **précipitations** *nfpl (pluie, neige, grêle)* precipitation *ou* rain *ou* rainfall; **les précipitations sont plus importantes en montagne qu'en plaine** = precipitation in the mountain areas is higher than in the plains

> là où les précipitations ne compenseront pas le surcroît d'évaporation dû au réchauffement, ou bien là où elles ne se produiront pas au moment où la végétation en a le plus besoin, on peut s'attendre à une diminution de la production agricole
>
> *Science et Avenir*

précipité *nm* precipitate

◇ **précipiter** *vtr* to precipitate

> l'eau douce des lacs, des ruisseaux, des rivières et des fleuves du monde entier représente moins de 0,01 pour cent des réserves en eau du globe. Ce réservoir est constamment ravitaillé par la vapeur d'eau atmosphérique qui précipite sous la forme de pluie ou de neige
>
> *Pour la science*

précis, -e *adj* precise

◇ **précision** *nf* precision; **cet instrument permet de mesurer avec précision les changements de pression atmosphérique** = the instrument can give precise measurements of changes in atmospheric pressure

précoce *adj* early; **avortement précoce** = embryonic abortion

précurseur *nm* precursor; **la plus grande partie des précurseurs d'ozone provient des gaz émis par les véhicules** = the biggest share of ozone precursors comes from emissions from vehicles

prédateur *nm* predator; **les larves sont les prédateurs des pucerons** = the larvae are predators of aphids

> la mortalité adulte extraordinairement faible des albatros est due à l'absence totale de prédateurs
>
> *Sciences et Nature*

◇ **prédateur, -trice** *adj* predatory; **des animaux prédateurs, tels les lions et les tigres** = predatory animals, such as lions and tigers

◇ **prédation** *nf* predation

prédominer *vi* to predominate; **un vent du nord froid prédomine en hiver** = a cold northerly airstream predominates during the winter; **les phalènes foncées prédominent dans les régions industrielles** = dark forms of the moths predominate in industrial areas

◇ **prédominance** *nf* predominance

◇ **prédominant, -e** *adj* predominant; **le vent d'ouest est prédominant** = the predominant airstream is from the west

préférendum *nm* preferendum

préjudiciable *adj* detrimental

prélèvement *nm* sample *ou* specimen; **l'Administration a procédé à l'analyse de prélèvements d'eau de boisson** = government officials have carried out tests on samples of drinking water

◇ **prélever** *vtr (un échantillon)* to take (a sample); **on a prélevé des échantillons de sol pour faire une recherche d'alcalinité** = soil samples were taken to test for alkalinity

◇ **préleveur** *nm* sampler

premier, -ière *adj* **(a)** first; **premiers secours** = first aid **(b)** primary; **première série (de succession écologique)** = primary sere; **produits de première nécessité** = primary commodities **(c)** *(brut)* **matières premières** = raw materials

préservation *nf* preservation

◇ **préserver** *vtr* to preserve

pression *nf* **(a)** *(physique)* pressure; **la pression commença à baisser à l'approche de l'orage** = pressure began to drop as the storm approached; **basse pression** = low pressure; **chute de pression** = drop in pressure; **combustion sous pression en lit fluidisé** = pressurized fluidized bed combustion (PFBC); **gradient de pression** = pressure gradient; **haute pression** = high pressure; **pression atmosphérique** = atmospheric pressure; **pression barométrique** = barometric pressure; **pression géostatique** = overburden pressure; **pression hydrostatique** = hydrostatic pressure; **pression osmotique** = osmotic pressure; **pression relative** = relative pressure; **réacteur à eau sous pression** = pressurized water reactor (PWR); **zones de pression atmosphérique** = atmospheric pressure zones **(b)** *(influence)* pressure; **ils sont allés faire pression sur leur député au sujet du projet de construction d'habitations dans la ceinture verte** = they went to lobby their MP about the plan to build houses on the Green Belt; **groupe de pression** = pressure group; **l'association pour la défense de l'environnement a mis sur pied un groupe de pression pour agir auprès des parlementaires** = the environmental association set up a pressure group to lobby parliament

> la baisse de la pression barométrique fait monter le niveau de la mer (un millibar en moins égale un centimètre d'eau en plus)
>
> *le Monde*

◇ **pressuriser** *vtr* to pressurize

préventif, -ive *adj* preventive *ou* preventative; **feux préventifs** = prescribed fires; **médecine préventive** = preventive medicine; **mesure préventive** = preventive measure

◇ **prévention** *nf* prevention; **prévention des accidents** = accident prevention; **prévention des inondations** = flood control *ou* alleviation

prévision *nf* forecast *ou* forecasting; **prévisions démographiques** = population forecast; **prévisions météorologiques à long terme** = long-range weather forecast; **prévisions météorologiques à moyen terme** = medium-range weather forecast

◇ **prévoir** *vtr* to forecast

primaire *adj* primary; **consommateur primaire** = primary consumer; **couleur primaire** = primary colour; **énergie**

primaire = primary energy; **forêt primaire** = primary forest; **industrie primaire** = primary industry; **liquide de refroidissement primaire** = primary coolant; **particules primaires** = primary particulates; **production primaire** = primary production; **productivité primaire** = primary productivity; **série primaire** = primary sere; **succession primaire** = primary succession; **traitement primaire (des eaux usées)** = primary treatment (of waste water)

primates *nmpl* primates

primitif, -ive *adj* original *ou* primitive; **roches primitives** = primitive rocks

primordial, -e, -aux *adj* original *ou* primordial

principal, -e, -aux *adj* main; **collecteur principal** = main drain *ou* trunk sewer; **route principale** = main road

principe *nm* principle; **principe pollueur-payeur** = polluter pays principle (PPP)

printanier, -ière *adj* vernal

◊ **printanisation** *nf* vernalization

◊ **printemps** *nm* spring; **équinoxe de printemps** = spring *ou* vernal equinox

prix *nm* price; **indice des prix à la consommation** = consumer price index; **prix à la production** = producer price

procédé *nm* process; **un nouveau procédé qui permet d'extraire l'huile du schiste** = a new process for extracting oil from shale; **le procédé Bessemer** = the Bessemer process; **procédé chimique** = chemical process; **procédé Dano** = Dano process

processus *nm* process; **processus de décomposition** = breakdown process; **processus de purification** = purification process; **processus d'urbanisation** = urbanization process

producteur *nm* producer; **producteur de produits laitiers** = dairy farmer

productif, -ive *adj* productive

production *nf* **(a)** *(biologie)* production; **production primaire** = primary production; **production primaire brute** = gross primary production; **ration de production** = production ration; **taux brut de production** = gross production rate **(b)** *(fabrication)* production; **plate-forme de production** = production platform; **prix à la production** = producer prices; **production brute** = gross production; **production de masse** = mass production **(c)** *(rendement)* output **(d)** generation; **production de chaleur** = heat generation; **production d'électricité** = electricity generation

◊ **productivité** *nf* productivity; **productivité biologique** = biological productivity; **productivité brute** = gross productivity; **productivité nette** = net productivity; **productivité primaire** = primary productivity

produire *vtr* **(a)** to produce *ou* to yield; **on peut produire jusqu'à 2 tonnes de riz à l'hectare** = the rice can yield up to 2 tonnes per hectare; **les gisements pétrolifères peuvent produire jusqu'à 100 000 barils par mois** = the oil deposits may yield 100,000 barrels a month **(b)** *(de la chaleur ou de l'électricité)* to generate

◊ **produit** *nm* **(a)** product; **l'ozone est le produit de la réaction de substances chimiques exposées au rayonnement solaire** = ozone results from the reaction of chemicals in the atmosphere to sunlight; **produit agricole** = farm produce; **produits alimentaires** = foodstuffs; **produit chimique** = chemical; **produits chimiques industriels** = process chemicals; **produit chimique destiné à l'agriculture** = agrochemical; **produits de consommation** = consumer goods; **produits laitiers** = dairy products; **produit de lixiviation** = leachate; **produits pétrochimiques** = petrochemicals; **produit de réfrigération** = refrigerant; **produit de remplacement** = substitute; **produit toxique** = poison **(b)** **produit intérieur brut (PIB)** = gross domestic product (GDP)

profession *nf* occupation

◇ **professionnel, -elle** *adj* occupational; **maladie professionnelle** = occupational disease

profond, -e *adj* deep; **eau profonde** = deep water; **l'eau est profonde de deux mètres** = the water is two meters in depth

◇ **profondeur** *nf* depth; **labourage en profondeur** = deep ploughing

programme *nm* **(a)** programme; **Programme des Nations unies pour l'Environnement** = United Nations Environment Program (UNEP) **(b)** project; **programme de développement** = development project

proie *nf* prey; **les petits mammifères sont la proie des hiboux** = small mammals are the prey of owls; **les vautours se tenaient autour des restes de la proie du lion** = the vultures surrounded the remains of the lion's kill; **oiseau de proie** = bird of prey *ou* raptorial bird; **proie morte** = kill

projet *nm* plan *ou* project; **l'utilisation de fonds publics pour ce projet** = the expenditure of public funds for this project; **le projet de remise en valeur des terres coûtera plusieurs millions de dollars** = the land reclamation project will cost several million dollars; **ils ont lancé un projet pilote de trois mois dans la région avant de prendre une décision sur l'étape suivante** = they are running a pilot project in the area for three months before deciding on the next stage; **projet d'aménagement** = planning project; **projet pilote** = pilot project

◇ **projeter** *vtr* to plan

prolifération *nf* build-up; **les oiseaux ont profité de la soudaine prolifération d'insectes** = the birds have exploited the sudden increase in the number of insects; **prolifération d'algues** = algal bloom; *(dans un lac)* lake bloom; **prolifération bactérienne** = bacterial build-up; **proliférations de plancton** = phytoplankton blooms

> la baie du Mont-Saint-Michel est menacée par la prolifération d'algues due aux rejets d'engrais, de détergents et de déchets d'élevage porcin, véhiculés par le Couesnon
>
> *le Courrier de la baleine*

promontoire *nm* headland *ou* promontory

promoteur *nm* developer; **le terrain a été acheté par des promoteurs qui veulent y aménager une zone industrielle** = the land has been acquired by developers for an industrial park

◇ **promouvoir** *vtr* to promote

propagateur *nm (instrument)* propagator

propagation *nf* dissemination; **la propagation des nouvelles technologies dans le tiers-monde** = the dissemination of new technology in third world countries

◇ **propager** *vtr* to propagate *ou* to spread

◇ **se propager** *vpr* to spread; **les sauterelles se sont propagées dans tout le pays** = locusts spread right across the country; **les pucerons se reproduisent en grand nombre puis se propagent, dispersés par les vents** = aphids breed in large numbers and spread by dispersal in wind currents

propane *nm* propane

prophylaxie *nf* prophylaxis

◇ **prophylactique** *adj&nm* prophylactic

propre *adj* clean; **air propre** = clean air; **centrale électrique propre** = clean power station; **technologies propres** = clean technologies

◇ **propreté** *nf* cleanliness; **borne de propreté** = litter bin

propriété *nf* **(a)** characteristic *ou* property; **dans les réacteurs nucléaires, on utilise les propriétés énergétiques des isotopes d'uranium** = we use the energy-producing properties of uranium isotopes in nuclear reactors; **propriétés acides** = acidic properties **(b)** *(biens)* estate; **propriété foncière** = real estate

propulseur *nm* propellant

◇ **propulsion** *nf* propulsion; **propulsion par réaction** = jet propulsion

prospection *nf* prospecting; **prospection géologique** = geological exploration; **prospection sur le terrain** = field research

prospère *adj* flourishing; **la communauté végétale de l'île est prospère** = the island has a flourishing plant community

◇ **prospérer** *vi* to flourish *ou* to thrive; **la colonie de lapins a prospéré en l'absence de prédateur** = the colony of rabbits flourished in the absence of predators

protéase *nf* protease *ou* proteolytic enzyme

protecteur, -trice *adj* protective

protection *nf* conservation *ou* protection; **mesures de protection de l'environnement** = conservation measures; **organisme pour la protection de l'environnement** = conservation body; **protection du consommateur** = consumerism; **protection côtière** = coastal protection; **protection de l'environnement** = environmental control *ou* protection; **protection de la nature** = nature conservation

◇ **protégé, -e** *adj* protected; **zone de pêche protégée** = fishery protection zone

◇ **protéger** *vtr* to protect *ou* to shield; **la population doit être protégée contre la propagation du virus** = the population must be protected against the spread of the virus; **les arbres protégés par la maison poussent mieux que ceux qui sont exposés au vent** = the trees on the lee side of the house grow better than those on the windward side; **l'ozone stratosphérique protège la terre du rayonnement solaire ultraviolet** = ozone in the stratosphere shields the earth from solar ultraviolet radiation; **on vaccine les enfants pour les protéger de la maladie** = children are vaccinated as a protection against disease

protéine *nf* protein; **carence en protéines** = protein deficiency; **régime riche en protéines** = protein-rich diet

◇ **protéique** *adj* **équilibre protéique** = protein balance

◇ **protéolyse** *nf* proteolysis

◇ **protéolytique** *adj* proteolytic; **enzyme protéolytique** = proteolytic enzyme *ou* protease

protestation *nf* protest

◇ **protester (contre)** *vtr* to protest (against); **des foules de gens ont protesté contre le massacre des phoques** = crowds protested against the killing of seals; **ils ont refusé de faire leurs achats au supermarché pour protester contre la politique de la société qui ne s'approvisionne pas en denrées alimentaires biologiques** = they refused to buy from the supermarket in protest against the company's policy of not stocking organic food

protium *nm* protium

proto- *préf* proto-

protocole *nm* protocol

proton *nm* proton

protoplasme *nm* protoplasm

◇ **protoplasmique** *adj* protoplasmic

◇ **protoplaste** *nm* protoplast

protoxyde d'azote *nm* nitrous oxide

protozoaires *nmpl* Protozoa

◇ **protozoaire** *adj* protozoan

provisoire *adj* temporary; **parasite provisoire** = temporary parasite

provoquer *vtr* to induce; **pluie provoquée** = artificial rain; **stress provoqué par l'homme** = human-induced *ou* man-caused stress

pseudo- *préf* pseudo-

◇ **pseudoclimax** *nm* pseudoclimax

psych- *ou* **psycho-** *préf* psych- *ou* psycho-

◇ **psychologie** *nf* psychology

◇ **psychologique** *adj* psychological

Pt *symbole chimique* = PLATINE

PTE = PLOMB TETRAETHYLE

Pu *symbole chimique* = PLUTONIUM

public, -ique *adj* public; **dépenses publiques** = government *ou* public expenditures; **enquête publique** = public inquiry; **entreprises de services publics** = public utilities; **établissements publics** = public institutions; **santé publique** = public health; **service public** = public utility

puce *nf* flea; **puce de mer** = jigger *ou* sandflea

puceron *nm* aphid; **l'analyse des effets sur la population de pucerons a indiqué une augmentation de 19% du taux de production** = analysis of the effects on the aphid population showed a 19% increase in the rate of production

puisard *nm* seepage tank

puissance *nf* **(a)** power; **puissance de sortie** = output power; **puissance (du moteur)** = engine capacity **(b)** *(mathématiques)* factor; **puissance 10** = by a factor of ten

puits *nm* **(a)** well; **orifice du puits** = wellhead; **puits artésien** = artesian spring *ou* artesian well; **puits de pétrole** = oil well **(b)** *(trou de sonde)* borehole; **l'eau de puits est d'excellente qualité** = boreholes supply water of excellent quality **(c)** *(mine)* pit; **puits de mine de charbon** = coal pit **(d)** *(élimination)* sink; **puits de carbone** = carbon sink; **puits d'infiltration** = soakaway *ou* soaking pit

◇ **puits salant** *nm* salt pan

pulvérisateur *nm* (crop) sprayer

◇ **pulvérisation** *nf* pulverization *ou* spray; **la faune et la flore des haies risquent d'être endommagées par des projections involontaires lors de la pulvérisation des champs** = wildlife in hedges can be harmed by spray drift from fields; **pulvérisation des cultures** = crop dusting *ou* spraying; **pulvérisation involontaire** = spray drift

◇ **pulvériser** *vtr* to pulverize *ou* to spray *ou* to vaporize; **ils ont pulvérisé du désinfectant dans la pièce** = they sprayed the room with disinfectant; **il faut pulvériser les pommiers deux fois par an pour tuer les pucerons** = apple trees must be sprayed twice a year to kill aphids; **charbon pulvérisé** = dust coal

pur, -e *adj* pure; **air pur** = clean air; **son pur** = pure tone

◇ **pureté** *nf* purity

purée de pois *nf (familier)* pea-souper *ou* smog

purifier *vtr* to cleanse *ou* to purify

◇ **purification** *nf* purification; **purification de l'air** = air purification

purin *nm* liquid manure *ou* slurry

putréfaction *nf* putrefaction

◇ **putrescibilité** *nf* putrescibility

◇ **putrescible** *adj* putrescible

◇ **se putréfier** *vpr* to become putrefied

pylône *nm* pylon; **les pylônes enlaidissent le paysage et cela peut être évité si l'on enterre les câbles électriques** = pylons are unsightly and can be avoided by putting the cables they carry underground

pyr- *ou* **pyro-** *préf* pyr- *ou* pyro-; **pyrolyse** = pyrolysis; **pyroclimax** fire climax *ou* pyroclimax

pyramide *nf* pyramid; **pyramide des âges** = population pyramid; **pyramide alimentaire** = food pyramid; **pyramide des biomasses** = pyramid of biomass; **pyramide écologique** = biotic pyramid *ou* ecological pyramid; **pyramide des flux d'énergie** = pyramid of energy; **pyramide des nombres** = pyramid of numbers

pyrène benzoïque *nm* benzpyrene

pyréthrine *nf* pyrethrum

pyridoxine *nf* pyridoxine

pyrolyse *nf* pyrolysis

Qq

QI = QUOTIENT INTELLECTUEL

quadrat *nm* quadrat; **on a recensé la flore de la région en utilisant la méthode des quadrats** = the vegetation of the area was sampled using the quadrat method

quadrillage *nm (sur un plan)* **quadrillage de référence** = reference grid

quadrilleur ponctuel *nm* point quadrat

quai *nm* embankment

qualité *nf* quality; **de bonne qualité** *ou* **de mauvaise qualité** = good quality *ou* bad quality; **nous vendons exclusivement des produits fermiers de qualité** = we sell only quality farm produce; **l'interdiction d'émission des gaz polluants vise à améliorer la qualité de la vie dans les régions environnantes** = the aim of the ban on emitting polluting gases is to improve the quality of life in the surrounding regions; **contrôle de qualité** = quality control; **objectif de qualité** = quality objective; **qualité de l'environnement** = environmental quality; **qualité supérieure** = high quality *ou* top quality; **qualité technique** = technical grade; **qualité de la vie** = quality of life

◊ **qualitatif, -ive** *adj* qualitative; **analyse qualitative** = qualitative analysis; **héritage qualitatif** = qualitative inheritance

quantifier *vtr* to quantify

◊ **quantifiable** *adj* quantifiable

quantité *nf* amount *ou* quantity; **la quantité de polluants que l'usine est autorisée à rejeter dans l'atmosphère est étroitement contrôlée** = the amount of pollutants that the factory is allowed to discharge into the atmosphere is carefully controlled; **quantité suffisante** = sufficiency

◊ **quantitatif, -ive** *adj* quantitative; **analyse quantitative** = quantitative analysis; **héritage quantitatif** = quantitative inheritance

quarantaine *nf* quarantine; **dès leur arrivée au port, les animaux ont été placés en quarantaine** = the animals were put in quarantine on arrival at the port; **un navire en quarantaine arbore un drapeau jaune appelé le pavillon de quarantaine** = a ship on quarantine shows a yellow flag called the quarantine flag

quartier *nm* area *ou* district; **quartier d'habitation** = community area; **quartier surpeuplé** = overcrowded area; *US* impacted area

quartile *nm* quartile

quartz *nm* quartz

quasi *adv* quasi-; **un organisme quasi officiel** = a quasi-official body

quiescent, -e *adj (graine)* quiescent

quinine *nf* quinine

◊ **quininisme** *ou* **quinisme** *nm* quinism *ou* quininism *ou* quinine poisoning

quota *nm* quota; **le gouvernement a imposé des quotas sur la pêche du hareng** = the government has imposed a quota on the fishing of herring; **système de quotas** = quota system

quotient *nm* quotient; **quotient intellectuel (QI)** = intelligence quotient *ou* IQ; **quotient respiratoire** = respiratory quotient (RQ)

Rr

R 1 = ROENTGEN **2** *(résistance thermique)* R-value

Ra *symbole chimique* = RADIUM

rabattement de fumée *nm* down wash

se rabrougrir *vpr* to shrivel

race *nf* **(a)** race; **la race humaine** = the human race **(b)** breed; **une race de moutons robuste** = a hardy breed of sheep

racème *nm* raceme

racine *nf* root; **le système racinaire est constitué d'une racine pivotante d'où partent de petites racines, par opposition au système radiculaire fibreux qui ne comporte pas de racine principale** = the tap root system has a main root with smaller roots branching off it, as opposed to a fibrous root system which has no main root; **racines nutritives** = feeder roots; **racines aériennes** = aerial roots; **racine pivotante** = tap root; **racine tubéreuse** = tuber; **bouture de racine** = root cutting

◇ **racinaire** *adj* **système racinaire** = root system

◇ **raciner** *vi* to root

rad *nm* rad

radiant, -e *adj* radiant; **chaleur radiante** = radiant heat

radiation *nf* **(a)** *(rayonnement)* radiation; **radiations alpha** = alpha radiation; **radiadions bêta** = beta radiation; **radiations infrarouges** = infrared rays *ou* infrared radiation; **radiations ultraviolettes** = ultraviolet radiation **(b)** *(biologie)* radiation; **radiation adaptative** = adaptive radiation

radio- *préf* radio-

◇ **radio-isotope** *nm* radioisotope

radioactif, -ive *adj* radioactive; **déchets faiblement radioactifs** = low-level waste; **déchets moyennement radioactifs** = intermediate waste; **déchets radioactifs** = radioactive waste; **désintégration radioactive** = radioactive decay; **isotope radioactif** = radioactive isotope; **période radioactive** = radioactive period; **rejets radioactifs** = radioactive discharges

◇ **radioactivité** *nf* radioactivity; **décroissance de la radioactivité** = radioactive decay; **radioactivité ambiante** = environmental radioactivity; **radioactivité naturelle** *ou* **radioactivité de base** = background radiation

radiobiologie *nf* radiobiology

◇ **radiobiologiste** *nm&f* radiobiologist

radiocancérogenèse *nf* radiation carcinogenesis

radiocarbone *nm* radiocarbon; **datation par radiocarbone** = radiocarbon dating

radiocobalt *nm* cobalt-60

radiodermite *nf* radiodermatitis *ou* radiation burn

radiographie *nf* **(a)** radiograph *ou* X-ray; **radiographies systématiques et généralisées** = mass radiography **(b)** *(technique)* radiography

◇ **radiographier** *vtr* to X-ray

radiolésion *nf* radiation injury

radiologie *nf* radiology *ou* roentgenology

◇ **radiologue** *nm&f* radiologist

radioprotection *nf* radiation health *ou* radioprotection

radioscopie *nf* radioscopy

radiosensibilité *nf* radiosensitivity

◇ **radiosensible** *adj* radiosensitive

radiosonde *nf* radiosonde

radiothérapie *nf* radiotherapy

radium *nm* radium
NOTE: symbole chimique **Ra;** nombre atomique **88**

radon *nm* radon
NOTE: symbole chimique **Rn;** nombre atomique **86**

rafale *nf* squall; **vent soufflant en rafales** = gusty wind

raffinage *nf* refining; **un produit dérivé du raffinage du pétrole** = a by-product of refining oil

◇ **raffiner** *vtr* to refine

◇ **raffinerie** *nf* refinery

rainout *nm* rainout

rainure *nf* groove

ramasser *vtr* to collect

ramification *nf (d'un fleuve)* branch

◇ **se ramifier** *vpr (d'un fleuve)* to branch off

ranch *nm* ranch; **ranch (d'élevage)** = cattle ranch; **sur incitation des gouvernements, certaines zones de la forêt tropicale ont été transformées en ranches d'élevage de bétail** = governments have encouraged the conversion of rainforest into livestock ranches

rapace 1 *adj* raptorial **2** *nm* raptor

rapide 1 *adj* fast *ou* rapid; **la croissance rapide de l'herbe après les pluies** = the rapid growth of grasses after the rains came; **le battement d'ailes rapide d'un oiseau-mouche** = the rapid beating of the wings of a hummingbird; **fission rapide** *ou* **fission par neutron rapide** = fast(-neutron) fission; **réacteur à neutrons rapides** = fast breeder reactor (FBR) *ou* fast neutron reactor **2** *nm (d'un cours d'eau)* **rapide(s)** = rapids

rapport *nm* **(a)** *(lien)* relationship **(b)** *(proportion)* ratio; **le QI est le rapport entre l'âge mental et l'âge chronologique d'une personne** = an IQ is the ratio of the person's mental age to his chronological age; **rapport énergétique net** = net energy ratio (NER) **(c)** *(document)* report; **le rapport souligne le danger des émissions radioactives des centrales nucléaires** = the report points out the danger of radiation releases from nuclear power stations

rare *adj* rare; **de nombreux animaux sauvages vivant dans l'intérieur du pays deviennent de plus en plus rares, ces terres étant maintenant défrichées et cultivées** = many wild animals which used to live in the outback are becoming rare as the outback is reclaimed for farming; **gaz rares** = inert gases *ou* rare gases *ou* trace gases; **métaux des terres rares** = rare earth elements

◇ **rareté** *nf* rarity

rassembler *vtr* to group

ratio *nm* ratio

ration *nf* ration; **ration calorique** = caloric requirement; **ration de production** = production ration; **ration de subsistance** = maintenance ration

ravin *nm* gully *ou* ravine

rayon *nm* ray; **mal des rayons** = radiation sickness; **rayons alpha** = alpha rays; **rayons bêta** = beta rays; **rayons cosmiques** = cosmic radiation; **rayons crépusculaires** = crepuscular rays; **rayons delta** = delta rays; **rayons infrarouges** = infrared rays; **rayons ultraviolets (UV)** = ultraviolet rays *ou* UV rays; **rayons X** = X-rays

rayonnement *nm* radiation; **entérite provoquée par les rayonnements ionisants** = radiation enteritis; **pollution par les rayonnements** = radiation pollution; **rayonnement de grande énergie** = high-level radiation; **rayonnement de faible énergie** = low-level radiation; **rayonnement infrarouge** = infrared rays *ou* infrared radiation; **rayonnement ionisant** = ionizing radiation; **rayonnement non ionisant** = non-ionizing radiation; **rayonnement maximum autorisé** = maximum permissible level of radiation; **rayonnement solaire** = solar irradiation *ou* radiation; **rayonnement solaire global (RSG)** = global solar radiation (GSR); **rayonnement thermique** = thermal radiation; **source de rayonnement** = radiation source

> comme les vitres d'une serre, certains gaz présents dans l'atmosphère laissent passer le rayonnement arrivant du soleil mais rabattent vers le sol une partie des rayons infrarouges réfléchis par la surface terrestre
> *le Courrier de la baleine*

raz-de-marée *nm* tidal wave *ou* tsunami

réacteur *nm* **(a)** *(aéronautique)* jet engine **(b)** *(nucléaire)* reactor; **réacteur canadien au deutérium et à l'uranium** = Canadian deuterium-uranium reactor; **réacteur à eau bouillante** = boiling water reactor (BWR); **réacteur à eau légère** = light water reactor (LWR); **réacteur à fusion nucléaire de démonstration** = demonstration reactor for nuclear fusion (demo); **réacteur à neutrons rapides** = fast breeder reactor *ou* fast neutron reactor; **réacteur nucléaire** = nuclear reactor; **réacteur à refroidissement à gaz** = advanced gas-cooled reactor (AGR); **réacteur thermique** = thermal reactor

réactif *nm* reagent

◇ **réactif, -ive** *adj* reactive

réaction *nf* **(a)** reaction; **réaction nucléaire** = nuclear reaction **(b)** *(aéronautique)* **à réaction** = jet-powered *ou* jet-propelled; **moteur à réaction** = jet engine **(c) réaction en chaîne** = chain reaction

réactivité *nf* reactivity

réagir *vi* to react; **le gouvernement a réagi avec lenteur à la nouvelle du désastre** = the government reacted slowly to the news of the disaster; **réagir à quelque chose** = to react to something; **réagir en présence de** *ou* **au contact de quelque chose** = to react with something

réaménager *vtr* to redevelop

réaménagement *nm* redevelopment; **la commission municipale chargée de l'urbanisme a donné son accord sur le projet de réaménagement du centre-ville** = the council's planning committee has approved the redevelopment plan for the town centre; **l'entreprise a proposé un plan de réaménagement de la zone de la gare ferroviaire** = the company has put forward a plan to redevelop the area round the railway station

reboisement *nm* afforestation *ou* reafforestation *ou* reforestation; **si le projet est réalisé, le reboisement sera probablement plus important** = there is likely to be an increase in afforestation if the scheme is introduced

> la disparition progressive du couvert forestier commence à faire sentir ses effets sur la santé économique et écologique de nombreux pays, surtout dans le tiers-monde. Un reboisement de grande ampleur, conjugué avec des efforts concertés visant à protéger ce qui subsiste des forêts, apparaît désormais essentiel pour améliorer les perspectives d'avenir de l'humanité
> *le Courrier de l'Unesco*

reboiser *vtr* to afforest *ou* to reforest

récepteur *nm (biologie)* receptor cell

récessif, -ive *adj* recessive; **gène récessif** = recessive gene

◇ **récessivité** *nf* recessiveness

réchauffement *nm* warming; **l'effet de serre provoque un réchauffement général de l'atmosphère** = the greenhouse effect has the result of warming the general atmospheric temperature; **au cas où la température de la planète augmenterait à cause de l'effet de serre, le réchauffement serait en moyenne deux à trois fois plus important aux pôles** = at the poles, warming would be two or three times the global average if the greenhouse effect makes the earth's temperature rise; **réchauffement de la planète** = global warming; **réchauffement soudain** = sudden warming

> un doublement du CO_2 dans l'atmosphère (ou son équivalent, en prenant en compte d'autres gaz à effet de serre, tel que le méthane), pourrait être atteint dès les années 2030. En conséquence de quoi, un réchauffement moyen de la Terre de l'ordre de 3°C, avec une incertitude de plus ou moins 1,5°C, est envisageable
>
> *Libération*

◇ **réchauffer** *vtr* to reheat; **l'eau qui a été refroidie et condensée après son passage dans les chaudières y est renvoyée pour être réchauffée** = water which has been cooled and condensed after passing through the boilers is sent back to the boilers for reheating

◇ **réchauffeur** *nm* reheater

recherche *nf* research; **il fait des recherches sur les causes du trou d'ozone** = he is researching the causes of the ozone hole; **centre de recherches** = research center; **domaine de recherche** = research area; **recherche fondamentale** = basic research; **recherches sur le terrain** = fieldwork

récif *nm* reef; **récif-barrière** = barrier reef; **récif corallien** *ou* **récif de corail** = coral reef

réclamation *nf* complaint; **ils sont allés directement voir le directeur de la compagnie de produits chimiques, sans suivre la procédure habituelle de réclamation** = they by-passed the normal complaints procedure and went straight to the director of the chemical company

récolte *nf* crop *ou* harvest; **cet arbre a donné une bonne récolte de pommes** = the tree has produced a heavy crop of apples; **la première récolte fut un échec** = the first crop was a failure; **nous pensons que la récolte de riz sera bonne cette année** = we think this year's rice harvest will be a good one; **la coupe rase constitue une des méthodes de récolte de bois** = clearcutting is one of the methods of harvesting timber; **ils sont en pleine récolte de riz** = they are harvesting the rice crop

◇ **récolter** *vtr* to harvest

recommandation *nf* recommendation; **le conseil a accepté les recommandations du comité concernant l'élimination des déchets** = the council accepted the committee's recommendations about disposal of waste

◇ **recommander** *vtr* to recommend; **le gouvernement a recommandé de choisir un autre site de stockage pour les déchets nucléaires** = the government recommended choosing a different site for the disposal of radioactive waste

reconstituer *vtr* to reconstitute *ou* to restore

◇ **se reconstituer** *vpr* to be restored; **en laissant la terre en jachère pendant quelques années, les agriculteurs espèrent qu'une partie des substances nutritives de la terre va se reconstituer** = by letting the land lie fallow for a couple of years, farmers hope to restore some of the natural nutrients which have been removed from the soil

> si le temps de jachère est suffisamment long, la végétation repousse et le terre se reconstitue. Mais dans la plupart des pays, le temps de rotation s'est considérablement raccourci
>
> *l'Express*

recouvrir *vtr* to blanket; **l'aéroport était recouvert d'un épais brouillard** = thick fog blanketed the airport; **recouvrir de paillis** = to mulch

récupérable *adj* recoverable; **matières récupérables** = recoverable materials

◇ **récupération** *nf* reclamation *ou* recovery; **récupération de chaleur** = heat reclamation *ou* heat recovery; **récupération de l'énergie** = energy recovery; **récupération des matériaux** = materials reclamation; **récupération des terres incultes** = land reclamation

> pour l'automobile et pour l'ensemble des objets dits 'en matière plastique' se pose le problème de la récupération par une collecte sélective ou mélangée
>
> *Réseau*

◇ **récupérer** *vtr* to recover

recyclable *adj* recyclable

◇ **recyclage** *nm* recycling; **le recyclage des déchets** = the recycling of waste

> actuellement, deux solutions se présentent en aval de la récupération: le recyclage ou l'incinération 'propre' avec récupération d'énergie
>
> *Réseau*

◇ **recyclé, -e** *adj* recycled; **papier recyclé** = recycled paper

◇ **recycler** *vtr* to recycle; **l'industrie du verre recycle des tonnes de verre usagé chaque année** = the glass industry recycles tonnes of waste glass each year

> la fabrication du papier recyclé engendre des matières en suspension difficiles à éliminer. Il y a de surcroît le problème du désencrage, qui produit des boues contenant des colorants, des matières organiques et des molécules chimiques toxiques. Cependant, les techniques d'élimination de cette pollution par des procédés chimiques sont aujourd'hui bien maîtrisées
>
> *Décision environnement*

redevance *nf* charge; **redevances sur le bruit** = noise charges; **redevances de déversement** = effluent charges; **redevances sur les émissions** = emission charges; **redevances de pollution** = pollution charges

réducteur *nm* reducer

réduction *nf* abatement *ou* reduction

◇ **réduire** *vtr* to reduce *ou* to lessen; *(son)* to abate *ou* to lower; *(bruit)* to abate *ou* to reduce; *(quantité ou ressource)* to deplete; **la compagnie prend des mesures pour réduire les émissions de polluants dans l'atmosphère** = the company is taking steps to lessen the release of pollutants into the atmosphere

réfléchir *vtr* to reflect; **une partie du rayonnement solaire est réfléchie par les nuages ou par la surface de la Terre** = some solar radiation is reflected back by clouds or by the earth's surface

◇ **réfléchi, -e** *adj* reflected; **lumière réfléchie** = reflected light

◇ **réfléchissement** *nm* reflection; **pour se diriger, les chauves-souris émettent des ultrasons puis écoutent le réfléchissement du son sur les objets qui se trouvent sur leur chemin** = bats find their way by sending out high frequency sounds and listening to the reflection of the sound of objects in their way

réflexe *nm* reflex; **action réflexe** = reflex action; **réflexe d'accommodation** = accommodation reflex; **réflexe conditionné** = conditioned reflex

réflexion *nf* reflection

reflux *nm* **(a)** *(mer)* ebb *ou* ebb tide; **le flux et le reflux** = ebb and flow **(b)** *(d'un liquide)* reflux

réforme *nf* reform; **réforme agraire** = land reform

réfracter *vtr* to refract

◇ **réfraction** *nf* refraction

réfrigérant *nm* coolant

◇ **réfrigérant, -e** *adj* refrigerant

◇ **réfrigérateur** *nm* refrigerator

◇ **réfrigération** *nf* refrigeration

◇ **réfrigérer** *vtr* to refrigerate

refroidir *vtr* to cool

◇ **refroidissement** *nm* cooling; **dans certains types de réacteurs nucléaires, on utilise de l'eau ordinaire pour le refroidissement** = ordinary water is used as a coolant in certain types of nuclear reactor; **bassin de refroidissement** = cooling pond; **eau de refroidissement** = cooling water; **liquide de refroidissement** = primary coolant; **pompe de refroidissement** = coolant pump; **tour de refroidissement** = cooling tower

refuge *nm* refuge *ou* refugium

regard *nm* *(trou)* manhole

régénération *nf* regeneration *ou* restoration; **en pâturant, les herbivores empêchent la régénération des forêts détruites par le feu** = grazing by herbivores prevents the regeneration of forests destroyed by fires; **capacités de**

régénération = regenerative properties; **régénération des sols** = land restoration; **usine de régénération des huiles usées** = oil regeneration plant

◇ **régénératif, -ive** *adj* regenerative

◇ **régénérer** *vtr* to regenerate *ou* to restore

◇ **se régénérer** *vpr* to regenerate *ou* to be restored; **il faut environ dix ans à une forêt pour se régénérer après un incendie** = a forest takes about ten years to regenerate after a fire

> les feux sont bénéfiques à la végétation et même indispensables à la reproduction de certains arbres. Ils permettent de régénérer et de recycler la forêt
>
> *Sciences et Nature*

régime *nm* **(a)** *(d'un fleuve)* regime **(b)** *(alimentaire)* diet; **régime alimentaire équilibré** = balanced diet; **régime basses calories** = low-calorie diet; **régime maigre** = low-fat diet; **régime sans sel** = salt-free diet; **être au régime** = to be on a diet

région *nf* area *ou* region; **toute la région a été contaminée par les déchets de la centrale électrique** = the whole area has been contaminated by waste from the power station; **des camions-citernes ont apporté de l'eau aux régions frappées par la sécheresse** = mobile water tanks have been bringing water to drought-stricken areas; **régions d'affaissement** = mining subsidence area; **région australasienne** = Australasian Region; **région éthiopienne** = Ethiopian Region; **région holarctique** = holarctic region; **régions montagneuses** = mountainous regions *ou* highlands; **dans les régions montagneuses, la végétation se compose principalement de graminées, de bruyère et d'herbe** = vegetation in the highlands *ou* highland vegetation is mainly grass, heather and herbs; **région sauvage** = wilderness; **régions situées en altitude** = upland areas *ou* uplands; **les régions situées en altitude et les plaines n'ont pas les mêmes écosystèmes** = upland areas *ou* uplands have different ecosystems from the lowlands; **région zoogéographique** = zoogeographical region

◇ **régional, -e, -aux** *adj* regional; **aménagement régional** = regional planning and development; **autorités régionales** = district authorities

règlement *nm* law

◇ **réglementaire** *adj* regulatory

◇ **réglementation** *nf* regulations; **réglementation d'urbanisme** = town planning regulations

◇ **réglementer** *vtr* to regulate; **les permis de construire sont réglementés par les autorités locales** = planning permission is regulated by local authorities

régler *vtr (réglementer)* regulate

◇ **règles** *nfpl* regulations; **les règles de sécurité n'ont pas été respectées** = the safety regulations have not been complied with; **la brochure décrit les règles que les visiteurs de réserves naturelles doivent observer** = the pamphlet lists the regulations concerning visits to natural reserves

règne *nm* kingdom; **le règne animal** = the animal kingdom; **le règne minéral** = the mineral kingdom; **le règne végétal** = the plant kingdom

régresser *vi* to regress

◇ **régressif, -ive** *adj* regressive

◇ **régression** *nf* regression

régulateur de tension *nm (électricité)* surge arrester

régulation *nf* regulation; **régulation des naissances** = birth control; **régulation osmotique** = osmotic regulation *ou* osmoregulation; **régulation osmotique des invertébrés** = poikilosmosis

réhabilitation *nf* rehabilitation

rehausser *vtr (le goût)* to enhance

rejet *nm* **(a)** *(d'une faille)* throw **(b)** discharge; **rejet dans l'atmosphère** = discharge into the atmosphere; **rejet de chaleur** = heat discharge; **rejet d'eau de refroidissement** = discharge of cooling water; **rejet de déchets en mer** = dumping at sea *ou* ocean dumping; **rejet d'effluents** = discharge of effluents; **rejet**

d'hydrocarbures = oil spill; **rejet de poussière** = dust discharge; **rejets radioactifs des usines de retraitement** = radioactive discharges from reprocessing plants; **rejets thermiques** = thermal discharge

◇ **rejeter** *vtr* to discharge; **l'usine rejette dix tonnes d'effluents toxiques dans le fleuve chaque jour** = the factory discharges ten tonnes of toxic effluent per day into the river; **au Royaume-Uni, les effluents industriels sont rejetés dans la mer du Nord** = the UK dumps its industrial waste into the North Sea

> en 1990, un Parisien rejetait plus de 400 kg d'ordures ménagères par an, soit plus que la moyenne nationale et, à raison d'une croissance moyenne de 2 à 3% par an, on peut se demander ce qu'il en sera en l'an 2000
>
> *Science et Vie*

relatif, -ive *adj* relative; **abondance relative** = relative abundance; **efficacité biologique relative** = relative biological effectiveness (RBE); **humidité relative** = relative humidity; **pression relative** = relative pressure; **transpiration relative** = relative transpiration

relation *nf* relationship

relevé *nm* **(a)** **relevé hydrographique** = hydrograph; **relevé phytosociologique** = relevé **(b)** record; **ce fut l'hiver le plus humide depuis 1866, date des premiers relevés** = the winter was the wettest since records were started in 1866 **(c)** reading; **on a effectué des relevés dans un périmètre de 90 km^2 autour de la centrale nucléaire** = readings were taken over an area of 60 square miles round the nuclear power station; **les relevés de température de ces dix dernières années indiquent une hausse progressive de la température au sol** = temperature readings over the last decade show a gradual rise in surface temperature

relief *nm* relief; **carte en relief** = relief map

relier *vtr* to connect *ou* to relate; **à marée haute, un banc de sable relie l'île au continent** = a sandbar connects the island to the mainland at high tide

relique *nf* relict

REM = ROENTGEN EQUIVALENT MAN

rémanence *nf* persistence

◇ **rémanent, -e** *adj* residual; **pulvérisation d'insecticide rémanent** = residual spraying

remblai *nm (résidus de combustion du charbon)* gob

remembrement *nm* land consolidation *ou* regrouping of lands; **remembrement des terres agricoles** = regrouping of agricultural land

remettre en valeur *vtr (des terres)* to reclaim

se remettre *vpr* to recover; **les populations de poissons ne se remettront peut-être jamais de la surpêche** = the fish populations may never recover from overfishing

remise en valeur *nf (des terres)* reclamation; **la municipalité étudie le coût de remise en valeur des terres dans le centre-ville** = the authority is studying the costs of the land reclamation scheme in the city centre; **l'opération de remise en valeur des terres coûtera plusieurs millions de dollars** = the land reclamation project will cost several million dollars

remous *nm* eddy; **eaux de remous** = backwater

remplacement *nm* substitution

◇ **remplacer** *vtr* to substitute; **on a demandé aux agriculteurs de labourer les pâturages et de les remplacer par des plantations forestières** = farmers have been told to plough up pastureland and substitute woodlots

rendement *nm* **(a)** *(efficacité)* efficiency *ou* efficiency ratio; **étude du rendement écologique** = production ecology; **machine d'un bon rendement énergétique** =

energy-efficient machine; **rendement du combustible** = fuel efficiency; **rendement économique** = economic efficiency; **rendement final** = end-use efficiency; **rendement thermique** = thermal efficiency; **taux de rendement énergétique** = energy efficiency ratio (EER) **(b)** *(d'une machine)* output **(c)** *(productivité)* productivity; **l'utilisation de nouvelles variétés de riz permettra d'accroître le rendement à l'hectare** = with new strains of rice, productivity per hectare can be increased **(d)** *(agriculture)* yield; **le rendement normal est deux tonnes à l'hectare** = the normal yield is two tonnes per hectare; **dans certaines régions d'Asie, la révolution verte a accru le rendement des rizières** = the green revolution increased rice yields in parts of Asia; **ils ont commencé à semer avec succès des variétés à haut rendement** = they have started to sow high-yielding varieties (HYV) of seed with very good results; **arbre** *ou* **plante qui a un bon rendement** = cropper *ou* heavy cropper; **une variété de riz d'un très bon rendement** = a strain of rice which crops heavily; **à haut rendement** = high-yielding

> lorsque la pénurie de bois de feu est très grave, la population n'a d'autre solution que d'utiliser comme combustible de la boue séchée et des résidus végétaux normalement utilisés comme engrais: cette pratique réduit la fertilité des sols et le rendement des récoltes
>
> *le Courrier de l'Unesco*

renouvelable *adj* renewable; **sources d'énergie renouvelables** = renewable energy sources; **ressources non renouvelables** = finite resources

◇ **renouveler** *vtr* to renew

rénovation *nf* rehabilitation

rentable *adj* **(a)** cost-effective **(b)** *(économique)* economic; **le loyer de cette ferme est rentable** = the farm is let at an economic rent; **l'entreprise sera à peine rentable si le coût des mesures antipollution est si élevé** = it is hardly economic for the company to continue in business if pollution controls are so expensive

renverser *vtr* **(a)** *(aller en sens inverse)* to reverse **(b)** *(liquide)* to spill; **il a renversé la bouteille d'herbicide sur l'herbe** = he spilled the bottle of herbicide on the grass

réoxygénation *nf* reoxidation; **capacité de réoxygénation** = reoxidation capacity

répandu, -e *adj* prevalent; **un champignon plus répandu dans les forêts de feuillus** = a fungus which is more prevalent in deciduous forests; **cette espèce est largement répandue dans toute l'Europe du Nord** = the species is widely distributed throughout Northern Europe

répartir *vtr* to distribute

◇ **répartition** *nf* distribution; **aire de répartition** = distribution area; **la répartition des richesses** = the distribution of wealth

repeuplement *nm (en espèces animales ou végétales)* restocking

replanter *vtr* to replant; **une fois les arbres abattus, la terre a été défrichée et on y a replanté un mélange de conifères et de feuillus** = after the trees were felled, the land was cleared and replanted with mixed conifers and broadleaved species

réplication *nf* replication

reposer *vi* to rest; *(laisser en jachère)* **laisser reposer la terre** = to rest land

◇ **se reposer** *vpr* to rest

repousser *vtr (éloigner)* to repel

représentant *nm* agent; **elle est le représentant local de l'organisation caritative** = she is the local agent for the relief organization

reproducteur, -trice *adj* reproductive; **organes reproducteurs** = reproductive organs

◇ **reproduction** *nf* reproduction; **appareil de reproduction** = reproductive system *ou* reproductive tract; **reproduction asexuée** = asexual reproduction; **reproduction sexuée** = sexual reproduction; **organes de reproduction** =

reproductive organs *ou* organs of reproduction; **reproduction végétative** = vegetative reproduction *ou* propagation

◇ **reproduire** *vtr (une expérience)* to reproduce

◇ **se reproduire** *vpr* to breed; **les lapins se reproduisent très rapidement** = rabbits breed very rapidly; **se reproduire en gardant toutes les caractéristiques de l'espèce** = to breed true

reptation *nf (du sol)* soil creep

reptiles *nmpl* reptiles

répulsif, -ive *adj* repellent; **une substance répulsive** = a repellant; **la pellicule de cire qui recouvre les feuilles constitue une sorte de substance répulsive qui les protège des polluants** = the coating of wax on leaves acts as a repellant to pollutants

réseau *nm* **(a)** grid; **réseau de distribution** = grid system; **réseaux électriques** = electricity grid; **réseau national d'électricité** = National Grid **(b)** network; **réseau ferroviaire** = railway network; **réseau urbain** = urban network **(c)** mains; **réseau de distribution d'électricité** = electricity mains; **réseau de distribution urbain** = town mains **(d)** **réseau trophique** = food web *ou* trophic structure

réserve *nf* **(a)** *(territoire)* reservation *ou* reserve *ou* sanctuary; **les gardiens de la réserve se sont plaints du flot incessant de visiteurs** = the wardens complained about the constant stream of visitors to the reservation; **réserve d'oiseaux** = bird sanctuary; **réserves boisées** = young forest plantations; **réserve de gibier** = game reserve; **réserve intégrale** = primitive area; **réserve naturelle** = nature reserve **(b)** *(provisions)* reserve *ou* stock; **la surpêche décime les réserves de harengs** = stocks of herring are being decimated by overfishing; **inventaire des réserves** = stock inventory; **réserves énergétiques** = energy reserves; **réserves de pétrole** = oil reserves

> les réserves pétrolières dans le monde sont fort mal exploitées: on ne récupère en moyenne que 25 à 30% de l'huile présente dans les gisements
>
> *Science et Vie*

réservoir *nm* **(a)** *(naturel ou artificiel)* reservoir; **des réservoirs situés dans les montagnes approvisionnent la ville en eau** = the town's water supply comes from reservoirs in the mountains; **au bout de deux mois de sécheresse, les réservoirs commençaient à se tarir** = after two months of drought, the reservoirs were beginning to dry; **les réservoirs ont été rapidement envahis par des algues à croissance très rapide** = the reservoirs became choked with rapidly-growing weeds; **réservoir d'alimentation** = feeder reservoir **(b)** *(d'eau potable)* clearwell **(c)** tank; **il s'est arrêté au garage pour remplir son réservoir d'essence** = he stopped at the garage to fill his tank with petrol **(d)** *(d'oxygène d'une plante)* oxygen sink

résidence *nf* residence; **résidence secondaire** = second home

◇ **résident, -e** *adj&n* resident; **l'introduction de cette espèce a provoqué la disparition de la population résidente d'oiseaux coureurs** = the introduced species wiped out the resident population of flightless birds

résidu *nm* residual *ou* residue; **résidus de combustion** = incineration ash *ou* product of incomplete combustion (PIC); **résidus d'extraction minière** = tailings; **résidus de fabrication** = production residues; **résidus de houille** = culm

◇ **résiduaire** *adj* residual; **eaux résiduaires industrielles** = industrial effluents; **produits chimiques résiduaires** = chemical residuals

◇ **résiduel, -uelle** *adj* residual; **huiles résiduelles** = residual oil; **pollution résiduelle** = residual pollution

résilience *nf* resilience

résine *nf* resin

◇ **résineux** *nm (matériau)* **bois de résineux** = softwood; *(plantation)* **forêts de résineux** = softwoods

◇ **résineux, -euse** *adj* resinous

résistance *nf* resistance; **la résistance croissante des insectes aux insecticides chimiques est un problème important** = increasing insect resistance to chemical pesticides is a major problem; **(capacité de) résistance à l'environnement** = environmental resistance

◇ **résistant, -e** *adj* resistant; **on a découvert du matériau génétique résistant aux champignons dans des réserves de gènes du Mexique** = fungus-resistant genetic material was found in genetic stocks from Mexico; **les bactéries sont devenues résistantes à certains antibiotiques** = the bacteria have developed a resistance to certain antibiotics; **résistant à la chaleur** = heat-resistant; **espèce d'insecte** *ou* **souche de bactérie résistante (aux pesticides** *ou* **aux antibiotiques)** = resistant strain of insect *ou* of bacteria; **une espèce d'insecte résistante au DDT** = a DDT-resistant strain of insect

◇ **résister (à)** *vtr* to resist (to); **ces végétaux résistent même aux plus fortes températures du désert** = the plants survive even the hottest desert temperatures

résorption *nf* resorption

respiration *nf* respiration; **respiration externe** = external respiration; **respiration interne** = internal respiration; **matières colorantes de la respiration** = respiratory pigment

◇ **respiratoire** *adj* respiratory; **affections des voies respiratoires** = respiratory disorders; **appareil respiratoire** = respiratory system; **quotient respiratoire** = respiratory quotient (RQ)

responsable (de) *adj* responsible (for)

◇ **responsabilité** *nf* responsibility; **responsabilité envers la collectivité** = social responsibility

se ressemer *vpr* to seed oneself; **les marguerites se sont ressemées dans tout le jardin** = the daisies seeded themselves all over the garden; **plusieurs coquelicots se sont ressemés dans le potager** = several self-seeded poppies have come up in the vegetable garden

ressource *nf* resource; **les estuaires envasés constituent une des plus importantes et productives ressources de faune et de flore** = muddy estuaries are among the most productive and important wildlife resources; **conservation des ressources naturelles** = economic conservation; **exploitation mesurée des ressources** = economical use of resources; **gestion des ressources** = resource management; **ressources énergétiques** = energy resources; **ressources énergétiques solaires** = solar energy availability; **ressources non renouvelables** = finite resources; **ressources minérales** = mineral resources; **ressources naturelles** = natural resources

> le bassin du Gange, c'est le poumon de l'Inde. Il fait vivre près de 250 millions de personnes et, à lui seul, représente 26% de toutes les ressources en eau du sous-continent
>
> *l'Express*

restauration *nf (rénovation)* rehabilitation

◇ **restaurer** *vtr* to reconstitute; **le gouvernement a insisté pour que la compagnie minière restaure le site dès la fin de l'exploitation à ciel ouvert** = the government has insisted the mining company should reconstitute the site after the open-cast mining operation has closed down

restituer *vtr* to restore

résultat *nm* result; **quel a été le résultat de l'examen?** = what was the result of the test?

◇ **résulter (de)** *vi* to result (from); **ce cancer résulte de l'exposition aux radiations sur le lieu de travail** = the cancer results from exposure to radiation at work

résumé *nm* abstract *ou* summary

résurgences côtières *nfpl* upwelling

retarder *vtr* to inhibit *ou* to delay; **une carence en éléments nutritifs peut retarder la croissance des végétaux** = lack of nutrients may inhibit plant growth; **retarder le développement** = to stunt

rétinol *nm* retinol

retombées *nfpl* fallout; **retombées radioactives** = radioactive fallout

retraitement *nm* reprocessing; **retraitement des déchets nucléaires** = the reprocessing of nuclear waste; **usine de retraitement des déchets nucléaires** = nuclear reprocessing plant

retraiter *vtr* to reprocess

rétroaction *nf* feedback; **rétroaction négative** = negative feedback; **rétroaction positive** = positive feedback

rétrodiffuser *vtr* to backscatter; **une partie des radiations solaires est rétrodiffusée par l'air dans l'atmosphère** = a proportion of incoming solar radiation is backscattered by air in the atmosphere

◇ **rétrodiffusion** *nf* backscatter; **la rétrodiffusion contribue à l'accroissement de l'albedo** = backscatter contributes to an increase in albedo

réussir (à faire) *vtr* to manage (to do); **les protestataires ont réussi à empêcher la construction de la nouvelle route** = protesters managed to prevent the new road being built

revenu *nm* income; **revenu par habitant** = per capita income; **revenu intérieur brut (RIB)** = gross domestic income (GDI); **revenu national** = national income *ou* revenue

révolution verte *nf* Green Revolution

rH = POTENTIEL REDOX

rhésus *nm* rhesus; **rhésus négatif** = Rh-negative; **rhésus positif** = Rh-positive

rhizome *nm* rhizome *ou* rootstalk *ou* rootstock

◇ **rhizosphère** *nf* rhizosphere

rhodophycées *nfpl* Rhodophyta *ou* red algae

rhume des foins *nm* hay fever *ou* pollinosis

ria *nf* ria

RIB = REVENU INTERIEUR BRUT

riboflavine *nf (vitamin B2)* riboflavine

ribonucléase *nf* ribonuclease

ribosomal, -e, -aux *adj* ribosomal

◇ **ribosome** *nm* ribosome

riche *adj* **(a)** rich; **les légumes verts sont riches en sels minéraux** = green vegetables are rich in minerals; **les forêts sont riches en mousses et autres plantes qui poussent en terrain humide** = forests are rich in mosses and other moisture-loving plants; **le médecin a prescrit un régime riche en protéines** = the doctor has prescribed a diet which is rich in protein; **de nombreuses plantes sauvages ont des graines riches en huile, ce qui facilite la fabrication de détergents** = many wild plants have oil-rich seeds which can help in the manufacture of detergents; **régime riche en protéines** = a protein-rich diet; **détergent riche en substances nutritives** = a nutrient-rich detergent; **la terre est rouge, riche en aluminium et en oxyde de fer** = the soil is red, and high in aluminium and iron oxide **(b)** *(qui a beaucoup d'argent)* wealthy

richesse *nf* **(a)** *(haute teneur)* richness **(b)** wealth; **la distribution des richesses** = the distribution of wealth

Richter *voir* ECHELLE

rickettsiose *nf* tsutsugamushi disease

ride de clapotis *nf (géologie)* ripple; **certaines roches sédimentaires présentent des rides de clapotis aux endroits où l'eau a laissé des traces sur le sable** = ripple marks can be seen in some sedimentary rocks where the sand was marked by water

ripicole *adj* riparian; **faune ripicole** = riparian fauna

risque *nm* hazard *ou* risk; **des eaux stagnantes constituent un risque pour la santé** = stagnant water poses a health hazard; **les déchets faiblement radioactifs peuvent être enfouis sans risque** = low-level waste can be safely disposed of by burying; **à haut risque** = high-risk; **patient à haut risque** = high-risk patient; **risque d'incendie** = fire hazard; **risques naturels** = natural hazards; **risque pour la santé** = health hazard; **secteurs d'activité à risque élevé** = high-risk categories of workers

rivage *nm (océan)* shore; **ligne de rivage** = shoreline; **sédiment de rivage** = beach sediment; **rivage marin** = seashore

◇ **rive** *nf* bank

rivière *nf* river *ou* stream; **plusieurs petites rivières se jettent dans le fleuve** = several small streams feed into the river; **cette rivière se jette dans le fleuve** = the stream drains into the main river; **rivière alimentant la nappe phréatique**= influent stream; **rivière en crue** = river in flood; **rivière de montagne** = mountain river

riz *nm* rice; **riz complet** = wholegrain rice; **riz sauvage** = wild rice

◇ **rizière** *nf* paddy (field) *ou* padi; **les rizières sont des lieux de reproduction des moustiques** = paddies are breeding grounds for mosquitoes; **selon les scientifiques, les rizières contribuent à la production de méthane dans l'atmosphère** = scientists believe that paddy fields contribute to the methane in the atmosphere; **les collines sont couvertes de rizières en terrasses** = the hills are covered with terraced rice fields

Rn *symbole chimique* = RADON

robinet *nm* tap; **eau du robinet** = tap water

rocade *nf* by-pass *ou* ring road; **depuis la construction de la rocade, la circulation a diminué de moitié en ville** = since the by-pass was built, traffic in the town has been reduced by half; **rocade intérieure** = inner ring road

roche *nf* rock *ou* stone; **les maisons, construites à même la roche, devraient donc résister aux tremblements de terre** = the houses are built directly on stone and should withstand earthquakes; **cristal de roche** = rock crystal; **roche acide** = acidic rock; **roche basaltique** = basaltic rock; **roches chaudes** = hot rocks; **roches détritiques** = debris; **roche de fond** *ou* **roche sous-jacente** = bedrock; **roche ignée** = igneous rock; **roche-magasin** *ou* **roche-réservoir** = reservoir rock; **roche mère** = mother rock *ou* parent rock; **roche métamorphique** = metamorphic rock; **roche sédimentaire** = sedimentary rock; **roche de synthèse** = synroc; **roche volcanique** = volcanic rock

> au jurassique inférieur, il y a 195 millions d'années, s'est formée la roche mère, siège de la lente transformation de déchets organiques et végétaux en pétrole et eau
>
> *Science et Vie*

rodenticide *nm* rodenticide

rôle *nm* role

rondin *nm* log

rongeur *nm* rodent

röntgen *nm* roentgen *ou* röntgen; **röntgen equivalent man (rem)** = roentgen equivalent man (rem); **rayonnement röntgen** = roentgen rays

roseaux *nmpl* reeds

◇ **roselière** *nf* reedbed

rosée *nf* dew; **point de rosée** = dew point

rotation *nf* rotation; **rotation des cultures** = crop rotation

> depuis la Seconde Guerre mondiale, les agriculteurs ont souvent abandonné la rotation des cultures au profit de la monoculture, celle du blé. La monoculture peut réduire considérablement la diversité génétique et avoir des conséquences inquiétantes
>
> *Pour la science*

◇ **rotatif, -ive** *adj* rotating; **effectuer un mouvement rotatif** = to rotate

roténone *nf (insecticide)* derris

rotor *nm* rotor

roue *nf* wheel; **roue à augets** *ou* **roue par-dessus** = overshot wheel; **roue hydraulique** = waterwheel; **roue par-dessous** = undershot wheel

rouge *adj&nm* red; **algues rouges** = red algae; **boues rouges** = red mud; **la Croix-Rouge** = the Red Cross; **eaux rouges** = red sea *ou* red tide *ou* red waters; **globule rouge** = red blood cell; **Livre rouge (de L'IUCN, des espèces menacées de disparition)** = Red Data Book; **neige rouge** = red snow; **plomb rouge** = red lead ore

◇ **rougeur** *nf* redness

rouille *nf* **(a)** *(corrosion)* rust **(b)** *(maladie)* blight

◇ **rouiller** *vi* to rust

route *nf* highway; **(route) périphérique** = ring road; **route de contournement** = by-pass; **service des routes** = highways department

routier, -ière *adj* **axe routier** = trunk road; **réseau routier** = road system; **transport routier** = road transport

royaume *nm* kingdom; **le Royaume-Uni** = the United Kingdom

RSG = RAYONNEMENT SOLAIRE GLOBAL

rude *adj* hard; **un hiver rude peut causer la mort d'un grand nombre de petits oiseaux** = in a hard winter, many smaller birds may be killed

rudéral, -e, -aux *adj* ruderal

rudimentaire *adj* vestigial; **certains serpents ont gardé des pattes rudimentaires** = some snakes still have vestigial legs

ruisseau *nm* stream *ou* brook; *(en Ecosse)* burn; **petit ruisseau** = rill

ruissellement *nm* runoff; **le ruissellement des nitrates pollue les lacs et les cours d'eau** = nitrate runoff causes pollution of lakes and rivers; **les poissons sont très sensibles aux phosphates organiques contenus dans les eaux de ruissellement** = fish are extremely susceptible to runoff of organophosphates; **le ruissellement des engrais, par exemple des phosphates, peut provoquer des problèmes d'eutrophisation** = fertilizer runoff, such as runoff of phosphates, can cause problems of eutrophication; **eaux de ruissellement** = runoff waters; **ruissellement de surface** = overland flow

ruminant *nm* ruminant

rural, -e, -aux *adj* rural; **de nombreuses zones rurales ont été isolées à la suite des inondations** = many rural areas have been cut off by floods; **le gouvernement prépare un proojet d'électrification des zones rurales** the government is planning an electrification project for rural areas; **aménagement rural** = rural planning; **collectivités rurales** = farming communities; **exode rural** = rural migration; **génie rural** = agricultural engineering; **milieu rural** = rural environment; **parc rural** = country park

rustique *adj (plante)* hardy; **semi-rustique** = half-hardy

rythme *nm* rate *ou* rhythm; **si la déforestation continue à ce rythme, toutes les forêts vierges auront complètement disparu d'ici l'an 2020** = at this rate, all virgin rainforests will have been destroyed by the year 2020; **rythme circadien** = circadian rhythm; **rythme diurne** = diurnal rhythm

Ss

S *symbole chimique* = SOUFRE

sable *nm* sand; **barre de sable** = sandbar; **dunes de sable** = sand dunes; **plage de sable** = sandy beach; **sable asphaltique** = tar sands; **sable bitumineux** = bituminous sands; **sable pétrolifère** = oil sands; **sable corallien** = coral sand; **sable à gros grains** *ou* **grossier** = grit; **tempête de sable** = sandstorm

◇ **sablière** *nf* sandpit

sac *nm* bag; **sac à ordures** = litter-bag; **sac vitellin** = yolk bag

saccharine *nf* saccharin

Sahara *npr* Sahara; **le désert du Sahara** = the Sahara desert

◇ **saharien, -ienne** *adj* saharan; **en zone rurale, les réserves de bois à brûler sont en diminution dans de nombreux pays d'Afrique subsaharienne** = rural woodfuel supplies are falling in many countries of subsaharan Africa

Sahel *npr* Sahel

◇ **sahélien, -ienne** *adj* sahelian; **une sécheresse dans les régions sahéliennes** = a drought in the Sahelian regions

saillie *nf (roche)* projection; **être en saillie** = to project

sain, -e *adj* healthy; **c'est un métier sain que d'être agriculteur** = being a farmer is a healthy job; **si votre alimentation est saine et si vous faites beaucoup d'exercice, il n'y a aucune raison pour que vous tombiez malade** = if you eat a healthy diet and take plenty of exercise there is no reason why you should fall ill

saison *nf* season; **les végétaux croissent en suivant le rythme des saisons** = plants grow according to a seasonal pattern; **saison des amours** = breeding season; **saison de la chasse** = hunting season; **saison humide** = wet season; **saison de pâturage** = grazing season; **saison des pluies** = rainy season; **saison sèche** = dry season; **saison de végétation** = growing season

◇ **saisonnier, -ière** *adj* seasonal; **les précipitations annuelles ont des maxima et des minima saisonniers** = the annual rainfall has seasonal peaks and troughs; **changements saisonniers de température** = seasonal changes in temperature; **forêt tropicale à rythme saisonnier** = tropical seasonal forest; **zooplancton saisonnier** = temporary zooplankton

salant *adj* **marais salant** = salt marsh; **puits salant** = salt pan

sale *adj* foul; **eau sale** = foul water

salé, -e *adj* salt *ou* salty; **l'eau de mer est salée** = sea water is salt; **la transpiration a un goût salé** = sweat tastes salt; **eau salée** = salt water; **lac salé** = saline lake *ou* salt lake

salin, -e *adj* saline; **le sol des marais salants est salin** = salt marshes have a saline soil

◇ **salinisation** *nf* salination *ou* salinization

> la salinisation est une des causes de la désertification. Dans les régions où l'eau d'irrigation contient de grandes quantités de sels dissous, des techniques d'irrigation inappropriées et un drainage insuffisant provoquent l'accumulation de sels dans le sol, ce qui nuit aux cultures
>
> *Pour la science*

◇ **salinisé, -e** *adj* salinized

◇ **salinité** *nf* salinity; **l'accroissement de la salinité représente désormais un grave danger pour la santé** = rising salinity has now become a serious health hazard

◇ **salinomètre** *nm* salinometer

salmonelle *nf* Salmonella

◇ **salmonellose** *nf* Salmonella poisoning

salmoniculture *nf* salmon breeding

salmonidé *nm* salmonid

salubre *adj* sanitary; **cette ville est la plus salubre d'Angleterre** = this town is the healthiest place in England

◇ **salubrité** *nf* sanitary conditions

salure *nf* salinification

sanctuaire *nm* sanctuary

sang *nm* blood; **(animal) à sang chaud** = warm-blooded (animal); **analyse de sang** = blood test; **banque du sang** = blood bank; **composition** *ou* **constitution du sang** = blood chemistry *ou* chemistry of the blood

◇ **sanguin, -e** *adj* **cellule sanguine** = blood cell *ou* blood corpuscle; **coagulation sanguine** = blood coagulation; **courant sanguin** = blood stream; **groupe sanguin** = blood group; **plasma sanguin** = blood plasma; **sérum sanguin** = blood serum

sanitaire *adj* sanitary; **de mauvaises conditions sanitaires dans un endroit surpeuplé peuvent se traduire par une propagation de maladies** = poor sanitation in crowded conditions can result in the spread of disease; **les autorités sanitaires tentent de maîtriser l'épidémie** = the medical authorities are trying to control the epidemic; **eau chaude sanitaire** = domestic hot water (DHW); **éducation sanitaire** = health education; **mesures sanitaires** = sanitation control

santé *nf* health; **le conseil a déclaré que les fumées émises par l'usine représentaient un danger pour la santé publique** = the council said that fumes from the factory were a danger to public health; **les gens sont en meilleure santé qu'il y a cinquante ans** = people are healthier than they were fifty years ago; **inspecteur de la santé et de l'environnement** = Environmental Health Officer (EHO); **inspecteur de la santé publique** = Public Health Inspector; **risque pour la santé** = health hazard; **santé publique** = public health

sapelli *nm* sapele

sapin *nm* fir (tree); **sapin du Canada** = hemlock

sapro- *préf* sapro-

◇ **saprobie** *adj* saprobic

◇ **saprobionte** *nm* saprobe

◇ **saprogène** *adj* saprogenic *ou* saprogenous

◇ **saprophage** *adj&nm* saprophagous organism *ou* saprophage

◇ **saprophile** *adj* saprophilous

◇ **saprophyte** *adj&nm* saprophytic organism *ou* saprophyte

◇ **saproplancton** *nm* saproplankton

sargasse *nf (algue flottante de la mer des Sargasses)* gulfweed; **mer des Sargasses** = Sargasso Sea

satellite *nm* satellite; **la Lune est le seul satellite de la Terre** = the Moon is the Earth's only satellite

saturation *nf* saturation; **arrivée au point de saturation, l'humidité de l'air s'est transformée en pluie** = the moisture in the air reached saturation point and fell as rain; **point de saturation** = saturation point

◇ **saturer** *vtr* to saturate; **les nitrates ont migré du sol forestier, ce qui indique qu'il est saturé d'azote** = nitrates leached from forest soils, showing that the soils are saturated with nitrogen; **graisse saturée** = saturated fat; **saturé d'eau** = waterlogged

saturnisme *nm* lead poisoning *ou* plumbic poisoning *ou* plumbism *ou* saturnism

> on sait que le plomb est toxique et déclenche une maladie connue depuis l'Antiquité, le saturnisme. C'est, dans les Vosges, un problème de santé publique auquel on remédie en remplaçant les tuyaux en plomb par des tuyaux en fonte
>
> *Pour la science*

saule *nm* willow

saumâtre *adj* brackish

saumon *nm (poisson)* salmon

saumon de fonte *nm* pig iron

sauvage *adj* **(a)** wild; **oiseaux sauvages** = wildfowl; **riz sauvage** = wild rice **(b)** *(non contrôlé)* uncontrolled; **décharge sauvage** = uncontrolled dump site

sauvagine *nf* waterfowl

sauvegarde *nf* conservation *ou* preservation; **association pour la sauvegarde de l'environnement** = environment protection society; **sauvegarde des sites** = landscape preservation

savane *nf* savanna *ou* savannah; **savane arborée** = tree savannah; **savane froide** = cold savanna; **savane tempérée** = temperate savanna; **savane tropicale** = tropical savanna

schéma *nm* diagram *ou* layout; **le livre contient un schéma de la circulation des courants aériens** = the book gives a diagram of the movement of air currents

schiste *nm* schist *ou* shale; **schiste bitumineux** = bituminous shale *ou* oil shale

schistosome *nm* Schistosoma *ou* Bilharzia

◇ **schistosomiase** *nf* schistosomiasis *ou* bilharziasis

sciaphile *adj* shade-tolerant

sciaphyte *nf* shade plant

science *nf* science; **sciences de la mer** = marine sciences; **sciences naturelles** = natural sciences; **sciences de la terre** = geoscience; **spécialiste des sciences de la Terre** = geoscientist; **science des ultrasons** = ultrasonics; **sciences de la vie** = life sciences

scientifique 1 *adj* scientific **2** *nm&f* scientist

scion *nm* scion

sclérification *nf* cold hardening

sclérophylle *adj* sclerophyllous *ou* sclerophyll; **forêt sclérophylle** = sclerophyll forest

-scope *suf* -scope; **microscope** = microscope

scorbut *nm* scorbutus *ou* scurvy

◇ **scorbutique** *adj* scorbutic

scories *nfpl* cinders *ou* slag; **scories basiques** = basic slag

Se *symbole chimique* = SELENIUM

sec, sèche *adj* dry; **la rivière est complètement à sec en été** = the river dries up completely in summer; **culture sèche** = dry farming; **dépôts secs** = dry deposition; **géothermie sèche** = dry-steam geothermal energy *ou* dry geothermy; **matières organiques sèches** = dry organic matter (DOM); **pourriture sèche** = dry rot; **saison sèche** = dry season; **vapeur sèche** = dry steam

◇ **séchage** *nm* drying; **lit de séchage** = drying bed

◇ **séché, -e** *adj (bois)* seasoned; **l'industrie du bâtiment a besoin de grandes quantités de bois bien séché** = the construction industry needs large quantities of properly seasoned wood

◇ **sécher** *vtr* to desiccate *ou* to dry

sécheresse *nf* **(a)** *(naturelle)* dryness; **la sécheresse de l'air dans les très hautes montagnes** = the dryness of the atmosphere on very high mountains **(b)** *(pénurie d'eau)* drought; **des camions-citernes ont apporté de l'eau aux régions frappées par la sécheresse** = mobile water tanks have been bringing water to drought-stricken areas; **en période de sécheresse, les animaux brouteurs ont du mal à trouver de la nourriture** = it's hard for grazing animals to find enough to eat in drought conditions

second, -e *adj* second

◇ **secondaire** *adj* secondary; **corps** *ou* **substances secondaires** = secondary substances; **consommateurs secondaires** =

secondary consumers; **industrie secondaire** = secondary industry; **macroparticules secondaires** = secondary particulates; **minéraux secondaires** = secondary minerals; **résidence secondaire** = second home; **succession secondaire** = secondary succession; **traitement secondaire** = secondary treatment

◇ **seconde** *nf* second

secouriste *nm&f* aider *ou* aid worker

◇ **secours** *nm* aid; **premiers secours** = first aid

secousse *nf* tremor; **secousse sismique** = earth tremor

sécréter *vtr (glande)* to secrete

◇ **sécrétion** *nf* secretion

secteur sauvegardé *nm* conservation area

section *nf (diamètre)* bore; **pour le chauffage central, on utilise des tuyaux de cuivre de petite section** = the central heating uses small-bore copper piping

sécurité *nf* **(a)** safety; **prendre des mesures de sécurité** = to take safety precautions; **en toute sécurité** = safely; **ceinture de sécurité** = safety belt; **norme de sécurité** = safe dose; **loi sur l'hygiène et la sécurité au travail** = Health and Safety at Work Act; **périmètre de sécurité** = safety zone **(b)** *(protection sociale)* security; **Sécurité sociale** = The Health Service

sédentaire *adj* sedentary; **les cultivateurs sédentaires vivent dans le sud du pays** = settled cultivators live in the south of the country

sédiment *nm* deposit *ou* sediment; **cycle des sédiments** = sedimentary cycle; **sédiment continental** = continental sediment; **sédiments fluviaux** = fluvial *ou* fluviatile deposits; **sédiments limniques** = lake deposits; **sédiment marin** = marine sediment; **sédiment pélagique** = pelagic sediment; **sédiment de rivage** = beach sediment

◇ **sédimentaire** *adj* sedimentary; **formation sédimentaire** = sedimentary deposit; **roche sédimentaire** = sedimentary rock

◇ **sédimentation** *nf* sedimentation; **bassin de sédimentation** = sedimentation tank; **vitesse de sédimentation** = sedimentation rate

seiche *nf (d'un lac)* seiche

seigle *nm* rye

séisme *nm* earthquake *ou* seism

◇ **séismicité** *ou* **sismicité** *nf* seismicity

◇ **séismique** *ou* **sismique** *adj* seismic; **onde sismique** = seismic wave; **secousse sismique** = earth tremor

◇ **séismographe** *ou* **sismographe** *nm* seismograph

◇ **séismologie** *ou* **sismologie** *nf* seismology; **séismologie appliquée** = reflection seismology

◇ **séismologique** *ou* **sismologique** *adj* seismological; **il est urgent d'installer une station sismologique au centre** = the center urgently needs seismological equipment

◇ **séismologue** *ou* **sismologue** *nm&f* seismologist

◇ **séismomètre** *ou* **sismomètre** *nm* seismometer

◇ **séismonastie** *ou* **sismonastie** *nf* seismonasty

◇ **séismonastique** *ou* **sismonastique** *adj* seismonastic

sel *nm* salt; **un apport d'engrais trop riche en sels minéraux à une terre naturellement salée la rend impropre à la culture** = excess minerals in fertilizers combined with naturally saline grounds make the land so salty that it can no longer produce crops; **cuvette à sel** = salt pan; **dôme de sel** = salt dome; **régime sans sel** = salt-free diet; **sel de l'acide cyanhydrique** = cyanide; **sel de cuisine** = common salt; **sel sodique** = sodium salt; **sous-sel** = basic salt

> l'eau d'irrigation contient parfois 3,5 grammes de sel par litre. Comme on déverse 6000 à 9500 mètres cubes d'eau par hectare et par an, jusqu'à 33 tonnes de sel peuvent s'accumuler annuellement sur chaque hectare
>
> *Pour la science*

sélectionner *vtr* to select; **on sélectionne les plantes les plus résistantes pour améliorer la variété** = the strongest plants are selected for further breeding

◇ **sélectif, -ive** *adj* selective; **herbicide sélectif** = selective herbicide

◇ **sélection** *nf* selection; **sélection artificielle** = artificial selection; **sélection naturelle** = natural selection

sélénium *nm* selenium
NOTE: symbole chimique **Se;** nombre atomique **34**

semencier *nm* seed tree

semer *vtr* to sow; **on a coupé les arbres de la zone boisée et on y a semé des graines de pins** = the area of woodland was cut and then seeded with pines

semi- *préf* semi-; **semi-aride** = semi-arid; **semi-hectare (= 0,4047 ha)** = acre; **semi-perméable** = semi-permeable; **plante semi-rustique** = half-hardy plant; **colonie semi-sociale** = semi-social colony

sens *nm (organes)* sens; **organes des sens** = sensory organs

sensibiliser *vtr* to sensitize

◇ **sensibilité** *nf* sensitivity

◇ **sensible** *adj* sensitive; **les feuilles de cette plante sont sensibles au gel** = the leaves of the plant are sensitive to frost; **ce tremblement de terre, de faible amplitude, n'a été enregistré que sur les appareils les plus sensibles** = the earthquake was a small one and only registered on the most sensitive equipment

sensitif, -ive *adj* **(a)** *(plante)* sensitive **(b)** *(nerf)* sensory

◇ **sensitivité** *nf* sensitivity

sensoriel, -ielle *adj* sensory; **adaptation sensorielle** = sensory adaptation

sentier *nm* footpath *ou* trail; **sentier de nature** = nature trail; **des sentiers de grande randonnée ont été aménagés dans les régions montagneuses** = long-distance footpaths have been created through the mountain regions

sépale *nm* sepal

séparateur *nm* separator; **séparateur de raffinerie** = refinery separator

◇ **séparatif, -ive** *adj* separate; **réseau d'égouts séparatif** = separate system

◇ **séparé, -e** *adj* separate

septique *adj* septic; **boues (d'égout) septiques** = septic sludge; **fosse septique** = septic tank

séquoia *nm* redwood *ou* sequoia

sériciculture *nf* silk culture

série *nf (de plantes)* sere; **série primaire** = primary sere

serre *nf* greenhouse; **effet de serre** = greenhouse effect; **gaz (à effet) de serre** = greenhouse gases

sérum antivenin *nm* antivenene *ou* antivenom (serum)

service *nm* **(a)** department *ou* service; **service municipal d'hygiène** = *US* Board of Health; **service public** = public utility; **service des routes** = highways department; **service de l'urbanisme** = town planning service **(b)** *(d'un hôpital)* **service des contagieux** = isolation ward; **service des urgences** = emergency ward

sessile *adj* sessile

seuil *nm* threshold; **son seuil d'audition est bas** = she has a low hearing threshold; **la population va rapidement atteindre un seuil critique si on ne prend aucune mesure pour l'empêcher de disparaître** = the population will rapidly reach a critical threshold if steps are not taken to protect it from extinction; **seuil d'audition** = hearing threshold; **seuil critique** = critical threshold; **seuil de douleur** = pain threshold; **seuil de nocivité** = damage threshold; **seuil de nuisance** = nuisance threshold; **seuil de perception acoustique** = audibility threshold; **seuil de perturbation** = disturbance threshold; **seuil de toxicité** = toxic threshold

> la législation française fixe à 85 décibels (dBA) pendant 40 heures le seuil d'alerte hebdomadaire. Les employeurs doivent mettre des moyens de protection à la disposition des ouvriers. A partir de 90 dBA, c'est le 'seuil de danger', avec le port obligatoire de protection
> *Lettre de l'Entente européenne pour l'environnement*

sève *nf* sap; **plein de sève** = sappy; **sève brute** = crude sap; **sève élaborée** = elaborated sap

Seveso *npr* Seveso
NOTE: ville d'Italie où une fuite de dioxine a provoqué une énorme catastrophe en 1976

sexe *nm* sex; **dans la population, les nombres relatifs des deux sexes ne sont pas égaux, car il naît plus de garçons que de filles** = the relative numbers of the two sexes in the population are not equal, more males being born than females; **détermination du sexe** = sex determination

◇ **sex-linked** *adj* sex-linked

◇ **sexologie** *nf* sexology

◇ **sexué, -e** *adj* **reproduction sexuée** = sexual reproduction

◇ **sexuel, -uelle** *adj* sexual; **une étude du comportement sexuel des phalènes** = a study of the sexual behaviour of moths; **attractif sexuel** = sexual attractant; **chromatine sexuelle** = sex chromatin; **chromosome sexuel** = sex chromosome; **hormones sexuelles** = sex hormones; **organes sexuels** = sex *ou* sexual organs

Si *symbole chimique* = SILICIUM

SI = SYSTEME INTERNATIONAL **unités SI** = SI units

siccatif *nm* desiccant

sidérurgie *nf* iron and steel industry

◇ **sidérurgique** *adj* **usine sidérurgique** = ironworks

sievert *nm* sievert

signaler *vtr* to notify; **le médecin de quartier a signalé le cas de choléra à la Sécurité sociale** = the local doctor notified the Health Service of the case of cholera

significatif, -ive *adj* significant; **de manière significative** = significantly

silencieux *nm* silencer

silice *nf* silica

◇ **silicate** *nm* silicate

◇ **silicium** *nm* silicon
NOTE: symbole chimique **Si;** nombre atomique **14**

◇ **silicose** *nf* silicosis

sillon *nm* furrow

silo *nm* silo; **silo de stockage** = storage bin

similitude *nf* similarity; **indice de similitude** = similarity coefficient

siréniens *nmpl* Sirenians

sirocco *nm* sirocco

sismicité *nf* = SEISMICITE

sismique *adj* = SEISMIQUE

sismographe *nm* = SEISMOGRAPHE

sismologie *nf* = SEISMOLOGIE

sismologique *adj* = SEISMOLOGIQUE

sismologue *nm&f* = SEISMOLOGUE

sismomètre *nm* = SEISMOMETRE

sismonastie *nf* = SEISMONASTIE

sismonastique *adj* = SEISMONASTIQUE

site *nm* area *ou* location *ou* site; **le choix du site de décharge a provoqué beaucoup de controverses** = the siting of the refuse tip has caused a lot of controversy; **la zone située autour du site d'essais nucléaires est interdite au public** = the area around the nuclear test site is closed to the public; **on a trouvé sur le site des substances chimiques dangereuses, parmi lesquelles de l'arsenic, du plomb, du mercure et du cyanure** = hazardous chemicals found on the site include arsenic, lead, mercury and cyanide; **sauvegarde des sites** = landscape preservation; **site classé** = Conservation Area; **site de décharge** = landfill site *ou* tip; **site d'enfouissement** = burial site; **site d'intérêt scientifique** = Site of Special Scientific Interest (SSSI); **site naturel classé** = Area of Outstanding Natural Beauty (AONB); **site de nidification** = nesting site

◇ **situer** *vtr* to site; **la zone de nidification est située sur la paroi ouest de la falaise** = the nesting area is sited on the west side of the cliff

smog *nm* smog; **smog photochimique** = photochemical smog; **la ville était envahie par le smog** = the town was covered in a blanket of smog

> le smog, contraction des mots anglais smoke et fog, brouillard photochimique qui baigne les villes, est un mélange de gaz nocif qui se forme dans la basse troposphère lorsque le rayonnement solaire agit sur les oxydes d'azote et les hydrocarbures des gaz d'échappement des automobiles
>
> *Pour la science*

Sn *symbole chimique* = ETAIN

social, -e, -aux *adj* social; **animaux sociaux** = social animals; **carnivores sociaux** = social carnivores; **catégorie sociale** = social group; **coût social** = social cost; **médecine sociale** = social medicine; **parasite social** = social parasite; **Sécurité sociale** = The Health Service

société *nf* society; **Société royale pour la protection des oiseaux** = Royal Society for the Protection of Birds (RSPB); **Société Audubon (de protection de la nature et plus particulièrement des oiseaux)** = *US* Audubon Society; **societé de consommation** = consumer society

sociologie *nf* sociology

socle *nm (géologie)* basement

sodium *nm* sodium; **chlorate de sodium** = sodium chlorate; **chlorure de sodium** = sodium chloride

NOTE: symbole chimique **Na;** nombre atomique **11**

◇ **sodique** *adj* **sel sodique** = sodium salt

soie *nf* silk

soja *nm* soya; **graine de soja** = soybean *ou* soyabean

sol *nm* floor *ou* ground *ou* land *ou* soil; **au niveau du sol** = (at) ground level; **le sol de la forêt est couvert de végétaux en décomposition** = the forest floor is covered with decaying vegetation; **amendement des sols** = soil improvement; **carte des sols** = soil map; **concentration au niveau du sol** = ground level concentration; **conservation des sols** = soil conservation; **drainage des sols** = soil drainage; **échantillon de sol** = soil sample; **enfouissement dans le sol** = land burial; **épuisement des sols** = soil depletion; **érosion des sols** = soil erosion; **flore du sol** = soil flora; **occupation du sol** = land use; **plan d'amélioration des sols** = land improvement scheme; **sol calcimorphe** = calcimorphic soil; **sol de couverture** = soil cover; **sol désertique** = desert soil; **sol halomorphique** = halomorphic soil; **sol hydromorphe** = hydromorphic soil; **sols noirs** = black earth *ou* tchernoziom; **sol pauvre** = poor soil; **sol riche** = rich soil

solaire *adj* solar; **capteur solaire** = solar collector; **cuisinière solaire** = solar cooker; **énergie solaire** = solar energy *ou* solar-generated energy *ou* solar power; **(pompe) à énergie solaire** = solar-generated (pump); **facule solaire** = solar flare; **panneau solaire** = solar panel; **pile solaire** = solar cell; **pompe à vapeur solaire** = solar-generated steam pump; **rayonnement solaire** = solar radiation; **séchoir solaire** = solar drier; **système solaire** = solar system; **taches solaires** = sunspots

◇ **solarisation** *nf* solarization

Soleil *nm* **(a)** *(astre)* sun; **coucher du Soleil** = sunset; **éclipse de Soleil** = solar eclipse; **lever du Soleil** = sunrise **(b)** *(lumière)* sunlight *ou* sunshine; **il est allergique au soleil** = he is allergic to sunlight; **au soleil** = in the sun *ou* in the sunshine; **coup de soleil** = sunburn; **lunettes de soleil** = sunglasses

solide *adj (non liquide)* solid; **aliments solides** = solid food *ou* solids; **déchets solides** = solid waste

◇ **se solidifier** *vpr* to solidify; **le gaz carbonique se solidifie à basse température** = carbon dioxide solidifies at low temperatures; **lorsqu'il gèle, l'eau se solidifie** = water turns solid when it freezes

◇ **solidification** *nf* solidification

solstice *nm* solstice; **solstice d'été** = summer solstice; **solstice d'hiver** = winter solstice

soluble *adj* soluble; **soluble dans l'alcool** = soluble in alcohol; **soluble dans l'eau** = water-soluble; **soluble dans la graisse** = fat-soluble *ou* liposoluble

◇ **soluté** *nm* solute

◇ **solution** *nf* solution; **solution physiologique** = normal saline solution

solum *nm* solum

solution tampon *nf* buffer

solvant *nm* solvent

sombrer *vi* to sink

sommeil *nm* sleep; **volcan en sommeil** = dormant *ou* quiescent volcano

sommet *nm* peak

son *nm* **(a)** *(du blé)* bran **(b)** sound; **mur du son** = sound barrier

◇ **sonar** *nm* sonar

sondage *nm* **(a)** *(enquête)* survey; **enquête par sondage** = sample survey; **sondage d'opinion** = public opinion survey **(b)** *(exploration)* **sondage par ultrasons** = echosounding

sonde *nf* probe; **sonde acoustique** = echosounder; **sonde atmosphérique** = sonde; **sonde spatiale** = spatial probe; **trou de sonde** = borehole

◇ **sonder** *vtr (explorer)* to probe

sonique *adj* sonic

sonore *adj* **(a)** *(son)* **onde sonore** = sound wave; **source sonore** = sound source **(b)** *(bruit)* **l'usine a annoncé que le niveau sonore serait réduit au minimum** = the factory has announced plans to keep noise levels down to a minimum; **environnement sonore** = noise environment; **niveau sonore** = noise level

> selon le Centre d'information et de documentation de l'Assurance, les agressions sonores seraient à l'origine directe de 20% des hospitalisations psychiatriques
> *Lettre de l'Entente européenne pour l'environnement*

sorgho *nm* sorghum

sortie *nf (orifice)* outlet

soubassement *nm* basement *ou* bedrock

souche *nf* **(a)** *(d'arbre)* stump **(b)** *(greffe)* rootstock; **souche naine** = dwarfing rootstock **(c)** *(de bactéries)* strain; **souche bactérienne** = stock culture

soude *nf* soda; **hydrate de soude** = sodium hydroxide; **soude caustique** = caustic soda

souffle *nm* blow

◇ **souffler** *vi (vent)* to blow; **le vent soufflait fort au sommet de la montagne** = it was blowing hard on the top of the mountain; **souffler en rafales** = to gust; **la Météorologie nationale annonce des vents soufflant en rafales pouvant atteindre 140 km/heure** = the met office is forecasting winds gusting to 90 miles an hour

souffrir (de) *vtr* to suffer (from); **la ville souffre de la pollution provenant de l'usine de produits chimiques voisine** = the town suffers from pollution from the nearby chemical works; **toute la région souffre de la sécheresse** = the whole region is suffering from drought

soufre *nm* sulphur; *US* sulfur; **cycle du soufre** = sulphur cycle; **dioxyde de soufre** = sulphur dioxide; **oxydes de soufre** = sulphur oxides; **teneur en soufre** = sulphur content; **trioxyde de soufre** = sulphur trioxide
NOTE: symbole chimique **S;** nombre atomique **16**

> la haute teneur en soufre du charbon brûlé en Pologne (celui de meilleure qualité est réservé à l'exportation) explique la pollution record du pays
> *l'Express*

source *nf* **(a)** *(origine)* source; **les roches chaudes constituent une source d'énergie potentielle** = hot rocks are a potential energy source; **les végétaux ont tendance à se tourner vers la source lumineuse** = plants tend to turn towards the source of light **(b)** *(émission ou production)* **source d'émission** = emitter; **une importante source de pollution** = a heavy emitter; **source de froid** = heat sink; **les océans, sources de froid, pourraient retarder le réchauffement de la planète** = the oceans may delay global warming by acting as a heat sink **(c)** *(d'une rivière)* source; **le Nil prend sa source dans les montagnes d'Ethiopie** = the source of the Nile is in the mountains of Ethiopia **(d)** *(point d'eau)* spring; **les premiers colons ont trouvé des sources d'eau douce dans les montagnes** = the first settlers found springs of fresh water in the mountains; **source souterraine** = underground spring; **source thérapeutique** = medicinal spring; **source thermale** = thermal spring

◇ **sources** *nfpl (amont)* headwaters

sous- *préf* under-

◇ **sous-alimentation** *nf* malnutrition *ou* starvation

◇ **sous-alimenté, -e** *adj* underfed *ou* undernourished; **être sérieusement sous-alimenté** = to be on a starvation diet

◇ **sous-bois** *nm* undergrowth *ou* underwood

◇ **sous-classe** *nf* subdivision

◇ **sous-continent** *nm* subcontinent; **le sous-continent indien** = the Indian subcontinent

◇ **sous-couche** *nf* substratum

◇ **sous-espèce** *nf* subspecies

◇ **sous-étage** *nm* understorey

◇ **sous-marin, -e** *adj* submarine; **coraux formant des récifs sous-marins** = corals forming submarine reefs; **les coquillages et crustacés se rassemblent autour des évents sous-marins chauds** = shellfish collect round warm submarine vents; **fond sous-marin** = ocean bottom *ou* floor

◇ **sous-production** *nf* underproduction

◇ **sous-produit** *nm* by-product

◇ **sous-sol** *nm* subsoil

souterrain, -e *adj* underground; **les renards vivent dans des trous souterrains** = foxes live in underground holes; **un essai nucléaire souterrain a été effectué sur le site d'essai situé dans le désert** = an underground nuclear test was carried out at the desert test site; **eau souterraine** = subsoil water; **source souterraine** = underground spring

spath *nm* spath

spécial, -e, -aux *adj* special

◇ **spécialisation (a)** *nf* specialization **(b)** *(d'un organisme)* profession

◇ **se spécialiser (dans)** *vpr* to specialize (in)

◇ **spécialiste 1** *adj* **espèce spécialiste** = specialist **2** *nm&f* specialist; **ils ont fait appel à un spécialiste de la contamination pour étudier le problème** = they have called in a contamination specialist to study the problem; **spécialiste de l'environnement** = environmentalist

◇ **spécialité** *nf* speciality

spéciation *nf* speciation

spécificité *nf* specificity; **spécificité parasitaire** = host specificity; **les parasites ont pour spécificité de vivre aux dépens d'un nombre limité d'hôtes seulement** = parasites show specificity in that they live on only a certain limited number of hosts

spécifique *adj* **(a)** *(caractéristique)* specific; **chaleur spécifique** = specific heat; **humidité spécifique** = specific humidity **(b)** *(se rapportant à une espèce)* specific; **nom spécifique** = specific name

spécimen *nm* specimen; **on trouve encore cinq spécimens de saumon dans les rivières de montagne** = five specimens of salmon can still be found in the mountain rivers; **spécimens botaniques** = botanical specimens

spectre *nm* spectrum; **antibiotiques à large spectre** = broad spectrum antibiotics

◇ **spectrographie** *nf* spectrography

◇ **spectroscope** *nm* spectroscope

sperme *nm* sperm; **banque de sperme** = sperm bank

◇ **spermatide** *nf* spermatid

◇ **spermatique** *adj* spermatic

◇ **spermatocyte** *nf* spermatocyte

◇ **spermatogenèse** *nf* spermatogenesis

◇ **spermatogonie** *nf* spermatogonium

◇ **spermatozoïde** *nm* spermatozoon *ou* sperm

◇ **spermicide** *nm* spermicide

◇ **spermogramme** *nm* sperm count

sphaigne *nf* sphagnum; **tourbière à sphaigne** = sphagnum peat

sphère *nf* globe; **sphère technologique** = technosphere

spirochète *nm* spirochaete

◇ **spirochétose** *nf* tick fever

spore *nf* spore; **agent destructeur de spores** = sporicide; **destructeur de spores** = sporicidal

◇ **sporozoaire** *nm* sporozoon

squelette *nm* skeleton

◇ **squelettique** *adj* skeletal

Sr *symbole chimique* = STRONTIUM

stabiliser *vtr* to stabilize; **on a planté des oyats pour stabiliser les dunes** = marram grass was planted on the sand dunes to stabilize them

◇ **stabilisant** *nm* stabilizing agent

◇ **stabilisateur** *nm* stabilizer

◇ **stabilisation** *nf* stabilization; **étang de stabilisation** = stabilization lagoon

◇ **stabilité** *nf* stability

◇ **stable** *adj* stable; **dans certaines régions d'Asie du Sud-Est, les températures restent stables pendant la plus grande partie de l'année** = in parts of South East Asia temperatures remain stable for most of the year; **climax stable** = stable climax; **composé stable** = stable compound; **corps stable** = stable substance; **population stable** = stable population

stagnant, -e *adj* lentic

stalactite *nf* stalactite

◇ **stalagmite** *nf* stalagmite

standardisation *nf* standardization

◇ **standardiser** *vtr* to standardize

stannifère *adj* tin-bearing; **gîte stannifère** = tin deposit

staphylocoque *nm* staphyloccocus

◇ **staphylococcie** *nf* staphylococcal poisoning

stase *nf* stasis

station *nf* installation; **station d'épuration** = purification plant; **station d'épuration des eaux usées** = sewage treatment plant *ou* waste water treatment plant; **station géothermique** = geothermal installation; **station météorologique** = weather station; **station de traitement de l'eau** = waterworks

statique *adj* static; **électricité statique** = static electricity

statistiques *nfpl* statistics; **statistiques établies à partir d'informations recueillies dans plusieurs stations de contrôle** = statistics based on information gathered from several monitoring stations; **statistiques démographiques** = vital statistics

sténo- *préf* steno-

◇ **sténohalin, -e** *adj* stenohaline

◇ **sténotherme** *adj* stenotherme
NOTE: antonymes **euryhalin** et **eurytherme**

steppe *nf* short-grass prairie

stérile *adj (sans bactéries)* sterile; *(infécond)* infertile *ou* sterile

◇ **stérilisation** *nf ((i) action de rendre infécond; (ii) de tuer les bactéries)* sterilization

◇ **stérilisé, -e** *adj ((i) rendu infécond; (ii) sans bactéries)* sterilized; **le lait était vendu dans des bouteilles non stérilisées** = the milk was sold in unsterilized bottles

◇ **stériliser** *vtr ((i) rendre infécond; (ii) tuer les bactéries)* to sterilize; **avant de faire de la culture intensive sous serre, il faut stériliser le sol** = the soil needs to be sterilized before being used for intensive greenhouse cultivation

◇ **stérilité** *nf (absence de bactéries)* sterility; *(infécondité)* infertility *ou* sterility

sterne *nf* tern

stimulant *nm* stimulant; **stimulant de croissance** = growth stimulant

◇ **stimuler** *vtr* to stimulate

◇ **stimulus** *nm* stimulus

stipe *nm* culm

stock *nm* **(a)** *(banque)* pool; **stock génétique** = genetic pool **(b)** *(provisions ou réserves)* stock; **stocks d'intervention** = intervention stocks

◇ **stockage** *nm* storage; **silo de stockage** = storage bin; **zone de stockage** = storage area; **stockage de la chaleur** = heat storage; **stockage de l'énergie** = energy storage

◇ **stocker** *vtr* to store; **le problème de l'énergie éolienne est de savoir comment stocker l'électricité produite si on en a besoin quand il n'y a pas de vent** = the problem of wind power is the question of storage of electricity for use when there is no wind

stomate *nm* stoma

strate *nf* stratum

◇ **stratification** *nf* bedding *ou* stratification

◇ **stratifié, -e** *adj* stratified

◇ **stratigraphie** *nf* stratigraphy; **stratigraphie glaciaire** = glacial stratigraphy

stratocumulus *nm inv* stratocumulus

stratopause *nf* stratopause

stratosphère *nf* stratosphere

◇ **stratosphérique** *adj* stratospheric; **les CFC sont responsables des dégâts causés à l'ozone de la couche stratosphérique de la Terre** = CFCs are responsible for the damage in the earth's atmospheric zone

stratus *nm inv* stratus

> le stratus, qui veut dire 'couche' en latin, est un nuage bas présentant une couche uniforme grise. S'il est en contact avec le sol, il forme le brouillard
>
> *Science illustrée*

streptocoque *nm* streptococcus

◇ **streptococcique** *adj* streptococcal

stress *nm* stress; **stress acide** = acid stress; **stress anthropogène** = human-induced stress

◇ **stresser** *vtr* to stress

strie *nf* striation; **stries glaciaires** = glacial striations

strontium *nm* strontium; **strontium radioactif** = strontium-90 *ou* radioactive strontium

NOTE: symbole chimique **Sr**; nombre atomique **38**

structure *nf* structure; **structure écologique** = ecological structure; **structure monoclinale** = monocline; **structure d'un peuplement** = population structure; **structure du sol** = soil structure

◇ **structural, -e, -aux** *adj* structural; **géologie structurale** = structural geology

subarctique *adj* subarctic; **régions subarctiques** = subarctic regions

subclimax *nm* subclimax

subdominant, -e *adj* subdominant

subduction *nf* subduction

suber *nm* cork

◇ **subéreux, -euse** *adj* corky

sublimation *nf* sublimating *ou* sublimation

◇ **sublimé** *nm* sublimate

◇ **sublimer** *vtr (un solide)* to sublimate

submerger *vtr* to submerge; **la côte est dangereuse car il y a des rochers submergés près du port** = the coast is dangerous, with submerged rocks near the harbour

subsidence *nf* subsidence; **inversion de subsidence** = subsidence inversion

subsistance *nf* subsistence; **ration de subsistance** = maintenance ration *ou* subsistence food

substance *nf* substance; **les substances toxiques rejetées dans l'atmosphère** = toxic substances released in the atmosphere; **besoin en substances nutritives** = nutrient requirement; **cycle des substances nutritives** = nutrient cycle; **extraction des substances nutritives** = nutrient stripping; **résidus de substance chimique** = chemical residue; **substance cancérigène** *ou* **cancérogène** = carcinogen; **substance chimique** = chemical substance *ou* chemical; **substance nutritive** = nutrient; **substance tampon** = buffer; **substance tératogène** = teratogen; **substance toxique** = toxic substance

substituer *vtr* to substitute

◇ **substitut** *nm* substitute

◇ **substitution** *nf* substitution; **effet de substitution** = substitution effect; **sources d'énergie de substitution** = alternative sources of energy

substrat *nm* substrate

subtropical, -e, -aux *adj* subtropical; **les îles jouissent d'un climat subtropical** = the islands enjoy a subtropical climate; **les plantes subtropicales poussent dans les endroits abrités de la côte** = subtropical plants grow in the sheltered parts of the coast; **anticyclone subtropical** = subtropical high

subvenir (aux besoins de) *vtr* to sustain; **cette terre est assez fertile pour subvenir aux besoins d'une grande variété de faune et de flore** = the land is fertile enough to sustain a wide variety of fauna and flora

subvention *nf* grant *ou* subsidy

suc *nm (plante)* sap; **sucs gastriques** = gastric juices

succédané *nm* substitute; **succédané de sucre** = sugar substitute

succession *nf* succession; **succession biotique** = biotic succession; **succession écologique** = ecological succession; **succession primaire** = primary succession; **succession secondaire** = secondary succession

◇ **successif, -ive** *adj* successive

succulence *nf* succulence

◇ **succulent, -e** *adj* succulent

sucre *nm* sugar; **sans sucre** = sugar-free

sud *nm* south; **le typhon se déplace vers le sud, à une vitesse de 25 noeuds** = the typhoon is moving in a southerly direction at 25 knots; **hémisphere Sud** = southern hemisphere; **pôle Sud** = South Pole; **vents du sud** = the southerlies

suffrutescent, -e *adj* suffruticose *ou* suffructescent

suie *nf* smut *ou* soot; **la ville était recouverte de suie provenant de l'incendie de l'entrepôt de pétrole** = smuts from the oil depot fire covered the town; **législation sur les émissions de suie** = legislation to control soot emission; **suie acide** = acid soot

suinter *vtr (liquide)* to ooze *ou* to seep; **des substances chimiques ont suinté du récipient** = chemicals seeped out of the container

sulfate *nm* sulphate; *US* sulfate; **sulfate de diméthyle** = dimethyl sulphate

◇ **sulfite** *nm* sulphite; *US* sulfite

◇ **sulfonateur** *nm* sulphonator; *US* sulfonator

◇ **sulfonation** *nf* sulphonation; *US* sulfonation

◇ **sulfure** *nm* sulphide; *US* sulfide; **sulfure de cadmium** = cadmium sulphide; **sulfure de cuivre** = copper sulphide; **sulfure d'hydrogène** = hydrogen sulphide

◇ **sulfurique** *adj* sulphuric; *US* sulfuric; **acide sulfurique** = sulphuric acid; *US* sulfuric acid

superfertilisation *nf* over-fertilization

superficie *nf* area; *(en acres)* acreage; **pour obtenir la superficie du champ, il faut multiplier la longueur par la largeur** = to measure the area of the field you must multiply the length by the width; **superficie cultivable** = cultivable acreage

superficiel, -ielle *adj* superficial; **couche superficielle du sol** = surface soil; **dérive superficielle** = surface drift; **eaux superficielles** = surface waters

supérieur, -eure *adj* superior; **la concentration en éléments radioactifs des déchets était supérieure au maximum autorisé par le gouvernement** = the concentration of radioactive material in the waste exceeded the government limits

superordre *nm* superorder

superorganisme *nm* superorganism

superphosphate *nm* superphosphate

supersonique *adj* supersonic; **bang supersonique** = sonic boom *ou* supersonic boom

superstructure *nf* superstructure

supra- *préf* supra-; **supraconductivité** = supraconductivity

sûr, -e *adj* safe

surchauffé, -e *adj* overheated; *(vapeur d'une centrale)* superheated

◇ **surchauffeur** *nm (d'une centrale)* superheater

sûreté *nf* safety *ou* security; **zone de sûreté** = safety zone

surexploitation *nf* overexploitation; **la surexploitation a réduit de moitié les réserves de hareng** = overexploitation has reduced herring stocks by half

◇ **surexploité, -e** *adj (terre)* overcultivated

◇ **surexploiter** *vtr* to overexploit; **la terre tout comme la mer est surexploitée** = we overexploit land in the same way as we overexploit the sea; **les terres irriguées destinées aux cultures de rapport risquent d'être surexploitées** = irrigated land given over to cash crops can be overexploited

> pour essayer de rembourser leurs créditeurs, les pays du tiers-monde sont acculés à surexploiter leurs ressources naturelles
>
> *Géo*

surface *nf* surface; **évaporation de surface** = surface evaporation; **eaux de surface** = surface waters; **vent de surface** = surface wind; **surface cultivable** = cultivable acreage

surfactant *nm* surface-active agent

surfusion *nf* supercooling

surgélation *nf* deep-freezing

surgénérateur *nm* fast (breeder) reactor (FBR)

surpâturage *nm* overgrazing

surpêche *nf* overfishing; **la surpêche a provoqué la diminution des réserves de harengs** = herring stocks have been reduced by overfishing

surpopulation *nf* over-population

surproduction *nf* overproduction; **les montagnes de viande de boeuf et les énormes stocks de vin sont le résultat de la surproduction dans la Communauté européenne** = beef mountains and wine lakes are caused by overproduction in the EC

sursaturé, -e *adj* supersaturated

surveiller *vtr* to monitor; **les scientifiques surveillent la pollution atmosphérique depuis les dix dernières années** = scientists have been monitoring air pollution for the last ten years

◇ **surveillance** *nf* monitoring

survivre *vtr* to survive; **ils ont survécu une nuit en montagne sans nourriture** = they survived a night on the mountain without food; **les poissons peuvent survivre un certain temps dans l'eau glacée** = fish can survive for some time in frozen water

◇ **survie** *nf* **(a)** survival; **table de survie** = life table *ou* survival table; **taux de survie** = survival rate; **le taux de survie des nouveau-nés a commencé à baisser** = the survival rate of newborn babies has begun to fall; **la survie des plus aptes** = the survival of the fittest **(b)** survivorship; **courbe de survie** = survivorship curve

◇ **survivant** *nm* survivor

suspension *nf* suspension; **matières en suspension** = suspended matter; **un aérosol de particules en suspension** = an aerosol of suspended particles

Sv = SIEVERT

sycomore *nm* sycamore

sylvicole *adj* silvicolous *ou* silvicultural

◇ **sylviculture** *nf* forestry *ou* silviculture

symbiose *nf* symbiosis; **en symbiose** = symbiotically

◇ **symbiote** *nm* symbiont

◇ **symbiotique** *adj* symbiotic; **relation symbiotique** = symbiotic relationship

symphile *nm* symphile

◇ **symphilie** *nf* symphilism *ou* symphily

symptôme *nm* symptom

◇ **symptomatique** *adj* symptomatic

◇ **symptomatologie** *nf* symptomatology

syncline *nm* syncline

◇ **synclinal, -e, -aux** *adj* synclinal

syndrome *nm* syndrome; **syndrome chinois** = China syndrome

> la fusion d'un réacteur nucléaire peut conduire à ce que les spécialistes appellent le "syndrome chinois": le coeur s'enfonce dans la terre jusqu'à une profondeur de quelques dizaines de mètres. C'est la raison pour laquelle avait été installée à Tchernobyl une paroi en béton située sous les fondations mêmes du réacteur
>
> *Science illustrée*

synécologie *nf* bioecology *ou* synecology

synergie *nf* synergism

◇ **synergiste** *nm* synergist

synthèse *nf* synthesis; **roche de synthèse** = synroc

◇ **synthétique** *adj* synthetic

◇ **synthétiser** *vtr* to synthesize; **on ne peut synthétiser des acides aminés essentiels** = essential amino-acids cannot be synthesized; **l'organisme ne peut faire la synthèse des acides gras essentiels qui doivent donc lui être apportés dans l'alimentation** = the body cannot synthesize essential fatty acids and has to absorb them from food

synusie *nf* synusia

systématique **1** *adj* systematic; **radiographies systématiques et généralisées** = mass radiography **2** *nf* systematics

système *nm* system; **des systèmes de mesure de radiation ont été installés sur le site** = they have installed devices for measuring radiation on the site; **système ABO** = ABO system; **système de castes** = caste system; **système fluvial** = river system; **système économique mixte** = mixed economy; *(météo)* **système de fronts** = frontal system; **système immunitaire** = immune system; **système de planification économique** = planned economy; **système nerveux central** = central nervous system (CNS); **système de quotas** = quota system; **le système solaire** = the solar system

systémique *adj* systemic; **fongicide systémique** = systemic fungicide; **herbicides systémiques** = translocated herbicides; **insecticide systémique** = systemic insecticide

Tt

T = TERA-

Ta *symbole chimique* = TANTALE

tabac *nm* tobacco

◇ **tabagisme** *nm* smoking; **tabagisme passif** = passive smoking

> le tabagisme passif subi par les enfants, notamment en bas âge, est certainement parmi les plus nocifs des polluants qui peuvent les agresser
>
> *le Courrier du CNRS*

table *nf (tableau)* table; **table périodique des éléments** = periodic table; **table de survie** = life *ou* survival table

tableau *nm* chart; **tableau indiquant l'augmentation des cancers du poumon** = a chart showing the increase in cases of lung cancer

TAC = TAUX ADMISSIBLE DE CAPTURE

tache *nf* **(a)** *(trace)* stain **(b)** *(point)* spot

◇ **tacher** *vtr* to stain

taïga *nf* taiga

taillis *nm* coppice *ou* copse

talus *nm* bund; **talus continental** = continental slope

tamis *nm* screen

tampon *nm* buffer; **le bicarbonate est le principal système tampon des eaux douces** = bicarbonate is the main buffering factor in fresh water; **action de tampon** = buffer action; **zone-tampon** = buffer zone

◇ **tamponner** *vtr (chimie)* to buffer

tantale *nm* tantalum
NOTE: symbole chimique **Ta;** nombre atomique **73**

tapis *nm (de végétation)* **tapis végétal** = ground cover

tapisser *vtr (le fond)* to line; **le fond des décharges est tapissé de Nylon pour prévenir toute fuite de liquides dangereux** = landfill sites are lined with nylon to prevent leaks of dangerous liquids

se tarir *vpr (cours d'eau)* to dry up

tartrazine *nf* tartrazine

tartre *nm* scale

taungya *nm* taungya

taupe *nf* mole

◇ **taupinière** *nf* molehill

taux *nm* level *ou* rate; **les taux actuels de pollution de l'eau sont inacceptables** = present levels of water pollution are not acceptable; **taux d'accroissement naturel** = rate of natural increase; **taux d'accroissement de la population** = rate of population growth; **taux admissible de capture (TAC)** = total allowable catches (TACs); **taux de fécondité** = fertility rate; **taux de mortalité** = death rate; **taux de natalité** = birth rate; **taux de survie** = survival rate

taxe *nf* charge; **taxe de déversement** = effluent charge

taxie *nf* taxis

◇ **-taxie** *suf* -taxis; **héliotaxie** = heliotaxis

taxon *nm* taxon

◇ **taxonomie** *nf* taxonomy

◇ **taxonomique** *adj* taxonomic *ou* taxonomical; **un groupe taxonomique** = a taxonomical group

Tchernobyl *npr* Chernobyl

NOTE: (Ukraine) site d'une centrale nucléaire où s'est produit une terrible catastrophe en 1986

tchernoziom *nm* chernozem

technicien, -ienne *n* technician; **il est technicien dans un laboratoire attaché à l'institut de recherche** = he is a laboratory technician in a laboratory attached to the research institute; **technicien radiologue** = radiographer

technique 1 *adj* technical; **solution technique (non satisfaisante)** = technological fix 2 *nf* technique; **une nouvelle technique de datation des fossiles** = a new technique for dating fossils; **les techniques doivent être adaptées aux besoins des utilisateurs** = the technology has to be related to user requirements; **techniques peu polluantes** = low-waste technology

technologie *nf* technology; **nouvelle technologie** = new technology; **technologie appropriée à l'environnement** = appropriate technology; **il semble que la biométhanisation constitue une technologie remarquablement appropriée dans les zones rurales** = biomethanation seems an eminently appropriate technology for use in rural areas; **technologie douce** = alternative *ou* soft technologies; **technologies dures** = hard technology; **technologie intermédiaire** = intermediate technology; **technologie propre** = clean technology

◇ **technologique** *adj* technological; **révolution technologique** = technological revolution

technosphère *nf* technosphere

teck *nm* teak

tectonique 1 *adj* tectonic 2 *nf* tectonics; **tectonique des plaques** = plate tectonics

tégument *nm* seed case

teinte *nf* shade

télédétection *nf* remote sensing

témoin *nm (dans une expérience)* control; **échantillon témoin** = control sample; **groupe témoin** = control group

température *nf* temperature; **au mois de juillet, la température est de 25°C** = the temperature for July is 25°C; **les variations de température sont supérieures à 50°C** = the temperature range is over 50°C; **il faut porter la solution à une température de 25°C** = the solution should be heated to 25°C; **la température de la Terre va augmenter au cours des cinquante prochaines années** = global temperature will rise over the next fifty years; **les températures ne sont pas assez élevées pour la culture des oranges** = the temperature is too low here for oranges to grow; **en plein soleil, la température du sol peut atteindre 60°C** = in the sun, the soil surface can heat to 60°C; **coefficient de température** = temperature coefficient; **courbe de température** *ou* **feuille de température** = temperature chart; **gradient vertical de température** = temperature lapse rate; **hausse de température naturelle** = free temperature rise; **inversion de température** = temperature inversion; **température critique** = critical temperature; **température cumulée** = accumulated temperature; **température globale** = global temperature; **température moyenne** = mean temperature

tempéré, -e *adj* temperate; **climat tempéré** = temperate climate; **région tempérée** = temperate region; **forêt ombrophile tempérée** = temperate rainforest

tempête *nf* gale *ou* storm; **il y a eu des tempêtes de neige dans les régions montagneuses ce week-end** = there were blizzards on the highlands during the weekend; **deux chênes ont été abattus lors des tempêtes d'octobre** = two oaks were blown down in the October gales; **marée de tempête** = storm surge; **tempête de neige** = blizzard; **tempête de sable** = dust devil *ou* dust storm

temporaire *adj* (a) temporary; **dureté temporaire** = temporary hardness (b) deciduous; **dentition temporaire** = deciduous dentition

temps *nm* **(a)** *(durée)* time; **un laps de temps** = a lapse of time **(b)** *(météo)* weather

tendance *nf* trend

tendon *nm* tendon; **gaine du tendon** = tendon sheath

tendre (vers) *vtr* to tend (to); **aujourd'hui on tend vers l'agriculture biologique, et on abandonne les engrais chimiques** = there is a trend towards organic farming and away from using chemical fertilizers

teneur *nf* **(a)** *(proportion)* content; **la teneur en plomb devrait être ramenée à 0,1 g/l d'ici 1995** = lead content should be reduced to 0.1 g/l by 1995; **teneur en soufre** = sulfur content **(b)** *(minerai)* grade; **minerai de faible teneur** = low-grade ore; **minerai de forte teneur** = high-grade ore

tension *nf* **(a)** *(artérielle)* blood pressure; **tension artérielle basse** = low blood pressure *ou* hypotension; **tension artérielle élevée** = high blood pressure *ou* hypertension **(b)** *(électricité)* tension; **il est mort après avoir touché un fil sous tension** = he was killed when he touched a live wire; **régulateur de tension** = surge arrester; **mettre hors tension** = to deactivate

tep = TONNE D'EQUIVALENT PETROLE

téra- *préf* tera-; **téragramme** = teragram

tératogène *adj* teratogenic; **substance tératogène** = teratogen

◇ **tératogenèse** *nf* teratogenesis

térawatt *nm* terawatt (TW)

terminal, -e, -aux *adj* terminal; **moraine terminale** = terminal moraine

termite *nm* termite

◇ **termitière** *nf* termitarium *ou* termite's nest

terrain *nm* **(a)** *(emplacement)* ground; **terrain à bâtir** = building ground; **terrain agricole à bâtir** = greenfield site; **terrain de jeu** = recreation ground; **terrain de sport** = sports ground; **terrain vague** = waste ground **(b)** *(étendue)* land; **gestion des terrains** = land management; **terrain communal** = common *ou* common land **(c)** *(relief)* terrain; **il est utile d'avoir des buffles pour labourer des terrains difficiles** = buffalo are useful for cultivating land on difficult terrains **(d)** field; **botanique sur le terrain** = field botany; **essai sur le terrain** = field test; **étude sur le terrain** = field study; **observations sur le terrain** = field observations *ou* observations in the field; **prospection sur le terrain** = field research

terrasse *nf* terrace; **terrasse alluviale** = alluvial terrace; **terrasse continentale** = continental terrace; **terrasse fluviatile** = river terrace; **terrasse littorale** = raised beach *ou* shore terrace

terre *nf* **(a)** earth; **la Terre** = the Earth *ou* the planet Earth *ou* the globe; **sciences de la Terre** = earth sciences; **sur terre** = on earth **(b)** *(sol, surface)* ground *ou* land; **le surpâturage a rendu de nombreuses terres incultes en Afrique centrale** = overgrazing has produced many wastelands in Central Africa; **en pleine terre** = in the open ground; **sous terre** = underground; **les vers de terre passent toute leur vie sous terre** = worms live all their life underground; **amélioration des terres** *ou* **mise en valeur des terres** = land improvement; **politique d'amélioration des terres** = land improvement policy; **terres arables** *ou* **terres cultivées** = arable land *ou* farmland; **terre couverte de broussailles** = scrubland; **terre de culture** = cropland; **terres incultes** = badlands; **récupération des terres incultes** = land reclamation; **terre d'infusoires** = diatomaceous earth; **terre marécageuse** = bogland; **terre en friche** *ou* **terre à l'abandon** = waste land; **utilisation des terres** = land use; **ils ont entrepris une étude sur l'utilisation des terres dans les régions du nord** = they are carrying out a study of land use in northern areas **(c)** *(matière)* earth *ou* soil; **barrage en terre** = earth dam; **terre alluviale** = bottom land; **terre grasse** = rich soil; **terre pauvre** = poor soil

terreau *nm* mould; *US* mold; **terreau de feuilles** = leaf mould

terrestre *adj* **(a)** onshore; **installations pétrolières terrestres** = onshore oil installations **(b)** terrestrial; **animaux terrestres** = terrestrial animals; **équateur terrestre** = terrestrial equator; **magnétisme terrestre** = terrestrial magnetism; **plante terrestre** = ground plant; **rayonnement terrestre** = terrestrial radiation

terricole *adj* terricoline *ou* terricolous

terril *nm* spoil bank

territoire *nm* **(a)** territory; **pour défendre son territoire, le rouge-gorge attaque les autres rouges-gorges qui y pénètrent** = a robin will defend its territory by attacking other robins that enter it **(b)** *(pays)* country; **aménagement du territoire** = town and country planning *ou* national planning and development

◇ **territorial, -e, -aux** *adj* territorial; **espèce territoriale** = territorial species

◇ **territorialité** *nf* territorialism *ou* territoriality

tertiaire 1 *adj* tertiary; **consommateur tertiaire** = tertiary consumer; **secteur tertiaire** = tertiary industry; **traitement tertiaire** = tertiary treatment **2** *nm* **le tertiaire** = the Tertiary Period

test *nm* test; *(biologique)* bioassay

tétanos *nm* tetanus

têtard *nm (arbre)* pollard *ou* pollarded tree; **tailler en têtard** = to pollard

tétrachloro-dibenzoparadioxine *nf* tetrachlorodibenzoparadioxin (TCDD)

tétraéthyle *nm* tetraethyl; **plomb tétraéthyle (PTE)** *ou* **tétraéthylplomb** = tetraethyl lead (TEL)

tétraméthyle *nm* tetramethyl

texture *nf* texture; **texture fine** *ou* **lisse** = fine texture; **texture rugueuse** *ou* **à gros grains** = coarse *ou* rough texture; **texture du sol** = soil texture

Th *symbole chimique* = THORIUM

thallium *nm* thallium
NOTE: symbole chimique **Tl;** nombre atomique **81**

théodolite *nm* theodolite

théorie *nf* theory; **théorie de Gaïa** = Gaia theory

thérapeutique 1 *adj* medicinal; **source thérapeutique** = medicinal spring **2** *nf* therapy; **thérapeutique antipaludique** = antimalarial therapy

thermal, -e, -aux *adj* thermal; **source thermale** = thermal spring

thermique *adj* thermal; **bilan thermique** = heat balance; **centrale thermique au charbon** = coal-fired power station; **déperdition thermique** = heat loss; **énergie thermique** = thermal energy; **flux thermique** = heat flux; **isolation thermique** = heat insulation; **moteur thermique** = heat engine; **pollution thermique** = thermal pollution; **rayonnement thermique** = thermal radiation; **réacteur thermique** = thermal reactor; **rendement thermique** = thermal efficiency; **stratification thermique** = thermal stratification

> l'élévation prévue des températures dans la première moitié du XXIe siècle pourrait modifier les grands échanges thermiques planétaires dont l'atmosphère et l'océan sont le siège
>
> *Science et Avenir*

thermo- *préf* thermo-

◇ **thermocline** *nf* thermocline

◇ **thermodurcissable** *adj* thermosetting

◇ **thermographe** *nm* thermograph

◇ **thermolyse** *nf* thermolysis

◇ **thermomètre** *nm* thermometer; **thermomètre à boule mouillée** = wet bulb hygrometer *ou* thermometer; **thermomètre à maximum et minimum** = maximum-minimum thermometer

◇ **thermométrie** *nf* thermometry

◇ **thermonastie** *nf* thermonasty

◇ **thermonucléaire** *adj* thermonuclear; **énergie thermonucléaire** = thermonuclear energy; **réaction thermonucléaire** = thermonuclear reaction

◇ **thermopériode** *nf* thermoperiod

◇ **thermopériodisme** *nm* thermoperiodism

◇ **thermophile** *adj* thermophilic

◇ **thermoplastique** *adj* thermoplastic

◇ **thermorégulation** *nf* thermoregulation

◇ **thermosphère** *nf* thermosphere

thérophyte *nf* therophyte

thiamine *nf* thiamin(e)

thorax *nm* thorax *ou* chest

thorium *nm* thorium
NOTE: symbole chimique **Th;** nombre atomique **90**

Three Mile Island *npr* Three Mile Island
NOTE: site d'une centrale nucléaire de Pennsylvanie (aux Etats-Unis) où une fuite de substances radioactives a failli se produire en 1979

thréonine *nf* threonine

thylose *nf* Dutch Elm Disease (DED)

thyroïde 1 *adj* thyroid; **glande thyroïde** = thyroid gland **2** *nf* thyroid (gland)

> à Tchernobyl, pour ce qui concerne la thyroïde, la pathologie potentielle tient aux grandes quantités d'iode radioactif dispersé à cause de l'accident, car cette glande a la propriété de concentrer cet élément
> *le Monde*

◇ **thyroïdien, -ienne** *adj* thyroid; **hormone thyroïdienne** = thyroid hormone

thyroxine *nf* thyroxine

Ti *symbole chimique* = TITANE

tiers-monde *nm* Third World

tige *nf* stalk *ou* stem; **bouture de tige** = stem cutting; **tige souterraine bulbeuse** = corm

tilapia *nm* tilapia

till *nm* till

tique *nm* tick

tissu *nm* **(a)** *(étoffe)* material **(b)** *(ensemble de cellules)* tissue; **le corps d'un animal est principalement constitué de tissus mous, à l'exception des os et des cartilages** = most of an animal's body is made up of soft tissue, with the exception of the bones and cartilage; **tissu adipeux** = adipose tissue; **tissu cellulaire** = connective tissue; **tissu cicatriciel** = scar tissue; **tissu laminaire** = cellular tissue; **culture de tissus** = tissue culture

titane *nm* titanium
NOTE: symbole chimique **Ti;** nombre atomique **22**

titrage *nm* titration

◇ **titration** *nf* = TITRAGE

titre *nm* **(a)** *(pourcentage)* content; **titre hydrotimétrique** = total hardness (TH) **(b)** *(d'une solution)* titre

Tl *symbole chimique* = THALLIUM

toile d'araignée *nf* spider's web

tolérance *nf* **(a)** tolerance; **tolérance d'un remède** = drug tolerance **(b)** *(niveau maximum)* toleration; **l'eau chaude rejetée par les centrales peut tuer les poissons d'eau douce car la température de l'eau dépasse alors les limites de tolérance** = waste hot water from power stations can kill freshwater fish by raising the water temperature above toleration levels; **capacité de tolérance** = acceptance capacity; **limite de tolérance** = toleration limit

◇ **tolérant, -e** *adj* tolerant

◇ **toléré, -e** *adj* tolerated; **dose tolérée** = tolerance dose

◇ **tolérer** *vtr* to tolerate

tomber *vi* to fall; **tomber en cascade** = to cascade

tonne *nf* ton *ou* tonne; **tonne d'équivalent pétrole** = ton of oil equivalent (toe); **tonnes par an** = tonnes per annum (tpa *ou* t.p.a.)

tonneau *nm* barrel

tonnerre *nm* thunder; **il y a eu un orage avec du tonnerre et des éclairs** = the storm was accompanied by thunder and lightning

topique *adj* topical; **(médicament) topique** = topical drug

topographie *nf* topography

◇ **topographique** *adj* topographical; **carte topographique** = contour *ou* topographic map

topologie *nf* topology

◇ **topologique** *adj* topological

topotaxie *nf* topotaxis

topotype *nm* topotype

tornade *nf* tornado *ou* whirlwind; *(US - familier)* twister

torrent *nm* torrent; **les torrents ont creusé de profonds ravins sur le flanc de la montagne** = mountain streams have cut deep gullies in the hillside

◇ **torrentiel, -ielle** *adj* torrential

total, -e, -aux *adj* total; **la population mondiale totale de cet animal n'est pas supérieure à quatre ou cinq cents paires** = the total world population of the animal is no more than four or five hundred pairs; **dépôt total** = total deposit; **éclipse totale** = total eclipse

toundra *nf* tundra; **toundra canadienne** = barren grounds *ou* barren lands

tourbe *nf* peat

◇ **tourbeux, -euse** *adj* boggy *ou* peaty; **zone tourbeuse** = peatland

◇ **tourbier, -ière** *adj* peaty

◇ **tourbière** *nf* bog; *Canada* muskeg; **tourbière à sphaigne** = sphagnum peat; **tourbière surélevée** = raised bog; **tourbière de vallée** = valley bog

tourbillon *nm* **(a)** *(d'air ou d'eau dans un courant)* eddy **(b)** *(d'air)* rotor **(c)** *(d'eau)* whirlpool

tourner *vi* to rotate; *(vent)* **tourner dans le sens des aiguilles d'une montre** = to veer; **tourner dans le sens inverse des aiguilles d'une montre** = to back

tournesol *nm (chimie)* litmus *noun*; **réaction au tournesol** = litmus test

toxi- *ou* **toxo-** *préf* tox- *ou* toxo-

◇ **toxicité** *nf* toxicity; **les scientifiques mesurent la toxicité des gaz d'échappement des véhicules** = scientists are measuring the toxicity of car exhaust fumes; **certains gaz sont dangereux en raison de leur toxicité pour les êtres humains** = certain gases are dangerous because of their toxicity to humans; **toxicité aiguë** = acute toxicity; **toxicité subaiguë** = subacute toxicity; **toxicité chronique** = chronic toxicity; **toxicité semi-chronique** = semi-chronic toxicity; **toxicité inhibitrice** = inhibitory toxicity; **seuil de toxicité** = toxic *ou* toxicity threshold

◇ **toxicologie** *nf* toxicology

◇ **toxicologique** *adj* toxicological; **les aliments irradiés ne présentent aucun danger toxicologique pour les êtres humains** = irradiated food presents no toxicological hazard to humans

◇ **toxicologue** *nm&f* toxicologist

◇ **toxicose** *nf* toxicosis

◇ **toxine** *nf* toxin

◇ **toxique** *adj* poisonous *ou* toxic; **agent toxique** = toxic agent; **déchets toxiques** = toxic waste; **émanations toxiques** = toxic fumes; **gaz toxique** = poisonous gas; **substances toxiques** = toxic substances; **non toxique** = non-toxic

trace *nf* trace; **il n'y a aucune trace de radioactivité dans le prélèvement sanguin** = there are no traces of radioactivity in the blood sample; **une eau tourbeuse laisse des traces brunes sur les roches** = peaty water stains the rocks brown; **élément trace** = trace element; **métaux en trace** = trace metals

◇ **traceur** *nm (substance)* tracer

traditionnel, -elle *adj* **(a)** *(ancien)* traditional; **il existe des techniques traditionnelles qui permettent de subvenir aux besoins essentiels** = traditional technologies exist which meet basic subsistence needs; **l'agriculture traditionnelle s'est trouvée révolutionnée par l'utilisation de techniques modernes** = the traditional system of agriculture has been revolutionized by the application of modern technology **(b)** *(usuel)* conventional; **centrale traditionnelle** = conventional power station; **combustibles traditionnels** = conventional fuels; **formulation traditionnelle** = conventional formulation; **médecine traditionnelle** = conventional medicine

traitement *nm* treatment; **installation de traitement des eaux usées** = sewage treatment plant *ou* waste water treatment plant; **traitement biologique** = biological treatment; **traitement des boues** = sludge processing; **traitement chimique** = chemical treatment; **traitement des déchets** = waste processing *ou* treatment; **traitement des eaux usées** = waste water treatment; **traitement mécanique** = mechanical treatment; **traitement primaire** *ou* **secondaire** *ou* **tertiaire** = primary *ou* secondary *ou* tertiary treatment; **usine de traitement des ordures** = refuse processing plant

> il y a plusieurs options pour le traitement des déchets ménagers. Parmi elles, le traitement à la source: prendre le minimum de matières premières à la planète et diminuer le poids des déchets après utilisation
> *Décision environnement*

◇ **traiter** *vtr* to process *ou* to treat; **les échantillons du noyau sont traités par le laboratoire** = the core samples are being processed by the laboratory; **non traité** = untreated; **eaux usées non traitées** = raw sewage

transalpin, -e *adj* transalpine

transfert *nm* transfer; **transfert de population** = population transfer; **transfert de technologie** = technology transfer

transformation *nf* **(a)** transformation; **transformation de l'énergie** = energy transformation **(b)** *(traitement)* processing; **industrie de transformation** = processing industry; **usine de transformation du poisson** = fish processing plant **(c)** conversion; **la transformation de l'oxygène en ozone** = the conversion of oxygen into ozone; **il a effectué des transformations sur sa voiture pour rouler à l'essence sans plomb** = he has converted his car to take unleaded petrol; **transformation biologique** = biotransformation

transformer *vtr* **(a)** *(changer d'état)* to transform; **transformer en désert** = to desertify **(b)** *(convertir)* to convert

◇ **se transformer** *vpr* to be converted; **l'oxygène se transforme en ozone par réaction photochimique** = photochemical reactions convert oxygen to ozone; **le dioxyde de soufre et les oxydes d'azote émis dans l'atmosphère se transforment en acides sulfurique et nitrique** = sulphur dioxide and nitrogen oxides emitted into the atmosphere are chemically converted into sulphuric and nitric acid

transfrontalier, -ière *adj* transboundary; **pollution atmosphérique transfrontalière** = transboundary air pollution

transition *nf* transition; **phase de transition** = transition phase; **transition démographique** = demographic transition

translocation *nf* translocation

transmis, -e par l'eau *adj* waterborne; **après les inondations, des cas de diarrhée, de dysenterie et d'autres maladies transmises par l'eau se sont rapidement multipliés** = after the floods, diarrhoea, dysentery and other waterborne diseases spread rapidly

transmission *nf* transfer; **transmission de la chaleur** = heat transfer

transpiration *nf (plantes)* transpiration; **transpiration relative** = relative transpiration

◇ **transpirer** *vi (plantes)* to transpire; **dans la forêt tropicale humide, jusqu'à 75% des précipitations s'évaporent et transpirent dans l'atmosphère** = in tropical rainforests, up to 75% of rainfall will evaporate and transpire into the atmosphere

transplanter *vtr* to transplant

transport *nm* transport *ou* tranportation; **moyen de transport** = means of transport; **réseau de transport** = transportation system; **transports en commun** = public transport; **transports communautaires** = community transport; **transport routier** = road transport

travail *nm* work; **conditions de travail** = working environment; **inspecteur du travail** = factory inspector *ou* inspector of factories; **maladie du travail** = occupational disease; **médecin du travail** = medical officer

◇ **travailleur immigré** *nm* migrant

trématode *nm* fluke

tremble *nm* aspen

tremblement *nm* tremor

◇ **tremblement de terre** *nm* earthquake; **il y a eu un tremblement de terre de magnitude 6,2 sur l'échelle de Richter** = the earthquake registered 6.2 on the Richter scale

tremper *vi* to soak

tri *nm* sorting; **tri aérolique** = air stripping; **tri des déchets** = waste sorting

2,4,5 trichlorophénoxyacétique *nm (herbicide)* 2,4,5-t *ou* trichlorophenoxyacetic acid

trioxyde *nm* trioxide

tritium *nm* tritium

trombe *nf* waterspout

tronc *nm (d'arbre)* trunk

trop-plein *nm* overflow; **conduite d'évacuation de trop-plein** = overflow pipe

-trophie *suf* -trophy; **dystrophie** = dystrophy

trophique *adj* trophic; **chaîne trophique** = trophic chain; **niveau trophique** = trophic level; **réseau trophique** = trophic structure; **unité trophique** = trophic unit

tropical, -e, -aux *adj* tropical; **il faut aux plantes quelque temps pour s'adapter au climat tropical** = plants take some time to become acclimatized to tropical conditions; **air tropical** = tropical air; **climat tropical** = tropical climate; **forêt tropicale** = tropical forest; **maladie tropicale** = tropical disease; **médecine tropicale** = tropical medicine; **orage tropical** = tropical storm; **zone tropicale** = tropical zone

> la conservation et la gestion de la forêt tropicale sont d'un intérêt vital pour les populations voisines (près de 1,6 milliard d'individus, soit le tiers de la population mondiale, vivent entre les tropiques du Cancer et du Capricorne)
>
> *le Courrier de l'Unesco*

-tropique *suf* -tropic; **héliotropique** = heliotropic

tropique 1 *adj (réaction d'orientation des végétaux)* tropic **2** *nm* **(a)** tropic; **tropique du Cancer** = Tropic of Cancer; **tropique du Capricorne** = Tropic of Capricorn **(b) les tropiques** = tropics; **après son séjour sous les tropiques, il se défend moins bien contre les rhumes** = after living in the tropics, his resistance to colds was low; **il vit sous les tropiques** = he lives in the tropics; **maladie endémique sous les tropiques** = disease which is endemic in the tropics

-tropisme *suf* -tropism; **phototropisme** = phototropism

tropisme *nm* tropism
NOTE: différent de **nastie** qui désigne un mouvement rotatif

tropopause *nf* tropopause

troposphère *nf* troposphere

> les volcans libèrent des gaz chlorés et soufrés dans la troposphère (les 10 à 15 kilomètres inférieurs de l'atmosphère)
> *Pour la science*

◇ **troposphérique** *adj* tropospheric

trou *nm* hole *ou* pit; **le gel survient dans les zones peu élevées, appelées trous de gelée** = frost occurs in low-lying areas, called frost hollows; **trou (dans la couche) d'ozone** = ozone hole; **trou d'homme** = manhole; **trou de sonde** = borehole; **ce trou de sonde permettra de connaître la géologie du terrain et ainsi de savoir s'il est possible d' y enfouir des déchets nucléaires** = the borehole is intended to test the geology of the site to see if it is suitable for burying nuclear waste

troupeau *nm* **(a)** herd; **un troupeau de gnous** *ou* **d'éléphants** *ou* **de vaches** = a herd of wildebeest *ou* of elephants *ou* of cows; **les gardiens de troupeaux mènent le bétail à travers la plaine** = the herdsmen drive their herds of cattle across the plain **(b)** flock; **un troupeau d'oies** = a flock of geese; **un troupeau de moutons** = a flock of sheep

trypanosome *nm* trypanosome

tryptophane *nm* tryptophan

tsunami *nm* tsunami

tubercule *nm* tuber; **la pomme de terre est le tubercule d'un plant de pomme de terre** = a potato is the tuber of a potato plant

tubéreux, -euse *adj* tuberous

tuer *vtr* to kill; *(animal de boucherie)* to slaughter; **on lui a donné le rein d'une personne tuée dans un accident de la route** = she was given the kidney of a person killed in a car crash

tuf *nm* tufa

turbide *adj* turbid

◇ **turbidité** *nf (d'un liquide)* turbidity

turbine *nf* turbine; **la turbine est actionnée par un jet de gaz chaud** = a stream of hot gas turns the turbine; **l'eau passe dans le tuyau et actionne la turbine** = the water flows through the pipe and turns the turbine; **turbine éolienne** = wind turbine; **turbine à gaz** = gas turbine; **turbine à vapeur** = steam turbine

turbulence *nf* turbulence

◇ **turbulent, -e** *adj* turbulent

tuyau *nm* pipe *ou* conduit; **tuyau de chute** = downpipe; **tuyau d'échappement** = exhaust pipe; *US* tailpipe; **tuyau (d'évacuation des gaz de combustion)** = flue

TW = TERAWATT

typhon *nm* typhoon; **le typhon se déplace vers le sud, à une vitesse de 25 noeuds** = the typhoon is moving in a southerly direction at 25 knots

typhus *nm* typhus; **typhus des broussailles** = scrub typhus *ou* tsutsugamushi disease

typique *adj* characteristic; **constructions typiques (d'une région)** = vernacular buildings

tyramine *nf* tyramine

tyrosine *nf* tyrosine

Uu

U *symbole chimique* = URANIUM

ultra- *préf* ultra-

◊ **ultrabasique** *adj* ultrabasic

◊ **ultramicroscopique** *adj* submicroscopic *ou* ultramicroscopic

◊ **ultrananoplancton** *nm* ultrananoplankton

◊ **ultraplancton** *nm* ultraplankton

◊ **ultrason** *nm* ultrasound *ou* ultrasonic waves; **un examen par ultrasons permettra de déterminer la nature du tissu** = the nature of the tissue can be made clear on ultrasound examination

◊ **ultrasonique** *adj* ultrasonic

◊ **ultrasonore** *adj* ultrasonic

◊ **ultraviolet** *nm* ultraviolet radiation *ou* UV rays

◊ **ultraviolet, -ette** *adj* ultraviolet

> les manifestations les plus alarmantes de l'évolution actuelle de l'atmosphère sont les dépôts acides provenant des pluies ou d'autres phénomènes, la corrosion des matériaux, le 'smog' urbain et l'amincissement de la couche stratosphérique d'ozone qui nous protège des rayonnements ultraviolets dangereux
>
> *Pour la science*

UNICEF *npr* = United Nations Children's Fund

unicellulaire *adj* unicellular

uniformisation *nf* standardization

◊ **uniformiser** *vtr* to standardize

union *nf* union; **Union internationale pour la protection de la nature et des ressources naturelles** = International Union for the Conservation of Nature and the Protection of Natural Resources (IUCN)

unité *nf* unit; **unités du Système international de mesure** = SI units

univers *nm* cosmos *ou* universe

univitellin, -e *adj* monozygotic; **jumeaux univitellins** = identical twins

upwelling *nm* upwelling

uranium *nm* uranium
NOTE: symbole chimique **U**; nombre atomique **92**

> lors du déclassement d'une installation nucléaire, il faut d'abord évacuer les produits de fission de l'uranium, dont la plupart sont restés concentrés dans le combustible mais dont une fraction a pu migrer dans l'installation
>
> *Science illustrée*

urbain, -e *adj* urban; **assainissement urbain** = urban redevelopment; **érosion urbaine** = urban erosion; **étalement urbain** *ou* **expansion urbaine** = urban sprawl; **extension urbaine** = urban growth; **paysage urbain** = urban landscape; **rénovation urbaine** = urban renewal

> en 1980, en Inde, la superficie du domaine urbain était environ égale à un dixième de la superficie agricole
>
> *Pour la science*

◊ **urbanisation** *nf* urbanization; **processus d'urbanisation** = urbanization process

◊ **urbanisé, -e** *adj* urbanized

◊ **urbanisme** *nm* town planning; *US* city planning; **règlement d'urbanisme** = law of town planning; **service départemental de l'urbanisme** = planning department; **service d'urbanisme** = town planning service

◊ **urbaniste** *nm&f* town planner

urée *nf* urea

◇ **urique** *adj* uric; **acide urique** = uric acid

urgence *nf* emergency; *(d'une usine)* **arrêt d'urgence** = emergency shutdown; **état d'urgence** = state of emergency; **plan d'urgence** = contingency plan; *(d'un hôpital)* **service des urgences** = emergency ward; **soins de première urgence** = first aid

urine *nf* urine

usager *nm* consumer *ou* user; **les usagers protestent contre l'augmentation du prix du gaz** = gas consumers are protesting at the increase in prices

usé, -e *adj* **les eaux usées apportent des quantités minimes mais significatives de métaux lourds dans le milieu aquatique** = wastewater will add small but significant quantities of heavy metals to the aquatic environment; **eaux usées domestiques** = domestic sewage; **traitement des eaux usées** = waste water treatment

usine *nf* **(a)** factory; **la fumée des cheminées d'usine se répandait au-dessus de laville** = smoke from factory chimneys blew across the town; **les services de l'urbanisme n'ont pas accordé l'autorisation d'implanter la nouvelle usine de produits chimiques au coeur d'une zone résidentielle** = the planning department has refused permission to site thenew chemical factory in the middle of a residential district; **navire-usine** = factory ship **(b)** *(grande usine)* plant; **la zone a été interdite à la suite de fuites à l'usine de produits chimiques** = the area was sealed off after leaks from the chemical plant; **usine d'incinération** = combustion *ou* incineration plant; **usine marémotrice** = tidal (power) plant; **usine (de fabrication) de produits chimiques** = chemical plant **(c)** mill; **usine à papier** = papermill **(d)** **usine à gaz** = gasifier

utilisateur *nm* user; **utilisateur final** = end user

utilisation *nf* use; **politique d'utilisation mesurée des ressources naturelles peu abondantes** = a policy of husbanding scarce natural resources; **l'utilisation excessive de pesticides pollue les rivières** = the overuse of pesticides is contaminating the rivers; **les agriculteurs sont mis en garde contre l'utilisation excessive d'engrais chimiques** = farmers are warned against overusing chemical fertilizers; **utilisation excessive** = overuse; **utilisation mesurée** = husbanding; **utilisation de méthodes extensives** *ou* **moins intensives (en agriculture)** = extensification; **faire une mauvaise utilisation de** = to misuse

◇ **utiliser** *vtr* to use; **utiliser de manière excessive** = to overuse

UV = ULTRAVIOLET

Vv

vaccin *nm* vaccine; **l'hôpital attend que le laboratoire envoie un nouveau lot de vaccins** = the hospital is waiting for a new batch of vaccine to come from the laboratory; **on met constamment au point de nouveaux vaccins** = new vaccines are being developed all the time

◊ **vaccination** *nf* vaccination

◊ **vaccine** *nf* vaccinia

◊ **vacciner** *vtr* to vaccinate; **elle a été vaccinée contre la variole quand elle était enfant** = she was vaccinated against smallpox as a child

vadose *adj* vadose

vague *nf* wave; **effet de vague** = ripple effect; **énergie des vagues** = wave power; **vague frontale** = frontal wave

vaincre *vtr* to overcome; **ils n'ont pas réussi à vaincre les opposants à la construction d'une centrale nucléaire** = they failed to overcome public opposition to the construction of a nuclear power station

valeur *nf* value; **valeur calorifique** = calorific value; **valeur énergétique** = energy value; **valeur globulaire** = blood quotient; **valeur nutritive** = food value; **valeur pH** = pH factor

vallée *nf* valley; **le brouillard se forme la nuit dans les vallées** = fog forms in the valleys at night; **glacier de vallée** = valley glacier; **tourbière de vallée** = valley bog; **vallée inondée** = drowned valley; **vallée suspendue** = hanging valley

vallon *nm* vale; *(en Ecosse)* glen

vanne *nf* sluice

vapeur *nf* **(a)** *(brume)* haze **(b)** *(d'eau)* steam; **vapeur sèche** = dry steam **(c)** *(émanations)* vapour

◊ **vapeurs** *nfpl (émanations toxiques)* fumes; **vapeurs d'essence** = petrol fumes

vaporiser *vtr* to spray *ou* to vaporize

varech *nm* seaweed

variable 1 *adj* variable; **la météo annonce des vents variables** = the weather forecast is for variable winds **2** *nf* variable

◊ **variabilité** *nf* variability

◊ **variant** *nm* variant

variation *nf* change *ou* variation; **il y a de notables variations de température dans le désert** = there is a noticeable variation in temperature in the desert regions; **le graphique indique les variations de la pression atmosphérique sur une période de six mois** = the chart shows the variations in atmospheric pressure over a period of six months; **les variations de température sont supérieures à 50°C** = the temperature range is over 50°C; **de faibles variations de la température moyenne de la Terre peuvent provoquer d'importants changements climatiques** = small fluctuations in the earth's average temperature can have important climatic results; **variations barométriques** = pressure change

> les courbes qui retracent la variation des températures au cours des derniers 150 000 ans présentent de grandes analogies avec les données obtenues à partir d'autres séries de carottages, prélevées cette fois-ci dans les sédiments marins et continentaux
>
> *Libération*

◊ **varier** *vi* to fluctuate; **la température annuelle moyenne de la Terre varie très peu** = the average annual temperature of the earth fluctuates very little; **la plupart des populations varie dans des limites plutôt étroites** = most populations fluctuate within fairly narrow limits

variété *nf* breed *ou* variety; **certaines variétés de pommier sont précoces** = some varieties of apple fruit very early; **deux nouvelles variétés de riz** = two new breeds of rice; **une variété de riz d'un très bon rendement** = a strain of rice which crops heavily; **variété cultivée** = cultivar

vase *nf* **(a)** *(boue)* mud; **boue de vase** = ooze mud **(b)** *(limon)* silt **(c)** *(lac ou océan)* ooze; **vase diatoméenne** = diatom ooze **(d)** *(visqueuse)* slime

vautour *nm* vulture

vecteur *nm* vector; **la mouche tsé-tsé est le vecteur de la maladie du sommeil** = the tsetse fly is the vector of sleeping sickness

végétal, -e, -aux **1** *adj* **les botanistes ont découvert de nouvelles espèces végétales dans la jungle** = botanists discovered several new species of plant in the jungle; **la disparition du couvert végétal suite à la destruction des forêts augmente l'accumulation de gaz carbonique dans l'atmosphère** = the loss of vegetative cover with the destruction of the forest increases the accumulation of carbon dioxide in the atmosphere; **biologie végétale** = plant biology; **couverture végétale** = plant cover; **écologie végétale** = plant ecology; **groupement végétal** = plant community; **physiologie végétale** = plant physiology; **le règne végétal** = the plant kingdom *ou* the vegetable kingdom; **zone végétale** = floral zone **2** *nm* plant; **végétal redevenu sauvage** = escape

végétalien, -ienne *adj&n* vegan

végétalisation *nf* revegetation

végétarien, -ienne *adj&n* vegetarian

végétatif, -ive *adj* vegetative; **reproduction végétative** = vegetative reproduction

végétation *nf* vegetation; **la végétation a été détruite par le feu** = the vegetation was destroyed by fire; **la végétation est très rare dans les régions arctiques** = very little vegetation is found in the Arctic regions; **il étudie la végétation de l'île** = he is studying the vegetation of the island; **saison de végétation** = growing season; **végétation naturelle** = natural vegetation

véhicule *nm* vehicle; **véhicule utilitaire** = goods vehicle; **véhicule diesel** = diesel-engined vehicle *ou* diesel-powered vehicle; **les véhicules diesel représentent une des plus importantes sources de pollution** = diesel-powered engines are one of the main sources of pollution

véhiculer *vtr* to transport *ou* to carry; **véhiculer des substances dans le tissu des plantes** = to translocate

veine *nf* **(a)** *(vaisseau sanguin ou nervure d'une feuille)* vein **(b)** *(d'un métal ou d'un minéral)* lode *ou* seam *ou* vein; **veine de charbon** = coal seam; **les veines de charbon ont une épaisseur de deux mètres** = the coal seams are two meters thick; **la veine d'or a été épuisée il y a quelques années** = the gold seam was worked out some years ago

vénéneux, -euse *adj* poisonous *ou* toxic; **certains champignons sont comestibles, d'autres vénéneux** = some mushrooms are good to eat and some are poisonous

vent *nm* wind; **la station météo dispose d'instruments pour mesurer la vitesse du vent** = the weather station has instruments to measure the speed of the wind; **un vent d'ouest souffle sur le pays** = a westerly airstream is flowing across the country; **sous le vent** = leeward; **au vent** = windward; **facteur d'hypothermie due au vent** = wind chill factor; **pollinisation par le vent** = wind pollination; **polluant transporté par le vent** = airborne pollutant; **rose des vents** = wind rose; **vent anabatique** = anabatic wind; **vent catabatique** = katabatic wind; **vent-courant** = drift current; **vent dominant** = prevailing wind; **vent d'est** = east wind; **vent de force 12** = hurricane force wind; **vent frais** = stiff breeze; **vent géostrophique** = geostrophic wind; **vent du large** = onshore wind; **vent du nord** = north wind; **vents d'ouest** = westerlies; **vents du sud** = the southerlies; **vent de surface** = surface wind

ventilateur *nm* fan *ou* extractor fan *ou* ventilator

◊ **ventilation** *nf* ventilation

◊ **ventiler** *vtr* to ventilate

ventral, -e, -aux *adj* ventral; **le poisson a deux nageoires ventrales** = the fish has two ventral fins
NOTE: antonyme **dorsal**

ver *nm* worm; **ver de terre** = earthworm

verglas *nm* black ice; *US* glaze

véritable *adj* true

vermiculite *nf* vermiculite

vermine *nf* vermin

vernal, -e, -aux *adj* vernal

◊ **vernalisation** *nf* vernalization

verre *nm* glass; **collecte du verre** = glass collection; **fibre de verre** = glass fiber

versant *nm (d'une montagne)* mountainside

vert, -e *adj* **(a)** green; **algues vertes** = green algae; **ceinture verte** = Green Belt; **énergie verte** = green energy; **engrais vert** = green manure; **espace vert** = green open space; **légumes verts** = green vegetables **(b)** *(relatif à l'écologie)* green; **consumérisme vert** = green consumerism; **politique "verte"** = green politics; **les Verts** = Green Party *ou* the Greens

vertèbre *nf* vertebra

◊ **vertébral, -e, -aux** *adj* vertebral; **colonne vertébrale** = vertebral column

◊ **vertébré, -e** *adj&nm* vertebrate
NOTE: antonyme **invertébré**

viabilité *nf (aptitude à vivre)* sustainability

◊ **viable** *adj* sustainable

> c'est avec le rapport Brundtland qu'est apparue l'expression de "sustainable development". Soutenable, supportable, durable, viable, vivable. La langue française n'a pas encore fait son choix sur la meilleure traduction à donner à cet adjectif. Mais, quel qu'il soit, son simple emploi sous-entend que les décisions prises en matière de développement doivent respecter l'environnement, l'humanité et les générations futures autant que les générations présentes
>
> *le Monde*

viande *nf* meat

vibration *nf* vibration; **les avions provoquent des vibrations qui peuvent briser les fenêtres** = vibrations caused by aircraft can shatter windows; **les vibrations dues à la circulation ont fragilisé les fondations de la maison** = the vibrations from traffic have weakened the foundations of the house

◊ **vibrer** *vi* to vibrate; **la circulation fait vibrer les fondations du pont** = the passing traffic makes the foundations of the bridge vibrate

vicié, -e *adj* foul; **air vicié** = foul air

victime *nf* victim

vidange *nf (des eaux usées)* disposal

◊ **vidanger** *vtr* to drain

vide-ordures *nm* chute

vie *nf* life; **la déforestation a détruit toute vie animale dans la région** = deforestation has destroyed animal life in the area; **cadre de vie** = living environment; **conditions de vie** = living conditions; **espérance de vie** = life expectancy; **formes de vie** = life forms; **mode de vie** = life style; **niveau de vie** = living standards; **sciences de la vie** = life sciences; **vie animale et végétale** = animal and plant life; **vie parasitaire** = parasitic life

vierge *adj* virgin; **la forêt vierge tropicale est déboisée au rythme de 1000 hectares par mois** = virgin rainforest is being cleared at the rate of 1,000 hectares per month

vieux, vieille *adj* old; **dans les décharges municipales, il y a des conteneurs spéciaux pour les vieux papiers** = municipal dumps have special containers for scrap paper; **vieux papiers** = scrap paper *ou* waste paper

vigueur *nm* vigour

◇ **vigoureux, -euse** *adj* vigorous; **en atmosphère chaude et humide, les plantes font des pousses vigoureuses** = plants put out vigorous shoots in warm damp atmosphere

ville *nf* town; **hôtel de ville** = town hall; **ville-champignon** = boom-town; **ville-dortoir** = dormitory town

vinyle *nm* vinyl; **chlorure de vinyle** = vinyl chloride

virga *nf* fallstreak

virgule *nf (décimale)* (decimal) point; **5,7 ("cinq virgule sept")** = 5.7 (say "five point seven")

virus *nm* virus; **les chercheurs ont isolé un nouveau virus de la grippe** = scientists have isolated a new flu virus; **le zona est provoqué par le même virus que la varicelle** = shingles is caused by the same virus as chicken pox

> selon une étude néerlandaise, 18 000 phoques ont été tués en deux ans par un virus, qui a profité d'un terrain favorable chez ces animaux dont le système immunitaire était affaibli par la pollution
>
> *Sciences et Nature*

◇ **viral, -e, -aux** *adj* viral

viscosité *nf* viscosity

viser (à) *vtr* to aim (at)

visibilité *nf* visibility; **dans le brouillard la visibilité est inférieure à 1000 mètres** = in fog, the visibility is less than 1,000 metres

◇ **visible** *adj* visible; **il y avait partout des signes visibles des effets des pluies acides** = everywhere there were visible signs of the effects of acid rain

vision *nf* vision

visqueux, -euse *adj* viscid *ou* viscous

vital, -e, -aux *adj* vital; **les substances nutritives vitales sont lessivées de la couche sommitale** = vital nutrients are leached from the topsoil; **l'oxygène est vital pour l'organisme humain** = oxygen is vital to the human system; **organes vitaux** = vital organs

vitalité *nf* vigour; **vitalité hybride** = hybrid vigour

vitamine *nf* vitamin

◇ **vitamine A** *nf* Vitamin A; **il souffre d'une carence en vitamine A** = he is suffering from Vitamin A deficiency

◇ **vitamine B** *nf* Vitamin B; **groupe des vitamines B** = Vitamine B complex; **vitamine B_1** = Vitamin B_1; **vitamine B_2** = Vitamin B_2; **vitamine B_6** = Vitamin B_6; **vitamine B_{12}** = Vitamin B_{12}

◇ **vitamine C** *nf* Vitamin C; **une carence en vitamine C provoque le scorbut** = Vitamin C deficiency causes scurvy

◇ **vitamine E** *nf* Vitamin E

◇ **vitamine K** *nf* Vitamin K

◇ **vitaminique** *adj* **carence vitaminique** = vitamin deficiency

vitellin, -ine *adj* **sac vitellin** = yolk sac

vitesse de précipitation *nf (pluie ou particules dans l'air)* fallspeed

vivace *adj* hardy *ou* perennial

vivant, -e *adj* alive

vivier *nm* fish pond *ou* live well

vivipare *adj* viviparous

vivisection *nf* vivisection

vivre *vtr* to live; **les poux vivent sur la peau de leur hôte** = lice live on the skin of their host

vivres *nmpl* food supplies

voie *nf* **(a)** *(de circulation)* road *ou* way; **il est prévu de construire une nouvelle grande voie de circulation qui contourne la ville** = the plans are to build a new main road, by-passing the town; **voie navigable** = waterway **(b)** *(respiratoire ou urinaire, etc.)* passage *ou* tract; **les voies aériennes** = the air passages

voile *nm* veil

vol *nm (d'oiseaux sauvages)* flock

volaille *nf* fowl

volatil, -e *adj* volatile; **huile volatile** = volatile oils

volcan *nm* volcano; **volcan actif** = active volcano; **volcan de boue** = mud volcano; **volcan dégageant de la fumée** = smoking volcano; **volcan fissural** = fissure volcano; **volcan en sommeil** = dormant *ou* quiescent volcano

> les mesures réalisées en 1975 et 1987 ont montré que l'Etna émet chaque année 25 millions de tonnes de gaz carbonique, soit l'équivalent de ce que produisent 4 centrales électriques au charbon d'une puissance d'un gigawatt chacune
>
> *le Courrier de la baleine*

◊ **volcanique** *adj* volcanic; **activité volcanique** = volcanic activity; **cendre volcanique** = volcanic ash *ou* volcanic dust; **roches volcaniques** = volcanic rocks

◊ **volcanologie** *nf* vulcanology *ou* volcanology

◊ **volcanologue** *nm&f* vulcanologist *ou* volcanologist

voler *vi (dans les airs)* to fly

volume *nm* cubic capacity *ou* volume; **lois limitant le volume de pêche de harengs** = regulations to limit the herring catch; **volume de pêche** = (fish) catch

-vore *suf* -vore *ou* -vorous; **carnivore** = carnivore *ou* carnivorous; **herbivore** = herbivore *ou* herbivorous

vortex *nm* vortex; **les vents les plus destructeurs sont dans le vortex, où le tourbillon de la tornade génère des vents très violents** = the most destructive winds are in the vortex, where the rotation of the whirlwind produces very high wind speeds; **vortex circumpolaire** = circumpolar vortex *ou* polar vortex

vrac *nm* bulk; **en vrac** = in bulk; **installation de stockage en vrac** = bulk plant

vrai, -e *adj* true

vrille *nf (d'une plante)* tendril

vue *nf (paysage)* scenery

vulnérable *adj* vulnerable

Ww

Waldsterben *nm* Waldsterben
NOTE: mot allemand signifiant "dépérissement des arbres", maladie des pins dont les aiguilles deviennent jaunes

warfarine *nf* warfarin

washout *nm (des polluants)* washout

Xx

Xe *symbole chimique* = XENON

xéno- *préf* xeno-
◇ **xénobiotique** *adj* xenobiotic

xénon *nm* xenon
NOTE: symbole chimique **Xe;** nombre atomique **54**

xéro- *préf* xero-
◇ **xéromorphe** *adj* xeromorphic
◇ **xérophile** *adj* xerophilous
◇ **xérophyte** *adj&nf* xerophyte
◇ **xérosérie** *nf* xerosere
◇ **xérotherme** *nm* xerotherm

xylème *nm* xylem

Zz

ZAD = ZONE D'AMENAGEMENT DIFFERE

zinc *nm* zinc

zonage *nm* zoning

zonal, -e, -aux *adj* zonal; **courant (aérien) zonal** = zonal air stream

zone *nf* area *ou* zone; **chaque année, les bateaux se rendent sur les riches zones de pêche au large de la côte nord** = the boats go each year to the rich fisheries off the north coast; **la zone de pêche protégée s'étend à 200 miles autour des îles** = a 200-mile fishery protection zone has been established round the islands; **zone d'ablation** = ablation zone; **zone d'activités scientifiques** = science park; **zone d'affaires** = business park; **zone aménagée** *ou* **bâtie** = developed area; **zone d'aménagement différé (ZAD)** = designated development area; **zone aphotique** = aphotic zone; **zone à bâtir** = building area; **zones boisées** = woodlands *ou* woods; **zone climatique** = climatic zone; **zônes côtières** = coastal landscape; **zone construite** = built-up area; **zone déboisée** = clearcut; **zone dépressionnaire** = depression *ou* trough; **zone équatoriale** = equatorial zone; **zone de frai** = spawning ground; **zone de faible vitesse** = low velocity zone; **zone de haute pression** = high; **zone industrielle** = industrial park; **zone intertidale** = intertidal zone; **zone limnétique** = limnion; **zone de pêche** = fishery *ou* fishing area *ou* fishing zone; **zone de pêche protégée** = fishery protection zone; **zone piétonne** = pedestrian area *ou* zone; **zone photique** = photic zone *ou* euphotic zone; **zone profonde** = profundal zone; **de zone profonde** = bathylimnetic; **zone de stockage** = storage area; **zone-tampon** = buffer land; **zone à urbaniser** *ou* **zone à urbaniser en priorité (ZUP)** = development area *ou* development zone; **zone végétale** = floral zone

> une élévation d'un mètre du niveau de la mer suffirait à affecter quelque 10 millions de kilomètres carrés de zones côtières, lagunaires et d'estuaires
>
> *Libération*

zoné, -e *adj (roche)* banded

zoo- *préf* zoo-

◇ **zoobenthos** *nm* zoobenthos

◇ **zoogéographique** *adj* zoogeographical; **région zoogéographique** = zoogeographical region

◇ **zoologie** *nf* zoology

◇ **zoophyte** *nm* zoophyte

◇ **zooplancton** *nm* zooplankton; **certains zooplanctons mangent des algues** = some zooplankton eat algae

ZUP = ZONE A URBANISER EN PRIORITE

zygote *nm* zygote

SUPPLEMENT

OUTLINE CLASSIFICATION OF LIVING ORGANISMS

Recent classifications include five kingdoms:

Kingdom Monera: typically single-cell organisms without (unlike the other kingdoms) a membrane surrounding the cell nucleus.

Kingdom Protista: single-cell organisms, and single-cell organisms living in colonies.

Kingdom Fungi: multicell organisms which absorb nutrients and have many nuclei per cell.

Kingdom Plantae: multicell organisms which photosynthesize food with photosynthetic pigments.

Kingdom Animalia: multicell organisms which ingest food and have no photosynthetic pigments. Estimates of the number of species differ from one authority to another depending on how the species are classified. Estimates are likely to change because so many species have not yet been discovered or catalogued. This is particularly true of phylum Arthropoda, which contains more species than the total of all other animal species and may number in the millions. Most of these live in tropical rainforests and will disappear without being discovered as the forests are cut down.

phylum	*representative common name*	*estimated number of known species*
KINGDOM MONERA		
Cyanophyta	blue-green algae	2,500
Myxobacteriae	gliding bacteria	-
Schizophyta	true bacteria	3,000
Actinomycota	branching bacteria	-
Spirochaetae	spirochetes	-
KINGDOM PROTISTA		
Euglenophyta	euglenoids	450
Xanthophyta	yellow-green algae	400
Chrysophyta	golden-brown algae	10,000
Pyrrophyta	dinoflagellates	1,100
Hyphochytridiomycota	hyphochytrids	-
Plasmodiophoromycota	plasmodiophores	-
Sporoza	sporozoans	-
Cnidosporidia	cnidosporidians	-
Zoomastigina	animal flagellates	-
Sarcodina	rhizopods	-
Ciliophora	ciliates	-
KINGDOM FUNGI		
Myxomycota	slime moulds	450
Acrasiomycota	slime moulds	25
Labyrinthulomycota	slime moulds	15
Oomycota	water moulds	200
Chytridomycota	chytrids	-
Zygomycota	black moulds	300
Ascomycota	sac fungi	30,000
Basidiomycota	mushrooms	15,000

CLASSIFICATION DES ORGANISMES VIVANTS

On distingue cinq règnes:

Procaryotes: organismes unicellulaires caractérisés par une absence de noyau délimité par une membrane, contrairement à tous les autres organismes vivants.

Protistes: organismes unicellulaires vivant ou non en colonie.

Champignons: organismes pluricellulaires aux cellules polynucléaires, capables d'absorber des nutriments.

Plantes: organismes pluricellulaires qui pratiquent la photosynthèse grâce à leurs pigments.

Animaux: organismes pluricellulaires capables d'absorber des nutriments sans pigment de photosynthèse. Le nombre d'espèces recensées varie selon le type de classification adoptée; en outre, de nombreuses espèces n'ont pas encore été découvertes ou cataloguées. A cet égard, on peut citer les arthropodes, le plus grand groupe animal et qui compte peut-être plusieurs millions d'espèces différentes. La plupart vivent dans la forêt tropicale et disparaîtront lors des déforestations.

phylum	*nom commun*	*estimation du nombre d'espèces connues*
PROCARYOTES		
cyanophycées	algues bleues	2500
myxobactéries		-
schizophytes		3000
actinomycètes		-
spirochètes		-
PROTISTES		
euglenophycées	euglénes	450
xanthophycées	alues jaunes	400
chrysophycées	algues dorées	10.000
pyrrophytes	algues rousses	1.100
hyphochytridiomycètes		-
plasmodiophorales		-
sporozoaires		-
cnidosporidies		-
flagellés		-
rhizopodes		-
ciliés		-
CHAMPIGNONS		
myxomycètes	champignons visqueux	450
acrasiales	champignons visqueux	25
labyrinthulales	champignons visqueux	15
oomycètes		200
chytridiomycètes		-
zygomycètes		300
ascomycètes		30.000
basidiomycètes		15.000

KINGDOM PLANTAE

division	*common name*	*estimated number of known species*
Rhodophyta	red algae	4,000
Phaeophyta	brown algae	1,500
Chlorophyta	green algae	10,000
Charophyta	stoneworts	-
Bryophyta	mosses	25,000
Lycopodiophyta	clubmosses	900
Equisetophyta	horsetails	-
Polypodiophyta	ferns	9,000
Pinophyta	conifers	640
Magnoliophyta	flowering plants	250,000

KINGDOM ANIMALIA

phylum	*common name*	*estimated number of known species*
Mesozoa	mesozoans	-
Porifera	sponges	4,000
Cnidaria	jellyfish	10,000
Ctenophora	comb jellies	100
Phatyhelminthes	flatworms	14,000
Nemertea	proboscis worms	550
Nematoda	roundworms	8,000
Acanthocephala	hook-headed worms	100
Nematomorpha	horsehair worms	200
Rotifera	rotifers	1,200
Gastrotricha	gastrotichs	100
Entoprocta	bryozoa	60
Ectoprocta	colonial bryozoa	5,000
Brachiopoda	lamp shells	200
Phoronida	phoronids	10
Annelida	worms	10,000
Onychophora	onychophors	5
Arthropoda	insects	800,000
Mollusca	snails	80,000
Brachiata	beard worms	-
Chaetognatha	arrow worms	30
Echinodermata	starfish	6,000
Hemichordata	acorn worms	100
Chordata	vertebrates	70,000

PLANTES

division	*nom commun*	*estimation du nombre d'espèces connues*
rhodophycées	algues rouges	4.000
phéophycées	algues brunes	1.500
chlorophycées	algues vertes	10.000
charophycées	charales	-
bryophytes	mousses	25.000
lycopodiales	lycopode	900
équisétales	queues-de-cheval	-
polypodiales	fougères	9.000
coniférophytes	conifères	640
magnoliacées	plantes à fleur	250.000

ANIMAUX

phylum	*nom commun*	*estimation du nombre d'espèces connues*
mésozoaires		-
spongiaires	éponges	4.000
cnidaires	méduses	10.000
cténaires		100
plathelminthes	vers plats	14.000
némertes		550
némathelminthes	vers ronds	8.000
acanthocéphales	ténias	100
nématomorphes		200
rotifères		1.200
gastérotriches		100
endoproctes		60
ectoprotes		5.000
brachiopodes		200
phoronidiens		10
annélides	vers annelés	10.000
onychophores		5
arthropodes	insectes	800.000
mollusques	gastéropodes	80.000
chétognathes		30
échinodermes	étoile de mer	6.000
hémichordés		100
chordés	vertébrés	70.000

ENDANGERED SPECIES

The following species are all categorized by the International Union for Conservation of Nature and Natural Resources as either 'endangered' or 'vulnerable'. When available, information about numbers is given but for obvious reasons this is not always possible. A fuller list (of over 4,000 species) can be found in the 1988 IUCN Red List of Threatened Animals and more details in the various IUCN Data Books.

MAMMALS

Black rhinoceros *(Diceros bicornis)*. Sub-Saharan Africa. Fewer than 3,000 remain.

[The **great one-horned** rhino *(Rhinoceros unicornis)* survives in protected areas of northeast India and Nepal, where it numbers about 1,500. The smaller **Javan one-horned** rhino *(Rhinoceros sondaicus)* numbers about 50, found only in Ujung Kulon sanctuary in western Java. Only a few hundred of **Sumatran rhino** *(Dicerorhinus sumatrensis)* survive in forested hills of Sumatra and Malaysia.]

Greater Bamboo Lemur *(Hapalemur simus)*. Madagascar. 8-15 known to survive at Kianjavato.

Black Lion Tamrin [monkey] *(Leontopithecus chrysopygus)*. Brazil. 75-100 surviving.

Pygmy hippopotamus *(choeropsis liberiensis)*. West Africa.

Woolly Spider Monkey *(Brachyteles arachnoides)*. Brazil. Only a few hundred survive.

Mountain Gorilla *(Gorilla gorilla beringei)*. Rwanda, Uganda, Zaire. About 400 surviving.

Indus River Dolphin *(Plantanista minor)*. Pakistan.

Blue Whale *(Balaenoptera musculus)*. All Oceans. 5-10,000 surviving.

Giant Panda *(Ailuropoda melanoleuca)*. China. About 1,000 surviving.

Tiger *(Panthera tigris)*. Asia. 3,500-5,000 surviving.

BIRDS

Madagascar Serpent Eagle *(Eutriochis astur)*. Madagascar. Not seen for over 50 years, but it is hoped it survives in primary forest in central-east and north-east Madagascar.

Ivory-billed Woodpecker *(Campephilus principalis)*. Cuba. Presumed extinct in mainland USA, it was sighted in 1986 in Cuba.

Gurney's Pitta *(Pitta gurneyi)*. Thailand. Not seen for 34 years then a nesting pair found in June 1986.

Highland Guan *(Penelopina nigra)*. Central America. Widespread deforestation depriving them of habitat.

Salmon-crested cockatoo *(Cacatua moluccensis)*. Indonesia.

Spanish Imperial Eagle *(Aquila adalberti)*. Portugal, Spain.

Black Stilt *(Himantopus novaezeelandia)*. New Zealand.

Resplendent Quetzal *(Pharomachrus mocinno)*. Central America.

ESPECES MENACEES DE DISPARITION

Cette liste a été établie par l'Union internationale pour la conservation de la nature (IUCN). On ne dispose pas de données chiffrées pour certaines espèces. On trouvera une liste plus complète, qui recense 4.000 espèces, dans la Liste rouge des animaux menacés de disparition, et de plus amples informations dans les diverses publications de l'IUCN.

MAMMIFERES

Rhinocéros noir *(Diceros bicornis)*. Afrique sub-saharienne. Moins de 3.000

[Le **Rhinocéros de l'Inde** *(Rhinoceros unicornis)* existe encore dans des zones protégées du nord-est de l'Inde et au Népal: 1.500 individus. Les **Rhinocéros de Java** *(Rhinoceros sondaicus)*, plus petits, ne sont qu'au nombre de 50, et se trouvent exclusivement dans le sanctuaire de Ujung Kulon, en Java occidentale. Le **Rhinocéros de Sumatra** *(Rhinoceros sumatrensis)* subsiste à quelques centaines d'exemplaires dans les collines boisées de Sumatra et de Malaisie.]

Grand Hapalemur *(Hapalemur simus)*. Madagascar. 8-15 individus recensés à Kianjavato.

Singe-lion à queue jaune [singe] *(Leontopithecus chrysopygus)*. Brésil. 75-100 individus.

Hippopotame nain *(Choeropsis liberiensis)*. Afrique occidentale.

Brachyteles arachnoides. Brésil. Quelques centaines d'individus.

Gorille de montagne *(Gorilla gorilla beringei)*. Rwanda, Ouganda, Zaïre. Environ 400 individus.

Dauphin de L'Indus *(Plantanista minor)*. Pakistan.

Rorqual bleu *(Balaenoptera musculus)*. Dans les océans du monde entier. 5-10.000 individus.

Panda géant *(Ailuropoda melanoleuca)*. Chine. Environ 1.000 individus.

Tigre *(Panthera tigris)*. Asie. 3.500-5.000 individus.

OISEAUX

Aigle des serpents de Madagascar *(Eutriochis astur)*. Madagascar. Aucun n'a été vu depuis 50 ans, mais on pense que cette espèce vit encore dans la forêt primaire au centre et nord-est de Madagascar.

Pic à bec d'ivoire *(Campephilus principalis)*. Cuba. Espèce présumée éteinte sur le continent nord-américain, mais aperçue en 1986 à Cuba.

Brève de Gurney *(Pitta gurneyi)*. Thaïlande. Cet oiseau n'a pas été vu pendant 34 ans, puis on a trouvé un couple dans un nid en juin 1986.

Penelopina nigra. Amérique centrale. Oiseau privé de son habitat par les déforestations massives.

Cacatua moluccensis. Indonésie.

Aquila adalberti. Portugal, Espagne.

Echasse noire *(Himantopus novaezeelandia)*. Nouvelle-Zélande.

Pharomachrus mocinno. Amérique centrale.

REPTILES AND AMPHIBIANS

Kemp's Ridley Turtle *(Caretta caretta)*. Subtropical and temperate seas.

Galapagos Giant Tortoise *(Geochelone elephantopus)*. Galapagos Island.

Nile Crocodile *(Crocodylus niloticus)*. Africa, Madagascar.

Komodo Dragon *(Varanus komodoensis)*. Indonesia.

Round Island Boa *(Casarea dussumieri)*. Round Island, Mascerene Islands. About 75 survive.

Giant Garter Snake *(Thamnophis gigas)*. USA.

Golden Toad *(Bugo periglenes)*. Costa Rica.

Gold-striped Salamander *(Chioglossa lusitanica)*. Portugal, Spain.

FISH

Valencia Toothcarp *(Valencia hispanica)*. Spain. Only known to survive near Valencia and possibly Seville.

Common Sturgeon *(Acipenser sturio)*. Europe.

Giant Catfish *(Pangasianodon gigas)*. Mekong Basin.

Freshwater Mullet *(Myxtus capensis)*. South Africa.

Tidewater Goby *(Eucyclogobius newberryi)*. USA.

INVERTEBRATES OTHER THAN INSECTS

Far Northern Flax Snail *(Placostylus ambagiosus)*. New Zealand. 200 survive.

Starlet Sea Anemone *(Nematostella vectensis)*. UK, North America.

Black-lipped Pearl Oyster *(Pinctada magaritifera)*. Indo-Pacific.

Medicinal Leech *(Hirudo medicinalis)*. Europe.

Red-kneed Tarantula *(Brachypelma smithi)*. Mexico.

Giant Freshwater Crayfish *(Astacopsis gouldi)*. Tasmania.

INSECTS

Relict Himalayan Dragonfly *(Epiophlebia laidlawi)*. Nepal/India.

Prairie Mole Cricket *(Gryllotalpa major)*. USA.

Pygmy Hog Sucking Louse *(Haematopinus oliveri)*. India.

Woolly Diving Beetle *(Hydroporus hirsutus)*. USA.

Large Blue Butterfly *(Maculinea arion)*. Europe, Russia.

Scarce Fritillary *(Hypodryas maturna)*. Europe.

Yellow-faced Bee *(Nesoprosopis)*. Hawaii.

REPTILES ET AMPHIBIENS

Caretta caretta. Mers subtropicales et tempérées.

Geochelone elephantopus. Iles Galapagos.

Crocodylus niloticus. Afrique, Madagascar.

Varanus komodoensis. Indonésie.

Boa à écailles carénées de l'Ile Ronde *(Casarea dussumieri).* Ile Ronde (Ile Maurice), Archipel des Mascareignes. Environ 75 individus.

(Thamnophis gigas). États-Unis.

(Bufo periglenes). Costa Rica.

(Chioglossa lusitanica). Portugal, Espagne.

POISSONS

Valencia hispanica. Espagne. Aujourd'hui confiné aux alentours de Valence et peut-être de Séville.

Esturgeon *(Asipenser sturio).* Europe.

Pangasianodon gigas. Bassin du Mékong.

Myxtus capensis. Afrique du sud.

Eucyclogobius newberryi. États-Unis.

INVERTEBRES (à l'exclusion des insectes)

Placostylus ambagiosus. Nouvelle Zélande. 200 individus.

Nematostella vectensis. Royaume-Uni, Amérique du nord.

Pinctada magaritifera. Indo-Pacifique.

Hirudo medicinalis. Europe.

Brachypelma smithi. Mexique.

Astacopsis gouldi. Tasmanie.

INSECTES

Epiophlebia laidlawi. Népal/Inde.

Gryllotalpa major. États-Unis.

Pou du sanglier nain *(Haematopinus oliveri).* Inde.

Hydroporus hirsutus. États-Unis.

Maculinea arion. Europe, CEI.

Hypodryas maturna. Europe.

Nesoprosopis. Hawaï.

PLANTS

Abies beshanzuensis. China. Only five specimens of this fir tree left on Baishanzu mountain in Zhejiang Province.

Dicliptera dodsonii. Ecuador. One plant of this vine survives.

Ramosmania heterophylla. Rodrigues, Mascarene Islands. One tree survives. (A cutting has rooted and been potted at the Royal Botanic Gardens, Kew, England).

Medemia argun. Egypt/Sudan. Three sites with survivors of this palm located in 1960s.

Chiapas Slipper Orchid *(Phragmipedium exstaminodium).* Mexico. Only one population known to survive, threatened by slash and burn cultivators and by collecting.

Green Pitcher Plant *(Sarracenia oreophila).* USA. Known only in a small area of northeastern Alabama and one site in northern Georgia.

Big-leaf Palm *(Marojejya darianii).* Madagascar. About 50 survive.

PLANTES

Abies beshanzuensis. Chine. Il ne reste que cinq spécimens de ce conifère dans la montagne Baishanzu, dans la province de Zhejiang.

Dicliptera dodsonii. Équateur. Il ne reste qu'un seul spécimen de cette plante.

Rasmomania heterophylla. Île Rodrigues, archipel des Mascareignes. Un seul arbre existe encore. (Une bouture a été plantée au jardin botanique de Kew, en Angleterre.

Medemia argun. Égypte/Soudan. Dans les années 60, on a repéré trois sites où poussent encore quelques spécimens de ce palmier.

Phragmipedium exstaminodium. Mexique. Il ne subsiste qu'une seule population connue, qui est menacée par la culture sur brûlis, et par la collecte.

Sarracenia oreophila. États-Unis. Connue seulement dans une zone restreinte au nord-est de l'Alabama et un site en Géorgie du Nord.

Marojejya darianii. Madagascar. 50 spécimens.

ESTIMATED HUMAN POPULATION GROWTH SINCE 8000 B.C.

year	*millions*
8000BC	6
1AD	255
1000	255
1250	400
1500	460
1600	600
1700	680
1800	950
1900	1600
1920	1860
1930	2070
1940	2295
1950	2500
1960	3050
1970	3700
1980	4400
1985	4800
1992	5400
projected	
2000	6000
2025	8200
2090	10500

The human population increased extremely slowly for the first 200,000 years of its existence. It began to accelerate with the arrival of agriculture, about 10,000 years ago. It reached one billion by about 1800, two billion by about 1930, three billion by about 1960, four billion by about 1970 and five billion by about 1987. At present the world population is expanding by about 80 million a year and is expected to double in size within the next hundred years. An ideal population size is one that can be sustained indefinitely without harming its environment.

EVOLUTION DE LA POPULATION MONDIALE DEPUIS 8000 av. J.-C.

année	*en millions*
8000 av. J.-C.	6
1	255
1000	255
1250	400
1500	460
1600	600
1700	680
1800	950
1900	1600
1920	1860
1930	2070
1940	2295
1950	2500
1960	3050
1970	3700
1980	4400
1985	4800
1992	5400
prévisions	
2000	6000
2025	8200
2090	10500

La population humaine a augmenté très lentement au cours des premières 200.000 années. L'accroissement s'est accéléré avec l'apparition de l'agriculture, il y a environ 10.000 ans. Le milliard fut atteint en 1800. La population est passée à deux milliards vers 1930, trois milliards vers 1960, quatre milliards vers 1970 et cinq milliards vers 1987. La population mondiale augmente actuellement de 80 millions par an, et devrait doubler d'ici cent ans. On estime que l'effectif idéal d'une population est celui qui lui permet de survivre indéfiniment sans jamais porter atteinte à l'environnement.

GEOLOGICAL TIME SCALE AND RADIATION OF SOME FLORA AND FAUNA

era	*period*	*epoch*	*millions of years ago*	*radiation of some flora & fauna*
Cenozoic	Quaternary	Holocene	0.01	
		Pleistocene	2	*Homo* (man)
	Tertiary	Pliocene	5	
		Miocene	23	
		Oligocene	37	
		Eocene	55	
		Palaeocene	65	
Mezozoic	Cretaceous		136	
				flowering plants
	Jurassic		190	
				birds
	Triassic		225	
				mammals
Palaeozoic	Permian		280	
	Carboniferous		345	
				reptiles
	Devonian		395	
				conifers and amphibians
	Silurian		440	
				land plants
	Ordovician		500	
				fish
	Cambrian		570	
Precambrian *(comprising 87% of geological time)*				invertebrates
			3300	first known fossils
			4600	origin of the earth

ECHELLE DES TEMPS GEOLOGIQUES RADIATION DE CERTAINES ESPECES ANIMALES ET VEGETALES

ère	*période*	*époque*	*million d'années écoulées*	*radiation de certaines espèces animales et végétales*
cénozoïque	quaternaire	holocène	0,01	
		pléistocène	2	*homo* (l'être humain)
	tertiaire	pliocène	5	
		miocène	23	
		oligocène	37	
		éocène	55	
		paléocène	65	
mésozoïque	crétacé		136	plantes à fleurs
	jurassique		190	oiseaux
	triassique		225	mammifères
paléozoïque	permien		280	
	carbonifère		345	reptiles
	dévonien		395	conifères et amphibiens
	silurien		440	plantes terrestres
	ordovicien		500	poissons
	cambrien		570	
précambrien *(représente 87% des temps géologiques)*			3300	invertébrés (premiers fossiles connus)
			4600	origine de la Terre

RECENT MAJOR MAN-MADE DISASTERS

10 July 1976 *Seveso, Italy.* Release of dioxin (TCDD – tetrachlorodibenzo-p-dioxin) poisonous gas from factory producing trichlorophenol. Within a few days 80,000 domestic fowl and half the pig population had died. A sharp rise in percentage of deformed births.

March 1978 *off coast of Brittany, France.* Oil tanker Amoco Cadiz, runs aground. 220,000 tons of oil spilt. Over 1 million sea birds killed as well as other marine life.

1978 *Love Canal, near Niagra Falls, USA.* This abandoned canal became a dumping ground for chemical wastes (including polychlorinated biphenyls, dioxin and pesticides) produced in the 1940s and 1950s. The site was filled in and given to the City of Niagara Falls. Housing was built on it. In 1978 leakage of toxic chemicals began to be detected in the basements of houses. A very high incidence of chromosomal damage was found amongst residents. The area was completely evacuated. It is not known what the long term effects will be.

28 March 1979 Nuclear meltdown at *Three Mile Island, Pennsylvania, USA.* mechanical and electrical failures were compounded by errors made by operators at the plant. It is not known how many deaths may have resulted.

June 1979 *Gulf of Mexico.* Oil rig out of control. Oil slick 640 miles long, with over 500,000 tons of oil spilt.

July 1979 *off coast of Tobago, West Indies.* Two supertankers, Atlantic Express and Aegean Captain, collide, 236,000 tons of oil spilt. Countless birds and marine life killed.

2 December 1984 *Bhopal, India.* Gas leak from pesticide plant. At least 2,000 killed and 250,000 treated for various ailments.

26 April 1986 *Chernobyl, Russia.* Roof of nuclear power station blown off, a hydrogen explosion then showered radioactive debris 1,500 metres into the air. Operational errors blamed. All Eastern Bloc countries, much of Scandinavia, all of Western Europe except Spain and Portugal are known to have been affected in varying degrees. At least 30 people at Chernobyl died almost immediately from burns or acute radiation sickness. The number of people finally affected will never be known.

1 November 1986 *River Rhine.* Following a fire at a chemical plant over 30 tons of pesticides, fungicides and other chemicals were washed into the river by firemen dousing the flames. Mercury was the main chemical involved. For almost two days none of the governments along the Rhine knew the true nature of the chemicals flowing down Europe's largest waterway. 200 miles of Upper Rhine practically dead and it is estimated that it will take 10-30 years to restore it to life.

RECENTES CATASTROPHES D'ORIGINE ANTHROPIQUE (PROVOQUEES PAR L'HOMME)

10 juillet 1976 *Seveso, Italie.* Rejet accidentel de dioxine (TCDD-tétrachloro-dibenzoparadioxine), gaz toxique, dans une usine de fabrication de trichlorophénol. En quelques jours, 80.000 volailles et la moitié de la population porcine sont mortes. Augmentation vertigineuse des malformations congénitales.

mars 1978 *au large de la Bretagne, France.* Le pétrolier Amoco Cadiz s'échoue. Déversement accidentel de 220.000 tonnes de pétrole. Plus d'un million d'oiseaux de mer tués, ainsi que d'autres organismes marins.

1978 *Love Canal, près des Chutes du Niagara, États-Unis.* Ce canal abandonné a servi de décharge: on y a entreposé des déchets de produits chimiques (diphényles polychlorés, dioxine et pesticides) fabriqués dans les années 40 et 50. Une fois la décharge pleine, elle fut cédée à la ville de Niagara Falls. On y a construit des maisons. En 1978, des fuites de substances chimiques toxiques furent détectées dans le sous-sol des habitations. On constata également un fort taux d'anomalies chromosomiques chez les habitants. La zone a été complètement évacuée. On ne connaît pas les effets à long terme.

28 mars 1979 fusion du cœur du réacteur nucléaire à *Three Mile Island, Pennsylvanie, États-Unis.* Des pannes mécaniques et électriques ont été aggravées par des erreurs commises par des techniciens de l'usine. On ne connaît pas le nombre éventuel de victimes.

juin 1979 *Golfe du Mexique.* Perte de contrôle d'une plate-forme pétrolière. Marée noire de 1.000 kilomètres de long, plus de 500.000 tonnes de pétrole déversées dans la mer.

juillet 1979 *au large de Tobago, Antilles.* Deux superpétroliers, Atlantic Express et Aegean Captain, se sont éperonnés, provoquant le déversement de 236.000 tonnes de pétrole, causant la mort d'innombrables oiseaux et organismes marins.

2 décembre 1984 *Bhopal, Inde.* Fuite de gaz dans une usine de fabrication de pesticides. Au moins 2.000 morts et 250.000 personnes traitées pour des affections diverses.

26 avril 1986 *Tchernobyl, Russie.* Le toit de la centrale nucléaire a été soufflé, puis une explosion d'hydrogène a propulsé des déchets radioactifs à 1.500 mètres d'altitude. On pense que cet accident est dû à un fonctionnement défectueux. Tous les pays de l'Est, la plupart de la Scandinavie, toute l'Europe de l'Ouest, à l'exception de l'Espagne et du Portugal, ont été probablement touchés à des degrés divers. A Tchernobyl, au moins 30 personnes sont mortes peu après l'explosion des suites de leurs brûlures ou de l'exposition aux radiations. On ne connaîtra jamais le nombre de personnes atteintes.

1er novembre 1986 *Rhin.* A la suite d'un incendie dans une usine de produits chimiques, plus de 30 tonnes de pesticides, fongicides et autres substances chimiques, et principalement du mercure, se sont déversées dans le Rhin, entraînées par l'eau utilisée pour éteindre le feu. Pendant pratiquement deux jours, aucun des gouvernements des pays concernés n'a été mis au courant de la nature des produits déversés dans le plus grand fleuve d'Europe. Sur 300 kilomètres, toute vie marine a disparu, et il faudra de 10 à 30 ans pour qu'elle revienne.

September 1987 *Goiana, Brazil.* Radioactive caesium chloride powder from a cylinder stolen from a hospital radiotherapy unit and sold for scrap found on a rubbish dump. It was handled casually by children and others ignorant of its dangers. Only four people died but this does not take into account longer-term effects from radioactive pollution of area.

March 1989 *Alaska, USA.* The tanker Exxon Valdez ran aground off Alaska causing massive damage to the coastline, wildlife and habitat.

19 August 1989 *Liverpool, Great Britain.* 156 tonnes of crude oil emptied into the Mersey estuary from a Shell oil pipeline causing a 10-mile slick, killing at least 300 birds and affecting 2,000 others.

12 September 1990 *Kazakhstan.* An explosion and fire at a factory making nuclear fuels at Ulba in East Kazakhstan contaminated a large area with highly toxic compounds of beryllian metal. The health of up to 120,000 people potentially at risk.

24 September 1990 *Bangkok, Thailand.* 58 people died and 100 were injured when a truck carrying two tanks of liquefied petroleum gas crashed and exploded in the centre of the capital.

Early 1991 *Persian Gulf.* During the Gulf War Iraqi forces allegedly released 5-10,000,000 barrels of oil into the Gulf creating a vast oil slick affecting 400 miles of coast and endangering both the marine environment and the livelihoods of local fishermen.

Kuwait. 600 oilwells in Kuwait set on fire by Iraqui troops causing massive air pollution and contamination of agricultural land and water supplies especially in the fertile, well-populated Tigris and Euphrates valleys in Iraq, 'Black rain' damaged crops in Iran, Pakistan, Bulgaria and Afghanistan. The final well fire was capped in late 1991.

11 April 1991 *Genoa, Italy.* A Cypriot-registered tanker Haven exploded during a routine pumping operation in the Ligurian Sea off Genoa. The resulting oil slick caused pollution along the Mediterranean coast westwards towards Nice. The 40 km slick was broken up by gale-force winds which diminished damage potential.

13 June 1991 *Chile.* The government ordered 40% of all cars off the streets of the capital, Santiago, one of the most polluted in the world. At least 1,465 children had been treated for breathing problems since 10 June.

22 July 1991 *Washington State, USA.* After a collision with a Chinese ship, a Japanese fish-processing ship sank and discharged 100,000 gallons of oil into the sea creating an oil slick threatening the Olympia National Park. Hundreds of birds were killed and rare species such as the bald eagle, peregrine falcon and sea otter endangered.

septembre 1987 *Goiana, Brésil.* Découverte dans une décharge d'un conteneur rempli de césium radioactif volé au service de radiothérapie d'un hôpital et revendu à la ferraille. Des enfants et d'autres personnes l'ont manipulé sans faire attention, ignorant le danger. Il n'y eut que quatre morts, sans compter les conséquences à long terme de la pollution radioactive dans la région.

mars 1989 *Alaska, États-Unis.* Le pétrolier Exxon Valdez s'échoue au large des côtes de l'Alaska endommageant très gravement le littoral, la faune et la flore ainsi que l'habitat.

19 août 1989 *Liverpool, Grande-Bretagne.* 156 tonnes de pétrole brut échappé d'un pipeline Shell se déversent dans l'estuaire de la Mersey, provoquant une marée noire de 15 kilomètres: 300 oiseaux au moins sont tués, et 2.000 sont touchés.

12 septembre 1990 *Kazakhstan.* Explosion et incendie dans une usine de fabrication de combustibles nucléaires à Ulba dans l'est du Kazakhstan: une grande zone est contaminée par des composés hautement toxiques de béryllium. La santé de 120.000 personnes est en danger.

24 septembre 1990 *Bangkok, Thaïlande.* A la suite d'un accident de la route, un camion transportant deux cuves de gaz de pétrole liquéfié explose en plein centre-ville: 58 morts et 100 blessés.

début 1991 *Golfe persique.* Pendant la guerre du Golfe, les forces irakiennes ont déversé 5-10.000.000 barils de pétrole dans le Golfe, provoquant ainsi une immense marée noire, polluant 600 kilomètres de côtes et mettant en danger l'environnement marin ainsi que la source de revenus des pêcheurs locaux.

Koweit. Les troupes irakiennes ont mis le feu à 600 puits de pétrole, ce qui a provoqué une très importante pollution de l'air et une contamination des terres agricoles et des réserves en eau, tout particulièrement dans les vallées fertiles du Tigre et de l'Euphrate en Irak. Des "pluies noires" ont endommagé les récoltes en Iran, au Pakistan, en Bulgarie et en Afghanistan. Le dernier puits a été éteint fin 1991.

11 avril 1991 *Gênes, Italie.* Le pétrolier Haven, battant pavillon chyporiote, a explosé lors d'une opération de pompage de routine dans la mer de Ligurie au large de Gênes. La marée noire qui s'en suivit a pollué la côte méditerranéenne vers l'ouest, en direction de Nice. La marée noire a été dispersée par des vents soufflant en tempête, diminuant ainsi les risques potentiels.

13 juin 1991 *Chili.* Le gouvernement a interdit les rues de la capitale, Santiago, à 40% des voitures. 1.465 enfants au moins avaient dû être traités pour des affections respiratoires depuis le 10 juin.

22 juillet 1991 *État de Washington, États-Unis.* Après une collision avec un navire chinois, un navire-usine a coulé rejetant dans la mer 400.000 litres de pétrole, provoquant une marée noire menaçant le parc national Olympia. Des centaines d'oiseaux sont morts ainsi que des animaux rares, tels l'aigle chauve, le faucon pèlerin et la loutre de mer.

14 August 1991 *California, USA.* A tanker rail car spilled 19,500 gallons of metam sodium pesticide into the Sacramento River. It drifted 45 miles downstream, killing wild life. 200 people were admitted to hospital suffering from fume inhalation and skin irritation.

5 December 1991 *Russia.* The new environment minister, Victor Danilov-Daniliyan, admitted that large parts of Russian territory had been made uninhabitable for decades to come by nuclear accidents and waste.

8 January 1992 *Athens, Greece.* When smog in the capital exceeded emergency levels, the government banned all cars from the centre, industrial production was cut and central heating was turned off in all public buildings except hospitals.

January 1992 *Turkey & Greece.* Hundreds of dead or dying dolphins were washed up on beaches, the victims of a virus linked with water pollution. The rare monk seal, of which only about 300 remain, is also at risk.

Although these disasters seem (and indeed are) catastrophic, more pollution and human mortality occurs on a smaller but cumulatively greater scale each year. For instance, spills from oil tanker disasters are less than the cumulative total of small leaks, discharges and minor spills which occur throughout the year from such sources as tankers washing their empty holds with sea water, oil washed from cars and lorries into sewers, and pollution caused by routine handling of oil in refineries and garages. Sudden large-scale disasters do make an instant impact on us, and bring to our attention the way in which we are increasingly putting ourselves and our environment at risk.

14 août 1991 *Californie, États-Unis.* Un wagon-citerne a déversé 80.000 litres de pesticide dans la Sacramento River. Il a descendu la rivière sur 70 kilomètres, tuant toute vie sauvage. 200 personnes furent admises à l'hôpital souffrant de troubles respiratoires et de lésions cutanées.

5 décembre 1991 *Russie.* Le nouveau ministre de l'Environnement, Victor Danilov Danilian, a reconnu que de vastes zones du territoire russe avaient été rendues inhabitables pour plusieurs dizaines d'années à la suite d'accidents nucléaires et de décharges de déchets radioactifs.

8 janvier 1992 *Athènes, Grèce.* Quand le smog a atteint le niveau d'alerte dans la capitale, le gouvernement a interdit l'accès du centre-ville à toutes les voitures; la production industrielle a été stoppée, et le chauffage central coupé dans tous les édifices publics, à l'exception des hôpitaux.

janvier 1992 *Turquie et Grèce.* Des centaines de dauphins morts ou mourants sont venus s'échouer sur les plages, victimes d'un virus lié à la pollution de l'eau. Une espèce de phoque très rare, dont on ne compte que 300 spécimens, est également en danger.

Bien que ces catastrophes semblent très graves, et elles le sont effectivement, il y a, chaque année, davantage de cas de pollution de moindre importance mais qui, cumulés, montrent que la pollution s'accroît. Ainsi, le volume des déversements accidentels de pétrole est inférieur au total cumulé des fuites ou rejets (dont sont responsables les pétroliers qui ballastent leurs cuves avec de l'eau de mer), des déversements d'huile de vidange des voitures et des camions dans les égouts, ainsi que des pertes dues aux manipulations quotidiennes d'hydrocarbures dans les raffineries et les garages.
Les grandes catastrophes ont un fort impact immédiat: elles nous font prendre conscience que, de plus en plus, nous mettons en péril l'espèce humaine et notre planète.

RECENT MAJOR NATURAL DISASTERS

In their book *Natural disasters: Acts of God or acts of Man?* Anders Wijkman and Lloyd Timberlake point out that there are over 3,000 deaths per disaster in low-income countries, compared with 500 in high-income countries. The major factors in disasters in the Third World are poverty, environmental degradation and rapid population growth.

July 1979–May 1981 Drought. *Hebei province, China.* Worst for sixty years. Much of area, normally one of the most fertile in China, became a virtual desert. 14,000,000 peasants left dependent on government grain rations. It was estimated 2,000,000 children were suffering from malnutrition.

10 October 1980 Earthquakes. *El Asnam, Algeria.* 7.5 and 6.5 on Richter scale. 3,600 dead. 8,252 injured. 300,000 homeless. The town had been destroyed in 1954 by another earthquake which killed 1,000. It was rebuilt by the French with supposedly 'quake-proof' structures. These were the worst affected by the 1980 quake.

late August–early September 1980 Hurricane David. *Dominican Republic.* 20 killed. 60,000 homeless. Banana and grapefruit crops destroyed.

18 May 1980 Volcanic eruption. *Mount St Helens, Washington state, USA.* 2,000 people evacuated. Large quantities of volcanic ash blanketed communities to a depth of several feet in parts of Washington, Idaho and Montana.

23 November 1980 Earthquake. *South Italy.* 6.8 on Richter scale. Aftershocks continued for 10 days. 200 towns and villages affected: Naples, Salerno, Avellino worst affected. 4,500 dead. 8,000 injured. 350,000 homeless.

9-14 July 1981 Floods. *Sechuan province, China.* 1,385 dead. 14,509 injured. Affected 10 million people in 135 of the province's 212 counties, threatened the Gezhouba dam and destroyed more than 1,000,000 acres of crops.

late 1982-1983 Floods. *Eastern Bolivia.* 40,500 hectares (100,000 acres) of prime agricultural land destroyed. At the same time in the high valleys of Bolivia and in southern Peru drought conditions devastated the potato crop affecting about 2 million people.

13 December 1982 Earthquake. *North Yemen, Dhamar region.* 6.0 on Richter scale. 1,588 killed. 1,604 injured. 200,000 homeless.

February 1983 – July 1984 Drought. *Northeast Brazil.* (Maranhão to northern part of Minas Gerais).

Fifth year of drought. 850,000 sq kms affected. By mid-1982 70% of population suffering from malnutrition.

24-25 May 1985 Cyclone and tsunami. *S.E. Bangladesh.* 11,000 killed. 250,000 homeless.

13 November 1985 Volcanic eruption. *Armero, Colombia.* The Nevado del Ruiz volcano erupted leaving 25,000 dead, 4,000 injured and 20,000 homeless. The village of Armero was totally engulfed by a torrent of mud when La Lagunilla river burst its banks. 11,000 hectares of agricultural land ruined.

LES RECENTES GRANDES CATASTROPHES NATURELLES

Dans leur livre *Natural disasters: Acts of God or acts of Man?* Anders Wijkman et Lloyd Timberlake font remarquer qu'il y a plus de trois mille morts par catastrophe dans les pays à failbles revenus, contre cinq cents seulement dans les pays à hauts revenus. Dans le tiers-monde, les causes principales des catastrophes naturelles sont la pauvreté, la dégradation de l'environnement et l'accroissement rapide de la population.

Juillet 1979–Mai 1981 Sécheresse. *Province du Hebei, Chine.* La plus terrible des soixante dernières années. A transformé en désert la plus grande partie de la région, une des plus fertiles de Chine. Le gouvernement a dû distribuer des rations de céréales à 14 millions de paysans. On estime que 2 millions d'enfants ont souffert de malnutrition.

10 octobre 1980 Tremblements de terre. *El Asnam, Algérie.* 7,5 et 6,5 sur l'échelle de Richter. 3.600 morts, 8.252 blessés. 300.000 sans-abri. La ville avait été détruite en 1954 par un tremblement de terre qui avait fait 1.000 victimes. Elle avait été reconstruite par les Français, en principe selon des normes anti-sismiques. Ce sont ces bâtiments-là qui ont le plus souffert des secousses de 1980.

Fin août-début septembre 1980 Cyclone David. *La Dominique.* 20 morts. 60.000 sans-abri. Destruction des récoltes de bananes et de pamplemousses.

18 mai 1980 Éruption volcanique. *Mont St Helens, État de Washington, USA.* 2.000 personnes évacuées. D'énormes quantités de cendres volcaniques pouvant atteindre un mètre d'épaisseur ont recouvert des villages de certaines régions de l'État de Washington, de l'Idaho et du Montana.

23 novembre 1980 Tremblement de terre. *Sud de l'Italie.* 6,8 sur l'échelle de Richter. Aftershocks pendant dix jours. 200 villes et villages ont été affectés: Naples, Salerne, Avellino ont été les plus touchées. 4.500 morts, 8.000 blessés, 350.000 sans-abri.

9-14 juillet 1981 Inondations. *Province du Sechuan, Chine.* 1.385 morts, 14.509 blessés. 10 millions de personnes touchées dans 135 des 212 comtés de la province. Risque de rupture du barrage de Gezhouba et destruction des récoltes sur plus de 500.000 hectares.

Fin 1982-1983 Inondations. *Est de la Bolivie.* Plus de 40.000 hectares de très riches terres agricoles détruites. Au même moment, dans les hautes vallées boliviennes et dans le sud du Pérou, la sécheresse a détruit les récoltes de pommes de terre destinées à 2 millions de personnes.

13 décembre 1982 Tremblement de terre. *Nord du Yémen, région de Dhamar.* 6 sur l'échelle de Richter. 1.588 morts. 1.604 blessés. 200.000 sans-abri.

Février 1983-juillet 1984 Sécheresse. *Nord-est du Brésil (depuis Maranhao jusqu'au nord du Minas Gerais).* Cinquième année de sécheresse. 850.000 km^2 touchés. A la mi-1982, 70% de la population souffre de malnutrition.

24-25 mai 1985 Cyclone et tsunami. *Sud-est du Bangladesh.* 11.000 morts, 250.000 sans-abri.

13 novembre 1985 Éruption volcanique. *Armero, Colombie.* L'éruption du Nevado del Ruiz a fait 25.000 morts, 4.000 blessés et a laissé 20.000 sans-abri. Le village d'Armero a été englouti par un torrent de boue, à la suite de la crue de La Lagunilla. 11.000 hectares de terres agricoles détruites.

19 September 1985 Earthquake. *Mexico City, Mexico.* 8.1 on Richter scale. More than 7,000 dead. 30,000 injured. 10,000 seriously. 100,000 homeless.

21-22 August 1986 Toxic gases following volcanic eruption. *Lake Nyos, Cameroon.* Toxic gases (a mixture of carbon dioxide and hydrogen sulphide) were released from volcanic Lake Nyos, near the Nigerian border, killing 1,746 and injuring 3,000, though exact numbers of casualties will probably never be known. In Nyos village only 2 out of a population of 700 survived.

10 October 1986 Earthquake. *San Salvador, El Salvador.* 7.5 on Richter scale. 1,500 killed. 300,000 homeless. On the outskirts of the city a landslide buried 100 people.

5-6 March 1987 Earthquake. *Ecuador.* 7.3 on Richter scale. Followed by 1,300 aftershocks. 2-4,000 killed. 50,000 homeless. Mudslides entombed whole villages.

August-September 1987 Floods. *Bangladesh.* 70 killed (a very low estimate). 24,000,000 homeless and without food (out of a total population of 100,000,000). 2,000,000 homes and 2,600 kms of road destroyed. 4,300,000 acres of land devastated.

27 September 1987 Heavy rains and mudslides. *Medellin, Colombia.* Shanty town of Villa Tina was buried by mud. 355 people dead. 200 seriously injured. 2,100 homeless.

February 1988 Mudslides. *Rio de Janeiro, Brazil.* In a shanty town in Rio after weeks of torrential rain. 300 killed. 735 seriously injured. 11,000 homeless.

August-September 1988 Floods. *Bangladesh.* Widespread flooding on a similar scale to the floods of 1987.

9-19 September 1988 Hurricane Gilbert. *Jamaica.* Over 200 mph winds. Left a trail of destruction across Jamaica, Grand Cayman, the Yucatan peninsula, Mexico, Texas. At least 240 killed, most of those in Yucatan.

Mid-1988 Drought. *USA.* Farming lands were turned into disaster areas and world food production fell.

6 November 1988 Earthquake. *China.* 7.6 on Richter scale. 900 people killed.

7 December 1988 Earthquake. *Armenia.* 6.7 on Richter scale. 55,000 dead. 250,000 left homeless. 80% still living in makeshift huts and tents in April 1991.

28 April 1989 Tornado. *Bangladesh.* 1,000 people killed and many villages reduced to rubble.

17-23 September 1989 Hurricane. *Caribbean/USA.* Hurricane Hugo caused widespread devastation in the north-eastern Caribbean and south-eastern USA. Winds reached up to 140 mph. Guadelupe and Leeward Islands: 6 killed, 10,000 homeless and many crops destroyed. Montserrat: 10 killed, hospital and houses destroyed and airport runway blocked. Puerto Rico: 25 killed, 100,000 homeless. Dominica: much of banana crop destroyed. South Carolina: 5 killed, houses damaged, services disrupted.

19 septembre 1985 Tremblement de terre. *Mexico, Mexique.* 8,1 sur l'échelle de Richter. Plus de 7.000 morts. 30.000 blessés, dont 10.000 blessés graves. 100.000 sans-abri.

21-22 août 1986 Émanations toxiques après une éruption volcanique. *Lac Nyos, Cameroun.* Des gaz toxiques (mélange de dioxyde de carbone et d'acide sulfurique) se sont échappés du lac volcanique, proche de la frontière du Nigéria. 1.746 morts, 3.000 blessés. On ne connaîtra sans doute jamais le nombre exact de victimes. Dans le village de Nyos même, seules 2 personnes sur 700 ont survécu.

10 octobre 1986 Tremblement de terre. *San Salvador, Salvador.* 7,5 sur l'échelle de Richter. 1.500 morts. 300.000 sans-abri. Aux alentours de la ville, un glissement de terrain a enseveli 100 personnes.

5-6 mars 1987 Tremblement de terre. *Équateur.* 7,3 sur l'échelle de Richter. 1.300 aftershocks. 2-4.000 morts. 50.000 sans-abri. Des coulées de boue ont enseveli des villages entiers.

août-septembre 1987 Inondations. *Bangladesh.* 70 morts (estimation basse). 24.000.000 sans-abri et sans nourriture (sur une population totale de 100.000.000). 2.000.000 d'habitations et 2600 kms de routes détruites. 8.600.000 hectares de terres dévastées.

27 septembre 1987 Très fortes précipitations et coulées de boue. *Medellin, Colombie.* Le bidonville de Villa Tina est enseveli sous la boue. 355 morts. 200 blessés graves. 2.100 sans-abri.

février 1988 Coulées de boue. *Rio de Janerio, Brésil.* Dans un bidonville de Rio, après des semaines de pluies torrentielles. 300 morts. 735 blessés graves. 11.000 sans-abri.

mi-1988 Sécheresse. *États-Unis.* Terres agricoles dévastées. Chute de la production alimentaire mondiale.

août-septembre 1988 Inondations. *Bangladesh.* Amplitude comparable à celle des inondations de 1987.

9-19 septembre 1988 Cyclone Gilbert. *Jamaïque.* Vents de plus de 300 km/h. A tout détruit sur son passage en Jamaïque, aux îles Caïmans, dans la péninsule du Yucatan, au Mexique, et au Texas. Au moins 240 morts, la plupart au Yucatan.

novembre 1988 Tremblement de terre. *Chine.* 7,6 sur l'échelle de Richter. 900 morts.

7 décembre 1988 Tremblement de terre. *Arménie.* 6,7 sur l'échelle de Richter. 55.000 morts. 250.000 sans-abri. En avril 1991, 80% de la population vit encore sous la tente ou dans des abris de fortune.

28 avril 1989 Tornade. *Bangladesh.* 1.000 morts. De nombreux villages détruits.

17-23 septembre 1989 Cyclone. *Caraïbes, États-Unis.* Le cyclone Hugo a provoqué d'énormes dégâts au nord-est des Caraïbes et dans le sud-est des États-Unis. Les vents ont atteint 200 km/h. Guadeloupe et Iles sous le vent: 6 morts, 10.000 sans-abri. Nombreuses récoltes détruites. Montserrat: 10 morts, habitations et hôpitaux détruits. Piste de l'aéroport bloquée. Porto-Rico: 25 morts, 100.000 sans-abri. Dominique: récoltes de bananes presque entièrement détruites. Caroline du sud: 5 morts, maisons endommagées, approvisionnement en eau et en électricité interrompu.

17 October 1989 Earthquake. *San Francisco, USA*. 6.9 on Richter scale. About 100 people killed, mostly when the elevated section of Intertstate 880 highway collapsed crushing people in their cars.

27 February 1990 Mudslide. *Peru.* The village of San Miguel de Rio Mayo, 800 km north of Lima, was buried. 200 people killed or missing.

29 May 1990 Earthquake. *Peru.* 5.8 on Richter scale. About 200 people killed, village flattened by landslides.

1991 Epidemic. *Latin America.* Cholera broke out in January in Peru and spread to Brazil, Colombia, Chile and Ecuador. WHO estimates 42,000 people could die unless steps are taken to combat malnutrition and lack of basic sanitary and medical facilities.

Famine. Still critical in Sudan, Ethiopia, Somalia, Mozambique and Angola, all countries in which armed conflict exacerbates food distribution problems.

2 February 1991 Earthquake. *Afghanistan.* 6.5-6.8 on Richter scale. 1,000 killed, many more injured. Resulting floods killed 200 and left 3,000 people homeless.

Mid-March 1991 Floods and mudslides. *Malawi.* 516 people dead or missing. 40-50,000 homeless.

5-6 April 1991 Earthquake. *Peru.* Three earthquakes, the worst of which was 6.9 on the Richter scale. 35 killed, 750 injured.

22 April 1991 Earthquake. *Costa Rica/Panama.* 7.5 on Richter scale. About 80 people killed, 800 injured, thousands of homes destroyed.

29-30 April 1991 Cyclone. *Bangladesh.* Winds up to 145 mph. 139,000 killed and thousands more threatened by epidemic. Up to 10,000,000 people homeless, 4,000,000 at risk from starvation. Toll would have been worse but for 300 cyclone shelters built under Cyclone Preparedness Programme set up by Red Crescent.

30 April 1991 Earthquake. *Georgia, Russia.* 7.2 on Richter scale. 100 people killed, several villages totally destroyed.

9-15 June 1991 Volcano. *Philippines.* After lying dormant for 600 years Mount Pinatubo suffered several eruptions, some shooting volcanic ash and rock 19 miles into the air. At least 343 people were killed and 100-200,000 made homeless. 600,000 Filipinos lost their means of livelihood.

3 December 1991 Earthquake. *Romania.* 5.7 on Richter scale. 1,700 people made homeless but no one killed.

23 December 1991 Floods. *Texas, USA.* 13.3 inches of rain fell in six days. At least 14 people were killed.

Late December 1991 Cyclone. *Hanoi, Vietnam.* 220 people killed.

1-2 February 1992 *S. E. Turkey.* Avalanches smothered remote villages killing at least 167 people, most of them solders.

17 octobre 1989 Tremblement de terre. *San Francisco, Californie.* 6,9 sur l'échelle de Richter. Environ 100 morts, la plupart au moment où la partie surélevée de la voie rapide 880 s'est effondrée, écrasant les automobilistes dans leurs voitures.

27 février 1990 Coulée de boue. *Pérou.* Le village de San Miguel de Rio Mayo, situé à 800 kilomètres au nord de Lima, a été enseveli. 200 morts ou disparus.

29 mai 1990 Tremblement de terre. *Pérou.* 5,8 sur l'échelle de Richter. Environ 200 morts. Villages écrasés par les glissements de terrain.

1991 Epidémie. *Amérique latine.* Une épidémie de choléra s'est déclarée en janvier au Pérou, et s'est propagée au Brésil, en Colombie, au Chili et en Équateur. L'OMS estime que 42.000 personnes sont en danger de mort si on ne prend pas de mesures pour remédier à la malnutrition et à la pénurie de matériel sanitaire et médical.

Famine. Situation toujours critique *au Soudan, en Éthiopie, au Mozambique et en Angola.* Dans tous ces pays, les conflits armés aggravent les problèmes de distribution de denrées alimentaires.

2 février 1991 Tremblement de terre. *Afghanistan.* 6,5-6,8 sur l'échelle de Richter. 1.000 morts et encore davantage de blessés. Les inondations qui s'en suivirent ont fait 200 victimes et ont laissé 3.000 sans-abri.

mi-mars 1991 Inondations et glissements de terrain. *Malawi.* 516 morts ou disparus. 40.000 sans-abri.

5-6 avril 1991 Tremblement de terre. *Pérou.* Trois séismes, dont le plus important a atteint 6,9 sur l'échelle de Richter. 35 morts. 750 blessés.

22 avril 1991 Tremblement de terre. *Costa-Rica/Panama.* 7,5 sur l'échelle de Richter. Environ 80 morts, 800 blessés, des milliers de foyers détruits.

29-30 avril 1991 Cyclone. *Bangladesh.* Vents atteignant 220 km/h. 139.000 morts et des milliers de personnes menacées par des épidémies. Jusqu'à 10.000.000 sans-abri, et 40.000 en danger de famine. Les chiffres auraient été plus élevés en l'absence des 300 abris anti-cyclone construits dans le cadre du Programme d'alerte préventive mis en place par le Croissant Rouge.

30 avril 1991 Tremblement de terre. *Géorgie.* 7,2 sur l'échelle de Richter. 100 morts. Plusieurs villages totalement détruits.

9-15 juin 1991 Eruption volcanique. *Philippines.* Après être resté en sommeil pendant 600 ans, le Mont Pinatubo a connu plusieurs éruptions, certaines projetant des cendres et des roches vocaniques à 30 kilomètres d'altitude. Au moins 343 morts et 100-200.000 sans-abri. 600.000 Philippins ont perdu leur source de revenus.

3 décembre 1991 Tremblement de terre. *Roumanie.* 5,7 sur l'échelle de Richter. 1.700 sans abris, mais aucune victime.

23 décembre 1991 Inondations. *Texas, États-Unis.* Plus de 30 centimètres de précipitations en six jours. Au moins 14 morts.

fin décembre 1991 Cyclone. *Hanoï, Vietnam.* 220 morts.

1-2 février 1992 Sud-est de la Turquie. Des avalanches ont enseveli des villages isolés, tuant au moins 167 personnes, des soldats pour la plupart.

SI UNITS AND ABBREVIATIONS

A	ampere	unit of electrical current
C	coulomb	unit of electrical charge (As)
cd	candela	unit of light intensity
F	farad	unit of capacitance (C/V)
H	henry	unit of inductance (Vs/A)
Hz	hertz	unit of frequency (cycles per second)
J	joule	unit of energy (kg m/s)
K	kelvin	unit of temperature
kg	kilogram	unit of mass
lm	lumen	unit of illumination (cd/sr)
lx	lux	unit of illumination density (lm/m^2)
m	metre	unit of length
mol	mole	unit of amount of substance
N	newton	unit of force (J/m)
Pa	pascal	unit of pressure
rad	radian	unit of plane angle
s	second	unit of time
sr	steradian	unit of solid angle
S	siemens	unit of electrical conductance (1/ohm)
T	tesla	unit of magnetic flux density (WB/m)
V	volt	unit of electrical potential (W/A)
W	watt	unit of power (J/s)
Wb	weber	unit of magnetic flux (Vs)
Ω	ohm	unit of electrical resistance (V/A)
C	degree Celsius	unit of temperature (K+273)

SI PREFIXES

Decimal multiples and submultiples to be used with SI units

prefix	*symbol*	*factor*
tera-	T	10^{12}
giga-	G	10^{9}
mega-	M	10^{6}
kilo	k	10^{3}
hecto-	h	10^{2}
deca-	da	10
deci-	d	10^{-1}

prefix	*symbol*	*factor*
centi-	c	10^{-2}
milli-	m	10^{-3}
micro-	μ	10^{-6}
nano-	n	10^{-9}
pico-	p	10^{-12}
femto-	f	10^{-15}
atto-	a	10^{-18}

SYSTEME INTERNATIONAL D'UNITES

A	ampère	intensité de courant électrique
C	coulomb	charge électrique
cd	candela	intensité lumineuse
F	farad	capacité électrique
H	henry	inductance électrique
Hz	hertz	fréquence
J	joule	énergie
K	kelvin	température
kg	kilogramme	masse
lm	lumen	flux lumineux
lx	lux	éclairement lumineux
m	mètre	longueur
mol	mole	quantité de matière
N	newton	force
Pa	pascal	pression, contrainte
rad	radian	angle plan
s	seconde	temps
sr	stéradian	angle solide
S	siemens	conductance électrique
T	tesla	induction magnétique
V	volt	tension (électrique)
W	watt	puissance
Wb	weber	flux d'induction magnétique
Ω	ohm	résistance électrique
°C	degré celsius	température

PREFIXES DES UNITES SI

Multiples et sous-multiples décimaux

préfixe	*symbole*	*facteur*
téra-	T	10^{12}
giga-	G	10^{9}
mega-	M	10^{6}
kilo-	k	10^{3}
hecto-	h	10^{2}
déca-	da	10
déci-	d	10^{-1}

préfixe	*symbole*	*facteur*
centi-	c	10^{-2}
milli-	m	10^{-3}
micro-	μ	10^{-6}
nano-	n	10^{-9}
pico-	p	10^{-12}
femto-	f	10^{-15}
atto-	a	10^{-18}

Composition Barbers Ltd, Wrotham, Kent

Impression et reliure MAME Imprimeurs - Tours
Dépôt légal : mai 1992 - N° de série Éditeur : 16961
Imprimé en France *(Printed in France)* 404003 - mai 1992.